한국어 기술 생성 통사론

한국어
기술 생성 통사론

이정훈

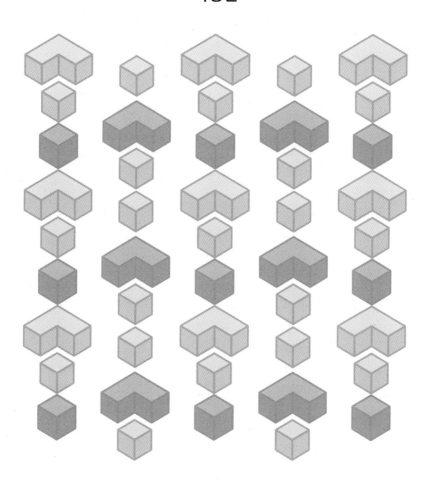

역락

머리말

이 책은 생성문법(generative grammar)을 토대로 한국어 자료에서 관찰되는 통사 현상을 충분히 기술하고, 이러한 기술과 조화를 이루는 이론적 설명을 제시하는 것을 목적으로 한다. 그래서 이름이 『한국어 기술 생성 통사론』이다.

*

통사 현상을 충분히 기술한다는 것은 개별 통사 현상을 가급적 세밀하게 기술하되 일반성을 확보하고 확장하는 방향을 취한다는 것을 의미한다. 이에 따라 통사 현상이 지닌 여러 특성 중 그 통사 현상에서만 성립하는 특이성에 대한 이해보다는 다른 통사 현상에서도 성립하는 특성에 초점을 둔다. 물론 연구가 진행되면서 특이성이 일반성으로 재해석될 수도 있다. 그리고 연구는 특이성을 줄이고 일반성을 확대하는 방향을 취하기 마련이다. 따라서 일반성을 추구한다고 해서 일반성에 부합하는 것만 선별하는 태도를 취하지는 않는다. 그런 태도는 지양하고, 개별 통사 현상의 특성을 면밀히 관찰하되 일반성에 부합하는 것은 일반성 차원에서 설명하고, 특이성은 일반성에 더해 제약이나 조건을 설정해서 설명하는 태도를 취한다. 그래야 일반성과 특이성의 간격을 좁힐 수 있고, 둘을 아우르는 시야를 확보할 수 있다.

통사 현상에 대한 일반적 기술을 추구하다 보면 자연스레 이론이 구성된다. 특히 충분한 기술을 통해 확인한 일반성을 토대로 이론을 구성하면 자료에 대한 설명력, 즉 '경험적 타당성'을 확보한 이론이 가능해진다. 더불어 이론 구성 과정에서 한국어 이외의 여러 언어를 자료로 삼아 구성한 이론과 한국어 자료를 토대로 한 이론 사이의 정합성을 확보하면 '이론적 타당성'을 확보한 이론이 가능해진다. 이 책의 목적으로 언급한 '이론적 설명'의 이론은 경험적 타당성과 이론적 타당성을 갖춘 이론을 가리킨다.

*

논의는 크게 '토대, 확장, 탐구, 모색' 네 부분으로 나뉘어 진행된다. 각 부분의 내용을 개괄적으로 소개하면 아래와 같다.

1부 '토대'에서는 한국어 통사론을 위해 우선 고려해야 할 사항을 다루는데, 통사구조 형성 규칙을 살피고(1장), 이를 토대로 어미와 조사의 통사구조 형성을 논의한다(2장, 3장). 이어서 몇 가지 통사현상을 기술·설명함으로써 기술 생성 통사론에 대한 감을 잡고, 통사구조와 통사관계 사이의 관계를 정리한다(4장).

2부 '확장'에서는 한국어는 물론이고 여러 언어에 두루 나타나는 현상인 생략, 삽입, 접속을 살핀다. 이들 현상은 초보적 수준, 예를 들어 국어학 개론 내지는 입문 수준의 논의에서는 늘 등장하지만 통사론 각론 수준에서는 정작 제대로 논의되지 않는 현상들이기도 하다. 왜 이럴까? 흔히 접할 수 있는 현상이고, 그래서 기본적인 현상으로 인식되지만 다루기에는 그리 만만찮기 때문인 듯하다.

생략 현상과 삽입 현상은 사뭇 다양한 모습으로 나타난다. 이에 깊이 있는 논의를 위해, 여러 가지 생략 현상과 삽입 현상을 주마간산 격으로 살피는 대신, 조각문과 지지 동사 '하-'에 논의의 초점을 맞추고, 한국어의 특성에 적합한 기술과 설명을 모색한다(5장, 6장). 한국어의 특성에 적합한 기술과 설명을 모색하는 것은 접속 현상을 다룰 때도 마찬가지이다. 그런데 접속은 한국어든 한국어 이외의 언어든 접속을 담당하는 형식이 접속항 사이에 나타나는 특성을 보인다(너와 나, you and me, du und ich 등. WALS Online(https://wals.info/)의 63장 참고). 이런 특성은 왜 나타나며, 한국어의 특성을 존중하면서 그런 특성을 포착하는 방법은 무엇인가? 이에 대한 답은 7장에서 제시한다.

3부 '탐구'에서는 한국어에서 발견되는 몇 가지 통사 현상을 기술·설명한다. 논의 대상으로 삼은 통사 현상은 한국어 통사론에서 주요하게 다루어져 온 것인데, 기왕의 논의는 다루어 온 자료의 범위가 충분하지 않으며 그 수준이 자료 수집과 분류에 그친 감이 없지 않다. 또 어떤 논의는 한국어 통사론에서 유효성이 입증되었다고 보기 어려운 이론에 기대 억지로 현상을 설명했다는 혐의에서 자유롭지 못한 듯하다.

위와 같은 점을 염두에 두고 '-을 수 있-' 양태 구문(8장), 내핵 관계절과 분열문(9장), 동사구 주제화 구문(10장) 등을 살피는데, 이들 각각에 대한 이해를 도모하면서, 특히 자료의 범위를 충분히 확장하고 한국어에 적합하면서도 통사론 일반 차원에서도 유효한 이론적 설명을 마련하는 데 주력한다.

끝으로 4부 '모색'에서는 한국어 통사 현상에 대한 기술과 설명을 토대로 기왕의 통사이론을 비판적으로 검토하고 그에 대한 개선안을 제시한다. 구체적으로는 표찰화(11장) 및 선형화와 핵 이동(12장) 등을 논의하는데, 한국어 현상을 적극적으로 고려하되, 기왕의 통사이론에서 미처 모색하지 않은 이론적 가능성을 적극적으로 탐구한다.

4부 '모색' 뒤에는 '맺음말'이 있다. '맺음말'에서는 1부~4부의 논의 과정에서 제기될 만하지만 언급하지 않고 지나친 문제들을 간략히 제시하고, 가능한 경우 그에 대한 견해를 밝힌다.

*

1부~4부 중 1부는 새로 작성한 것이고 2부~4부는 이 책을 준비하기 전에 발표하였거나 이 책에 수록하기 위해 작성한 후 의견을 듣고 평가를 받기 위해 발표한 것들을 수정하고 보완한 것들이다.

참고로 2부~4부(5장~12장)의 바탕이 되는 논의가 발표된 연도와 발표 제목을 밝히면 다음과 같다. '조각문의 형성 방식과 다중 조각문'(2018년), '한국어의 '하-' 지지 규칙'(2016년), '접속어미의 통사와 접속문의 통사구조'(2015년), ''-을 수 있-' 구문의 어휘항목과 통사구조 그리고 의미'(2020년), '내핵 관계절 구성과 분열문의 '것'의 통사론'(2020년), '동사구 주제화 구문의 통사론'(2014년), '표찰화 기제와 한국어의 표찰화'(2020년), '탈병합에 의한 선형화와 보충어로의 핵 이동'(2020년).

한데 모으면서 논의의 균형을 맞추기 위해 덜어낸 것도 있고 새로 보탠 것도 있다. 그 결과 처음 발표한 내용과 꽤 많이 달라진 것도 있다. 하지만 핵심이 바뀐 것은 없고, 짧은 논문에서 책으로 시야가 확대된 데 따른 변화로 이해하면 될 듯하다.

*

내게 한국어 통사론을 가르쳐 주신 서정목 선생님께서는 일명 빨간 책 『문법의 모형과 핵 계층 이론』(1998)의 서문에서 "'귀신 씨나락 까먹는 소리' 같던 강의에 귀 기울여 준" 학생들에게 고맙다는 말씀을 하셨었다. 요즘 들어 그런 말씀을 하신 선생님 마음을 조금은 알 것도 같다. 선생님한테서 내려왔고 내가 이어가고 있는 귀신 씨나락 까먹는 소리를 경청해주는 학생들에게 고마운 마음을 전한다.

그리고 책을 마무리할 즈음 살뜰히 도와준 전지영, 명정희, 구호정 세 사람에게 각별한 고마움을 전한다. 읽고 지적해 준 내용 중에는 반짝반짝하는 것들도 있었는데, 이건 책에 담지 않았다. 기회가 오고 관심이 닿으면 이 세 사람이 각자의 연구 성과로 키우면 좋겠다. 그리고 각자의 길을 가는데 조금이나마 도움이 되면 참 좋겠다.

*

　책을 쓰는 것은 힘들지만 즐겁기도 하다. 또 쓸 때는 쓰는 것에만 몰두해서 뭔가 이루고 있다는 뿌듯함을 느끼지만 쓰고 나면 아주 많이 허전해지기도 한다. 그러다 보니 기분이 오르락내리락 하고 까탈을 부리기도 한다. 그런 모든 변덕과 까탈을 받아준 아내에게 고마움을 전한다.

2023년 4월 19일
이정훈

차례

2부 확장

1부 토대

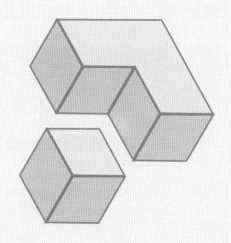

1. 통사구조 형성 규칙

1.1. 도입

통사구조는 어휘항목이 모여 형성된다. 그렇다면 어휘항목은 어떻게 서로 모여서 통사구조를 형성하는가? 다시 말해 무엇이 어휘항목이 모여 통사구조를 형성하게끔 하는가? 이에 대한 답으로 일단 어휘항목에 '통사구조 형성 규칙'이 적용되어 통사구조가 형성된다고 하자. 그러면 위의 질문은 다음과 같이 보다 구체화된다. 통사구조 형성 규칙의 실상은 어떠한가? 즉, 통사구조 형성 규칙은 어떤 모습이며, 또 어떻게 적용되는가? 이 장에서는 이 질문에 대한 답을 제시함으로써 이어지는 논의의 토대를 다지고자 하는데, 기본적인 수준의 논의에서 시작하여 자료를 확대하고 이론을 다듬어나가는 방향을 취한다.

1.2. 통사구조의 두 축

통사구조를 구성하는 성분들 사이에는 통사관계(syntactic relation)가 성립하며, 성분들은 계층구조(hierarchical structure)를 이루며 통사구조를 형성한다.[1] 통사관계와 계층구조는 통사구조의 두 축이라 할 만한데, 문장 '우리는 통사론을 열심히 연구한다'를 예로 삼아 통사구조의 두 축인 통사관계와 계층구조를 도식화하여 제시하면 아래와 같다.

(1) 우리는 통사론을 열심히 연구한다.

가. 통사관계

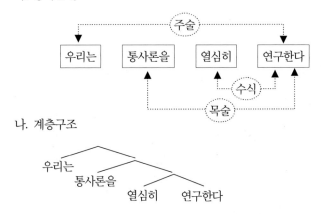

나. 계층구조

---

1   통사관계와 계층구조는 각각 문법관계(grammatical relation), 성분구조(constituent struc-ture)라고도 한다. 한편 문법관계는 '주어, 목적어, 서술어' 등의 전통적인 문법관계로 제한하고, 전통적인 문법관계로 포착하기 어려운 것까지를 포함할 때 통사관계라고 할 수도 있다. 예를 들어 '그가 왜 우리를 찾았니?'에서 성립하는 의문사 '왜'와 의문어미 '-니'의 관계(서정목 1987; 정대호 1996 등 참고), '어느 분이 이 책을 읽으시었니?'에서 성립하는 '어느 분'과 '-으시-' 사이의 관계(임동훈 2000; 이정훈 2014ㄹ 등 참고), '우리는 절대로 그런 짓을 안 한다'에서 성립하는 '절대로'와 '안' 사이의 관계(시정곤 1997; 김영희 1998ㄴ 등 참고), '그는 나보다 너를 좋아한다'에서 성립하는 '그'와 '나' 사이의 관계나 '나'와 '너' 사이의 관계(김정대 1993; 오경숙 2010 등 참고), 그리고 그 밖에 통사구조에서 성립하는 여러 관계를 제대로 포착하려면 전통적인 문법관계 수준을 탈피하여 보다 일반적인 통사관계 수준에서 현상을 분석하고 설명할 필요가 있다. 이와 관련하여, 통사론은 여러 구체적인 통사관계를 확인·분류하고, 나아가 여러 구체적인 통사관계를 통합적으로 설명할 수 있는 이론을 구성하는 것을 지향한다(4장 4.8절 참고).

(1가)에서 '우리는'은 '연구한다'와 통사관계를 맺으며, '연구한다'는 다시 '통사론을'과 통사관계를 맺고, '열심히'와도 통사관계를 맺는다. 이에 '우리는'은 '연구한다'와 통사관계를 맺을 뿐만 아니라 '통사론을'과 '열심히'까지 포함한 '통사론을 열심히 연구한다'와도 통사관계를 맺는다고 보는 것이 자연스럽고, 이에 따라 주어-술어 관계는 '우리는'과 '연구한다' 사이에 성립하는 한편으로 '우리는'과 '통사론을 열심히 연구한다' 사이에도 성립하는 것으로 보게 된다. '연구한다'가 그 자체로 '우리는'과 통사관계를 맺을 뿐만 아니라 '통사론을', '열심히'와 결합하고 확장되면서 '우리는'과 통사관계를 맺는 셈인데 이는 (1나)와 같은 계층구조를 토대로 하는 투사(projection)와 잘 어울린다(이 장의 1.3.2절 참고).

(1가)에는 '우리는'과 '연구한다' 사이의 통사관계, '통사론을'과 '연구한다' 사이의 통사관계, 그리고 '열심히'와 '연구한다' 사이의 통사관계는 표시되어 있지만, '우리는'과 '통사론을' 사이나 '통사론을'과 '열심히' 사이에는 통사관계가 표시되어 있지 않다. 이는 '우리는'과 '통사론을' 사이의 통사관계를 인정하지 않으며, '통사론을'과 '열심히' 사이의 통사관계도 인정하지 않는다는 것을 의미한다. 다시 말해 '우리는'과 '통사론을' 사이의 통사관계를 지지하는 현상이 없고 이 점은 '통사론을'과 '열심히' 사이도 마찬가지인 바, '우리는'과 '통사론을' 사이의 통사관계와 '통사론을'과 '열심히' 사이의 통사관계는 인정되지 않는다.

물론 '우리는'과 '연구한다'가 통사관계를 맺고, '통사론을'과 '연구한다'가 통사관계를 맺으며, '열심히'와 '연구한다'도 통사관계를 맺으므로, '연구한다'를 매개로 '우리는'과 '통사론을'이나 '통사론을'과 '열심히'가 간접적으로 관계를 맺을 수는 있다. 하지만 이러한 간접적 관계는 (1)에 표시한 원초적인 통사관계가 아니라 방금 언급했듯이 '연구한다'와 맺는 통사관계에서 파생되는 것이므로 독립적인 통사관계로 따로 인정하지 않는다.[2]

그런데 (1가)에는 표시되어 있지 않지만, '우리는'과 '통사론을'의 경우나 '통사론을'과 '열심히'의 경우와 달리, '우리는'과 '열심히'는 통사관계를 맺는다고 보아야 하지 않을까? 그래야 '우리'가 뭔가를 '열심히' 한다는 것을 포착할 수 있다. 이러한 맥락에서 소위 서술화(predication)의 필요성이 대두된다. 서술화에 따르면 '우리는'과 '열심히'는 서술의 통사관계, 즉 서술 관계를 맺는데 서술 관계는 계층구조와 쉽게 어울리지 않는 듯한 특징을 지닌다. 즉, 계층구조에서 성립하는 투사만으로는 '우리는'과 '열심히' 사이의 통사관계를 포착하기 어렵다. 따라서 계층구조와 어울리는 서술화 기제를 찾는 것이 과제로 대두된다(Williams 1980, Rothstein 2017 등 참고).

통사관계와 계층구조에 대한 지금까지의 논의를 토대로 이제부터는 통사관계와 계층구조에 대해서 구체적으로 논의하는데, 먼저 이 절에서는 (1가)의 통사관계에 대해 살피고, (1나)의 계층구조에 대해서는 절을 달리하여 살핀다(이 장의 1.3절 참고).

1.2.1. 통사관계

(1가)에서 '주술, 목술'은 각각 '주어-술어 관계, 목적어-술어 관계'를 나타내며 이 두 관계를 합쳐 '술어-논항 관계'라 한다.[3] '술어-논항 관계'는 필수

---

2   자연언어 처리와 같은 응용 차원에서는 원초적인 관계보다는 간접적인 관계가 더 유용하게 활용되기도 한다(박상길 2023: 6장, 7장; 한규동 2022: 7장; Marcus & Davis 2019: 4장 등 참고).

3   '그는 범인이 아니다, 물이 얼음이 되다'와 같은 예의 '범인이, 얼음이'를 보어로 간주하면 '보어-술어 관계'가 '술어-논항 관계'에 추가된다. 그리고 '그가 나에게 이 책을 주었다'의 '나에게'와 같은 필수 부사어도 '술어-논항 관계'에 해당하는데, 그러면 '필수 부사어-술어 관계'도 '술어-논항 관계'에 추가될 수 있다. 이렇게 통사관계는 '주어, 목적어, 보어, (필수) 부사어' 등 소위 문장성분에 대한 이해와 맥을 함께 하는데, 여기서는 문장성분을 통사론의 원초적인(primitive) 개념으로 간주하지 않고 통사구조적으로 결정하는 입장을 취한다. 이

성(obligatoriness)을 띠어서 술어가 나타나면 그 술어에 적합한 논항이 나타나야 하며, 논항도 술어가 있어야 적격한 것으로 인정된다. '술어-논항 관계'와 달리 (1가)에서 '수식'으로 표시한 '수식 관계'는 수의성(optionality)을 띠어서 수식어는 나타나는 경우와 그렇지 않은 경우 사이에 의미 차이를 유발하기는 하지만 그 출현 여부가 문장의 적격성에는 영향을 미치지 않는다.

필수성·수의성에서 술어-논항 관계와 수식 관계가 차이를 드러내는 셈인데 술어-논항 관계와 수식 관계 사이의 차이는 다른 경우에도 나타난다. 예를 들어 뒤섞기(scrambling) 여부도 술어-논항 관계와 수식 관계 사이의 차이를 잘 보여준다(이 장의 (37) 참고).[4]

통사관계에는 '술어-논항 관계'와 '수식 관계' 외에 몇 가지가 더 추가될 수 있다. 예를 들어 아래 (2)에서 '토끼는, 토끼가'와 '귀가 길다' 사이의 통사관계는 '술어-논항 관계'와 구별되고, 또 '수식 관계'와도 구별되는데, 이에 '주제-설명 관계'와 '초점-배경 관계'를 따로 둔다.[5]

입장에 따르면 원초적인 것은 통사구조 형성 규칙이고, 문장성분은 통사구조 형성 규칙에 의해 형성된 통사구조에 의해 결정된다(이 장의 1.3.1절 참고).

[4] 필수성·수의성을 기준으로 한 판단과 뒤섞기 여부를 기준으로 한 판단은 일치할 수도 있지만 일치하지 않을 수도 있다. 그래서 필수성·수의성에서 술어-논항 관계로 파악되고 뒤섞기 여부에서도 술어-논항 관계로 파악되는 경우와 함께 필수성·수의성에서는 수식 관계의 성격을 띤 것으로 파악되지만 뒤섞기 여부에서는 술어-논항 관계의 성격을 띤 것으로 파악되는 경우도 가능하다. 예를 들어 '그는 <u>주머니칼로</u> 방망이를 다듬었다'에서 '주머니칼로'는 수의성을 띠므로 수식 관계를 맺는 것으로 파악되지만, '나는 [그가 <u>주머니칼로</u> 방망이를 다듬었다고] 생각했다'에서 '주머니칼로'는 모문으로 뒤섞기될 수 있으므로 술어-논항 관계를 맺는 것으로 파악된다. 논의를 일반화하면, 어떤 판단 기준들이 있을 때 모든 판단 기준에서 같은 결과를 산출하는 경우도 있지만 그렇지 않은 경우도 있는 것이다. 그리고 이 점은 전통적인 문법관계 파악에서도 마찬가지이다(이홍식 2000 등 참고). 따라서 문법적인 판단은 무엇을 기준으로 삼은 것인지에 유념해야 하며, 하나의 성분이 이 기준에 따르면 논항으로 판단되고 저 기준에 따르면 수식어로 판단되는 식의 논의도 가능하다는 점에도 유념해야 한다.

[5] '토끼'에 '-은/는'이 결합한 경우와 '-이/가'가 결합한 경우는 서로 구분되는 점도 있고 겹치는 점도 있는데, 여기서는 구분을 위해 '-은/는'이면 '주제-설명 관계'를 형성하고 '-이/가'

(2) 가. <u>토끼는</u> 귀가 길다.

　　나. <u>토끼가</u> 귀가 길다.

　또한 (3)에서 '-와'를 매개로 맺어지는 '토끼'와 '거북이' 사이의 통사관계, 그리고 '-거나'를 매개로 맺어지는 '토끼가 이기-'와 '거북이가 이기-' 사이 의 관계는 '술어-논항 관계'와 구별되고, '수식 관계'와 구별될 뿐만 아니라 '주제-설명 관계'나 '초점-배경 관계'와도 구별되므로 이 네 가지 통사관계에 더해 '병렬 관계'를 따로 둔다.

　(3) 問 토끼<u>와</u> 거북이가 달리기 경주를 하면 누가 이길까?

　　　答 토끼가 이기<u>거나</u>, 거북이가 이기겠지.

　통사관계는 언어 자료, 즉 실제로 나타나거나 성립하는 것으로 판단되는 문장을 분석함으로써 파악되는 것이므로,[6] 자료의 폭을 확대하면 '술어-논항 관계, 수식 관계, 주제-설명 관계, 초점-배경 관계, 병렬 관계' 이외의 통사관 계가 추가될 수도 있다. 예를 들어 아래 (4가)에서 문두에 나타난 '통사론'과

면 '초점-배경 관계'를 형성하는 것으로 간주한다(전영철 2006, 2009; 이정훈 2008나 등 참고). 또한 '거북이가 (고양이가 아니라) <u>토끼를</u> 귀를 물었다', '거북이가 (<u>여우는</u> 코를 물고) <u>토끼는</u> 귀를 물었다'의 '토끼를'과 '여우는, 토끼는'도 각각 '초점-배경 관계'와 '주제 -설명 관계'를 형성하는 것으로 간주한다.

6　통사론의 연구 대상은 언어 자료인데 여기에는 말뭉치(corpus) 등에서 실제로 확인되는 자료뿐만 아니라 인위적으로 만든 자료도 포함된다. 발견된 것에 더해 가능한 것도 자료로 간주되는 것이다. 더불어 적격한 것으로 판단되는 언어 자료에 더해 부적격한 것으로 판단 되는 언어 자료도 자료에 포함된다. 일반적·정상적 상태를 더 깊이 이해하는 데에 예외적· 비정상적 상태에 대한 이해가 도움이 되기 때문이다. 한마디로 문법다운 문법은 제대로 된 언어 표현(linguistic expression)은 제대로 된 것으로 판단할 수 있어야 하고, 제대로 되어 있지 않은 언어 표현은 제대로 되어 있지 않다고 판단할 수 있어야 하며, 왜 제대로이 고 제대로가 아닌지 명확히 밝힐 수 있어야 한다.

문장의 나머지 부분이 맺는 통사관계는 '술어-논항 관계, 수식 관계, 주제-설명 관계, 초점-배경 관계, 병렬 관계' 중 어디에 속한다고 보기 어려우며, 이는 (4나)에서 문두에 나타난 '얘들아'와 나머지 부분이 맺는 통사관계도 마찬가지인데,

(4) 가. <u>통사론</u>, 우리는 통사론을 연구한다.
　　　나. <u>얘들아</u>, 눈 온다.

문두에 나타난 '통사론', '얘들아' 각각을 흔히 제시어, 부름말이라 하는바, 통사관계에 '제시 관계'와 '부름 관계'를 추가할 수 있다.

'술어-논항 관계, 수식 관계, 주제-설명 관계, 초점-배경 관계, 병렬 관계, 제시 관계, 부름 관계', 이렇게 총 일곱 가지 통사관계가 확인되었는데, 이에 통사론은 아래의 질문을 제기하고 그에 대한 답을 모색하면서 전개된다.

첫째, 추가되어야 할 통사관계가 있는가?
둘째, 통사관계를 통합할 수 있는가?
셋째, 통사관계 사이의 관계는 어떠한가?

위에 제시한 세 가지 질문에 대해 지금 당장 충분히 답하기는 어렵다. 다만 대략적인 윤곽은 제시할 수 있는데, 먼저 첫 번째 질문과 관련하여, 자료의 폭을 넓히면 지금까지 살핀 일곱 가지 이외의 통사관계가 발굴될 수도 있다. 예를 들어 아래 (5)에서 '영이의 친구(가)'와 '철수'의 관계는 지금까지 살핀 일곱 가지 통사관계로 포착하기 어렵다. 이에 일곱 가지 통사관계에 더해 소위 '동격 관계'가 성립한다.

(5) <u>영이의 친구(가)</u>, (즉) <u>철수가</u> 순이를 만났다.

(6)도 '동격 관계'에 속한다. 다만 '동격 관계'의 실현 양상이 (5)와 달라서 '철수를'과 절 '네가 이제 만날 사람인데'가 동격 관계를 맺는다.[7]

(6) 나는 <u>철수를</u>, <u>네가 이제 만날 사람인데</u>, 그 자리에 추천하려고 한다.

다음으로, 두 번째 질문에 대해서는, 통사론을 구성하기에 따라서는 통사 관계들이 통합될 수 있다고 답할 수 있다. 예를 들어 '주제-설명 관계'와 '초점-배경 관계'는 '술어-논항 관계'로 통합될 수 있는데, 이를 이해하기 위해서 우선 아래 예에 주목해 보자.

(7) [우리가 읽은] 책

'읽-'은 '우리가 책을 읽었다'에서 보듯이 '읽는 주체'를 나타내는 논항과 '읽히는 대상'을 나타내는 논항, 이 두 개의 논항을 필요로 한다. 그런데 (7)에서 관형절 '우리가 읽은' 내에는 '읽-'이 필요로 하는 두 개의 논항 가운데 '읽는 주체'를 나타내는 논항만 나타나 있다. 이에 관형절 '우리가 읽은'은 '읽히는 대상'을 나타내는 논항 하나를 필요로 하는 술어의 자격을 가지는 것으로 파악되며, 관형절 '우리가 읽은'의 술어 속성은 '책'과 결합함으로써 충족된다.

---

7   이러한 '동격 관계'는 'I spoke to the lecturers, <u>who failed the test on didactics</u>', 'John, <u>who never finished high school, who can't in fact even read or write</u>, wants to do a doctorate in astrophysics'(Vries 2006: 229, 252) 등에서 확인할 수 있는 영어의 동격 관계절 (appositive relative clause)에 비견된다.

통사관계의 통합과 관련하여 중요한 것은 '우리가 읽은'과 같은 절이 술어로 기능할 수 있다는 점으로서, 술어로 기능하는 절의 가능성을 적극적으로 고려하면 '주제–설명 관계'와 '초점–배경 관계'를 술어–논항 관계로 통합할 수 있다. 관형절이 술어로 기능하듯이, (2)에서 '귀가 길다'가 술어로 기능하며,[8] 술어로서의 성격이 '토끼는, 토끼가'와 결합함으로써 충족된다고 할 수 있는 것이다. 이러한 논의를 따르면, 앞서 제시한 일곱 가지 통사관계는, (5)와 (6)을 통해 추가한 '동격 관계'까지 포함해도, '주제–설명 관계'와 '초점–배경 관계'가 '술어–논항 관계'로 통합되므로, '술어–논항 관계, 수식 관계, 병렬 관계, 제시 관계, 부름 관계, 동격 관계', 이렇게 여섯 가지로 줄어든다.

그런데 위와 같은 통사관계 통합에는 그에 따른 문제가 따라붙는다. 예를 들어 '주제–설명 관계'와 '초점–배경 관계'를 '술어–논항 관계'로 통합하면 아래 (8)의 '꽃은, 꽃이'와 '만나기는, 만나기를'도, '주제–설명 관계'나 '초점–배경 관계'가 아니라, '술어–논항 관계'를 맺는다고 보아야 할 듯한데, 기왕의 '술어–논항 관계'로는 '꽃은, 꽃이'를 포착하기 어렵고 이는 '만나기는, 만나기를'도 마찬가지이다.

(8) 가. 꽃은 장미가 예쁘다.

　　꽃이 장미가 예쁘다.

　나. 만나기는 철수가 영이를 만났다.

　　만나기를 철수가 영이를 만났다.

8　이런 절을 소위 서술절이라고 한다(임동훈 1997 참고). 서술절을 절이 술어로 쓰이는 경우로 간주하면, 앞서 이 장의 각주 5)에 제시한 '거북이가 토끼를 귀를 물었다, 거북이가 토끼는 귀를 물었다'와 같은 예는 술어 '물–'과 목적어 '귀를'로 형성된 구 '귀를 물–'이 술어의 기능을 가지고 목적어 '토끼를, 토끼는'을 논항으로 취하는 것으로 이해할 수 있다(안명철 2001 참고).

'귀가 길다'에서 '귀'는 그 속성상 소유주(owner)를 나타내는 논항을 필요로 하며, 소유주는 '토끼의 귀가 길다'처럼 실현될 수도 있고 (2)에서 확인했듯이 '토끼는 귀가 길다, 토끼가 귀가 길다'처럼 실현될 수도 있다. 그리고 소유주 논항이 나타나는 방식이 이럴 수도 있고 저럴 수도 있지만, (7)을 고려하건데, '토끼의'와 '토끼가', '토끼는'을 논항으로 파악하는 것은 그다지 억지스럽지 않다. 소유주가 어떻게 나타나든 '술어–논항 관계'로 파악할 수 있는 것이다. 그런데 (8가)는 사정이 다르다. '장미가 예쁘다'에 포함된 '장미'가 소유주를 나타내는 논항을 필요로 한다고 보기 어렵고 그 밖에 어떤 것을 논항으로 필요로 한다고 보기 어렵기 때문이다. 따라서 (8가)에서 '꽃은, 꽃이'가 '술어–논항 관계'에 참여한다고 하려면 그 '술어–논항 관계'가 구체적으로 무엇인지 밝히고 이를 '술어–논항 관계'에 추가해야 한다. 그리고 이런 문제는 (8나)도 마찬가지이다. '만나기는, 만나기를'과 '철수가 영이를 만났다' 사이에 성립하는 '술어–논항 관계'가 구체적으로 무엇인지 명시하고 이를 기존의 '술어–논항 관계'에 반영해야 하는 것이다.

끝으로, 세 번째 질문 '통사관계 사이의 관계는 어떠한가?'에 대해서는, 먼저, 통사관계가 서로 배타적인 경우도 있지만, 그렇지 않은 경우도 있다는 점에 유념할 필요가 있다. 예를 들어 '술어–논항 관계'와 '수식 관계'는 배타적이고 '주제–설명 관계'와 '초점–배경 관계'는 배타적이지만, '술어–논항 관계'와 '주제–설명 관계, 초점–배경 관계'는 그렇지 않다. 아래 대화에서 (9나)의 '철수가'는 주어이면서 초점이고, (9다)의 '철수는'은 주어이면서 주제인바, 이는 '주제–설명 관계, 초점–배경 관계'와 '술어–논항 관계'가 겹칠 수 있음을 의미하며(김영희 1978; 이정훈 2008나 등 참고),

    (9) 갸 누가 이 논문을 썼니?

       냐 철수가 이 논문을 썼어.

⊡ 철수는 이 책도 썼어.

'어제는 하루 종일 비가 내렸어', '나는 여기서도 그 사람을 봤어'와 같은 예는 '수식 관계'와 '주제-설명 관계, 초점-배경 관계'가 겹칠 수 있음을 의미한다.

위와 같이 '주어'와 '주제' 등이 공존할 수 있다고 보는 대신에 서로 배타적이라고 보면 어떨까? 그러면 (9⊡)의 '철수는'은 주제가 되고 주어는 생략(▉)된 것으로 이해된다(철수는 그 자신이 이 책도 썼어).[9]

다음으로, '제시 관계'와 '동격 관계'는 독립적으로 나타나지 않으며 다른 통사관계에 기대서 나타난다. 예를 들어 아래에서 제시어 '통사론'은 목적어 '통사론을'에 기대서 나타나며, 동격 표현 '영이의 친구(가)'는 주어 '철수가'에 기대서 나타난다.

(10) 가. 통사론, 우리는 통사론을 연구한다. (= 4가)

나. 영이의 친구(가), (즉) 철수가 순이를 만났다. (= 5)

그리고 '제시 관계'와 '동격 관계'는 위에서처럼 '술어-논항 관계'에 기댈 수 있을 뿐만 아니라, '이곳, 나는 이곳에서 그를 만났다', '나는 이곳(에서),

---

9 이러한 견해의 예로 임홍빈(2007가)를 들 수 있다. 임홍빈(2007가)는 논항은 격조사를 취해야 한다고 보는데 이에 따르면 격조사와 결합하지 않은 (9⊡)의 '철수는'은 주어일 수는 없고 주제일 뿐이다. 그런데 격조사를 취한 것은 물론이고 격조사를 취하지 않은 것도 논항으로 보면 '철수는'은 주어이자 주제가 되며, 여기서는 이 관점을 따른다. 논항의 자격을 어떻게 파악하는가가 핵심인데, 복잡한 통사구조를 피하고 일반성, 예를 들어 격조사가 결합한 '철수가'가 나타나는 자리에는 격조사가 결합하지 않은 '철수, 철수는, 철수만, 철수도' 등도 나타날 수 있다는 일반성을 포착하기에는 여기서의 관점을 따르는 것이 더 타당하다고 판단한다.

(즉) 내일이면 사라질 간이역에서, 그를 만났다'에서 보듯이 '수식 관계'에도 기댈 수 있으며, '토끼, 거북이가 토끼를 귀를 물었다', '거북이가 토끼(를), (즉) 용왕의 약으로 쓸 짐승을, 귀를 물었다'에서 보듯이 '초점-배경 관계'에 기댈 수도 있고, '토끼, 토끼는 귀가 길다', '토끼(는), (즉) 용왕의 약으로 쓸 짐승은, 귀가 길다'에서 보듯이 '주제-설명 관계'에 기댈 수도 있다.

'병렬 관계'와 '부름 관계'에 대해서 아직 언급하지 않았는데, 이 중 '병렬 관계'는 『하늘과 바람과 별과 시』(윤동주), 『아버지와 아들』(투르게네프)처럼 다른 통사관계와 어울리지 않고 독립적으로 나타나는 한편으로 '그는 철수랑 영이를 추천했다, 그는 이곳에서나 저곳에서 차를 마셨다'에서 보듯이 술어-논항 관계, 수식 관계 등 다른 통사관계와 어울려서도 나타나는데, '부름 관계'는 다른 문법 관계와 어울리지 않고 독립적으로 나타난다. '영이야, 철수가 너를 찾더라'와 같은 예는 언뜻 부름말 '영이야'가 목적어 '너를'에 기대는 듯이 보이는데, 이는 부름말도 청자를 가리키고 대명사 '너'도 청자를 가리키는 데에 따른 것이지 부름말이 목적어에 기대기 때문은 아니다. 만약 부름말이 목적어에 기대든 아니면 그밖의 다른 어떤 문장성분에 기대야 하는 것이면 '영이야, 철수가 순이를 찾더라'가 성립하지 않아야 하지만 이 문장은 아무런 이상을 지니지 않기 때문이다.

여기서는 위와 같은 점을 염두에 두고, 이 절에서 확인한 여덟 가지 통사관계, 즉 '술어-논항 관계, 수식 관계, 주제-설명 관계, 초점-배경 관계, 병렬 관계, 제시 관계, 부름 관계, 동격 관계'를 인정하고 논의를 진행한다.

1.2.2. 완전 해석 원리

통사구조를 구성하는 성분 사이에는 통사관계가 성립한다. 그렇다면 통사관계를 지니지 않은 성분이 문장에 나타나면 어떻게 되는가? 아래의 대조는 그런 성분이 나타나면 문장이 성립하지 않는다는 것을 잘 보여준다.

> (11) 우리는 통사론을 열심히 연구한다. (= 1)
>
> 　　가. 우리는 <u>매일매일</u> 통사론을 열심히 연구한다.
>
> 　　나. [*]우리는 <u>영이에게</u> 통사론을 열심히 연구한다.

앞서 (1)에 제시한 문장에 '매일매일'을 추가하면 (11가)가 되고, '영이에게'를 추가하면 (11나)가 된다. 그런데 (11가)는 성립하는 반면, (11나)는 성립하지 않는다.[10] 그렇다면 이러한 차이는 왜 나타나는가? 이 의문에 대한 답은 (11가)의 '매일매일'은 통사관계를 맺을 수 있는 반면, (11나)의 '영이에게'는 그렇지 않다는 데서 찾을 수 있다. (11가)의 '매일매일'은 빈도를 나타내면서 '우리는 통사론을 열심히 연구한다'와 수식 관계라는 통사관계를 맺을 수 있지만, (11나)의 '영이에게'는 통사관계를 맺을 수 없어서 (11가)와 (11나) 사이의 대조가 나타나는 것이다.

그렇다면 (11나)의 '영이에게'는 왜 통사관계를 맺지 못하는가? 먼저, (11나)의 '영이에게'는 '철수가 <u>영이에게</u> 책을 보냈다'나 '<u>영이에게</u> 그 책이 있다'에서 보듯이 도달점이나 소유주를 나타내는데 도달점과 소유주는 '우리는 통사론을 열심히 연구한다'와 별다른 통사관계를 맺을 수 없다. 방금 제시한 예에서 보듯이 '영이에게'는 논항에 해당하므로, (11나)에서 '영이에게'가 수식 관계를 맺을 수 없으며, (11)의 술어 '연구하-'는 연구의 주체를 나타내는 논항과 연구의 대상을 나타내는 논항을 필요로 하지 도달점이나 소유주

10　주목해야 하는 것은 (11가)와 (11나)에 대한 판단(judgment)이 대조적이라는 사실이며, (11나)가 완전히 성립하지 않는지 아니면 어느 정도 성립하는지는 핵심이 아니다. 이와 관련하여 문법성(grammaticality)과 수용성(acceptability)은 구분되며(신승용 외 2020: 23-26 참고), 언어 표현에 대한 판단에는 빈도(frequency)도 관여한다(Francis 2022 참고).

논항을 필요로 하지 않으므로 '술어-논항 관계'도 맺지 못하기 때문이다. 또 '영이에게'가 수식 관계를 맺을 수 있다고 해도 이 수식 관계는 (11나)에서 성립할 수 없다. 술어-논항 관계에서든 수식 관계에서든 '영이에게'는 도달점, 소유주 등을 나타내는데 이런 것들은 '우리는 통사론을 열심히 공부한다'와 적절한 수식 관계를 맺을 수 없는 것이다.

그렇다고 '수식 관계'와 '술어-논항 관계' 이외의 통사관계를 (11나)의 '영이에게'에 부여하기도 어렵다. 통사관계가 성립하려면 적절한 형식을 갖추어야 하기 때문이다. 예를 들어 '제시 관계'가 성립하려면 아래에 반복한 (10가)에서 보듯이 제시어가 쉼표(,)로 표시한 끊어짐(pause)의 억양을 동반해야 하는데, (11나)의 '영이에게'에는 끊어짐의 억양이 동반되어 있지 않다. 그래서 '영이에게'는 제시어가 되지 못하고 이에 따라 '제시 관계'를 맺지 못한다. 다른 통사관계들도 적절한 형식적 요건을 지니는바, '영이에게'는 그 통사관계들이 요구하는 형식적 요건에 부합하지 못하며, 이에 통사관계를 맺지 못한다.

(10가) <u>통사론</u>, 우리는 <u>통사론을</u> 연구한다.

결국 (11나)의 '영이에게'는 아무런 통사관계를 맺지 못하는 것으로 판단되고, 이에 통사관계를 맺지 못하는 군더더기 성분이 나타나면 문장이 성립하지 않는다는 것을, 달리 말하면 문장에 등장하는 성분은 통사관계를 지녀야 한다는 것을 원리로 설정할 수 있다.

한편 따로 자세히 살피지는 않지만 음운론적인 차원에서도 군더더기는 허용되지 않는다. 음운론적으로 군더더기를 허용하면, 예를 들어 기저형(underlying form)에 나타나지만 음운론적으로 해석되지 않는 음운을 허용하면, '물이 맑다'의 '맑-'의 기저형이 /ㅁㅏㄹㄱ/이 아니라 /ㅁㅏㄹㄱㅏ/라고

할 수도 있으며, /ㄴㅁㅏㄹㄱ/이라고 할 수도 있는데, 이렇게 군더더기를 인정하는 기저형은 음운 현상을 설명하는 데에 부담만 야기할 뿐 아무런 도움이 되지 않기 때문이다.[11]

군더더기가 나타나면 안 되지만 필요보다 적게 나타나도 안 된다. 그래서 '영이에게'가 군더더기로 등장한 '*우리는 영이에게 통사론을 열심히 연구한다'(= 11나)가 성립하지 않듯이 나타나야 하는 '통사론을'이 나타나지 않은 '*우리는 열심히 연구한다'도 성립하지 않는다. 그리고 이렇게 필요보다 적게 나타나는 것이 금지되는 것 역시 음운론도 마찬가지이다. 기저형 /ㅁㅏㄹ/과 표면형 [ㅁㅏㄹㄱ]을 합리적으로 연관지을 수 없는바, 기저형 /ㅁㅏㄹ/은 표면형 [ㅁㅏㄹㄱ] 산출에 필요한 것을 제대로 구비하지 못한 모자란 기저형인 것이다.

결국 통사관계 차원이든 음운론 차원이든 언어 표현에 나타나는 요소들은 모두 적절히 해석될 수 있어야 하는데, 이에 '완전 해석 원리'(principle of full interpretation)를 설정한다(Chomsky 1986가: 98 참고).[12]

---

11 기저형에 군더더기를 허용하지 않는 것은 음운론에서 일반적으로 인정된다. 그래서 기저형은 음운론적 규칙성을 포착할 수 있게끔 설정되는 한편으로, 최대한 표면형에 가깝게 설정된다(Chomksy & Halle 1968/1991: 296 참고). 이러한 사항을 포착하는 방법은 다양할 수 있는데, 예를 들어 최적성 이론(optimality theory)에서는 충실성 제약(faithfulness constraint)을 통해 기저형에 군더더기가 나타나는 것을 배제한다. 전상범(2004: 4부), 김무림·김옥영(2009: 6장), 신승용(2013: 5장) 등 참고.

12 완전 해석 원리는 필수 출력 조건(bare output condition), 접면 조건(interface condition), 해석성 조건(legibility condition) 등의 별칭을 가지며, 소위 경제성 원리로 통합된다. 이와 관련하여 Chomsky(1995나/2015: 24)는 "There are also certain general ideas that appear to have wide applicability, among them, principles of economy stating that there can be no superfluous symbols in representations (the principle of Full Interpretation, FI) or super-fluous steps in derivations"라고 언급하기도 한바, 경제성 원리는 통사 현상에 두루 관여한다. 일례로 대용 현상(anaphor)은 선행사의 크기가 클 수도 있고 작을 수도 있는 경우 보다 큰 선행사를 선호하는데 대용의 효율을 최대화하는 점에서 경제성에 부합한다(이정훈 2010나: 334-338; 김광섭 2011 등 참고). 경제성의 효과는 이 책 전체에 걸쳐 거듭 확인하

(12) 완전 해석 원리

언어 표현의 의미 표상(semantic representation)과 소리 표상(phonetic representation)에 나타나는 성분들은 모두 적절히 해석되어야 한다.[13]

위의 완전 해석 원리에 따라 앞서의 논의를 요약하면 다음과 같다. 먼저, (11가)의 '매일매일'이나 (10가)의 '통사론'은 적절히 해석되므로, 다시 말해 수식 관계와 제시 관계 형성에 참여하므로 허용된다. 다음으로, (11나)는 '영이에게'가 적절히 해석되지 못하므로 허용되지 않는다. 그리고 '맑-'의 기저형과 표면형도 완전 해석 원리를 준수하는 것이 허용된다. 예를 들어 기저형 /ㅁㅏㄹㄱ/의 표면형이 [ㅁㅏㄹㄱ]이고 역으로 표면형 [ㅁㅏㄹㄱ]의 기저형이 /ㅁㅏㄹㄱ/인 것은 아무런 문제를 야기하지 않는다. 기저형과 표면

게 된다. 한편 경제성은 방금 언급한 '효율 최대화'를 보장할 뿐만 아니라 통사구조 형성 과정에서의 경제성과 형성된 통사구조 상에서의 경제성, 즉 도출의 경제성(economy of derivation)과 표시의 경제성(economy of representation)도 보장한다. 도출의 경제성과 표시의 경제성에 대한 요약적 논의는 Epstein 외(2011, 2013) 등 참고.

13 '네 인생의 이야기'와 'story of your life'는 포함하고 있는 어휘항목이 다르고 어순도 다르다. 그래서 이들은 서로 다른 언어 표현이다. 그런데 의미는 서로 같다. '조사와 어미 그리고 통사구조'와 '어미와 조사 그리고 통사구조, 통사구조 그리고 조사와 어미, 통사구조와 어미 그리고 조사' 등도 어휘항목은 같지만 어순이 다르므로 서로 다른 언어 표현인데 의미는 서로 같다. 따라서 언어 표현과 독립적으로 의미를 나타내야 하는데 의미를 나타낸 것, 다시 말해 의미에 대한 표시를 '의미 표상'이라 한다. 소위 통사-의미 접면(syntax-semantics interface)에 대한 연구는 언어 표현과 의미 표상 사이의 관계에 집중한다. 완전 해석 원리는 의미 표상에 더해 소리 표상도 언급하고 있는데, '소리 표상'은 '기저형, 규칙 적용, 표면형'에서 기저형에 대한 표시와 표면형에 대한 표시를 가리킨다. 한편 언어 표현은 의미 표상과 소리 표상 둘 다를 지닐 수도 있지만 의미 표상만 지니고 소리 표상은 없을 수 있고, 의미 표상 없이 소리 표상만 지닐 수도 있다. 전자에 해당하는 사례가 생략이고(표면형에 해당하는 소리 표상이 없는 경우), 후자에 해당하는 사례가 '하-' 지지이다(5장, 6장 참고). 그렇다면 의미 표상도 없고 소리 표상도 없는 언어 표현은 가능할까? 이러한 언어 표현에 해당하는 것이 소위 추상적 기능범주인데 여기서는 추상적 기능범주를 인정하지 않는 입장을 취한다(이정훈 2004나, 2008나, 2011라 및 이 장의 각주 35), 2장의 각주 8), 4장의 각주 15) 등 참고).

형에 포함된 것들이 모두 적절히 해석되기 때문이다. 그러나 기저형 /ㅁㅏㄹ ㄴㄱㅏ/와 표면형 [ㅁㅏㄹㄱ]의 관계는 그렇지 않다. 기저형 /ㅁㅏㄹㄴㄱㅏ/ 가 표면형 [ㅁㅏㄹㄱ]이 되려면 'ㄴ, ㅏ'가 사라져야 하는데 이런 것을 인정할 수는 없기 때문이다. 따라서 'ㄴ, ㅏ'가 삭제되지 않았는데 기저형 /ㅁㅏㄹㄴ ㄱㅏ/가 표면형 [ㅁㅏㄹㄱ]으로 실현되는 것은 기저형의 'ㄴ, ㅏ'가 적절히 해석되지 않은 경우에 해당되어 완전 해석 원리를 위반한 것으로 판단된다. 'ㄴ, ㅏ' 삭제가 부당하듯이 'ㄴ' 삭제나 'ㄱ' 삽입 등도 부당하므로 /ㄴㅁㅏㄹ ㄱ/, /ㅁㅏㄹ/ 등도 타당한 기저형으로 간주되지 않는다.

1.3. 계층구조와 통사구조 형성 규칙

문장을 형성하는 성분들은 모두 일시에 결합하여 문장을 형성하는 것이 아니라 두 개씩 순차적으로 결합하며 문장을 형성한다.[14] 그래서 (13)에서 보듯이 계층구조가 나타나게 된다.

---

[14] 이를 이분지 가설(binary branching hypothesis)이라고 하며, 이 가설은 언어 습득(language acquisition)과도 부합한다(Collins 2022 참고). 물론 현상에 따라서는 이분지가 아니라 그 이상의 다분지 통사구조가 필요하기도 한데 이에 대해서는 나중에 논의한다(7장 7.7절 참고). 한편 가설은 설정하기 나름이므로 예를 들어 Culicover & Jackendoff(2005)에서 보듯이 이분지 가설을 채택하지 않을 수도 있으며, 그러면 현상에 대한 분석과 설명이 이분지 가설을 채택하는 경우와 사뭇 달라진다. 이와 관련하여, 가설 설정은 선택의 영역이긴 하지만, 경험적·이론적으로 보다 타당한 결과를 산출하는 가설, 즉 보다 다양한 자료를 분석·설명할 수 있고 이론의 부담이 적은 가설이 선택된다. 유념할 것은 경험적 측면과 이론적 측면, 두 측면 중 어느 한 쪽의 타당성만 높은 가설이 아니라 두 측면 모두에서 타당성이 높은 가설을 추구해야 한다는 점이다.

(13) 우리는 통사론을 열심히 연구한다.

그리고 계층구조는 '열심히'와 '연구한다'가 하나의 성분을 이루며, '통사론을'과 '열심히 연구한다'가 하나의 성분을 이루고, '우리는'과 '통사론을 열심히 연구한다'가 하나의 성분을 이룬다는 점도 나타내므로 성분성(constituency)을 드러내기도 하며, 이에 계층구조는 성분구조라고도 한다.

문장의 계층성, 성분성은 여러 언어 현상을 통해 확인할 수 있다. 예를 들어 생략(ellipsis), 이동(movement), 병렬 혹은 대등 접속(coordination) 등은 성분을 대상으로 한다(이정훈 2012나: 8장; Haegeman 2006: 2장 등 참고).

통사관계와 계층구조가 통사구조의 두 축임을 고려하면 통사론도 이에 맞추어 구성되어야 할 것이다. 즉, 통사구조를 위시한 통사 현상은 통사관계에 따른 특성과 계층구조에 따른 특성에 민감하므로 통사론이 온전하려면 계층구조와 통사관계를 공히 포착할 수 있어야 한다. 그런데 계층구조와 통사관계는 그 성격이 구별되면서, 즉 상호독립적이면서, 동시에 서로 밀접히 관련되므로, 어느 쪽에 초점을 맞추느냐에 따라 서로 다른 통사론이 구성되기 마련이다. 이에 통사론은 통사관계에 토대를 두되 계층구조를 지지하는 현상까지 설명하는 방향을 취하거나 역으로 계층구조에 토대를 두되 통사관계를 지지하는 현상까지 설명하는 방향을 취하게 된다.[15]

위와 같은 배경에서 여기서는 위의 두 방향 가운데 두 번째 방향을 선택하고자 한다. 즉, 계층구조에 토대를 두고 계층구조를 지지하는 현상은 물론이

---

15   물론 둘을 적당히 섞는 방법도 가능하다(Bresnan 외 2016 참고).

고 통사관계를 지지하는 현상까지 기술하고 설명한다.

계층구조는 앞서 이 장을 시작하며 언급했듯이 '통사구조 형성 규칙'에 의해 형성된다. 그렇다면 '통사구조 형성 규칙'은 구체적으로 어떤 모습을 띠는가?

1.3.1. 구 구조 규칙

애초 생성문법에서는 통사구조 형성 규칙으로 시초 기호(initial symbol), 비종단 기호(non-terminal symbol), 종단 기호(terminal symbol), 구 구조 규칙 (phrase structure rule) 이렇게 네 부분으로 구성된 구 구조 문법(phrase structure grammar)을 채택하였다(Chomsky 1957/2002 및 Carnie 2010: 5장~6장 등 참고).[16] 일반적으로 시초 기호는 S(sentence) 하나가 설정되며, 비종단 기호로는 NP, VP, N, V 등이 설정되고, 종단 기호는 통사구조에 실제로 나타나는 어휘항목 으로 구성된다. 끝으로 구 구조 규칙은 'X → Y'(X를 Y로 다시쓰라)와 같은 다시쓰기 규칙(rewriting rule)의 형식으로 표현된다.

문장 '강아지가 고양이를 물었다'를 예로 들어 구 구조 문법으로 문장을 형성하는 방법을 보이면 다음과 같다. 일단 이 문장을 형성하려면 시초 기호, 비종단 기호, 종단 기호, 구 구조 규칙을 마련해야 한다.

(14) 가. 시초 기호: S

나. 비종단 기호: NP, VP, N, V, K, T, C 등

다. 종단 기호: 강아지, 고양이, 물-, -이/가, -을/를, -았/었-, -다 등

---

16 물론 통사구조는 생성문법 이외의 방법으로도 형성할 수 있다. 생성문법을 포함하여 여러 통사 이론들에 대한 개괄적 소개는 Carnie et al. eds.(2014: 5부), Müller(2016) 등 참고.

라. 구 구조 규칙[17]

규칙 1: S → NP VP

규칙 2: VP → NP V

규칙 3: NP → N K

규칙 4: V → V T C[18]

규칙 5: N → {개, 고양이, 꿩, 고래, …}

규칙 6: V → {물-, 읽-, 만나-, …}

규칙 7: K → {-이/가, -을/를, -에게, …}

규칙 8: T → {-았/었-, -ㄴ/는-, -더-, …}[19]

규칙 9: C → {-다, -아라/어라, -구나, -자, -냐, …}

(14가)~(14라)를 토대로 '강아지가 고양이를 물었다'가 형성되는 도출 (derivation)의 한 사례를 보이면 아래와 같다.

(15) 1. S

2. NP VP

---

17   (14라)의 구 구조 규칙 중 규칙 3, 4와 7~9는 조사와 어미가 통사적 존재임을 의미하는데 이에 대해서는 2장, 3장에서 구체적으로 논의한다. 한편 규칙 3과 규칙 4에 따르면 조사는 NP 내 성분이 되고, 어미는 V 내 성분이 되는데, 조사와 어미를 이렇게 처리하는 방안은 개정될 필요가 있다. 이에 대해서도 2장과 3장에서 구체적으로 논의한다.

18   이 구 구조 규칙은 이분지 가설에 위배된다(이 장의 각주 14) 참고). 따라서 이분지 가설에 부합하는 방안을 모색할 필요가 있는데 이에 대해서는 뒤에서 논의한다(이 장의 1.3.6절 참고).

19   '-았/었-'은 사건시 과거를 나타내고, '-ㄴ/는-'은 사건시 현재 및 인식시 현재를 나타내며, '-더-'는 인식시 과거를 나타낸다(한동완 1996 참고). 그리고 '-았/었-, -ㄴ/는-, -더-'에 더해 '-겠-'이나 '-으리-' 등이 추가될 수 있다(이정훈 2014나 참고). 한편 '규칙 8'과 '규칙 9'에 의해 도입되는 어미 중에는 이형태 실현이 다채로운 것도 있는데 이에 대해서는 한동완(1986), 이정훈(2006나, 2008나, 2015나) 등 참고.

3. N K VP

4. N K NP V

5. N K N K V

6. N K N K V T C

7. 강아지 K N K V T C

8. 강아지 -가 N K V T C

9. 강아지 -가 고양이 K V T C

10. 강아지 -가 고양이 -를 V T C

11. 강아지 -가 고양이 -를 물- T C

12. 강아지 -가 고양이 -를 물- -었- C

13. 강아지 -가 고양이 -를 물- -었- -다

도출은 위에서 보듯이 시초 기호 S가 주어지면서 시작된다. 첫째 줄에 S가 주어지면 그 다음에 할 수 있는 것은 (14라)의 구 구조 규칙 중 '규칙 1'을 적용하는 것뿐이다. 그래서 '규칙 1'이 적용되면 첫 번째 줄 'S'는 'NP VP'로 다시써지며(rewritten) 두 번째 줄로 넘어간다.[20] 두 번째 줄 'NP VP'에는 (14라)의 '규칙 2'(VP → NP V)를 적용할 수도 있고 '규칙 3'(NP → N K)을 적용할 수도 있는데, '규칙 3'을 적용하면 세 번째 줄 'N K VP'가 된다. 이어서 세 번째 줄 'N K VP'에 '규칙 2'를 적용하면 네 번째 줄 'N K NP V'가 나타난다. 이렇게 도출은 구 구조 규칙이 적용되어 가면서 진행되며 적용될 수 있는 구 구조 규칙이 더 이상 없을 때 종결된다. 그러면 최종적으로 (15)의 열세 번째 줄에서 보듯이 문장 '강아지가 고양이를 물었다'가 나타난다.[21]

---

20 이에 구 구조 규칙은 다시쓰기 규칙(rewriting rule)의 속성을 띠게 된다. 한편 다시쓰기는 성분성을 포착하는바, (15)에서 첫째 줄이 둘째 줄로 다시써지는 것은 'S'가 'NP'와 'VP'로 구성된다(consist of), 또는 'NP'와 'VP'가 'S'를 형성(form)한다는 것을 포착한다.

한편 (15) 바로 위에서 (15)가 '도출의 한 사례'라고 했는데, 이는 (15)와는 다른 도출 과정으로 '강아지가 고양이를 물었다'를 형성할 수도 있기 때문이다. 예를 들어 아래에서 보듯이 도출 과정의 세 번째 줄은 (15)의 세 번째 줄 'N K VP'와 달리 'NP NP V'일 수 있고, 네 번째 줄도 (15)와 다를 수 있다.

(16) 1. S

2. NP VP

3. NP NP V

4. NP NP V T C

......

13. 강아지 -가 고양이 -를 물었-다

(15)와 (16)의 차이는 둘 이상의 구 구조 규칙이 적용될 수 있는 경우, 어떤 구 구조 규칙을 적용하느냐에 기인한다. (15)의 첫 번째 줄과 (16)의 첫 번째 줄에 적용될 수 있는 구 구조 규칙은 (14라)의 '규칙 1'뿐이어서 첫 번째 줄에서 두 번째 줄로 넘어가는 도출에서는 차이가 나타나지 않지만, 두 번째 줄에서 세 번째 줄로 넘어갈 때부터는 적용될 수 있는 구 구조 규칙이 둘 이상이어서 어떤 구 구조 규칙을 적용하느냐에 따라 도출 과정에서 차이가 나타나는 것이다. 이렇게 구 구조 규칙 중 어떤 것이 적용되느냐에 따른 도출 과정의 차이는 세 번째 줄 이후에도 계속된다. 다만 도출의 맨 마지막은

---

21 K는 여덟 번째 줄에서는 '-이/가'로 다시써졌고 열 번째 줄에서는 '-을/를'로 다시써졌다. 그렇다면 K는 언제 '-이/가'로 다시써지고, 또 언제 '-을/를'로 다시써지는가? 또 (14라)의 '규칙 7'에 따르면 K는 '-에게' 등으로도 다시써질 수 있는데 이런 경우는 또 언제인가? 이를 포함하여 조사에 대해서는 3장에서 자세히 논의한다.

(15)든 (16)이든 '강아지가 고양이를 물었다'로 동일하다. 구 구조 규칙을 어떤 식으로 적용해도 도출은 (14라)의 '규칙 5~9'에 의해 종단기호, 즉 어휘항목이 도입되면서 종결되기 때문이다.[22]

이렇게 하나의 문장을 형성하는 도출은 한 가지가 아니라 여러 가지일 수 있다. 그래서 하나의 문장은 하나의 도출이 아니라 일군의 도출(a class of derivations)과 통한다고 할 수 있다. 그런데 중요한 것은 (15), (16)과 같은 도출 과정의 차이가 문법적으로는 아무런 의미를 지니지 않는다는 점이다. 다시 말해 구 구조 규칙의 적용 순서는 무의미하며, 도출 과정이 (15) 식으로 진행되든 (16) 식으로 진행되든 그러한 도출 과정들을 통해 드러나는 통사관계와 계층구조는 서로 차이를 지니지 않는바, 도출 과정의 차이는 무시된다. 이에 (15), (16)과 같은 표시법보다는 도출 과정의 차이를 무시할 수 있고 나아가 일군의 도출을 한꺼번에 나타낼 수 있는 표시법을 사용하는 것이 좋은데, 나무그림(tree diagram)이 바로 그러한 표시법에 해당한다. (15), (16) 을 포함하여 '강아지가 고양이를 물었다'를 형성할 수 있는 도출 전부를 포함하는 나무그림을 보이면 아래와 같다.[23]

---

22 구 구조 규칙은 (14라)의 '규칙 5~9'에서 보듯이 어휘항목이 통사범주에 따라 분류되어 있는 것을 전제로 한다. 그렇다면 이러한 분류가 성립하지 않는 경우는 어떻게 다룰 수 있는가? 통사범주에 기댄 구조 형성이 불가능하므로 의미에 기대서 통사구조가 형성된다. 즉, 의미적으로 성립하는 관계를 이용하여 언어 표현이 형성된다. Jelinek & Demers(1994), Davis & Matthewson(2009) 등 참고.

23 '-가, -를, 물-, -었-, -다'에서 '-'(붙임표)는 음운론적 의존성을 나타낸다. 음운론적 의존성 이 통사적 효과가 없으면 붙임표를 통사구조에 표시하지 않는 것이 옳다. 그런데 음운론적 의존성은 핵 이동(head movement)을 유발하며 한국어에서 핵 이동은 통사적 효과를 지닌 다(2장 2.4절 및 12장 12.3.2절 참고). 이에 붙임표를 통사구조에 표시한다. 참고로 핵 이동 의 통사적 효과는 다른 언어에서도 관찰된다(김광섭 2005; Lechner 2006 등 참고).

(17)

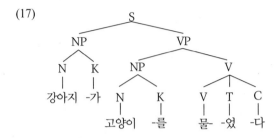

한편 도출 과정이 어떻게 진행되든 (15), (16)에서 보듯이, 도출은 구 구조 규칙이 하나씩 적용되면서 줄이 바뀌어야 한다. 그래야 (17)과 같은 계층구조가 나타나고 문장의 성분성이 제대로 포착된다. 그렇지 않고, 예를 들어 아래 (18)에서처럼 두 번째 줄에 (14라)의 '규칙 2'(VP→NP V)와 '규칙 3'(NP →N K)을 한꺼번에 적용하면 문장의 계층구조와 성분성을 제대로 포착할 수 없게 된다. (18)에서는 두 번째 줄의 NP가 'N'으로 다시써진 것인지, 'N K'로 다시써진 것인지, 아니면 'N K NP'로 다시써진 것인지 정할 수 없으며, VP도 무엇으로 다시써진 것인지 정할 수 없기 때문이다. 그리고 이렇게 NP와 VP가 다시써진 것이 무엇인지 명확하지 않으면 (17)과 같은 계층구조와 성분성을 보장할 수 없다.

(18) 1. S

　　 2. NP VP

　　 3. N K NP V

구 구조 규칙에 의해 통사구조가 형성되면 통사관계를 통사구조적으로 규정할 수 있게 된다. 예를 들어 나무그림 (17)에서 확인할 수 있듯이 주어는 S 바로 밑의 NP로 규정할 수 있으며, 목적어는 VP 밑의 NP로 규정할 수 있다. 그리고 통사구조가 주어지면 주어, 목적어 이외의 통사관계도 포착할

수 있게 된다. 이에 앞서 구 구조 규칙을 살피기 직전에 선택한 방향, 즉
'계층구조에 토대를 두고 계층구조를 지지하는 현상은 물론이고 통사관계를
지지하는 현상까지 기술하고 설명'하는 방향이 유효하다는 것을 확인할 수
있다.[24]

1.3.2. 어휘항목의 통사자질

(14라)의 '규칙 2: VP → NP V'는 타동사가 나타난 문장의 형성을 보장하
므로 자동사가 나타난 문장을 형성하려면 아래의 구 구조 규칙이 추가되어야
한다.

(19) 가. VP → V

나. V → {놀-, 졸-, 불-, …}

(20)

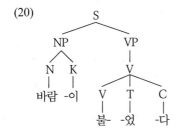

그러면 (21가)의 V는 (22가)와 맺어지고, (21나)의 V는 (22나)와 맺어지는
것을 보장해야 하는데 이것을 어떻게 보장할 수 있을까?

---

24 지금 확인한 것은 앞서 제시한 통사관계 중 술어-논항 관계를 통사구조적으로 파악할 수
있다는 점이다. 그렇다면 나머지 통사관계는 어떠한가? 논의를 좀 더 진행한 뒤 이에 대해
서 살핀다(4장 4.8절 참고).

(21) 가. VP → NP V (= (14라)의 '규칙 2')

　　　나. VP → V (= 19가)

(22) 가. V → {물-, 읽-, 만나-, …} (= (14라)의 '규칙 6')

　　　나. V → {놀-, 졸-, 불-, …} (= 19나)

　구 구조 규칙만으로 (21가)와 (22가)가 맺어지고, (21나)와 (22나)가 맺어
지는 것을 보장하기는 어렵다. 이에 (22가)의 어휘항목 {물-, 읽-, 만나-, …}
는 목적어를 요구하는 통사적 특성, 즉 통사자질을 지니며 (22나)의 어휘항목
{놀-, 졸-, 불-, …}은 그렇지 않다고 보고, 통사구조는 이러한 통사자질이
통사구조적으로 투사되면서 형성된다는 원리를 설정한다(Chomsky 1981: 29
참고).

　(23) 투사 원리(projection principle)

　　　어휘항목의 통사자질은, 통사구조가 형성되면서, 통사구조에 투사된다.

　어휘항목의 통사자질은 통사범주(syntactic category), 의미역(θ-role), 논항
의 통사범주 등에 대한 정보로 구성된다. 예를 들어 어휘항목 '보내-'(영이가
순이에게 동생을 보냈다)의 통사자질은, 통사범주 자질 [V], 의미역 자질
[행동주, 도달점, 피동주], 그리고 논항의 통사범주 자질 [NP, NP, NP]로
구성된다.[25]

25　의미역 사이에는 위계가 성립하며 통사구조는 의미역 위계(thematic hierarchy)에 맞추어
　　　형성된다(이정훈 2011바, 2013, 2014마 등 참고). 그래서, 예를 들어 통사구조에서 행동주
　　　성분이 피동주 성분보다 상위에 놓인다. 그리고 의미역과 논항은 의미역 기준(θ-criterion)
　　　에 따라 '1 : 1'의 관계를 맺는다. 이를 포함하여 의미역에 대한 포괄적 논의는 Jackendoff
　　　(1990), Levin & Rappaport Hovav(2005), Williams(2015) 등 참고. 한편 논항의 통사범주
　　　자질은 의미역 정보에서 예측 가능하며(Chomsky 1986가: 86~92, 1995나/2015: 26-29 참

위의 투사 원리에 따르면 (21가)와 (22가)가 어울리는 것은 허용되지만 (21나)와 (22가)가 어울리는 것은 허용되지 않는다. (21가)의 통사구조는 (22가)의 어휘항목이 지닌 통사자질, 즉 목적어를 갖는다는 특성을 충족시킬 수 있지만, (21나)의 통사구조는 목적어 자리를 제공하지 않으므로 그럴 수 없기 때문이다.

투사원리는 (21가)와 (22나)는 어울릴 수 없는 반면, (21나)와 (22나)는 어울릴 수 있다는 것도 포착할 수 있는가? 일단 (21나)와 (22나)의 어울림은 투사원리로 쉽게 포착된다. (22나)의 어휘항목은 목적어를 필요로 하지 않는데 이는 (21나)가 형성하는 통사구조, 즉 목적어 자리가 없는 통사구조와 부합하기 때문이다. 그런데 투사 원리가 (21가)와 (22나)의 어울림을 막지는 못하는 듯하다. 아래에서 보듯이 (21가)가 보장하는 통사구조에 (22나)의 어휘항목이 나타나도 (22나)의 어휘항목이 지닌 통사자질이 투사되지 않거나 하는 일은 발생하지 않기 때문이다. V '불-'(바람이 불었다)은 자동사로서 목적어를 필요로 하지 않으므로 목적어 자리가 나타나도 통사자질이 투사되지 않았다고 볼 수는 없는 것이다.

(24)

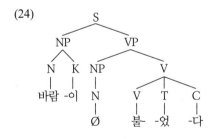

고), 주어에 해당하는 것은 의미역이 무엇이든 상관없이 NP로 나타나는 것이 일반적이다. 끝으로 '보내-'는 통사범주 자질, 의미역 자질, 논항의 통사범주 자질에 더해 '격자질'도 지니는데 이에 대해서는 나중에 논의한다(3장 3.3절 참고).

그런데 위와 같은 통사구조는 나타날 수 없다. 앞서 (14라)의 '규칙 5'에서 보았듯이 N 밑에는 어휘항목이 와야 하는데 아무런 내용 없는 'Ø'가 어휘항목일 수는 없기 때문이다(이 장의 각주 13) 참고). 따라서 (24)와 같은 통사구조를 배제하기 위해 별도의 조건, 예를 들어 '구 구조 규칙에 의해 나타난 자리는 어휘항목으로 채워져야 한다'와 같은 조건을 따로 둘 필요는 없다. 구 구조 규칙과 어휘항목 그리고 투사 원리가 있으면 저절로 (21가)는 (22가)와 어울리고, (21나)는 (22나)와 어울릴 수밖에 없다. 그리고 (24)는 (11)에서 논의한 군더더기가 나타난 경우에 해당하며, 군더더기는 완전 해석 원리에 의해 배제되므로 완전 해석 원리를 고려해도 방금 언급한 조건은 불필요하다.

1.3.3. 구 구조 규칙의 힘과 한계

구 구조 규칙은 자료를 분석하고 형성하는 힘이 매우 강하다. 앞서 살핀 자료뿐만 아니라 새로 발굴되는 자료도 구 구조 규칙만 적당히 마련하면 얼마든지 형성할 수 있기 때문이다. 예를 들어 아래 (25)와 같은 언어 표현이 발견되면 이 언어 표현을 형성하기 위한 구 구조 규칙 (25가)~(25라)를 고안하면 되고, (26)과 같은 언어 표현이 발견되면 구 구조 규칙 (26가)~(26다)를 설정하면 된다.[26]

---

26 '읽으면 읽을수록, *읽으면 볼수록, *읽을수록 읽으면'에서 알 수 있듯이 (25가)의 화살표 오른쪽의 두 V는 서로 같아야 하며 '-으면'이 먼저 오고 '-을수록'이 나중에 와야 한다. 이러한 특성을 포착할 수 있는 장치가 구 구조 규칙에 더해져야 하는데, 이에 대해서는 '-으면 -을수록' 구문의 통사구조를 논의하면서 함께 살핀다(4장 4.3절 참고).

(25) 모두가 그 책을 <u>읽으면 읽을수록</u> 미래가 밝아진다.

　　가. V → V V

　　나. V → V Conj

　　다. Conj → {-으면, -을수록, …}

　　라. V → {읽-, …}

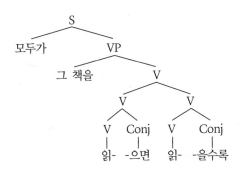

(26) <u>아이에게라도</u> 온정을 베풀자.

　　가. NP → N K Del

　　나. K → {-이/가, -을/를, -에게, …}

　　다. Del → {-은/는, -만, -도, -이라도, …}

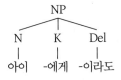

　이렇게 언어 표현의 폭을 확대하다 보면 한국어에서 성립하는 모든 언어 표현의 유형이 파악될 것이고, 이렇게 파악된 유형들을 형성할 수 있는 구 구조 규칙을 마련하면 구 구조 규칙의 총목록이 밝혀지게 된다. 물론 이 과정에서 여러 구 구조 규칙이 설정되는 한편으로, 설정된 구 구조 규칙이 다듬어지기도 하며, 역할의 중복이 나타나는 구 구조 규칙들은 통합되거나

역할 중복이 없게끔 조정된다(이홍배 1966, 1975; 이익섭·임홍빈 1983: 3장; 노대 규 외 1991: 3장 등 참고).

구 구조 규칙은 위와 같이 큰 힘을 지니는 한편으로, 크게 세 가지 점에서 한계를 지닌다. 첫째, 구 구조 규칙은 충분히 제약적이지 못한 문제를 지닌다. 특히 언어는 내심성(endocentricity)을 띠며, 외심성(exocentricity)은 나타나지 않거나, 간혹 나타나더라도 그러한 사례는 예외 수준일 뿐인데, 구 구조 규칙 은 (27가)와 같은 내심적 구 구조 규칙뿐만 아니라 (27나)와 같은 외심적 구 구조 규칙도 얼마든지 허용한다. 통사구조 형성 규칙은 내심성을 보장하 고 외심성을 배제할 수 있도록 제약되어야 하는데 구 구조 규칙은 그렇지 못한 것이다.

> (27) 가. XP → ⋯ X ⋯
>   나. XP → ⋯ Y ⋯

방금 지적한 사항은 구 구조 규칙이 언어 현상의 일반성을 포착하지 못하 는 문제를 지닌다는 것도 의미한다. 언어 현상은 일반적으로 내심성을 보이 나, 구 구조 문법은 내심성과 외심성을 동등하게 취급하지 내심성이 외심성 보다 일반적임을 포착하지 못하기 때문이다.

사실 내심성은 언어의 본질적 속성인 창조성(creativity)과 잘 어울리지만 외심성은 전혀 그렇지 않다. 왜 그런가? 일단 외심성이 나타난다고 해 보자. 즉, 'A → B C'에서 A가 B 유형도 아니고 C 유형도 아닌 경우가 나타난다고 해 보자. 이렇게 외심성이 나타나면 결합하는 성분 'B, C'에서 결합 결과 'A'가 예측되지 않으므로 결합 결과를 그때그때 외워야 할 수밖에 없다. 그런데 결합 가능성은 무한하며, 무한을 외울 수는 없다. 따라서 'A → B C'에서 'A가 B 유형도, C 유형도 아닌 경우'는 성립할 수 없음을 알 수 있다. 물론 예외는 존재할 수 있는바, 현재 논의 중인 구 구조 규칙에도 외심적 구 구조 규칙 'S → NP VP'((14라)의 '규칙 1')이 존재한다. 그런데 예외를 위한 규칙이 과연 정상적인 규칙일까? 또 이러한 예외를 없앨 수는 없는가? 이와 관련하여 외심구조를 지닌 것으로 간주되는 사례들에 대해서는 내심구조로의 재해석이 추구되기 마련인데, 이는 다음 절에서 논의하듯이 'S → NP VP'도 마찬가지이다.

둘째, 어휘항목이 지닌 어휘적 특성과 구 구조 규칙 사이에 잉여성이 존재한다. 앞 절에서 논의했듯이 목적어를 취하는가 취하지 않는가는 어휘항목이 지닌 통사자질이다. 그런데 이 정보는 구 구조 규칙에서 반복된다. 타동사와 어울리는 구 구조 규칙과 자동사와 어울리는 구 구조 규칙이 따로따로 설정되어 있기 때문이다.

잉여성은 제거하는 것이 바람직하다. 그렇다면 어휘항목의 통사자질과 같은 어휘적 특성과 구 구조 규칙 중 어느 쪽에서 잉여성을 제거해야 하는가? 일단 어휘적 특성을 제거할 수는 없다. 예를 들어 목적어 선택과 관련한 어휘적 특성을 제거하면, 구 구조 규칙이 목적어를 보장하는 통사구조와 그렇지 않은 통사구조를 마련해도 이 두 가지 통사구조 각각에 어떤 어휘항목이 나타날 수 있고 나타날 수 없는지를 조율할 수 없기 때문이다. 따라서 어휘적 특성이 아니라 구 구조 규칙이 제거 대상이 되어야 한다.

셋째, 구 구조 규칙은 '성분성, 어순, 투사' 이 세 가지를 한꺼번에 표현하는데 이것도 그다지 합리적이라고 보기 어렵다. 예를 들어 NP와 V가 VP를 형성하는 경우 성분성은 하나지만 어순은 '책을 읽다'와 'read a book'에서 보듯이 두 가지가 가능하다. 그렇다면 성분성과 어순을 분리하고 하나의 성분이 두 가지 어순으로 나타나는 방법을 모색하는 것이 합리적이다. 그리고 통사구조는 내심성을 지니고 이에 따라 통사구조를 형성하는 성분이 투사를 결정하므로, 구 구조 규칙으로 투사를 규정할 것이 아니라 성분이 투사를 결정하는 방식을 규명하는 것이 합리적이다.

위와 같이 구 구조 규칙은 '비제약성의 문제', '잉여성의 문제', 그리고 '과한 표현력의 문제'를 지닌다.[27] 이 문제들을 해소하기 위해서는 구 구조 규칙을 해체해서 장점은 남기고 단점은 제거하는 것이 바람직하다. 바로 이러한 맥락에서 핵 계층 이론(X-bar theory)이 대두된다.

1.3.4. 핵 계층 이론

구 구조 규칙의 한계는 어떻게 극복할 수 있는가? 구 구조 규칙의 한계로 지적된 세 가지 사항 중 하나는 내심성과 외심성의 구분과 관련되며, 다른 하나는 어휘정보와 구 구조 규칙 사이의 잉여성과 관련되고, 나머지 하나는 구분해야 할 여러 가지를 구분하지 않고 한꺼번에 나타내는 과한 표현력과 관련된다.

1.3.4.1. 내심성과 외심성의 구분

통사구조는 내심성을 지니며, 예외적인 사례를 논외로 하면, 외심성은 보이지 않는다는 사실에 주목하자. 이 사실에 따르면 통사구조 형성 규칙이라

---

27   구 구조 규칙으로 다루기 어려운 언어 현상이 존재하는 것도 구 구조 규칙의 한계에 해당한다. 이를 극복하고자 구 구조 규칙과 별도로 변형 규칙(transformational rule)을 설정한다. 변형 규칙은 일반적으로 변형이라고만 하는데 이동(movement), 삭제(deletion), 그리고 삽입(insertion), 이렇게 세 가지가 인정된다. 참고로 애초 생성문법에서는 다종다양한 종류의 변형이 설정되었었는데, 이후 기술과 설명의 일반성을 추구하면서 이동, 삭제, 삽입, 이 세 종류로 통합되었다. 이에 대한 개괄적 논의는 Newmeyer(1986), Lasnik & Lohndal (2013) 등 참고. 한편 이동을 통사구조 형성 규칙과 통합하고 변형에서 제외하는 시각이 일반화되고 있는데(Chomsky 2004: 110 참고), 여기서는 편의상 이동을 변형으로 간주하고 논의한다. 이동을 통사구조 형성 규칙과 통합하는 견해를 채택해도 논의에는 영향을 미치지 않는다.

면 내심성은 보장하고 외심성은 배제할 수 있어야 할 것이다. 그런데 구 구조 규칙은 내심성을 띤 통사구조는 물론이고 외심성을 띤 통사구조도 허용하는 문제를 지닌다. 이에 내심성을 보장하는 구 구조 규칙은 허용하고 외심성을 초래하는 구 구조 규칙은 배제할 수 있는 조치가 필요한데, 이에 구 구조 규칙이 아래 (28)의 형식을 따라야 한다는 조건을 설정한다. 이렇게 구 구조 규칙에 (28)의 조건을 부과하는 이론을 '핵 계층 이론'(X-bar theory)이라고 한다.

(28) $X^{n+1} \rightarrow \cdots X^n \cdots (n \geq 0)$[28]

예 $N^{n+1} \rightarrow \cdots N^n \cdots$, $V^{n+1} \rightarrow \cdots V^n \cdots$, $Adv^{n+1} \rightarrow \cdots Adv^n \cdots$ 등

'$X^{n+1} \rightarrow \cdots X^n \cdots$'에서 X는 (28)의 예에서 보듯이 N, V, Adv 등의 실제 통사범주를 한꺼번에 나타내는 표현이며, n이 '0'이면 '$X^1 \rightarrow \cdots X^0 \cdots$'이 되고, n이 '1'이면 '$X^2 \rightarrow \cdots X^1 \cdots$'이 되는데 '$X^0$'을 핵(head)이라 하고 '$X^0$' 이외의 '$X^1$', '$X^2$' 등을 '$X^0$'의 투사(projection)라 한다.[29] 그리고 줄임표(…)는 무언가가 그 위치에 나타날 수 있음을 의미하며, 실제로 무언가가 나타나는

---

28 때로 n을 더 제약해서 '1 ≥ n'을 설정하기도 한다(Chomsky 1986나; Carnie 2010: 131 등 참고). 그러면 투사가 X^0, X^1, X^2에 그치므로 최대 3층 구조만 가능하다. 하지만 여기서는 n의 최대치에 제한이 있는가 없는가 하는 것은 언어 사이의 차이로 간주한다(이정훈 2011라; Kuroda 1988; Fukui 1995, 2001, 2011 등 참고). 또한 'n ≥ 0'과 같은 제한을 두지 않으면 'X^{-1}, X^{-2}'처럼 n이 음수인 경우가 나타나는데 이는 복합어(complex word)가 핵 계층 이론으로 형성될 가능성을 제기한다(이정훈 2008다 참고).

29 숫자 대신 어깨점(') 표기를 쓰기도 한다. X^0, X^1, X^2 등을 어깨점 표기로 나타내면 X, X', X" 등이 된다. 애초에는 X 위에 바(-)를 표기하는 방법을 사용했는데 여기서 '엑스 바 이론'이라는 명칭이 유래하였다. 여기서는 표기법에 주목한 '엑스 바 이론'이라는 명칭 대신에 그 내용, 즉 핵이 투사하며 계층적 통사구조가 형성되는 것으로 간주하는 시각에 주목한 '핵 계층 이론'을 택한다. 한편 핵은 X^0뿐만 아니라 '$X^2 \rightarrow \cdots X^1 \cdots$'의 X^1, '$X^3 \rightarrow \cdots X^2 \cdots$'의 X^2 등 '$X^{n+1} \rightarrow \cdots X^n \cdots$'에서 n의 크기에 상관없이 '$X^m$'을 가리키기도 한다.

지 안 나타나는지는 (28)에 의해 형성된 통사구조에 등장하는 어휘항목에 의해 결정되고(이 장의 1.3.2절 참고), 무언가가 나타나는 경우에 그 나타난 무언가가 나타나는 위치가 'X^n' 앞인지 뒤인지는 통사구조를 순서, 즉 어순으로 전환하는 선형화(linearization) 작용에 의해 결정된다(12장 참고). 선형화 작용까지 적용된 결과를 고려하면, 한국어는 'X^{n+1} → … X^n'을 따르는 소위 후핵 언어(head final language)에 속하게 된다.[30]

　(28)은 X 범주 앞뒤에 어떤 성분이 결합하면서 X가 X', X"에서 보듯이 계층적으로 투사(projection)하는 것을 보장하므로 통사구조는 필연적으로 내심성을 띠게 된다. 구체적인 통사구조의 예를 들면 아래와 같다.[31]

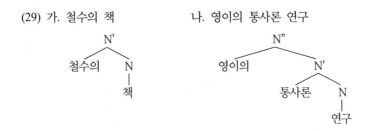

(29) 가. 철수의 책　　　나. 영이의 통사론 연구

　핵 계층이론이 채택되면 (14라)의 구 구조 규칙 중 '규칙 1', '규칙 5~9'는 더 이상 유지할 수 없게 된다. 이들 구 구조 규칙은 내심성을 위반하기 때문이다. 따라서 '규칙 1', '규칙 5~9'의 쓰임새를 유지하면서 핵 계층 이론의 요체를 따르는 새로운 방안이 필요하다. 이를 위해 먼저, '규칙 1'을 없애고, 핵 계층 이론에 부합하는 아래 (30)의 구 구조 규칙을 설정한다. 그러면 구 구조 문법에서 (14가)의 시초 기호 'S'는 사라지게 된다.

30　한국어와 달리 'X^{n+1} → X^n …' 순서를 따르는 언어는 선핵 언어(head initial language)라고 한다. 한편 후핵과 선핵 어느 하나로 정해지지 않고 둘이 섞여 있는 언어도 있다. 어순에 대한 폭넓은 논의는 송재정(2012), Sheehan 외(2017) 등 참고.

31　'철수의, 영이의'의 통사구조는 이 장의 1.3.6절 참고.

(30) 가. V” → NP V’

　　나. V’ → (NP) V[32]

　위의 구 구조 규칙으로 ‘강아지가 고양이를 물었다’의 통사구조를 나무그림으로 나타내면 아래와 같다. 더 이상 투사하지 않는 경우, 다시 말해 투사가 종결된 경우, 편의상 어깨점(prime) 대신 P를 사용한 XP 표기를 흔히 사용한다.

(31)

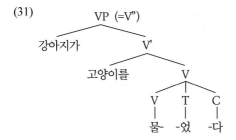

　다음으로, 내심성을 어기는 ‘규칙 5~9’ 없이 어휘항목을 통사구조에 도입하기 위해 구 구조 규칙에 (32)를 추가하고 ‘어휘 삽입 규칙’ (33)을 따로 둔다.

(32) X → Δ

(33) 어휘 삽입 규칙(lexical insertion rule)

　　(32)에 의해 통사구조에 나타난 Δ에 X 범주의 어휘항목을 삽입하라.

　(32)의 구 구조 규칙 ‘X → Δ’에서 X는 앞서와 마찬가지로 ‘N, V, Adv’

32　이 구 구조 규칙은 V’ 내에 NP가 있을 수도 있고 없을 수도 있음을 나타내며, 타동사를 위한 ‘V’→NP V’와 자동사를 위한 ‘V’→V’를 한꺼번에 표기한 것이다.

등을 대표하며 'Δ'는 빈자리를 나타낸다. 그리고 (32)를 적용해 마련한 빈자리 'Δ'에는 어휘 삽입 규칙 (33)에 의해 어휘항목이 채워지게 되는데, 이 규칙에 따르면 N 밑의 빈자리 Δ에는 N에 해당하는 어휘항목 '강아지, 고양이' 등이 삽입되고, V 밑의 빈자리 Δ에는 V에 해당하는 어휘항목 '물-' 등이 삽입된다.[33]

앞서 설정한 투사 원리 (23)은 여전히 유효하다. 그래서 (31)에서 보듯이 V로 타동사 '물-'이 나타나면 (30나)가 허용하는 두 가지 구 구조 규칙 'V' → NP V, V' → V' 중 앞의 것이 선택되며, 자동사가 V 자리에 나타나면 뒤의 것이 선택된다.

1.3.4.2. 어휘정보와 구 구조 규칙 사이의 잉여성

핵 계층 이론은 내심성을 허용하고 외심성을 배제할 수 있을 뿐만 아니라, 어휘정보와 구 구조 규칙 사이에 존재하는 잉여성의 문제도 해소한다. 구 구조 규칙은 (28)을 준수하는 한 자유롭게 상정되며, 어휘정보는 통사구조에 어휘항목이 삽입되어 투사함으로써 발현되기 때문이다. 그런데 구 구조 규칙으로 통사구조에 어휘항목을 도입하는 방법을 버리고 (32)와 (33)으로 어휘항목을 통사구조에 도입하게 되면 앞서 살핀 (24)와 같은 잘못된 통사구조가 허용되는 문제가 발생하는 듯하다. (32), (33)은 아래에서 보듯이 (24)에 해당하는 통사구조를 형성할 수 있기 때문이다.

---

[33] 물론 N 자리에 '강아지, 고양이'가 아니라 '호랑이, 토끼' 등이 삽입될 수 있으며, V 자리에 '물-'이 아니라 '만나-, 먹-, 쓰다듬-' 등이 삽입될 수 있고, 삽입되는 어휘항목이 다름에 따라 의미가 분별된다.

(34)

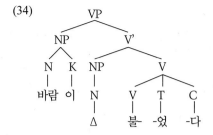

이에 위의 통사구조를 부적격한 것으로 판정하여 걸러낼 수 있는 조치가 강구되어야 하는데, (24)에서와 마찬가지로 '완전 해석 원리'가 그러한 역할을 담당한다. 완전 해석 원리에 의하면 통사구조에 등장하는 성분들은 해석될 수 있어야 하는데, 위와 같이 N 밑의 빈자리 Δ가 어휘항목으로 채워지지 않고 빈 채로 남겨지게 되면 N이 해석되지 못하고 나아가 NP가 해석되지 못하게 되어 결국 부적격한 통사구조로 판정되기 때문이다.

1.3.4.3. 과한 표현력

'성분성, 어순, 투사' 세 가지를 한꺼번에 나타내는 과한 표현력의 문제는 어떠한가? 핵 계층 이론은 이 문제도 해소하는가?

핵 계층 이론은 통사구조 형성 규칙에서 어순을 선형화 작용의 역할로 따로 떼어냄으로써 과한 표현력의 문제를 일부 해소한다. 그러나 핵 계층 이론을 통해 통사구조 형성 규칙의 역할을 '성분성, 어순, 투사'에서 '성분성, 투사'로 줄이기는 했지만 아직 '성분성, 투사'는 구분되지 않고 뭉쳐져 있다. 그리고 '성분성'과 '투사'를 분리하려면 핵 계층 이론에서 한 걸음 더 나가야 한다(이 장의 1.3.6절, 1.3.7절 및 11장 참고).

1.3.5. 수식 관계와 부가 구조

나무그림 (31)은 통사론의 두 축 가운데 계층구조는 포착하지만 통사관계는 반만 포착한다. 투사 원리 (23)은 통사관계 중 술어-논항 관계는 보장하지만 수식 관계는 보장하지 않기 때문이다.[34] 술어-논항 관계는, 예를 들어 어휘항목 V '물-'의 어휘정보에 속하므로 투사 원리에 의해 통사구조에 실현되지만 수식 관계는 어휘항목 V '물-'의 어휘정보로 간주하기 어렵고 이에 따라 수식 관계는 투사 원리로 포착하기 어려운 것이다.[35]

예를 들어 '강아지가 고양이를 마당에서 물었다'를 고려해 보자. 이 예에서 수식어 '마당에서'의 출현을 V '물-'의 어휘정보로 포착하기는 어렵다. 어휘정보는 어휘항목이 고유하게 지니는 것인데 '마당에서'와 같은 장소를 나타내는 수식어는 '마당에서 물다, 마당에서 놀다, 마당에서 뛰다, 마당에서 쉬다' 등에서 보듯이 V '물-'의 고유정보로 간주하기 어렵기 때문이다.

이에 투사(projection)와 별도로 부가(adjunction)가 동원되며, 부가는 투사의 계층을 늘리지 않고 유지하는 것으로 간주한다. 핵 계층 이론은 투사에는 (35가), 부가에는 (35나) 형식의 구 구조 규칙을 보장하는 것이다.

---

34 술어-논항 관계와 수식 관계 이외의 통사관계에 대해서는 4장 4.8절 참고.

35 송복승(1995: 3장)에서 가져온 '담이 낮다, 일꾼들이 담을 낮추었다', '아이가 이불 위에 누웠다, 어머니가 아이를 이불 위에 눕혔다', '희원이가 동화책을 읽는다, 혜선이가 희원이에게 동화책을 읽힌다'에서 보듯이 사동화(causativization), 즉 사동 구문 형성은 논항이 추가되는 효과를 지닌다. 이에 사동화에 비견되는 어떤 과정, 예를 들어 부가논항 구문 (applicative construction) 형성 과정에 의해 장소, 도구 등을 나타내는 언어 표현들이 논항으로 추가된다고 보면 어떨까(Peterson 2006; Pylkkänen 2008 등 참고)? 흥미로운 가능성이지만 여기서는 추구하지 않는다. 무엇보다도, 접사가 등장하는 사동의 경우와 달리, 장소나 도구 등을 추가로 도입하는 역할을 담당하는 언어형식이 확인되지 않기 때문이다. 물론 언어형식으로 확인되지 않는, 소위 추상적인 기능범주를 동원하는 방안이 있지만, 여기서는 그러한 방안을 따르지 않는다(이 장의 각주 13) 참고).

(35) 가. $X^{n+1} \rightarrow \cdots X^n \cdots$ (= 28)

　　　나. $X^m \rightarrow \cdots X^m \cdots$

　　부가에 의해 나타난 성분을 부가어(adjunct)라 하는데,[36] (31)에 부가어 '어제, 마당에서'가 추가된 경우의 통사구조를 제시하면 아래와 같다.

　　(36) 강아지가 <u>어제</u> 고양이를 <u>마당에서</u> 물었다.

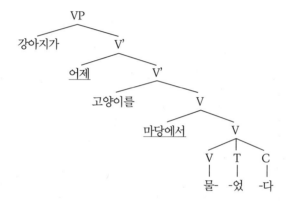

　　이렇게 논항은 투사의 계층을 늘리고 부가어는 투사의 계층을 유지하는 것으로 보면 통사관계를 일률적으로 파악할 수 있다. (36)의 통사구조든 [VP 강아지가 [V′ 고양이를 물었다]]든 주술 관계는 VP 바로 밑의 NP와 V의 관계로 파악되고, 목술 관계는 V′ 바로 밑의 NP와 V의 관계로 파악되며, 부가어는 같은 투사 계층 사이, 즉 V′ 바로 밑이자 V′ 바로 위, V 바로 밑이자 V 바로 위로 파악되기 때문이다.[37]

36　'수식어'(modifier)는 의미적인 면을 강조한 용어이고, '부가어'(adjunct)는 통사구조적인 면을 강조한 용어이다. 참고로 '수식어 → 부가어(부가 구조)'는 성립하지만 '부가어(부가 구조) → 수식어'는 성립하지 않는다. 부가어(부가 구조)이면서 수식어는 아닐 수도 있기 때문이다(4장 4.8절 참고).

술어-논항 관계와 수식 관계의 차이가 의미적인 차원에만 머문다면 그 차이를 통사구조적으로 나타낼 필요는 없다. 따라서 술어-논항 관계와 수식 관계의 차이를 통사구조적으로 나타내는 것은 이 둘이 통사 현상에서 차이를 보이기 때문이다. 단적으로 술어-논항 관계에 참여하는 논항은 (37가)에서 보듯이 내포절에서 모문으로 뒤섞기(scrambling)될 수 있지만, (37나)에서 보듯이 수식 관계에 참여하는 부가어는 그럴 수 없다.

(37) 영이는 [철수가 <u>열심히</u> <u>그 논문을</u> 썼다고] 주장했다.

　　가. <u>그 논문을</u> 영이는 [철수가 <u>열심히</u> • 썼다고] 주장했다.[38]

　　나. *<u>열심히</u> 영이는 [철수가 • <u>그 논문을</u> 썼다고] 주장했다.

뒤섞기를 통해 어순이 바뀌는 것은 통사적인 현상이므로 위의 차이는 통사적으로 다루어져야 한다. 이에 투사 구조와 부가 구조를 구별하고, 투사 구조 형성에 참여하는 성분은 뒤섞기될 수 있는 반면, 부가 구조 형성에 참여하는 성분은 뒤섞기될 수 없는 것으로 보게 된다.[39]

　그렇다면 통사구조는 투사 구조(술어-논항 관계)와 부가 구조(수식 관계)로 충분한가? 이 질문에 대한 답은 술어-논항 관계와 수식 관계 이외의 통사관계, 즉 병렬 관계나 주제-설명 관계 등을 투사 구조와 부가 구조로 다룰

37　부가어와 논항은 다시 몇 종류로 나뉘는데 부가어와 논항의 하위 구분, 즉 관형어와 부사어의 구분이나 주어와 목적어의 구분 역시 통사구조를 토대로 포착할 수 있다. 예를 들어 관형어와 부사어의 경우, 관형어는 N, N' 등 N 범주와 어울리는 부가어이고, 부사어는 V, V' 등의 V 범주나 Adv, Adv' 등의 Adv 범주와 어울리는 부가어이다.

38　굵은 가운뎃점 '•'은 뒤섞기 전의 위치를 나타내는 표시이다. 때로 흔적(trace)의 약자 't'로 표시하기도 한다. '•, t'의 정체에 대해서는 이 장의 1.4.2절 참고.

39　논항은 투사 구조 형성에 참여하지만 뒤섞기된 후에는 부가 구조 형성에 참여한다(4장 4.4절 참고). 한편 투사 구조는 대치(substitution) 구조라고도 한다.

수 있는가의 문제와 통하는 것으로, 여기서는 술어-논항 관계와 수식 관계를 포함하여 모든 통사관계를 투사 구조와 부가 구조, 이 두 가지로 다루는 입장을 택한다(4장 4.8절 참고).

1.3.6. 조사와 어미의 투사

구 구조 규칙 'NP → N K'(= (14라)의 '규칙 3')와 'V → V T C'(= (14라)의 '규칙 4')에 따르면 조사와 어미는 통사적 존재이기는 하지만 투사는 하지 않는다. 투사한다면 화살표 왼쪽에 'K, T, C' 등의 성격이 반영되어야 하는데 화살표 왼쪽에 있는 것은 'K, T, C'의 성격이 반영된 'KP, TP, CP' 등이 아니라 'NP, V'이기 때문이다. 그런데 핵 계층 이론에 따르면, 별다른 문제가 없는 한, 다시 말해 통사적 핵이지만 투사하는 것으로 간주하기 곤란한 예외적인 상황이 아니면, 통사구조에 등장한 성분은 투사하는 것이 당연하다. 예를 들어 조사 K '-이/가'가 통사적 존재로서 통사구조에 등장하면, 핵 계층 이론에 따라 KP로 투사하는 것이 당연하다. 그리고 이 점은 어미도 마찬가지여서, T '-았/었-', C '-다'가 통사구조에 나타나면 핵 계층 이론에 따라 TP, CP로 투사하는 것이 당연하다. 그렇다면 조사와 어미는 통사적 존재이자 통사적 핵으로서 투사하는 것으로 보아야 하는가, 아니면 통사적 존재이기는 하지만 투사는 하지 않는다고 보아야 하는가?

위의 질문에 대해, 통사적 분포를 고려하면, 조사는 통사적 존재이자 통사적 핵으로서 투사하는 것으로 보는 것이 타당하다. 예를 들어, '강아지가 어제 고양이를 마당에서 물었다'에서 '강아지가'가 주어 자리에 나타나고 '고양이를'이 목적어 자리에 나타나며 '마당에서'가 부사어 자리에 나타나는 것은 '강아지, 고양이, 마당'이 아니라 조사 '-이/가, -을/를, -에서'에 의한 것인바, 다시 말해 '강아지'는 '강아지가 고양이를 물었다, 고양이가 강아지를 할퀴었다'에서 보듯이 통사적 위치에 둔감하고 이는 '고양이, 마당'도 마찬가지인바, '강아지가, 고양이를, 마당에서'의 통사적 성격은 '강아지, 고양이, 마당'이 아니라 조사 '-이/가, -을/를, -에서'가 결정하는 것으로 보고, 이에 따라 통사구조도 (36)이 아니라 조사가 투사하는 통사구조 (38)로 보는 것이 타당하다.[40]

(38) 강아지가 어제 고양이를 마당에서 물었다.

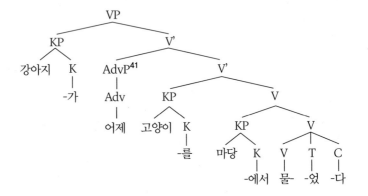

조사와 마찬가지로 어미도 통사적 분포, 즉 어미와 결합한 성분의 통사적 자격을 결정한다. 예를 들어 (39)와 (40)의 대조는 '까마귀가 날았-'의 통사적 분포가 어미 T '-았/었-'에 의해 결정된다는 것을 보여주고, (41)은 '빠르고

---

40 조사와 어미의 통사적 성격을 인정하면서도 핵으로는 간주하지 않는 방법도 있다(김종복 2004 등 참고). 이 방법에 따르면 조사와 어미의 통사적 성격은 N, V 등에 흡수되어 N, V를 통해 발휘된다. 결국 조사와 어미의 통사적 성격이 독자적으로 통사구조에 발현되는 것으로 보는 견해도 있고, N, V 등에 흡수되어 통사구조에 발현되는 것으로 보는 견해도 있는 것인데 그다지 큰 차이는 아닌 것으로 판단된다.

41 '어제'의 통사구조는 (38)에 표시해 놓았듯이 Adv '어제'가 아무 다른 성분과 결합하지 않고 홀로 AdvP로 투사한 [AdvP [Adv 어제]]인가, 아니면 다른 성분과 결합하지 않았으므로 투사하지도 않은 [Adv 어제]인가? 여기서는 일단 [AdvP [Adv 어제]]로 나타내는데, 뒤에서 자세히 살핀다(이 장의 1.3.7절 참고). 거기서의 논의에 따르면 '어제'의 통사구조는 [AdvP [Adv 어제]]가 아니라 [AdvP 어제]이며, 이는 '강아지, 고양이, 마당' 등도 마찬가지여서 이들 각각의 통사구조는 [NP 강아지], [NP 고양이], [NP 마당]이다.

신속하-'와 '길지만 타당하-'의 통사적 분포가 어미 C '-게, –은'에 의해 결정
된다는 것을 보여준다.

(39) 가. 까마귀가 날-자, 배가 떨어졌다.

　　나. 까마귀가 날-고, 배가 떨어졌다.

(40) 가. *까마귀가 날-았-자, 배가 떨어졌다.

　　나. 까마귀가 날-았-고, 배가 떨어졌다.

(41) 가. 빠르고 신속하-게 대응했다.

　　　*빠르고 신속하-은 대응했다.

　　나. 길지만 타당하-은 의견

　　　*길지만 타당하-게 의견

　그러면 아래 나무그림 (42)에서 점선 안에 포함된 부분을 개정해야 한다.
이 부분은 어미가 통사적 핵이라는 사실을 포착하지 못하고 있기 때문이다.

(42) 강아지가 어제 고양이를 마당에서 물었다.

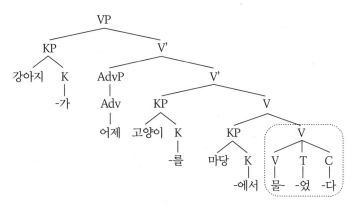

개정은 다음의 세 가지 사항을 포착할 수 있어야 한다. 먼저, (39)와 (40)의

대조를 통해 확인한 사항, 즉 어미 T '-았/었-'이 통사적 핵임을 반영해야한다. 다음으로, C '-다'도 통사적 핵으로 간주해야 한다. (41)을 통해 어미 C '-게, -은'이 통사적 핵임을 확인했는데, 그렇다면 C '-다'도 통사적 핵으로 다루는 것이 타당할 것으로 예측되며, 이러한 예측은 실제와 부합하기 때문이다. 종결어미 C '-다'는 그 명칭에서도 알 수 있듯이 종결이라는 고유의 통사적 분포를 가지므로 통사적 핵의 자격을 가지는 것이다. 끝으로, 조사와 마찬가지로 어미도 통사적 핵으로서 투사하는 것으로 보아야 한다.

위의 세 가지 사항을 만족시키는 나무그림은 어떠해야 할지 고려하면, 먼저, V '물-'과 마찬가지로 어미 T '-았/었-'과 어미 C '-다'가 통사적 핵이므로 V '물-', T '-았/었-', C '-다', 이 세 성분이 결합한 '물었다'의 통사범주를 V로 뭉뚱그릴 수 없으며, V '물-'과 마찬가지로 T '-았/었-'과 어미 C '-다'의 투사를 보장해야 한다. 그리고 V '물-'에 더해 어미 T '-았/었-'도 통사적 핵으로서 투사하며, 어미 C '-다'도 통사적 핵으로 투사하는 것을 보장하려면 V '물-', T '-았/었-', C '-다', 이 세 성분이 하나씩 순차적으로 통사구조 형성에 참여한다고 보아야 한다. 그러면 (42)는 일단 아래 (43)으로 개정된다.

(43) 강아지가 어제 고양이를 마당에서 물었다.

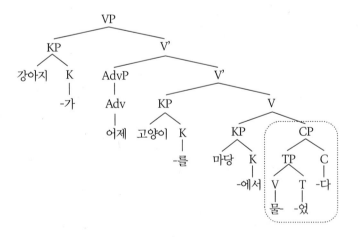

위의 통사구조에서 V '물-'과 T '-았/었-' 사이의 관계는 술어-논항 관계로 보기 어렵고 그렇다고 수식 관계는 더더욱 아니다. 그런데 서로가 서로를 필요로 하는 관계임에는 틀림이 없다. 전통문법 식으로 표현하면 어간은 어미를 필요로 하고, 어미 역시 어간을 필요로 하는 것이다. 이에 부가 구조 (adjunction structure)가 아니라 대치 구조(substitution structure)를 형성하는 것으로 파악하며, 이 점은 V '물-'과 T '-았/었-'이 결합하여 형성된 '물었-'과 어미 C '-다'가 결합한 경우도 마찬가지이다. 그래서 V '물-'과 T '-았/었-'이 결합한 '물었-'은 TP가 되며, TP '물었-'과 C '-다'가 결합한 '물었다'는 CP가 된다.

통사구조 (43)은 어미 T '-았/었-'과 어미 C '-다'가 통사적 핵으로서 투사한다는 것은 잘 포착한다. 그러나 (43)은 적잖은 문제를 내포하는데, 먼저, V '물-'과 KP '강아지가', KP '고양이를' 사이의 술어-논항 관계에서 문제를 야기한다. 핵 계층 이론을 고려하면, 술어-논항 관계는 술어의 투사 범위 내에서 성립해야 하는데, (43)에서 논항 KP '강아지가'와 KP '고양이를'은 술어 V '물-'의 투사 밖에 위치하기 때문이다. (43)에서 V '물-'은 TP 안에 갇혀 있고 CP 안에 갇혀 있는바, 투사를 통해 KP '강아지가', KP '고양이를'과 통사관계를 맺을 수 없는 것이다. 또한, CP '물었다'와 KP '마당에서'가 V를 형성하는 것은 외심성의 문제도 지닌다. 외심성은 가급적 피해야 하며, 핵 계층 이론을 따르는 한 외심 구조는 아예 불가능하다. 핵 계층 이론은 'V → KP CP'를 허용하지 않는 것이다.

어미가 통사적 핵으로 투사하면서도 방금 언급한 두 문제를 야기하지 않으려면 (42)처럼 V '물-'의 투사 내에 KP '강아지가'와 KP '고양이를'이 나타나면서, 어미 T '-았/었-'과 어미 C '-다'의 투사도 보장해야 한다. 이에 (43)은 다시 (44)로 개정된다.

(44) 강아지가 어제 고양이를 마당에서 물었다.

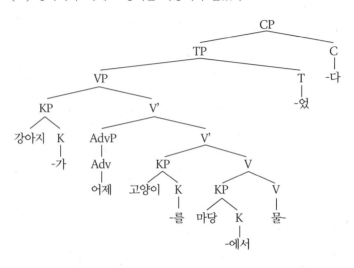

그렇다면 모든 조사와 어미가 통사적 핵의 자격을 가지는가? 일반성에는 대개 예외가 따르므로 조사와 어미가 통사적 핵이라는 일반성을 어기는 사례는 존재할 수 있다. 그리고 실제로 아래 예에서 보듯이 조사 중 보조사 (delimiter)는 통사적 핵의 성격을 보이지 않는다.[42] 단적으로 (45)에서 '마당에서만'과 '열심히만'의 분포는 '마당에서'와 '열심히'가 정하지 보조사 '-만'이 정하지 않기 때문이다.

(45) 가. 강아지가 고양이를 마당에서   물었다.

　　　강아지가 고양이를 마당에서만   물었다.

　　나. 그가 이 책을 열심히   읽었다.

　　　그가 이 책을 열심히만   읽었다.

그러면 보조사 '-만'은 통사적 핵이 아니라고 보면 되는가? 자료를 살피면

42　접속조사와 접속어미도 마찬가지이다(7장 참고).

이 역시 과한 판단임을 알 수 있다. (45)와 달리 아래 (46)은 보조사 '-만'이 명사구 내에 단독으로 출현하지 않는다는 분포적 특성을 지님을 잘 보여주기 때문이다. 보조사 '-만'은 (45)에서는 투사하는 속성을 보이지 않고 (46)에서는 투사하는 듯한 속성을 드러내는 것이다.

(46) 가. 나만의 꿈

나. *나만 꿈

또한 한국어가 후핵 언어임을 고려하면(이 장의 1.3.4.1절 참고), '나' 뒤에 보조사 '-만'이 나타나는 순서는 보조사 '-만'이 핵임을 의미한다.

위와 같은 점을 고려하여 여기서는 일단 보조사에 통사적 핵의 자격을 부여한다. 그러면 어순과 관련한 문제는 해소되고 조사가 핵이라는 일반성도 준수하게 된다. 여기에 더해 (45)의 현상을 설명하기 위해 보조사는 핵이되, 투사할 수 있는 범주자질을 결여한 것으로 보고자 한다.[43] 그러면 '열심히'와 보조사 '-만'이 결합한 '열심히만'의 통사구조는 아래가 된다. 투사할 수 있는 범주자질이 결여되어 있음은 빈칸(□)으로 나타낸다.

(47)

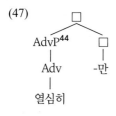

---

43 다만 편의상 보조사임을 나타낼 때는 Del로 표시한다. 한편 범주자질을 결여하는 것으로 보는 대신에 범주자질로 [Del]을 지니되 범주자질 [Del]은 투사 능력이 없는 것으로 간주할 수도 있다.

44 (38)의 '어제'와 마찬가지로 [AdvP [Adv 열심히]]와 [Adv 열심히] 중 앞의 것을 택한다. 이어지는 1.3.7절의 논의에 따르면 [AdvP 열심히]가 된다.

보조사 '-만'은 투사할 수 있는 범주자질을 지니지 않으므로 핵 계층 이론에 따라 투사하여도 '열심히-만'의 투사범주를 정하지 못한다. 그런데 통사구조가 형성되려면 보조사가 결합한 구성의 통사범주가 결정되어야 한다. 예를 들어 (47)의 '열심히만'의 통사범주가 AdvP로 결정되어야 V '읽-'과 결합하는 것이 허용되고, 그래야 (45나)와 같은 문장이 나타날 수 있게 된다. 그렇다면 (47)이 실제로는 (48)임을 알 수 있다.[45]

(48)

언뜻 (48)은 특이해 보인다. 하지만 사실 전혀 특이할 것이 없다. '열심히만'의 통사범주를 정해야 하는데 보조사 '-만'은 투사할 수 있는 범주자질을 가지고 있지 않으므로 '열심히'의 범주자질이 투사할 수밖에 없기 때문이다. 그러면 내심성과도 어울리게 된다. 이를 정리하면 아래와 같다.[46]

---

45 나무그림만 보면 (48)은 마치 AdvP '열심히'에 보조사 '-만'이 부가된 통사구조와 통한다 (최기용 1996 참고). 하지만 겉모습이 그렇다고 부가 구조로 간주해서는 안 된다. 통사구조에 대한 판단은 형성 결과뿐만 아니라 형성 과정도 고려해야 하며, 형성 과정을 고려하면 (48)에는 부가 구조가 개입하지 않는다. 또 (48)을 부가 구조로 보면 보조사 '-만'이 부가어로 간주되어야 하는데, 그러면 부가 성분이 왼쪽이 아니라 오른쪽에 나타나는 부담을 안게 된다. 한국어는 후핵 언어이므로 '<u>푸른</u> 하늘, <u>크게</u> 웃었다'에서 보듯이 부가 성분은 핵의 오른쪽이 아니라 왼쪽에 나타난다.

46 아래에서 β[β]는 투사할 수 있는 범주자질 [β]를 지닌 경우를 나타내고, β□는 (48)에서처럼 투사할 수 있는 범주자질을 결여한 경우를 나타낸다. 투사에 대한 보다 진전된 논의는 7장, 10장, 11장 참고.

(49) 가. αP와 핵 β[β]가 결합한 경우

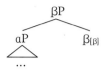

나. αP와 핵 β□가 결합한 경우[47]

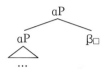

이제 남은 것은 (46)의 현상을 포착하는 것인데, 이를 위해 보조사 분포 제약을 설정한다.

(50) 보조사 분포 제약[48]

$$^*[_{NP2}\ [_{NP1}\ [_{NP1}\ \cdots\ N_1]\ Del]\ N_2]$$

위의 제약에 따르면 보조사 Del이 결합한 명사구 '$[_{NP1}\ [_{NP1}\ \cdots\ N_1]\ Del]$'이 다시 N_2와 결합해서 NP_2를 형성하는 것은 허용되지 않는다. 그래서 '나 만'($[_{NP1}\ [_{NP1}\ 나]\ -만]$)과 N '꿈'이 결합해서 형성된 (46나) '$^*[_{NP2}\ [_{NP1}\ [_{NP1}\ 나]\ -만]\ 꿈]$'은 허용되지 않는다. 이와 달리 (46가)는 중간에 속격조사 K '-의'가 개재하므로 보조사 분포 제약 (50)을 위반하지 않으며 따라서 문법적인 것으

---

47 핵 자리에 나타난 성분이 투사하지 않으면 '$\square^{n+1} \rightarrow$ YP X^m'이 된다. 그런데 비어있는 통사 범주 □는 채워져야 하며, 핵 자리에 나타난 X^n 대신 YP의 통사범주 자질이 투사하면 '$Y^{n+1} \rightarrow$ YP X^m'이 된다. 이에 해당하는 나무그림이 바로 (49나)이다. '$Y^{n+1} \rightarrow$ YP X^m'에 해당하는 통사구조는 접속에서 잘 드러난다(7장 참고).

48 이 제약은 뒤에서 어휘격 조사의 경우까지 포함하여 조사 분포 제약으로 일반화된다(3장 3.6.4절 참고).

로 허용된다. (46가)의 통사구조를 나무그림으로 나타내면 아래와 같다. KP '나만의'는 N '꿈'의 논항으로 간주한다.

(51) 나만의 꿈 (= 46가)

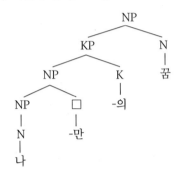

위의 논의는 앞서 제시한 '과한 표현력의 문제'를 해소하는 효과를 지닌다 (이 장의 1.3.4.3절 참고). 앞서 '성분성, 어순, 투사'에서 '어순'을 따로 분리했는데 이제 '투사'까지 분리할 수 있기 때문이다. 그런데 다음의 세 가지 문제는 아쉬움을 남긴다. 먼저, 빈칸(□)의 존재는 완전 해석 원리와 썩 어울리지 않는다. 완전 해석 원리에 따르면 통사구조에는 의미 표상과 소리 표상에 아무런 기여를 하지 않는 빈칸(□)은 나타나지 말아야 한다. 다음으로, 구구조 규칙보다는 낫지만 핵 계층 이론 역시 잉여성을 지닌다. 핵 계층 이론에 따라 통사범주로 통사구조가 형성되고 이 통사구조에 통사범주 자질을 지닌 어휘항목이 삽입되는 것으로 보면, 통사범주가 통사구조 형성 규칙에도 등장하고 어휘항목의 자질로도 등장하는 잉여성을 지니는 것이다. 끝으로, 방금 언급한 잉여성은 어휘 삽입 규칙을 따로 필요로 하는 부담까지 야기하는 문제를 지닌다. 그렇다면 이 문제들에는 어떻게 대응해야 하는가? 절을 바꿔 논의를 이어간다.

1.3.7. 소체 구 구조 이론

지금까지의 논의를 통해 알 수 있듯이, 이론은 고정되지 않고 지속적으로 개정되며, 이론 개정의 동기는 일차적으로 현상이다. 기존 이론으로 설명하기 곤란한 현상이 나타나면 이론을 개정해서 그 현상에 대한 설명을 도모하는 것이다. 그런데 현상만 이론 개정을 촉발하는 것은 아니다. 이론이라면 마땅히 따라야 할 지침, 예를 들어 '현상과 부합하면서 단순하고 경제적인 이론을 추구하라'는 지침이 있는데(이 장의 각주 12) 및 Chomsky 1995나/2015, 2017 등 참고), 이러한 지침도 이론 개정의 동기가 된다.[49]

위와 같은 맥락에서 핵 계층 이론은 최소주의 프로그램(minimalist program)이 대두되면서 소체(素體) 구 구조 이론(bare phrase structure theory)으로 개정되었다(Chomsky 1995가, 1995나/2015, 2019가 등 참고).[50] 개정의 핵심은 통사구조

---

[49] 이러한 지침을 이론적 취향으로 치부해서는 안 된다. 특히 언어의 진화(evolution)와 습득(acquisition)을 고려하면 옳은 이론은 단순하고 경제적이어야 한다. 언어는 급작스럽게 진화되었는데 급작스럽게 진화된 언어 능력의 내용이 풍부할 수는 없기 때문이다. 또 언어에 대한 지식을 선천적으로 타고나야 언어 습득이 가능하고, 선천적 지식의 양은 제약되어야 하므로, 이 역시 단순하고 경제적인 이론을 지지한다. 이러한 인식을 바탕으로 곧이어 소개하는 최소주의 프로그램은 잉여성을 제거하고 필수성만을 인정하는 이론을 지향한다 (Chomsky 2019가; Berwick & Chomsky 2017 등 참고).

[50] 이론은 가설들의 체계로서, 위에서 언급하였듯이 고정되지 않고 지속적으로 개정된다. 또한 가설 중 부수적·보조적 가설이 아니라 핵심 가설이 개정되면 이론은 개정을 넘어 다른 이론으로 대체되기도 한다. 이러한 상황을 가리키는 개념이 프로그램(program)인데, 이에 대한 Lakatos(1970)의 언급을 옮겨 오면 다음과 같다. "The programme consists of methodological rules: some tell us what paths of research to avoid(*negative heuristic*), and others what paths to pursue (*positive heuristic*). Even science as a whole can be regarded as a huge research programme with Popper's supreme heuristic rule: Devise conjectures which have more empirical content than their predecessors(Lakatos 1970: 132)." 바로 이어서 언급하는 '잉여적이고 불필요한 내용은 제거하고 필수불가결한 것만 남기는 것'이 최소주의 프로그램의 방법론적 규칙(methodological rule)에 속한다. 이를 포함하여 최소주의의 성격에 대해서는 Chomsky(1995나/2015: 서문), Boeckx(2006: 3.3절), Hornstein & Idsardi

형성 규칙의 핵심은 유지하면서, 잉여적이고 불필요한 내용은 제거하고 필수 불가결한 것만 남기는 것인데, 이런 관점에서 핵 계층 이론이 필요로 하는 (52가), (52나)에서 제거할 만한 것이 있는지 고려해 보자. 편의상 후핵 언어의 특성을 반영해서 '…'을 핵의 앞에만 표시한다.

(52) 가. $X^{n+1} \rightarrow \cdots X^n$ ((35가) 참고)

$X^m \rightarrow \cdots X^m$ ((35나) 참고)

$X \rightarrow \Delta$ ((32) 참고)

나. 어휘 삽입 규칙(lexical insertion rule)

'$X \rightarrow \Delta$'에 의해 통사구조에 나타난 Δ에 X 범주의 어휘항목을 삽입하라. ((33) 참고)

어휘항목은 통사범주 정보를 지니며, 이 정보는 어휘 삽입 규칙이 어휘항목을 통사구조의 적절한 위치에 삽입하는 데 긴요하게 이용된다. 그런데 통사범주 정보는 어휘항목에 나타날 뿐만 아니라 구 구조 규칙에 다시 한 번 나타난다. 예를 들어 (52가)에 따라 (53가)의 구 구조 규칙들이 성립하는데 이 구 구조 규칙들에 나타난 통사범주 정보 V, N 등은 (53나)에 제시한 개별 어휘항목 '읽-', '책' 등이 어휘정보로 지닌 통사범주 정보 [V], [N]과 겹친다.

(53) 가. $V'' \rightarrow \cdots V'$, $V' \rightarrow \cdots V$, $N'' \rightarrow \cdots N'$, $N' \rightarrow \cdots N$ 등

나. 읽-[V], 책[N] 등

통사범주 정보가 어휘항목과 구 구조 규칙, 이렇게 두 군데에 나타나는

(2014) 등 참고.

것은 이론에 잉여성이 존재한다는 것을 의미한다. 그리고 최소주의적 관점에서 단순하고 경제적인 이론을 추구하려면 잉여성은 가급적 제거해야 한다. 그렇다면 통사구조 형성 규칙의 통사범주 정보와 어휘항목의 통사범주 정보 중 어느 것을 제거할 수 있을까? 어휘항목의 통사범주 정보는 어휘항목 그 자체의 고유한 정보이므로 제거할 수 없다. 또한 어휘항목이 통사범주 정보를 결여하면 구 구조 규칙으로 통사구조를 형성해도 그 통사구조에 어휘항목을 적절히 삽입할 방법이 없다. 따라서 통사범주 정보의 잉여성을 제거하기 위해서는 어휘항목의 통사범주 정보가 아니라 구 구조 규칙의 통사범주 정보를 제거하는 방향을 취해야 한다.

위의 논의에 따라 구 구조 규칙의 통사범주 정보를 제거해 보자. 그러면 어떤 결과가 초래되는가? 먼저, (53가)에서 통사범주 정보를 제거하면 아래에서 보듯이 구 구조 규칙에는 성분과 성분이 결합해서 보다 큰 새로운 성분이 형성된다는 정보만 남게 된다.

(54) 가. □" → … □'
　　　나. □' → … □

다음으로, 통사범주 정보는 어휘항목이 지니므로, 통사구조에 표시되는 통사범주 정보는 어휘항목의 통사범주 정보로부터 유래해야 한다. 즉, (54)의 빈칸(□)은 어휘항목의 통사범주 정보로 채워져야 한다.

이제 위의 두 가지 사항을 종합하면 소위 소체 구 구조 이론 또는 필수 구 구조 이론이 나타나게 되는데,[51] 이 이론은 통사구조가 병합(merge)과 표찰

51　구 구조 규칙, 핵 계층 이론, 소체 구 구조 이론으로 변화한 과정에 대한 포괄적인 논의는 Fukui(2001, 2011), Carnie(2010), Fukui & Narita(2014) 등 참고.

화(labeling)에 의해 형성되는 것으로 파악한다.[52] 소체 구 구조 이론에서 통사구조는 집합 표기(set notation)로 표시되는데 이에 해당하는 나무그림도 함께 제시한다.[53]

(55) 가. 통사체 α와 통사체 β

　나. 통사체 α와 통사체 β의 병합(merge): {α, β}

　다. 표찰화(labeling): {γ, {α, β}}

통사구조는 내심성을 띠므로 (55다)의 표찰 γ는 α나 β가 결정한다.[54] 그리

52　표찰화는 α와 β가 병합하여 형성된 {α, β}의 통사범주를 정하는 작용으로서 대개 투사와 동일한 결과를 산출한다. 하지만 작동 방식에서는 적지 않은 차이를 지녀서, 투사는 핵의 통사범주 자질과 핵과 결합하는 성분의 통사범주 자질에 기대는 데 비해, 표찰화는 병합하는 성분들 사이의 통사구조적 차이에 우선 주목한다(11장 참고). 한편 표찰화를 채택하면 투사를 동원하지 않는 것이 타당하지만 여기서는 표찰화와 투사, 둘 다를 사용한다. 표찰, 표찰화는 비교적 최근에 본격적으로 대두된바, 전통적인 투사 개념에 비해 다분히 낯설고, 표찰화가 대개 투사와 같은 결과를 산출하기는 하지만 투사로 설명하던 현상을 표찰화로 온전히 포착할 수 있는지가 아직은 충분히 확인되지 않은 것을 고려한 조치이다.

53　병합은 어휘항목에 적용될 수도 있고, 구에 적용될 수도 있다. 통사체(syntactic object)는 병합이 적용되는 단위인 어휘항목과 구를 아울러 가리키는 개념으로서 통사항(syntactic term)이라고도 한다. 한편 병합은 세 개 이상의 성분을 대상으로 할 수도 있는데 이에 대해서는 7장 7.7절 참고.

54　표찰 γ가 정해지지 않거나, α나 β와 무관하게 정해지면 소위 외심 구조가 나타난다. 통사구조에서 앞의 경우는 나타나지만(11장 참고), 뒤의 경우는 나타나지 않는다. 뒤의 경우는 단어 형성의 경우에서 볼 수 있는데, 예를 들어 '잘못'과 같은 명사는 부사 '잘'과 부사 '못'이 모여 명사를 형성하는 모습을 보이며, '통사론'과 같은 한자어는 통사범주가 없는 한자어 어근 '통, 사, 론'이 모여 명사 범주의 단어를 형성하는 모습을 보인다. 주의할 것은

고 α와 β의 관계에 따라 대치 구조가 형성되기도 하고 부가 구조가 형성되기도 하며, α와 β는 어휘항목일 수도 있고, 구일 수도 있다. 이러한 사항들을 고려하면 (55다)는 아래의 통사구조가 된다.[55]

(56) 가. 대치 구조의 경우

통사체 α^n과 통사체 β^n ⇨ 병합·표찰화 ⇨ $\{\beta^{n+1}, \{\alpha^n, \beta^n\}\}$

$$
\begin{array}{c}
\beta^{n+1} \\
\diagup\diagdown \\
\alpha^n \qquad \beta^n
\end{array}
\quad = \quad [_{\beta n+1}\ \alpha^n\ \beta^n]
$$

나. 부가 구조의 경우

통사체 α^n과 통사체 β^n ⇨ 병합·표찰화 ⇨ $\{\beta^n, \{\alpha^n, \beta^n\}\}$

$$
\begin{array}{c}
\beta^n \\
\diagup\diagdown \\
\alpha^n \qquad \beta^n
\end{array}
\quad = \quad [_{\beta n}\ \alpha^n\ \beta^n]
$$

핵 계층 이론이 소체 구 구조 이론으로 개정되면 통사구조를 나타내는 나무그림도 그에 맞추어 개정되는데, 소체 구 구조 이론의 특성에 따라 불필

'잘못'과 같은 경우는 역사적 변화에 따른 예외적 경우이며, 한자어는 외심성을 띠기는 하지만 그 통사범주가 다양하게 나타나지 않고 명사로 고정된다는 점이다. 참고로 '중요하다'의 '중요'(重要)처럼 한자어 어근이 모여 다시 어근이 되는 경우도 있는데 통사범주를 결여한 단위인 어근끼리 모여 다시 통사범주를 결여한 단위인 어근을 형성하는 점을 고려하면 내심성 위배에 해당하지 않는 것으로 볼 수도 있고, 형성된 '중요'가 통사범주를 결여한다는 점에서 외심성을 띠는 것으로 볼 수도 있다.

[55] (56)은 β가 핵인 경우로서 α가 핵이면 $[_{\alpha n+1}\ \alpha^n\ \beta P]$, $[_{\alpha n}\ \alpha^n\ \beta P]$가 되는데 이 구조와 (56)은 아무런 차이가 없다. α든 β든 병합하는 성분 중에 하나가 핵이 되며, 집합 표기와 나무그림은 구조를 나타내지 순서를 나타내지 않기 때문이다. 다만 편의상 나무그림은 분석 대상 언어의 어순에 맞추어 제시될 뿐이다. 앞서 지적했듯이 통사구조는 선형화 작용에 의해 순서로 전환되고 이를 통해 어순이 나타나게 된다.

요한 표기가 제거되는 효과를 낳게 된다. 앞서 핵 계층 이론에 따라 제시한 통사구조 (44)를 소체 구 구조 이론에 맞추어 개정하면 아래와 같다.

(57) 강아지가 어제 고양이를 마당에서 물었다.

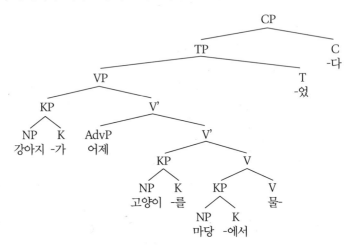

소체 구 구조 이론은 구 구조 규칙 'X → Δ'와 어휘 삽입 규칙을 따로 상정하지 않는다. 따라서 K, V, T, C 등과 '-가, -를, -에서, 물-, -었-, -다' 등 사이에 세로선(|)이 나타나지 않는다. K, V, T, C 등은 '-이/가, -을/를, …' 등이 지닌 통사범주 자질일 뿐이다. 마찬가지로 예를 들어 AdvP와 '어제' 사이에 Adv가 나타나지도 않는다. '어제'는 핵 Adv이면서 동시에 최대 투사 AdvP가 되는데 Adv와 AdvP 중 편의상 투사의 종결을 나타내는 표기인 AdvP를 택한다.[56]

이제 소체 구 구조 이론을 채택하면, 앞선 1.3.6절의 말미에 언급한 문제는

---

56   Adv로 표시하든 AdvP로 표시하든 통사적으로는 아무런 의미를 지니지 않는다. 통사구조
      를 나무그림으로 표현하기 위한 조치에 불과하다.

해소된다. 통사구조에는 빈칸(□)이 나타나지 않으며, 통사범주가 통사구조 형성 규칙에도 등장하고 어휘항목의 자질에도 등장하는 잉여성이 유발되지 않고, 어휘 삽입 규칙도 제거할 수 있기 때문이다.

1.4. 어순 변이와 이동

한국어는 후핵 언어에 속하므로 통사구조는 선형화 작용에 의해 핵에 해당하는 성분이 뒤에 위치하는 어순으로 전환된다(이 장의 1.3.4.1절 참고). 그래서 (58가)의 통사구조는 (58나)의 어순으로 전환된다. 'α > β'는 α가 β에 선행함(precede)을 나타낸다.

(58) 가.

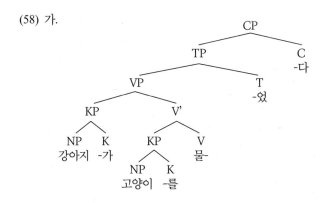

나. 강아지 > -가 > 고양이 > -를 > 물- > -었- > -다

(58가)에서 KP [KP [NP 강아지] -가]의 경우 NP '강아지'와 K '-이/가' 중 K '-이/가'가 핵이므로 '강아지'가 앞서고 '-이/가'가 뒤에 오는 '강아지 > -가' 어순으로 전환되며, 이는 '고양이 > -를'도 마찬가지이다. 또 KP '고양

이를'과 V '물-'에서는 V '물-'이 핵이므로 '고양이를 > 물-'의 어순이, 그리고 KP '강아지가'와 V' '고양이를 물-'에서는 V'가 핵에 해당하므로 '강아지가 > 고양이를 물-'의 어순이 나타난다. 어미도 핵이므로 VP와 T '-았/었-'이 병합하면 T '-았/었-'이 뒤에 오는 어순으로 전환되고, TP와 C '-다'가 병합하면 C '-다'가 뒤에 오는 어순으로 전환된다. 그러면 최종적으로 (58나)의 어순, 즉 '강아지가 고양이를 물었다' 어순이 나타난다.

그런데 어휘항목 '강아지, 고양이, 물-, -이/가, -을/를, -았/었-, -다'로 형성된 문장은 아래에서 보듯이 통사구조 (58가)에 선형화 작용이 적용되어 나타나는 (59가) 어순뿐만 아니라 (59나)~(59마)의 어순으로도 실현될 수 있다. 그렇다면 (59나)~(59마)의 어순은 어떻게 나타나게 되는가?

> (59) 가. 강아지가 고양이를 물었다. (= 58나)
>
> 나. 고양이를 강아지가 물었다.
>
> 다. 강아지가 물었다 고양이를.
>
> 라. 물었다 강아지가 고양이를.
>
> 마. 고양이를 물었다 강아지가.
>
> 바. 물었다 고양이를 강아지가.

위와 같은 어순 변이를 설명하는 방향은 두 가지이다. 하나는 선형화 작용을 개정하는 방향이고, 다른 하나는 어순 변이를 유발하는 모종의 작용이 적용되고 여기에 선형화 작용이 적용되는 것으로 보는 방향이다. 이 두 방향 중 어느 방향을 선택해야 하는가?

1.4.1. 선형화 개정?

두 가지 방향 중 선형화 작용을 비틀고 개정해서 어순 변이를 설명하는 방향을 선택한다고 하자. 그러면 한국어가 후핵 언어이기도 하고 선핵 언어이기도 하다고 봄으로써 어순 변이를 설명할 수 있을 듯하다. 핵이 앞서는 어순도 허용하고 후행하는 어순도 허용하면, (59)에 제시한 여러 어순이 나타날 수 있기 때문이다.[57] 예를 들어 VP [vp 강아지가 고양이를 물-]에 후핵 언어의 속성이 일률적으로 선택되면 (59가)에 해당하는 '강아지가 > 고양이를 > 물-'의 어순이 나타나며, 선핵 언어의 속성이 일률적으로 선택되면 (59바)에 해당하는 '물- > 고양이를 > 강아지가' 어순이 나타난다. 나아가 V' [v' 고양이를 물-]에서는 선핵 속성이 선택되고 KP '강아지가'와 V' [v' 고양이를 물-]의 병합에는 후핵 속성이 선택되면 (59다)에 해당하는 '강아지가 > 물- > 고양이를' 어순이 나타난다. 이렇게 후핵과 선핵의 범위를 조정하면 (59가), (59다), (59바)의 어순을 포착할 수 있으며, 이는 나머지 경우에도 마찬가지이다.

그런데 위와 같은 선형화는 조사와 어미, 특히 어미의 선형화에서 문제를 일으킨다. 어미의 경우, 음운론적 속성상 선핵 속성은 배제되고 후핵 속성이 선택된다고 하면, '강아지가 고양이를 물- > -었- > -다'(물었다)는 포착할 수 있지만 그 밖의 '물- > 고양이를 > 강아지가'나 '강아지가 > 물- > 고양이를' 등에서는 문제가 야기되는 것이다. 어미가 후핵 속성을 띠면 '물- > 고양이를 > 강아지가 > -었- > -다'나 '강아지가 > 물- > 고양이를 > -었- > -다'가 되어서 '물었다'가 보장되지 않기 때문이다.

또한 선핵 속성과 후핵 속성 둘 다를 인정하면 내포절에서도 곤란을 겪게

---

57 편의상 조사와 어미는 잠시 무시한다.

된다. 아래에서 보듯이 (59다)~(59바)의 '물었다'와 달리 내포절의 '물었다고'는 후핵 속성이 보장하는 위치로 고정되기 때문이다.

(60) 가. 철수는 [강아지가 고양이를 물었다고] 말했다.
나. *철수는 [강아지가 물었다고 고양이를] 말했다.
다. *철수는 [물었다고 강아지가 고양이를] 말했다. 등[58]

명사구의 경우까지 고려하면 문제는 한층 심각해진다. '아주'와 '푸른' 그리고 '하늘'로 형성된 통사구조는 '아주 > 푸른 > 하늘' 어순만 허용하지 그 밖의 '*아주 > 하늘 > 푸른, *푸른 > 아주 > 하늘, *푸른 > 하늘 > 아주, *하늘 > 아주 > 푸른, *하늘 > 푸른 > 아주' 어순은 일체 허용하지 않기 때문이다.

위와 같은 사항들은 선형화 작용을 개정하는 방향은 철회하고, 즉 선형화 작용에는 후핵 속성 하나만을 두고 어순 변이를 유발하는 '모종의 작용'을 모색하는 방향을 택하게 한다.

1.4.2. 이동

어순 변이를 유발하는 '모종의 작용'을 인정하게 되면 소위 기본 어순과 도치 어순이 나타나는 과정을 아래와 같이 이해할 수 있게 된다.

---

58 참고로 '철수는 [강아지가 물었다고 고양이를], 그렇게 말했다'처럼 휴지와 대용 표현이 동원되면 수용성이 개선된다(이정훈 2010가 참고).

(60) 가. 기본 어순(basic word order)

   통사구조 ⇨ 선형화 ⇨ '강아지가 고양이를 물었다'

나. 도치 어순(inverted word order)

   통사구조 ⇨ '모종의 작용' ⇨ 선형화 ⇨ '고양이를 강아지가 물었
   다, 물었다 고양이를 강아지가' 등

위의 구도에서 아직 논의되지 않은 것은 '모종의 작용'이다. '모종의 작용'
이란 구체적으로 무엇인가?

전통적으로 '모종의 작용'은 기본 어순이 보장하는 어순을 바꾸는 도치
(inversion) 혹은 전위(displacement, dislocation) 작용으로 이해되었으며, 도치·
전위 작용은 전치(preposing) 작용과 후치(postposing) 작용, 이 둘로 분류되었
다.[59] 전치 작용은 성분의 위치를 기본 어순이 보장하는 위치보다 앞으로
옮기는 역할을 담당하며, 역으로 후치 작용은 성분의 위치를 기본 어순이
보장하는 위치보다 뒤로 옮기는 역할을 담당한다. 이에 따르면 예를 들어
'철수에게 영이가 주었다 책을'과 같은 도치 어순은 아래와 같이 전치와 후치
가 적용되어 나타난 것으로 이해된다.

(61) 철수에게 영이가 ‧ ‧ 주었다 책을

---

59 전치와 후치는 다시 몇 가지로 분류된다. 전치의 예로는 뒤섞기(scrambling), 좌전위(left
   dislocation), 주제화(topicalization), 초점화(focalization) 등을 들 수 있고, 후치의 예로는
   후보충(after-thought), 우전위(right dislocation), 중명사구 전이(heavy NP shift) 등을 들
   수 있다. 한국어의 경우 일반적으로 전치는 뒤섞기로 파악하고 후치는 후보충으로 파악한
   다(이정훈 2008나, 2009가, 2021; 김용하 외 2018: 10장, 11장 등 참고).

어순 변이에 대한 전통적 인식은 생성문법에도 그대로 수용된다. 다만 도치·전위, 전치, 후치 등은 이론 중립적인 성격을 띠므로 생성문법의 이론에 맞추어 이동(movement) 작용을 상정하고, 이동하는 성분은 이동하면서 이동 전 위치에 흔적(trace) 't'를 남기는 것으로 간주한다. 이러한 사항을 반영하면 (61)은 아래 (62)가 된다.

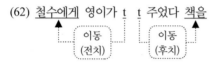

(62) 철수에게 영이가 t t 주었다 책을
　　　　이동　　　　이동
　　　　(전치)　　　(후치)

(62)에서 '철수에게'는 통사구조적으로 이동 전 위치와 이동 후 위치 이렇게 두 위치를 차지하게 된다. 그리고 각각의 위치는 술어-논항 관계 및 초점-배경 관계와 대응한다.[60] 성분은 이동 전 위치, 즉 흔적 자리에서 술어-논항 관계 등의 통사관계를 맺고 이동을 통해 다시 초점-배경 관계 등의 통사관계를 맺게 되는 것이다. 그리고 이 점은 '책을'도 마찬가지이다. 물론 '책을'이 이동 후에 맺는 통사관계가 '철수에게'가 이동 후에 맺는 통사관계와 마찬가

---

60 마치 한 사람이 집에서의 역할도 가지고 학교에서의 역할도 가지는 것과 마찬가지이다. 중요한 것은 집에서의 역할을 담당한 사람과 학교에서의 역할을 담당한 사람을 합쳐서 한 사람으로 보아야 한다는 점이다. 이와 마찬가지로 성분이 이동하는 경우 이동 전과 이동 후를 합쳐서 하나로 보게 된다. 이렇게 이동 전과 이동 후가 합쳐져서 하나임을 나타낼 때는 연쇄(chain)로 표현하는데, (62)라면 (철수에게, t)와 (책을, t)가 각각 연쇄이다. (철수에게, t)와 (책을, t)에서 확인할 수 있듯이 연쇄는 (α, β)로 표현하는데 α와 β는 각각 이동 전과 이동 후에 해당하며, 같은 연쇄에 속하는 것들은 $(α_i, β_i)$나 $(α_2, β_2)$, $(α_3, β_3)$에서 보듯이 흔히 'i, j, k' 등이나 '2, 3, 4' 등을 아래 첨자(subscript)로 부기한다. 이와 더불어 이동 성분을 아래 첨자로 쓴 $(α, t_α)$로 연쇄를 나타내기도 한다. 참고로 하나의 성분이 여러 번 이동할 수도 있는데 이런 경우의 연쇄는 $(α, \cdots, t_2'', t_2', t_2)$나 $(α, \cdots, t_α'', t_α', t_α)$와 같이 나타낸다. 한편 연쇄는 '철수에게'와 '책을'이 이동 전과 이동 후에 차지하는 통사구조적 위치로 나타낼 수도 있는데 이 경우 '철수에게', '책을'과 병합하는 성분, 즉 '철수에게'와 '책을'의 자매 성분으로 연쇄를 나타낸다. 예를 들어 (62)에서 '철수에게'는 V' 자매 위치에서 VP 자매 위치로 이동하므로(4장 4.4절 참고), (VP, V')로 연쇄를 나타낼 수 있다.

지로 초점-배경 관계인지 아니면 다른 통사관계인지는 따로 따져보아야 한다 (이정훈 2021 참고).

이동은 자유롭게 적용된다. 다시 말해 이동 작용은 '무엇이든 아무 데로나 이동하라'(Move anything anywhere)처럼 매우 간단히 규정된다. 따라서 앞으로의 이동(전치)과 뒤로의 이동(후치)이 구분되는 것이 아니며, 마찬가지로 전치에 해당하는 이동과 후치에 해당하는 이동이 따로 있는 것도 아니다. 자유롭게 이동이 적용되되 이동 후 나타난 통사구조에 선형화가 적용되면 어순에서 차이가 나타날 뿐이다. 물론 그렇다고 해서 이동이 무분별하게 적용되는 것은 아니다. 일단 이동 단위는 성분이어야 하며, 또 이동 과정과 이동 결과가 적합해야 한다.[61] 그래서 이동을 간단히 규정해도 통사론의 일반적인 속성상 성분이 아닌 것이 이동의 대상일 수 없고 또 아무 곳으로나 마구잡이로 이동할 수는 없는 것이다.

이동하는 성분은 이동하기 전의 원래 위치에 흔적 't'를 남긴다. 그렇다면 흔적 't'의 정체는 무엇인가? 이와 관련하여 아래 현상에 주목해 보자.[62]

(63) 가. 영이가 <u>철수에게</u> 책을 주었다.

나. <u>철수에게</u> 영이가 t_{철수에게} 책을 주었다.

다. <u>철수에게</u> 영이가 <u>철수에게</u> 책을 주었다.

(63가)에서 '철수에게'가 문두로 이동하면 (63나)가 된다. (63나)에서 '철수에게'는 이동 후 위치인 문두에서 음성적으로 실현되고, 이동 전 위치에

남은 흔적 't'는 음성적으로 실현되지 않는다. 그런데 (63다)에서 보듯이 흔적 't' 자리는 이동 성분 '철수에게'와 동일하게 음성적으로 실현될 수 있다. 그리고 아래에서 보듯이 흔적 't' 자리에서 음성적으로 실현될 수 있는 것은 문두로 이동한 '철수에게'로 국한된다.

(64) 가. <u>철수에게</u> 영이가 <u>철수에게</u> 책을 주었다. (= 63다)
　　 나. [*]<u>철수에게</u> 영이가 <u>민수에게</u> 책을 주었다.

그렇다면 '철수에게'가 이동하면서 남기는 흔적 't'의 정체는 사실 '철수에게'와 같은 것이라 할 수 있다. 그리고 이를 위해서는 성분을 복사하는 복사(copy) 작용이 필요하다. 통사구조 내의 어떤 성분을 복사해서 복사된 성분을 원위치와 다른 위치에 병합하고 이어서 음성 실현하면 (63다)가 나타난다고 설명할 수 있는 것이다.

(65) <u>철수에게</u> 영이가 <u>철수에게</u> 책을 주었다. (= 63다)

　　　　　 복사·병합

나아가 복사와 병합에 그치지 않고 원위치의 '철수에게'에 생략(ellipsis) 혹은 삭제(deletion) 작용이 적용된다고 하자. 그러면 이동 전 위치에서 아무것도 음성적으로 실현되지 않는 전치 현상이 나타나게 된다.[63] 흔적은 사실

63　이동하는 성분의 음성 실현과 관련하여, (65)는 이동 성분이 이동 전 위치와 이동 후 위치 둘 다에서 음성적으로 실현되는 경우에 해당하고, (66)은 이동 성분이 이동 후 위치에서만 음성 실현되는 경우에 해당한다. 그렇다면 이동하는 성분이 이동 전 위치에서만 음성 실현되는 경우도 가능할까? 다시 말해 연쇄 (α, t_α)가 (α, t_α)와 $(\alpha, \mathbf{t_\alpha})$에 더해 $(\mathbf{\alpha}, t_\alpha)$로 음성 실현될 수도 있을까? $(\mathbf{\alpha}, t_\alpha)$의 가능성에 대해서는 Bobaljik(2002), Bošković(2002) 등 참고.

이동하는 성분이 제자리에서 음성적으로 실현되지 않고 생략되는 현상에 다름아닌 것이다.

(66) 철수에게 영이가 <u>철수에게</u> 책을 주었다. (= 63나)

그리고 병합되는 위치가 문두로 국한되는 것은 아닌바, 문미에 병합되면 후치 현상이 나타나게 되고, 이 경우에도 생략 작용의 적용 여부에 따라 후치 성분은 이동 전 위치에서 음성적으로 실현되기도 하고 실현되지 않기도 한다.

(67) 가. 영이가 <u>철수에게</u> 책을 주었다 <u>철수에게</u>.

나. 영이가 철수에게 책을 주었다 <u>철수에게</u>.

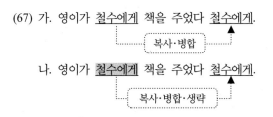

위의 논의에 따라 이제 이동은 원초적인 작용이 아니라 '복사, 병합, 생략'으로 이루어진 복합 작용으로 이해되고,[64] (62)는 아래와 같이 개정된다.

(68) 철수에게 영이가 주었다 책을.

---

[64] 나아가 이동을 따로 두지 않고 병합으로 해석할 수도 있다(이 장의 각주 27) 참고). 이 경우 병합과 이동의 구분은 외적 병합(external merge)과 내적 병합(internal merge)으로 유지된다.

1.5. 정리

지금까지 통사구조 형성과 관련된 여러 사항을 논의하면서 통사구조 형성 규칙을 구체화하였다. 주요 내용을 정리하면 아래와 같다.

첫째, 통사구조는 통사관계와 계층구조를 근간으로 하며 이 둘은 서로 밀접히 관련된다. 여기서는 계층구조에 토대를 두고 통사관계를 파악하는 방향을 취하는데, 이와 달리 통사관계에 토대를 두고 계층구조를 파악하는 방향도 가능하다.

둘째, 통사구조 형성 규칙과 별개로 완전 해석 원리에 따라 통사구조의 적격성이 판가름된다. 완전 해석 원리를 위반하는 통사구조는 정상적인 언어 표현의 자격을 가지지 못한다.

셋째, 통사구조 형성 규칙은 구 구조 규칙과 핵 계층 이론을 거쳐 소체 구 구조 이론으로 발전해 왔다. 그 결과 통사구조는 병합과 투사·표찰화에 의해 형성되는 것으로 이해된다.

끝으로, 넷째, 전위 현상은 구 구조 규칙과 독립적인 이동 규칙에 의하는 것으로 이해되는데, 소체 구 구조 이론 하에서는 구 구조 규칙과 이동 규칙의 통합이 가능하다. 통사구조 형성이든 이동이든 둘 다 병합이기 때문이다.

2. 어미의 통사구조 형성

2.1. 도입

통사구조는 어휘부에서 어휘항목이 선택(selection)되어 통사부에 도입되고, 통사부에 도입된 어휘항목들에 통사구조 형성 규칙인 병합과 투사·표찰화가 적용되어 형성된다. 그리고 이를 통해 성분성이 보장되고, 통사구조에 포함된 성분들의 유형, 즉 나무그림에 등장하는 성분들의 통사범주가 결정된다. '강아지가 고양이를 물었다'를 예로 들어 통사구조가 형성되는 과정을 보이면 아래와 같다. 참고로 최종적으로 형성된 통사구조의 나무그림도 함께 제시한다.

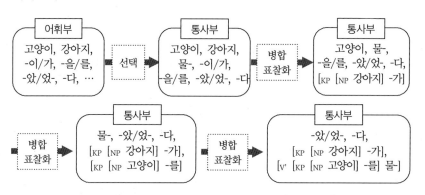

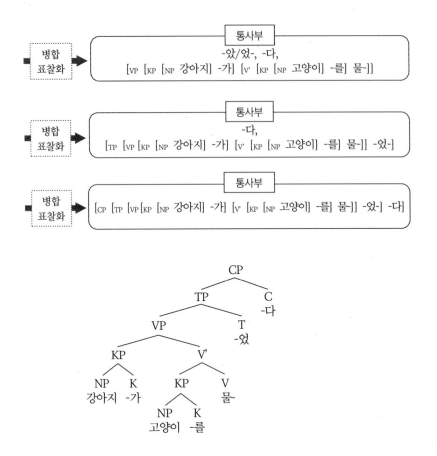

통사구조는 어휘부의 어휘항목을 선택하는 데서부터 시작하는데, 위에서는 언어 표현 '강아지가 고양이를 물었다' 형성에 필요한 어휘항목 전부가 선택된 후 통사구조 형성이 시작되는 것으로 보았다. 그런데 이와 달리 어휘항목 선택과 통사구조 형성이 나란히 진행된다고 보면 어떨까? 즉, '고양이, -을/를' 선택, [KP [NP 고양이]-를] 형성, V '물-' 선택, [V' [KP [NP 고양이]-를] 물] 형성 식으로 도출이 진행될 수도 있을 듯하다. 또 선택과 통사구조 형성이 나란히 진행되되, 특정한 단위, 예를 들어 절 단위로 선택이 이루어지는 것으로 볼 수도 있다. 그러면 내포절 차원에서 선택과 통사구조 형성이 진행

된 후 모문 차원에서 다시 선택과 통사구조 형성이 진행될 것이다. 그런데 선택과 통사구조 형성의 관계를 어떻게 보든지 통사현상을 분석하고 설명하는 데에는 별다른 영향을 미치지 않는다. 물론 미처 발굴되지 않은 통사현상이 위에서 제시한 것 중 어느 하나의 관점을 지지할 수도 있지만 일단은 논의의 편의상 위에서 제시했듯이 언어 표현 형성에 필요한 모든 어휘항목이 전부 선택된 후 통사구조 형성 과정이 개시되는 것으로 간주한다.

구 구조 규칙의 적용 순서와 마찬가지로 병합도 자유롭게 적용된다. 그래서 예를 들어 '강아지'와 '-이/가'의 병합과 '고양이'와 '-을/를'의 병합 사이에는 특정한 순서가 성립하지 않는다. 다만 위에서는 편의상 '강아지'와 '-이/가'가 먼저 병합하는 경우를 제시하였다.

한편 위의 예시에서 보듯이 '고양이, 강아지, 물-' 등과 마찬가지로 '-았/었-, -다, -이/가, -을/를' 등과 같은 어미와 조사도 병합과 투사를 통해 통사구조 형성에 참여한다. 그런데 '[$_{VP}$ 그분이 오-]-으시-었-겠-더-구나'에서 보듯이 VP 하나에 여러 개의 어미가 병합할 수 있으며, 어미가 여러 개 나타나는 경우에는 '오-시-었-겠-더-구나, *오-았-으시-겠-더-구나, *오-시-겠-었-더-구나, *오-시-었-더-겠-구나' 등에서 보듯이 일정한 순서가 유지되어야 한다. 그리고 이런 점은 조사도 마찬가지여서 NP 하나에 여러 개의 조사가 병합할 수 있으며, 조사가 여러 개 나타나는 경우에는 '너-에게-만, *너-만-에게, 너-만-을, *너-를-만'에서 보듯이 일정한 순서가 유지되어야 한다.

그렇다면 하나의 VP에 여러 개의 어미가 병합하고 하나의 NP에 여러 개의 조사가 병합하는 현상은 어떻게 설명할 수 있는가? 또한 통사구조가 선형화(linearization)에 의해 어순으로 전환되는 것을 고려하면 일정한 순서는 일정한 계층구조를 의미하는바, 여러 개의 어미가 일정한 계층구조를 형성하고 여러 개의 조사가 일정한 계층구조를 형성하는 현상은 어떻게 설명할 수 있는가? 지금부터 이 질문에 대한 답을 모색하고자 하는데, 특히 어미와 조사 이외의 경우에도 유효한 답을 추구함으로써 어미와 조사에 대한 설명과 여타의 통사 현상에 대한 설명의 조화를 도모한다. 먼저 이 장에서는 어미의 경우를 살피고 조사는 다음 장에서 살핀다.

2.2. 어미 병합의 동기

어휘항목이 통사구조 형성에 참여하게 되는 동기는 그 어휘항목이 지닌 통사자질(syntactic feature)이다. 예를 들어 어휘항목 '물-'은 아래와 같은 통사 자질을 지니며,

> (1) 어휘항목 '물-'의 통사자질
>> 가. 통사범주 자질: [V]
>> 나. 의미역 자질: [행동주, 피동주][1]
>> 다. 논항 자질: [KP, KP][2]

'물-'이 핵인 통사구조 VP는 위의 통사자질을 토대로 형성된다. 예를 들어 아래 통사구조에서 '물-'과 KP '고양이를'의 병합 그리고 V' [$_{v'}$ 고양이를

---

[1] 의미역 자질도 통사자질의 일종으로 간주하는데, 의미역 자질을 통사자질에서 제외하는 논의도 있다. 어떻게 보든 논의에는 별다른 영향을 미치지 않으므로 따로 논의하지 않는다.

[2] '논항의 통사범주 자질'을 줄여 '논항 자질'이라고 한다. 논항 자질은 의미역 정보에서 예측 가능한바(1장의 각주 25) 참고), 의미역 '행동주'는 개체와 어울리는 통사범주 NP로 실현된 다. 그리고 한국어는 '{해, 해가} 떴다', '소주 말고 {막걸리, 막걸리를} 마시자'에서 보듯이 NP 외에 KP도 논항으로 나타날 수 있다. 논항 자질이 [NP, NP]일 수도 있고 [KP, KP]일 수도 있는 셈인데, 이렇게 논항 자질이 두 가지일 수 있는 것은 어떻게 이해해야 하는가? 이 문제에 대해서는 3장 3.5절에서 논의한다.

물-]과 KP '강아지가'의 병합은 (1나)의 의미역 자질과 (1다)의 논항 자질에 의해 촉발되며, 이를 통해 KP '고양이를'에는 '피동주' 의미역이 부여되고, KP '강아지가'에는 '행동주' 의미역이 부여된다. 그리고 통사구조에 나타나는 표찰 V, V', VP는 '물-'의 통사범주 자질 (1가)를 토대로 표찰화에 의해 결정된다.

(2) 강아지가 고양이를 물었다.

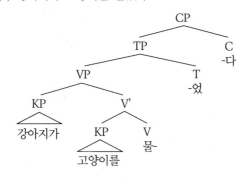

그렇다면 위의 통사구조에서 어미 '-았/었-'과 어미 '-다'는 어떤 통사자질을 가지고 통사구조 형성에 참여하는가? 즉, '-았/었-'이 VP와 병합해서 TP를 형성하는 데에 관여하는 '-았/었-'의 통사자질은 무엇이며, 또 '-다'가 TP와 병합해서 CP를 형성하는 데에 관여하는 '-다'의 통사자질은 무엇인가?

위의 문제를 풀기 위해 '-았/었-'의 경우부터 고려해 보자. 일단, 어미 '-았/었-'은 고유의 분포적 특성을 지니는 것에서 알 수 있듯이(1장 1.3.6절 참고), 나름의 통사범주 자질을 지니며, 이를 (1가) 식으로 나타내면 [T]가 된다. 그리고 이 통사범주 자질을 토대로 (2)에 표시한 T가 나타나고 TP가 나타나게 된다.

다음으로, (2)의 통사구조가 형성되려면 T '-았/었-'과 VP가 병합해야 하는데, 이에 다음의 질문이 제기된다. T '-았/었-'과 VP의 병합을 촉발하는 것은 무엇인가? 다시 말해 T '-았/었-'과 VP 병합의 동기는 무엇인가? (1나)와 (1다)를 고려하건데 의미역 자질이나 논항 자질에 대응되는 T '-았/었-'의 통사자질이 병합의 동기가 된다. 그렇다면 의미역 자질이나 논항 자질에 대응되는 T '-았/었-'의 통사자질은 구체적으로 무엇인가?

2.2.1. 사건역 자질에 의한 병합?

의미역 자질에 대응되는 T '-았/었-'의 통사자질이 T '-았/었-'과 VP의 병합을 보장한다고 해 보자. 그렇다면 의미역 자질에 대응되는 T '-았/었-'의 통사자질은 구체적으로 무엇인가? 이 통사자질에 의해 T '-았/었-'이 VP와 병합하는 것을 고려하면, T '-았/었-'이 지닌 문제의 통사자질은 VP의 속성과 어울리는 것, 예를 들어 사건(event)과 통하는 것이라 할 수 있다. 이에 T '-았/었-'은 의미역 자질에 대응되는 사건역(event role) 자질을 지니며, VP는 사건을 나타내는 것으로 보면, T '-았/었-'과 VP의 병합이 가능해진다. (2)에서 V '물-'의 의미역이 '고양이를', '개가'와 병합하면서 '고양이를', '개가'에 부여되듯이, T '-았/었-'의 사건역 자질 [사건]은 VP와 병합하면서 VP에 부여되는 것이다.

이상의 논의를 토대로 T '-았/었-'의 통사자질과 통사구조 형성 과정을 도식화하면 아래와 같다.

> (3) 어휘항목 '-았/었-'의 통사자질
> 가. 통사범주 자질: [T]
> 나. 사건역 자질: [사건]
> 다. 논항 자질: [VP][3]

(4)

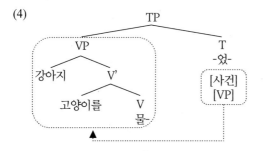

  위와 같은 설명이 타당하려면, 사건역 자질 [사건]을 설정하는 방안이 T '-았/었-'과 VP의 병합에만 유효한 임기응변적 조치여서는 곤란하다. 그리고 임기응변적 조치라는 혐의에서 자유로우려면 사건역 자질 [사건]은 T '-았/었-'과 VP의 병합 이외의 현상을 설명하는 데에서도 유효해야 한다.

  위와 같은 맥락에서 먼저 T '-았/었-'이 과거 시제(past tense)의 의미를 나타내는 점에 주목할 필요가 있다. 과거 시제를 포함하여 시제는 사건과 인식의 시간적 위치를 나타내는 범주인바(한동완 1996; 이정훈 2014나 등), 사건에 해당하는 VP와의 병합을 보장하는 사건역 자질 [사건]은 T '-았/었-'의 시제 의미 실현에도 유효하기 때문이다.

  더불어 사동 구문(causative construction)도 사건역 자질 [사건]을 지지한다. 예를 들어 아래 (5)에서 사동의 '하-'가 사건역 자질 [사건]을 지니고 이 [사건]이 VP '학생들이 조사와 어미를 연구하-'에 부여되는 것으로 보면 사동 사건과 주동 사건의 관계를 포착할 수 있다(4장 4.5.2절 참고).

  (5) 선생님은 [학생들이 조사와 어미를 연구하게] 했다.

---

3 어미와 VP가 술어-논항 관계를 맺는다고 보기는 어려우므로 논항 자질로 [VP]를 두기는 어렵다. 여기서는 일단 논항 자질로 처리하고 보다 타당한 방안은 다음 절에서 논의한다(이 장의 2.2.2절 참고).

사실 사건역 자질 [사건]은 시제나 사동 구문까지 살피지 않아도 그 필요성을 충분히 확인할 수 있다. '철수는 [영이가 떠나기를] 바랐다, 영이는 [철수가 떠난다고] 생각했다', '[영이가 떠났다는] 소문, [철수가 떠난] 사실' 등에서 확인할 수 있듯이 어휘항목에 따라서는 '바라-, 생각하-'나 '소문, 사실' 등처럼 사건역 자질 [사건]을 가지기 때문이다. 또 논의를 확대하면 소위 보조용언도 [사건]을 취하는 것으로 이해된다. 예를 들어 '비가 오고 있다', '그는 이 책을 읽어 보았다'의 보조용언 '있-'과 '보-'도 의미역 자질로 사건역 자질 [사건]을 지닌다.[4]

이렇게 사건역 자질 [사건]을 동원하는 방안의 타당성은 확인된다. 하지만 그럼에도 불구하고 아래와 같은 사항들을 고려하건데 T '-았/었-'과 VP의 병합을 설명하기 위해 사건역 자질 [사건]을 동원하는 방법은 그닥 신뢰하기 어렵다. 사건역 자질 [사건]의 나름의 타당성과는 상관없이 사건역 자질 [사건]은 T '-았/었-'과 VP의 병합을 설명하는 데에서 한계를 노정하기 때문이다.

첫째, 아래에서 보듯이 T '-았/었-'은 H '-으시-'가 핵인 HP와도 병합할 수 있는데, 사건역 자질 [사건]은 이러한 병합을 보장하지 않을 뿐만 아니라 오히려 방해한다. 사건역 자질 [사건]은 사건에 해당하는 성분과의 병합을 보장하는데, 사건에 해당하는 성분은 VP이지 HP가 아니며, 또 사건역 자질 [사건]은 사건에 해당하지 않는 HP와 T '-았/었-'이 병합하는 것을 저지할 것이기 때문이다.

(6) [$_{CP}$ [$_{TP}$ [$_{HP}$ [$_{VP}$ 그분께서 이 책을 읽-] -으시-] -었-] -다]

---

4 보조용언을 V_{AUX}로 나타내면 통사구조는 [$_{VAUXP}$ [$_{VP}$ 비가 오-] 있-], [$_{VAUXP}$ 그는$_2$ [$_{VP}$ e_2 이 책을 읽-] 보-]가 된다. 'e'의 정체에 대해서는 8장 및 김용하 외(2018: 12장) 참고. 한편 사건역 자질 [사건]은 '것' 관련 구문에서도 유효하다(9장 참고).

위의 문제 제기에 대해 VP 뿐만 아니라 HP도 사건을 나타낸다고 보면 어떤가(박양규 1975가 참고)? (5)에서 확인했듯이 사건에 해당하는 VP(주동 사건) 위에 다시 사건(사동 사건)에 해당하는 통사구조가 나타날 수 있으므로, 사건을 나타내는 VP 위에 다시 사건을 나타내는 HP가 나타나는 것도 가능할 법하다. 이 경우 사건의 통사범주는 VP에 해당하므로, '-으시-'의 통사범주는 H가 아니라 V로 파악되거나, 투사할 수 없는, 다른 말로 표찰화 능력이 없는 것으로 간주되어야 한다.[5] 그러면 '그분께서 이 책을 읽으시었다'의 통사구조는 (6)이 아니라 아래 (6')가 된다.

(6') [$_{CP}$ [$_{TP}$ [$_{VP}$ [$_{VP}$ 그분께서 이 책을 읽-] -으시-] -었-] -다]

하지만 '그분께서 책을 읽-'에 더해 '그분께서 책을 읽-으시-'도 사건으로 보려면 적잖은 부담을 져야 한다. 예를 들어 아래에서 보듯이 역사적으로 어미 '-으시-' 앞에 시제 어미 T '-더-'가 선행할 수 있었던 사실에 주목해 보자(박부자 2005 참고).

(7) 가. 如來 乃終에 므슴 마룰 <u>ㅎ더시뇨</u> <석보상절 23: 31가>

(여래 나중에 무슨 말을 하시더뇨?)

나. 世尊이 아래 니ᄅ샤ᄃᆡ 나 涅槃ᄒᆞᆫ 後에 … 그저긔 佛法이 다 滅ᄒᆞ리라 <u>ㅎ더시이다.</u> <석보상절 23: 31나~36가>

(세존이 예전에 이르시되, "나 열반한 후에 … 그때에 불법이 다 멸하리라." 하시더이다.)

---

5   투사하지 않는 핵, 다른 말로 표찰화 능력이 없는 핵은 보조사의 경우에 이미 확인하였다(1장 1.3.6절 참고).

다. 버근 法王이시니 轉法을 조차 <u>ᄒᆞ더시니이다</u>. <석보상절 24: 37나>
((부처님에) 버금가는 법왕이시니, 전법을 따라 하시더이다.)

위의 경우에 사건과 병합하여 다시 사건이 되는 '-으시-'의 특성을 유지하려면 T '-더-'가 투사한 TP도 사건이라고 해야 한다. 하지만 T '-더-'는 사건이 아니라 시제를 나타내므로, T '-더-'가 투사한 TP에 시제가 아닌 사건의 자격을 부여하기는 매우 곤란하다.

(7)이 현대국어가 아니므로 무시하면, 혹은 '-더-'까지도 사건으로 간주하면, '-더시-'가 제기하는 문제는 비켜갈 수 있을는지도 모른다. 하지만 어미의 병합을 설명하기 위해 사건역 자질 [사건]에 기대는 방안의 문제는 아래에서 보듯이 이 정도에서 그치지 않는다.

둘째, 아래 예에서 보듯이 T '-았/었-'은 중첩될 수 있으며 이는 통사구조적으로 [TP [TP [VP …] -었-] -었-]이 가능함을 의미하는데(임칠성 1990; 이정훈 2014나 등 참고), 이 또한 T '-았/었-'과 VP의 병합이 사건역 자질 [사건]에 의한다고 보기 어렵게 한다.

(8) (연구실 책상에 쪽지가 있는 것을 발견하고) 누가 <u>왔었군</u>.

[TP [TP [VP …] -었-] -었-]에서 [VP …]와 T '-았/었-'의 병합은 T '-았/었-'의 사건역 자질 [사건]에 의한다고 보면 된다. 문제는 그 다음에 발생한다. [TP [VP …] -었-]이 다시 T '-았/었-'과 병합해서 [TP [TP [VP …] -었-] -었-]을 형성해야 하는데 이 병합이 T '-았/었-'의 사건역 자질 [사건]에 의하는 것으로 보면 [TP [VP …] -었-]을 사건으로 간주해야 하는 문제가 발생하는 것이다. 물론 [TP [VP …] -었-]은 사건이 아니라 사건을 넘어 시제의 자격을 가진다. 그리고 이 문제는 '철수도 <u>왔겠더라</u>'에서 보듯이 '-었-겠-더-'도 가능한 점을

고려하면 한층 심각해진다. 사건역 자질 [사건]을 고집하면서 시제 어미가 세 번 연거푸 나타난 '철수도 왔겠더라'를 설명하려면 '철수가 오-았-'에 더해 '철수가 오-았-겠-'도 사건이라고 해야 하기 때문이다.

셋째, 사건역 자질 [사건]은 어미 일반의 병합을 보장하지 못하는 한계도 지닌다. 예를 들어 '강아지가 고양이를 물었다'(= 2)에서 C '-다'는 TP와 병합하는데 사건역 자질 [사건]은 이 병합에서 아무런 힘을 발휘하지 못한다. 이에 대해 T '-았/었-'이 사건역 자질을 지니듯이 C '-다'는 시제역 자질 [시제]를 지닌다고 보면 어떤가?[6] 이렇게 보면 시제를 나타내는 TP와 C '-다' 의 병합을 포착할 수 있다. 또한 C '-다'의 기능이 평서법, 즉 정보 전달임을 고려하면, C '-다'가 시제역 자질을 지닌다고 보는 것이 어불성설도 아닌 듯하다. 어떤 사건의 내용과 사건이 발생한 때는 정보이므로 통사구조에서 이 둘을 포함한 TP가 C '-다'와 병합하는 것은 자연스럽기 때문이다. 그러나 C '-다'가 시제 정보를 필수적으로 필요로 하지 않는다는 점을 고려하면 시제역 자질 [시제]에 기대는 방안은 그다지 만족스럽지 않다.

(9) 가. [CP [TP [VP 아이가 책을 읽-] -는-] -다]

[CP [TP [VP 아이가 책을 읽-] -었-] -다]

[CP [TP [VP 아이가 책을 읽-] -더-] -라]

나. [CP [VP 드디어 눈이 내리-] -다]

C '-다'는 위에서 보듯이 시제를 나타내는 TP와 병합할 수 있을 뿐만 아니라 시제 없이 바로 VP와 병합할 수도 있다.[7] 이러한 상황에서 C '-다'의

---

6   한국어와는 거리가 있지만 C가 T의 특성을 결정하는 현상을 참고할 수 있다. 예를 들어 한정절(finite clause)과 비한정절(non-finite clause)의 구분이 명확한 언어의 경우, C의 한정성 여부에 의해 T의 성격이 달리 실현된다. 한정성에 대해서는 Nikolaeva ed.(2007) 참고.

통사자질로 시제역 자질 [시제]를 설정하면 C '-다'와 VP가 병합하는 (9나)가 불가능한 것으로 판단되는 난점이 발생한다.

이에 대해 (9나)에도 눈에 안보이고 귀에 들리지 않는 추상적인 T가 있다고 보면 어떤가?[8] 불가능하다고까지는 할 수 없지만 추상적인 T처럼 추상적인 어휘항목을 동원하는 방법은 따르지 않는다. 그런 방법은 자칫 문법을 방만하게 할 우려가 있기 때문이다. 예를 들어 어휘항목으로 확인되지 않는 T를 인정하면, 성·수·인칭의 일치를 담당하는 추상적인 어미가 있다고 해도 반박하기 곤란하다.

앞서 (2)를 제시하며 언급하였듯이 T '-았/었-'과 VP의 병합을 설명하는

---

7   (9나)처럼 시제를 결여하고 있는 문장을 절대문이라고 한다(임홍빈 1983, 2007나, 2008 참고). 절대문은 시제를 결여하고 있으므로 맥락에 따라 시간 해석이 이루어진다. 그래서 맥락이 보장하면 (9나)는 '어제, 지금, 내일' 등 과거, 현재, 미래 시간 부사어와 두루 어울릴 수 있다. 한편 절대문은 구어(spoken language)가 아니라 문어(written language)에 속하기 때문에 정상적인 언어 자료로 간주할 수 없다는 비판이 있을 수 있다. 하지만 언어 연구 대상이 문어가 아니라 구어라고 할 때의 문어는 지금은 쓰이지 않으며 문헌의 기록으로만 전하는 언어를 가리킨다는 점에 유념해야 한다. 문어보다 구어를 중시한 것은 통시적·역사적 연구에서 공시적 연구로의 전환을 강조한 것일 따름인 것이다. 문어든 구어든 모든 가능한 언어 자료를 고루 살피면서 연구를 진행하는 것이 온당하다고 판단하는바, 절대문도 정상적인 언어 자료로 간주한다.

8   이런 존재를 소위 추상적 기능범주(abstract functional category)라 하는데, 여기서는 추상적 기능범주를 인정하지 않고 어미와 같은 구체적인 언어 형식을 토대로 통사론을 구성하는 입장을 취한다(이정훈 2004나, 2008나, 2011라; Kuroda 1988; Fukui 1995; Fukui & Sakai 2003 등 참고). 참고로 어휘항목은 크게 어휘범주(lexical category)와 기능범주(functional category)로 나뉘며 이 두 범주는 대략적으로 어휘형식(lexical form)과 문법형식(grammatical form)의 구분과 통하는데, 특히 의미와는 독립적인 통사자질을 지니며, 일치(agreement)나 이동(movement) 등의 통사 작용에 관여하는 특성을 띠는 문법형식을 따로 가리킬 때 기능범주라 하기도 한다. 따라서 문법형식이어도 의미와 무관한 통사자질을 결여하거나 일치나 이동과 같은 통사 작용과 무관하면 기능범주로 간주하지 않을 수도 있다. 이와 관련하여 한국어의 어미 중 '-으시-'와 의문 어미는 일치 작용에 관여하므로 기능범주이며(서정목 1987; 이정훈 2019: 각주 6) 등 참고), 그 밖의 어미는 굳이 기능범주로 볼 필요는 없다. 다만 편의상 어미와 조사 등 문법형식 일반을 아울러 가리킬 때 기능범주라 할 수는 있다.

방법은, 의미역 자질에 대응하는 것을 설정하는 방법과 논항 자질에 대응하는 것을 설정하는 방법, 이렇게 두 가지가 있다. 이 중 이 절에서는 의미역에 대응하는 것을 설정하는 방법을 구체화하고자 사건역 자질 [사건]을 설정하고 이를 바탕으로 T '-았/었-'과 VP의 병합을 설명하는 방안을 검토하였고, 그 결과 이러한 방안이 썩 만족할 만하지 않음을 확인하였다. 이에 지금부터는 다른 하나의 방법, 즉 논항 자질에 대응하는 것을 설정하는 방법을 검토한다.

2.2.2. 보충어 자질에 의한 병합

의미역 자질에 대응하는 사건역 자질 [사건]을 설정하는 방법이 그다지 신통치 않으므로 다른 방법, 즉 논항 자질에 대응하는 것을 설정하는 방법을 구체화해 보자. 이를 위해서는 논항 병합의 동기인 논항 자질에 대응되는 T '-았/었-'의 통사자질을 설정해야 하는데, T '-았/었-'과 VP의 병합에서 VP는 T '-았/었-'의 논항이 아니라 보충어이므로,[9] VP를 T '-았/었-'의 보충어 자질로 설정하는 방안이 가능하다. 그러면 T '-았/었-'의 통사자질은 아래와 같이 정리할 수 있다.

(10) 어휘항목 '-았/었-'의 통사자질

가. 통사범주 자질: [T]

나. 보충어 자질: [VP][10]

---

[9] '부모의 자식 사랑, 영이가 철수를 만나-'에서 '부모, 자식, 영이, 철수'는 '사랑, 만나-'의 보충어이자 논항이고, '[TP [VP 비가 오-]-았-]'에서 VP는 T '-았/었-'의 보충어이긴 하지만 논항은 아니다. 보충어 중에서 사건 참여자에 해당하는 성분, 즉 의미역을 지닌 성분을 따로 가리킬 때 논항이라고 한다.

한편 앞서 (6)에서 보았듯이 T '-았/었-'은 VP와 병합할 수 있을 뿐만 아니라 H '-으시-'가 투사한 HP와도 병합할 수 있다. 따라서 T '-았/었-'은 VP에 더해 HP도 보충어 자질로 가지고 있다고 보아야 한다. 이에 따라 (10) 은 아래와 같이 개정된다.

(11) 어휘항목 '-았/었-'의 통사자질
    가. 통사범주 자질: [T]
    나. 보충어 자질: [VP] 또는 [HP]

T '-았/었-'의 통사자질이 위와 같이 마련되면, T '-았/었-'과 VP의 병합, 그리고 T '-았/었-'과 HP의 병합은 (11나)의 보충어 자질에 의해 촉발되는 것으로 이해된다.

의미와 무관한 보충어 자질이 통사구조 형성의 동기가 되는 것이 이상해 보일 수 있다. 하지만 이러한 방식의 구조 형성은 단어 형성에서도 볼 수 있다. 예를 들어 (12)에서 보듯이 접두사 '풋-' 파생어는 명사만 어기가 될 수 있고, 접두사 '시-'는 동사만 어기가 될 수 있는데, 이를 위해서는 '풋-'과 '시-'가 각각 어기 자질로 [N], [V]를 가진다고 보아야 한다.[11] 단어가 의미와 무관한 어기 자질에 기대어 형성되는 것이 가능하면, 통사구조도 의미와 무관한 보충어 자질에 기대어 형성되는 것이 얼마든지 가능하다 할 수 있다.

---

10 [V]로 해도 무방하다. [VP]가 아니라 [V]가 주어져도 소체 구 구조 이론에 따르면 T '-았/었 -'과 병합하는 것은 VP일 수밖에 없기 때문이다(1장 1.3.7절 참고).

11 어떤 접사의 어기 자질이 [X]이면, 이 접사는 통사범주 X에 속하는 어기와 어울리며 단어 를 형성한다. 참고로 의미만 고려하면 (12)의 *풋까맣다, *시사랑 등이 안 될 이유는 없다. 까맣되 명도나 채도가 약하면 '풋까맣다'라 하고 사랑이되 아주 열렬한 사랑이면 '시사랑' 이라 하는 것이 얼마든지 가능할 것으로 판단되기 때문이다. 따라서 (12)를 설명하려면 의미와는 독립적인 어기 자질에 기대야 한다.

(12) 가. 풋감, 풋고추, 풋김치, 풋사랑 등

　　*풋까맣다, *풋하얗다, *풋파랗다 등

나. 시꺼멓다, 시뻘겋다, 시퍼렇다 등

　　*시감, *시고추, *시김치, *시사랑 등

보충어 자질로 T '-았/었-'의 통사구조 형성, 즉 T '-았/었-'이 VP와 병합하고 또 HP와 병합하는 현상을 설명하는 방안은, 단어 형성의 경우에도 유효할 뿐만 아니라, C '-다'의 통사구조 형성에도 유효해서, C '-다'의 보충어 자질을 (13나)로 설정하면 (14)에서 보듯이 C '-다'가 VP, HP, TP, MP 등과 병합하는 현상을 포착할 수 있다.

(13) 어휘항목 '-다'의 통사자질

가. 통사범주 자질: [C]

나. 보충어 자질: [VP] 또는 [HP] 또는 [TP] 또는 [MP]

(14) 가. [$_{CP}$ [$_{VP}$ 드디어 눈이 내리-] -다] (= 9나)

나. [$_{CP}$ [$_{HP}$ 드디어 그분이 오-으시-] -다]

다. [$_{CP}$ [$_{TP}$ 아이가 책을 읽-었-] -다]

라. [$_{CP}$ [$_{MP}$ 내가 이 문제를 해결하-겠-] -다]

위와 같은 방법으로 어미 H '-으시-', Te '-았/었-', M '-겠-', Tc '-더-', C '-다'의 보충어 자질을 조사해서 한데 모으면 아래와 같다.[12]

12　'-았/었-', '-더-'는 시제이면서 서로 구분된다. 이에 '-았/었-'은 사건(event) 시제를 나타내므로 통사범주를 Te로 나타내고, '-더-'는 인식(cognition) 시제를 나타내므로 통사범주를 Tc로 나타낸다. 한편 어미의 보충어 자질, 그리고 이어서 논의하는 보충어 자질 상속 규칙 (16)에 대한 자세한 논의는 이정훈(2008나, 2012나) 참고. 이정훈(2008나, 2012나)에서는

(15) 어미의 보충어 자질

가. H '-으시-' : [VP]

나. Te '-았/었-' : [VP] 또는 [HP] 또는 [TeP]

다. M '-겠-'　 : [VP] 또는 [HP] 또는 [TeP]

라. Tc '-더-'　 : [VP] 또는 [HP] 또는 [TeP] 또는 [MP]

마. C '-다'　 : [VP] 또는 [HP] 또는 [TeP] 또는 [MP] 또는 [TcP]

위에서 보듯이 어미의 보충어 자질 사이에는 포함 관계가 성립하는바, '[vp …]-으시-었-겠-더-다'에서 후행하는 어미의 보충어 자질은 선행하는 어미의 보충어 자질을 포함한다. 그리고 이는 어미 '-으시-, -었-, -겠-, -더-, -다'에서만 성립하는 특성이 아니라, 그 밖의 여러 어미, 나아가 어미 일반에서 성립하는 일반적·보편적 특성이다.

일반적·보편적 특성은 어휘항목 각각이 개별적으로 지닌 통사자질이 아니라 규칙 차원에서 포착하는 것이 타당하다. 이에 어미의 보충어 자질에서 관찰되는 일반적·보편적 특성을 포착하는 어휘 잉여 규칙(lexical redundancy rule)으로서 보충어 자질 상속 규칙 (16)을 설정하면 어미의 보충어 자질 (15)는 (17)로 축소된다.[13]

(16) 보충어 자질 상속 규칙

α는, 보충어 자질로 [βP]를 가지면, β의 보충어 자질을 상속한다.[14]

Te '-았/었-'이 겹치는 경우를 논외로 하고 Te '-았/었-'의 보충어 자질로 '[VP] 또는 [HP]'를 설정하였는데, 여기서는 Te '-았/었-'이 겹치는 경우까지 고려하여 Te '-았/었-'의 보충어 자질에 [TeP]를 추가한다.

13 어휘항목이 어떤 특성 A를 지니면 또 다른 특성 B를 지니는 경우가 있으며, 이 경우 '특성 A가 성립하면 특성 B가 성립한다'와 같은 규칙을 설정할 수 있는데, 이러한 규칙을 어휘 잉여 규칙이라고 한다(Chomsky 1965; Jackendoff 1975 등 참고).

(17) 어미의 보충어 자질

    가. H '-으시-' : [VP]

    나. Te '-았/었-' : [HP] 또는 [TeP][15]

    다. M '-겠-' : [TeP]

    라. Tc '-더-' : [MP]

    마. C '-다' : [TcP]

어미는 고유한 분포적 특징을 지니며 이는 각 어미가 고유의 통사범주
자질을 지님을 의미한다. (16), (17)은 각 어미의 고유한 통사범주 자질을
토대로 어미의 병합을 보장하는데, 예를 들어 Te '-았/었-'은 (17나)에 의해
HP나 TeP와 병합할 수 있으며([TeP [HP 그 분이 오-으시-] -었-], [TeP [TeP 누가
오-았-] -었-]), 또 (16)에 따라 어미 H '-으시-'의 보충어 자질 [VP]도 보충어
자질로 갖게 된다([TeP [VP 눈이 내리-] -었-]). 이렇게 어미가 고유하게 지닌
보충어 자질을 토대로 보충어 자질 상속 규칙을 적용하면 어미의 보충어
자질을 일일이 나열한 목록 (15)가 나타난다.

2.2.3. 보충어 자질 상속 규칙 검토

어미의 보충어 자질은 어미의 병합을 보장할 뿐만 아니라 어미의 순서도
규제하는 효과도 지닌다. 예를 들어 어미 '-았/었-'과 '-더-'의 순서를 고려해
보자. 이 둘은 '-었-더-' 순서로 나타나지 '*-더-었-' 순서로는 나타나지 않는

---

14   다시 말해 "A가 B를 보충어로 선택하면, A는 B의 보충어 C도 보충어로 선택한다"(이정훈
    2012나: 215).

15   Te '-았/었-'은 [HP]도 보충어 자질로 가져야 한다. 만약 [HP] 없이 [TeP]만 보충어 자질로
    가지면 Te '-았/었-'은 [VP]나 [HP]와 병합할 수 없게 된다.

데 이러한 순서는 '-았/었-'과 '-더-'의 보충어 자질에서 충분히 예측된다. (16), (17)에 따르면 Tc '-더-'는 보충어 자질로 [TeP]를 가지지만, Te '-았/었-'은 보충어 자질로 [TcP]를 가지지 않으므로, '[TcP [TeP ⋯ -었-] -더-]'는 허용되는 반면 '*[TeP [TcP ⋯ -더-] -었-]'은 허용되지 않고, 이에 따라 앞의 통사구조에 선형화가 적용된 '-었-더-' 순서는 허용되고 뒤의 통사구조에 선형화가 적용된 '*-더-었-' 순서는 허용되지 않는다.

또한 보충어 자질 상속 규칙은 VP와 어미 α, β, γ가 [γP [βP [αP [vP ⋯] α] β] γ]를 형성하는 경우, 보충어 자질 상속 규칙에 따라 [βP [vP ⋯] β]와 [γP [αP [vP ⋯] α] γ] 그리고 [γP [vP ⋯] γ] 등도 가능하다고 예측하며, 이는 [γP [βP [αP [vP ⋯] α] β] γ]가 가능한 상황에서 [βP [vP ⋯] β]가 불가능하거나 [γP [αP [vP ⋯] α] γ], [γP [vP ⋯] γ] 등이 불가능할 수는 없음을 의미한다. 그리고 이는 어미의 실제 특성과 부합해서, 예를 들어 [βP [αP [vP ⋯] α] β]는 가능한데 [βP [vP ⋯] β]는 성립하지 않는 어미 β는 발견되지 않는다.[16]

위와 같은 판단에 대해 '생겼-(고양이가 강아지처럼 <u>생겼다</u>), 닮았-(고양이가 강아지를 <u>닮았다</u>)'처럼 어미가 어휘의 일부로 굳어진 것으로 간주되는 사례가 반례로 제시될 수 있다. 보충어 자질 상속 규칙에 따르면, 예를 들어 (18가)가 가능하면 (18나)도 가능해야 하는데,

(18) 가. 고양이가 강아지처럼 <u>생겼다</u>.
　　　고양이가 강아지를 <u>닮았다</u>.
　　나. 고양이가 강아지처럼 <u>생기다</u>.

---

16 어미를 형태소 차원으로 분석하면 보충어 자질 상속 규칙에 대한 위반 사례가 나타나는데, 이는 개별 형태소의 어휘적 정보로 처리된다(이정훈 2006나, 2008나: 1부 3장 3.3.3절 참고). 다시 말해 형태소 차원에서 발견되는 보충어 자질 상속 규칙 위반 사례는 어휘적 정보 차원에 머물 뿐 보충어 자질 상속 규칙의 성립에 위협이 되지는 않는다.

고양이가 강아지를 <u>닮다</u>.

'생겼-, 닮았-'이 어휘화(lexicalization)를 겪어 하나의 어휘항목으로 간주되면 언뜻 (18나)가 불가능할 것으로 판단되기 때문이다.[17] (18나)가 형성되려면 어휘화된 어휘항목 '생겼-, 닮았-'이 아니라 이 어휘항목의 일부인 '생기-, 닮-'이 통사구조 형성에 참여해야 하는데 병합은 어휘항목을 대상으로 삼지 어휘항목의 일부를 대상으로 삼지는 않는 것이다.

하지만 이러한 사례는 진정한 반례로 보기 어렵다. '생기셨-'(그분은 산적처럼 <u>생기셨지만</u> 성품이 여리시다), '닮으셨-'(선생님 내외는 쌍둥이처럼 <u>닮으셨다</u>)에서 보듯이 '-으시-'가 개재될 수 있으므로 '생겼-'과 '닮았-'이 어휘화되었다고 보기 어렵고, 절대문을 고려하면 (18나)도 가능하기 때문이다. 이에도 불구하고 '생겼-, 닮았-' 류를 보충어 자질 상속 규칙에 반하는 사례로 간주해도 큰 문제는 아니다. 규칙의 성립을 좌우하려면 일반적인 차원에서 성립하는 현상이 반례로 제시되어야 하는데, '생겼-, 닮았-' 부류는 일반적인 현상이 아니라 매우 드문 예외적인 현상에 속하기 때문이다.

보충어 자질 상속 규칙의 타당성 여부를 거듭 확인하는 차원에서 아래 현상도 고려해 보자. 보충어 자질과 보충어 자질 상속 규칙에 기대서 어미의 병합과 순서를 설명하는 방안은 아래 현상과도 조화를 이룰 수 있을까?

(19) 가. (하늘이 흐린 것이) 비가 <u>오겠다</u>.

　　　(상황을 확인해 보니) 선생님은 내일 <u>오시겠다</u>.

　　　(땅이 젖은 것을 보니) 비가 <u>왔겠다</u>.

17　어휘화는 어떤 의미 또는 개념이 하나의 어휘에 포함되는 것을 가리키기도 하고(Talmy 2007), 둘 이상의 성분으로 형성된 언어 표현이 통시적 변화 등에 의해 분석이 곤란해진 경우를 가리키기도 한다(송철의 1992). 여기서의 어휘화는 뒤의 것에 해당한다.

나.　이 문제는 반드시 내가 <u>풀겠다</u>.

　　　　다음 문제에 <u>도전하시겠습니까?</u>

　　　　*이 문제는 반드시 내가 <u>풀었겠다</u>.

　위에서 보듯이 어미 '-겠-'은 추측을 나타내는 경우에는 TeP를 보충어로 취할 수 있지만 의지를 나타내는 경우에는 그럴 수 없다. 추측의 '-겠-'은 [TeP]를 보충어 자질로 지니고, 의지의 '-겠-'은 [HP]를 보충어 자질로 지닌 다는 것을 의미하는 듯한데, 그렇다면 보충어 자질의 측면에서 '-겠-'은 하나 가 아니라, [TeP]를 보충어 자질로 갖는 추측의 '-겠-'과 [HP]를 보충어 자질 로 갖는 의지의 '-겠-', 이렇게 두 종류가 된다.

　사실 '-겠-'을 두 종류로 나누는 것 자체가 문제는 아니다. 문제는 보충어 자질로는 이렇게 나뉜 두 '-겠-' 사이의 관련성이 보장되기 곤란하다는 데에 서 발생한다.[18] 보충어 자질만 고려하면 의지의 '-겠-'이 가진 보충어 자질과 추측의 '-겠-'이 가진 보충어 자질은 각각 [HP]와 [TeP]로 서로 달라서 둘 사이의 관련성이 포착되지 않는 것이다. 이러한 상황에 대응하기 위해 보충 어 자질이 아니라 의미 차원에서 관련성이 성립한다고 하기도 어렵다. 일반 적으로 보충어 자질은 의미에서 예측되므로(1장의 각주 25) 참고), 의미적 관련 성은 보충어 자질과 같은 통사자질로 드러나는 것이 자연스럽기 때문이다.

　보충어 자질은 의지의 '-겠-'과 추측의 '-겠-' 사이의 관련성을 포착하는 데에서 곤란을 겪을 뿐만 아니라 의지의 '-겠-'과 과거 시제 '-았/었-'이 서로 동질적이라는 잘못된 예측을 산출하는 결과도 초래한다. 의지의 '-겠-'과 마찬가지로 과거 시제 '-았/었-'도 보충어 자질로 [HP]를 가지므로 '-겠-'과

18　추측과 의지의 두 가지 쓰임을 갖는 표현들이 적지 않은바(명정희 2022 참고), 이는 추측과 의지의 상호 관련성을 나타내는 것으로 이해할 수 있다.

'-았/었-'의 동질성이 기대되지만 동질성을 보여주는 별다른 현상을 찾기 어려운 것이다.

이상의 논의를 토대로 여기서는 추측의 '-겠-'과 의지의 '-겠-'이 보충어 자질에서 구별되지 않는 것으로 본다. 즉, 추측이든 의지든 '-겠-'의 보충어 자질은 [TeP]일 뿐이고 의지일 때는 다른 요인에 의해 TeP가 보충어로 나타나는 것이 제약되는 것으로 파악한다(8장 8.5.3절 참고).

2.2.4. 핵-핵 관계 조건

보충어 자질과 보충어 자질 상속 규칙은 어미의 병합과 어미의 출현 순서를 설명할 수 있다. 또 바로 앞의 2.2.3절에서 논의하였듯이 몇 가지 문제가 제기될 수 있으나 그에 대한 대응책도 마련되어 있다. 그런데 아직 검토하지 않은 문제가 하나 있는바, 적격하지 않은 구조까지 형성하는 소위 과생성 (overgeneration)의 문제가 그것이다. 과생성의 문제가 무엇인지 구체화하기 위해 아래 (20)에서 T '-았/었-'과 VP 사이에 보충어 자질 상속 규칙이 적용되면 어떻게 되는지 살펴보자.

(20) 강아지가 고양이를 물었다. (= 2)

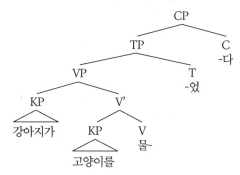

위의 통사구조에서 T '-았/었-'은 VP를 보충어로 취하고 있으며, V '묻-'
은 논항 자질로 [KP, KP]를 지닌다. 그리고 논항 자질은 보충어 자질에 포함
되는바(이 장의 각주 9) 참고), 보충어 자질 상속 규칙을 적용하면 T '-았/었-'이
[KP, KP]를 보충어 자질로 지니게 되는 잘못된 결과가 초래된다. 어떤 경우
도 T '-았/었-'과 KP가 병합하는 현상은 나타나지 않는 것이다.

위와 같은 과생성의 문제를 해소하려면 과생성되는 경우를 걸러낼 수 있는
조건(condition)을 설정해야 한다. 이에 여기서는 '핵-핵 관계 조건'을 두고자
한다.

(21) 핵-핵 관계 조건(Head-to-Head Relation Condition)
　　　보충어 자질에 대한 조작은 핵-핵 관계에 국한된다.

위의 조건에 따르면 T '-았/었-'이 VP를 보충어로 취하고, V '묻-'이 논항
자질로 [KP, KP]를 지녀도, T '-았/었-'이 보충어 자질 상속 규칙에 의해
[KP, KP]를 보충어 자질로 지니게 되는 것은 제약된다. 보충어 자질 상속,
즉 보충어 자질에 대한 조작은 핵-핵 관계에 국한되는데 T '-았/었-'과 V
'묻-' 사이에는 핵 이동에 의해 핵-핵 관계가 성립하지만(이 장의 2.4절 참고),
V '묻-'과 논항 KP 사이에는 핵-핵 관계가 성립하지 않아서 V '묻-'의 논항
자질 [KP, KP]가 T '-았/었-'으로 상속되는 것이 제약되기 때문이다.

보충어 자질에 대한 조작이 핵-핵 관계에 국한되는 것은 연속동사 구문
(serial verb construction)을 통해서도 확인할 수 있다. 설명의 편의를 위해 아래
에서는 KP를 하위 구분하였는데, KP_{NOM}(nominative), KP_{ACC}(accusative),
KP_{LOC}(locative)은 각각 주격조사, 대격조사, 처격조사가 핵인 KP를 나타낸다.

(22) 우리는 김칫독을 땅에 파묻었다.

가. '파-'. 예 우리는 땅을 팠다.

의미역 자질: [행동주, 피동주]

논항 자질: [KP$_{NOM}$, KP$_{ACC}$]

나. '묻-'. 예 우리는 김칫독을 땅에 묻었다.

의미역 자질: [행동주, 피동주, 장소]

논항 자질: [KP$_{NOM}$, KP$_{ACC}$, KP$_{LOC}$]

다. '파묻-'. 예 우리는 김칫독을 땅에 파묻었다.

의미역 자질: [행동주, 피동주, 장소]

논항 자질: [KP$_{NOM}$, KP$_{ACC}$, KP$_{LOC}$]

위에서 보듯이 연속동사 구문에서 연속되는 동사들의 의미역과 논항은 따로따로 실현되지 않고, 서로 같은 것끼리 동일시되면서 실현된다(정태구 1995; 이정훈 2006가 등 참고). 그래서 연속동사 '파묻-'의 경우 V '파-'의 행동주 KP$_{NOM}$과 V '묻-'의 행동주 KP$_{NOM}$은 각각 실현되는 것이 아니라 동일시를 거쳐 한 번만 실현되고 이는 피동주 KP$_{ACC}$의 경우도 마찬가지이다. 행동주 KP$_{NOM}$이나 피동주 KP$_{ACC}$와 달리 장소 KP$_{LOC}$은 동일시에서 면제되는데, 이렇게 동일시의 대상이 아닌 논항 자질은 연속동사 구문에서 배제되지 않고 유지되어 통사적으로 실현된다.[19]

연속동사 구문의 논항 자질이 꾸려지는 데에 논항 자질 동일시, 논항 자질 합성 등의 논항 자질에 대한 조작이 있음을 알 수 있는데, 주목할 것은 논항

---

19 이는 '{a, b, c} ∪ {a, b, d} = {a, b, c, d}'에서 보듯이 합집합(union) 형성과 통한다. 연속동사에서는 {파-, 묻-}에서 보듯이 연속되는 동사들이 병합되어 성분을 이루는데 이 과정에서 동일시 작용에 더해 합집합 형성에 버금가는 합성 작용이 의미역 자질과 논항 자질에 적용되는 것이다. 의미역 자질과 논항 자질에 적용되는 작용에는 '동일시'와 '합성'에 더해 '삭감'과 '전달'도 있는데 이에 대해서는 4장 4.6절 참고.

자질에 대한 조작이 나타나는 연속동사 구문의 동사들은 핵-핵 관계를 맺는다는 점이다. 예를 들어 '굽-'과 '먹-'이 연속된 '구워 먹-'은 아래에서 보듯이 핵-핵 관계를 맺으며 하나의 복합핵(complex head)을 형성하는데,[20]

(23) 철수는 고기를 구워 먹는다.

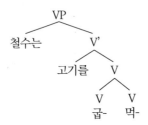

(23)에서 '구워 먹-'이 하나의 복합핵임은 '안' 부정(negation)을 통해 확인할 수 있다(정태구 1995: 70-71 참고). 아래 (24)에서 '안'은 '구워 먹-'을 부정할 수 있고 이는 '안'이 '구워 먹-'에 부가되어 있음을 의미하는데, '안'은 [VP 철수는 [V' 밥을 [V 안 [V 먹-]]]]과 *[V' 안 [V' 밥을 먹-]]'의 대조에서 보듯이 핵 V에 부가되는 부가어이므로,[21] '안'이 부가된 '구워 먹-'은 핵, 즉 핵 V

---

20 '굽-'과 '먹-' 사이에 개재하는 연결어미 '-어'는 '굽-'의 의존성을 해소하고자 삽입(insertion)된 것이다(4장의 각주 36) 참고. 참고로 의미역 자질에 대한 조작은 '우리는 그 책을 열심히 읽었다'와 같은 경우에서도 확인할 수 있는데 이 경우 '열심히'의 의미역 자질은 독자적으로 실현되지 않고 '읽-'의 의미역 자질과 동일시되어 실현된다. 다만 '열심히'의 경우 '열심히 책을 읽-'에서 보듯이 핵-핵 관계가 아닐 수도 있으므로 핵-핵 관계와 구별되는 서술화(predication)가 따로 필요하다(1장 1.2절의 도입부 참고). 한편 '열심히', 보다 정확히는 '열심'의 의미역 자질은 '우리는 그 일에 열심이었다'에서 보듯이 [행동주, 도달점(혹은 목표)]인데 '우리는 그 책을 열심히 읽었다'에서 '열심'의 [행동주] 의미역 자질은 '읽-'의 [행동주] 의미역 자질과 동일시되며, '그 일에'에 해당하는 [도달점(혹은 목표)] 의미역 자질은 따로 실현되지 않고 억제된다. 하지만 억제된다고 해서 완전히 무시되는 것은 아니어서 [도달점(혹은 목표)] 의미역 자질은 책 읽기 사건에 대응되는바, VP [VP 우리는 그 책을 읽-]이 나타내는 [사건]과 [도달점(혹은 목표)] 의미역 자질이 동일시되는 것으로 이해된다. VP가 나타내는 [사건]에 대해서는 이 장의 2.2.1절 및 9장 9.4.1절 참고.

21 참고로 아동의 언어 습득 과정에서는 '안 밥을 먹-'과 같은 언어 표현이 나타나기도 한다

'굽-'과 핵 V '먹-'으로 이루어진 복합핵이 된다.

(24) 철수는 고기를 안 구워 먹는다.

연속동사 구문에 더해 보조용언 구문도 핵-핵 관계 조건 (21)을 지지한다. 아래 (25)에서 보듯이 본용언과 보조용언은 함께 대용과 생략의 단위가 될 수 있는데(엄정호 1999; 이정훈 2010나 등 참고),

(25) 가. 맏이도 불을 꺼 버렸고, 막내도 불을 그랬다. (엄정호 1999: 411 참고)
　　 나. ㉮ 영이가 책을 복사해 두었더라.
　　 　　 ㉯ 맞아. 그리고 철수는 논문을 복사해 두었더라.

이는 '꺼 버리-'와 '복사해 두-'가 성분(constituent)이라는 것을 지지하며, '꺼 버리-', '복사해 두-'가 성분이려면 아래에서 보듯이 '끄-'와 '버리-'가 복합핵을 형성해야 하고 '복사하-'와 '두-'가 복합핵을 형성해야 하기 때문이다 (이정훈 2010나 참고).

(26) 가.　　　　　　　　　　나.

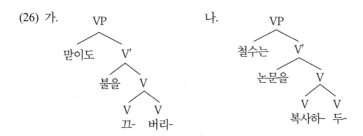

(김지숙 2014 참고).

2.3. 병합과 도상성

다른 언어 현상과 마찬가지로 어미가 병합하는 현상도 의미론, 음운론, 통사론을 토대로 설명해야 한다. 이 세 영역 중 일단 음운론은 어미의 통사구조 형성을 책임지는 영역이 아니다. 예를 들어 '-었-더-'와 '*-더-었-'의 대조를 음운론적으로 설명할 수는 없다. 의미론은 어떠한가? 어미의 통사구조 형성을 의미론을 통해 설명할 수 있는가? 이에 답하기 위해 사건역 자질 [사건]을 동원한 설명을 검토했고 그 결과 [사건]으로 어미의 통사구조 형성을 설명하기는 곤란하다는 것을 확인하였다(이 장의 2.2.1절 참고). 이러한 맥락에서 통사론의 영역으로 눈을 돌렸고, 보충어 자질로 어미의 통사구조 형성을 설명하는 방안을 마련하였다(이 장의 2.2.2절~2.2.4절 참고).

그런데 보충어 자질을 동원한 설명은 통사론의 영역에 속하는 동시에 통사론과 의미론 사이에 성립하는 도상성(iconicity)을 잘 보여주는 것이기도 하다. 의미적으로 서로 관련된 성분들은 서로 가까이 분포하고, 의미적 관련성이 높을수록 더 가까이 분포한다는 것이 도상성의 핵심인데(박승윤 1990: 2부; Newmeyer 1998: 3장 등 참고), 이에 따르면 아래와 같은 어미 출현 순서는, 보충어 자질에 의해 정해지는 것과 별개로, 도상성에 따른 예측과 부합하는 것이다(이효상 1993; 최동주 1995 등 참고).

(27) [[[[[사건 그분이 이 논문을 읽-] -으시-] -었-] -겠-] -니]?

어미의 출현 순서가 과연 도상성에 부합하는지를 확인하기 위해서는 우선 어미가 무엇과 관계를 맺는지 확인하고, 이어서 파악된 관계를 토대로 VP와의 관련성 정도를 따져야 한다.

먼저, 위 예에 나타난 어미 '-으시-, -었-, -겠-, -니' 각각이 무엇과 관계를 맺고 있는지 확인하면, 어미 '-으시-'는 사건 내의 '그분이'와 관계를 맺으며, '-았/었-'은 사건 내의 성분이 아니라 사건과 관계를 맺는다. 이어서 '-겠-'은 화자의 추측을 나타내는바 사건과 관계를 맺는 한편으로 화자와도 관계를 맺는다. 사건 및 화자와 관계를 맺는 것은 어미 '-니?'도 마찬가지이며, 여기에 더해 어미 '-니?'는 의문을 표시하면서 청자의 답을 요청하는 점에서 청자와도 관계를 맺는다.

다음으로, 각 어미가 맺고 있는 관계를 사건과의 관련성 정도로 해석하면 '-으시-, -었-, -겠-, -니' 순서로 사건과의 관련성 정도가 감소한다. 사건 내의 성분과 관계를 맺는 '-으시-'가 사건과 가장 긴밀하게 관련되고, 사건과 관계를 맺는 '-았/었-'이 그 다음으로 사건과 긴밀하게 관련되며, 이어서 사건에 더해 화자와도 관계를 맺는 '-겠-'과 사건, 화자에 더해 청자와도 관계를 맺는 '-니?' 순서로 사건과의 관련성 정도가 감소하는 것이다. 그리고 여기에 도상성을 적용하면 사건과 가장 밀접히 관련된 '-으시-'가 사건에 해당하는 VP에 인접하고, 그 뒤를 '-았/었-', '-겠-', '-니'가 차례로 이어지는 순서가 나타난다.

위와 같이 어미의 순서를 도상성에 기대서 설명하는 것은 타당한가? 이 질문에 대해 도상성이 통사구조 형성 규칙의 근간과 통한다는 점에 주목할 필요가 있다. 통사구조 형성에서 병합과 표찰화는 곧 의미적으로 밀접한 성분 사이에서 작용하는데, 그래서 예를 들어 내포절의 논항과 수식어는 내포절의 술어와 병합하지 모문의 술어와 병합하지 않는데, 이는 의미적 긴밀성과 분포적 긴밀성, 즉 통사적 긴밀성을 연계하는 도상성과 통하는 것이다. 따라서 도상성에 기대서 설명하는 방안은 타당하다고 할 수 있다.[22]

---

22 도상성은 여러 조사가 중첩해서 나타나는 경우를 설명하는 데에도 기여하고(3장 3.8절 참고), 의문사의 분포를 설명하는 데에도 기여한다(이정훈·정희련 2022 참고).

하지만 도상성이 보충어 자질에 의한 설명을 대체할 수는 없다는 점에 유의해야 한다. 무엇보다도 도상성만으로는 설명할 수 없는 언어 현상이 있고, 나아가 때로 도상성에 위배되는 현상도 나타나기 때문이다.

(28) 가. 아이가 책을 <u>읽었습니다</u>.

나. 아이가 책을 <u>읽었네요</u>.

(28가)에서 상대 경어법 어미 Hum(humble) '-습니-'는 문장 유형을 나타내는 어미 '-다'에 선행하고 있다. 그런데 이 순서가 (28나)에서는 역전되어 나타난다. 문장 유형을 나타내는 어미 '-네'가 상대 경어법에 해당하는 '-요'에 선행하고 있는 것이다. 도상성이 이러한 경우를 설명할 수 있을까?

도상성은 본질적으로 (28)의 현상을 설명하는 데에서 곤란을 겪는다. 도상성은 관련성 정도를 비교하여 이를 토대로 특정 순서를 택하는 것을 목적으로 하므로 (28)처럼 순서가 뒤바뀌는 현상은 설명하기 곤란한 것이다.

다만, 도상성을 유지하면서 (28)이 제기하는 문제에서 벗어날 수는 있다. 예를 들어 상대 경어법 어미와 문장 유형을 나타내는 어미는 [사건]과의 관련성 정도에서 대등하다고 하면 (28가)와 (28나) 두 가지 순서 중 어느 하나를 택해야 하는 입장에서는 놓여날 수 있기 때문이다. 하지만 그렇게 하려면 (28가)와 (28나)에서 상대 경어법 어미와 문장 유형을 나타내는 어미 사이의 출현 순서를 조율할 수 있는 별도의 방법이 마련되어야 한다. 그리고 그 방법은 도상성을 포함하여 의미적인 면에서 구하기는 어려우므로 통사론에서 찾을 수밖에 없다. 즉, 앞서와 마찬가지로 보충어 자질을 동원해서, 어미 Hum '-습니-'가 보충어 자질로 [MP]를 가지는 것으로 보면 (28가)를 설명할 수 있을 뿐만 아니라 보충어 자질 상속 규칙에 의해 아래 예들도 설명할 수 있으며,[23]

(29) '-습니-'의 보충어 자질: [MP]

가. 어떤 책이 좋겠습니까?

[HumP [MP 어떤 책이 좋-겠-] -습니-]

나. 나는 이 책을 이미 읽었습니다.

[HumP [TeP 나는 이 책을 이미 읽-었-] -습니-]

다. 누가 오십니까?

[HumP [HP 누가 오-시-] -ㅂ니-]

라. 나는 요즘 이 책을 읽습니다.

[HumP [VP 나는 요즘 이 책을 읽-] -습니-]

마찬가지로 '-요'가 CP를 보충어로 취하는 것으로 보면 (28나)를 설명할 수 있다.

다만 '-요'의 경우에는 한 가지 고려할 문제가 있다. 예를 들어 '-요'가 CP를 보충어로 취하면(아래 (30가) 참고), 보충어 자질 상속 규칙에 의해, C의 보충어 TeP도 보충어로 취하고 나아가 TeP의 보충어 VP도 보충어로 취할 것으로 예측되지만 실제로는 (30나)와 (30다)에서 확인할 수 있듯이 그렇지 않은바, 이렇게 보충어 자질 상속 규칙에서 벗어나는 문제는 어떻게 해소할 수 있는가?

(30) 가. 아이가 책을 읽었네요. (= 28나)

[CP [TeP [VP 아이가 책을 읽-]-었-]-네]] -요[24]

---

23 '-습니-'와 '-습디-'를 비교하면 알 수 있듯이 어미 '-습니-'를 형태 분석하면 '-습-ㄴ-이-'가 된다. 따라서 '-다'처럼 형태소 하나가 곧 어미인 경우에 더해 형태소 둘 이상이 하나의 어미를 구성하는 경우도 있다. 어미와 형태소의 관계에 대해서는 서정목(1987), 이정훈(2006나, 2008나, 2015나) 등 참고. 한편 '-습니-'는 의고적이긴 하지만 '-사옵니-, -사옵나이-'로 나타날 수도 있으며, (29다)에서 보듯이 환경에 따라 '-ㅂ니-'로 실현되기도 한다.

나. *아이가 책을 읽었요.

　　[TeP [VP 아이가 책을 읽-]-었-] -요

다. *아이가 책을 읽요.

　　[VP 아이가 책을 읽-] -요

　일단 위와 같은 문제가 '-요'뿐만 아니라 어미 뒤에 분포한 조사류가 공유하는 문제라는 점에 주목하자(과연 문제긴 문제일세그려, 어떻게 하면 좋냐고 물었다 등). 그러면 '-요'의 특이성에서 문제의 원인을 찾거나 '-요'에만 적용되는 예외적 조치로 문제를 봉합하는 방안은 인정하기 어렵다. 예를 들어 '-요'의 보충어 자질을 [CP]로 파악하되, '-요'의 경우에는 예외적으로 보충어 자질 상속 규칙이 적용되지 않는다고 하면 (30)을 설명할 수 있지만 그러한 방안은 그닥 신통한 해결책이라 할 수 없다. 보충어 자질 상속 규칙이 적용되지 않는다는 사항을 '-요'에 더해 '-그려', '-고' 등에도 반복해야 하기 때문이다.

　그렇다고 해서 (30가)는 성립하지만 (30나)와 (30다)가 성립하지 않는 특별한 이유가 있는 것은 아니다. 보충어 자질 상속 규칙에 따르면 (30나)와 (30다)가 가능할 것으로 예측되지만, 어말어미 없는 활용형 '*읽-었-요, *읽-요'는 적격한 활용형이 아니므로 (30나)와 (30다)는 부적격한 것으로 판단되기 때문이다. 이에 여기서는 아래의 활용 조건을 설정해 (30가)는 허용되고 (30나)와 (30다)는 허용되지 않는 현상을 포착한다.

　(31) 활용 조건
　　　활용형은 어말어미를 갖추어야 한다.[25]

24　편의상 표시하지 않았지만, '-요' 등의 보조사는 투사하지 않으므로(1장의 1.3.6절), CP와 '-요'가 병합하면 다시 CP가 된다([CP [CP 아이가 책을 읽었네] -요]).

25　소위 '하오체'는 '나는 요즘 이 책을 {읽소, 읽소이다}'에서 보듯이 어말어미와 선어말어미

결국 도상성에 의한 설명은 타당하지만 통사자질에 기초한 설명과 보조를 맞추어야 언어 현상을 설명할 수 있다. 논항 자질이나 보충어 자질처럼 통사구조 형성에 필요한 통사자질은 의미에 의해 예측되는 것이 있는 한편으로 그렇지 않은 것도 있으며, 의미에 의해 예측되지 않는 통사자질은 그 자체로 존재하면서 도상성과 협력하고 도상성의 빈틈을 메꾸는 역할을 담당하는 것이다. 그리고 의미적 토대와는 별도로 보충어 자질 상속 규칙, 핵-핵 관계 조건, 활용 조건 등 통사적 차원이나 그밖의 차원에서 성립하는 규칙과 조건이 존재한다.

2.4. 핵 이동

병합과 투사·표찰화는 아래와 같은 통사구조를 보장하며, 이 통사구조에서 '강아지'와 조사 '-이/가' 사이에는 구 경계(phrasal boundary) NP가 놓이며, 마찬가지로 '고양이'와 조사 '-을/를' 사이에도 구 경계 NP가 놓인다.[26] 그리고 구 경계가 존재하는 것은 '물-'과 어미 '-았/었-', '-다'의 경우에도 마찬가지여서, '물-'과 어미 '-았/었-' 사이에는 구 경계 VP가 존재하고 어미 '-았/었-'과 어미 '-다' 사이에도 구 경계 TP가 존재한다. 나아가 '고양이를'과 '물-'

의 성격을 겸한다(서정목 2001 참고). '읽소'는 '-소'의 자격을 어말어미로 보게 하지만, '-소-' 뒤에 '-이다'가 나타난 '읽소이다'는 '-소-'의 자격을 선어말어미로 보게 하기 때문이다. '-소(-)'의 이러한 특징은 선어말어미에 기원을 둔 '-소(-)'가 어말어미화하면서 보이는 현상으로 이해할 수 있다. 이러한 사항을 고려하여, 여기서는 '읽소'든 '읽소이다'든 (31)을 만족하는 것으로 간주한다. 참고로 선어말어미에서 기원하여 어말어미화하는 사례는 '-으이'에서도 볼 수 있는데(자네 말이 옳으이), '하오체'와 달리 그 뒤에 별도의 어말어미를 취하지 않는 등, 어말어미화가 완료된 것으로 판단된다.

26 구 경계는 '저 강아지가 이 고양이를 물었다'처럼 '강아지'와 '고양이'가 관형 성분을 동반하면 더 확실히 드러난다([KP [NP 저 강아지] -가], [KP [NP 이 고양이] -를]).

사이, '강아지가'와 '고양이를 물-' 사이에도 구 경계 KP가 존재한다.

(32) 강아지가 고양이를 물었다.

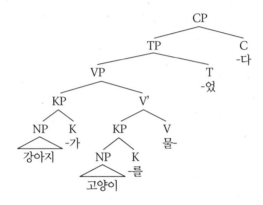

이제 위에서 파악한 구 경계가 모두 동질적이라고 가정하고, 구 경계를 담벼락(▦)으로 표시하면 (33)이 된다.

(33) 강아지 ▦ -가 ▦ 고양이 ▦ -를 ▦ 물- ▦ -었- ▦ -다

그렇다면 (32)에서 파악한 구 경계는 (33)에 '▦' 한가지로 표시한 것처럼 모두 동질적인가? 이 의문에 대해, 언어 현상은 (32)에서 파악한 구 경계를 모두 동질적인 것으로 보는 시각을 지지하지 않는다. 예를 들어 억양구 (intonational phrase)를 고려하면, (32)에서는 '강아지-가', '고양이-를', '물었 -다' 각각이 하나씩의 억양구이고, 나아가 '고양이-를 물었-다'가 억양구이 며, 최종적으로 '강아지-가 고양이-를 물었-다'가 하나의 억양구이다. 그리 고 이러한 억양 실현을 고려하면 (33)은 (34)로 수정되어야 한다.

(34) 강아지-가 ▦ 고양이-를 ▦ 물-었-다.[27]

따라서 통사구조 (32)가 (33)으로 실현되지 않고 (34)로 실현되는 것을 보장하는 방안이 필요한데 핵 이동(head movement)이 그러한 방안에 해당한다.[28]

핵 이동은 핵이 핵으로 이동하는 현상을 가리키는데,[29] $[_{YP} \cdots [_{XP} \cdots X]$ Y] 구조에서 핵 Y의 보충어 XP의 핵 X가 YP의 핵 Y로 이동하는 방식으로 적용된다. 그리고 핵 이동은 대치 구조와 부가 구조 중 부가 구조를 취한다. 보충어 자질은 XP와 핵 Y가 병합하면서 충족되므로, 핵 X가 핵 Y로 이동해서 X와 Y가 병합하는 것은 보충어 자질 충족과 무관한 것이다.[30] 이를 나무 그림으로 나타내면 아래와 같다.

(35)

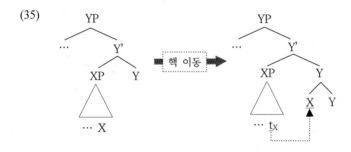

(34)와 관련하여 중요한 것은 핵 이동이 적용되면 핵 부가 구조 $[_Y$ X Y], 즉 두 개 이상의 핵이 모여 형성된 복합핵(complex head)이 나타나며, 복합핵

---

27   경계가 동질적이지 않다는 것이 핵심이다. 따라서 '강아지 ▓ –가 ▓▓ 고양이 ▓ –를 ▓▓ 물었-다'로 표현해도 된다. 이렇게 표현하든 (34)로 표현하든 표현의 차이일 뿐, 나타내고 자 하는 것은 경계의 비동질성으로 같기 때문이다.

28   핵 이동은 억양구 실현과 같은 음운론적 효과뿐만 아니라 통사적 효과도 지닌다(1장의 각주 23) 및 12장 12.3.2절 참고).

29   핵은 핵으로 이동할 수 있을 뿐만 아니라 구로도 이동할 수 있는데(12장 참고), 핵이 핵으로 이동하는 경우만을 핵 이동으로 간주하기도 한다.

30   핵 이동이 보충어 자질 충족과 관련되는 경우에 대해서는 12장 참고. 이 경우는 핵이 구 자리, 즉 보충어 위치로 이동하므로 핵이 핵으로 이동하는 (35)의 경우와 구별된다.

내부에는 구 경계가 없다는 점이다. 따라서 통사구조 (32)에 핵 이동이 적용되고 그 다음에 억양구가 표시되면 (34)가 된다.[31] 아래에서 보듯이 (33 = 36가)에 표시한 구 경계 가운데 일부가 핵 이동을 통해 삭제되고 그 결과 (34 = 36나)가 나타나는 것이다.

(36) 가. 핵 이동 전

　　　강아지 ▦ -가 ▦ 고양이 ▦ -를 ▦ 물- ▦ -었- ▦ -다. (= 33)

　　나. 핵 이동 후

　　　강아지-가 ▦ 고양이-를 ▦ 물었-다. (= 34)

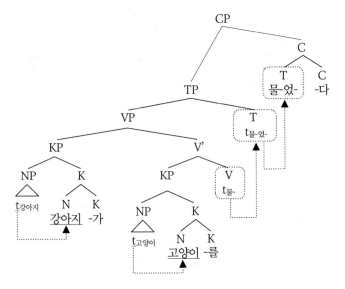

31 　핵 이동과 억양구 표시 사이의 순서가 따로 규정될 필요는 없다. 핵 이동이 적용된 통사구조가 음운부에 입력되고 음운부에 입력된 통사구조에 억양 경계 부여 규칙 등의 음운부 작용이 적용되어 억양구 표시를 포함한 소리 표상(phonetic representation)이 나타나기 때문이다.

다른 문법 작용과 마찬가지로 핵 이동도 한 번만 적용된다거나 하는 제약이 없으며 필요한 만큼 적용된다. 그래서 위에서 보듯이 V '물-'이 T '-았/었-'으로 핵 이동해서 복합핵 [T [V 물-] [T -었-]]이 형성되면, 이 복합핵이 다시 C '-다'로 핵 이동해서 복합핵 [C [T [V 물-] [T -었-]] [C -다]]가 형성된다. 그 결과 형성된 복합핵 [C [T [V 물-] [T -었-]] [C -다]]는 더 이상 이동할 동기가 없으므로 핵 이동은 종결된다.[32]

그리고 이동은 복사, 병합, 생략·삭제로 이루어진 복합 작용이고 때로 생략·삭제가 적용되지 않을 수도 있는바, 이는 핵 이동도 마찬가지이다. 그래서 삭제까지 적용되면 (37가)가 되고, 삭제가 적용되지 않으면 (37나)나 (37다)가 된다.

(37) 가. 강아지가 고양이를 물었다.

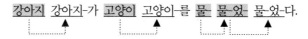

나. 강아지 강아지가 고양이 고양이를 물었다.

다. 강아지 강아지가 고양이 고양이를 물기는 물었다.

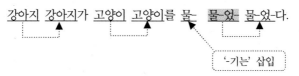

'-기는' 삽입

---

32 참고로 [ZP [YP [XP … X] … Y] … Z]에서 핵 X는 핵 Y로는 이동할 수 있으나 핵 Y를 건너뛰고 핵 Z로 바로 이동할 수는 없다. 핵의 이동에 일정한 제약이 작용하는 것인데 이 제약을 핵 이동 제약(head movement constraint)이라고 한다. 핵 이동 제약은 경제성에 따른 귀결이므로 따로 설정할 필요는 없다(1장의 각주 12), 3장의 (56) 등 참고).

라. 강아지 강아지가 고양이 고양이를 물었기는 물었다.

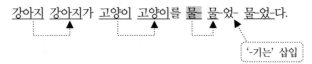

'물-'과 '물었-'은 의존성을 지닌다. 따라서 의존성 해소 방안이 동원되어야 하는데, (37가)와 (37나)에서처럼 삭제가 동원될 수도 있고, (37다), (37라)에서처럼 '-기는' 삽입이 동원될 수도 있다.[33]

2.5. 정리

어미는 통사적 핵의 자격을 가지고 통사구조 형성에 참여한다. 그렇다면 어미가 포함된 통사구조는 어떻게 형성되는가? 이 의문을 해소하기 위해, 이 장에서는 어미의 통사구조 형성과 관련된 문제를 논의하였다. 주요 사항을 간추리면 아래와 같다.

첫째, 어미의 통사구조 형성을 위한 별도의 통사구조 형성 규칙은 없다. 어미도 병합과 표찰화로 통사구조 형성에 참여한다.

둘째, 어미 병합의 동기는 보충어 자질이며, 어미의 보충어 자질에는 보충어 자질 상속 규칙과 핵-핵 관계 조건이 작용한다.

셋째, 도상성, 즉 구조와 의미 사이의 상동성은 어미가 참여한 통사구조에서도 성립한다. 다만 어미의 통사구조 형성을 기술하고 설명하기 위해서는 도상성만으로는 부족하고 도상성에서 벗어나는 보충어 자질까지 배려해야

---

33 '-기는' 삽입에 대해서는 이정훈(2013, 2014가) 참고.

한다. 더불어 보충어 자질 상속 규칙, 핵-핵 관계 조건과 같은 통사론 고유의 역할이 추가되어야 하며, 활용 조건도 고려되어야 한다.

넷째, V와 어미는 핵 이동을 겪는다. 이를 통해 어간과 어미가 하나의 복합핵을 형성하게 되고 이렇게 형성된 복합핵, 예를 들어 '읽고, 읽으면, 읽었다, 읽어라, 읽겠냐' 등이 곧 활용형(conjugated form)에 해당한다.

끝으로, 다섯째, V와 어미가 핵 이동을 통해 활용형을 형성하듯이, N과 조사도 핵 이동을 통해 '하늘이, 하늘을, 흙에서, 먼지로' 등과 같은 공용형 (declension form)을 형성한다.

3. 조사의 통사구조 형성

3.1. 도입

술어와 논항, 부가어가 병합과 표찰화를 통해 통사구조를 형성하듯이 어미도 병합과 표찰화를 통해 통사구조 형성에 참여한다. 그리고 이점은 별다른 이상이 없는 한 조사도 마찬가지일 것이다. 즉, 아래 통사구조에서 격조사 K '-이/가, -에게, -을/를'도 병합에 의해 NP와 성분을 이루고, 표찰화에 의해 NP와 K로 형성된 성분의 표찰이 KP로 결정될 것으로 예상된다.

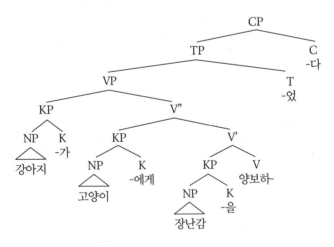

그렇다면 위와 같은 예상은 실제와 부합하는가? 다시 말해 술어와 논항, 부가어의 통사구조 형성 그리고 어미의 통사구조 형성과 마찬가지로 조사의 통사구조 형성도 병합과 표찰화로 설명할 수 있는가? 또 그러기 위해서는 어떤 조치가 추가로 강구되어야 하는가?

더불어 어미가 그렇듯이 조사도 '너-에게-만, *너-만-에게', '너-만-을, *너-를-만' 등에서 보듯이 두 개 이상의 조사가 일정한 순서를 지키며 연속해서 나타나기도 하는데 이 현상은 어떻게 설명할 수 있는가? 특히 여러 개의 어미가 일정한 순서를 유지하며 연속해서 나타나는 현상에 대한 설명과 평행한 설명을 제시할 수 있을까? 이 장에서는 이러한 질문들에 대한 답을 모색함으로써 한국어 조사의 통사구조 형성에 대한 이해를 도모한다.

3.2. 통사관계와 격 그리고 격조사

문장에 등장하는 성분들 사이에는 통사관계가 성립한다. 그렇다면 통사관계는 어떻게 성립하게 되는가? 예를 들어 아래 (1가)에서 '영이가'와 '만나-' 사이에 성립하는 주술 관계, '누구를'과 '만나-' 사이에 성립하는 목술 관계, 그리고 '도서관에서'와 '만나-' 사이에 성립하는 수식관계는 무엇으로 보장되며,[1] (1나)에서 '열심히'와 '읽-' 사이에 성립하는 수식관계는 무엇이 보장

---

[1] 술어(predicate)는 어미를 제외한 '만나-'를 가리키기도 하고, 어미를 포함한 '만났니'를 가리키기도 하며, 주어 '영이가'를 제외한 '도서관에서 누구를 만나-'나 '도서관에서 누구를 만났니'를 가리키기도 한다. 앞의 두 경우에 술어는 '만나-, 만났니'를 가리키므로 '도서관에서 누구를 만나-, 도서관에서 만났니'를 가리킬 때는 술부라고 한다. 주어도 마찬가지인데 '성실하고 착한 영이가 우리집에 놀러왔다'와 같은 예에서 주어는 '성실하고 착한 영이가'나 '성실하고 착한 영이'를 가리킬 수도 있고 '영이가', '영이'를 가리킬 수도 있다. '영이, 영이가'를 주어로 파악하면, '성실하고 착한 영이, 성실하고 착한 영이가'는 주부가 된

하고, (1다)에서 '새로운'과 '이론' 사이에 성립하는 수식관계는 어떻게 보장되는가?

(1) 가. 영이가 도서관에서 누구를 만났니?

　　나. 철수가 열심히 영이의 책을 읽었구나.

　　다. 영이가 새로운 이론을 제안하였다.

(1가)에서 '만나-'와 주술 관계를 맺는 '영이가'에는 명사구 '영이'와 조사 '-이/가'가 포함되어 있다. 그리고 명사구 '영이'와 조사 '-이/가' 중 주술 관계와 관련되는 것은 조사 '-이/가'이다. 명사구 '영이' 자체는 특정의 통사 관계를 가지는 것은 아니어서 (1가)나 (1다)에서처럼 조사 '-이/가'와 어울리면 주술 관계를 갖게 되고, '철수가 영이를 만났다'와 같은 예에서처럼 조사 '-을/를'과 어울리면 목술 관계를 갖게 된다. 그리고 (1나)에서처럼 조사 '-의'와 어울리면 주술 관계나 목술 관계와 구별되는 또 다른 통사관계를 갖게 된다.[2]

명사구가 아니라 조사가 통사관계를 담당하는 것은 (1가)에서 '영이가'에

다. 이러한 맥락에서 (1가)의 '도서관에서'는 '만나-, 만났니'와 수식관계를 맺는다고 할 수도 있고, '영이가 누구를 만나-, 영이가 누구를 만났니'와 수식관계를 맺는다고 할 수도 있다. 참고로 의미적으로 수식어는 수식어를 제외한 부분과 연접(conjunction)의 관계를 맺는데(Davidson 1967/2001 참고), (1가)에서 '도서관에서'와 '영이가 누구를 만나-, 영이가 누구를 만났니'가 수식관계를 맺는 것으로 보는 시각과 통한다. 수식어에 더해 논항도 연접 관계로 분석하는 견해도 있다(Parsons 1990 참고).

2　'영이의 책'에서 '영이'는 '영이가 책을 쓰다'나 '영이에게 책이 있다'의 '영이'와 통하는바, '책'과 관련된 사건의 행위주나 소유주에 해당하며, 행위주와 소유주는 수식 관계보다는 술어-논항 관계와 어울린다. 한편 '철수가 책을 읽었다'에서 보듯이 N '책'의 행위주, 소유주 등은 나타나지 않을 수도 있는데 이는 N의 행위주, 소유주 등이 수의성(optionality)을 띤다는 것을 의미한다. 문장 차원의 논항 실현과 명사구 차원의 논항 실현이 필수성 여부에서 차이를 드러내는 것이다.

국한되지 않아서, '도서관에서'와 '누구를'의 통사관계도 조사 '-에서'와 '-을
/를'이 결정하며, 나아가 (1나)와 (1다)의 '철수가, 영이의, 책을'과 '영이가,
이론을'에서도 조사가 통사관계를 결정한다.

　조사가 통사관계를 보장하지만, 그렇다고 해서 조사만 통사관계를 보장하
는 것은 아니다. 예를 들어 (1나)의 '열심히'와 (1다)의 '새로운'은 조사는
포함하고 있지 않지만 부사 파생 접미사 '-히'와 관형형 어미 '-은'을 포함함
으로써 각각 '읽-', '이론'과 수식 관계를 형성한다.[3]

　통사관계를 보장한다는 점에서 조사 '-이/가, -을/를, -의, -에서' 등과 접사
'-히', 어미 '-은' 등은 서로 통한다. 하지만 그 분포는 사뭇 달라서, 조사는
NP와 어울리는 데 비해 접사 '-히'는 어기(base)와 어울리고 어미 '-은'은
VP와 어울린다. 이에 일반적으로 NP의 통사관계를 나타내는 장치를 따로
가리켜 격(case)이라 하고,[4] '-이/가, -을/를, -의, -에서'처럼 격의 기능을 가진
조사를 격조사라 하며,[5] 격 조사의 통사범주는 K로 나타낸다.[6]

3　또한 조사, 접사, 어미 등의 어휘항목에 기대지 않고 통사관계가 성립하기도 한다. 이런
　경우에는 통사구조에 의해 통사관계가 성립하거나(이 장의 (6), (20나), (28) 등 참고), 어휘
　항목이 본유적으로 지닌 어휘적 정보에 의해 통사관계가 성립한다. 예를 들어 부사와 관형
　사에 속하는 어휘항목들은 그 자체만으로 수식관계를 맺는데, 어휘적 정보로 수식관계에
　해당하는 격자질이 명세되어 있는 것으로 볼 수 있다. 격, 격자질 등에 대해서는 이어지는
　논의 참고.

4　'일반적으로'라는 단서는 조사는 물론이고 접사, 어미도 격에 포함시킬 수 있음을 의미한
　다. 이러한 시각은 한국어 문법 연구의 초창기에서부터 확인할 수 있으며(김두봉 1916/
　1922 참고), 소위 핵 표시(head marking)를 격에 포함시키는 견해와 통한다(Butt 2006: 5-6
　참고). 격에 대한 포괄적인 논의는 Blake(2001), Butt(2006) 등을 참고하고, 특히 생성문법
　의 격에 대한 연구 현황은 윤정미(1998), Lasnik(2005) 등 참고.

5　일반적으로 조사는 격조사와 보조사, 접속조사로 삼분하며, 보조사에 속하지만 문장의 끝
　에만 분포하는 특징을 지닌 부류를 '특수조사'로 따로 가르기도 한다(허웅 1983, 1995;
　이춘숙 1994 등 참고). 때로 접속조사를 격조사의 일종으로 파악하기도 하는데(이광호
　1991 등 참고), 그러한 견해는 따르지 않는다. 접속조사를 격조사로 보지 않아도 접속조사
　에 의한 접속 현상을 설명할 수 있기 때문이다(7장 7.6절 참고).

6　다른 경우의 통사범주를 고려하면 격의 통사범주는 C(case)인데 C는 '-다, -니, -은' 등의

통사관계를 표시하는 격조사라는 점에서 '-이/가, -을/를, -의, -에서' 등은 서로 동질적이다. 하지만 통사관계가 드러나는 방식에서는 '-이/가, -을/를, -의'와 '-에서', 이렇게 둘로 나뉜다. 먼저, '-이/가, -을/를, -의'는 통사관계를 나타내되, 각각이 나타나는 통사구조적 위치가 변별된다(이 장의 3.3절 참고). 이에 구조격(structural case) 조사 K_S라 한다. 다음으로, '-에서'는 통사관계를 나타내되, 통사구조가 아니라 의미역에 민감하게 반응한다. 예를 들어 (1가)의 '도서관에서'의 격조사 '-에서'는 의미역 [장소]에 의해 출현이 보장되며, 또한 [장소] 의미역이 문장에 실현되려면 격조사 '-에서'에 기대야 한다. 이렇게 의미역에 민감한 조사에는 '-에서' 외에 '-에/에게, -으로, -와/과' 등이 포함되는데 이들을 묶어 어휘격(lexical case) 조사 K_L이라 한다.[7]

어휘격 조사가 의미역에 민감하지만 그렇다고 해서 어휘격 조사와 의미역이 일대일의 관계를 맺는 것은 아니다. 예를 들어 어휘격 조사 '-에서'는 [장소] 의미역에 더해 '우리는 내일 이곳에서 그곳으로 떠난다'에서 보듯이 [기점] 의미역과도 어울린다. 그리고 이렇게 어휘격 조사 하나가 둘 이상의

어말어미의 통사범주이므로 혼란을 피하기 위해 '격'에 해당하는 독일어 Kasus를 참고하여 K로 통사범주를 나타낸다. 물론 격의 통사범주를 두문자 C가 아니라 C_{CASE}로 나타낼 수도 있는데, 그러면 통사구조에는 K, KP 대신에 C_{CASE}, $C_{CASE}P$가 등장하게 된다(Neeleman & Weerman 1999 참고).

7   의미역은 어휘항목의 정보이므로 '어휘격 조사'라는 용어를 사용한다. 한편 여러 언어 현상을 살피면 의미역과 어휘격의 관계가 두 가지로 나뉜다. 하나는 특정 의미역과 특정 어휘격의 대응이 일반적인 차원에서 성립하는 경우이고, 다른 하나는 그러한 대응이 일반적인 차원이 아니라 개별 어휘적인 차원에서 성립하는 경우인데, 이 두 가지 경우를 구분할 때에는 앞의 것은 내재격(inherent case)이라 하고 뒤의 것은 어휘격(lexical case)이라 한다(Woolford 2006 참고). '어휘격 조사'의 '어휘격'은 내재격과 어휘격을 아우른다. 참고로 구조격, 어휘격, 내재격 외에 의미격(semantic case)을 설정하기도 하는데, 의미격은 구조격과 유사하되 나름의 의미적 효과를 지니는 격으로서 핀란드어의 부분격(partitive case)을 예로 들 수 있다. 핀란드어에서 목적어는 대격을 취하거나 부분격을 취하며, 부분격 목적어는 대격 목적어와 달리 전체의 부분을 가리키는 의미를 나타낸다. 이를 포함하여 격과 의미의 관계에 대해서는 Butt(2006: 7장), Kagan(2020) 등 참고.

의미역을 나타낼 수 있는 것은 다른 어휘격 조사도 마찬가지여서, 어휘격 조사 '-으로'도 방금 제시한 예에서는 [방향] 의미역과 어울려 나타나지만 '영이가 망치로 못을 박았다'에서는 [도구] 의미역과 어울려 나타난다. 하나의 어휘격 조사가 둘 이상의 의미역과 어울릴 수 있는 셈이다.[8]

그렇다면 하나의 의미역이 둘 이상의 어휘격 조사와 어울리는 것도 가능한가? 이에 대한 답은 의미역을 어떻게 나누느냐에 따라 달라져서, 의미역을 풍부하게 설정하면 하나의 의미역이 여러 어휘격 조사와 어울리는 상황이 나타나지 않겠지만, 의미역을 적은 수로 제약하면 하나의 의미역이 둘 이상의 어휘격 조사와 어울리는 상황이 나타난다. 예를 들어 '우리는 학교에 갔다'와 '우리는 학교로 갔다'에서 '학교에'와 '학교로'의 의미역을 구분하지 않고 둘 다 [도달점]으로 파악하면 하나의 의미역이 두 개의 어휘격 조사 '-에'와 '-으로'와 어울리는 것이 되지만 '학교에'와 '학교로'의 의미역을 각각 [도달점]과 [방향]으로 구분하면 어휘격 조사 '-에'와 '-으로'는 서로 다른 의미역과 어울리는 것이 된다.

지금까지의 논의를 토대로 격조사를 구조격 조사와 어휘격 조사로 나누고, 각각에 속하는 하위부류를 제시하면 아래와 같다.[9]

   (2) 격조사 K
      가. 구조격 조사 K_S[10]

---

8   의미역과 어휘격 조사의 대응 관계에 대해서는 유동석(1995), 남승호(2007), 양정석(2014) 등 참고.

9   격조사 외의 접속조사와 보조사의 하위부류 및 그 목록에 대해서는 채완(1993), 이정훈(2005나), 이규호(2006) 등 참고.

10 구조격 조사에는 [보격]의 보격 조사가 추가될 수 있다(이 장의 각주 21) 참고). 그리고 '-께서'를 주격 조사에 포함시키기도 하는데 이 조사는 구조격 조사가 아니라 어휘격 조사나 의미격 조사일 가능성이 크다(이 장의 각주 18) 참고).

① 주격(nominative) 조사 $K_{S[주격]}$: -이/가

　　예 철수<u>가</u> 책을 읽었다.

② 대격(accusative) 조사 $K_{S[대격]}$: -을/를

　　예 영이가 철수<u>를</u> 만났다.

③ 속격(genitive) 조사 $K_{S[속격]}$: -의

　　예 철수가 영이<u>의</u> 손을 잡았다.

나. 어휘격 조사 K_L

① 여격(dative) 조사 $K_{L[여격]}$: '-에/에게'

　　예 누가 그<u>에게</u> 책을 보냈니?

② 처격(locative) 조사 $K_{L[처격]}$: '-에서'

　　예 누가 도서관<u>에서</u> 그를 보았니?

③ 도구격(instrumental) 조사 $K_{L[도구격]}$: '-으로'

　　예 누가 망치<u>로</u> 호두를 깼니?

④ 동반격(comitative) 조사 $K_{L[동반격]}$: '-와/과', '-하고', '-이랑' 등

　　예 누가 {너<u>와</u>, 너<u>하고</u>, 너<u>랑</u>} 그곳에 갔니?

3.3. 격자질 명세 조건과 명세 규칙 그리고 인허 조건

NP는 통사관계를 가져야 하고, 통사관계는 격에 의해 보장되며, 격은 격조사에 의해 구현된다. 그래서 NP와 격조사가 병합한다. 이에 아래와 같이 명사구와 격조사의 통사자질을 설정하고, '격자질 명세 조건'을 둔다.

(3) 가. 명사구 NP의 통사자질

통사구조에 등장한 명사구 NP는 값이 정해지지 않은 격자질, 즉 미

명세된 격자질 [격: __]을 가진다.[11]

나. 격조사 K의 통사자질

① 격조사 K는 통사자질로 격자질을 지닌다. 예를 들어 '-이/가'는 [주격]의 격자질을 지닌다. 각각의 격조사가 지닌 격자질에 대해서는 앞서 제시한 이 장의 (2) 참고.

② 격조사는 보충어 자질로 [NP]를 가진다(이 장의 3.8절 참고). 이 자질을 통해 NP와 격조사의 병합이 보장된다.

(4) 격자질 명세 조건[12]

NP의 미명세된 격자질 [격: __]은 명세되어야 한다.[13]

(3나)의 ②처럼 격조사가 보충어 자질로 [NP]를 가지는 것으로 파악하면 'VP와 어미의 병합'과 'NP와 격조사의 병합'을 평행하게 설명할 수 있게 된다. NP와 격조사의 병합이든 VP와 어미의 병합이든, 병합은 보충어 자질에 의하기 때문이다. 물론 VP와 어미가 병합하는 방식과 NP와 격조사가

---

11 보다 상세히 언급하면 NP가 아니라 N이 미명세된 격자질을 지니며, 이를 토대로 N이 핵인 NP도 미명세된 격자질을 지니게 된다. 한편 (3가)는 통사구조에 등장하지 않은 명사구 NP 는, 다시 말해 그 자체로 존재하는 NP는, 미명세된 격자질 [격: __]을 가지지 않으리라는 예측을 낳는다. 그리고 이 예측은 실제와 부합한다(이 장 3.6절의 도입부 참고).

12 격자질 명세 조건은 격을 지니지 않은 명사구를 배제하는 격 여과(case filter)와 통하고, 명사구가 의미역을 가지려면 격을 지녀야 한다는 조건인 가시성 조건(visibility condition) 과도 통한다(Chomsky 1981, 1986가 등 참고). 참고로 격 여과는 현상을 기술하는 데서 그치고 왜 격이 필요한가에 대해서는 침묵하는데 가시성 조건은 여기서 한걸음 나아가 격이 의미역 때문에 필요하다는 입장을 표방한다. 격의 동기를 의미역에서 찾는 것인데, 격과 의미역은 통사관계로 이어지고, 통사관계는 완전 해석 원리로 이어진다(1장 1.2.2절 참고). 한편 격 여과는 모든 명사구가 격을 지닌다고 보기 때문에 격을 결여한 명사구를 다루는 데에서 한계를 드러내기도 한다. 바로 다음의 각주 참고.

13 NP의 미명세된 격자질이 명세되면 N의 미명세된 격자질도 명세되는 것으로 간주된다. 한편 NP는 미명세된 격자질을 가지지 않을 수도 있다(이 장 3.6절의 도입부 참고). 격이 결여된 NP가 존재하는 셈인데 이러한 NP는 '격자질 명세 조건'에서 자유롭다.

병합하는 방식을 서로 다르게 파악할 수도 있다.[14] 하지만 설명의 일반성을 고려할 때, 별다른 문제를 야기하지 않는 한, 두 가지 경우를 다르게 설명하는 것보다는 평행하게 설명하는 것이 보다 타당하다고 판단한다.

(4)에 제시한 '격자질 명세 조건'은, 통사관계의 필수성에 따른 결과이므로 문법에 추가적인 부담을 야기하지 않으며, NP와 격조사가 병합하여 NP의 미명세된 격자질이 명세됨으로써 충족된다. (1)에 나타난 KP '영이가, 도서관에서, 누구를, 철수가, 영이의, 책을, 이론을' 중 KsP '영이가'와 K_LP '도서관에서'를 예로 들어 NP와 격조사가 병합하고 격자질이 명세되는 과정을 보이면 아래와 같다.

(5) 가. '영이가'의 경우

① NP '영이[격: _]', Ks '-이/가[주격]'

② NP와 Ks의 병합 및 격자질 명세

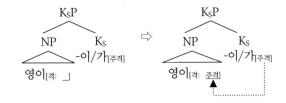

나. '도서관에서'의 경우

① NP '도서관$_{[격: \_]}$', K$_L$ '-에서$_{[처격]}$'

② NP와 K$_L$의 병합 및 격자질 명세

NP의 미명세된 격자질은 위에서 보듯이 격조사가 병합함으로써 명세된다. 그런데 아래에서 보듯이 때로 NP는 격조사를 동반하지 않을 수도 있는데 이 경우는 통사구조에 의해 NP의 미명세된 격자질의 자질값이 정해진다.[15]

---

15 조사에 의해 표시되는 격을 정격(定格)·유표격(marked case)이라고 하고, 통사구조에 의해 표시되는 격을 부정격(不定格)·무표격(unmarked case)이라고 한다(안병희 1966; 이남순 1989; 김영희 1991 참고). 부정격은 정격, 즉 격조사의 기능이 단순히 격에 머무는 것이 아니라는 예측을 가능하게 한다(고석주 2004; 전영철 2005, 2009; 이성범 2006; 이한정 2007 등 참고). 이에 격조사가 '격 기능'과 초점(focus)과 같은 '격 이외의 기능'을 가진 것으로 보면, 격조사가 출현한 경우는 '격 기능'이 주로 나타나는 경우, '격 이외의 기능'이 주로 나타나는 경우, '격 기능'과 '격 이외의 기능'이 고루 나타나는 경우, 이렇게 세 가지로 구분할 수 있다. 참고로 부정격은 통사구조에 기초하는바, 통사구조가 아니라 의미역에 기초를 두는 어휘격은 부정격과 관련해 일률적인 모습을 보이지 않는다. 논항의 어휘격은 부정격·무표격일 수 있지만(유동석 1995: 77-84; 김영희 1999 등), 부가어의 어휘격은 '강아지가 {마당에서, *마당} 짖는다'에서 보듯이 부정격·무표격일 수는 없고 정격·유표격이어야 한다. 논항과 부가어의 차이의 원인은 술어와 맺는 관계의 긴밀성에서 찾을 수 있다. 논항은 술어와 밀접한 관계를 맺고, 부가어는 그렇지 않으며, 이러한 차이가 격 실현으로 드러나는 것이다. 이런 점을 고려하면 부정격은 통사구조나 논항 자질과 같은 어휘정보에 의해 표시되는 격으로 간주할 수 있다.

(6) 철수 영이 만났니?

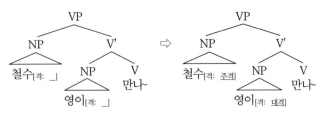

　　격조사가 나타난 '철수가 영이를 만났니?'와 비교하면 위에서 '철수'와
'영이'의 격자질이 각각 [격: 주격], [격: 대격]임을 알 수 있다. '철수가 영이
를 만났니?'에서 주격 조사와 대격 조사가 나타나지 않으면 (6)이 되는 것이
다. 그렇다면 (6)에서 '철수'의 [격: 주격]과 '영이'의 [격: 대격]은 어떻게
정해지는가? 격조사가 나타나지 않은 상황에서 격을 정하기 위해 기댈 수
있는 것은 통사구조밖에 없다. 따라서 '철수'와 '영이'의 미명세된 격자질
'[격: ___]'은 위에서도 언급했듯이 통사구조에 의해 명세되는 것으로 파악된
다. 여기에 더해 '철수'와 '영이'의 통사관계가 서로 구분되는 점을 고려하면
'철수'와 '영이'의 통사적 구분, 즉 통사구조적 차이에 의해 주격과 대격의
구분이 나타나는 것으로 보는 것이 타당하다. 이에 아래의 '통사구조에 의한
격자질 명세 규칙'을 설정한다.

(7) 통사구조에 의한 격자질 명세 규칙 ((17)로 개정됨)
　　VP 내의 NP는 통사구조적인 차이를 지니며 이를 토대로 미명세된 격자
　　질의 자질값이 다음과 같이 정해진다. VP 명시어 자리에 나타난 NP의
　　미명세된 격자질 [격: ___]은 [격: 주격]으로 정해지고, VP 보충어 자리에
　　나타난 NP의 미명세된 격자질 [격: ___]은 [격: 대격]으로 정해진다.[16]

16　통사구조 [xp α X], [xp α [x' β X]], [xp α [x'' β [x' γ X]]], [xp α [x''' β [x'' γ [x' δ X]]]]

예를 들어 '만나-'는 통사범주 자질 [V], 의미역 자질 [행동주, 피동주], 논항 자질 [NP, NP]에 더해 격자질 [주격, 대격]을 지니는데, [주격]은 VP의 명시어 자리에 나타난 성분의 격을 책임지고, [대격]은 VP의 보충어 자리에 나타낸 성분의 격을 책임진다. 그래서 (6)에서 '철수'의 격은 [격: 주격]으로 명세되고, '영이'의 격은 [격: 대격]으로 명세된다.

NP와 조사가 병합하되 격조사 없이 보조사만 NP와 병합한 (8)에서도 미명세된 격자질의 자질값은 (7)에 따라 정해진다. 그래서 (8)에서 '철수도'의 격자질은 [격: 주격]이 되고, '영이만'의 격자질은 [격: 대격]이 된다.

(8) 철수도 영이만 만났다.

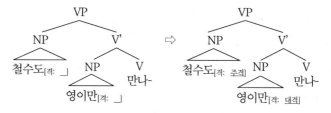

위와 같이 격자질이 정해지므로 (8)이 나타내는 상황은 (9가)가 나타내는 상황과 부합하지, (9나)가 나타내는 상황과 부합하지는 않는다.

(9) 가. 철수가 영이를 만났다.

등에 나타난 α, β, γ, δ 중에서 최상위에 위치하는 α를 명시어(specifier)라고 하고 그 아래의 β, γ, δ 등은 보충어(complement)라고 한다. 한편 격조사 대신에 통사구조에 의해 미명세된 격자질의 자질값이 명세되는 것은 명사구 내에 나타난 NP에서도 볼 수 있다. 예를 들어 [NP 영이의 [N′ 통사론 연구]]에서 '영이'는 속격조사 '-의'에 의해 미명세된 격자질이 [격: 속격]으로 정해지지만, '통사론'은 통사구조에 의해 미명세된 격자질의 자질값이 정해진다. 다만 '통사론'이 갖게 되는 격의 명칭은 따로 없다. 명사구 내부의 격에 대해서는 뒤에서 다시 살핀다(이 장의 3.6절 참고).

나. 철수를 영이가 만났다.

(6), (8)처럼 통사구조에 의해 격자질이 명세되는 경우, NP의 통사적 위치가 바뀌면 바뀌기 전의 격자질과 바뀐 후의 격자질이 갈등을 일으키게 되어 이상을 초래하게 된다. 예를 들어 (6)의 '영이[격: 대격]'과 (8)의 '영이만[격: 대격]'이 아래와 같이 주어 앞으로 이동하는 경우를 고려해 보자.

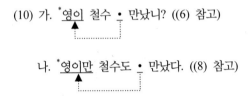

(10) 가. *영이 철수 • 만났니? ((6) 참고)

나. *영이만 철수도 • 만났다. ((8) 참고)

'영이'와 '영이만'의 격은 이동 전에는 '영이[격: 대격]', '영이만[격: 대격]'이지만 이동 후에는 [주격]이 명세되는 자리에 놓이게 된다. 주격 중출 구문을 고려하면 알 수 있듯이 주어 앞에 분포하는 성분의 격자질은 통사구조에 의해 [격: 주격]으로 명세되기 때문이다(이 장의 3.4절 및 4장 4.2절 참고). 그리고 (10)의 '영이'와 '영이만'에는 격을 나타내는 격조사가 포함되어 있지 않으므로 [주격] 자질이 추가로 명세되는 것을 막을 수 없다.[17] 그런데 하나의 NP가 [격: 주격]이면서 동시에 [격: 대격]일 수는 없다. 즉, [주격]과 [대격]이 공존할 수 없다. [주격]이 나타내는 통사관계인 주술 관계와 [대격]이 나타내는 통사관계인 목술 관계가 동시에 양립할 수는 없는 것이다. [주격]과 [대격]의 공존이 불가능한 것과 마찬가지로 [주격]과 [속격]도 공존할 수 없으며 [대격]

---

17 이와 달리 (9나)의 '철수를'은 대격 조사를 포함하고 있어서 주어 앞으로 이동해도 [주격] 자질이 명세되는 것을 저지한다.

과 [속격]도 공존할 수 없다. 이에 [주격], [대격], [속격]이 공존하면, 격 갈등 (case conflict)이 야기되고, 격 갈등은 허용되지 않는 것으로 간주된다.[18] 그래서 (10)에 표시한 이동은 불가능하며, 그 결과 격조사 부재는 이동에 저항하는 힘, 다시 말해 어순이 고정되는 효과를 발휘한다.

그렇다고 해서 (6), (8)의 '영이', '영이만'처럼 격조사가 병합하지 않은 성분의 이동이 무조건 저지되는 것은 아니다. 아래에서 보듯이 그러한 성분

---

18 그래서 격 갈등 상황이 초래되면 성립하지 않는 것으로 판단되어 걸러진다. 아니면 격 갈등 상황을 극복하기 위한 수단이 동원된다(Vogel 2003 참고). 한편 격 갈등은 서로 다른 구조 격의 공존을 금할 뿐 동일한 구조격의 공존은 금하지 않는다. 그렇다면 동일한 구조격이 중첩되는 것은 가능한가? '완전 해석 원리'를 고려하건데 그렇다고 보기 어렵다. 동일한 구조격이 공존하게 되면, 예를 들어 대격 조사가 ˙*'그가 논문-을-을 썼다'에서처럼 중첩되면, 중첩된 대격 조사 중 하나는 [대격]의 기능을 발휘하지만 나머지 대격 조사는 아무런 기능을 발휘하지 못하게 되어 완전 해석 원리에 저촉되기 때문이다. 이와 마찬가지 이유로 주격 조사의 중첩과 속격 조사의 중첩도 허용되지 않는다. 다만 '선생님-께서-만-이 문제 해결에 나서셨다'에서 보듯이 존칭의 주격 조사와 평칭의 주격 조사는 중첩될 수 있는데 '-께서'가 구조격의 주격 조사인지 확실치 않은바, 현단계에서 명확한 분석을 내놓기는 어렵다. 이와 관련하여 '-께서'가 구조격의 주격 조사에 해당한다고 보기 어려운 이유는 다음과 같다. 먼저, '철수-만-이, 철수-만-을, 철수-만-의'와 *'철수-가만, *철수-를-만, *철수-의 -만'의 대조에서 보듯이 일반적으로 구조격 조사는 '-만'에 후행하지 선행하지 않는데, '-께 서'는 '-만'에 선행하는바, 그만큼 '-께서'는 구조격 조사의 성격을 지니지 않는다. '-께서' 가 '-만'에 선행하는 것은 오히려 '-께서'가 어휘격 조사의 성격을 띤다는 것을 의미한다. 어휘격 조사는 '그-에게-만, 학교-에서-만, 콩-으로-만, 그-와-만'에서 보듯이 '-만'에 선행 하기 때문이다. 다음으로, '-만'이 포함된 '선생님-께서-만-이'와 달리 '-만'이 없는 ˙*'선생 님-께서-가'는 성립한다고 보기 어려우며 이는 '-께서만'이나 '-께서만이'가 분석되지 않는 하나의 단위일 가능성을 제기한다. 끝으로, 존칭의 주격 조사 '-께서'와 평칭의 주격 조사 '-이/가'의 중첩이 가능하면 존칭의 여격 조사 '-께'와 평칭의 여격 조사 '-에게'의 중첩도 가능할 듯하지만 실제는 이와 달라서 ˙*'선생님-께(-만)-에게'는 성립하지 않는바, '-께서만 이'가 예외에 속할 가능성이 있다. 결국 구조격 조사끼리 중첩되는 것은 인정하기 어려운 셈인데 이와 달리 어휘격 조사와 구조격 조사의 중첩은 허용된다(이 장의 3.8절 참고). 어휘 격은 의미역에 의한 것이라서 구조격과 겹친다고 해서 별다른 이상이 나타나지 않기 때문이다. 이러한 점을 고려하면 '-께서'는 구조격이 아니라 어휘격일 가능성이 제기되며, 특정 의미역과 결부되지 않으며 구조격인 주격의 기능을 발휘하는 점을 고려하면 앞서 각주 7)에서 언급한 의미격일 가능성이 대두된다.

도 이동이 가능한 경우가 있다.

> (11) 가. 철수가 영이만 만났다. ((8) 참고)
>
> 나. 영이만 철수가 • 만났다.

'철수도 영이만 만났다'(= 8)의 '영이만'과 달리 (11가)의 '영이만'은 '철수가'가 [격: 주격]인 덕에 이동을 해도 [격: 대격]이 보장된다. 그래서 (11나)에서처럼 '영이만'이 이동해도 [격: 대격]이면서 [격: 주격]인 격 갈등 상황이 초래되지 않는다. 다시 말해 (11)의 '영이만'은 대격 조사와 병합하지 않았음에도 불구하고 '철수가' 덕으로 [격: 대격]이 보장되어 (10)과 달리 이동을 겪어도 [주격] 자질이 추가로 명세되지 않으며, 그래서 격 갈등이 유발되지 않는다. '철수가 영이를 만났다'(= 9가)의 '영이를'이 주어 앞으로 이동해도 [주격]이 추가로 명세되지 않는 것과 마찬가지이다(이 장의 각주 17) 참고).

그렇다면 어떻게 (11)에서 '철수가' 덕으로 '영이만'의 격이 [격: 대격]으로 보장되는가? 별다른 방법이 있는 것은 아니고 V '만나-'의 격자질 [주격, 대격]을 고려하기만 하면 된다. (11)은 '철수가'가 주격 조사 '-이/가'를 포함하고 있으므로 V '만나-'의 [주격]은 '철수가'와 맺어지고, 그러면 V '만나-'의 [대격]은 '영이만'과 맺어질 수밖에 없으며, 이는 '영이만'이 이동하든 이동하지 않든 마찬가지이다. 그래서 (11)의 '영이만'은 '철수가' 덕분에 [격: 대격]을 보장받게 된다.

하지만 (10)은 사정이 다르다. 이들은 격조사를 포함하지 않은바, 이동 전의 격이 이동 후에 보장되지 않으며, 이에 따라 이동 전에도 격이 명세되고 이동 후에도 격이 명세되어 격 갈등 상황에 빠지게 되는 것이다.

위와 같은 논의를 토대로 통사구조의 격자질 명세 능력을 인정하면, 주격 조사와 대격 조사의 분포 차이도 이해할 수 있게 된다. VP의 명시어 자리는

[주격]에 해당하는 자리이므로 이 자리에 주격 조사가 나타나는 것은 자연스럽지만 대격 조사가 나타나는 것은 그렇지 않으며, VP의 보충어 자리는 [대격]에 해당하는 자리이므로 이 자리에 대격 조사가 나타나는 것은 자연스럽지만 주격 조사가 나타나는 것은 그렇지 않은 것이다. 그리고 주격 조사와 대격 조사가 나타나는 경우, NP의 미명세된 격자질의 자질값은 이들 격조사에 의해 정해지므로, 통사구조는 NP의 미명세된 격자질의 자질값을 정해주는 역할이 아니라, 주격 조사와 대격 조사의 통사자질, 즉 [주격]과 [대격]의 격자질을 인허(license)하는 역할을 담당하는 것으로 보게 된다. 이에 아래의 격자질 인허 조건을 설정해서 격조사의 분포를 포착한다.[19]

(12) 격자질 인허 조건
    격조사의 격자질은 인허되어야 한다.

위의 인허 조건에 따라 주격 조사는 VP의 명시어 자리에 나타나고 대격 조사는 VP의 보충어 자리에 나타난다.[20] 그리고 어휘격 조사의 격자질은 각각의 어휘격 조사와 어울리는 의미역을 보장하는 V의 투사 내에 나타남으로써 인허된다. 즉, 어휘격 조사의 격자질은 '[$_{VP}$ 이 주장은 [$_{V'}$ 저 주장과 비슷하-]], [$_{VP}$ 나는 [$_{V''}$ 그에게 [$_{V'}$ 떡을 보내-]]]' 등에서 보듯이 어휘격 조사와 어울리는 의미역 자질을 지닌 V의 투사 내에 나타남으로써, 다른 말로 그러한 V와 병합하거나 그러한 V가 핵인 V', V" 등과 병합함으로써 인허된다.

---

19 (12)는, V의 격자질 인허까지 고려하면(이 장의 (7)에 대한 논의 참고), '격자질은 인허되어야 한다'로 단순화·일반화할 수 있다. 여기서는 논의의 편의상 격조사로 한정한다.

20 VP의 보충어 자리는, '나는 그를 만났다, 나는 그가 좋다'에서 보듯이 V가 '만나-'처럼 [+통제성]이면 [대격]이 인허되고, '좋-'처럼 [-통제성]이면 [보격]이 인허된다(유동석 1995: 87-90 참고).

3.4. 통사구조에 의한 격자질 명세 규칙

(7)의 '통사구조에 의한 격자질 명세 규칙'과 (12)의 '격자질 인허 조건'이 주어지면, 아래 나무그림에 제시하듯이 주격 조사 K_S '-이/가'는 격자질 [주격]이 인허되는 VP의 명시어 자리에 나타나고 대격 조사 K_S '-을/를'은 격자질 [대격]이 인허되는 VP의 보충어 자리에 나타나게 된다. 명시어 자리와 보충어 자리는 점선으로 나타낸다.

(13) 주격 조사와 대격 조사의 분포와 통사구조

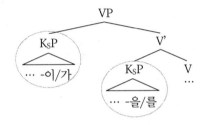

그런데 소위 '격 중출 구문'을 고려하면 주격 조사 K_S '-이/가'와 대격 조사 K_S '-을/를'이 분포하는 위치를 다소 확대하고 이에 맞추어 '통사구조에 의한 격자질 명세 규칙' (7)도 조정해야 한다. 아래에서 보듯이 격 중출 구문에서 주격 조사 K_S '-이/가'는 VP의 명시어 위치뿐만 아니라 VP 부가 위치에도 나타나고, 대격 조사 K_S '-을/를'은 VP의 보충어 위치뿐만 아니라 V' 부가 위치에도 나타나므로, VP 명시어 위치와 보충어 위치만을 언급한 '통사구조에 의한 격자질 명세 규칙' (7)만으로는 격 중출 구문에 나타나는 주격 조사 K_S '-이/가'의 분포와 대격 조사 K_S '-을/를'의 분포를 충분히 포착할 수 없기 때문이다.[21]

21　(14)에서 '긴 것'은 '귀'이지 '어떤 동물'이 아니므로 '귀가'는 V '길-'의 논항이지만 '어떤

(14) 어떤 동물의 귀가 기니?

(곰탕이 아니라) 순대가 이 집의 유명하다.

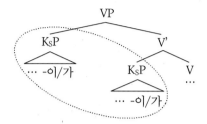

(15) 철수가 영이를 손목을 잡았다.

영이는 (곰탕이 아니라) 순대를 이 집을 추천했다.

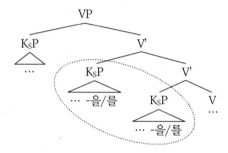

동물이'는 그렇지 않다. 그렇다면 '어떤 동물이'의 정체는 무엇인가? 수식어인가? 그렇다고 보기 어렵다. '어떤 동물이'는 어휘격 조사를 동반하지 않았을 뿐더러 V '길-'과 장소, 시간, 도구 등의 수식 관계를 맺지도 않기 때문이다. 따라서 '어떤 동물이'에는 논항이나 수식어 말고 제3의 자격을 부여해야 한다. 이러한 맥락에서 '어떤 동물이'에는 초점 혹은 초점어 (focus)의 자격이 부여된다. 그리고 '토끼는 귀가 길다'의 '토끼는'도 '어떤 동물이'와 마찬 가지로 논항도 아니고 수식어도 아닌데, 초점어와 구분하여 주제 혹은 주제어(topic)라고 한다. (14)의 '어떤 동물이'와 마찬가지로 (14)의 '순대가'도 초점어이며, (15)의 '영이를, 순대를'도 초점어이고, 이들이 대격 조사가 아니라 보조사 '-은/는'과 어울리면 주제어가 된다. 초점어, 주제어는 통사관계가 아니라 담화 맥락(discourse context)에 의해 출현이 규제되며, 문장 내에 실현될 때에는 주격 조사 K$_S$ '-이/가', 대격 조사 K$_S$ '-을/를', 보조사 등을 동반한다. 한편 초점어가 주격 조사를 동반하고 나타나는 구문의 술어가 '[초점어 토끼 가] 귀가 길다'에서 보듯이 상태성 술어로 제한된다는 견해도 있으나 그러한 제한은 맥락에 의해 얼마든지 해소될 수 있다(홍기선 1997; 이정훈 2008나; 최준수 2013 등 참고).

위의 나무그림에서 확인할 수 있듯이 주격 조사 K_S '-이/가'가 나타나는 영역은 VP의 명시어 위치와 VP 부가 위치이고, 대격 조사 K_S '-을/를'이 나타나는 영역은 VP의 보충어 위치와 V' 부가 위치인데, 이 두 영역은 각각 주부 영역 및 주부가 확장된 영역과 술부 영역 및 술부가 확장된 영역에 해당한다. '주어, 목적어, 서술어'로 이루어진 문장을 주부와 술부로 나누면 '[문장 [주부 주어] [술부 목적어 서술어]]'가 되는데, (15)에서 주격 조사 K_S '-이/가'는 주어 자리 이상, 즉 주어 자리와 주어 자리보다 높은 자리를 차지하고, 대격 조사 K_S '-을/를'은 목적어 자리 이상이되, 즉 목적어 자리와 목적어 자리보다 높은 자리이되, 주어 자리보다는 낮은 자리를 차지하는 것이다.

위와 같은 맥락에서 격 중출 구문은 주부와 술부가 확장되면서 나타나는 것으로 이해할 수 있다. 아래 나무그림에서 보듯이 VP 부가를 통해 주부 영역이 VP 명시어 위치에서 VP 부가 위치로까지 확장되면 주격 중출 구문이 나타나고, V' 부가를 통해 술부 영역이 VP 보충어 위치에서 V' 부가 위치로까지 확장되면 대격 중출 구문이 나타나는 것이다.

(16) 주부·술부 영역 확장과 격 중출 구문

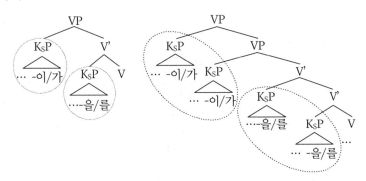

이제 (15), (16)에 대한 논의를 반영하여 (7)의 '통사구조에 의한 격자질 명세 규칙'을 아래와 같이 개정하면, 격 중출 구문에 나타나는 주격 조사

K_S '-이/가'와 대격 조사 K_S '-을/를'의 출현 양상까지도 포착할 수 있게 된다.

(17) 통사구조에 의한 격자질 명세 규칙 ((29)로 개정됨)

VP 내의 NP는 통사구조적인 차이를 지니며 이를 토대로 미명세된 격자질의 자질값이 다음과 같이 정해진다. VP의 주부 영역 및 확장된 주부 영역에 나타난 NP의 미명세된 격자질 [격: __]은 [격: <u>주격</u>]으로 정해지고, VP의 술부 영역 및 확장된 술부 영역에 나타난 NP의 미명세된 격자질 [격: __]은 [격: <u>대격</u>]으로 정해진다.

주격 조사 K_S '-이/가'와 대격 조사 K_S '-을/를'의 분포를 주부와 술부의 구분, 즉 주술 관계에 기초하여 설명하면, 부사어와 대격 조사 K_S '-을/를'이 어울리는 현상도 별다른 추가적인 조치 없이 어렵지 않게 설명할 수 있다. 부사어는 주부가 아니라 술부와 수식 관계를 맺으므로 대격 조사 K_S '-을/를'과 병합해도 대격 조사 K_S '-을/를'이 술부 영역에 위치하게 되어 격자질 [대격]이 인허될 수 있기 때문이다.[22]

(18) 가. 철수가 방에 틀어박혀 한 시간을 울었다.

영수는 동쪽으로 3미터를 움직였다.

나. 우리 가족 모두 강원도에를 다녀오자꾸나.

정미는 땅바닥에를 주저앉아 버렸어. (이선희 2004: 5장 참고)

---

22 부사어와 병합한 대격 조사 K_S '-을/를'의 [대격]이 술부에서 인허되므로 '한 시간을 철수가 방에 틀어박혀 울었다'와 같은 예의 부사어 '한 시간을'은 술부에서 [대격]이 인허된 후 문두로 이동한 것으로 이해된다.

부사어가 대격 조사 K_S '-을/를'과는 어울릴 수 있지만 주격 조사 K_S '-이/가'와는 어울리지 못하는 것도 마찬가지로 설명할 수 있다. 부사어는 술부와 수식 관계를 맺고, 술부는 대격 조사 K_S '-을/를'의 격자질 [대격]은 인허할 수 있지만 주격 조사 K_S '-이/가'의 격자질 [주격]은 인허할 수 없기 때문에 부사어와 주격 조사 K_S '-이/가'는 어울리지 못하는 것이다.[23]

나아가 보조용언 구문에서 본용언과 보조용언 사이에 출현하는 대격 조사 K_S '-을/를'과 연속동사 구문에서 연속되는 동사 사이에 출현하는 대격 조사 K_S '-을/를', 그리고 합성동사의 어기 사이에 나타나는 대격 조사 K_S '-을/를'도 마찬가지로 설명할 수 있다.

(19) 가. 어린아이를 혼자서 학교에 가게를 하다니. (이선희 2004: 225 참고)

나. 고구마는 삶아 먹지 말고 구워를 먹자.

다. 그가 나를 단번에 알아를 보았다.

(19가)의 통사구조를 '[_주부_ 누군가가] [_술부_ [어린아이를 혼자서 학교에 가게] 하-]'로 보든 '[_주부_ 누군가가] [_술부_ [어린아이를 혼자서 학교에 [가게 하-]]]'로 보든, 어떻게 보든 (19가)에서 '가게'는 술부 영역에 속하며, 이는 (19나)의 '구워'와 (19다)의 '알아'도 마찬가지이기 때문이다.[24]

---

23 이는 [보격]을 허용하는 술부는 부사어와 보격 조사 K_S '-이/가'의 병합을 허용한다는 것을 의미한다. '오늘은 날씨가 한 시간이 더웠다, 이 산은 그 산보다 100미터가 높다, 여기가 거기보다 파주에 백 리가 가깝다' 등을 예로 들 수 있다. 이 예들에서 V '덥-, 높-, 가깝-' 등은 형용사로서, 형용사는 [주격]과 [보격]은 인허하지만 [대격]은 인허하지 않는다(이 장의 각주 20) 참고).

24 보조용언 구문의 통사구조는 이정훈(2010나)를 참고하고, 연속동사 구문과 합성동사에 대해서는 이정훈(2006가)를 참고. 한편 보조용언 구문 중에서 '-지 않-' 부정(negation) 구문은 특이한 모습을 보인다(박미영 2010; 박소영 2011 등 참고). '물이 {맑지가, 맑지를} 않다'에서처럼 본용언이 형용사인데 대격 조사가 허용되기 때문이다. 형용사는 [보격]을 인허

(18), (19)에 나타난 대격 조사 K_S '-을/를'의 격자질 [대격]은 술부에서 인허되지만, 그렇다고 해서 대격 조사 K_S '-을/를'의 [대격]이 통사관계 실현이라는 격의 기능을 발휘하는 것은 아니다. 부사어는 그 자체에 격이 명세되어 있어서 통사관계 실현에서 대격 조사 K_S '-을/를'이 불필요하며, 보조용언 구문과 연속동사 구문, 그리고 합성동사에서 격 역할은 '-아/어, -게, -지, -고' 등의 연결어미가 담당하기 때문이다(이 장의 3.2절 참고). 따라서 (18), (19)에 나타난 대격 조사 K_S '-을/를'은 격이 아니라 초점과 같은 담화 기능을 나타내기 위해 출현한 것으로 파악된다(이 장의 각주 21) 참고).

부사어와 대격 조사가 어울리는 현상, 본용언과 보조용언 사이에 대격 조사가 나타나는 현상, 합성동사의 어기 사이에 대격 조사가 나타나는 현상에 더해 명사구 내의 격 현상도 주술 관계에 기초한 설명을 지지한다. 주부와 술부에 따라 격이 구분되는 것은 '우리의 통사론 연구, 스승의 제자에 대한 헌신' 등에서 보듯이 명사구 내에서도 성립하는 것이다(이 장의 3.6절 참고).

3.5. 논항 자질 확장 규칙

NP의 미명세된 격자질은 격조사에 의해서 명세될 수도 있고 격조사 없이 통사구조에 의해서 명세될 수도 있다. 이는 아래에서 보듯이 논항이 K_SP로

하므로 '맑지가'가 나타나는 것은 이해할 수 있지만 대격 조사가 나타난 '맑지를'은 그렇지 않은 것이다. 형용사 여부와 무관하게 술부는 [대격]을 허용한다고 하면 문제가 해소되지만 바로 앞의 각주에 제시한 '오늘은 날씨가 한 시간의 더웠다' 등이 성립하듯이 '오늘은 날씨가 한 시간을 더웠다'도 성립한다고 확언하기 어려운 문제가 있다. 또 본용언이 동사이면 '바람이 {불지가, 불지를} 않는다, 아이가 밥을 {*먹지가, 먹지를} 않는다'에서 보듯이 동사의 종류에 따라 서로 다른 모습을 보이는데, 술부와 [대격]의 관계를 고려하면 앞의 예에서 주격 조사가 나타난 '불지가'가 허용되는 것이 문제가 된다.

나타나기도 하고 NP로 나타나기도 함을 의미하는데,

(20) 가. 강아지가 고양이를 물었다.

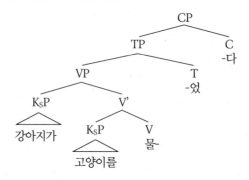

나. 강아지 고양이 물었다.

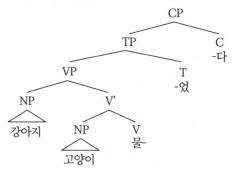

(20가)와 (20나)의 두 가지 통사구조가 형성되려면 V '물–'이 논항 자질로 아래의 두 가지를 가져야 한다. 논항이 K_SP로 나타난 (20가)는 (21가)의 논항 자질을 지지하고, 논항이 NP로 나타난 (20나)는 (21나)의 논항 자질을 지지 하는 것이다.[25]

---

25 이와 달리 K_SP로 나타난 것은 논항이지만 NP로 나타난 것은 논항이 아니라고 보는 견해도 있다(홍용철 1994; 임홍빈 2007가 참고). 이 견해에 따르면 '철수 영이 만났니?'에서 '철수' 와 '영이'는 제시어나 주제어 정도에 해당하고 논항은 공범주, 예를 들어 소리 없는 대명사

(21) 어휘항목 '물-'의 논항 자질

　　가. [K_SP, K_SP]

　　나. [NP, NP]

나아가 '고양이가 강아지 물었다'와 '고양이 강아지를 물었다'까지 고려하면, (21가), (21나)에 더해 [K_SP, NP]와 [NP, K_SP]도 논항 자질로 추가되어야 한다. 그러면 (21)은 (22)로 확장된다.[26]

(22) 어휘항목 '물-'의 논항 자질

　　가. [K_SP, K_SP]

　　나. [NP, NP]

　　다. [K_SP, NP]

　　라. [NP, K_SP]

논항 자질로 네 가지를 가지는 현상이 어휘항목 '물-'에 국한되거나 아니면 소수의 몇몇 어휘항목에 국한된다면, 다시 말해 예외적인 현상에 속한다면, 논항 자질로 (22가)~(22라) 이 네 가지가 허용된다는 것을 해당 어휘항목 차원에서 포착하는 것이 타당할 것이다. 하지만 논항 자질로 한 가지가 아니라 (22가)~(22라) 네 가지를 가지는 것은 아래에서 보듯이 예외적인 현상이

'pro'로 나타나는 것으로 파악된다(철수₂ pro₂ 영이₃ pro₃ 만났니?). 여기서는 pro와 같은 공범주는 채택하지 않는 입장을 취한다(4장 4.7절 참고).

26　일반적으로 주격은 부정격보다는 정격을 선호하고, '정격의 [주격], 부정격의 [대격]' 짝이 '부정격의 [주격], 정격의 [대격]' 짝보다 선호된다. 그래서 '철수가 영이를 만났다'와 '철수가 영이 만났다', '철수 영이 만났다'가 '철수 영이를 만났다'보다 선호된다. 이러한 선호성은 격이 아니라 다른 요인에 의한 것으로 판단되므로(이남순 1989; 홍용철 1994; 이한정 2006 등 참고), 여기서는 따로 고려하지 않는다.

아니라 일반적인 현상이다.

(23) 가. 철수가　　영이를　　사랑한다.

　　　철수　　　영이　　　사랑한다.

　　　철수가　　영이　　　사랑한다.

　　　철수　　　영이를　　사랑한다.

　　나. 모두가　　서로를　　미워하니?

　　　모두　　　서로　　　미워하니?

　　　모두가　　서로　　　미워하니?

　　　모두　　　서로를　　미워하니? 등

개별 어휘항목이 아니라 여러 어휘항목에서 일반적으로 성립하는 현상은
규칙이나 원리 차원에서 포착하는 것이 합당하다. 이에 어휘 잉여 규칙으로
'논항 자질 확장 규칙'을 설정한다.

(24) 논항 자질 확장 규칙

　　[NP]를 논항 자질로 가지면 [K_SP]도 논항 자질로 가질 수 있다.[27]

앞서 살핀 '보충어 자질 상속 규칙'을 적극적으로 고려하면(2장 2.2.2절
및 2.2.3절 참고), '논항 자질 확장 규칙'을 따로 두지 않을 수도 있다. V가

---

[27] '확장'은 Grimshaw(2003)의 '확장 투사'(extended projection)를 참고한 용어이다. Grimshaw
(2003)에 따르면 어휘범주에 해당하는 어휘항목 L과 기능범주에 해당하는 어휘항목 F로
이루어진 [$_{FP}$ … [$_{LP}$ … L] F]에서 LP는 L의 투사이고 FP는 L의 확장 투사이다. 한편 (24)에
명시된 [K_SP]는 [KP]로만 해도 무방하다. [KP]는 [K_LP]와 [K_SP]로 분류되고, [K_LP]는 '[도
달점], [장소], [도구]' 등의 특정 의미역 자질과 대응하는바, 의미역 자질이 아닌 논항 자질
[NP]는 [K_LP]로 확장될 수는 없고 [K_SP]로 확장될 수 있기 때문이다. 여기서는 편의상 [KP]
중에서도 [K_SP]임을 규칙에 명시한다.

[K$_S$P]를 논항 자질로 갖는다고만 하면, K$_S$P가 [NP]를 논항 자질로 가지므로 '보충어 자질 상속 규칙'에 따라 V는 [NP]도 논항 자질로 갖게 되기 때문이다. 하지만 V가 [K$_S$P]를 논항 자질로 갖는다고 하면 의미역 자질과 논항 자질 사이의 관련성이 포착되지 않는다. 예를 들어 행동주 의미역이 논항 자질 [NP]와 어울리는 것은 자연스럽지만 논항 자질 [K$_S$P]와 어울리는 것은 전혀 그렇지 않기 때문이다(1장의 각주 25) 및 2장의 각주 2) 참고).

더불어 '보충어 자질 상속 규칙'이 작동하려면 V, K$_S$, N이 핵-핵 관계를 맺어야 하는데(2장 2.2.4절 참고), 예를 들어 '영이를 사랑하-'에서 V '사랑하-' 와 K$_S$ '-을/를' 그리고 N '영이' 사이에 핵-핵 관계가 성립하지 않는 점도 문제가 된다. [$_V$ [$_{KsP}$ [$_{NP}$ 영이] -를] 사랑하-]에서 핵 N '영이'는 핵 K$_S$ '-을/를' 로 핵 이동을 겪고 이를 통해 형성된 복합핵 [$_{Ks}$ [$_N$ 영이] -를] 내에서 N '영이'와 K$_S$ '-을/를'은 핵-핵 관계를 맺을 수 있지만, 이렇게 형성된 복합핵이 V '사랑하-'로 핵 이동을 하지는 않는 것이다.[28]

(24)의 '논항 자질 확장 규칙'이 주어지면 (22)에 제시한 V '물-'의 논항 자질 네 가지는 아래와 같이 정해지는 것으로 파악된다.

(25) 어휘항목 '물-'의 논항 자질

　　　의미역 자질: [행동주, 피동주]

　　　　　　⇩ 표준적 구조 실현[29]

　　　논항 자질: [NP, NP]

28　논항이 술어로 이동하는 소위 포합(incorporation)을 인정해도 N '영이', K$_S$ '-을/를', V '사랑하-' 사이의 핵-핵 관계는 성립하지 않는다. 포합은 K$_S$ '-을/를'을 포함하여 조사가 나타나는 경우에는 적용되지 않기 때문이다(시정곤 1992; 고재설 1994; 홍용철 1994 등 참고).

29　앞서도 언급했듯이 의미역 자질이 주어지면 논항의 통사범주 자질을 예측할 수 있는데(1장의 각주 25) 및 2장의 각주 2) 참고), '예측'의 구체적인 내용을 표준적 구조 실현(canonical structural realization)이라고 한다(Chomsky 1986가: 86–92, 1995나/2015: 26–29 등 참고).

⇓ 논항 자질 확장 규칙

[K$_S$P, K$_S$P] 또는 [K$_S$P, NP] 또는 [NP, K$_S$P]

위에서 보듯이 의미역 자질에 '표준적 구조 실현'이 적용되면 논항 자질 [NP, NP]가 나타나며, 여기에 '논항 자질 확장 규칙'이 더해지면 세 가지 논항 자질, 즉 [K$_S$P, K$_S$P]와 [K$_S$P, NP] 그리고 [NP, K$_S$P]가 추가로 나타난다.

의미역 자질에 [도달점]이나 [장소] 등이 포함되면 어떻게 되는가? 이들 의미역은 '표준적 구조 실현'에 따르면 NP가 아니라 K$_L$P에 대응한다. 그리고 '논항 자질 확장 규칙'은 논항 자질이 [NP]인 경우를 대상으로 하므로 논항 자질이 [K$_L$P]인 경우에는 아래에서 보듯이 아무런 영향을 미치지 않는다.

(26) 어휘항목 '주-'의 논항 자질

　　　의미역 자질: [행동주, 도달점, 대상]

⇓ 표준적 구조 실현

　　　논항 자질: [NP, K$_L$P, NP]

⇓ 논항 자질 확장 규칙

[K$_S$P, K$_L$P, K$_S$P] 또는 [K$_S$P, K$_L$P, NP] 또는 [NP, K$_L$P, K$_S$P]

'표준적 구조 실현'에 의해 논항 자질이 [K$_L$P]로 정해지는 경우는, 앞서 논의한 의미역 자질과 논항 자질 사이의 자연스러운 대응 관계가 그랬듯이, '보충어 자질 상속 규칙'으로 논항 자질 확장을 다루기 곤란하다는 점을 보여 주기도 한다. '보충어 자질 상속 규칙'에 따르면 논항 자질로 [K$_L$P]를 가지면 [NP]도 논항 자질로 가진다는 예측이 가능한데 이러한 예측은 실제와 다르기 때문이다.[30]

'표준적 구조 실현'은 개별 언어적 성격보다는 범언어적인 성격을 띤다.

예를 들어 의미역 자질 [행동주, 피동주]와 논항 자질 [NP, NP] 사이의 대응은 개별 언어 차원에 머물지 않고 여러 언어에서 일반적으로 성립한다. 이에 비해 '논항 자질 확장 규칙'은 개별 언어적 성격보다는 더 일반적이지만 범언어적 성격보다는 덜 일반적인 모습, 달리 말해 일군의 언어들에서 성립하는 성격을 띤다. 한국어를 포함하여 격조사를 가진 언어, 그리고 격조사는 아니지만 격을 나타내는 별도의 어휘항목을 가진 언어들에서 '논항 자질 확장 규칙'이 성립할 것으로 기대되는 것이다.

3.6. 명사구 내부의 경우

'격자질 명세 규칙'과 '격자질 인허 조건' 그리고 '논항 자질 확장 규칙'은 명사구 내부에서도 유효한가? 이 문제에 답하기 위해, 이 절에서는 사건을 나타내는 명사가 핵인 사건 명사구의 경우를 간략히 살피기로 한다.[31]

사건 명사구의 경우 아래 대조에서 알 수 있듯이 의미역 자질 [행동주, 피동주]는 논항 자질 [K_SP, NP]와 대응하며, [NP, NP]와 대응하거나 [K_SP, K_SP]와 대응하는 현상은 나타나지 않는데,[32]

---

30   논항 K_LP는 NP로 실현될 수도 있다(이 장의 각주 15) 참고). 그러나 논항 K_LP가 부정격의 NP로 실현되는 것이 늘 가능한 것은 아니다.

31   명사구 내부의 격 현상은 명사구를 형성하는 성분들 사이의 관계에 따라 다소 다양한 모습을 보이는데(신선경 2013; 박소영 2014나; 최재웅 2016 등 참고), 여기서는 사건 명사구의 경우로 논의를 제한한다.

32   (27나), (27다)가 절대적으로 성립하지 않는 것은 아니다(최경봉 1995 참고). 그러나 (27나)와 (27다)가 성립할 수 있다고 해도 (27가)와 비교하면 그 성립 정도가 떨어진다고 판단하며, 중요한 것은 (27가)와 (27나), (27다) 사이의 이러한 차이인바, 여기서는 이 차이에 대한 설명에 집중한다.

(27) 가. 철수의   통사론   연구

　　 나. *철수   통사론   연구

　　 다. *철수의   통사론의   연구

이는 '격자질 명세 규칙'과 관련하여 NP '철수'의 미명세된 격자질은 속격 조사 $K_{S[속격]}$ '-의'에 의해 명세되고, NP '통사론'의 미명세된 격자질은 통사구조에 의해 명세됨을 의미한다. 이를 나무그림으로 나타내면 아래 (28)과 같으며, NP 내부의 경우까지 반영하여 (17)의 '통사구조에 의한 격자질 명세 규칙'을 개정하면 (29)가 된다.

(28) 철수의 통사론 연구

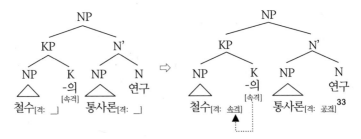

(29) 통사구조에 의한 격자질 명세 규칙

　　 VP와 NP 내의 NP는 통사구조적인 차이를 지니며 이를 토대로 미명세된 격자질의 자질값이 다음과 같이 정해진다. 먼저, VP의 주부 영역

---

33 앞서 이 장의 각주 16)에서도 언급했듯이 '철수의 통사론 연구'에서 '통사론'이 지니는 격에 대한 명칭은 마련되어 있지 않다. 편의상 격조사를 동반하지 않는다는 점을 고려하여, 즉 격에 해당하는 어휘항목이 따로 없다는 점을 고려하여 '공격'(空格)으로 표시한다. 참고로 '영격'(零格. null case)은 'John tried PRO to go'와 같은 통제 구문(control construction)의 큰 공대명사 PRO가 가지는 격의 명칭이므로 피한다(Martin 2001 참고).

및 확장된 주부 영역에 나타난 NP의 미명세된 격자질 [격: __]은 [격: 주격]으로 정해지고, VP의 술부 영역 및 확장된 술부 영역에 나타난 NP의 미명세된 격자질 [격: __]은 [격: 대격]으로 정해진다. 다음으로, NP의 술부 영역 및 확장된 술부 영역에 나타난 NP의 미명세된 격자질 [격: __]은 [격: 공격]으로 정해진다.[34]

(28)에서 N '연구'의 격, 즉 NP '철수의 통사론 연구'의 격은 어떻게 해소되는가? '영이는 [KSP [NP 철수의 통사론 연구]-를] 지지했다'처럼 NP '철수의 통사론 연구'가 통사구조 형성에 참여해서 미명세된 격자질이 명세됨으로써 해소된다. 또는 NP '철수의 통사론 연구'가 더 이상 통사구조 형성에 참여하지 않으면, 예를 들어 NP '철수의 통사론 연구'가 글의 제목이면, 이 NP는 미명세된 격자질을 아예 지니지 않음으로써 격의 문제에서 자유로워진다. 격은 통사관계를 보장하기 위한 것인데, NP가 더 이상 통사구조 형성에 참여하지 않는다는 것은 그 NP가 미명세된 격자질을 가지지 않는다는 것을 의미하며, 미명세된 격자질을 가지지 않은 NP는 격자질 명세 조건과 명세 규칙 그리고 격자질 인허 조건 등에 아무런 영향을 받지 않는 것이다.

위와 같이 N은, 그리고 N이 투사한 NP는 미명세된 격자질을 가질 수도 있고, 결여할 수도 있다. 그리고 NP가 통사구조 형성에 참여하면 미명세된 격자질을 가지는 경우가 문법적으로 승인되고, 글의 제목처럼 NP가 그 자체로 존재하면 미명세된 격자질을 가지지 않는 경우가 문법적으로 승인된다. 달리 말해 통사구조 형성에 참여하는 NP가 미명세된 격자질을 가지지 않으면 통사관계가 성립하지 않게 되고, 그 자체로 존재하는 NP가 미명세된 격자

---

[34] (28)에서 NP '철수'의 미명세된 격자질 [격: __]은 속격 조사 $K_{S[속격]}$ '-의'와 병합함으로써 [격: 속격]으로 정해지며, 통사구조만으로는 정해지지 않는다. (27가)와 (27나)의 대조가 이러한 사실을 잘 보여주는데, 이에 대해서는 뒤에서 다시 살핀다(이 절의 3.6.2절 참고).

질을 가지면 미명세된 격자질이 명세되지 않게 되어 '완전 해석 원리'를 위반하게 된다.[35]

주격 조사나 대격 조사와 마찬가지로 속격 조사도 고유의 분포적 특성을 지니므로, 그 분포는 '격자질 인허 조건'에 의해 조율된다. 앞서 (12)에 제시한 '격자질 인허 조건'을 (30)으로 반복하고, 거기서 제시한 설명에 속격 조사와 앞서 살핀 격 중출 구문의 경우까지 반영하면 아래와 같다.

(30) 격자질 인허 조건

격조사의 격자질은 인허되어야 한다. (= 12)

주격 조사는 VP의 주부 영역 및 확장된 주부 영역에서 인허되고, 대격 조사는 VP의 술부 영역 및 확장된 술부 영역에서 인허되며, 속격 조사는 '[NP 철수의 [NP 동생의 [N' 통사론 [N 연구]]]]'에서 보듯이 NP의 주부 영역 및 확장된 주부 영역에서 인허된다(이 장의 (34다), (40)도 참고). 그리고 어휘격 조사의 격자질은 각각의 어휘격 조사와 어울리는 의미역을 보장하는 V의 투사 내에 나타남으로써 인허된다.

3.6.1. 논항 자질 확장 규칙의 공전

그런데 아래 반복한 (27)은 논항 자질과 관련하여 두 가지 문제를 제기한다.

---

[35] 이러한 맥락에서 술어-논항 관계나 수식 관계와 거리가 먼 제시어가 격조사를 동반하지 않는 것은 자연스럽다고 할 수 있으며(통사론, 우리는 통사론을 연구한다), 흔히 호격 조사로 간주되는 조사가 실은 격이 아닐 가능성이 대두된다(영이야, 밖에 눈 온다).

(27) 가. 철수의 통사론   연구

　　 나. *철수   통사론   연구

　　 다. *철수의 통사론의 연구

　　첫째, '피동주' 의미역은 표준적 구조 실현에 의해 논항 자질 [NP]와 대응하고, 여기에 '논항 자질 확장 규칙'이 더해지면 [K$_S$P]와도 대응하는데, (27)은 그러한 모습을 보여주지 않는다. '피동주' 의미역에 해당하는 논항은 NP '통사론'으로만 실현될 뿐 격조사가 나타난 K$_S$P로 나타나지 않는 것이다.

　　둘째, 표준적 구조 실현에 의하면 '행동주' 의미역은 논항 자질 [NP]에 대응하고, 여기에 논항 자질 확장 규칙이 더해지면 [K$_S$P]도 논항 자질이 되는데, (27)에서 '행동주' 의미역에 해당하는 '철수'는 이러한 모습에서 벗어난다. (27나)에서 보듯이 표준적 구조 실현이 보장하는 논항 자질 [NP]는 거부되며, (27가)에서 보듯이 '논항 자질 확장 규칙'에 의한 논항 자질 [K$_S$P]만 허용되는 것이다.

　　위의 두 가지 문제는 어떻게 해소할 수 있을까? 첫 번째 문제를 살피고 절을 달리하여 두 번째 문제를 살피고자 하는데, 일단 첫 번째 문제에 대해서는 어휘항목의 부재를 답으로 제시할 수 있다. [주격], [대격], [속격]은 통사 구조에 의해 정해지는 한편으로 격조사에 의해 정해지는 데 비해, [공격]은 이에 해당하는 격조사가 부재하므로, 즉 [공격]에 해당하는 공격 조사가 어휘 항목으로 존재하지 않으므로 '논항 자질 확장 규칙'이 적용되어도 아무런 효과 없이 공전되는 것이다.

　　공격 조사가 없으므로 논항 자질이 [NP]에만 머물고 [K$_S$P]로까지 확장되지 않는다고 보는 것인데, 이와 관련하여 아래 현상에 유의할 필요가 있다.

　　(31) 철수의 통사론에 대한 연구

'-에 대한'은 '-에, 대하-, -은'으로 더 분석할 수 있지만 유정성(animacy) 여부에 따른 '-에'와 '-에게'의 교체 현상이 보이지 않고(철수의 {영이에, *영이에게} 대한 연구),[36] '철수의 통사론에 {대한, *대할, *대하는, *대하던} 연구'에 서 보듯이 '대하-'의 활용이 제약되며, '철수는 {통사론을, *통사론에} 자주 대했다'에서 보듯이 '-에'와 '대하-'의 관련성을 인정하기 어려운 등, 마치 형태소가 모여 복합어가 형성되듯이 '-에, 대하-, -은'이 모여 하나의 조사가 된 모습을 보인다.[37] 그렇다면 '-에 대한'이 공격 조사인 것은 아닌가? 그렇다 면 [대격]이 그렇듯이 [공격]도 논항 자질 [NP]와는 물론이고 [K$_S$P]와도 어울 리는 것이 된다.

하지만 '-에 대한'은 공격 조사, 즉 구조격 조사 K$_S$로 보기는 어렵고 어휘 격 조사 K$_L$로 보는 것이 타당하다. 단적으로 아래 (32)에서 보듯이 'NP에 대한'은 논항이 아니라 부가어에 해당하기 때문이다. 그리고 이는 (33)에서 보듯이 '-에 의한'의 경우도 마찬가지이다.

---

36 유정성 여부와 '-에, -에게' 교체에 대한 자세한 논의는 김형정(2012가) 참고.

37 이렇게 둘 이상의 언어 형식이 모여 하나의 조사가 되는 것이 그다지 드문 일은 아니다(김 진형 2000; 이규호 2001; 김의수 2002; 서정숙 2004 등 참고). 예를 들어 '그로부터 연락이 왔다'의 '-으로부터'도 '-으로'와 '-부터'로 더 분석할 수 있지만 하나의 조사로 취급되어야 한다. '*그로 연락이 왔다, $^{??}$그부터 연락이 왔다'에서 보듯이 '-로'와 '-부터'가 함께 나타나 지 않고 따로 나타나면 성립하지 않거나 성립이 곤란한 데서 알 수 있듯이 '-로부터'는 하나의 단위로 기능하기 때문이다. 한편 'NP-에 대한'은 어순에서 다른 성분보다 선행하는 것이 선호되는 특징을 보인다. 그래서 '철수의 영이에 대한 비판'보다 '영이에 대한 철수의 비판'이 선호된다(구호정 2023 참고). 참고로 (31)과 '통사론에 대한 철수의 연구' 사이에는 'NP-에 대한'이 선행하는 것이 선호되는 특징이 잘 드러나지 않는데 이는 어순에 유정성 (animacy)도 관여하기 때문이다. 'NP-에 대한'의 특징에 따르면 '통사론에 대한 철수의 연구'가 선호되고, 유정성에 따르면 유정물이 무정물에 선행하는 것이 선호되는바, '철수의 통사론에 대한 연구'가 선호되어서, 어느 한 어순이 더 선호되지 않기 때문이다.

(32) 가. 야당의 날치기 비판

　　　나. 야당의 <u>여당에 대한</u> 날치기 비판

　　　[참고] 야당이 <u>여당에 대해</u> 세비인상은 칭송하고, 날치기는 비판했다.

(33) 가. 영이의 통사론 연구

　　　나. <u>철수에 의한</u> 영이의 통사론 연구

　　　[참고] <u>철수에 의해</u> 영이가 통사론을 연구하게 되었다.

　'-에 대한'이 구조격 조사 K_S가 아니라 어휘격 조사 K_L에 속한다는 것은 격 중출 현상을 통해서도 확인할 수 있다. 구조격 조사는 격 중출 현상을 허용하고 어휘격 조사는 그렇지 않은데, 속격 조사 '-의'는 중출이 가능하고 '-에 대한'은 그렇지 않은바, 이는 속격 조사 '-의'는 구조격 조사 K_S에 속하는 반면 '-에 대한'은 어휘격 조사 K_L에 속함을 의미한다.

(34) 가. 고양이 발바닥<u>의</u> 개 발바닥보다 이쁘다.

　　　　고양이<u>가</u> 발바닥<u>의</u> 개 발바닥보다 이쁘다.

　　　나. 강아지가 고양이 발바닥<u>을</u> 핥았다.

　　　　강아지가 고양이<u>를</u> 발바닥<u>을</u> 핥았다.

　　　다. 고양이 발바닥<u>의</u> 생김새를 관찰하자.

　　　　고양이<u>의</u> 발바닥<u>의</u> 생김새를 관찰하자.

(35) 가. 사람들은 고양이 발바닥<u>에</u> 집착한다.

　　　　*사람들은 고양이<u>에게</u> 발바닥<u>에</u> 집착한다.[38]

---

38 '고양이에게' 뒤에 끊어짐(pause)의 억양이 실리면 성립하는데, 이 경우는 '사람들은 고양이에게, 특히 고양이 발바닥에 집착한다'나 '사람들은 고양이에게 집착하는데, 특히 고양이의 발바닥에 집착한다'에서 보듯이 생략 구문에 해당하며, 격 중출 구문과는 거리가 멀다. (35나)도 생략 구문 '사람들의 고양이에 대한, 특히 고양이의 발바닥에 대한 집착'으로

나. 사람들의 고양이 발바닥<u>에 대한</u> 집착

*사람들의 고양이<u>에 대한</u> 발바닥<u>에 대한</u> 집착

3.6.2. 통사관계의 모호성 회피

아래 반복한 (27)이 제기하는 두 번째 문제, 즉 [행동주] 의미역 자질이 논항 자질 [K$_S$P]와만 대응하고 [NP]와는 대응하지 않는 현상은 어떻게 다룰 수 있는가?

(27) 가. 철수<u>의</u>　통사론　연구

　　나. *철수　통사론　연구

　　다. *철수<u>의</u>　통사론<u>의</u>　연구

앞서 (23)에서 '철수 영이 사랑한다, 모두 서로 미워하니?'와 같은 예를 통해 확인했듯이 [행동주] 의미역 자질이 논항 자질 [K$_S$P]와만 어울리는 것은 아니다. 따라서 문제에 대한 답을 [행동주] 의미역 자질에서 찾을 수는 없고 다른 데서 찾아야 하는데, 여기서는 통사구조의 모호성, 즉 통사관계의 모호성을 회피하기 위해 K$_S$ '-의'가 필수적으로 나타나는 것으로 파악한다. (27가)에서처럼 K$_S$ '-의'가 나타나면 아래 (36가)에서 보듯이 통사관계가 명확히 파악되지만, (27나)에서처럼 K$_S$ '-의'가 나타나지 않으면 (36나)에서 보듯이 통사관계가 명확하게 파악되지 않는바, 속격 조사 K$_S$ '-의' 덕에 통사관계의 모호성이 나타나지 않는 (27가)는 적격한 것으로 판단되지만 속격 조사 K$_S$ '-의'가 결여되어 통사관계의 모호성이 유발된 (27나)는 (27가)에

는 성립한다.

비해 부적격한 것으로 판단되는 것이다.[39]

> (36) 가. [NP 철수의 [N' 통사론 [N 연구]]][40]
>
> 나. [NP 철수 [N' 통사론 [N 연구]]] 또는 [NP [철수 통사론] [N 연구]]

그러면 주격 조사의 경우도 마찬가지 아닌가? 즉, '철수가 책 읽었다'처럼 주격 조사 K_S '-이/가'가 나타나면 통사관계가 모호하지 않지만([VP 철수가 [V' 책 읽-]]), 주격 조사 K_S '-이/가'가 나타나지 않은 '철수 책 읽었다'는 [VP 철수 [V' 책 읽-]]일 수도 있고, [V' [철수 책] 읽-](누가 철수 책 읽었니?)일 수도 있어서 통사관계에서 모호성이 나타나므로 '*철수 통사론 연구'가 허용되지 않듯이 '철수 책 읽었다'도 허용되지 않아야 할 듯하다. 물론 실상은 이와 달라서 '*철수 통사론 연구'는 허용되지 않지만 '철수 책 읽었다'는 허용된다.

언뜻 VP 내의 주격 조사에 대한 처리와 NP 내의 속격 조사에 대한 처리가 서로 불협화음을 내는 듯이 보인다. 하지만 논항 실현에서 보이는 V와 N의 차이를 고려하면 주격 조사와 속격 조사의 차이를 수긍할 수 있다. V의 논항 실현은 필수적이고 V '읽-'은 두 개의 논항을 필요로 하므로 '철수 책 읽었다' 는 [VP 철수 [V' 책 읽-]]일 수밖에 없지만, 그래서 통사관계의 모호성이 나타나지 않지만, N의 논항 실현은 수의적이어서 '철수 통사론 연구'는 (36나)에 보인 통사관계의 모호성을 야기하므로 이 모호성을 피하기 위해서는 K_S '-의'가 요구되는 것이다.

---

39 '통사론' 없이 '철수'만 나타나도 K_S '-의'는 필수적이다(철수의 연구, *철수 연구). K_S '-의'를 동반하지 않은 '철수 연구'가 성립하는 경우는 '철수'가 행동주가 아니라 피동주 의미역에 해당하는 경우이다(철수를 연구하다).

40 다음 절에서 논의하듯이 [[철수의 통사론] 연구]와 같은 통사구조는 회피된다.

'통사관계의 모호성 회피'는 사실 '완전 해석 원리'에서 예측할 수 있다. 통사관계가 확실하면 해석이 일정하게 정해져서 '완전 해석 원리'를 충실히 준수할 수 있지만, 통사관계가 모호하면 이런 해석과 저런 해석 사이에서 어떤 해석인지 정해지지 않아서, '완전 해석 원리'를 충실히 준수할 수 없기 때문이다. 따라서 '완전 해석 원리'와 별도로 '통사관계의 모호성 회피 조건' 같은 것을 설정할 필요는 없다.

'완전 해석 원리'에 기대면 '평화의 종소리, *평화 종소리'처럼 소위 비유적인 표현의 경우에 K$_S$ '-의'가 필수적인 것도 어렵지 않게 이해할 수 있다. 비유 표현 '평화의 종소리'에서 '평화'는 '종소리'의 의미역 자질에 호응한다고 보기 어려우므로, 다시 말해 '평화'는 '종소리'의 논항이 아니므로, '평화'의 미명세된 격자질의 자질값은 '종소리'가 투사해서 형성하는 통사구조에 기대서 정해질 수 없고, 속격 조사 K$_S$ '-의'에 기대서만 정해질 수 있는 것이다.[41] '평화의 종소리'와 달리 '성당의 종소리'에서 '성당'은 논항일 수 있으므로 속격 조사 K$_S$ '-의'가 없는 '성당 종소리'도 가능하다(성당의 종소리를 울렸다).[42]

통사관계의 모호성을 회피해야 하지만 모호성을 늘 피할 수 있는 것은 아니어서 때로 통사관계의 모호성이 나타나고 이로 인해 중의성(ambiguity)이 유발되기도 한다. 예를 들어 '정의로운 우리의 친구'는 [정의로운 [우리의 친구]]일 수도 있고 [[정의로운 우리의] 친구]일 수도 있으며 이에 따라 해석도 두 가지가 가능하다. 유념할 것은 모호성·중의성이 유발되는 경우에는

---

41 '우리는 학교에서 그를 만났다'와 같은 예의 '학교에서'가 논항이 아니어서 K$_L$ '-에서'가 필수적인 경우와 마찬가지이다.

42 '성당'은 논항이 아니라 부가어일 수도 있으며(종소리가 성당에서 울렸다), 이 경우에는 '성당의 종소리'처럼 K$_S$ '-의'가 나타나야 할 것으로 예측된다. 결국 '성당의 종소리'에서 '성당'이 '종소리'와 맺는 통사관계와 '성당 종소리'에서 '성당'이 '종소리'와 맺는 통사관계를 다르게 보는 셈이다(신선경 2013; 박소영 2014나 등 참고).

모호성·중의성을 해소할 수 있는 장치가 동원된다는 점이다. 모호성·중의성 해소 장치의 일례로 끊어짐의 억양을 들 수 있는데, 쉼표(,)로 표시한 끊어짐의 억양이 '정의로운' 뒤에 놓이면 [정의로운 [우리의 친구]]가 되고 '우리의' 뒤에 놓이면 [[정의로운 우리의] 친구]가 된다.[43]

끊어짐의 억양이 모호성·중의성 해소 수단이지만 이 수단을 동원해도 (27나)에 제시한 '철수 통사론 연구'의 모호성·중의성은 피할 수 없다. '*철수, 통사론 연구'가 성립하지 않는 데서 잘 알 수 있듯이 (27나)의 '철수' 뒤에는 끊어짐의 억양을 둘 수 없기 때문이다. '철수' 뒤에 끊어짐의 억양을 두려면 아래 대조에서 보듯이 '그'나 '순이 동생'처럼 '철수'를 되받는 표현이 나타나야 한다.

> (37) 가. *영이는 철수, 통사론 연구를 지지했다.
>
> 나. 영이는 철수, 그의 통사론 연구를 지지했다.
>
> 영이는 철수, 순이 동생의 통사론 연구를 지지했다.

그리고 되받는 표현이 나타난 (37나)의 통사구조는 '철수'가 NP '그의 통사론 연구'에 부가된 (38가)일 수도 있고 V' '그의 통사론 연구를 지지하-'에 부가된 (38나)일 수도 있다.[44]

---

43 속격 조사 '-의'가 나타나지 않은 '정의로운 우리 친구'는 [정의로운 [우리 친구]]에 해당한다. 이어지는 3.6.3절의 논의 참고.

44 (38가)와 (38나)는 위에서도 언급했듯이 '철수' 뒤에 끊어짐의 억양이 놓인다. 다만 끊어짐 억양의 정도에서 차이를 보이는데, 예를 들어 끊어짐의 길이가 (38가)에서보다 (38나)에서 더 길다. 그리고 '철수' 뒤에 삽입절이 추가된 '영이는 철수, 커다란 업적을 기대하며, 그의 통사론 연구를 지지했다'와 같은 예의 '철수' 뒤에 나타나는 끊어짐의 억양은 강한바, (38나)에 해당하는 것으로 이해된다.

(38) 가. [NP 철수 [NP 그의 [N' 통사론 연구]]]

　　나. [VP 영이는 [V' 철수 [V' 그의 통사론 연구를 지지하-]]]

'철수'가 NP에 부가된 구조 (38가)에 더해 V'에 부가된 구조 (38나)도 가능하다고 보는 것은, 아래에서 보듯이 '철수'가 VP에 부가될 수도 있기 때문이다. VP에 부가될 수 있으면 V'에도 부가될 수 있다고 보는 것이 자연스러운 것이다.

(39) 철수, 영이는 그의 통사론 연구를 지지했다.

　　[VP 철수 [VP 영이는 [V' 그의 통사론 연구를 지지하-]]]

다시 (27나) '*철수 통사론 연구'로 논의의 초점을 맞추면, 끊어짐의 억양과 같은 모호성·중의성 해소 수단이 (27나)에는 통용되지 않고, 이로 인해 (27나)의 모호성·중의성은 해소되지 못한다. 그리고 그 결과 (27나)는 적합하지 않은 표현으로 판단되어 걸러지게 된다.

3.6.3. 명사구 내 통사관계 선호 조건

앞 절에서는 통사관계의 모호성을 방지하기 위해 K$_S$ '-의'가 나타나는 경우를 살폈다. 그런데 통사관계의 모호성 방지에 K$_S$ '-의'가 동원된다고 해서 K$_S$ '-의' 출현 자체가 통사관계의 모호성 회피를 늘 보장하는 것은 아니다. 아래와 같은 경우는 K$_S$ '-의'가 거듭 나타나서 오히려 통사관계의 모호성이 야기되는바,

(40) 철수의 동생의 고양이 사랑

가. [NP 철수의 [N' [동생의 고양이] 사랑]]

[참고] 철수가 동생의 고양이를 사랑한다.

나. [NP [철수의 동생의] [N' 고양이 사랑]]

[참고] 철수의 동생이 고양이를 사랑한다.

이 경우에는 아래에서 보듯이 오히려 Ks '-의'가 선택적으로 출현함으로써 통사관계의 모호성을 피할 수 있다.

(41) 가. 철수의 동생 고양이 사랑

[NP 철수의 [N' [동생 고양이] 사랑]]

나. 철수 동생의 고양이 사랑

[NP [철수 동생의] [N' 고양이 사랑]]

그리고 이러한 현상을 설명하려면 NP 사이의 통사관계는 속격 조사 Ks '-의'를 매개로 한 것보다 속격 조사 Ks '-의'가 매개하지 않은 것이 더 선호 된다는 조건이 설정되어야 한다. 그래야 '철수의 동생 고양이 사랑'의 통사관계로 [철수의 [[동생 고양이] 사랑]]이 [[철수의 동생] [고양이 사랑]]보다 선호되고, '철수 동생의 고양이 사랑'의 통사관계로 [[철수 동생의] [고양이 사랑]]이 [철수 [[동생의 고양이] 사랑]]보다 선호되는 것을 포착할 수 있다. 이에 아래와 같은 '명사구 내 통사관계 선호 조건'을 설정한다.[45]

---

45 통사관계 선호 조건은 접속의 통사론을 논의하며 보게 되듯이 동사구 내에서도 성립한다(7 장의 (47) 참고).

(42) 명사구 내 통사관계 선호 조건

명사구 내 NP 사이의 통사관계는 속격 조사 $K_{S[속격]}$ '-의'에 의한 'NP-의 NP'보다 'NP NP'가 선호된다.

위의 조건에 따라 'NP의 NP NP'의 통사관계는 [NP의 [NP NP]]가 되고, 'NP NP의 NP'의 통사관계는 [[NP NP의] NP]가 된다. 그리고 명사구 내에서 'NP의 NP'보다 'NP NP'가 선호되는 것은 운율 경계(prosodic boundary) 실현에서도 나타나서 'NP의 NP NP'에서 운율 경계는 'NP의' 뒤에 놓이는 것이 자연스럽고, 마찬가지로 'NP NP의 NP'에서도 운율 경계는 'NP의' 뒤에 놓이는 것이 자연스럽다. 통사구조와 운율 경계 실현이 서로 조화를 이루는 것이다.[46]

3.6.4. 조사 분포 제약

보조사는 아래 (43가)에서 보듯이 명사구 내에 단독으로 나타날 수 없으며 명사구 내에 나타나려면 속격 조사 K_S '-의'를 동반해야 하는데, 이를 포착하기 위해 (43나)의 '보조사 분포 제약'이 설정된다.

(43) 가. 나만의 꿈, *나만 꿈 (= 1장의 (46))

나. 보조사 분포 제약

*$[_{NP2} [_{NP1} [_{NP1} \cdots N_1]$ Del] $N_2]$ (= 1장의 (50))

---

46 통사구조와 운율의 관계에 대해서는 남길임(2007), 유혜원(2014) 등 참고. 한편 '철수의 통사론 및 영이의 음운론 연구'에서 보듯이 대조, 초점 등이 관여하면 'NP의'에 해당하는 '철수의, 영이의' 뒤보다는 대조 단위 뒤에 운율 경계가 놓이는 것이 자연스러운데, 그래서 '및' 뒤에 운율 경계가 놓이는데, 통사관계, 즉 통사구조상의 성분성보다 대조, 초점 등이 운율 경계 실현에 더 큰 영향을 미친다는 것을 알 수 있다.

그런데 명사구 내에 분포하는 경우 속격 조사 K_S '-의'가 수반되는 속성은 어휘격 조사 K_L의 경우에서도 나타난다.[47]

(44) 가. 부모님의 자식-에게-의 헌신

　　나. 대학원-에서-의 연구

　　다. 미지-로-의 여행

　　라. 벗-과-의 조우

어휘격 조사 K_L이 명사구 내에 나타날 때 속격 조사 K_S '-의'를 수반해야 하는 것은 어떻게 포착할 수 있는가? (43나)의 '보조사 분포 제약'을 고려하면 '어휘격 조사 분포 제약'으로 $^*[_{NP2} [_{KLP} [_{NP1} \cdots N_1] K_L] N_2]$'를 설정하면 된다. 그런데 '보조사 분포 제약'과 '어휘격 조사 분포 제약'은 서로 유사한 성격을 지니고 있으므로 따로따로 설정하는 것보다는 하나의 제약으로 통합해서 나타내는 것이 타당하다. 이에 '보조사 분포 제약'과 '어휘격 조사 분포 제약'을 따로따로 두지 않고 이 두 제약을 아래의 '조사 분포 제약'으로 통합한다.

(45) 조사 분포 제약

　　$^*[_{NP} [\cdots X] N]$

　　단, X는 $[_{NP} [_{NP} \cdots N_1] Del]$ 또는 $[_{KLP} [_{NP} \cdots N_1] K_L]$

47　어휘격 조사 K_L과 속격 조사가 어울리는 것이 자연스럽기만 한 것은 아니다. 예를 들어 '-로'의 경우, (44다)에서 보듯이 [도달점] 혹은 [방향]일 때는 K_S '-의'와 어울리는 경우를 어렵지 않게 찾을 수 있지만 [도구](누가 망치로 호두를 깼니?)나 [자격](그는 학교대표로 회의에 참석했다)의 '-로'가 K_S '-의'와 어울리는 사례는 찾기 어렵다. 그런데 [자격]은 '-서'를 동반하면 '학교대표-로-서-의 참석'에서 보듯이 꽤 자연스러워진다. 이러한 사항들은 의미역에 기초한 의미론적 제약을 암시하는 한편, 예측 불가능한 어휘적 특성의 존재도 암시한다. 어느 쪽이든 통사론과는 거리가 있다.

'조사 분포 제약'의 X가 '[NP [NP ⋯ N] Del]'이면 (43나)의 보조사 분포 제약 '*[NP2 [NP1 [NP1 ⋯ N1] Del] N2]'가 된다. 보조사 Del은 투사하지 않으므로 NP [NP ⋯ N]과 보조사 Del이 병합하면 [NP [NP ⋯ N] Del]이 형성되고, 이 [NP [NP ⋯ N] Del]로 '조사 분포 제약'의 [⋯ X]를 대체하고 NP를 구별하기 위해 편의상 아래첨자 '1, 2'를 부기하면 (43나)가 나타나기 때문이다. 그리고 '조사 분포 제약'의 X가 '[KLP [NP ⋯ N] KL]'이면 위에서 언급한 '어휘격 조사 분포 제약'이 된다. 어휘격 조사 KL은 NP [NP ⋯ N]과 병합해 [KLP [NP ⋯ N] KL]을 형성하고, 이 [KLP [NP ⋯ N] KL]이 '조사 분포 제약'의 [⋯ X]를 대체하면 '*[NP2 [KLP [NP1 ⋯ N1] KL] N2]'가 나타나기 때문이다.

3.7. 주술 관계와 격

주격 조사 인허와 [주격] 명세는 주부 쪽에서 이루어지고 대격 조사 인허와 [대격] 명세는 술부 쪽에서 이루어진다(이 장의 3.4절 참고). 격과 격조사가 보이는 통사적 행태가 주술 관계(predication relation)를 토대로 해명된 것인데, 이는 속격 조사 인허와 [속격] 명세도 마찬가지이다(이 장의 3.6절 참고).

이렇게 주술 관계를 토대로 격과 격조사를 다루면 논항이 하나만 나타나는 경우에는 그 논항이 항상 주격 조사와만 어울리지 대격 조사와는 어울리지 않는 현상도 쉽게 설명할 수 있다. 예를 들어 '물이 맑다, 아기가 잔다'를 주술 관계로 분석하면 '[문장 [주부 물이] [술부 맑-]], [문장 [주부 아기가] [술부 자-]]가 되어서 논항이 주부에 포함될 수밖에 없는바, 이에 따라 논항은 주부에 나타날 수 있는 주격 조사와는 어울릴 수 있지만 술부에 나타날 수 있는 대격 조사와는 어울릴 수 없는 것이다.

명사구 내부의 경우도 마찬가지이다. 명사구 내부에도 논항이 하나 나타나면 논항이 주부에 속하게 되어서 속격 조사가 출현하게 되고, 술부 영역에서 성립하는 공격(空格)은 허용되지 않는다. 그래서 논항과 속격 조사가 어울린 '[[주부 철수의] [술부 삶]]'은 성립하지만, 논항과 공격이 어울린 '*[[주부 철수] [술부 삶]]'은 성립하지 않는다.[48]

더불어 소위 예외적 격 표시 구문(exceptional case marking construction)도 어렵지 않게 설명할 수 있다.[49]

(46) 가. 영이는 [철수가 성실하다고] 생각했다.

　　 나. 영이는 [철수를 성실하다고] 생각했다.

위에서 '철수'는 내포절 차원에서는 주부에 속하고, 모문 차원에서는 술부에 속한다. 따라서 이에 맞추어 격도 주부와 어울리는 [주격]이 가능하고, 또 술부와 어울리는 [대격]도 가능하다. 그래서 (46)에서 보듯이 주격 조사를 동반할 수도 있고, 대격 조사를 동반할 수도 있다.[50] 그리고 대격 조사를

48　사건 명사구 밖으로 시선을 돌리면 속격 조사가 나타난 '철수의 동생'도 성립하고, 속격 조사가 나타나지 않은 '철수 동생'도 성립한다. 이 현상은 앞서 '성당(의) 종소리'를 예로 살핀바 있다(이 장의 3.6.2절 참고). [주격]과 [대격]이 주격 조사, 대격 조사를 수반하는 정격·유표격이 가능한 한편으로 그러한 격조사를 수반하지 않는 부정격·무표격이 가능하듯이, [속격]도 속격 조사를 수반하는 정격·유표격에 더해 속격 조사를 수반하지 않는 부정격·무표격이 가능한 경우가 있는 것이다.

49　(46)의 내포절 서술어 '성실하-'는 상태성을 지니며, 예외적 격 표시는 상태성을 띤 절에서 주로 나타난다. 참고로 술어가 비상태성이어도 홍기선(1997: 426-427)에서 가져온 '영미는 철수를 잘 달린다고 생각한다, 사람들은 그 새를 하늘을 날지 못한다고 생각한다'와 같은 예에서 보듯이 일시적인 사건이 아니라 반복적 사건이거나 영속적인 속성에 해당하면 예외적 격 표시가 가능하다. 그 밖에 상(aspect)도 관여하는데 자세한 사항은 홍기선(1997) 참고.

50　'영이는 철수를 신통찮은 것을 근거로 삼아 성실하다고 생각했다'에서 보듯이 (46나)의 경우에는 모문 서술어('생각하-')의 부가어('신통찮은 것을 근거로 삼아')가 '철수를' 뒤에 나타날 수 있다. 이를 근거로 '철수를'이 내포절이 아니라 모문에 위치한 것으로 분석하는 견해도 있는데(홍기선 1997: 412-413; 김용하 1999: 98-99 등 참고), 여기서는 채택하지

동반하는 경우 [대격]을 책임지는 V '생각하-'가 포함된 모문에 속하는 효과를 지녀서(윤정미 1991: 59-61; 유동석 1995: 126-129 등 참고), '영수는 <u>누가</u> 예쁘냐고 물었다'와 '[*]영수는 <u>누구를</u> 예쁘냐고 물었다'와 같은 대조가 나타난다. '영수는 <u>누가</u> 예쁘냐고 물었다'에서는 '누가'의 주격 조사가 내포절 내에서 인허되고 의문사-의문어미 일치 관계도 내포절 내에서 맺어져서 별다른 이상을 지니지 않지만, '[*]영수는 <u>누구를</u> 예쁘냐고 물었다'에서는 '누구를'의 대격 조사가 모문의 V '물-'에 의해 인허되는데 모문의 어미는 '물었다'에서 보듯이 의문어미를 포함하고 있지 않아서 의문사-의문 어미 일치 관계에서 문제가 발생하는 것이다(이정훈 2005나: 181-184 참고).

주술 관계에 기초하여 격을 이해하면 나아가 현대 국어의 자료는 아니지만 소위 기형적 명사문의 격 현상에 대한 이해의 실마리도 얻을 수 있다.

(47) 사ᄅᆞ미 목수미 온 힛 時節 <월인석보 2: 9가>

　　　(사람의 목숨이 백 년인 시절)

(47)의 통사구조는 '[[[사ᄅᆞ미 목숨]-이 [온 히]]-ㅅ 時節]'인데, 이 통사구

않는다. 대신에 '영이는 <u>신통찮은 것을 근거로 삼아</u> [철수를 성실하다고] 생각했다'에서 주어이면서 대격 조사를 동반한 '철수를'이 모문으로 뒤섞기되어 '영이는 <u>철수를 신통찮은 것을 근거로 삼아</u> [t_{철수를} 성실하다고] 생각했다'가 되는 것으로 파악한다. 참고로 주어는 뒤섞기가 수월치 않으므로(Saito 1985 등 참고), 일반적인 주어, 즉 주격 조사를 동반한 주어 '철수가'가 뒤섞기된 '영이는 <u>철수가 신통찮은 것을 근거로 삼아</u> [t_{철수가} 성실하다고] 생각했다'는 성립하기 어려우며, 특히 부가어의 개입으로 인해 내포절의 주술 관계 파악에 곤란이 발생한다는 점에서 문제는 가중된다. 한편 목적어가 대격 조사뿐만 아니라 주격 조사 혹은 보격 조사와도 어울리는 '철수는 {영이를, 영이가} 보고 싶었다'도 예외적 격 표시 구문과 마찬가지로 설명할 수 있다. 이 예문에서 '영이'는 내포절의 술부에 포함될 뿐만 아니라 모문의 술부에도 포함되는바, 앞의 경우에 따르면 대격 조사가 가능하고, 뒤의 경우에 따르면 보격 조사가 가능한 것이다(이정훈 2005나: 181-184 참고). 참고로 V '싶-' 은 형용사에 해당하므로 [보격]을 허용한다.

조에서 NP '[[사ᄅᆞᄆᆡ 목숨]-이 [온 히]]'는 용언과 관형형 어미 없이 그 자체로 관형절로 등장하고 있는바, 이렇게 용언과 관형형 어미 없이 관형절로 등장한 NP를 기형적 명사문이라 한다(이현희 1994; 이지영 2019 등 참고). 기형적 명사문은 NP임에도 불구하고 [KsP [NP 사ᄅᆞᄆᆡ 목숨] -이]에서 보듯이 그 내부에 주격 조사 Ks '-이/가'가 나타나는 특징을 지닌다. 어떻게 NP 내부에 주격 조사 Ks '-이/가'가 나타날 수 있는가? 위에서도 언급했듯이 격에 대해 주술 관계에 기초하여 이해하면, 해답의 실마리를 얻을 수 있다. NP '사ᄅᆞᄆᆡ 목수미 온 히'의 통사구조를 주술 관계로 나누면 [기형적 명사문 [주부 사ᄅᆞᄆᆡ 목수미] [술부 온 히]]가 되고, 이 통사구조에서 '사ᄅᆞᄆᆡ 목숨'은 주부에 속하는 바, 주부에 나타날 수 있는 주격 조사 '-이/가'를 동반할 수 있는 기회를 얻게 되는 것으로 이해할 수 있기 때문이다.[51] NP와 VP가 구분되더라도 NP 내부든 VP 내부든 주술 관계에서는 동질적이므로 NP 내부와 VP 내부의 격 현상이 동질적일 수 있는 것이다.

이렇게 격 현상은 주술 관계에 토대를 두고 설명할 수 있다.[52] 하지만 그렇다고 해서 주술 관계에 토대를 두어야만 격 현상을 설명할 수 있다고까지 주장하기는 어렵다. 다른 여러 현상과 마찬가지로 격에 대해서도 다른 관점

---

[51] 이는 한국어가 명사구 내부의 격과 동사구 내부의 격이 동질적인 경우가 있었을 가능성을 제기한다. 특히 NP 내부에 주격 조사가 나타나는 것을 고려하면, 주격 조사와 대격 조사가 있었고, 그 후에 속격 조사가 출현한 것으로 추정할 수 있으며, 기형적 명사문까지 고려해도 NP 내에 대격이 나타나는 경우가 없음을 고려하면 기형적 명사문이 활발하던 때에는 주격 조사만 있었던 것으로도 추정해 볼 수 있다. 이와 관련하여 '주격 > 대격 > 속격'의 격 위계(case hierarchy)를 참고할 수 있다(Blake 2001: 155-160). 이 위계에 따르면 주격 다음에 대격이 나타나고 주격과 대격이 나타난 다음에 속격 등이 나타날 것으로 예측된다. 한편 기형적 명사문은 역사적으로 그 자료가 풍부하지 않으며, 현대국어에서는 자료를 찾을 수 없는 한계를 지닌다. 그래서 이해·해답의 실마리 정도에 그칠 수밖에 없다.

[52] 주술 관계에 기초한 격 이론은 동사구 주제화 구문의 격 현상을 설명하는 데에도 유효하다. 10장 참고.

에서 접근할 수 있기 때문이다. 이러한 맥락에서 한국어의 격 현상을 주술관계 이외의 것에 토대를 두고 설명하는 사례를 살피면, 기능범주(functional category)에 기초한 견해와 명사구 사이의 관계에 기초한 견해를 찾을 수 있다. 이 두 견해의 특징을 간략히 정리하고, 여기서 채택하지 않는 이유를 밝히면 아래와 같다.

먼저, 기능범주에 기초한 견해는 한국어의 격 현상도 영어와 같은 언어의 격 현상과 마찬가지로 기능범주에 의해 규제된다고 본다(김귀화 1994; 유동석 1995; 김용하 1999; 최기용 2009 등 참고). 이 견해에 따르면 영어의 기능범주 Infl이 [주격]을 책임지듯이 한국어의 시제 T나 주체 경어법 H가 [주격]을 책임지게 된다. 또 영어의 주어가 VP의 명시어 자리에서 Infl의 명시어 자리로 이동하듯이, 한국어의 주어도 VP의 명시어 자리에서 TP나 HP의 명시어 자리로 이동하는 것으로 간주하는 경향이 강하다.

하지만 '비가 오다'와 같은 절대문에서 보듯이 시제 T나 존경법 H 없이도 [주격]은 가능하다. 또한 한국어의 주어 이동을 지지하는 증거도 없다(김양순 1988; 서진희 1990; 이정훈 2008나 등 참고). 이에 기능범주에 기초한 견해를 채택하지 않는다.

물론 절대문 '비가 오다'에도 시제 T와 존경법 H가 있다고 주장할는지도 모른다. 하지만 그러려면 방금 제시한 예에서 시제 T와 존경법 H의 존재를 보장하는 어휘항목의 정체에 대해 명확히 해야 한다. 나아가 그러한 견해는 별다른 시제 기능이나 존경법 기능이 없어도 시제 T와 존경법 H의 존재를 인정하는바, 이렇게 기능 없는 존재는 '완전 해석 원리'에 저촉된다. 또 기능 없는 존재가 가능하면, 예를 들어 한국어에도 문법범주로 성(gender)이나 한정성(definiteness) 등이 있다고 할 수도 있는데,[53] 이런 입장이 과연 한국

---

53   시각을 확대하면 한국어의 기능범주 목록과 영어의 기능범주 목록이 같다고 할 수도 있으

어 현상을 설명하는 데 득이 되는지 의심스러우며, 제약적 이론 구성에 도움이 되는지도 의심스럽다.

다음으로, 명사구 사이의 관계에 기초하여 격 현상을 이해하는 견해는, 의존격 이론(dependent case theory)이라고도 하는데, NP 사이의 통사구조적 관계에 의해 격이 정해지는 것으로 파악한다. 예를 들어 통사구조 [$_{VP}$ NP$_1$ [$_{V'}$ NP$_2$ V]]에서 NP$_1$이 NP$_2$를 성분-지휘(c-command)하는데, 이를 토대로 NP$_2$가 [대격]과 어울리게 되는 것으로 간주한다. 그리고 NP$_1$은 다른 NP가 성분-지휘하지 않는데 이렇게 NP$_1$처럼 다른 NP가 성분-지휘하지 않는 NP는 [주격]을 취하는 것으로 간주한다. 그리고 여기에 몇 가지 가정을 더하면 다양한 자료를 분석할 수 있다(Levin 2017 참고).

하지만 명사구 사이의 관계에 기초한 견해는 자료 분석 내지는 자료 기술에 머문다는 협의에서 자유롭지 못하다. 그리고 한국어는 NP가 아닌 성분에도 구조격 조사가 실현될 수 있다(이 장의 3.4절 참고). 물론 NP 사이의 관계에 더해 NP와 NP 아닌 성분 사이의 관계를 추가하면 NP가 아닌 성분이 구조격 조사와 어울린 현상도 분석할 수 있을 것이다. 하지만 그렇게 하면, 예를 들어 대격 조사를 허용하는 성분들의 공통점을 포착하지 못하게 된다. 이와 달리 주술 관계로 격 현상을 이해하면 대격 조사를 허용하는 성분들의 공통점을 술부와 관련지어 포착할 수 있다.

또한 아래 예에서 '영이<u>한테를</u>'이 가능한 것을 이동에서 찾는 것도 문제를 지닌다.

며 나아가 모든 언어가 동일한 기능범주 목록을 가진다고 할 수도 있다. Rizzi(1997), Cinque(1999), Ramchand & Svenonius(2014), Rizzi & Cinque(2016) 등 참고.

(48) 철수는 <u>영이한테를</u> 책을 주었다.

　가. 철수는 책을 <u>영이한테</u> 주었다.

　나. 철수는 <u>영이한테를</u> 책을 • 주었다.

NP 사이의 관계에 토대를 둔 견해도 어휘격은 인정하므로 '영이한테'는
(48가)에서 보듯이 이동 전에 어휘격 조사와 어울리게 된다. 그리고 (48나)처
럼 이동을 겪으면 NP '철수는'에 성분-지휘되게 되어서 대격 조사와 어울리
는 환경을 갖추게 되고 이에 '영이한테를'이 나타날 수 있게 된다(Levin 2017:
456-460 참고).

하지만 위와 같은 설명은 '철수는 책을 <u>영이한테를</u> 주었다'가 가능하다는
점에서 문제를 지닌다. 이 예를 설명하기 위해서는 아래와 같은 이동을 가정
해야 하는데,

(49) 철수는 <u>책을</u> <u>영이한테를</u> • • 주었다.

위와 같은 이동은 일반적으로 허용되지 않는다. 이동 전과 이동 후의 어순이
동일해서 이동의 효과가 나타나지 않으며, 이러한 이동을 허용하면 아래와
같은 무분별한 이동을 배제하지 못하기 때문이다.[54]

---

[54] (50)과 같이 효과 없는 이동이 적용되면 경제성을 어기게 되고, 이는 완전 해석 원리 위반으
로 이어진다(1장의 각주 12) 및 이 장의 각주 61) 참고). 그리고 경제성 위반에 더해 이동이
적용되지 않은 기본 어순을 '철수는 영이한테 책을 주었다'가 아니라 '철수는 책을 영이한
테 주었다'로 보아야 하는 부담도 따른다. 이와 관련하여 여기서는 여격이 대격을 선행하는
'철수는 영이한테 책을 주었다'를 기본 어순으로 간주하는데(김란 2015; 남윤주·홍우평
2017), 역으로 대격이 여격을 선행하는 '철수는 책을 영이한테 주었다'를 기본 어순으로
보는 견해도 있으며(홍기선 1998), 두 가지 어순 모두를 기본 어순으로 간주하는 견해도
있다(이주은 2017; Miyagawa 1997 등 참고).

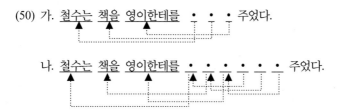

(50) 가. <u>철수는</u> <u>책을</u> <u>영이한테를</u> · · · 주었다.

　나. <u>철수는</u> <u>책을</u> <u>영이한테를</u> · · · · · · 주었다.

위와 같은 논의를 토대로 여기서는 격 현상을 '기능범주'나 'NP 사이의 관계'가 아니라 '주술 관계'에 기초하여 이해하는 방향을 택한다.

3.8. 조사 중첩과 보충어 자질

앞서 '통사구조에 의한 격자질 명세 규칙'을 논의하며 살폈듯이 명사구와 어휘격 조사 K_L이 병합하여 형성된 $K_L P$에는 다시 대격 조사 K_S가 병합할 수 있다. 그 결과 어휘격 조사 K_L과 대격 조사 K_S가 중첩되는 현상이 나타난다.[55]

(51) 가. 우리 가족 모두 <u>강원도-에-를</u> 다녀오자꾸나.

　나. 정미는 <u>땅바닥-에-를</u> 주저앉아 버렸어. ((18나) 참고)

위와 같이 어휘격 조사 K_L과 대격 조사 K_S의 중첩이 가능한 것은 이 둘이

---

[55] 어휘격 조사와 대격 조사가 중첩될 수 있다고 해서 그러한 중첩이 늘 가능하거나 자연스러운 것은 아니다. 예를 들어 어휘격 조사 중 동반격 조사 K_L '-와/과'와 대격 조사의 중첩은 좀체 허용되지 않는다. 그런데 어휘격 조사 K_L '-으로'는 '우리는 함께 <u>학교롤(-으로-를)</u> 갔다'에서 보듯이 가능한 경우도 있고, '{망치로, *망치롤} 못을 박았다, {콩으로, *콩으롤} 두부를 만들었다' 등에서 보듯이 불가능한 경우도 있다. 어휘격 조사와 대격 조사의 중첩에는 통사적 요인, 즉 격자질 인허에 더해 어휘적, 의미적 요인이 관여하는 셈이다.

서로 다른 부류이고 인허 방식도 서로 구분되기 때문이다. 어휘격 조사 K_L은 의미역 자질에 의해 인허되고 대격 조사 K_S는 통사구조에 의해 인허되는바 둘이 중첩되어도 격자질 인허에 아무런 문제가 발생하지 않는 것이다. 그리고 명사구의 미명세된 격자질은 어휘격 조사 K_L에 의해 명세되므로 대격 조사 K_S는 격 기능이 아니라 격 기능 이외의 초점이나 대조의 기능을 발휘하게 된다.

어휘격 조사 K_L과 대격 조사 K_S는 중첩될 수 있지만 중첩되는 경우 일정한 순서를 지켜야 해서 아래에서 보듯이 어휘격 조사가 대격 조사에 선행하는 순서는 성립하지만 대격 조사가 어휘격 조사에 선행하는 순서는 허용되지 않는다.

(52) 가. 우리 가족 모두 <u>강원도-에-를</u> 다녀오자꾸나.

정미는 <u>땅바닥-에-를</u> 주저앉아 버렸어. (= 51)

나. *우리 가족 모두 <u>강원도-를-에</u> 다녀오자꾸나.

*정미는 <u>땅바닥-을-에</u> 주저앉아 버렸어.

어휘격 조사가 대격 조사에 선행하는 순서는 어떻게 보장할 수 있는가? 일단 격자질 인허에서 답을 찾기는 어렵다. 어휘격 조사의 격자질 인허 방식과 대격 조사의 격자질 인허 방식이 서로 구분되기 때문에 무엇이 무엇을 선행한다고 볼 수 없기 때문이다. 이에 여기서는 보충어 자질을 아래와 같이 설정해 어휘격 조사와 대격 조사의 순서를 포착하고자 한다.

(53) 가. 어휘격 조사 K_L의 보충어 자질 : [NP]

나. 구조격 조사 K_S의 보충어 자질 : [NP] 또는 [K_LP]

먼저, (53가)에 따르면 명사구와 어휘격 조사가 병합한 구조가 가능하다. 다음으로, (53나)에 따르면, 보충어 자질 [NP]는 명사구와 구조격 조사가 병합한 구조를 보장하며, 보충어 자질 [K_LP]는 어휘격 조사가 대격 조사에 선행하는 순서에 해당하는 통사구조, 즉 어휘격 조사구와 구조격 조사가 병합한 구조를 보장한다. 한편, 구조격 조사가 어휘격 조사에 선행하려면 명사구와 구조격 조사가 병합하여 형성된 K_SP가 어휘격 조사와 병합해야 하며, 이를 위해서는 어휘격 조사가 보충어 자질로 [K_SP]를 가져야 하지만 (53가)에서 보듯이 어휘격 조사는 [K_SP]를 보충어 자질로 갖지 않는바, K_SP 와 어휘격 조사의 병합은 허용되지 않고, 이에 따라 구조격 조사가 어휘격 조사에 선행하는 현상도 나타나지 않는다.

일견 (53)의 보충어 자질은 어휘격 조사가 대격 조사를 선행하는 현상을 기술하기 위한 임의적 약정(stipulation)인 듯이 보인다. 하지만 격의 기능인 통사관계를 고려하고, 초점이나 대조 등의 기능을 고려하면, 그렇지 않다는 것을 잘 알 수 있다.

먼저, 격이 통사관계를 보장하는 장치임을 상기하자. 그러면 명사구와 K_SP 가 병합하면 명사구의 통사관계는 보장되고, 따라서 통사관계를 위해 어휘격 조사가 추가로 병합할 가능성은 배제된다. 여기에 더해 구조격 조사와 달리 어휘격 조사는 초점, 대조 등의 기능을 지니지 않으므로 이러한 기능에 기대서 구조격 조사구와 병합할 수도 없다. 그래서 명사구에 구조격 조사가 병합하고 이어서 어휘격 조사가 병합하는 현상은 나타나지 않는다. 그리고 이는 어휘격 조사 K_L이 보충어 자질로 [K_SP]를 갖지 않는다는 것을 의미한다.

다음으로, 초점이나 대조 등은 상황을 전제로 한다는 점에도 주목할 필요가 있다. 상황에 대한 전제는 상황 구성에 필요한 의미역의 전제를 뜻하고, 이에 따라 의미역이 어휘격 조사를 필요로 하는 경우에는 어휘격 조사가 구비된 후 초점이나 대조 등이 구현되는바, 이는 명사구와 어휘격 조사가 병합하고, 이후에 초점이나 대조 등의 기능을 발휘하는 구조격 조사가 병합할 수 있음을 의미한다.[56] 그리고 이는 구조격 조사 K_S가 보충어 자질로 [NP]에 더해 [K_LP]를 갖는다는 것을 의미한다.

명사구와 구조격 조사가 병합한 다음에 어휘격 조사가 병합하면 명사구의 격자질 명세에도 문제가 발생한다. 아래 (54나)에서 보듯이 명사구와 구조격 조사가 병합하면 명사구의 격이 [대격]이 되어서 통사관계 형성에 문제를 야기하기 때문이다. V '다녀오-'와 통사관계를 맺기 위해서는 명사구의 격이 [여격]이어야 하는 것이다.

(54) 우리 가족 모두 <u>강원도-에-를</u> 다녀오자꾸나. (= 51가)

　가. 강원도-에-를

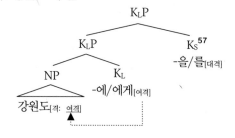

56　이는 도상성과 통한다(2장 2.3절 참고).

57　이 경우의 K_S '-을/를'은 초점, 대조 등의 역할을 발휘하며 격 기능은 발휘하지 않는다. 따라서 투사하지 않는다. 다시 말해 표찰화 능력을 지니지 않는다. 통사구조적으로 중요한 것은 격 기능이지 초점, 대조 등이 아니기 때문이다. 이런 점에서 (54가)의 '-을/를'처럼 격 기능 없이 초점, 대조의 기능을 나타내는 경우는 보조사와 통한다. 이런 맥락에서 '-이/가, -을/를'을 보조사로 파악하는 견해를 이해할 수 있다(고석주 2002, 2004 참고). 한편 이렇게 기능에 따라 투사 여부가 결정되는 것은 명사형 어미 '-기'도 마찬가지여서 '사람들이 눈이 오기를 바란다'의 '-기'와 달리 '영이가 오기는 왔다'의 '-기'는 투사하지 않는다(6장 6.5절 및 이정훈 2013, 2014가 참고).

나. *강원도-를-에

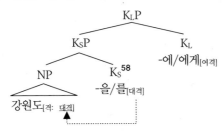

물론 구조격 조사처럼 어휘격 조사도 격 기능 없이 초점이나 대조 등의 기능을 발휘할 수 있다면 (54나)가 가능할 것이고 그러면 어휘격 조사 K_L의 보충어 자질은 '[NP] 또는 [K_SP]'가 된다. 하지만 격 기능을 지니지 않은 구조격 조사는 가능하나, 앞서도 지적했듯이 격 기능을 지니지 않은 어휘격 조사는 불가능하다. 구조격 조사는 통사구조에 의해서 인허되지만 어휘격 조사는 통사구조가 아니라 의미역에 의해서 인허되기 때문이다. 그리고 의미역에 의한 인허는 격 기능이 필수적임을 의미하므로 격 기능 없는 어휘격 조사는 불가능하다.

어휘격 조사와 구조격 조사 이외의 경우로 시야를 확대하면 어휘격 조사와 보조사도 중첩될 수 있고, 구조격 조사와 보조사도 중첩될 수 있는데, 어휘격 조사와 보조사가 중첩되면 어휘격 조사가 선행하고,[59] 구조격 조사와 보조사

---

58 이 경우의 K_S '-을/를'도 격 기능을 발휘하지 않고 이에 따라 투사하지 않는다고 하면 '*강원도-를-에'도 아무런 문제를 지니지 않게 된다. 하지만 (54나)의 K_S '-을/를'은 미명세된 격자질을 지닌 명사구와 병합하므로 격의 기능을 발휘하고 이에 따라 투사하는 것으로 본다. 기능은 발휘하는 것이 원칙이고, (54가)처럼 발휘할 환경이 아니면 억제되는 것이며, 원래 기능이 억제되면서 출현해야 하므로 초점, 대조 등의 추가 기능을 가지는 것이다.

59 '-인가, -인들' 등 소위 '이'계 보조사는 특이한 모습을 보인다. '강원도엔가(-에-인가)'에서 보듯이 어휘격 조사가 선행하는 경우에 더해 '강원돈가에(-인가-에)'에서 보듯이 보조사가 선행하는 경우도 허용하기 때문이다. 이에 대한 자세한 논의는 이정훈(2005나, 2008나: 477) 참고.

가 중첩되면 보조사가 선행한다.[60]

　　(55) 가. 영이-에게-는, *영이-는-에게, 영이-와-만, *영이-만-와 등
　　　　　나. 영이-만-을, *영이-를-만, 영이-까지-를, *영이-를-까지 등

　그렇다면 왜 어휘격 조사와 보조사가 중첩되면 어휘격 조사가 선행하고, 구조격 조사와 보조사가 중첩되면 보조사가 선행하는가?
　먼저, 어휘격 조사와 보조사 중첩의 경우, 일단 보충어 자질에 기대기는 어렵다. '영이-만'에서 보듯이 보조사는 명사구와 병합할 수 있고 명사구와 보조사가 병합한 '[NP [NP 영이] -만]'은 명사구이며, 앞서 (53가)에서 확인했듯이 어휘격 조사는 [NP]를 보충어 자질로 가지므로, 보충어 자질만 고려하면 '[NP [NP 영이] -만]'과 어휘격 조사의 병합이 허용되기 때문이다. 따라서 보충어 자질이 아니라 다른 데서 (55가)의 원인을 구해야 하는데, 여기서는 의문사-의문어미 일치 등에서 확인되는 거리의 경제성(economy of distance)에 의해 어휘격 조사가 선행하고 보조사가 후행하는 순서가 나타나는 것으로 파악한다.[61] 아래에서 보듯이 어휘격 조사가 선행하든 보조사가 선행하든

60　'*영이-도-를, *영이-를-도', '*영이-는-을, *영이-를-은' 등에서 보듯이 보조사에 따라서는 아예 구조격 조사와 어울리지 않는 것들도 있다. 여기서는 (55나)의 '영이-만-을'이 성립하듯이 '영이-도-를, 영이-는-을'도 성립한다고 보고, '보조사 '-도, -은/는' 등과 어울리는 경우, 구조격은 부정격·무표격만 허용된다'는 '부정격·무표격 제약'을 설정한다(이정훈 2012가: 191 참고). '철수가 {이 책-인들, *이 책-인들-을, *이 책-을-인들} 읽었겠니?'와 같은 예도 마찬가지이다.

61　의문사-의문어미 일치에 대해서는 서정목(1987), 정대호(1996), 이정훈·정희련(2022) 등 참고. 거리의 경제성에 의해 '철수는 [영이가 누구를 만났는지] 아니?'에서 의문사 '누구'는 내포절 의문어미 '-은지'와 모문 의문어미 '-니' 중에서 보다 가까이 있는 내포절 의문어미 '-은지'와 일치하고 이에 따라 전체 문장은 설명 의문이 아니라 판정 의문으로 해석된다. 한편 방금 제시한 예문에서 의문사에 강한 강세가 놓이면 거리의 경제성을 초월한 해석, 즉 전체 문장이 설명 의문인 해석도 가능해지는데, 의문사-의문어미 일치가 내포절 단계에

어휘격 조사의 보충어 자질은 [NP]로 마찬가지이므로 어휘격 조사가 선행하는 현상을 보충어 자질에 기대서 설명할 수는 없고, 다른 방안을 찾아야 하는데 거리의 경제성이 이러한 필요에 부응하는 것이다.

(56) 가. '영이-에게-는'의 경우   나. '*영이-는-에게'의 경우

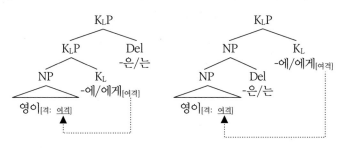

거리의 경제성에 따라 (56가)가 선택되고 (56나)가 배제되는 이유를 밝히면 다음과 같다. (56가)처럼 NP가 K_L과 병합한다고 해 보자. 그러면 격자질 명세가 병합만으로, 즉 K_L과 NP 사이에 아무런 성분도 개재하지 않으면서 격자질 명세가 이루어진다. 이에 비해 (56나)에서처럼 NP와 보조사가 우선 병합하면 격자질 명세 거리가 멀어지게 된다. NP와 Del이 병합한 후 K_L이 병합하면 격자질 명세가 이루어지는 NP와 K_L 사이에 Del이 개재하게 되어 그만큼 격자질 명세가 이루어지는 거리가 멀어지는 것이다. 이렇게 (56가), (56나)처럼 짧은 거리와 긴 거리가 상정되는 경우, 거리의 경제성은 짧은

서 이루어진 후 추가적인 강한 강세를 통해 모문 단계에서 거듭 이루어지는 것으로 이해할 수 있다. 그렇다면 '영이'에 강한 강세가 놓이면 (56나)도 가능하지 않을까? 그렇게 보기는 어렵다. 의문사의 경우와 달리 '영이'는 가까이 있는 Del과 일치 관계를 맺지 않으며, 일반적으로 강세는 '영이'에 놓이는 것이 아니라 '영이'와 조사를 포함한 단위, 즉 어절에 놓이기 때문이다. '일반적으로'라는 단서를 두는 이유는 "'영이는'이 아니라 '철수는', '영이는'이 아니라 '영이도''', '자위가 아니라 자강, 자살이 아니라 타살' 등에서 보듯이 어절 이외의 단위에도 강세가 놓일 수 있기 때문이다.

거리를 선택한다. 그래서 (56가)와 (56나) 중에 (56가)가 선택된다.

다음으로, 구조격 조사와 보조사 중첩의 경우, 보조사가 선행한 아래 (57가)에서는 별다른 문제가 발생하지 않지만, 구조격 조사가 선행한 아래 (57나)는 성립하지 않는다. 이 현상은 어떻게 설명할 수 있는가?

(57) 가. '영이-만-을'의 경우　　나. *'영이-를-만'의 경우

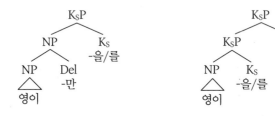

이 문제에 대해 보충어 자질을 답으로 제시할 수는 있다. 예를 들어 보조사가 [K$_S$P]를 보충어 자질로 가지지 않는다고 하면 (57나)를 배제할 수 있지만, 이어지는 논의에서 확인하듯이 (57나)가 가능하다고 볼 근거가 존재한다는 점에서 보조사가 보충어 자질로 [K$_S$P]를 가지지 않는다고 보는 방안은 한계를 지닌다. 더불어 보조사는 분포가 자유로운 특징을 지니며, 자유로운 분포는 보충어 자질에 별다른 제약이 없음을 의미하므로, 보조사의 보충어 자질을 제약하는 방안은 보조사의 특징과 어울리지 않는다. 따라서 보충어 자질 말고 다른 방안을 모색해야 하는데, 그렇다고 해서 추가적인 조치를 동원할 필요는 없다. (57가)와 달리 (57나)는 구조격 조사구 K$_S$P가 겹치는 통사구조에 해당하는데 이렇게 K$_S$P가 겹치는 통사구조는 허용되지 않기 때문이다. 그래서 구조격 조사와 보조사가 중첩되면, K$_S$P가 겹치는 통사구조를 피한 (57가)만 허용되고 이 통사구조는 보조사가 선행하고 구조격 조사가 후행하는 순서로 이어진다.

그런데 (56)과 (57)을 한꺼번에 고려하면 미묘한 문제가 발생한다. (56)에

따르면 가까운 거리가 선호되고, 격자질 명세에서 (57가)보다는 (57나)가 가까운 거리에 해당하므로, 거리의 경제성 관점에서는 (57가)가 아니라 (57나)가 선택되기 때문이다.

사실 '거리의 경제성'과 'K_SP 중첩 불가', 이 두 가지 요건을 모두 충족하면서 구조격 조사와 보조사가 중첩되는 방법은 없다. 두 가지 요건 중 하나를 준수하면 나머지 요건을 무시할 수밖에 없기 때문이다. 그리고 이러한 상황에서 (57)은 'K_SP 중첩 불가'가 '거리의 경제성'보다 우선함을 의미한다.

하지만 'K_SP 중첩 불가'와 '거리의 경제성' 둘 중 앞의 것이 우선해야 하는 이론적·논리적 근거는 따로 찾기 어렵다. 이에 'K_SP 중첩 불가'가 아니라 '거리의 경제성'이 중시되는 상황도 가능하리라는 예측이 성립하고 대격 조사와 보조사 '-은/는'이 중첩되면서 대격 조사가 선행하는 소위 대제격(對題格) '-으란'은 이러한 예측이 실제로 가능함을 지지한다(정연찬 1984; 하귀녀·황선엽·박진호 2009 참고). '-으란'은 현대국어의 '-을랑'으로 이어지며, '-을랑'은 대격 조사를 포함하고 있으므로 '그 일을랑 걱정하지 마세요.'에서 보듯이 목적어와 어울린다. 대제격에 더해 보조사 '-요'도 '거리의 경제성'이 'K_SP 중첩 불가'보다 우선할 수 있다는 것을 잘 보여준다. '영이가요 철수를요 만났어요.'에서 보듯이 보조사 '-요'는 구조격 조사에 후행하기 때문이다.[62]

어휘격 조사, 구조격 조사, 보조사에 더해 접속조사까지 고려하면 아래와 같은 조사 중첩 현상이 나타난다. 이 중첩 현상은 어떻게 설명할 수 있는가?

---

62 조사가 중첩되는 경우 '-요'는 가장 후행하는 특성을 보이는데, 이는 한국어 문장 구조의 일반적인 특성이 명사구에서도 성립하기 때문으로 볼 수 있다. 즉, 상대 경어법 형식이 문말에 위치하듯이 상대 경어법 기능의 '-요'도 조사 중첩에서 가장 후행하는 것이 자연스럽다. 또한 상대 경어법이 후행하는 것은 도상성에 부합하는 특성이기도 하다. 이를 포함하여 '-요'에 대해서는 이정훈(2018나: 12-16) 참고.

(58) 가. 접속조사와 어휘격 조사의 중첩

[[영이-에게]-와 [철수-에게]], [[영이-와 철수]-에게]

나. 접속조사와 구조격 조사의 중첩

*[[영이-를]-과 [철수-를]], [[영이-와 철수]-를]

다. 접속조사와 보조사의 중첩

*[[영이-만]-과 [철수-만]], [[영이-와 철수]-만]

접속과 격은 서로 독립적이다. 따라서 접속이 이루어지고 격자질이 명세될 수도 있고, 격자질이 명세된 다음에 접속이 이루어질 수도 있다. (58가)는 이점을 고스란히 보여준다. 이에 반해 (58나)는 접속조사에 의한 접속이 이루어진 후에 구조격 조사가 병합하는 것만을 허용하는 듯한 특이성을 보이는데, 이러한 특이성의 원인은 접속조사 '-와/과'에서 찾는 것이 합리적이다. 접속조사가 아니라 '그리고'를 동원한 '[[$_{KSP}$ 영이-를] 그리고 [$_{KSP}$ 철수-를]]'은 아무런 이상을 보이지 않으므로 K$_S$P의 접속 자체를 배제할 수는 없기 때문이다.

이에 (58나)는 '접속조사와 중첩되는 구조격은 정격·유표격은 허용되지 않고 부정격·무표격만 허용된다'는 '부정격·무표격 제약'으로 포착한다(이 장의 각주 60) 참고). 이 제약에 따르면 그리고 부정격·무표격을 Ø로 표시하면, K$_S$P가 접속조사를 매개로 접속되는 경우, 그 통사구조가 '[[$_{KSP}$ [$_{NP}$ 영이]-Ø]-와 [$_{KSP}$ [$_{NP}$ 철수]-를]]'이 되는바, 이에 따라 '영이와 철수를'은 가능하지만 접속조사와 중첩되는 구조격이 정격·유표격으로 실현된 '*영이를과 철수를'은 아예 불가능하다. 그래서 (58나)에서와 같은 대조가 나타난다.[63]

---

63 접속조사에 의한 접속 명사구의 통사구조를 고려하면(7장 7.6절 참고), (58나) 중에서 성립하지 않는 '*영이를과 철수를'의 통사구조는 '*[[$_{KSP}$ [$_{KSP}$ [$_{NP1}$ 영이]-를]-과] [$_{KSP}$ [$_{NP2}$ 철수]-를]]'이 되고, 이 통사구조는 (57나)처럼 K$_S$P가 겹쳐서 나타나므로 허용하지 않는다. 따라

(58다)도 접속조사에 의한 접속이 먼저 이루어지는 모습을 보여주는데 이는 앞서 제시한 (45)의 조사 분포 제약으로 설명할 수 있다. 성립하지 않는 '*영이만과 철수만'의 통사구조는 '*$[_{NP2}$ $[_{NP1}$ $[_{NP1}$ $[_{NP1}$ 영이] -만] -과] $[_{NP2}$ $[_{NP2}$ 철수] -만]]'이고(7장 7.6절 참고), 편의상 이 통사구조를 간략히 하면 '*$[_{NP2}$ $[_{NP1}$ $[_{NP1}$ 영이-만] -과] $[_{NP2}$ 철수-만]]'이 되는데, 이 통사구조는 조사 분포 제약을 위반하는 '*나만 꿈'의 통사구조 '*$[_{NP2}$ $[_{NP1}$ $[_{NP1}$ 나] -만] $[_{NP2}$ 꿈]]'과 마찬가지이기 때문이다.

(58)에 대한 위와 같은 설명은 접속조사가 보충어 자질로 [NP]와 $[K_LP]$ 그리고 $[K_SP]$를 가진다는 것을 의미한다. 보충어 자질에 별다른 제약이 없는 셈인데, 이는 접속과 격이 서로 독립적이라는 앞서의 언급과 잘 어울린다. 물론 접속조사가 K_SP를 보충어로 취할 수는 없다. 하지만 접속조사가 K_SP를 보충어로 취하지 못하는 것은 K_SP가 겹쳐서 나타나면 안 되기 때문이지 접속조사 자체가 $[K_SP]$를 보충어 자질로 가지는 것이 아예 배제되기 때문은 아니다.

이렇게 조사 중첩 현상은 아래에 정리한 조사의 보충어 자질을 고려하고, 초점이나 대조 등 구조격 조사가 지닌 격 이외의 기능, 그리고 조사와는 독립적으로 존재하는 '거리의 경제성', 'K_SP 중첩 불가', '조사 분포 제약' 등을 고려하면 해명할 수 있다.[64]

서 (58나)를 설명하기 위해서 '부정격·무표격 제약'에 기댈 필요는 없는데, 아직 접속조사를 살피지 않았고, 또 지금까지 논의한 내용의 기술력과 설명력을 확인할 필요도 있으므로 '부정격·무표격 제약'으로 (58나)를 설명한다.

64 '너-까지-만-은, *너-만-까지-는, *너-까지-는-만'에서 보듯이 보조사도 중첩되며 일정한 순서를 준수해야 한다. 이는 통사구조가 아니라 의미에 따른 것이므로 따로 살피지 않는다(이정훈 2008나: 132-139 참고).

(60) 조사의 보충어 자질

    가. 어휘격 조사 K_L의 보충어 자질 : [NP]

    나. 구조격 조사 K_S의 보충어 자질 : [NP] 또는 [K_LP][65]

    다. 보조사 Del의 보충어 자질 : 제약 없음.

    라. 접속조사 Conj의 보충어 자질 : 제약 없음.

  (60다)와 (60라)에서 보듯이 보조사와 접속조사는 보충어 자질에 제약이 없는데, 이는 보조사와 접속조사가 명사구와도 병합할 수 있고, 어휘격 조사 구와도 병합할 수 있으며, 구조격 조사구와도 병합할 수 있음을 의미한다. 또한 보충어 자질에 제약이 없는 것은 보조사와 접속조사가 투사하지 않는 데 따른 당연한 귀결이기도 하다. 투사하지 않으므로 XP와 보조사가 병합해 도 XP이고 XP와 접속조사가 병합해도 XP가 되므로, 다시 말해 보조사와 접속조사는 통사구조에 나타나는 통사범주 측면에서 XP에 영향을 미치지 않으므로 여러 통사범주의 성분과 병합할 수 있는 것이다. 다만 '[$_{AdvP}$ 열심히] -만 해라, [$_{CP}$ 해가 뜨기]-만 바라고 있다' 등에서 보듯이 NP, K_LP, K_SP뿐만 아니라 AdvP, CP 등과도 병합할 수 있는 보조사와는 다르게,[66] 접속조사 Conj는 AdvP나 CP 등과는 병합하지 않는데, 이는 접속조사 Conj의 분포 제약으로 포착하는 것이 합리적이다. 접속 자체는 AdvP 접속, CP 접속도 가능하기 때문이다. 이에 (45)의 조사 분포 제약은 아래와 같이 개정된다.

---

65 보충어 자질 상속 규칙과 핵 이동을 고려하면(2장 2.2.3절 및 2.4절 참고), [K_LP]로도 충분 하다. [NP]는 보충어 자질 상속 규칙과 핵 이동으로 예측할 수 있기 때문이다.

66 보조사는 10장에서 논의하듯이 VP와도 병합할 수 있다.

(61) 조사 분포 제약

　가. $^*[_{NP} [\cdots X] N]$

　　단, X는 $[_{NP} [_{NP} \cdots N] Del]$ 또는 $[_{KLP} [_{NP} \cdots N] K_L]$ (= 45)

　나. $^*[[_{XP} \cdots X] Conj]$. 단, X는 Adv, Adn, E 등[67]

조사 분포 제약에 (61나)의 접속조사 분포 제약이 추가된 것인데, (61나)는, 여섯 통사범주 'N 범주(체언), V 범주(용언), Adv 범주(수식언, 부사), Adn 범주(수식언, 관형사), J 범주(관계언, 조사), E 범주(어미)' 중 N 범주, V 범주, J 범주, 이 세 범주가 접속조사에 의한 접속이 가능함을 의미한다. N 범주가 접속조사에 의해 접속되고, J 범주가 접속조사에 의해 접속되는 것은 앞서 살폈으나 V 범주가 접속조사에 의해 접속되는 현상은 아직 살피지 않았는데 접속조사를 매개로 V 범주가 접속하는 현상은 아래와 같은 예에서 확인할 수 있다.

(62) 문 누가 영이에게 책을 주고 순이에게 논문을 주었니?

　답 영이에게 책과 순이에게 논문은 철수가 주었다.

　영이에게 책이랑 순이에게 논문은 철수가 주었다.

　영이에게 책하고 순이에게 논문은 철수가 주었다.

(63) 문 철수가 누구에게 무엇을 주었니?

　답 영이에게 책인가 순이에게 논문을 철수가 주었다.

---

67 Adn(adnominal)도 접속조사로 접속될 수 없다. 그래서 '저 사람', '세 사람'의 Adn '저'와 '세'가 접속조사를 매개로 접속한 *'[저-와 세] 사람'은 성립하지 않는다. 그래서 (61나)의 X에는 Adn도 포함된다. 또한 접속조사는 CP와 병합하지 않을 뿐만 아니라 H '-으시-', T '-았/었-, -더-', M '-겠-' 등이 투사한 HP, TP, MP 등과도 병합하지 않는다. 어미 E(ending)가 투사한 범주와의 병합을 거부하는 셈인데, 이러한 사항을 포착하기 위해 (61나)의 단서 조항에 E를 둔다.

위의 (62답)과 (63답)에서 접속조사 '-와/과'와 '-인가' 등은 N 범주를 접속할 뿐만 아니라 V 범주도 접속한다(이정훈 2012가 참고). 통사구조 형성 과정에서 NP 접속구조인 [NP [영이에게 책]-과 [순이에게 논문]], [NP [영이에게 책]-인가 [순이에게 논문]] 뿐만 아니라 VP 접속구조인 [VP [영이에게 책 t주]-과 [순이에게 논문 t주]], [VP [영이에게 책 t주]-인가 [순이에게 논문 t주]]도 나타나기 때문이다.[68]

접속조사와 어울릴 수 있는 세 범주 N 범주, V 범주, J 범주 중 N 범주와 J 범주의 관련성은 어느 정도 인정할 수 있지만, V 범주와 N 범주의 관련성이나 V 범주와 J 범주의 관련성은 인정하기 어렵다. 접속조사가 서로 관련성을 인정하기 어려운 범주들과 어울리는 셈인데, 이는 접속조사의 보충어 자질을 특정하지 않는 (60라)와 통한다. 이질적인 것들을 보충어 자질로 인정하기보다는 보충어 자질을 제약하지 않는 것이 보다 타당한 것으로 판단되는 것이다. 물론 보충어 자질을 제약하지 않는 것과는 별도로 접속조사의 분포는 조율해야 하는바, 이는 조사 분포 제약 (61)의 (61나)가 담당하게 된다.

3.9. 정리

어미와 마찬가지로 조사도 통사적 핵의 자격을 가지고 통사구조 형성에 참여한다. 그렇다면 조사가 포함된 통사구조는 어떻게 형성되는가? 또한 어미의 통사구조 형성 방식과 조사의 통사구조 형성 방식을 통합해서 일률적으로 이해할 수 있는가? 이 질문에 답하기 위해, 이 장에서는 조사의 통사구조

---

68 지금까지의 논의만으로는 이러한 통사구조 형성 과정을 온전히 이해하기 어렵다. 특히 병합의 비제약성, 다시 말해 자유로운 병합을 적극적으로 고려할 필요가 있는데 자세한 사항은 이정훈(2012가) 참고.

형성과 관련된 제반 사항을 살폈다. 주요 사항을 간추리면 아래와 같다.

첫째, 어미와 마찬가지로 조사의 통사구조 형성을 위한 별도의 통사구조 형성 규칙은 없다. 조사도 병합과 표찰화로 통사구조 형성에 참여한다.

둘째, 어미가 그렇듯이 조사 병합의 동기도 보충어 자질이며, 조사의 보충어 자질은 조사 부류에 따라 차이를 지닌다. 격조사 중 어휘격 조사 K_L은 [NP]를 보충어 자질로 지니며 구조격 조사 K_S는 '[NP] 또는 [K_LP]'를 보충어 자질로 지닌다. 접속조사와 보조사는 보충어 자질이 특정되지 않는다.

셋째, 명사구의 통사관계는 격에 의해 보장되며, 이는 명사구의 미명세된 격자질로 포착된다. 명사구의 미명세된 격자질은 격조사에 의해 명세될 수도 있고, 통사구조에 의해 명세될 수도 있다.

넷째, 격조사의 격자질은 통사구조에 의해 인허되어야 한다.

다섯째, 격자질 명세 및 인허의 통사구조는 주술 관계에 기초한다.

여섯째, 정격·유표격과 부정격·무표격 현상은 '논항 자질 확장 규칙'으로 포착할 수 있다.

일곱째, 위에 더해 '통사관계의 모호성 회피', '명사구 내 통사관계 선호 조건' 등이 더해지면 명사구 내의 격 현상도 설명할 수 있다.

끝으로, 여덟째, 조사의 보충어 자질은 조사 중첩 현상의 토대가 되며, 여기에 '거리의 경제성', 'K_SP 중첩 불가' 등이 더해지고 '부정격·무표격 제약' 등이 추가되면 조사 중첩 현상을 설명할 수 있다.

4. 통사적 분석과 설명

4.1. 도입

지금까지 1장~3장에 걸쳐 한국어의 통사 현상을 분석·설명하고 한국어 통사론을 구성하는 데 필요한 기본적인 사항을 논의하였다. 한국어 통사론의 토대를 닦은 셈인데, 이제부터는 지금까지 구성한 토대를 바탕으로 한국어 통사 현상을 본격적으로 분석·설명하고 나아가 한국어 통사 현상이 지닌 통사이론적 함의와 의의를 확인함으로써 한국어 통사론의 실상을 규명한다. 이에 이 장에서는 한국어 통사론의 실상을 본격적으로 밝히는 첫걸음을 내딛는 차원에서 구체적인 사례를 통해 1장~3장에서 논의한 내용의 경험적 타당성을 재확인하고 무엇이 추가되어야 하는지 논의한다. 아울러 이를 통해 한국어 통사 현상을 분석하고 설명하는 근간인 한국어 통사 이론의 이론적 지향도 가다듬기로 한다.

위와 같은 맥락에서 이 장에서는 앞서 제시하였으나 충분히 다루지 않은 '격 중출 구문'과 '"-으면 -을수록' 반복 구문' 그리고 '뒤섞기와 후보충'을 살피고, 추가적으로 '피동과 사동' 및 '계사문' 그리고 '생략'을 논의한다. 피동문과 사동문, 계사문, 생략 등을 추가로 논의하는 것은 이들 자체를 이해하기 위함일 뿐만 아니라 1장~3장에서 쌓은 토대가 여러 현상에 대한 분석과 설명으로 확장될 수 있음을 확인하기 위함이기도 하다. 아울러 통사론의 한 축인 통사관계를 통사구조적으로 이해하는 방안을 보다 구체화하고 보완한다.

4.2. 격 중출 구문

앞서도 살폈듯이 한국어에는 소위 격 중출 구문이 존재한다(3장 3.4절 참고). 아래가 격 중출 구문의 예인데, 주격 중출 구문과 대격 중출 구문을 확인할 수 있으며 다소 불확실하긴 하지만 속격 중출 구문도 가능한 것으로 판단된다.

(1) 가. 토끼가 귀가 길다.

토끼가 귀가 왼쪽이 까맣다.

토끼가 귀가 왼쪽이 끝이 까맣다. 등

나. 강아지가 고양이를 귀를 물었다.

강아지가 고양이를 귀를 오른쪽을 물었다.

강아지가 고양이를 귀를 오른쪽을 끝을 물었다. 등

다. 통사론의 연구의 토대

성당의 평화의 종소리

우리 모두의 미지로의 여행 등

속격 중출 구문의 존재가 다소 불확실한 것은 (1다)의 '통사론의 연구의 토대'가 속격 중출 구문 [통사론-의 [연구-의 토대]]로 분석될 수 있는 동시에 [[통사론-의 연구]-의 토대]로도 분석될 수 있기 때문이다. 어느 쪽이든 속격 조사가 중출된 것은 마찬가지이지만, [통사론-의 [연구-의 토대]]는 N '토대'가 '통사론-의'의 [속격]과 '연구-의'의 [속격] 둘 다를 인허하므로 속격 중출에 해당하지만, [[통사론-의 연구]-의 토대]는 '통사론-의'의 [속격]은 N '연구'가 인허하고 '연구-의'의 [속격]은 N '토대'가 인허해서 속격 중출에 해당하지 않는 것이다.[1] 하지만 '성당의 평화의 종소리'는 [성당-의 [평화-의 종소리]]로 이해되므로, 즉 평화와는 직접적인 관계를 맺지 않은 성당에 울리는 평화로운 종소리로 이해될 수 있으므로([아수라장 같은 성당의 [평화의 종소리]]), 그리고 '우리 모두의 미지로의 여행' 등이 성립하므로 속격 중출의 가능성에 대한 의심은 많이 누그러진다.

이렇게 주격 중출과 대격 중출, 그리고 이 두 가지보다는 분명하지 않지만 속격 중출 등 구조격의 중출은 가능하지만 어휘격의 중출은 불가능하다.

(2) 가. 영이가 철수의 동생에게 책을 주었다.

나. *영이가 철수에게 동생에게 책을 주었다.

다. 영이가 철수에게, (자기) 동생에게 책을 주었다.

어휘격은 의미역이 부여되면서 인허되고, 의미역은 의미역 기준에 따라 한 번만 부여될 수 있다(1장의 각주 25) 참고). 따라서 (2나)는 V '주-'가 격자질 [여격]을 인허하는 의미역 자질로 [도달점] 한 개를 지니므로 '철수에게'든 '동생에게'든 이 둘 중 하나만 인허될 수 있고 다른 하나는 인허될 수 없어서 허용되지 않는다. (2나)와 달리 '철수에게' 뒤에 끊어짐(pause)의 억양이 놓인 (2다)는 성립하는데 이 예는 '철수'와 '(자기) 동생'이 동지시(coreference)되는

1   '통사론'이 속격과 어울린 [[통사론-의 연구]-의 토대]는 '통사론'이 공격과 어울린 [[통사론 연구]-의 토대]에 비해 상당히 어색하다. 이에 대해서는 3장 3.6절 참고.

데서 알 수 있듯이 격 중출 구문이 아니라 동격 구문(appositive construction)에 해당한다.

4.2.1. 논항 자질 반복 규칙 '[X] → [X]⁺'

'토끼가 귀가 길다'(= 1가)의 V '길-'은, 한 개의 의미역을 지니며 이 의미역 은 명사구로 실현되므로, 그 어휘적 정보로 의미역 자질 [θ]에 더해 논항 자질 [NP]도 지닌다. 이를 도식화하면 아래 (3)과 같다.

    (3) V '길-'의 통사자질
        가. 의미역 자질: [θ]²
        나. 논항 자질: [NP]

(3)은 '토끼가 귀가 길다'에서 '귀'의 출현을 보장한다. 그런데 '토끼가 귀가 길다'에는 의미역을 지닌 명사구 '귀' 외에 명사구 '토끼'가 추가로 나타나고 있으며, 추가적으로 나타나는 명사구는 그 출현 횟수에 제한이 없다(강명윤 1995; 이정훈 2008나 등 참고).

그렇다면 '토끼가 귀가 길다'에서 의미역 없이 출현하는 추가적인 명사구 '토끼'의 존재는 어떻게 보장할 수 있는가? 이 질문에 대해, 추가적인 명사구

---

2   편의상 V '길-'의 의미역 자질을 구체적으로 명시하지는 않는데, [대상](theme)이나 [소유 주](possessor) 정도로 파악할 수 있다(유현경 1998; 김건희 2011 참고). 이와 관련하여 통 사적으로 중요한 것은 논항으로 실현되는 의미역의 개수와 위계이지 의미역의 내용이 아니 라는 점에 유의할 필요가 있다. 의미역의 내용은 의미의 소관이고 통사구조에는 영향을 미치지 않는 것이다. 다만 의미역의 내용을 밝히는 것이 수월한 경우에는 그 내용까지 밝히 고 그러기 곤란한 경우에는 의미역의 내용을 밝히지 않고 의미역의 존재만 의미역 자질 [θ]로 표시하는 방식을 따른다.

가 의미역을 지닌 명사구와 동일한 통사범주, 즉 명사구로 실현되며, 격 표지도 의미역을 지닌 명사구와 같다는 점에 주목해 보자. 그러면 어휘정보에 포함된 논항 자질 정보 [X]를 [X]⁺로 확장하는 논항 자질 반복 규칙 '[X] → [X]⁺'를 설정해 추가적인 명사구의 출현을 보장할 수 있다.[3]

논항 자질 반복 규칙 '[X] → [X]⁺'가 (3)에 적용되면 (4)가 되는데, (4)의 논항 자질 '[NP]⁺'는 명사구가 한 번 이상 나타나는 것을 허용하므로 '토끼가 귀가 길다'에서 보듯이 의미역을 지닌 '귀'는 물론이고 의미역과 무관한 '토끼'도 나타날 수 있게 된다.

　　(4) V '길-'의 통사자질
　　　　가. 의미역 자질: [θ]
　　　　나. 논항 자질: [NP]⁺

(4)에서 논항 자질 반복 규칙은 의미역 정보는 그대로 두고 논항 자질 정보 [NP]만 [NP]⁺로 바꾼다. 따라서 의미역은 두 개 이상 나타난 NP 중 하나에만 부여되어야 한다. 그렇다면 논항 자질 반복 규칙에 의해 명사구가 여러 개 나타날 때 의미역은 어떤 NP에 부여되는가? [토끼가 [귀가 길-]]의 통사구조를 고려하건데 '토끼가 귀가 길다'에서는 하위의 명사구 '귀'에 의미역이 부여된다.[4] 그런데 [귀가 [토끼가 길-]](귀는 토끼가 길고, 코는 코끼리가 길다)를 고려하면 상위의 명사구 '귀'에 의미역이 부여될 수도 있다.[5] 따라서

3　'[X]⁺'는 X가 한 개 이상일 수 있음을 나타낸다.

4　의미역은 NP '귀'에 부여되는가, K$_S$P '귀가'에 부여되는가? 어느 쪽으로 봐도 무방하다. 의미역 자질 하나에 두 가지 논항 자질 [NP]와 [K$_S$P]가 대응하므로 논항 자질 [NP]에 해당하는 '귀'에 의미역이 부여될 수도 있고, 논항 자질 [K$_S$P]에 해당하는 '귀가'에 의미역이 부여될 수도 있기 때문이다(3장 3.5절 참고). 여기서는 편의상 NP에 의미역이 부여되는 것으로 간주한다.

의미역은 논항 자질 반복 규칙에 의해 나타난 여러 NP 중 하나에 부여되기만 하면 되며, 그밖에 별다른 조건은 작동하지 않는다고 할 수 있다.

(1나)의 '강아지가 고양이를 귀를 물었다'에서 의미역을 지닌 명사구 '귀'에 더해 의미역을 지니지 않은 추가적인 명사구 '고양이'가 출현하는 것도 마찬가지로 처리할 수 있다. 추가적인 명사구를 보장하는 논항 자질 반복 규칙 '[X] → [X]⁺'가 아래에서 보듯이 목적어에 대응하는 논항 자질에 적용되면 '꼬리'는 물론이고 '고양이'가 나타나는 것도 보장되기 때문이다.

(5) V '물-'의 통사자질[6]

가. 의미역 자질: [θ, [θ]]

나. 논항 자질: [NP, [NP]] → 논항 자질 반복 규칙 → [NP, [NP]⁺]

4.2.2. 논항 자질 반복 규칙 '[X] → [X]⁺' 검토

논항 자질 반복 규칙 '[X] → [X]⁺'는 어휘항목의 어휘정보를 확장하는 규칙으로서 '[X]⁺'는 X 범주의 성분이 여러 번 병합하는 것을 보장한다. 그리고 아래와 같은 사항들을 고려하건데 논항 자질 반복 규칙 '[X] → [X]⁺'는 충분히 제약적이며 또한 일반적이다.

---

5   이 예는 동격 구문이기도 있다. 동격 구문의 사례인 '귀가 토끼의 귀가 길다'와 동일한 해석을 갖기 때문이다. 참고로 '토끼'가 '토끼의 귀'로 해석되는 현상, 즉 전체가 부분으로 해석되는 현상은 '의사가 {환자를, 환자의 다리를} 수술했다'와 같은 예에서도 확인할 수 있듯이 일반적이다. 한편 '귀가 토끼가 길다'를 '토끼가 귀가 길다'에서 '귀가'가 문두로 뒤섞기된 것으로 파악하면(귀가 토끼가 t귀가 길다), 하위의 명사구에 의미역이 부여되는 것으로 보게 된다. 여기서는 뒤섞기의 가능성과는 별개로 뒤섞기 없이 '귀가 토끼가 길다'가 형성될 가능성을 적극적으로 고려한다.

6   의미역과 논항을 나열하는 [θ, θ], [XP, XP] 표기와 더불어 의미역 위계와 논항의 위계까지를 반영한 [θ, [θ]], [XP, [XP]] 표기도 널리 쓰인다.

첫째, 논항 자질 반복 규칙에 의한 논항 자질의 확장은 규칙 적용에 관한 일반 조건 (6)에 의해 조율된다.

(6) 규칙은 필요한 만큼만 적용된다. 즉, 필요한 만큼만 규칙이 적용되어 형성된 언어표현이 적합한 것으로 간주된다.[7]

위의 조건에 따라, 예를 들어 (7)에서 V '길-, 뾰족하-, 까맣-'의 논항 자질 정보 [NP]는, 반복 횟수를 위첨자로 나타내면, (7가)에서는 $[NP]^2$로 확장되고, (7나)에서는 $[NP]^3$으로 확장되며, (7다)에서는 $[NP]^4$로 확장된다.

(7) 가. 토끼가 귀가 길다.

　　나. 토끼가 귀가 끝이 뾰족하다.

　　다. 토끼가 귀가 오른쪽의 끝이 까맣다.

위와 달리, 예를 들어 (7다)에서 논항 자질 정보 [NP]가 $[NP]^3$이나 $[NP]^5$, 즉 $[NP]^4$보다 작거나 크게 확장되면 어떻게 되는가? 그러면 (7다)를 형성할 수 없거나 논항 자질 정보가 충분히 충족되지 않는 문제가 발생하게 된다. 논항 자질 정보 [NP]가 $[NP]^4$보다 작게 $[NP]^3$으로 확장되면 (7다)의 네 NP '토끼, 귀, 오른쪽, 끝' 중 어느 하나가 나타나지 못하며, 논항 자질 정보 [NP]가 $[NP]^4$보다 크게 $[NP]^5$로 확장되면 $[NP]^5$는 다섯 개의 NP를 필요로 하지만 (7다)는 네 개의 NP만 구비하고 있어서 논항 자질 정보가 충분히 충족되지 못하게 되는 것이다.

---

[7]　이 조건은 완전 해석 원리에 따른 것으로 완전 해석 원리와 별개로 설정할 필요가 없다. 다만 논의의 편의상 따로 제시한다.

둘째, 논항 자질 반복 규칙에 의해 논항 자질 정보 [X]가 두 배 확장되어 $[X]^2$가 되든, 세 배 확장되어 $[X]^3$이 되든, 나아가 네 배 이상 확장되든 상관없이 통사구조는 이분지 구조(binary structure)를 유지한다. 논항 자질 정보가 $[X]^n$으로 확장되면 통사범주 X에 해당하는 성분이 n개 병합해야 하는데, 병합 성분의 개수나 병합 횟수에 상관없이 병합은 이분지 구조를 형성할 수 있기 때문이다.

셋째, 논항 자질 반복 규칙이 적용되어도 의미역 기준(θ-criterion)이나 격자질 명세·인허 등에 별다른 영향을 끼치지 않는다. 예를 들어 (7다)에서 '토끼, 귀, 오른쪽'은 논항이 아니므로 의미역이 부여되지 않아도 의미역 기준에 저촉되지 않으며, 주격 조사와 병합하므로 격자질 명세에도 문제를 지니지 않는다. 물론 주격 조사의 [주격] 자질은 주술 관계에 근거하여 인허된다(3장 참고). 그렇다면 (7다)에서 '토끼, 귀, 오른쪽'의 기능은 무엇인가? 완전 해석 원리를 고려하면 이들도 기능을 지녀야 하는데, 이들의 기능은 아래와 같다.

넷째, 논항 자질 반복 규칙을 통해 나타나는 명사구는 초점(focus)이나 대조, 주제(topic) 등의 담화 기능을 지니며, 명사구가 어떤 조사를 동반하는가 등에 따라 초점과 주제 기능이 변별되기도 한다(3장의 각주 21) 참고).

다섯째, 논항 자질 반복 규칙은 소위 '부여되는 EPP 자질'(assigned EPP feature. Chomsky 2001; Miyagawa 2005 등 참고)과 통한다. 논항 자질 반복 규칙이든 부여되는 EPP 자질이든 그 기능은 어떤 성분이 병합할 수 있는 추가적인 자리를 마련하는 것이며, 그 기능도 초점, 주제 등의 담화기능과 통하기 때문이다. 다만 한국어의 경우 필수적인 주어 이동이 없는 데서 알 수 있듯이 EPP 자질을 인정하기 어렵고(이정훈 2008나, 2019 및 김용하 외 2018: 11장 등 참고), 명사어뿐만 아니라 보충어도 확장되기 때문에 논항 자질 반복 규칙을 설정한다.

여섯째, 논항 자질 반복 규칙은 내용(의미역 자질 정보)과 형식(논항 자질 정보) 중 내용은 그대로 유지하고 형식만 확장하는데, 이러한 성격의 규칙은 통사론뿐만 아니라 음운론, 형태론의 영역에서도 나타난다. 예를 들어 '드문 드문, 얼룩덜룩' 등에서 확인할 수 있듯이 중첩(reduplication)은 형식(음절 구조 등)과 내용(음소 목록) 중 형식을 확장하고 확장된 형식에 기존의 내용을, 다소 간의 조정을 가하기도 하면서, 거듭 채우는 현상에 해당하는바, 이 현상을 가능케 하는 중첩 규칙은 논항 자질 반복 규칙과 마찬가지로 형식을 확장하는 역할을 포함해야 한다.

끝으로, 일곱째, 논항 자질 반복 규칙은 내용은 그대로 두고 형식만 확장하는 역할을 발휘하는데 이러한 규칙이 성립하면 역으로 형식은 그대로 두고 내용만 확장하는 규칙도 가능하리라 예측되는바 이러한 예측은 사실과 부합한다. 예를 들어 '바위가 움직이다', '그가 바위를 움직이다'에서 V '움직이-'는 형식적 변화 없이 내용적 변화만 보인다(고광주 2001: 63-65 참고). 물론 형식과 내용 둘 다 확장되는 경우도 가능하다. 사피동 구문이나 부가논항 구문(applicative construction) 등을 예로 들 수 있는데 이들 구문은 접사(affix) 추가 등을 통해 형식이 변하면서 내용에 해당하는 의미역 정보도 바뀐다.

위와 같은 논의에도 불구하고 논항 자질 반복 규칙은 아직 표면화되지 않은 부작용을 내포하고 있을 수도 있다. 하지만 여기서는 일단 위의 논의에 기대어 논항 자질 반복 규칙의 타당성을 인정하고 논의를 이어나간다.

4.3. '-으면 –을수록' 반복 구문

아래 예시한 '-으면 –을수록' 반복 구문의 통사구조는 어떠하며 이 통사구조도 병합과 표찰화로 형성할 수 있는가?

(8) 모두가 그 책을 읽으면 읽을수록 미래가 밝아진다.

앞서 1장에서는 아래와 같은 구 구조 규칙을 설정해 '-으면 -을수록' 반복 구문의 통사구조를 파악하였다(1장 1.3.3절 참고).

(9) 가. V → V V

나. V → V Conj

다. Conj → {-으면, -을수록, …}

라. V → {읽-, …}

그런데 통사구조는 구 구조 규칙이 아니라 병합과 표찰화에 의해 형성되므로, 위의 구 구조 규칙은 병합과 표찰화로 재해석되어야 한다. 물론 재해석에 실패할 수도 있다. 그러면 '-으면 -을수록' 반복 구문은 예외가 되고, 예외는 설명력이나 타당성 등과 배치된다. 이에 "'-으면 -을수록' 반복 구문'을 병합과 표찰화로 재해석하는 방법을 모색한다.

4.3.1. 핵 이동과 삽입 규칙

'-으면 -을수록' 구문을 병합과 표찰화로 재해석하려면, 다시 말해 틀린 혹은 덜 타당한 이해에서 벗어나 올바른 혹은 더 타당한 이해를 도모하려면, 일단 V가 반복되는 현상을 포착해야 한다. 아래에서 보듯이 'V-으면 V-을수록'에서 두 V는 서로 같아야지, 의미만 같아서도 안 되고, 대용 표현이 동원되어서도 안 되며, '하-' 지지 규칙에 의한 지지 동사(support verb) '하-' 삽입도 적용될 수 없는 것이다(이 장의 4.3.3절 및 6장 참고).

(10) 가. 소의 체구가 <u>크면</u> <u>클수록</u> 그의 권태도 크고 슬프다.

나. *소의 체구가 <u>크면</u> <u>거대할수록</u> 그의 권태도 크고 슬프다.

다. *소의 체구가 <u>크면</u> <u>그럴수록</u> 그의 권태도 크고 슬프다.

(이동혁 2008: 34 참고)

(11) 가. 소의 체구가 <u>크면</u> <u>클수록</u> 그의 권태도 크고 슬프다.

　　　 나. *소의 체구가 <u>크면</u> <u>할수록</u> 그의 권태도 크고 슬프다.

　　　 [참고] 소의 체구가 <u>크기는</u> {크다, 하다}.

두 V가 서로 같으며 대용 및 '하-' 삽입을 허용하지 않는다는 사실은 이두 V가 서로 구별되는 것이 아니라 사실은 하나라는 것을 강하게 암시한다. 그리고 '크-면 크-을수록'에서 보듯이 하나의 '크-'가 한 번이 아니라 두 번나타나는 것은 이동의 개입으로 이해된다. 즉, V의 핵 이동과 이로 인해 두번 등장하는 V가 음성 실현되면 '크-면 크-을수록'처럼 '크-'가 두 번 나타나게 된다. 이에 핵 이동의 가능성을 적극적으로 고려해 보자. 그러면 핵 이동에 '-기는' 삽입이 보태져서 '크기는 크다'가 형성되듯이(2장 2.4절 참고), '-기는' 대신에 '-으면'이 삽입되어 '크면 클수록'이 형성되는 것으로 보게 된다.

　　　(12) 가. VP와 C 병합

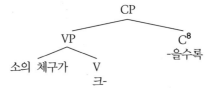

8　대등 접속의 접속어미는 핵이되 투사하지 않는다(7장 참고). 이와 달리 '-을수록'을 위시하여 종속 접속의 접속어미는 핵이며 투사한다. '평화<u>의</u> 종소리, 붉<u>은</u> 노을'에서 수식 관계를 맺어주는 Ks '-의'와 C '-은'이 투사하듯이 수식 관계에 버금가는 종속 접속 관계를 맺어주는 종속 접속의 접속어미도 투사하는 것이다.

나. 핵 이동

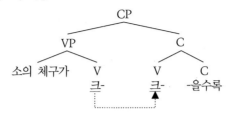

다. 삽입[9]

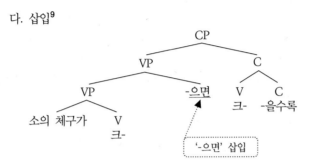

'-기는'과 마찬가지로 '-으면'도 삽입되는 성분이므로 표찰화에는 영향을 미치지 않는다. 그래서 삽입에 의해 (12)의 VP가 C '-으면'과 병합해도 표찰은 그대로 유지된다.[10]

'-으면 -을수록' 반복 구문을 핵 이동과 삽입 규칙으로 이해하면, 특히 핵 이동을 동원하면 아래와 같은 현상도 별다른 추가적인 조치 없이 설명할 수 있다.

---

9   VP와 CP 사이에 삽입되는 것으로 간주했는데 VP의 핵 V '크-' 쪽에 삽입되는 것으로 볼 가능성도 있다. 한편 '모두들 이 책을 읽고 (또) 읽었다, 이 책은 읽고 (또) 읽을수록 배울 것이 많다'에서 보듯이 '-기는', '-으면' 외에 '-고'도 삽입될 수 있다. '-고' 삽입은 11장 11.4.2.2절에서 논의하게 된다.

10   (12)와 달리 VP '소의 체구가 크-'가 형성되고 여기에 '-으면'과 C '-을수록'이 차례로 병합하는 것은 어떨까? 이 가능성도 탐구해 볼 만한데 여기서는 상론하지 않는다.

(13) 우리는 고구마를 <u>구워</u> 먹었다.

　가.　우리는 고구마를 <u>구워 먹기는 구워</u> 먹었다.

　　　고구마를 <u>구워 먹으면 구워 먹을수록</u> 장작이 줄었다.

　나.　우리는 고구마를 <u>구워 먹기는</u> 먹었다.

　　　고구마를 <u>구워 먹으면 먹을수록</u> 장작이 줄었다.

　다. *우리는 고구마를 <u>구워 먹기는 구웠다.</u>

　　*고구마를 <u>구워 먹으면 구울수록</u> 장작이 줄었다.

위에서 보듯이 연속동사 'V₁-어 V₂'가 술어로 나타난 경우에 반복 구문이 적용되면 연속동사 전체 'V₁-어 V₂'가 반복되거나 후행하는 'V₂'가 반복되어야지 선행하는 'V₁'만 반복되어서는 안 된다. 핵 이동의 단위가 'V₁-어 V₂'나 'V₂'로 제약되는 것인데 이러한 제약은 아래의 통사구조를 고려하건데 핵 이동에 따른 당연한 귀결이 된다. 연속동사 'V₁-어 V₂'에서 'V₁-어'는 'V₂'에 부가되므로 핵 이동이 적용되면 전체 V₂ '구워 먹-'이 이동하거나 부가된 'V₁-어'를 제외한 V₂ '먹-'이 이동하지 부가 성분인 V₁ '굽-'이 이동하지는 않기 때문이다.[11]

11　연속동사 구문에서 V₁과 V₂ 사이에 개재하는 어미 '-아/어'는 V₁의 의존성을 해소하기 위해 삽입되며, 앞서 살핀 '-기는, -으면, -고' 등과 마찬가지로 표찰화에 영향을 미치지 않는다. 한편 '탐스럽기는 탐스럽다, 탐스럽기는 스럽다'에서 보듯이 접사만 반복될 수도 있는데(이정훈 2017나 참고), 어떤 유형의 반복이냐에 따라 반복 가능성이 갈린다. 그래서 '탐스럽기는 스럽다'에 비해 '?탐스러우면 스러울수록'은 어색하고 '*탐스럽고 스럽다'는 성립하지 않는다.

(14)

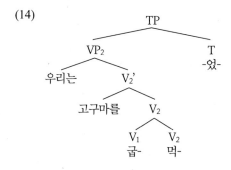

위에 더해 (12)는 'V-으면 V-을수록'에 나타난 두 연결어미 '-으면'과 '-을수록' 중에서 '-을수록'이 주축이라는 것도 포착하는 장점을 지닌다. 즉, (12)에 따르면 '-을수록'은 필수적이지만 '-으면'은 그렇지 않은바, 이는 'V-으면'의 수의성을 보장한다.

(15) 가. 소의 체구가 <u>크면</u> <u>클수록</u> 그의 권태도 크고 슬프다. (= 10가)

나. 소의 체구가 <u>클수록</u> 그의 권태도 크고 슬프다.

V '크-'가 핵 이동하고 '-으면' 삽입이 적용되면 (15가)가 된다. 그런데 '-으면' 삽입은 수의성(optionality)을 띤다. V '크-'의 의존성은 삭제를 통해 해소될 수도 있기 때문이다(2장 2.4절 참고). 그래서 '-으면' 삽입 없이 핵 이동 후에 삭제가 적용되면 (15나)가 된다.

'-으면'과 '-을수록' 중에서 '-을수록'이 주축임은 의미적인 면에서도 확인할 수 있다. '급하면 <u>급할수록</u> 여유를 가져야 한다'는 '<u>급할수록</u> 여유를 가져야 한다'와 대동소이한 의미를 나타내서 조금 급하면 조금 여유를 갖고 많이 급하면 많이 여유를 가지라는 해석이 가능하지만 '<u>급하면</u> 여유를 가져야 한다'는 그런 해석과 거리가 멀기 때문이다. '<u>급하면</u> <u>급할수록</u> 여유를 가져야 한다, <u>급할수록</u> 여유를 가져야 한다'는 급한 정도와 여유의 정도가 관련되어

해석되지만, '급하면 여유를 가져야 한다'는 그렇지 않은 것이다.

4.3.2. 공기 제약

아래 통사구조에서 V '읽-'은 어미 E 쪽으로 핵 이동한다. 그리고 여기에 그치면 의존성 해소를 위해 하위의 V '읽-'이 삭제되며, 앞서 살폈듯이 핵 이동에 더해 삽입 규칙이 적용되어 '-기는, -으면, -고' 등이 삽입되면 하위의 V '읽-'도 삭제되지 않고 남을 수 있게 된다.

(16)

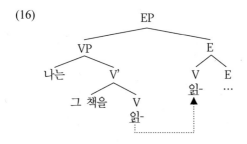

(17) 가. 나는 그 책을 읽- 읽-었-다.

　　　 나. 나는 그 책을 읽-기는 읽-었-다.

　　　　　 그 책은 읽-으면 읽-을수록 새롭다.

　　　　　 나는 그 책을 읽-고 (또) 읽-었-다.

핵 이동 및 삽입 규칙 차원에서는 "'-기' 반복 구문"과 "'-으면 -을수록' 반복 구문' 그리고 "'-고' 반복 구문'이 서로 같다. 하지만 그렇다고 해서 이들 구문이 같기만 한 것은 아니다. 예를 들어 아래에서 보듯이 '-기는' 삽입은 E 자리에 나타난 '-을수록'과 어울릴 수 없는 반면, '-으면' 삽입이나 '-고' 삽입은 E 자리에 나타난 '-을수록'과 어울릴 수 있다.[12]

(18) 가. *나는 그 책을 <u>읽기는</u> <u>읽을수록</u> 배우는 것이 많았다.

　　　나. 나는 그 책을 <u>읽으면</u> <u>읽을수록</u> 배우는 것이 많았다.

　　　다. 나는 그 책을 <u>읽고</u> (또) <u>읽을수록</u> 배우는 것이 많았다.

삽입되는 성분과 E 자리에 올 수 있는 어휘항목 사이에 공기 관계 (cooccurence relation)가 성립하는 셈인데, 이러한 공기 관계는 (19가) ②의 삽입 규칙에 부가되는 공기 제약 (19나)로 포착한다.

(19) 가. V의 의존성은 해소되어야 하며, 의존성 해소 방식은 삭제와 삽입 두 가지이다.

　　　① 삭제 규칙: 의존성이 해소되지 않은 V를 삭제하라.

　　　② 삽입 규칙: V의 의존성을 해소하기 위해 '-기는, -으면, -고' 등을 삽입하라.

　　　나. 공기 제약: V가 어미 E로 핵 이동하고 X가 삽입되는 아래 통사구조 에서 E가 '-을수록'이면 X는 '-으면' 또는 '-고'이다.

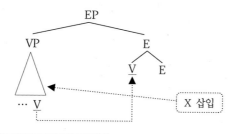

12　(18)에 따르면 '-으면 -을수록' 반복 구문과 '-고' 반복 구문이 서로 성격이 통한다. 하지만 이 둘도 반복 양상에서 서로 구분된다. '나는 그 책을 <u>읽고</u> (또) <u>읽었다</u>, 나는 그 책을 <u>읽고</u> <u>읽고</u> (또) <u>읽었다</u>, 나는 그 책을 <u>읽고</u> <u>읽고</u> … (또) <u>읽었다</u>'에서 보듯이 '-고' 반복 구문에서 는 'V-고'의 반복 횟수가 제한되지 않지만, '그 책은 <u>읽으면</u> <u>읽을수록</u> 새롭다, *그 책은 <u>읽으면</u> <u>읽으면</u> <u>읽을수록</u> 새롭다, *그 책은 <u>읽으면</u> <u>읽으면</u> … <u>읽을수록</u> 새롭다'에서 보듯이 'V-면'의 반복은 한 번으로 제한되는 것이다. 반복 횟수가 1회로 제한되는 것은 '-기' 반복 구문도 마찬가지이다(<u>읽기는</u> <u>읽었다</u>, *<u>읽기는</u> <u>읽기는</u> <u>읽었다</u>, *<u>읽기는</u> <u>읽기는</u> … <u>읽었다</u>).

(19가)와 관련하여, V의 의존성이 해소되지 않으면 음운부에서 문제가 야기된다. 다시 말해 의존성이 해소되지 않으면 음운부에서 적절히 해석될 수 없다. 따라서 '의존성 해소'는 완전 해석 원리에서 예측되며, 또 의존성 해소를 위해 쓸 수 있는 수단이 '삭제'와 '삽입' 외에 다른 것이 없으므로 의존성 해소 수단을 '삭제'와 '삽입'으로 굳이 따로 명세할 필요도 없다.

(19나)의 공기 제약은, 여러 현상을 포괄하려면, 수정되고 보완되어야 한다. 예를 들어 '나는 그 책을 읽기는 읽었다'는 성립하지만 '*나는 그 책을 읽으면 읽었다'는 성립하지 않는데 이를 위해서는 (18나)의 공기 제약에 X가 '-으면'이면 E가 '-다'일 수 없다는 사실을 적절히 반영해야 한다.

하지만 중요한 것은 핵 이동, 삽입 규칙, 공기 제약까지는 일반성을 추구할 수 있지만, 즉 규칙화할 수 있지만 삽입의 구체적인 실현 양상을 다루기 위한 공기 제약의 세부적인 내용은 그렇지 않다는 사실이다. 공기 제약의 세부적인 내용은 통사론의 영역이 아니라 어휘항목이 고유하게 지니는 어휘 정보 차원에서 포착하는 것이 타당한 것이다(이정훈 2006나, 2015나 등 참고).

4.3.3. 규칙순

그렇다면 앞서 (11)을 살피며 확인했고 아래에서 재확인하듯이 개별 반복 구문에 따라 '하-' 삽입이 허용되기도 하고 그렇지 않기도 한 것은 어떻게 설명할 수 있는가?

(20) 가. 나는 그 책을 읽기는 읽었다.

　　　나. 나는 그 책을 읽기는 했다.

(21) 가. 그 책은 읽으면 읽을수록 새롭다.

　　　나는 그 책을 읽고 (또) 읽었다.

나. *그 책은 <u>읽으면</u> <u>할수록</u> 새롭다.

　　*나는 그 책을 <u>읽고</u> (또) <u>했다</u>.

앞 절에서의 논의를 따라 어휘항목의 어휘정보로 (20), (21)을 설명한다고 하자. 그러면 지지 동사 '하-'의 어휘정보로 (20나)는 허용하고 (21나)는 배제하는 방안을 강구하게 될 것이다. 그런데 어미의 음운론적 의존성을 해소하기 위해 삽입되는 지지 동사 '하-'에 (20나)와 (21나)를 구별할 수 있는 풍부한 어휘정보를 부여하는 것은 매우 어색한 듯하다. 불가능하지는 않을 테지만 음운론적 의존성 해소를 위해 동원되는 지지 동사 '하-'가 '-을수록'을 거부해서 (21나)의 '*<u>읽으면</u> <u>할수록</u>'이 성립하지 않는다고 보기 어렵고, 설혹 지지 동사 '하-'가 어미를 가린다고 해도 이러한 조치는 (20나)의 '<u>읽기는</u> <u>했다</u>'와 (21나)의 '*<u>읽고</u> (또) <u>했다</u>' 사이의 차이를 포착할 수 없기 때문이다. (20나)의 '<u>읽기는</u> <u>했다</u>'와 (21나)의 '*<u>읽고</u> (또) <u>했다</u>'의 지지 동사 '하-'는 공히 어미 '-었-다'와 어울리고 있어서 지지 동사 '하-'가 어울릴 수 있는 어미에 제약을 두는 방안이 통하기 어려운 것이다.

그렇다면 어휘항목의 정보에 기대는 방법 외에 또 어떤 방법이 가능한가? 이 문제에 대해 여기서는 문법 작용의 적용 순서에 기대는 방법을 따르고자 하는데, 구체적으로는 아래의 순서를 제안한다.

(22) 가.

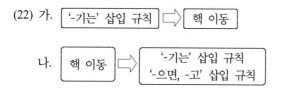

위에서 보듯이 '-기는' 삽입 규칙은 자유롭게 적용되어서 핵 이동 전에 적용될 수도 있고 핵 이동 후에 적용될 수도 있다. 먼저, (22가)에 제시하였듯

이 '-기는' 삽입 규칙이 적용된 후 핵 이동이 적용되면 (20나) '나는 그 책을 읽기는 했다'가 된다. '-기는'이 삽입되면 V '읽-'이 어미 E '-었-'으로 핵 이동하지 않게 되고 이에 '하-'가 삽입되어 어미 E '-었-'의 의존성을 해소하는 것이다. 다음으로, (22나)에 제시하였듯이 핵 이동이 적용된 후 '-기는' 삽입 규칙이 적용되면 (20가) '나는 그 책을 읽기는 읽었다'가 된다. V '읽-'이 어미 E '-었-'으로 핵 이동하면 '나는 그 책을 읽- 읽-었-다'가 형성되는데 여기에 선행 V '읽-'의 의존성을 해소하기 위해서 '-기는' 삽입 규칙이 적용되면 '나는 그 책을 읽-기는 읽-었-다'가 형성되는 것이다.[13]

'-으면, -고' 삽입 규칙은 '-기는' 삽입 규칙과 사정이 달라서 핵 이동이 적용된 후에야 적용될 수 있다. 그래서 (20가)의 경우에 해당하는 (21가)만 성립하고 (20나)의 경우에 해당하는 (21나)는 성립하지 않는다.

그렇다면 '-기는' 삽입 규칙은 자유롭게 적용되는 반면, '-으면, -고' 삽입 규칙은 그렇지 않은 이유는 무엇인가?[14] 이에 대한 답은 제시하기 어렵다. 삽입 규칙과 핵 이동이 상호 작용하는 현상이 다양하게 나타나면 삽입 규칙

---

13 물론 (16), (17)에서 논의했듯이 의존성은 '-기는' 삽입이 아니라 삭제로 해소될 수도 있다. 삭제로 해소되면 '나는 그 책을 읽었다'가 형성된다(나는 그 책을 읽- 읽-었-다).

14 또 왜 '사람들이 고구마를 먹기는 구워 먹었다'는 가능하지만 '*사람들이 고구마를 먹으면 구워 먹을수록'은 불가능한가? 이 의문에는 "'-기' 반복 구문'의 V는 소리에 더해 의미까지 반복되고, "'-으면 -을수록' 반복 구문'의 V는 소리만 반복된다고 답하면 될 듯하다. 소리에 더해 의미까지 반복되면 수식어 '구워'를 동반할 수 있지만, 소리만 반복되면 수식어를 동반할 수 없을 것이기 때문이다. 소리만 반복되었는데 수식어가 나타나면 수식 관계가 성립할 수 없게 되어 완전 해석 원리를 위반하게 되는 것이다. 이제 앞의 의문은 해소되었다. 하지만 앞의 의문에 대해 방금 제시한 답은 다시 다음의 질문으로 이어진다. 소리와 의미가 반복되는 경우와 소리만 반복되는 경우는 어떻게 구별할 수 있는가? "'-고' 반복 구문'까지 고려하면 상황은 좀 더 복잡해진다. '사람들이 고구마를 먹고 (또) 구워 먹었다'는 "'-면 -을수록' 반복 구문'과 평행하게 이해할 수 있지만, '사람들이 고구마를 구워 먹고 (또) 구워 먹었다'만 가능하고 '*사람들이 고구마를 구워 먹고 (또) 먹었다'가 성립하지 않는 것은 추가적인 설명을 필요로 하기 때문이다. 이에 대해 여기서는 일단 기술의 차원에 그치는 것이 온당하다고 본다. 이어지는 논의 참고.

적용 양상에 대한 가설을 세우고 그 근거를 찾아서 제시할 수 있지만 그런 현상은 산발적으로 나타나는 드문 현상이기 때문이다. 이에 여기서는 '-기는' 삽입 규칙과 '-으면, -고' 삽입 규칙 그리고 핵 이동 사이의 상호작용은 (22)와 같이 규칙순을 활용해 기술하는 수준에서 멈추기로 한다. 물론 기술의 수준을 넘어 이해와 설명을 도모하는 방안은 계속 모색되어야 한다.

4.4. 뒤섞기와 후보충

핵 이동은 핵을 바로 위의 핵으로 이동시키며 부가 구조를 형성한다. 그렇다면 뒤섞기(scrambling)와 후보충(after-thought)은 어떠한가?

> (23) 영이가 철수에게 책을 주었다.
>
> 　가. 뒤섞기 : <u>철수에게</u> 영이가 ● 책을 주었다.
>
> 　　　　　　　┗━━┓ 뒤섞기 ┃
>
> 　가. 후보충 : 영이가 철수에게 ● 주었다 <u>책을</u>.
>
> 　　　　　　　　　　　　┗━┓ 후보충 ┃

위의 의문에 답하려면 뒤섞기와 후보충되는 성분이 어디로 이동하며 또 이동을 통해 형성하는 통사구조는 어떠한지 밝혀야 한다. 지금부터는 이 문제를 살핀다.

4.4.1. 이동의 착륙지와 통사구조

뒤섞기되는 성분과 후보충되는 성분은 어디로 이동해 가며, 또 이동 후에

형성되는 통사구조는 어떠한가? 이 질문에 대해 여기서는 뒤섞기되는 성분은
V", VP와 같은 V 범주로 이동하고 후보충되는 성분은 종결어미의 투사 위에
존재하는 문말억양 핵 Ω로 이동하는 것으로 파악한다. 또 이동 후에는 부가
구조를 형성하는 것으로 간주한다(이정훈 2008나, 2009나, 2014다 등 참고).

(24) 뒤섞기

　가. [vp 영이가 [v" 책을 [v" 철수에게 [v' 책을 주-]]]] -었-다

　나. [vp 철수에게 [vp 영이가 [v" 철수에게 [v' 책을 주-]]]] -었-다

(25) 후보충

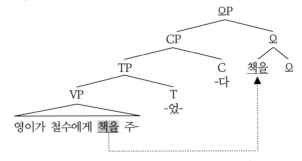

　먼저, 뒤섞기를 V 범주로의 이동으로 보는 이유는 간단하다. (24)에서 '책
을'과 '철수에게'가 뒤섞기를 통해 갈 수 있는 자리는 V" 범주와 VP 범주,
즉 V 범주 외에 달리 없기 때문이다.[15]

　그런데 (24)의 통사구조에는 V", VP 등의 V 범주 외에 T '-았/었-'이 투사

15　추상적 기능범주는 설정하지 않는다(1장의 각주 13) 참고). 따라서 추상적 기능범주, 예를
　　들어 Foc(focus)이나 Top(topic)과 같은 추상적 기능범주를 설정하고, 이 추상적 기능범주
　　의 명시어 자리로 뒤섞기되는 성분이 이동하는 것으로 보는 방안은 고려하지 않는다.

한 TP 범주와 C '-다'가 투사한 CP 범주도 존재하는바, TP나 CP로 이동할 수도 있잖을까? 이에 대해 어미가 투사한 범주로의 이동을 지지하는 적극적인 증거가 없으며, '철수의 <u>영이에 대한</u> 사랑, <u>영이에 대한</u> 철수의 t_{영이에 대한} 사랑'과 같은 예에서 보듯이 어미가 없어도 뒤섞기가 가능한 점 등을 고려하여, 어미가 투사한 범주로의 이동은 가능하지 않은 것으로 간주한다. 물론 '철수의 <u>영이에 대한</u> 사랑'에서 '영이에 대한'이 뒤섞기되어 '<u>영이에 대한</u> 철수의 사랑'이 된다고 보지 않으면, 예를 들어 '철수의 <u>영이에 대한</u> 사랑'과 '<u>영이에 대한</u> 철수의 사랑'이 따로따로 형성되는 것으로 보면, 어미가 투사한 범주로의 뒤섞기를 구제할 수 있다. 하지만 그러한 입장은 어미와 뒤섞기의 관련성을 유지하는 것에 그칠 뿐 별다른 설명력을 발휘하지 못하는 것으로 판단된다.

다음으로, 문말억양 핵 Ω가 문장의 최상위에 존재하고, 후보충 성분은 '영이가 만났니? 철수를?'에서 보듯이 문말억양을 수반할 수 있는바, 이는 후보충 성분이 이동해가는 위치가 문말억양 핵 Ω임을 의미한다.

문말억양 실현과 관련하여, 후보충되지 않은 성분은, 예를 들어 '철수가 영이를 만났니?'에서 '철수가'와 '영이를'은 문말억양을 동반하지 못하는데, 이는 차단 효과(blocking effect) 때문이다. 차단 효과는, A가 B는 물론이고 C와도 관계를 맺을 수 있는데 B가 C를 성분지휘(c-command)하는 구조, 다시 말해 [[[⋯ C ⋯] B] A]와 같은 구조에서 A와 C의 관계가 차단되는 현상을 가리키며,¹⁶ [_{ΩP} [_{CP} [철수가 영이를 만났-] -니] Ω]에서 C에 해당하는 '철수가, 영이를'과 A에 해당하는 문말억양 Ω 사이에 B에 해당하는 어미 C '-니'가 개입하여 C('철수가', '영이를')와 A(문말억양 Ω) 사이의 관계가 차단되고, 이에

---

16 A가 C에 이르는 길을 B가 중간에서 막는 셈이다. 차단 효과는 개입 효과(intervention effects)라고도 하며 여러 언어의 다양한 현상에서 관찰된다(Beck & 김신숙 1997; Rizzi 2011 등 참고).

후보충되지 않고 제자리에 머무는 '철수가'와 '영이를'은 문말억양을 동반하지 못한다. 이와 달리 '철수가'나 '영이를'이 후보충되면 [$_{ΩP}$ [$_{CP}$ … t$_{철수가}$ … 니] [$_Ω$ [철수가] Ω]]나 [$_{ΩP}$ [$_{CP}$ … t$_{영이를}$ … 니] [$_Ω$ [영이를] Ω]]가 되는데, 이 구조에서는 문말억양 Ω와 '철수가, 영이를' 사이의 관계를 차단하는 것도 없고, 문말억양 Ω와 어미 '-니' 사이의 관계를 차단하는 것도 없다((25)의 나무그림 참고). 그래서 문말억양 Ω는 '철수가, 영이를'에 동반될 수 있고 어미 '-니'에도 동반될 수 있다.

끝으로, 뒤섞기되는 성분과 후보충되는 성분이 이동 후에 부가구조를 형성한다고 보는 이유는 다음과 같다. 대치 구조는 논항이나 보충어의 자격을 갖추어야 하는데 뒤섞기와 후보충에서 이동하는 성분은 이동해간 위치에서 논항이나 보충어로 기능하지 않으므로 대치 구조일 수는 없다. 그리고 대치 구조와 부가 구조 이외에 제3의 구조를 가정하지 않는 한, 대치 구조가 아니면 부가 구조일 수밖에 없으므로 이에 부가 구조로 파악한다.

(24)와 (25)에 따르면 뒤섞기와 후보충은 일견 매우 다른 듯이 보인다. 이동 후 형성되는 구조가 부가 구조라는 점에서는 통하지만 이동의 착륙지가 다르며, 착륙지의 통사구조적 지위도 구 범주와 핵 범주로 서로 다르기 때문이다. 하지만 이러한 차이는 뒤섞기와 후보충의 차이라기보다는 어미의 특성에 따른 결과로 이해된다. 예를 들어 아래 통사구조에서 '책을'이 어미가 아닌 V"나 VP, Ω 쪽으로 이동하는 것은 'O'로 표시했듯이 별다른 이상을 야기하지 않으므로 허용되며, 이에 V", VP 쪽으로 이동하면 뒤섞기, Ω 쪽으로 이동하면 후보충이 된다. 이동할 수 있는 곳으로 이동하는 것일 뿐 뒤섞기와 후보충이 다르지 않은 것이다.

(26)

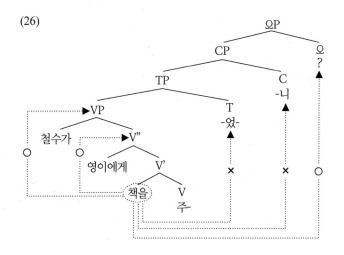

하지만 '책을'이 어미 T '-았/었-'이나 어미 C '-니'로 이동하는 것은 사정이 다르다. 어미 T '-았/었-'이나 C '-니'는 그 속성상 V 범주나 어미 범주와 병합할 수 있지 V 범주도 아니고 어미 범주도 아닌 '책을'과는 병합할 수 없기 때문이다. 그래서 '책을'이 어미 T '-았/었-'이나 어미 C '-니'로 이동하는 것은 (26)에 '×'로 표시했듯이 허용되지 않는다.

그렇다면 V '주-'가 어미 T '-았/었-'으로 핵 이동하고 이를 통해 형성된 복합핵 T '주었-' 쪽으로 '책을'이 이동하면 어떤가? 다시 말해 별다른 제약이 없는 한 문법 작용은 자유롭게 적용되므로, '책을'은 V '주-'가 어미 T '-았/었-'으로 핵 이동하기 전에 이동할 수도 있고 V '주-'가 어미 T '-았/었-'으로 핵 이동한 후에 이동할 수도 있는데, 앞의 경우는 위에서도 언급했듯이 '책을'과 어미 T '-았/었-'의 병합이라는 문제를 야기하지만, 뒤의 경우는 '책을'과 복합핵 T '주었-'([T [v 주-]-었-])의 병합이어서 그러한 문제에서 자유로운바, 이러한 이동은 어떠한가?

(27) 철수가 영이에게 책을 주- 책을 주-었-니?

가.

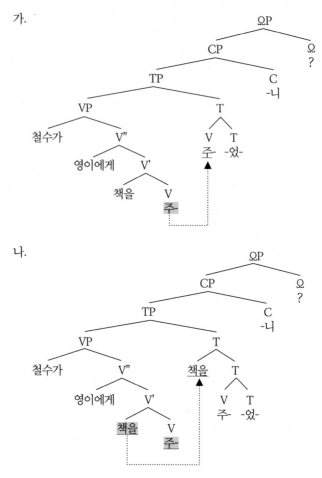

나.

위에서 보듯이 V '주-'가 어미 T '-았/었-'으로 핵 이동하고 이를 통해 형성된 복합핵 T '주었-'($[_T [_V$ 주-]-었-]) 쪽으로 '책을'이 이동하는 것은 가능한 듯하다. '책을'이 이동하기 전에 V '주-'의 어미 T '-았/었-'으로의 핵 이동을 통해 어미 T '-았/었-'의 속성이 충족되었으므로 이동을 통해 '책을'이 복합핵 T '주었-'에 부가되어도 별다른 문제가 발생하지 않기 때문이다.[17]

하지만 완전 해석 원리를 고려하면 (27나)에서 '책을'의 이동은 허용되지 않는다. 완전 해석 원리에 따르면 문법 작용은 효과가 있어야 하고 이는 (27나)에 표시한 '책을'의 이동도 마찬가지인데, 이 이동은 효과가 없는 이동이기 때문이다. 단적으로 (27나)에서 '책을'이 이동해도 어순이 변하지 않고 이동하지 않는 경우의 어순 '철수가 영이에게 책을 주었다' 그대로 유지된다. 그래서 (27나)에 표시한 '책을'의 이동은 허용되지 않는다.[18]

4.4.2. 순환성

앞 절에서 논의하였듯이 뒤섞기와 후보충은 편의상 구분될 뿐 실제로는 구분되지 않으며 구분할 필요도 없다. 아무 곳으로나 자유롭게 이동하고, 이동의 결과가 적격하지 않으면 걸러질 뿐이며, 다만 표면적으로 어순에서 차이가 나타나는바, 이동 전과 후의 어순 차이를 기준으로 뒤섞기와 후보충으로 분류할 따름이다.

하지만 그렇다고 해서 뒤섞기와 후보충이 같기만 한 것은 아니어서 이 둘은 순환성(cyclicity)에서 차이를 보인다.

---

17 그렇다고 해서 '핵 이동 다음에 '책을' 이동'과 같은 순서를 별도로 가정할 필요는 없다. 이런 순서가 아닌 "'책을' 이동 다음에 핵 이동' 순서로 이동 작용이 적용되면 (26)에서 살폈듯이 성립하지 않는 것으로 걸러지기 때문이다.

18 (27나)의 '책을'과 같은 이동이 효과가 있으면, 즉 완전 해석 원리에 부합하면 어떤가? 예를 들어 (27나)에서 '영이에게'가 복합핵 T '주었-' 쪽으로 이동하면 어떤가? 그러면 어순이 '철수가 영이에게 책을 주었다'에서 '철수가 책을 영이에게 주었다'로 바뀌므로 '영이에게'가 복합핵 T '주었-'으로 이동하는 것은 허용된다. 참고로 이러한 이동은 의문사 분포를 설명하는 데에도 유효하다(이정훈·정희련 2022: 39-43 참고).

(28) 그는 [내가 이 논문을 썼다고] 말했다.

　가. 뒤섞기

　　① 그는 [이 논문을₂ 내가 이 논문을₂ 썼다고] 말했다

　　② 이 논문을₂ 그는 [이 논문을₂ 내가 이 논문을₂ 썼다고] 말했다.

　　③ 이 논문을₂ 그는 [이 논문을₂ 내가 이 논문을₂ 썼다고] 말했다.

　나. 후보충

　　① *그는 [내가 이 논문을₂ 썼다고] 이 논문을₂ 말했다.

　　② 그는 [내가 이 논문을₂ 썼다고] 말했다, 이 논문을₂.

　(28가)에서 보듯이 내포절 성분은 내포절 내에서 뒤섞기될 수 있을 뿐만 아니라 모문으로 뒤섞기될 수도 있다. 그리고 모문으로 뒤섞기되는 경우, (28가) ②뿐만 아니라 (28가) ③으로도 실현될 수 있는바, 이는 내포절 성분이 모문으로 단번에 이동하는 것이 아니라 내포절 내에서 이동하고 이어서 모문으로 다시 한 번 이동한다는 것을 의미한다. 뒤섞기는 일정한 영역 내에서, 즉 순환적으로(cyclically) 적용되는 것이다.[19]

　그런데 후보충의 경우는 다르다. (28나)에서 보듯이 뒤섞기되는 성분과 달리 후보충되는 성분은 내포절의 뒤에는 분포할 수 없고 모문의 뒤에만 분포할 수 있는바, 이는 후보충이 내포절은 적용 영역으로 삼지 않고 모문만 적용 영역으로 삼는다는 것을 의미한다.

　위와 같이 뒤섞기와 후보충은 순환성에서 차이를 보인다. 그렇다면 이러한

19　뒤섞기의 순환 단위는 V 범주이다. 그래서 '책을 영이는 [철수가 순이에게 주었다고] 말했다'는 '[vP 책을₂ [vP 영이는 [v' 책을₂ [v' [cP … [vP 책을₂ [vP 철수가 [v' 책을₂ [v' 순이에게 [v' 책을₂ 주-]]]]] -었-다-고] 말하-]]]] -었-다'로 분석된다. 한편 (28가) ②처럼 이동 성분이 이동의 최종 목적지에 더해 이동 중간에 들르는 경유지에서도 음성적으로 실현되는 것은 다른 언어에서도 관찰할 수 있는 현상이다(Nunes 1999; Bobaljik 2002 등 참고). 더불어 이동의 순환성에 대한 요약적 논의는 Uriagereka(2011) 참고.

차이는 왜 나타나는가? 이 질문에 대해 후보충이 문말억양 핵 Ω를 이동의 착륙지로 삼기 때문이라는 답을 제시할 수는 없다. 이동의 착륙지를 Ω로 제약하는 것은 자유롭게 이동하되 이동 결과의 적격성 여부만을 따지는 방침에 그다지 어울리지 않기 때문이다. 자유로운 이동에 따르면, 후보충으로 이동해 갈 수 있는 곳이 따로 제약되지 않는바, Ω 뿐만 아니라 다른 곳으로의 이동도 허용되어야 하며, 나아가 (28나) ①은 모문의 V '말하-'가 T '-았/었-'으로 핵 이동하고 이 핵 이동으로 형성된 복합핵 '말하-였-' 쪽으로 내포절의 '이 논문을'이 후보충되면((27나) 참고), 나타날 수 있는 것이다. 그렇다고 해서 (27)에서 '책을'의 이동을 걸러낸 완전 해석 원리에 기대기도 어렵다. (28나) ①에서도 확인할 수 있듯이 후보충 전과 후의 어순이 다르기 때문에 내포절 성분의 내포절 뒤로의 후보충은 완전 해석 원리를 준수하는 것으로 간주되기 때문이다.

위와 같은 맥락에서 여기서는 문법이 아니라 구문 분석(parsing) 차원에서 (28나) ①과 같은 내포절 뒤로의 후보충이 성립하지 않는 것으로 보고자 한다. 즉, 내포절 성분이 내포절 뒤로 후보충된 (28나) ①은 후보충 성분이 모문의 술어 V '말하-'와 논항 '내가 이 논문을 썼다고' 사이에 끼어들게 되어 구문 분석에서 모문의 술어 V '말하-'의 논항이 '내가 이 논문을 썼다고'가 아니라 '이 논문을'로 파악되는바, 모문의 술어-논항 관계를 방해하게 되고, 이로 인해 구문 분석에 문제가 야기되어서 허용되지 않는 것으로 본다.[20]

따라서 구문 분석에 문제가 야기되지 않으면 내포절 뒤로의 후보충도 가능

---

20 구문 분석은 가까이 있는 성분끼리 통사관계를 맺으며 진행되는 것을 선호한다(Frazier & Clifton 1995; Gorrell 2006; Pickering & van Gompel 2006 등 참고). 따라서 '그는 내가 썼다고 이 논문을 말했다'는 구문 분석에서 '말하-'가 '이 논문을'과 통사관계를 맺는 것을 선호하게 된다. 물론 이러한 통사관계는 잘못 맺어진 것이므로 최종적으로는 부적합한 결과를 초래하게 된다.

하리라는 예측이 성립하는데, 아래 예는 이러한 예측이 실제와 부합한다는 것을 잘 보여준다.

(29) 가. *그는 [내가 • 썼다고] 의 논문을 말했다. ((28나) ① 참고)

나. 그는 [내가 • 썼다고] 의 논문을 그렇게 말했다.

'이 논문을'이 내포절 뒤로 후보충된 (29가)는 모문 V '말하-'의 술어-논항 관계에 문제를 일으켜서 성립하지 않는다. 그런데 후보충에 더해 내포절을 되가리키는 '그렇게'가 등장한 (29나)는 성립에 이상을 보이지 않는다(이정훈 2010가: 120-122 참고). 내포절을 되가리키는 '그렇게'가 후보충과 무관하게 모문 술어의 술어-논항 관계를 명확히 보장해주기 때문이다. 다시 말해 '그는 [내가 이 논문을 썼다고] 그렇게 말했다'에서 내포절 '내가 이 논문을 썼다고' 와 '그렇게'는 일종의 동격 관계를 형성하는데 이를 통해 모문 V '말하-'의 술어-논항 관계는 내포절 내 성분이 내포절 뒤로 후보충되어도 영향을 받지 않게 되어 (29가)와 달리 (29나)는 성립하는 것이다.[21]

4.5. 피동문과 사동문

'강아지가 고양이를 물었다'에 피동이 적용되면 (30가)가 되고, '고양이가

---

[21] 참고로 '철수는 [영이가 t시험을 통과했다 시험을, 순이가 t민수를 만났다 민수를] 남 얘기만 했다, 철수는 [영이가 t시험을 통과했니 시험을, 순이가 t민수를 만났니 민수를] 남 애기만 물었 다'에서 보듯이 모문의 문말억양에 버금가는 억양이 내포절에서 실현되어도 내포절 내의 후보충이 가능하다.

울었다'에 사동이 적용되면 (30나)가 된다. 그렇다면 능동문 '강아지가 고양이를 물었다'에 대응하는 피동문 (30가)는 어떻게 형성되며, 특히 그 통사구조는 어떠한가? 또 주동문 '고양이가 울었다'에 대응하는 사동문 (30나)는 어떻게 형성되며, 특히 그 통사구조는 어떠한가?

(30) 가. 고양이가 물렸다.

나. 강아지가 고양이를 울렸다.

피동문과 사동문의 통사구조를 밝히기 위해, 특히 병합과 표찰화를 토대로 통사구조를 파악하기 위해, 먼저 능동문과 피동문의 관계, 그리고 주동문과 사동문의 관계를 의미역 실현의 관점에서 관찰해 보자. 그러면 피동은 곧 의미역 줄이기에 해당하고 사동은 의미역 늘이기에 해당하며, 피동과 사동에서 줄어들고 늘어나는 의미역은 의미역 위계에서 상위에 놓이는 의미역임을 알 수 있다(송복승 1995 참고).

(31) 피사동과 의미역 자질 변화

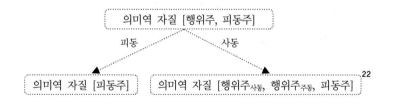

그렇다면 위와 같은 의미역 자질 변화는 통사구조에 어떤 영향을 미치며

---

22 사동주든 피사동주든 둘 다 행위주이다. 다만 사동 사건의 행위주이냐 주동 사건의 행위주
    이냐에서, 달리 말해 사건의 위계에서 차이를 지닌다. 편의상 사동 사건의 [행위주]와 주동
    사건의 [행위주]를 각각 [행위주사동], [행위주주동]으로 나타낸다.

그 결과 나타나는 피동문과 사동문의 통사구조는 어떠한가? 피동문의 경우
부터 살피고 이어 사동문을 살핀다.[23]

4.5.1. 피동문

피동문의 통사구조를 밝히기 위해 기본적으로 고려해야 할 사항은 두 가지
인데 하나씩 짚으며 통사구조를 구체화하고 이를 토대로 피동문에서 나타나
는 특징적인 통사 현상을 설명한다.

피동문의 통사구조에서 고려해야 할 사항 두 가지 중 첫 번째는, '토끼가
범에게 <u>잡아 먹혔다</u>'와 같은 예를 고려할 때, 피동 접사는, 어휘부 파생의
가능성에 더해, 통사적 파생의 가능성을 지닌다는 점이다. 통사부에서 형성
되는 연속 동사 '잡아 먹-'이 피동 파생의 어기가 되어 '[[잡아 먹-]-히-]'가
형성되므로, 조사와 어미가 그랬듯이 피동 접사 '-히-'에도 통사적 핵의 자격
이 주어지는 것이다. 그러면 아래의 두 가지 통사구조가 가능하다. 피동 접사
는 통사적으로 동사 범주에 속하며 피동의 성격을 지니므로 V_{PASS}(passive)로
나타낸다.

(32) 고양이가 물렸다. (= 30가)

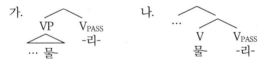

---

23 여기서는 피동과 사동을 평행하게 다루는 입장을 취하며, 피동과 사동의 통사적 차이에
대해서는 따로 살피지 않는다. 예를 들어 '토끼가 (칡범에게) 잡아 먹혔다'([[잡아 먹-]-히-],
[[잡아][먹-히-]])와 '곰이 칡범에게 토끼를 잡아 먹였다'([[잡아 먹-]-이-], [[잡아][먹-이
-]])에서 알 수 있듯이 피동과 사동은 연속동사를 어기로 삼을 수 있는가의 여부에서 차이
를 보인다.

위의 두 통사구조 중 (32가)는 V '물-'이 투사한 VP와 V$_{PASS}$ '-히-'가 병합한 통사구조이고 (32나)는 VP가 형성되기 이전에 V '물-'과 V$_{PASS}$ '-히-'가 병합하여 통사적으로 복합동사 V가 형성되고 그 다음에 이 복합동사 V가 투사하는 것으로 파악한 통사구조이다. (32가)와 (32나)의 두 가지 통사구조 둘 다를 인정할지 아니면 어느 하나를 선택할지 정해야 하는데 여기서는 (32나)의 통사구조를 택한다. 연속 동사 구문의 경우에서도 알 수 있듯이 의미역 자질과 논항 자질을 대상으로 하는 작용은 핵-핵 관계를 필요로 하는 바(2장 2.2.4절 참고), 핵 V '물-'과 핵 V$_{PASS}$ '-리-'가 우선 병합해서 통사적으로 복합동사 V '물-리-'를 형성한 (32나)의 통사구조가 핵-핵 관계에 부합하기 때문이다.

피동문의 통사구조에서 고려해야 할 사항 두 가지 중 두 번째는 피동 접사가 최상위 의미역이 통사구조에 의미역 위계에 맞추어 실현되는 것을 억제한다는 점이다. 예를 들어 V '물-'은 [$_{VP}$ 강아지가 [$_{V'}$ 고양이를 물-]]을 형성하는데 V$_{PASS}$ '-리-'는 [행위주, 피동주] 중 최상위 의미역 [행위주]가 주어로 나타나는 것을 막는다. 그래서 V '물-'이 피동화되면 그 의미역 자질, 논항 자질이 (33)과 같이 바뀌게 된다.

(33)

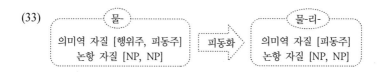

위에서 보듯이 피동화가 적용되면 최상위 의미역 자질이 사라진다. 그런데 사라지는 의미역 자질에 대응하는 논항 자질은 그대로 남는다.[24] 그러면 아래

---

[24] 의미역 자질은 사라지고 논항 자질만 남는 현상은 '철수가 영이를 위해 독을 마셔 주었다'와 같은 '-어 주-' 수혜 구문에서도 나타난다(명정희·이정훈 2022; 이정훈·명정희 2022 참고).

(34가)의 통사구조가 나타나게 되고 완전 해석 원리에 따라 '□'로 표시된 빈자리가 빈 채로 남으면 안 되므로(1장의 (34) 참고), '고양이'가 이동을 겪게 된다. 그 결과 (34나)의 통사구조가 나타나고 이 통사구조에서 '고양이'가 이동해 간 자리는 [주격] 자질이 인허되는 주어 위치이므로 격조사가 나타나는 경우 주격 조사는 허용되고 대격 조사는 허용되지 않는다.

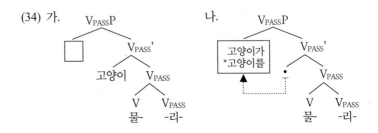

(34) 가.

나.

위와 같은 사정을 고려하면, 결국 의미역에 대응하든 대응하지 않든, 다시 말해 의미역을 지닌 성분이 처음부터 주어 자리에 나타나든 (34)에서처럼 의미역과 무관하게 주어 자리만 나타나고 이 자리를 다른 성분이 와서 채우든, 주어 자리는 항상 채워져야 한다. 그런데 주어 자리 채우기는 완전 해석 원리에 따른 귀결일 뿐, 별도의 독립적인 조건이 아니라는 점에 주목할 필요가 있다. 주어 자리 채우기는 다른 언어에서도 성립하는데, 한국어의 경우와 달리 영어와 같은 언어의 주어 자리 채우기는 다분히 독립적인 조건으로 따로 설정되어야 하기 때문이다.[25]

---

25 Chomsky(1982)는 투사 원리(projection principle. 1장의 (23) 참고)에 '모든 절은 주어 자리를 갖는다'를 추가한 확대 투사 원리(extended projection principle)를 제안하였는데, '모든 절은 주어 자리를 갖는다'가 독립적인 조건으로 따로 설정된 '주어 자리 채우기'에 해당한다(Chomsky 1982: 10 참고). 독립적인 조건으로 설정된 '주어 자리 채우기'는 다분히 약정 (stipulation)의 성격을 띠므로 가급적 제거하는 것이 타당하다. 이런 맥락에서 약정적 성격의 '주어 자리 채우기'를 제거하려는 시도가 전개되어 왔다(Rothstein 1983; Epstein & Seely 2006; Chomsky 2013 등 참고).

그런데 바로 이어서 살피는 소위 목적어 있는 피동문을 보건데 피동화가 적용되어도 [대격] 인허 능력은 유지된다. 즉, 이동 전 구조인 (34가)는 '고양이를'을 허용한다. 하지만 대격 조사와 병합한 '고양이를'은 이동 후에 문제를 야기한다. (34나)에서 보듯이 이동해 간 자리는 주어 자리라서 [대격]이 허용되지 않기 때문이다. 그래서 '고양이가'만 허용되고 '*고양이를'은 허용되지 않는다.

위와 같은 피동문의 통사구조와 피동문에서의 이동이 주어지면 피동문에서 관찰되는 특징적인 현상인 목적어 있는 피동문 (35나)도 별다른 어려움 없이 설명할 수 있게 된다.

(35) 철수가 영이의 손을 잡았다.

　가. 영이의 손이 잡혔다.

　나. 영이가 손을 잡혔다.

　다. 영이가 손이 잡혔다.

　라. *영이의 손을 잡혔다.

　마. *영이를 손을 잡혔다.

아래 (36가)에서처럼 피동화로 인해 비게 된 주어 자리를 채우기 위해 '영이의 손' 전체가 이동하면 (35가)가 된다.[26] 이와 달리 비어 있는 주어

26　이동하는 성분은 '영이의 손'인가, '영이의 손의'인가? 전자의 경우에는 '영이의 손'의 이동 그리고 '영이의 손'과 K_S '-이/가'의 병합이 함께 진행되며, 후자의 경우에는 이동 전에 K_SP '영이의 손의'가 형성되고 이 K_SP가 이동을 겪게 된다. 여기서는 전자를 택한다. 후자를 택하면, 예를 들어 (35나)의 경우 [NP 영이가 손]처럼 명사구 내에 주격 조사가 등장하는 것을 일단은 허용하고 이동을 통해 '영이가'가 NP 밖으로 이동한다고 해야 하는데, 명사구 내에 주격 조사가 나타나는 것 자체가 매우 이상하기 때문이다. 한편, (35나)에서 보듯이 목적어 있는 피동문이 가능한바, '영이의 손을'이 이동하여 '영이의 손의'가 되는 것으로는

자리를 채우되 '영이의 손' 전체가 아니라 (36나)에서처럼 그 일부인 '영이'만 이동하면 (35나)가 된다.[27] (35가)에서 '영이의 손'이 이동해 가는 자리가 그렇듯이 (35나)에서 '영이'가 이동해 가는 자리도 주어 위치이므로 '영이'는 속격 조사가 아니라 주격 조사와 어울려야 한다. 그리고 빈자리 채우기는 '영이'의 이동으로 충족되므로 '손'은 제자리에 머물 수 있게 되고, 이에 '손'이 제자리에 머물면 대격 조사와 어울릴 수 있게 된다.[28]

(36) 가. 영이의 손이 잡혔다. (= 35가)

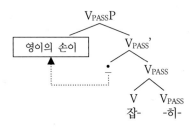

보면 어떤가? 그렇게 보려면 이동과 병합에 더해 K_S '-을/를' 삭제도 동원되어야 한다. 즉, K_SP '영이의 손을'의 K_S '-을/를'이 삭제되고 이어서 주어 자리로의 이동과 K_SP '-이/가' 병합이 적용되어야 주어 자리에 K_SP '영이의 손이'가 등장하게 된다. 하지만 여기서는 이러한 도출의 가능성은 희박한 것으로 본다. 어차피 삭제될 K_S '-을/를'을 애초에 상정하는 것이 어색할 뿐더러 경제성과 관련한 문제도 발생할 수 있기 때문이다. 이어지는 (36)에 대한 논의 참고.

27 보다 정확히 하면 '영이의 손'이 아니라 '영이 손'에서 '영이'가 이동하는 것으로 파악한다 (바로 앞의 각주 26) 참고). 이 경우 '영이'는 주어 자리로 이동하면서 K_S '-이/가'와 병합한다.

28 대격 조사는 [통제성]의 특성과 어울리므로(3장의 각주 20) 참고), (36나)와 같은 목적어 있는 피동문은, '손을 {잡히자, 잡혀라}'에서 보듯이 청유형, 명령형의 문장유형으로 나타날 수 있다. 이와 달리 대격 조사가 부재하면 [통제성]이 보장되지 않으므로 '*손이 {잡히자, 잡혀라}'에서 보듯이 청유형, 명령형이 불가능하다.

나. 영이가 손을 잡혔다. (= 35나)

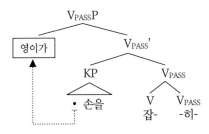

그런데 (36가)의 이동이 (36나)의 이동보다 짧다. 다시 말해 (36가)가 (36나)보다 경제적이다. (36가)의 이동은 V$_{PASS}$' 범주 하나만을 건너는 데 비해 (36나)의 이동은 KP와 V$_{PASS}$' 이렇게 두 개의 범주를 건너기 때문이다. 그렇다면 (36가)는 (36나)의 가능성을 배제하는 것 아닌가? 이 의문을 해소하려면, 그래서 (36가)의 이동과 (36나)의 이동 둘 다를 허용하려면, 경제성 비교가 같은 토대, 즉 동일한 어휘항목으로 형성되는 언어 표현을 대상으로 한다는 점에 유념할 필요가 있다. 그리고 토대가 같은 것들끼리 경제성이 비교된다는 것은 토대가 다른 것들 사이에는 무엇이 더 경제적인지 따져지지 않는다는 것을 의미한다.

경제성 비교가 같은 토대, 즉 같은 어휘항목으로 형성되는 언어 표현들 간에 이루어지는 것으로 보면, (36가)와 (36나)는 경제성에서 서로 비교되지 않는다. (36가)는 '영이의 손이 잡혔다'에서 보듯이 K$_S$ '-의'와 K$_S$ '-이/가'를 포함하고, (36나)는 '영이가 손을 잡혔다'에서 보듯이 K$_S$ '-이/가'와 K$_S$ '-을/를'을 포함하는바, (36가)와 (36나)는 포함하고 있는 어휘항목, 즉 그 토대가 서로 다르기 때문이다. 그래서 (36가)의 이동과 (36나)의 이동은 둘 다 허용된다.

'영이'에 더해 '손'까지 이동을 겪으면 어떻게 되는가? 그러면 '영이'에 더해 '손'까지 주격 조사와 어울린 (35다)가 나타나게 된다. 이렇게 (35가)~(35다)는 앞서 제시한 피동문의 통사구조에 의해 자연스럽게 설명된다.

마찬가지로 (35라)와 (35마)가 성립하지 않는 것도 피동문의 통사구조로 설명할 수 있다. (35라), (35마)가 형성되려면 주어 자리를 빈 채로 두어야 하는데 이는 완전 해석 원리에 의해 허용되지 않기 때문이다.[29]

목적어 있는 피동문과 더불어 능동문의 행위주가 피동문에서 어휘격 조사 '-에게'를 동반하면서 논항으로서의 성격이 희석되고 부가어에 가까워지는 것도 피동문의 대표적인 특징으로 꼽힌다.

(37) 강아지가 고양이를 물었다.
　　가. 고양이가 물렸다. (= 30가)
　　나. 고양이가 <u>강아지에게</u> 물렸다.

위 예에서 '강아지에게'는 어떻게 이해해야 하는가? 두 가지 방법이 가능하다. 먼저, 부가어로 처리하는 방법이 있다. 그러면 통사구조적인 문제는 따로 제기되지 않는다. 아래 통사구조가 형성되고 V_{PASS} '물-리-'에 '강아지에게'가 부가되면 (37나)가 나타나기 때문이다.

(38)

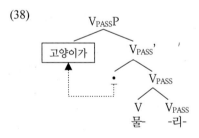

29　아니면 '영이를'과 '손을'은 대격 조사와 어울리면서 제자리에 머물고 비어 있는 주어 자리는 주제어, 초점어로 채울 수도 있다(이정훈 2017나: 26-27 참고).

물론 부가어의 부가 위치는 자유로우므로 $V_{PASS}P$에 부가되면 '강아지에게 고양이가 물렸다'가 되고 V_{PASS}'에 부가되면 '고양이가 강아지에게 물렸다'가 된다. V_{PASS}'에 부가되는 경우와 V_{PASS} '물-리-'에 부가되는 경우는 부가 위치가 다름에도 불구하고 어순이 같은데 이 점이 별다른 문제를 일으키지는 않는다.

　부가어로서의 '강아지에게'의 의미역은 [행위주]일 뿐만 아니라 '바람에 나무가 쓰러졌다'의 '바람에'처럼 [원인]이기도 하다. [행위주]와 [원인]을 겸하는 셈인데, 이렇게 보는 이유는 다음과 같다. 일단, 피동문 '고양이가 강아지에게 물렸다'가 나타내는 상황에서 무는 행위는 '강아지'에 의해 수행되므로 '강아지에게'가 [행위주]의 성격을 띤다고 보아야 한다. 그런데 능동문 '강아지가 고양이를 일부러 물었다'에서 '일부러'가 나타내는 의도를 가지는 것은 강아지인데 비해 피동문 '고양이가 강아지에게 일부러 물렸다'에서 '일부러'가 나타내는 의도를 가지는 것은 고양이인바, [행위주]라 하더라도 피동문의 '강아지에게'가 지닌 행위주성은 능동문의 '강아지가'가 지닌 행위주성보다는 작은 것으로 이해되며, 이렇게 행위주성이 줄어든 [행위주]는 '바람에 나무가 쓰러졌다'의 '바람에'와 마찬가지로 [원인]의 성격을 띠게 된다.[30]

　다음으로, 능동문의 의미역 자질 [행위주]와 '강아지에게' 사이의 연계를 확실히 보장하고 동시에 '강아지에게'의 수의성도 확실히 보장하기 위해 피

30　이렇게 보아도 의미역 기준을 위배하는 것은 아니다. [행위주]와 [원인]이 겹쳐서 형성된 하나의 의미역 자질 [행위주·원인]이 있거나, 또는 [행위주]와 [원인]을 아우르는 차원의 의미역이 있는 것이고(김형정 2012나 참고), 이 하나의 의미역 자질이 하나의 부가어 '강아지에게'로 실현되기 때문이다. 참고로 의미역은 논항뿐만 아니라 부가어와도 연계된다. 다만 논항과 연계되는 의미역은 술어의 어휘정보로 명세되지만 부가어와 연계되는 의미역은 어휘정보로 명세되지 않는 차이를 지닌다. 예를 들어 부가어로 실현되는 [장소] 의미역은 특정한 어휘항목이 아니라 '운동장에서 놀자, 마루에서 뛰다, 학교에서 만나다' 등에서 보듯이 '놀-, 뛰-, 만나-' 등 다양한 어휘항목과 어울리는바, 부가어는 별도의 규칙에 의해 통사구조에 도입된다.

동화에 의한 의미역 자질의 변화를 (33)이 아니라 아래와 같이 파악하는
방법이 있다.

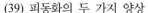

(39) 피동화의 두 가지 양상

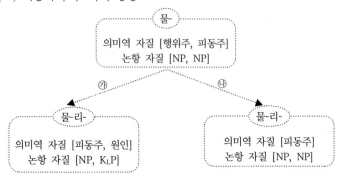

위에서 보듯이 피동화는 의미역 자질 [행위주]를 어떻게 바꾸느냐에 따라
(39㉮)와 (39㉯)의 두 가지 가능성을 지닌다. (39㉮)의 경우, 피동화는 의미역
자질 [행위주]를 [원인]으로 바꾸는데,[31] 의미역 자질 [원인]은 논항 자질과의
대응에서 [NP]가 아니라 [K$_L$P]와 대응하므로 논항 자질에 [K$_L$P]가 추가된다.
그러면 아래의 통사구조가 형성된다.

(40)

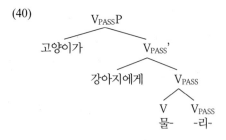

---

31 (38)을 통해 논의했듯이 [원인]보다는 [행위주·원인]이 더 타당하다. 편의상 [원인]으로만
    나타낸다.

위의 통사구조가 형성되려면 의미역 위계에서 [피동주]가 [원인]보다 위에 있어야 한다. 그렇다면 이와 달리 [원인]이 [피동주]보다 의미역 위계에서 상위에 위치하는 것으로 보면 어떤가? 그러면 '강아지에게 고양이가 물렸다'가 형성되는데, 일단 '강아지에게'는 주어이되 어휘격 조사와 어울리는 경우로 보면 된다. 주어인데 구조격 조사가 아니라 어휘격 조사와 어울리는 것이 낯설 수는 있지만 소위 여격 주어 구문을 고려하면(연재훈 1996 참고), 주어와 어휘격 조사와 어울리는 현상은 인정할 만하다. 다음으로, '고양이가'는 문제가 되는데, 피동사는 수의적으로 [보격]을 허용하는 것으로 간주한다. 피동사는 [−통제성]일 수 있으며(이 장의 각주 28) 참고), [−통제성]은 형용사의 특성인 바(3장의 각주 20) 참고), [−통제성]의 피동사는 형용사와 마찬가지로 [보격]을 인허하는 것으로 볼 수 있는 것이다.

(39㉮)가 의미역 자질 [행위주]를 [원인]으로 바꾸는 것과 달리 (39㉯)는 (33)에서와 마찬가지로 의미역 자질 [행위주]를 아예 삭제한다. 그러면 앞서 살핀 (38)의 통사구조와 이동이 나타나게 된다.

이제 (39)를 택하면, 의미역 자질 [행위주]와 '강아지에게' 사이의 연계는 (39㉮)와 이에 따른 (40)에 의해 보장되며, '강아지에게'의 수의성은 (39㉯)와 이에 따른 (38)에 의해 보장된다.

4.5.2. 사동문

사동은 아래 (41)에서 보듯이 의미역 자질 [행위주]를 추가하는 효과를 발휘하며 의미역 자질이 추가됨에 따라 그에 대응하는 논항 자질도 추가된다.

(41) 강아지가 고양이를 울렸다. (= 30나)

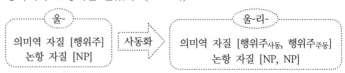

'울-리-'의 의미역 자질이 [행위주사동, 행위주주동]으로 주어지고 이에 대응하는 논항 자질이 주어지면 아래의 통사구조가 형성된다. 피동 접사의 통사범주 V_{PASS}(passive)에 맞추어 사동 접사의 통사범주는 V_{CAUS}(causative)로 나타낸다.

(42)

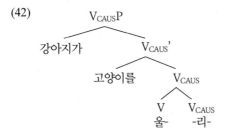

위에서 보듯이 사동 접사에 의한 사동문은 통사구조 형성에서 별다른 특이사항을 보이지 않는다. 그런데 '-게 하-' 사동은 사정이 달라서 피사동주와 어울리는 격조사가 다양하게 나타나는 특징을 보인다.[32]

(43) 가. 강아지가 <u>고양이에게</u> 생쥐를 쫓게 했다.

　　나. 강아지가 <u>고양이가</u> 생쥐를 쫓게 했다.

　　다. 강아지가 <u>고양이를</u> 생쥐를 쫓게 했다.

32　피동도 피동 접사에 의한 피동에 더해 '-어 지-'에 의한 피동이 있다(송복승 1995; 남수경 2011 등 참고). 하지만 '-어 지-' 피동이 별다른 통사적 특징을 보이지 않으므로 따로 논의하지 않는다.

위의 현상은 어떻게 설명할 수 있는가? 보조용언 구문이 연속동사 구문식의 통사구조와 내포절 식의 통사구조, 이렇게 두 가지 통사구조가 가능한 구조적 이중성을 지니는 점을 고려하면(이정훈 2010나 참고), 아래와 같이 설명할 수 있다.[33]

먼저, '-게 하-'가 연속동사 구문 식의 통사구조를 취하면, 사동의 '하-'가 지닌 의미역 자질 [행위주, 사건]과 V '쫓-'의 의미역 자질 [행위주, 피동주]가 합성되어 [행위주$_{사동}$, 행위주$_{주동}$, 피동주]가 된다.[34] 그리고 의미역 자질 [행위주$_{주동}$]은 논항 자질 [K$_L$P]와 대응하므로 의미역 자질 [행위주$_{사동}$, 행위주$_{주동}$, 피동주]에 대응하는 논항 자질은 [NP, K$_L$P, NP]가 되고,[35] 이를 토대로 통사구조를 형성하면 아래가 된다.

---

33 또는 통사구조는 내포절 식의 통사구조 하나를 인정하고 재구조화(restructuring, 최현숙 1988 참고)를 이용하는 방법도 가능하다. 예를 들어 재구조화가 적용되면 (43가)처럼 되고 재구조화가 적용되지 않으면 (43나), (43다)처럼 되는 것으로 볼 수 있다. 단, 이러려면 재구조화가 수의적으로 적용된다고 해야 하는데 재구조화의 수의성 여부는 따로 논의해야 한다. 여기서는 재구조화의 가능성을 제기하는 데서 멈춘다.

34 '하-'의 의미역 자질 [행위주, 사건] 중 [사건]에 대해서는 2장 2.2.1절 참고. 한편 연속동사와 마찬가지로 사동에서도 의미역 자질은 동일시되면서 합성된다. 다만 사동은 동일시에서 특징적인 모습을 보이는바, '쫓게 하-'에서 사동 '하-'의 의미역 자질 [행위주, 사건]의 [사건]과 동일시되는 것은 V '쫓-'의 의미역 자질 [행위주, 피동주] 중 [행위주]나 [피동주] 어느 하나가 아니라 [행위주, 피동주]이며, 그 결과 '쫓게 하-'의 의미역 자질은 [행위주$_{사동}$, 사건 = [행위주$_{주동}$, 피동주]]가 된다. [행위주$_{사동}$, 행위주$_{주동}$, 피동주]는 [행위주$_{사동}$, 사건 = [행위주$_{주동}$, 피동주]]를 간략히 표시한 것이다. 이렇게 사동의 [사건]과 주동의 의미역 자질 일체가 동일시되는 것은 사동이 단일한 사건이 아니라 사동과 주동 두 개의 사건을 나타내면서 두 사건 사이의 관계를 나타내는 것과 잘 어울린다.

35 의미역 자질 [행위주$_{주동}$]과 논항 자질 [K$_L$P]의 대응을 보장하는 방법은 두 가지가 있다. 하나는 의미역 자질 [행위주$_{주동}$]을 의미역 자질 [도달점]의 일종으로 파악하는 방법이고, 다른 하나는 사건 구조(event structure)를 고려해서 사동 사건에 내포되는 주동 사건의 의미역 자질 [행위주$_{주동}$]은 논항 자질 [K$_L$P]에 대응한다고 규정하는 방법이다.

(44)

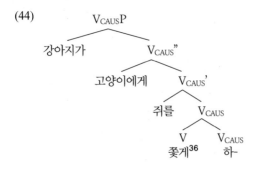

다음으로, '-게 하-'가 내포절 식의 통사구조를 취하면 아래의 통사구조가 나타나는데, 이 통사구조에서 '고양이'는 VP의 주부에 포함되는 한편으로 $V_{CAUS}P$의 술부에도 포함되므로 주격 조사와 어울릴 수도 있고 대격 조사와 어울릴 수도 있다(3장 3.7절 참고).

(45)

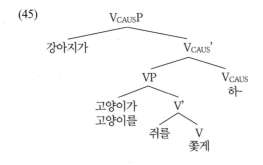

---

36 '-게'를 위시하여 소위 보조적 연결어미 '-아/어, -게, -지, -고' 등은 주동사의 의존성을 해소하기 위해 삽입되는 것으로 간주하며(강명윤 1992: 55-59 참고), 이에 따라 투사하지 않는 것으로 본다. 다만 사동의 보조용언 '하-'가 보조적 연결어미로 '-게'를 선택하듯이 보조용언은 보조적 연결어미 중 특정의 것을 선택하는 속성을 지니는데 이는 보조용언이 지닌 어휘정보에 의한 것으로 파악한다.

4.6. 계사문

연속동사 구문에서 술어들의 의미역 자질은 따로따로 실현되지 않고 서로 같은 것끼리 동일시되면서 합성되어 실현되며(2장 2.2.4절 참고), 의미역 자질이 합성되어 실현되는 것은 바로 앞 절에서 살폈듯이 사동문도 마찬가지이다. 다만 사동문은 사동 사건과 주동 사건 사이에 위계가 성립하는바, 의미역 자질이 사동과 주동의 위계관계에 맞추어 합성된다는 특징을 지닌다.

위와 같이 술어의 의미역 자질들은 동일시되거나 합성되는 경우가 있는데, 술어의 의미역 자질에 적용되는 작용이 동일시와 합성으로 국한되지는 않는다. 사동을 살피며 함께 논의한 피동에서 확인했듯이 의미역 자질을 삭감하는 작용도 있기 때문이다.

그렇다면 의미역 자질에 적용되는 작용에는 '동일시'와 '합성' 그리고 '삭감' 외에 또 무엇이 있는가? 이 질문에 대해 계사(copula) V '이-' 구문은 의미역 자질 '전달' 작용의 가능성을 제시하는데, 이 절에서는 계사문에서 의미역 자질이 전달되는 실상을 살핌으로써 의미역 자질에 적용되는 작용에 대한 이해를 제고한다.

계사 V '이-'는 동일성(identity)을 나타내기도 하고 서술성(predication)을 나타내기도 한다.[37]

> (46) 가. 저 사람이 그 사람이다.
>
> 나. 그 사람이 저 사람이다.
>
> (47) 가. 이순신은 장군이다.
>
> 나. *장군은 이순신이다.

---

[37] 계사문에 대한 포괄적 논의는 양정석(1986), 남길임(2004), den Dikken & O'Neill(2017), Moro(2017) 등 참고.

(46가)는 '저 사람'과 '그 사람'이 동일인임을 의미하는바, 동일성의 계사문으로 파악되며, 동일성의 계사문은 (46가)와 (46나)에서 보듯이 'NP$_1$이 NP$_2$이다'에 더해 NP$_1$과 NP$_2$가 뒤바뀐 'NP$_2$가 NP$_1$이다'도 성립하는 특징을 지닌다.[38] 이와 달리 (47)의 계사문은 NP$_1$과 NP$_2$를 뒤바꿀 수 없고, 동일성이 아니라 '이순신'이 '장군'에 속함을 의미하는데, 이러한 경우를 서술성의 계사문이라 한다.

서술성 계사문 (47가)에서 서술성은 '장군'과 V '이-'가 함께 실현하는바, '장군'은 의미역을 담당하고 '이-'는 통사범주를 담당한다. 그래서 '장군'이 아니라 '찬성'이 '이-'와 어울리면 '나는 그 이론에 찬성이다'에서 보듯이 '찬성'이 가진 의미역 자질에 따라 논항이 두 개 나타나며, '장군이-'든 '찬성이-'든, 다시 말해 V '이-' 앞에 무엇이 오든지 간에 통사범주는 V '이-'가 결정하므로 '장군이-'와 '찬성이-'의 통사범주는 V가 된다.

'NP$_1$이 NP$_2$이다'에서 NP$_2$와 계사 V '이-'가 공모해서 서술성을 실현하는 셈인데 그렇다면 그 구체적인 공모 과정은 어떠한가? 특히 NP$_2$의 핵 N$_2$의 의미역이 어떻게 주어 논항, 즉 NP$_1$로 실현되는가?

논항 실현과 관련하여, '부하들은 <u>이순신 장군을</u> 잘 따랐다'나 '<u>이순신 장군</u>, 버려진 섬마다 꽃이 피었습니다'에서 보듯이 N '장군'은 N '장군'이 투사한 NP 내에서 논항을 취할 수 있으며, 이 경우 NP '이순신 장군'의 통사구조는 [$_{NP}$ 이순신 [$_N$ 장군]]이다(김인균 2003; 이선웅 2007 등 참고).[39] 그런

---

38 그 밖에 V '이-'는 형용사에 속하지만 '*저 학교가 그 학교가 이다'에서 보듯이 보격 조사를 허용하지 않는 특징을 지니며, 선행하는 성분에 의존하는 특성도 지닌다. 이 두 가지 특징은 'NP$_1$이 NP$_2$이다'에서 NP$_2$의 핵 N$_2$가 V '이-'로 핵 이동하기 때문에 나타난다. 이러한 사항을 포함하여 한국어 계사문의 통사적 특성에 대한 논의는 엄정호(1989), 이정훈(2004가, 2020나) 등 참고.

39 '이순신 장군'에 더해 '장군 이순신'도 성립하는데 이 경우는 '푸른 하늘'과 마찬가지로 술어가 관형 성분으로 등장한 경우에 해당한다.

데 계사문에서는 N '장군'의 논항이 NP 내에 나타날 수가 없고 문장의 주어
가 되어야 한다.

(48) 가. 이순신은 장군이다. (= 47가)

나. *이순신 장군이다.[40]

왜 계사문에서 N '장군'의 논항은 NP 내에서 실현되지 못하고 문장의
주어로 나타나야 하는가? 이 질문에 대해 여기서는 연속동사와 사동문 그리
고 피동문의 경우와는 구별되는 또 다른 작용, 특히 의미역 자질을 대상으로
하되 동일시, 합성, 삭감과는 구별되는 전달 작용에 의해 계사문에서 N '장
군'의 논항이 NP 내부가 아니라 문장의 주어로 등장하는 것으로 파악한다.
이를 구체화하면 아래와 같다.

먼저, 계사 '이-'는 통사자질로 통사범주 자질 [V]를 가지며 의미역 자질로
의미역의 내용이 구체적으로 명세되지 않은 미명세된 의미역 자질 [□]을
갖는 것으로 간주한다.[41] 다음으로, 완전 해석 원리를 준수하려면 해석되지

---

40 '이순신 장군이(시)여'와 같은 예를 고려하건데 (48나)는 가능했을 것으로 추정된다. 조사
로 간주되는 '-이(시)여'가 기원적으로 계사 '이-'와 주체 경어법의 '-으시-' 그리고 감탄의
'-어'로 분석될 수 있고(박영준 1999 참고), 이에 따라 '이순신 장군이(시)여'의 통사구조가
계사문 [CP [HP [VP [NP 이순신 [N 장군]]이-]-으시-]-어]로 파악되는바, 이 통사구조에서 N
'장군'의 논항 '이순신'은 NP 내에서 실현되기 때문이다. 참고로 '-인들/이신들, -인가/이신
가, -이며/이시며' 등도 '-이(시)여'와 마찬가지로 계사 '이-', 주체 경어법 '-으시-', 어말어
미 '-은들, -은가, -으며'에 기원을 둔 것으로 이해된다(이정훈 2005나 참고).

41 의미역 자질의 틀만 갖추고 그 내용은 갖추지 못한 셈인데, 나아가 의미역 자질의 틀까지
갖추지 못한 경우도 가능하다(바로 다음 각주 42) 참고). 참고로 V '하-'도 V '이-'와 평행하게
이해할 수 있는데, 소위 대동사 V '하-'는 의미역 자질의 틀과 내용을 갖춘 경우이고, '성실하
다(그는 성실하다), 지지하다(그가 나를 지지했다), 전달하다(나는 그에게 책을 전달했다)' 등
의 형식동사 '하-'는 의미역 자질의 틀만 갖춘 경우이며, 지지 동사 '하-'는 의미역 자질의
내용도 틀도 갖추지 않은 경우에 해당한다(6장 참고). 한편 V '이-'와 V '하-'를 아우르면
'의미역 자질의 틀과 내용(형식과 내용) ⇨ 의미역 자질의 틀(형식) ⇨ 無'의 과정을 상정할

않는 빈칸, 즉 미명세된 의미역 자질 [□]이 채워지지 않은 채로 있으면 안 되므로 모종의 절차에 의해 미명세된 의미역 자질 [□]은 채워져야 한다. 끝으로, 미명세된 의미역 자질 [□]은 구체적인 의미역 자질을 가진 성분과 병합하고 이 성분의 의미역 자질이 미명세된 의미역 자질 [□]으로 전달됨으로써 채워지게 된다. 이를 도식화하면 아래와 같다.

(49)

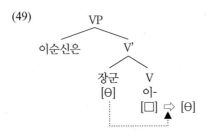

위에서 N '장군'의 의미역 'θ'가 계사 V '이-'로 전달되어도 완전 해석 원리에는 문제가 발생하지 않는다. N '장군'은 의미역 자질 [θ] 외의 의미 자질을 지니기 때문에 N '장군'의 의미역 자질 [θ]가 계사 V '이-'로 전달되어도 N '장군'이 지닌 그 밖의 의미 자질들이 해석되어서 완전 해석 원리에 저촉되지 않기 때문이다. 그리고 의미역 자질 전달은 다른 통사 작용과 마찬가지로 그 적용이 자유로워서 적용될 수도 있고 적용되지 않을 수도 있다. 다만, 이 또한 다른 통사 작용과 마찬가지인데, 필요한 경우에 적용되면 적격한 것으로 판단되고, 필요한데도 불구하고 적용되지 않으면 부적격한 것으로 판단될 따름이다.[42]

수 있는데 이 과정은 보조용언화를 설명하는 데에 유용하며 문법화(grammaticalization)의 구체적인 기제를 밝히는 데에도 유용할 것으로 판단된다(명정희·이정훈 2022; 이정훈·명정희 2022 참고).

42 '나는 이 책을 읽는 중이다, 좋은 약은 입에 쓴 법이다, 온 사람은 가기 마련이다' 등, 의존명

4.7. 생략과 공대명사

한국어는 조사와 어미가 발달한 한편으로 생략(ellipsis)이 활발하다.[43] 생략은 문법적·의미적으로는 존재하는 성분이 음성적으로 실현되지 않는 현상을 가리키며, 예를 들어 대화 맥락상 음성적으로 실현되지 않아도 그 내용을 복원할 수 있는 것들을 대상으로 한다. 그래서 (50), (51)에 제시한 대화에서는 대화 맥락상 복원 가능한 '고양이가'와 '오셨다'가 생략될 수 있다.[44]

(50) ㉠ 고양이가 강아지를 할퀴었다.

㉡ 고양이가 생쥐도 할퀴었어.

(51) ㉠ 누가 왔니?

㉡ 선생님께서 오셨다.

사가 등장하는 경우는 어떻게 이해할 수 있는가? 먼저, 지금까지의 논의와 마찬가지로 이해할 수 있다. 그러면 예를 들어 '나는 이 책을 읽는 중이다'는 '[$_{VP}$ 나는 [$_{V'}$ [$_{NP}$ [관형절 …] 중] 이-]]'와 같은 통사구조를 갖게 된다. 다만 이렇게 이해하려면, 의존명사 '중'이 논항을 두 개 갖는다고 해야 하고, 두 개의 논항 중 하나는 관형절로 실현되며 다른 하나는 V '이-'에 전달되는 것으로 보아야 하며, 관형절의 주어는 동일성에 기대어 필수적으로 삭제 또는 생략되는 것으로 보아야 한다([$_{VP}$ 나는$_2$ [$_{V'}$ [$_{NP}$ [$_{CP}$ 나는$_2$ 이 책을 읽는] 중] 이-]]). 그런데 '중'이 두 개의 논항을 가진다고 보는 견해는 다분히 억지스러운 듯하다. 또 관형절 주어의 필수적 삭제·생략은 또 다른 문제를 제기한다(이 장의 4.7절 참고). 이에 V '이-'의 성격에 주목하는 대안이 제기되는데, 이 대안에 따르면 의존명사와 어울리는 경우의 '이-'는 의미역 자질의 틀조차 갖추고 있지 않아서 의미역 자질 전달 작용을 필요로 하지 않는다. 그러면 '나는 이 책을 읽는 중이다'의 통사구조는 [$_{VP}$ [$_{NP}$ [$_{CP}$ 나는 이 책을 읽는] 중] 이-]가 된다.

43 한국어 생략 현상에 대한 연구 현황 정리 및 실증적 자료에 대한 검토는 양명희(1996), 서은아·남길임·서상규(2004), 강연임(2005), 박청희(2013) 등 참고. 생략 현상에 대한 이론적 분석 및 설명에 집중한 연구는 논의를 진행하며 소개한다(5장도 참고).

44 나아가 생략은 정도차를 지니기도 한다. 예를 들어 (50㉡)의 생략이 (51㉡)의 생략보다 선호된다. 이에 대해서는 이정훈(2018가: 88-94) 참고.

생략의 요건인 복원 가능성(recoverability)은 위에서 보듯이 동일성(identity)에 국한되지 않는다. (50)에서는 맥락상 동일한 성분 '고양이가'가 생략되지만, (51)은 그렇지 않기 때문이다. (51)의 맥락에서 보장되는 것은 '왔니?', 즉, '오-, -았-, -니?'지만 생략되는 것은 '오-, -으시-, -었-, -다'인바, 동일성에 의해 생략이 보장되는 '오-'와 '-었-' 외의 '-으시-'와 '-다'는 동일성이 아니라 맥락에 기댄 추론(inference)에 의해서 생략이 허용된다고 해야 한다. 맥락상 '선생님이'가 주어졌으므로 '-으시-'가 충분히 예측가능하고, 문답의 맥락이므로 평서법 종결어미 '-다'가 충분히 예측가능한 것이다.

아래 예에서 '부모님'이 생략될 수 있는 것도 마찬가지여서, (52㉮)를 통해 '부모님'을 얼마든지 추론할 수 있고 이를 통해 복원할 수 있기 때문에 (52㉯)에서 '부모님'이 생략될 수 있다.

> (52) ㉮ 지난 주말에 집에 다녀왔어.
> ㉯ <u>부모님</u> 잘 계시지?

그런데 (50)과 (52)의 생략에서 분명히 해야 할 사항이 하나 있다. 그것은 맥락을 통해 복원된다는 점에서는 마찬가지지만 (50)은 복원되어야 하는 것이, 다른 말로 생략을 겪는 것이 맥락에 외현적으로 나타나지만 (52)는 그렇지 않다는 점이다. 즉, (50㉯)에서 생략되는 '고양이가'는 언어적 맥락인 선행 발화 (50㉮)에 나타나는 반면, (52㉯)에서 생략되는 '부모님'은 선행 발화(52㉮)에서 언급되고 있지 않다. 그리고 (51)에서 생략되는 '오셨다'에는 선행 발화에 나타난 것과 그렇지 않은 것이 공존한다.

(52)와 같은 생략은 앞서 언급했듯이 비언어적 맥락을 통해 화자와 청자가 공통적으로 추론할 수 있는 것을 대상으로 삼는다. 그래서 (52)의 맥락에서는 (52㉯)의 '부모님'이 생략될 수 있지만 맥락이 받쳐주지 않으면 그러한 생략

은 불가능해진다.[45]

(53) ㉮ 나는 짜장면 먹을래.

㉯ *부모님 잘 계시지?

생략이 언어적 맥락에 기초한 '표현의 동일성'에 기대서 작동할 뿐만 아니라 비언어적 맥락에 기초한 '추론의 동일성'에 기대서도 작동한다고 할 수 있는데, 이 둘이 공모하면 아래와 같은 주제어(topic) 생략 현상이 나타난다.[46]

(54) ㉮ 누가 성실하니?

㉯ 철수가 성실해.

㉰ 철수는 똑똑하기도 하고.

맥락상 의문사에 대한 답으로 등장한 (54㉯)의 '철수'는 신정보, 즉 초점(focus)에 해당한다. 그래서 (54㉯)의 '철수'는 주격조사 '-이/가'를 동반한다. 그런데 (54㉰)의 '철수'는 사정이 다르다. 맥락상 (54㉰)의 '철수'는 신정보가 아니라 구정보이며 주제어에 해당하는바, 이에 따라 조사도 주제어와 어울리는 '-은/는'이 동원된다.

주목할 것은 (54㉰)의 주제어 '철수는'이 생략될 수 있다는 점인데, 이러한 생략이 가능하려면 '표현의 동일성'에 따른 생략과 '추론의 동일성'에 따른

---

45 맥락은 매우 유동적이다. 따라서 (53)의 대화에 어울리는 맥락이 갖춰지면 (53㉯)의 생략도 가능하다. 예를 들어 식당에서 만난 친구 사이에 오간 다음 대화 '㉮ 지난 주말에 집에 다녀왔어. 나는 짜장면 먹을래. ㉯ 부모님 잘 계시지? 나도 짜장면으로 할게'는 별다른 이상을 보이지 않는다.

46 (50㉰)도 '고양이가 생쥐도 할퀴었어'뿐만 아니라 '고양이는 생쥐도 할퀴었어'일 수 있고, 후자라면 주제어 생략에 해당한다.

생략, 이 두 가지 생략이 함께 작용해야 한다. '표현의 동일성'에 의하면 주제어 '철수는' 중에서 '철수'가 생략될 수 있고, '추론의 동일성'에 의하면 화자와 청자가 '철수'를 주제로 추론하므로, 다시 말해 화자와 청자가 '철수'가 주제 표지 '-은/는'을 동반할 것으로 추론하므로, 주제어 '철수는'의 '는'이 생략될 수 있기 때문이다. 이렇게 주제어 생략 현상은 '표현의 동일성'에 따른 생략과 '추론의 동일성'에 따른 생략의 공모를 잘 보여준다.

(54댜)의 생략은 '추론의 동일성'만으로 충분하지 않을까? 즉, 주제 표지 '-은/는'이 '추론의 동일성'에 의해 생략되면 주제 '철수'도 마찬가지로 생략될 수 있을 듯하다. 사실 (54)만 보면 그렇게 볼 수도 있다. 하지만 '추론의 동일성'에만 기대면, '철수 = 영이의 친구'인 맥락에서 (54댜)로 '영이의 친구는 똑똑하기도 하고'도 가능해야 하는데, 이러한 생략은 곤란하다. '영이의 친구'에서 '철수'를 추론할 수 있지만 그렇다고 해서 '영이의 친구'를 생략할 수는 없는 것이다.[47] 따라서 '추론의 동일성'에 따른 생략과 별도로 '표현의 동일성'에 따른 생략이 고려되어야 한다.

주제어 생략을 염두에 두면 아래 (55댜)에 나타난 재귀사 '자기'의 해석 문제도 별다른 어려움 없이 해소된다. (56)에서 보듯이 생략된 주제어가 주어 자리에 나타난 '자기'를 결속(bind)하는 것으로 설명할 수 있기 때문이다.[48]

---

47 (54갸), (54냐)에 이어 (54댜)로 '영이의 친구는 똑똑하기도 하고'가 나타나는 것은 가능하다. 하지만 이런 경우에는 '영이의 친구는'이 생략되지 않는다. '영이의 친구는'이 생략될 수 있다면, (54댜)의 음성형 '똑똑하기도 하고'가 '영이의 친구는 똑똑하기도 하고'로 해석될 수 있어야 하는데 이런 해석은 나타나지 않는 것이다. 이에 (54댜)로 '영이의 친구는 똑똑하기도 하고'가 나타나면, '표현의 동일성'이 확보되지 않아서 '영이의 친구'가 생략될 수 없는 것으로 본다. 물론 '추론의 동일성'만 고려하면 맥락 '영이의 친구 = 철수'를 토대로 '영이의 친구'에서 '철수'를 추론할 수 있으므로 '영이의 친구는 똑똑하기도 하고'와 같은 생략이 가능해야 한다.

48 결속에 대해서는 김용하 외(2018: 9장), Büring(2005), Huang(2014: 9장) 등 참고.

(55) ㉮ 철수가 사람을 보냈니?

　　㉯ 아니, 자기가 직접 왔어.

(56) 아니, 철수는₂ 자기가₂ 직접 왔어.

　위의 분석에 따르면 아래 현상도 별다른 어려움 없이 해명할 수 있다. (57㉯)의 '서로'는 (58)에서 보듯이 생략된 주제에 의해 결속되는 것으로 이해할 수 있기 때문이다.

(57) ㉮ 누가 철수와 영이를 비판했니?

　　㉯ 서로가.

(58) [철수와 영이는]₂ 서로가₂ 서로를₂ 비판했다.

　물론 목적어 '서로를'과 서술어 '비판했다'도 생략되어야 (57㉯)가 되는데 이러한 생략은 얼마든지 가능하다. (50), (51)에서 확인하였듯이 주어 생략과 서술어 생략이 가능하며, '㉮ 누가 영이를 어쨌니? ㉯ 철수가 영이를 놀렸다'에서 보듯이 목적어 생략도 가능하기 때문이다.

　그리고 주제 생략, 주어 생략, 목적어 생략, 서술어 생략 등은 겹쳐서 적용될 수 있으므로 아래에서 보듯이 주제 생략에 더해 목적어 생략, 서술어 생략이 적용되면 (57㉯)가 나타나게 되며, 생략이 적용되는 방식이 다양하므로 그 밖의 여러 표현이 나타나게 된다.

(59) ㉮ 누가 철수와 영이를 비판했니?

　　㉯₁ 서로가. (= 57㉯)

　　　[철수와 영이는]₂ 서로가₂ 서로를₂ 비판했다.

　　㉯₂ 서로가 서로를.

[철수와 영이는]₂ 서로가₂ 서로를₂ 비판했다.

답₃ 서로가 비판했다.

[철수와 영이는]₂ 서로가₂ 서로를₂ 비판했다.

답₄ 서로가 서로를 비판했다.

[철수와 영이는]₂ 서로가₂ 서로를₂ 비판했다.

생략도 별 탈이 없으면 다른 작용과 마찬가지로 성분을 대상으로 하는 것으로 보아야 한다. 그러면 (60답)은 (61)에서 '철수가'와 '떡을', '주었다'가 단번에 생략되어 형성되는 것으로 볼 수 없다. '철수가'와 '떡을', '주었다'는 하나의 성분이 아니므로 성분을 대상으로 삼는 생략이 적용될 수 없기 때문이다. 따라서 (60답)은 (62)에 제시한 세 가지 생략이 공모한 결과로 이해된다. 즉, 독립적으로 성립하는 생략 (62가), (62나), (62다)가 겹치면 (60답)이 된다.

(60) 문 철수가 누구에게 떡을 주었니?

　　 답 영이에게.

(61) 철수가 영이에게 떡을 주었다.

(62) 가. 철수가 영이에게 떡을 주었다.

　　 나. 철수가 영이에게 떡을 주었다.

　　 다. 철수가 영이에게 떡을 주었다.

그렇다고 (62가), (62나), (62다) 이 셋이 겹쳐야만 하는 것은 아니다. 셋 중 두 가지만 겹칠 수도 있으며, 그러면 아래 (63가)~(63다)가 나타나고, 겹치지 않으면 (62가)~(62다)가 나타난다. 물론 아예 생략이 적용되지 않을 수도 있고 그러면 (60문)에 대한 답으로 (61)이 나타난다. 다만 (60)에 제시한 문답의 맥락상 (62)에 나타낸 세 번의 생략이 겹치는 것이 선호될 따름이다.

(63) 가. 철수가 영이에게 떡을 주었다.

　　 나. 철수가 영이에게 떡을 주었다.

　　 다. 철수가 영이에게 떡을 주었다.

위의 논의를 토대로 다른 작용과 마찬가지로 생략도 성분을 대상으로 삼는 것으로 보면 (64)는 (65가)~(65다)에서 보듯이 성분 V' [ᵥ' [철수가 갔다고] 말하-]가 반복되고,[49] 성분 '철수가'가 생략된다고 보게 된다.

(64) 영이는 철수가 갔다고 말하기는 갔다고 말했다.

(65) 가. 영이는 철수가 갔다고 말했다.

　　 나. 영이는 [철수가 갔다고 말하-]-기는 [철수가 갔다고 말하-]-었다.

　　 다. 영이는 [철수가 갔다고 말하-]-기는 [철수가 갔다고 말하-]-었다.

이에 대해 (64)의 음성실현형만 중시하면 어떻게 되는가? 그러면 성분이 아닌 '갔다고 말하-'가 반복의 단위로 인정되어야 하는 문제가 야기된다. 성분만 반복의 단위인지, 다른 말로 성분이 아닌 것은 반복 단위가 될 수 없는 것인지를 문제 삼을 수는 있지만 (64)와 같은 특정 반복 현상이 이견을 제기한다고 해서 문법 작용이 성분을 대상으로 한다는 기초적 입장을 쉽게 포기할 수는 없다. 그러면 자료를 합리적으로 해석할 수도 없고, 체계적이고

49　V'가 아니라 VP [ᵥᵨ 영이는 [ᵥ' [철수가 갔다고] 말하-]]가 반복될 수도 있다. 그러면 '[영이는 철수가 갔다고 말하-]-기는 [영이는 철수가 갔다고 말하-]-었다'에서 보듯이 '철수가' 생략에 더해 '영이는'도 생략되어 (64)가 형성된다. 다만 이 경우 '⁇영이는 철수가 갔다고 말하기는 영이는 철수가 갔다고 말했다'가 매우 어색한 것에서 알 수 있듯이 '철수가'가 생략되면 '영이는'도 생략되어야 하는데, 이는 구문 분석(parsing)에서 충분히 예측된다. '철수가'가 생략되었는데 '영이는'이 생략되지 않으면 음성적으로 실현된 '영이는'이 '가-' 의 논항으로 구문 분석되는 문제가 발생하기 때문이다(이 장의 4.4.2절 참고).

안정적인 이론 구성도 어렵기 때문이다. 물론 합리적 해석에서 멀어지고 체계적·안정적 이론에서 멀어지는 것은 이해와 설명에서 멀어지는 것이다.[50] 이에 여기서는 (65)의 분석을 택한다.

한편 생략의 가능성을 고려하면 소위 큰 공대명사 PRO나 작은 공대명사 pro와 같은 공대명사(null pronoun)는 한국어를 분석하며 굳이 가정할 필요가 없다. 예를 들어 아래 (66㉯)에서 음성적으로 실현되지 않은 주어는 (67가)와 (67나)에서 보듯이 '철수가'가 생략되거나 대용 표현 '걔가' 정도가 생략된 것으로 이해할 수 있으므로,[51] 굳이 (67다)처럼 공대명사를 상정할 이유가 없다.

> (66) ㉮ 철수가 영이를 만났지?
>
>   ㉯ 맞아, 영이를 만났어.
>
> (67) 가. 맞아, 철수가 영이를 만났어.
>
>   나. 맞아, 걔가 영이를 만났어.
>
>   다. 맞아, pro 영이를 만났어.

(67나)의 대용 표현 생략은 한국어의 특성상 가능한 규칙이다. 한국어는 생략이 자유로운바 대용 표현 역시 생략의 대상일 수 있기 때문이다. 이와 달리 생략이 자유롭지 않은 언어는 대용 표현 생략을 동원할 수 없고 이에 소리 없는 공대명사를 어휘항목으로 설정하게 된다.

위와 같은 맥락에서 PRO가 등장하는 소위 통제 구문(control construction)은 생략이 필수성을 띠는 경우로 이해된다.

---

50   체계적·안정적 이론을 강조한다고 해서 고정불변의 이론을 추구하는 것은 아니다. 소수의 반례나 예외가 있다고 해서 손바닥 뒤집듯이 이론을 바꿀 수는 없다는 것을 강조할 뿐이다.

51   '대용 표현 생략'은 생략 규칙에서 예측할 수 있다. 대용 표현은 구정보이고 구정보는 생략의 대상이기 때문이다(5장 참고).

(68) 영이는 [철수를 만나기로] 결심했다.

(69) 가. 영이는₂ [그녀 자신이₂ 철수를 만나기로] 결심했다.

    나. 영이는₂ [PRO₂ 철수를 만나기로] 결심했다.

큰 공대명사 PRO를 인정하면 (68)은 (69나)와 같이 분석된다.[52] 하지만 pro가 그랬듯이 굳이 PRO를 가정할 필요는 없다. (69가)에서 보듯이 PRO가 아니라 대용 표현 '그녀 자신' 정도가 나타나고 이 대용 표현이 생략되는 것으로 보면 된다. 다만 이 경우의 생략은 수의적이지만 그 수의성의 정도가 약해서 필수적 생략에 육박한다는 것만 추가하면 된다.[53]

4.8. 통사관계

통사관계와 계층구조는 통사론을 지탱하는 두 기둥이며(1장 1.2절 참고), 서로 밀접한 관계를 맺는다. 통사관계를 맺으려면 일정한 계층구조적 요건을 충족해야 하고, 역으로 일정한 계층구조적 요건이 충족되면 통사관계가 성립할 수 있게 되는 것이다.

그렇다면 통사관계와 계층구조 사이에 성립하는 밀접한 관계는 어떻게 이해해야 하는가? 이에 대해 여기서는 계층구조를 토대로 (70)에 제시한

52　통제 구문에 대해서는 Landau(2013)을 참고하고, 한국어 통제구문에 대해서는 박종언 (2011), 김용하 외(2018: 12장) 등 참고.

53　'철수는 자기 스스로가 문제를 해결했다'를 고려하면 (69가)의 '그녀 자신이'는 내포절이 아니라 모문 성분일 수도 있다. 하지만 그렇다 해도 별 문제는 없다. '영이는 그녀 자신이₂ [그녀 자신이₂ 철수를 만나기로] 결심했다'로 이해되기 때문이다. 참고로 (57)~(59)에서 확인했고 '철수는 자기 자신이₂ 자기 자신을₂ 추천했다'에서 다시 확인할 수 있듯이 대용 표현은 대용 표현을 선행사로 삼을 수 있다.

여러 통사관계를 설명하는 방향을 선택한바(1장 1.3절의 도입부 참고), (70가)의 '술어-논항 관계'는 통사구조적으로 대치 구조에 해당하고 (70나)의 '수식 관계'는 통사구조적으로 부가 구조에 해당한다.

(70) 가. 술어-논항 관계
　　 나. 수식 관계
　　 다. 주제-설명 관계, 초점-배경 관계
　　 라. 병렬 관계
　　 마. 제시 관계
　　 바. 동격 관계
　　 사. 부름 관계

남은 것은 (70가)와 (70나) 이외의 통사관계 (70다)~(70사)를 통사구조적으로 이해하는 것인데, 이들 통사관계는 통사구조적으로 아래와 같이 이해할 수 있다.[54]

먼저, (70다)의 '주제-설명 관계'와 '초점-배경 관계'는 부가 구조로 이해할 수도 있고, 대치 구조로 이해할 수도 있다. 물론 부가 구조이면서도 '수식 관계'와 구분되어야 하고, 대치 구조이면서도 '술어-논항 관계'와 구분되어야 하는데, 부가 구조를 택하는 경우에는 조사 등의 언어 형식에 의해 구분된다. 예를 들어 아래에서 보듯이 '수식 관계'를 맺는 성분 '마당에서'와 '주제-

---

54　앞서 지적하였듯이(이 장의 각주 15) 참고), 추상적 기능범주에 기대거나 대치 구조, 부가 구조와 구분되는 제3의 통사구조를 동원하는 방법은 따르지 않는다. 다만 부름 관계의 통사 구조로 병치 구조를 제안하는데, 병치 구조는 대치 구조, 부가 구조와 구분되는 제3의 통사 구조가 아니라 대치 구조와 부가 구조의 토대에 해당하는 통사구조이다. 이 장의 (76)에 대한 논의 참고.

설명 관계', '초점-배경 관계'를 맺는 성분 '고양이를, 고양이는'은 동반한
조사에서 차이를 보인다.

> (71) 가. 강아지가 <u>마당에서</u> 고양이를 물었다.
>
> 나. 강아지가 <u>고양이를</u> 귀를 물었다.
>
> 강아지가 <u>고양이는</u> 귀를 물었다.

부가 구조가 아니라 대치 구조를 택하면 통사구조적으로는 '주제-설명
관계, 초점-배경 관계'와 '술어-논항 관계'가 구분되지 않는다. 하지만 의미
역 자질이 논항으로 실현되는 과정에서 차이가 나타나는바, '주제-설명 관계,
초점-배경 관계'에는 앞서 계사문을 살피며 논의한 의미역 자질 전달 작용이
관여한다(이 장의 4.6절 참고). 그 한 예로 (71나)의 통사구조를 제시하면 아래
와 같다. 편의상 의미역 자질과 해당 의미역 자질을 실현한 논항에는 서로
같은 아래첨자를 붙인다.

> (72) 강아지가 {고양이를, 고양이는} 귀를 물었다. (= 71나)

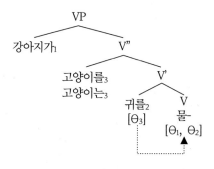

'귀'의 의미역 자질 $[\theta_3]$은 '$[_{NP}$ 고양이의 $[_N$ 귀$]]$'처럼 N '귀'가 투사한
NP 내에서 논항으로 실현될 수도 있지만 위에서 보듯이 V '물-'에 전달될

수도 있다. '귀'의 의미역 자질 [θ₃]이 V '물-'로 전달되면 V '물-'은 자체적으로 가지고 있던 의미역 자질 [θ₁, θ₂]에 더해 N '귀'로부터 전달받은 [θ₃]까지 가지게 되어 [θ₁, θ₂]에 해당하는 '강아지가, 귀를'에 더해 [θ₃]에 해당하는 '고양이를, 고양이는'도 논항으로 취하게 된다.[55]

'주제-설명 관계'와 '초점-배경 관계'가 대치 구조를 취하는 것으로 이해하면 아래와 같은 예에서 초점어 '귀를'과 주제어 '귀는'이 출현하는 것은 논항 자질 반복 규칙 'X → X⁺'에 의해 보장된다(이 장의 4.2.1절 참고).

(73) 강아지가 {귀를, 귀는} 고양이를 물었다.
　　　[참고] 강아지가 {귀를, 귀는} 고양이를 물고, {코를, 코는} 코끼리를
　　　　　　물었다.

'몽실이는 고양이이다'에서 보듯이 N '고양이'는 술어 기능을 가질 수 있다. 하지만 (73)의 '고양이'는 그렇지 않아서 술어 기능이 아니라 특정 개체를 가리키는 기능을 갖는다. 그래서 특정 개체를 나타내는 '몽실이'가 '고양이'를 대체할 수 있다(강아지가 {귀를, 귀는} 몽실이를 물었다). 그리고 '고양이'가 술어 기능을 가지지 않으므로 N '고양이'에서 V '물-'로 전달되는 의미역 자질이 없는바, 이에 (73)의 '귀를, 귀는'은 의미역 자질 전달이 아니라 논항 자질 반복 규칙을 토대로 통사구조에 등장하게 된다. 즉, (73)의 '귀를, 귀는'은 의미역 [θ₂]와 짝을 이루는 논항 자질 [NP]가 [NP]²로 확장되

---

[55] 　주제어, 초점어는 '{고양이를, 고양이는} 강아지가 귀를 물었다'에서 보듯이 주어 앞에 나타날 수도 있다. 이 경우는 (72)에서 '고양이를, 고양이는'이 문두로 이동해서 형성되는 것으로 보거나, [θ₃]이 [θ₁]이나 [θ₂]보다 의미역 위계가 높아서 통사구조적으로 [θ₃]을 실현하는 논항이 [θ₁]과 [θ₂]를 실현하는 논항보다 상위에 위치하는 것으로 볼 수 있다. 이동으로 보아야 하는지, 의미역 위계로 다루어야 하는지, 아니면 둘 다 가능한지를 논의해야 하는데 문제를 제기하는 선에서 멈춘다.

면서 마련된 추가적인 명사구 자리에 기대어 통사구조에 나타나게 된다.

(74) 강아지가 {귀를, 귀는} 고양이를 물었다.

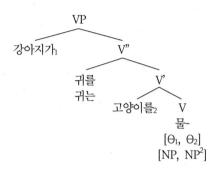

다음으로, (70라)의 '병렬 관계'는 대치 구조와 부가 구조 중 대치 구조에 해당하며, 어휘항목 차원의 특성에서 대치 구조를 취하는 여타의 통사관계와 구별된다. 특히 접속조사, 접속어미 등 병렬 관계를 형성하는 어휘항목은 투사하지 않는 핵의 특성을 지니는데(7장 참고), 이러한 특성은 '술어-논항 관계', '주제-설명 관계', '초점-배경 관계' 등 대치 구조를 취하거나 취할 수 있는 여타의 통사관계와 병렬 관계를 구분해 준다. '병렬 관계'와 달리 '술어-논항 관계', '주제-설명 관계', '초점-배경 관계' 등이 취하는 통사구조에는 투사하지 않는 핵이 등장하지 않는 것이다.

이어서, (70마)의 '제시 관계'와 (70바)의 '동격 관계'는 대치 구조와 부가 구조 중 부가 구조에 해당하는데, 다른 통사관계에 기대서 나타나는 점에서 '수식 관계', '주제-설명 관계', '초점-배경 관계' 등 부가 구조를 취하거나 취할 수 있는 여타의 통사관계와 구분되며,

(75) 가. 통사론, 우리는 통사론을 연구한다.
　　나. 영이의 친구(가), (즉) 철수가 순이를 만났다.

더불어 위에서 쉼표(,)로 표시한 끊어짐의 억양을 동반하는 특성에서도 여타의 통사관계와 구분된다.

'통사론? 그가 통사론을 연구한다고?'와 '영이의 친구(가)? (즉) 철수가 순이를 만났다고?'에서 보듯이 끊어짐의 억양은 문말억양을 동반할 수도 있다. 문말억양을 동반한 제시어 '통사론?'과 동격어 '영이의 친구(가)?'는 문말에 위치한 의문의 문말억양 Ω가 복사되고 '통사론' 및 '영이의 친구(가)'와 병합함으로써 형성된다([$_{QP}$ [통사론] Ω], [$_{QP}$ [영이의 친구(가)] Ω]). 한편 (문말억양을 동반한) 끊어짐의 억양은 제시어와 동격어가 단순한 NP나 K$_S$P가 아님을 의미한다. 그래서 제시어와 동격어는 논항 자질 반복 규칙에 의해 도입되는 것으로 보기 어려우며, 이에 따라 대치 구조의 가능성은 희박해지고, 부가 구조를 취하는 것으로 이해하게 된다.

이렇게 '제시 관계, 동격 관계'는 통사구조를 형성하는 성분들의 성격과 억양 등에서 여타의 통사관계와 구분된다. 하지만 '제시 관계'와 '동격 관계'는 성분들의 성격과 억양까지 고려해도 서로 구분되지 않는다.[56] 그래서 이둘은 통사구조는 동질적이되 그 기능에서 구분되는 것으로 보게 된다. 예를 들어 (75가)의 제시어 '통사론'은 관심의 대상을 제시하는 기능을 하는 데비해, (75나)의 동격어 '영이의 친구(가)'는 '철수'에 대한 추가적인 정보를 제공하는 기능을 발휘한다.

이제 남은 것은 (70사)의 '부름 관계'인데, '부름 관계'는 대치 구조와 부가 구조보다 원초적인 통사구조이자 대치 구조와 부가 구조로 분화되기 이전 단계의 통사구조인 병치 구조를 토대로 한다.[57]

---

56 조사를 동반하지 않으면 제시 관계이고 조사를 동반하면 동격 관계 식으로 구분하면 제시 관계와 동격 관계를 통사구조적으로 구분할 수는 있다. 하지만 그러한 구분이 편의상의 조치 외에 어떤 의의를 지닌다고 보기는 어려운 듯하다. 이에 구분하지 않는 입장을 취한다.

57 부름 관계의 통사구조를 대치 구조로 보고, 부름말이 기능범주 C나 추상적인 기능범주의

(76) 얘들아, 눈 온다.

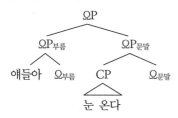

위에서 부름 억양 $\Omega_{부름}$이 핵인 부름말 [$_{\Omega P부름}$ [얘들아] $\Omega_{부름}$]과 문말억양 $\Omega_{문말}$이 핵인 [$_{\Omega P문말}$ 눈 온다] $\Omega_{문말}$]은 성분을 이룬다. 그런데 성분만 이룰 뿐, 이루어진 성분을 토대로 별다른 통사관계가 맺어지지는 않는다. 다시 말해 논항, 술어, 수식어, 초점어, 주제어, 제시어, 동격어 등은 문장 내의 다른 성분과 통사관계를 맺지만 부름말은 문장 내의 다른 성분과 통사관계를 맺지 않는다. 이에 여기서는 언어 표현들이 병합하여 하나의 성분을 이루면 '병치 구조'(juxtaposition structure)를 형성하는 것으로 보고, '부름 관계'는 병치 구조를 형성하는 데에 그치는 것으로 본다.[58] 그리고 병치 구조에 더해 병치 구조를 형성하는 성분들 사이에 통사관계까지 성립하면 병치 구조가 대치 구조나 부가 구조로 분화하는 것으로 본다.[59]

명사어에 위치하는 것으로 보는 견해도 있다(유동석 1995; 박소영 2019 등 참고).

[58] α와 β가 병합하여 형성한 병치 구조 [α β]의 표찰은 어떻게 정하는가? 병치 구조에서는 α와 β 중 어느 하나가 핵의 성격을 띤다고 보기는 어렵고 α와 β 둘 다 핵의 성격을 띤다고 보아야 한다. 따라서 병치 구조 [α β]의 표찰이 정해지려면 α와 β가 같을 수밖에 없다. 그래야 병치 구조 [α β]의 표찰이 [$_{\alpha P=\beta P}$ α β]로 정해진다. 이와 달리 α와 β가 다르면 [$_{\alpha P}$ α β]나 [$_{\beta P}$ α β]여야 하는데 이 둘은 α와 β 둘 다가 핵의 성격을 띤다는 것과 어긋난다. 따라서 α와 β가 다른 경우 병치 구조 [α β]는 성립하지 않는다. (76)의 경우, $\Omega P_{부름}$이든 $\Omega P_{문말}$이든 둘 다 ΩP이므로 $\Omega P_{부름}$과 $\Omega P_{문말}$이 병합한 성분의 표찰은 ΩP로 정해진다.

[59] 이러한 분화는 필수적이다. 병치 구조를 이루는 성분 사이에는 별다른 통사관계가 성립하지 않는바, 병치 구조에 머물면 통사관계가 포착되지 않기 때문이며, 표찰에서 문제가 발생할 수도 있기 때문이다. 예를 들어 '눈'과 '오-'가 병합하여 병치 구조 [눈 오-]를 이루고 여기서 그치면, '눈'과 '오-' 사이에 술어-논항 관계가 맺어지지 않으며, '눈'의 통사범주

위의 논의를 토대로 (76)의 통사구조가 형성되고 부름 관계 등이 성립하는 과정을 제시하면 아래와 같다.

(77) 얘들아, 눈 온다.

　가. 부름말 '얘들아' 형성

　　① '얘들아'와 부름 억양 핵 $\Omega_{부름}$의 병합으로 병치 구조 [얘들아 $\Omega_{부름}$] 형성

　　② 부름 억양 핵 $\Omega_{부름}$의 보충어 자질을 기초로 병치 구조 [얘들아 $\Omega_{부름}$]이 대치 구조 [$_{\Omega P부름}$ 얘들아 $\Omega_{부름}$]으로 분화[60]

　나. '눈 온다' 형성

　　① NP '눈'과 V '오-'의 병합으로 병치 구조 [눈 오-] 형성

　　② V '오-'의 논항 자질을 기초로 병치 구조 [눈 오-]가 대치 구조 [$_{VP}$ 눈 오-]로 분화. 이를 통해 술어-논항 관계 성립

　　③ [$_{VP}$ 눈 오-]와 어미 T '-ㄴ-'의 병합으로 병치 구조 [[$_{VP}$ 눈 오-] -ㄴ-] 형성

　　④ 어미 T '-ㄴ-'의 보충어 자질을 기초로 병치 구조 [[$_{VP}$ 눈 오-] -ㄴ-]이 대치 구조 [$_{TP}$ [$_{VP}$ 눈 오-] -ㄴ-]으로 분화

　　⑤ [$_{TP}$ [$_{VP}$ 눈 오-] -ㄴ-]과 어미 C '-다'의 병합으로 병치 구조 [[$_{TP}$ [$_{VP}$ 눈 오-] -ㄴ-] -다] 형성

　　⑥ 어미 C '-다'의 보충어 자질을 기초로 병치 구조 [[$_{TP}$ [$_{VP}$ 눈

　　　자질은 [N]이고 '오-'의 통사범주 자질은 [V]인바, [눈 오-]의 표찰이 정해질 수도 없다. 반면에 대치 구조로 분화되면 술어-논항 관계가 맺어지고 표찰도 VP로 정해진다.

60　부름말은 '철수, 밖에 눈 온다', '철수야, 밖에 눈 온다'에서 보듯이 NP와 부름 억양 핵만으로 구성될 수도 있고 '-야'와 같은 부름말 표지(vocative marker)까지 동반할 수도 있다. 이에 부름 억양 핵 $\Omega_{부름}$은 [NP]와 [VocP]를 보충어 자질로 갖는 것으로 본다.

오-] -ㄴ-] -다]가 대치 구조 [CP [TP [VP 눈 오-] -ㄴ-] -다]로 분화

⑦ [CP [TP [VP 눈 오-] -ㄴ-] -다]와 문말억양 핵 Ω문말의 병합으로 병치 구조 [[CP [TP [VP 눈 오-] -ㄴ-] -다] Ω문말] 형성

⑧ 문말억양 핵 Ω문말의 보충어 자질을 기초로 병치 구조 [[CP [TP [VP 눈 오-] -ㄴ-] -다] Ω문말]이 대치 구조 [ΩP문말 [CP [TP [VP 눈 오-] -ㄴ-] -다] Ω문말]로 분화[61]

다. '얘들아, 눈 온다' 형성

ΩP부름 [ΩP부름 얘들아 Ω부름]과 ΩP문말 [ΩP문말 [CP [TP [VP 눈 오-] -ㄴ-] -다] Ω문말]의 병합으로 병치 구조 형성. 이를 통해 부름 관계 성립

ΩP부름과 ΩP문말의 병치를 인정하면, '*그는 얘들아 눈 온다고 말했다'에서 보듯이 부름말이 내포되지 않는 것도 쉽게 설명할 수 있다. 내포절은 문말억양을 결하는바, 그 정체는 [ΩP문말 [CP … C] Ω문말]에서 Ω문말을 걷어낸 CP로 판단되는데, 부름말, 즉 ΩP부름과 내포절 CP의 병합은 병치 구조에 머무를 수도 없고,[62] 대치 구조나 부가 구조로 분화될 수도 없어서 허용되지 않으며, 그 결과 부름말 ΩP부름은 내포될 수 없는 것이다.

---

61 문말억양 핵 Ω문말은 보충어 자질로 [CP]를 갖는다. 그리고 문말억양 핵 Ω문말로의 핵 이동은 나타나지 않으므로 보충어 자질 상속 규칙이 적용되지 않는다. 그래서 문말억양 핵 Ω문말이 [TP], [HP], [VP] 등을 보충어로 취하지는 않는다.

62 병치 구조에 그치려면 통사범주가 같아야지 ΩP부름과 CP처럼 통사범주가 달라서는 안 된다 (이 장의 각주 58) 참고).

4.9. 정리

1장~3장에서 논의한 내용은 거기서 살핀 현상에만 머물러서는 안 되고 그 이외의 현상에서도 그 일반성과 타당성이 확인되어야 한다. 이에 이 장에서는 1장~3장을 통해 구성한 한국어 통사론의 토대를 재확인하고, 아울러 몇 가지 구체적인 통사 현상에 대한 기본적인 이해를 도모하였다. 주요 사항을 간추리면 아래와 같다.

첫째, '격 중출 구문'은 격과 조사에 대한 이해에 논항 자질 반복 규칙을 보완함으로써 설명할 수 있다. 그리고 뒤에서 살피게 되듯이 논항 자질 반복 규칙은 핵 이동의 경우에서도 힘을 발휘한다(12장 참고).

둘째, '"-으면 –을수록' 반복 구문'은 핵 이동과 삽입 규칙의 상호 작용을 고려하고, 공기 제약을 설정하면 설명할 수 있다.

셋째, '뒤섞기'와 '후보충'은 일견 상이한 이동 현상인 듯하나 본질적으로 하나이다. 다만 통사구조 형성에 참여한 어휘항목의 속성에 의해 이동의 착륙지가 결정되어서 다르게 보일 따름이다.

넷째, '피동문과 사동문'은 의미역 자질과 논항 자질의 상호 독립성, 의미역 자질의 삭감과 합성, 이동 등으로 그 통사구조와 격 현상을 설명할 수 있다.

다섯째, '계사문'은 동일성이나 서술성을 나타내며, 서술성 계사문에는 논항 자질 전달 작용이 관여한다.

여섯째, '생략 현상'은 통사구조와 맥락을 토대로 작동한다. 또한 한국어는 생략이 활발하고 대용 표현도 생략의 대상인바, 공대명사는 굳이 상정할 필요가 없다.

일곱째, 통사관계는 여럿이지만 통사구조는 병치 구조 및 병치 구조에서 분화된 대치 구조와 부가 구조뿐이다. 이에 통사관계가 달라도 통사구조는 같을 수 있는데, 이러한 경우에는 통사구조 형성에 참여하는 성분들의 특성을 토대로 통사관계가 분화되고 구분된다.

끝으로, 여덟째, 지금까지 1장~4장에서 논의한 내용은 앞서 다룬 여러 현상을 분석하고 설명하는 힘을 지닐 뿐만 아니라 그 밖의 여러 다른 현상을 분석하고 설명하는 힘도 지닌다(이후의 논의 및 이정훈 2008나, 2012나, 2014다 등 참고).

2부 확장

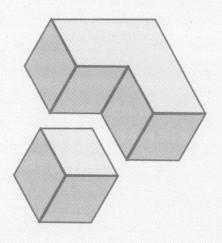

5. 생략: 조각문의 경우

5.1. 도입

의미 면에서는 온전한 문장에 해당하지만 형식 면에서는 생략에 의해 문장의 일부만 실현된 언어 표현을 조각문(fragmentary sentence)이라고 한다. 조각문은 생략되지 않고 음성적으로 실현되는 조각 성분(fragment)이 하나인가, 둘 이상인가에 따라 단일 조각문과 다중 조각문, 이 두 유형으로 나뉘는데, 각 유형의 예를 들면 아래 (1댑), (2댑)과 같다.

(1) 문 누가 영이를 만났니?
    답 철수가. (안희돈 2012: 15 참고)
(2) 문 누가 누구에게 선물을 주었니?
    답 영이가 철수에게. (이정훈 2017다: 439 참고)

활발한 생략은 한국어의 주요 특징 중 하나로서 한국어 문법은 생략 현상에 대해 설명하는 것을 큰 과제로 삼는다. 이러한 맥락에서 이 장은 (1댑)으로 예시한 단일 조각문에 대한 이해를 도모하는 한편, 이를 바탕으로 (2댑)으로 예시한 다중 조각문(multiple fragmentary sentence)의 형성 과정을 밝히는 것을 목적으로 한다.

논의 순서는 다음과 같다. 먼저 5.2절에서는 단일 조각문을 자료로 조각문의 형성 방식에 대한 이해를 공고히 한다. 특히 다중 생략의 가능성을 재확인하고 제시 구문이 조각문 형성에 관여함을 보여주는 근거를 추가한다. 5.2절의 논의를 바탕으로 5.3절에서는 다중 조각문의 형성 과정을 밝히는데, 단일 조각문과 마찬가지로 생략에 더해 전치(preposing)와 후치(postposing), 즉 이동이 다중 조각문의 형성에 기여한다는 것을 확인한다. 5.4절에서는 논의 내용을 정리함으로써 생략의 한 사례인 '조각문'에 대한 논의를 마무리한다.

5.2. 다중 생략과 제시 구문에서의 생략

한국어의 단일 조각문 (3답)은 (4가)에서 보듯이 생략만으로, 즉 여러 번의 생략이 겹쳐서 형성되기도 하고, (4나)와 (4다)에서처럼 전치나 후치, 즉 이동에 더해 생략이 동원되어 형성되기도 하며, (4라)에 제시하듯이 제시 구문에 생략이 적용되어 형성되기도 한다.[1]

---

1   분열문에 생략이 적용되어 조각문이 형성될 가능성도 있는데(박명관·신의종 2014 참고), 이 견해에 따르면 조각문에서 생략되지 않고 음성적으로 실현되는 조각 성분이 분열문의 초점 위치에 나타나고, 초점 이외의 것이 생략되어 조각문이 형성되며, 예를 들어 (3답)은 분열문 '영이가 선물을 준 것은 철수에게였다'에 다중 생략이 적용되어 형성된다(영이가 선물을 준 것은 [철수에게]였다). 그런데 이 견해는 분열문 분석을 거부하는 사례들이 있으므로 따로 고려하지 않는다. 예를 들어 분열문에 생략을 적용해서 '답 영이가 무엇을 어떻게 공부했니? 답 통사론을 열심히'의 답을 형성하려면, 생략에 앞서 '통사론을'과 '열심히'가 분열문의 초점 위치에 나타날 수 있다고 해야 하는데 '*영이가 공부한 것은 통사론을 열심히였다'에서 보듯이 그렇게 보기 어렵다. 분열문 분석을 거부하는 또 다른 사례에 대해서는 이 장의 각주 15) 참고.

(3) 🔲 영이가 누구에게 선물을 주었니?

　🔳 철수에게.

(4) 가. **영이가** 철수에게 **선물을 주었다**.

　나. 철수에게₂ **영이가** t₂ **선물을 주었다**.

　다. **영이가** t₂ **선물을 주었다**, 철수에게₂.

　라. 철수에게, **영이가 철수에게 선물을 주었다**.

(이정훈 2017다: 446 참고)

　이 절에서는, (4나)와 (4다)의 형성 과정에 대한 논의는 다른 곳으로 미루고 (이정훈 2017가, 다 등 참고), '다중 생략 방식' (4가)와 '제시 구문에서의 생략 방식' (4라)의 이론적·경험적 타당성을 제고함으로써 조각문에 대한 이해의 틀을 보다 공고히 한다.

5.2.1. 다중 생략의 가능성

　일반적인 문법 작용과 마찬가지로 생략도 성분성(constituency)에 기초하여 작동한다고 하자. 그러면 '영이가 철수에게 선물을 주었다'에서 '철수에게'를 제외한 '영이가, 선물을, 주었다'가 하나의 성분으로 묶이지 않는바, (4가)는 '영이가, 선물을, 주었다'가 한꺼번에 생략되어 형성된다고 볼 수 없고, '영이가'와 '선물을' 그리고 '주었다'가 따로따로 생략된다고 보아야 한다. 다시 말해 (4가)는 여러 번의 생략이 겹친 결과로 해석되어야 하며, 이에 생략이 두 번 이상 적용되는 다중 생략(multiple ellipsis)이 존재하게 된다.

　물론 다중 생략이 아니라 단 한 번의 생략으로 (4가)를 형성하는 길이 전혀 없는 것은 아니다. 예를 들어 아래 (5가)에서 보듯이 생략되지 않는 성분이 이동을 통해 생략의 범위에서 벗어나고 이 성분 이외의 것이 단번에 생략되면 다중 생략이 아니라 한 번의 생략으로 (4가)를 형성할 수 있다. 그리고 이러한 방식은 (5나)에서 보듯이 다중 조각문에도 통한다.

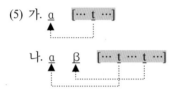

(5) 가. α [··· t ···]

　　나. α　β　[··· t ··· t ···]

　하지만 문제는 (5)의 가능성 여부가 아니라, 다중 생략 방안 (4가)의 가능성 여부이다. 이에 대해 박범식(2008, 2013), 안희돈(2012), 정대호(2015), 안희돈·조성은(2017) 등은 다중 생략의 가능성을 적극적으로 고려하지 않고, Merchant (2004)에서 제시된 (5)의 방식, 즉 이동 작용의 조력에 기대어 단 한 번의 생략으로 조각문을 형성하는 방식만을 인정하는 듯하다. 그런데 이러한 제안은 한국어 현상이든 다른 언어의 현상이든, 예를 들어 Merchant(2004)의 논의 대상인 영어의 현상이든 그 형성 과정을 일률적·보편적으로 보려는 동기에서 촉발된 듯한데 여기서는 그러한 시각을 채택하지 않는다. 일률성·보편성은 이동, 생략과 같은 문법 작용의 존재 정도에서 성립하지, 그러한 문법 작용의 작동 방식 차원에서는 통하지 않는다고 보기 때문이다. 다시 말해 문법 작용의 구체적인 작동 방식에서는 언어 사이의 차이가 존재할 수 있다고 본다.[2]

　한편 위의 판단과 달리 생략과 같은 문법 작용의 작동 방식도 일률적·보편적이라고 해 보자. 그래도 문제는 남는다. (5)와 같은 제안의 동기는 아래와 같은 간접의문 축약 구문 혹은 수문 구문(sluicing construction) 현상인데

2　마찬가지로 문법 작용의 작동 결과로 나타나는 언어 표현의 구조적 일률성·보편성도 인정하지 않는다. 그래서 한국어의 통사구조와 영어의 통사구조가 같지만은 않다. 한마디로 한국어 통사론과 영어 통사론이 일률성·보편성을 주장할 만큼 같다고 보지 않는다.

(Merchant 2004 참고), 이러한 구문이 한국어에 존재하지 않기 때문이다.

(6) Jack bought something, but I don't know what [TP ⋯ t ⋯].

Merchant(2004: 664-665 참고)

물론 (6)에 대응하는 현상이 한국어에도 존재하기는 한다. 예를 들어 (6)의 후행 접속절의 내포절 'what [TP ⋯ t_what ⋯]'은 (7)의 '무엇인지'에 대응한다.

(7) 철수가 무엇인가를 샀다는데, 나는 <u>무엇인지</u> 모르겠어.

하지만 (7)의 '무엇인지'는 '무엇-이-은지'로 분석되는 계사문이며, 여기서 '무엇'은 아래 (8)의 '무엇인지/무엇이었는지'의 '무엇'에 해당하므로 (6)의 'what'과 달리 이동과 무관하다(손근원 2000 참고).[3] 또 (8)에서 '그것이'가 생략되면 바로 (7)이 된다.

(8) 철수가 무엇인가를 샀다는데,
    나는 [그것이 <u>무엇인지/무엇이었는지</u>] 모르겠어.

위와 같은 논의는 (4가)와 같은 다중 생략을 인정하지 않는 방안의 이론적·경험적 근거가 그다지 탄탄하지 않음을 의미한다. 더군다나 생략 이외의

---

3 이에 대해서도 '무엇'이 이동한다고 보고, (7)의 '무엇인지'를 형성하는 방안을 고안해 낼 수는 있다(김정석 2000; 박범식 2007 등 참고). 하지만 그러한 방안은 한국어의 특성과 잘 어울리지 않으며, 또 예외적인 조치 등을 필요로 한다는 점에서 그 타당성을 인정하기 어렵다고 판단한다(손근원 2000; 이정훈 2017가: 336-341 참고).

문법 작용이 적용될 때, 예를 들어 이동이 적용되는 경우, 아래 (9가)에서 보듯이 이동하는 성분들이 한꺼번에 이동해야만 하는 것이 아니며, 마찬가지로 삽입(insertion)이 적용되는 경우, 아래 (9나)에서 보듯이 동격 구문 형성을 위해 삽입되는 성분들이 한꺼번에 삽입되어야 하는 것이 아니라는 점을 고려하면, 유독 생략에서만 생략되는 성분들이 한꺼번에 생략되어야 한다는 조건을 두는 것은 자의적이라는 비판을 면하기 어렵다.[4]

(9) 영이가 철수에게 편지를 보냈다.

    가. <u>철수에게</u>₂ 영이가 t_2 편지를 보냈다.

       영이가 철수에게 t_3 보냈다, <u>편지를</u>₃.

       <u>철수에게</u>₂ 영이가 t_2 t_3 보냈다, <u>편지를</u>₃.

    나. <u>영이가</u>₂, <u>내 친구가</u>₂, 철수에게 편지를 보냈다.

       영이가 <u>철수에게</u>₃, <u>네 친구에게</u>₃, 편지를 보냈다.

       <u>영이가</u>₂, <u>내 친구가</u>₂, <u>철수에게</u>₃, <u>네 친구에게</u>₃ 편지를 보냈다.

5.2.2. 다중 생략의 작동 방식

앞서의 논의를 토대로 다중 생략의 가능성을 인정하도록 하자. 그렇다면 다중 생략은 구체적으로 어떻게 작동하는가?

일단 다중 생략이 필요하다고 해서 여러 번의 생략이 겹치도록 하기 위해

4　이동, 생략, 삽입, 이 세 가지 외에 더 고려할 수 있는 것은 축약(contraction)과 반복(repetition)인데, '<u>나의</u> 것이 <u>너의</u> 것이다, 내 것이 너의 것이다, 나의 것이 네 것이다, 내 것이 네 것이다', '철수가 이 책을 읽었다, 철수가 <u>이 책을</u> 이 책을 읽었다, 철수가 이 책을 <u>읽기는</u> 읽었다, 철수가 <u>이 책을</u> 이 책을 읽기는 읽었다' 등에서 보듯이 축약과 반복도 이동, 생략, 삽입과 마찬가지로 축약되고 반복되는 성분들이 한꺼번에 축약되고 반복되어야 한다는 조건은 성립하지 않는다.

따로 조건이나 제약을 둘 필요는 없다. 아래에서 보듯이 생략은 자유롭게 적용되며 문맥에 어울리는 것이 허용되고, 허용되는 것 중 일부가 다중 생략에 해당할 따름이다.

(10) 가. 問 누가 누구에게 선물을 주었니?
　　　答 영이가 철수에게 선물을 주었다. (= 2答)[5]
　　나. 問 영이가 누구에게 무엇을 주었니?
　　　答 영이가 철수에게 선물을 주었다.
　　다. 問 영이가 누구에게 선물을 주었니?
　　　答 영이가 철수에게 선물을 주었다. (= 4가) 등

한편 다중 생략이 나타날 때 서술어는 생략에서 벗어나서 잔존하려는 경향을 띤다. 예를 들어 (11)의 질문에 대한 답으로서 (12가)~(12다)를 고려해 보자.

(11) 누가 영이를 만났니?
(12) 가. 철수(가).
　　나. 철수가 만났어.
　　다. ??철수가 영이(를).[6]

5　'선물을'과 '주-'는 [vP 영이가 [v'' 철수에게 [v' 선물을 주-]]]에서 보듯이 성분 [v' 선물을 주-]를 이루므로 따로따로 생략되는 대신에 한꺼번에 생략될 수 있으며 [v' 선물을 주-]가 생략되면 어미 '-었-'과 '-다'도 생략된다(이 장의 각주 7) 참고).
6　이러한 예가 자연스러운 경우가 있는데 이에 대해서는 잠시 후에 (16)을 자료로 삼아 논의한다.

(11)에 대한 답으로서 (12가)나 (12나)에 비해 (12다)는 상당히 어색하다. 그리고 이러한 어색함은 아래 (13)과 (14)에서 보듯이 '언제'나 '어디에서'처럼 의문사가 부가어일 때 한층 두드러진다.

> (13) 철수가 언제 영이를 만났니?
> 　　가. 어제.
> 　　나. 어제 만났어.
> 　　다. *철수가 어제.
> 　　라. *어제 영이를. 등
> (14) 철수가 어디에서 영이를 만났니?
> 　　가. 서강역에서.
> 　　나. 서강역에서 만났어.
> 　　다. *철수가 서강역에서.
> 　　라. *서강역에서 영이를. 등

그런데 다중 생략에 따르면 (12가), (12나)와 (12다)가 다르게 판단될 이유가 없다. (12가)에서 목적어 '영이를'과 서술어 '만났어'가 생략되고,[7] (12나)에서 목적어 '영이를'이 생략되듯이, 서술어 '만났어'가 생략되면 (12다)가 되기 때문이다.

다중 생략만으로는 (12)에서 관찰되는 차이를 포착하기 어려운 셈인데,

7　어미는 통사적 핵이며, V와 어미의 통합은 핵 이동에 의한다(2장 2.4절 참고). 따라서 서술어 '만났어' 생략은 보다 정확히 하면 다음의 두 가지 중 하나의 방식에 의한다. 첫째, 핵 이동으로 형성된 '만났어' 생략. 둘째, V '만나-'의 생략과 이에 따른 어미 생략. 자세한 사항은 이정훈(2017가: 348-354, 362-363) 및 이정훈(2017다: 433-444) 참고. 한편 (11)에 대한 답으로 '철수가 영이를 만났어'도 가능한데, 이는 생략이 적용되지 않은 경우이므로 따로 살피지 않는다.

이에 정보구조(information structure)와 생략의 상호작용을 고려해 보자(김미경 1999; 최윤지 2017; Winkler 2014 등 참고). 그러면 일단 (12가)는 구정보(old information) 전체가 생략된 것으로 해석된다. 다음으로 (12나)는 구정보 성분이 때로 생략의 범위에서 벗어나 잔존할 수도 있다는 것을 잘 보여준다.[8] 따라서 정보구조와 생략의 관계에서 구정보는 '생략되는 것'이 아니라 '생략될 수 있는 것'으로 자리매김하게 된다. 그래서 '철수가 영이를 만났어'에서 보듯이 아예 생략이 적용되지 않을 수도 있다.

남은 것은 (12나)와 (12다)의 대조인데, 서술어 없이 논항만 생략되지 않고 잔존할 수 없다는 제약, 다시 말해 잔존 가능성에서 서술어가 논항보다 우위에 놓이는 위계를 설정하면 이 대조를 포착할 수 있다. 이러한 사항들을 정리하면 아래와 같다.

(15) 가. 구정보는 생략될 수 있다.

나. 잔존 위계: 서술어 > 논항[9]

(15가)에 따르면, 신정보는 생략에서 배제되며, 동시에 구정보 일체가 생략

8 　이는 신정보, 구정보의 구분 외에 또 다른 구분이 필요함을 의미하는데 이 장의 각주 13) 및 김미경(1999), 최혜원(1999), Erteschik-Shir(2007), Winkler(2014) 등 참고.

9 　부가어는 잔존 위계에서 어디에 놓이는가? 이와 관련하여 '㉮ 철수가 열심히 책을 읽었다. ㉯ 영이도 열심히 책을 읽었다'와 같은 문맥에서 ㉯의 논항 '책을'은 생략될 수 있지만, 부가어에 해당하는 '열심히'는 생략되지 않는다. 그래서 '㉯ 영이도 열심히 책을 읽었다'와 '㉯ *영이도 열심히 책을 읽었다'의 대조가 나타난다. 이에 부가어는 잔존 위계에서 논항보다 높은 것으로 판단되며, 서술어가 생략될 수 있는 것을 고려하면 서술어보다도 높은 것으로 판단된다. 따라서 부가어가 생략되면 서술어와 논항도 생략될 것으로 예측되는데 이는 '㉯ 영이도 열심히 책을 읽었다'에서 보듯이 사실과 부합한다. 참고로 ㉯의 '열심히'는 생략의 대상일 수는 없지만 대용의 대상일 수는 있어서 '영이도 열심히 책을 읽었다'에서 '열심히 책을 읽었다'는 대용될 수 있다. 그래서 ㉯와 더불어 '영이도 그랬다'도 성립한다.

될 수 있다. 따라서 (12가)가 성립한다. 이와 달리 구정보가 잔존한다고 하자. 그러면 (15나)에 따라 서술어가 우선 잔존하게 되며 (12나)가 이에 해당한다. (12다)는 잔존 위계에서 높은 위계를 차지하는 서술어를 배제한 채 낮은 위계에 놓인 논항을 잔존시켰으므로 적격성이 떨어지는 것으로 판단된다.

(15)를 설정하면 다음의 두 가지 문제가 제기된다. 첫째, 왜 서술어가 잔존 위계에서 상위에 놓이는가? 다시 말해 서술어는 왜 논항보다 더 생략에 저항하는가? 둘째, (15)를 토대로 아래 (16대)는 어떻게 설명할 수 있는가?

(16) ㉮ 철수가 영이를 만났다며?   ㉮ 누가 영이를 만났니?

　　 ㉯ 응, 만났지.　　　　　　　 ㉯ 철수가.

　　 ㉰ 맞아, 철수가 영이를.　　　 ㉱ 철수가 영이를?!

위의 두 가지 문제 중 첫 번째 문제를 풀기 위해, 먼저, 상대 경어법 형식이 서술어에 포함된다는 사실을 상기해 보자. 그러면 서술어가 생략에 저항하는 것은 당연한 것이 된다. 서술어가 생략되면 상대 경어법이 외현적으로 실현되지 않게 되고, 그러면 이와 관련한 의사소통상의 문제가 야기되기 때문이다. 예를 들어 아래 (17문)에 대해 상대 경어법이 온전히 실현된 (17답₁)은 적격(felicitous)하나 상대 경어법이 제대로 실현되지 않은 (17답₂)는 '#'으로 표시했듯이 부적격하다. '#'은 맥락상 그리고 의미적으로 성립하기 어려움, 어색함, 선호되지 않음 등을 나타낸다.[10]

10　(17답₁)처럼 생략이 적용되지 않거나 '철수가 영이를요'처럼 '-요'가 동반되면 적격하다. 그리고 격식성까지 고려하면 '철수가 영이를요'도 (17답₂)보다는 낮지만 (17답₁)보다는 못하다. '철수가 영이를요'는 격식성이 누그러진 '누가 누구를 만났요?'에 대한 답으로 가장 적합한 것이다. 한편 (17답₂)는 상대 경어법 어미가 생략될 수 없음을 의미한다. 그런데 앞서 (4), (10) 등에서 확인했듯이 상대 경어법 어미 외에 시제나 문장 유형을 담당하는 어미는 생략될 수 있다. 그렇다면 상대 경어법 어미와 그 이외의 어미 사이의 차이는 왜

(17) 🈁 누가 누구를 만났는가?

　　🈎₁ 철수가 영이를 만났습니다.

　　🈎₂ #철수가 영이를 <mark>만났습니다.</mark>

물론 대화 참여자가 서로를 평대하는 상황이면 (17🈎₂)도 가능하다. 다만 상대 경어법 실현 전체 차원에서는 서술어의 기능 부담량이 큰바, 서술어는 생략에 저항하게 된다.

또한 말차례(turn) 주고받기나 협조 원리(cooperative principle) 등을 고려하면 문답의 맥락에서 질문이 요구하는 것에 대해서만 답하는 것을 적격하다고 보기 어렵다. 예를 들어 대답에 더해 화자의 판단 양상을 보탬으로써 요구된 것 이상으로 대화에 기여해야 대화가 지속될 수 있고, 협조적인 대화 참여자가 될 수 있다. 이러한 맥락에서 (18🈁)에 대한 답으로 (18🈎₁)보다는 (18🈎₂)가 적합하다.

(18) 🈁 누가 영이를 만났니?

　　🈎₁ 철수가.

　　🈎₂ 철수가 만났지/만났는데.

(18🈎₁)은 질문에 대한 답만을 제시하고 있는데, 대화의 지속 가능성에 대한 배려가 부족하며, 대화의 주도권을 계속 질문자에게 부여함으로써 질문자에게 부담을 야기하고 있다.[11] 이와 달리 (18🈎₂)는 질문에 적합한 답을

나타나는가? 아마도 시제나 문장 유형 등과 달리 상대 경어법이 화자의 재량권에 속하기 때문인 듯한데 이에 대해서는 상론하지 않는다. 논의 목적과 관련해 중요한 것은 상대 경어법은 외현된 대로, 즉 나타나면 '존대 의향 표출함'으로 해석되고, 나타나지 않으면 '존대 의향 표출하지 않음'으로 해석된다는 사실이다.

제공하는 동시에 화자의 판단까지 전함으로써 대화의 지속 가능성에 대한 단서를 제공하고 있다. 예를 들어 (18답₂) 뒤에는 '왜 묻는데?'와 같은 되물음이 덧붙기 마련인데, 이는 대화를 지속시키는 효과를 가질 뿐만 아니라 대화의 주도권을 주고받음으로써 대화 지속을 위한 부담을 분담하는 효과도 지닌다.

아울러 구문 분석(parsing)도 서술어의 생략을 저지하는 요인이 된다. 예를 들어 아래 (19)의 맥락에서 (19내)의 내포절 서술어 '떠났다고'는 결코 생략되지 않는다.

(19) 가 철수는 영이가 떠났다고 생각했다.

　　　내 민수도 영이가 떠났다고 생각했다.

　　　*민수도 영이가 떠났다고 생각했다.

(19내)에서 내포절 서술어가 생략되지 않는 이유는, 내포절 서술어가 생략된 '민수도 영이가 생각했다'가 구문 분석상 '영이가 민수도 생각했다' 식으로 이해되기 때문이다.[12] 그래서 원활한 구문 분석을 위해서 내포절 서술어는 생략되지 않으며, 이러한 특성이 모문으로까지 확장되면 (15나)와 같은 잔존 위계가 나타난다.

11　따라서 질문자의 부담이 합의된 상황이라면, 예를 들어 취조 상황이나 문제 풀이 상황이라면 (18답₁)도 적합하다.

12　이는 구문 분석에 작용하는 최소 부착 원리(minimal attachment principle)나 늦은 종결 원리(late closure principle)와 통한다(김영진 2001; 조명한 외 2003; Frazier & Clifton 1995 등 참고). 한편 이정식(2010)은 내포절 서술어의 생략이 불가능한 현상을 설명하기 위해 한국어가 후핵 언어(head final language)가 아니라 선핵 언어(head initial language)라고 주장하기도 하였다. 이는 Kayne(1994) 식의 보편 어순 가설을 따른 것인데, 구문 분석을 고려하면 Kayne(1994) 식의 보편 어순 가설을 따를 필요는 없다. 또한 Kayne(1994) 식의 보편 어순 가설이 한국어에 유효하다고 보기 어렵다는 점도 유념할 필요가 있다(12장 12.2.1절 참고). 한국어에 부담을 야기하지 않는 보편 어순 가설에 대해서는 12장 참고.

다음으로, 두 번째 문제와 관련하여, (16㉡)는 서술어가 아니라 논항이 잔존하고 서술어가 생략되어서 일견 (15나)의 잔존 위계에 대한 반증인 듯이 보인다. 하지만 (16㉡)와 같은 경우는 아래 (20)에서 보듯이 대조나 예상 밖의 내용을 전하는 맥락 등에 한하며, 이러한 맥락에서 '철수가 영이를'은 구정보성보다는 신정보성을 띤다는 점에 유의할 필요가 있다.[13]

> (20) 가. (민수가 순이를 만난 것이 아니라) 철수가 영이를.
>
> 나. (예상과 달리) 철수가 영이를?!

따라서 (16㉡)는 잔존 위계 (15나)에 대한 반증이 아니라 오히려 (15나)를 지지하는 근거가 되며, 상대 경어법이나 협조 원리, 구문 분석 등으로 인해 서술어가 생략에 저항하듯이 신정보성과 같은 정보구조적 가치로 인해 논항이 생략에 저항하는 것으로 이해된다.

5.2.3. 제시 구문에서의 생략

의문사가 어휘격 조사를 동반한 아래 (21㉤)에 대해 (21㉥₁)로 답할 수도 있지만 (21㉥₂)로도 답할 수도 있다.

> (21) ㉤ 철수는 어디에서 영이를 만났니?
>
> ㉥₁ 금촌역에서.

---

[13] 다시 말해 지시적으로는 구정보성을 띠는 한편으로 관계적으로는 신정보성을 띠거나(전영철 2006 참고), [+NEW]이면서 [+Prom]일 수 있으며(최혜원 1999 참고), [Top]이면서 [Foc]일 수 있다(Erteschik-Shir 2007 참고). 이와 같은 경우 나름의 강세나 문말억양을 동반하기 마련이다.

🏚₂ 금촌역. (이정훈 2017다: 443 참고)

그런데 (21🏚₂)는 흥미로운 문제를 제기한다. '–에서'와 같은 어휘격 조사
는 "조각문이 아닌 일반적인 문장 구성의 경우 수의성이 아니라 필수성을
띠기 때문이다"(이정훈 2017나: 443). 따라서 어휘격 조사의 수의성을 보장할
방법을 찾아야 하는데, 이에 (22)에서 보듯이 제시 구문에 생략이 적용되어
(21🏚₂)가 형성될 가능성이 제기된다.[14]

(22) 금촌역(에서), 철수는 금촌역에서 영이를 만났다.

(이정훈 2017다: 444 참고)

제시 구문에 생략이 적용되어 조각문이 형성되는 것으로 보는 견해를 지지
하는 또 다른 근거는 있는가? 이와 관련해 관형어 조각문 (23나)가 어떻게
형성될지 고려해 보자.[15]

(23) 가 그가 논문을 추천했어.

나 누가 쓴?

어떤 주제를 다룬?

---

14   제시 구문에 대해서는 김영희(1989), 이선웅(2005), 홍용철(2020) 등 참고.
15   편의상 관형절도 관형어의 일종으로 간주한다. 관형어 조각문에 대해서는 임창국(2012),
      이정훈(2018나) 참고. 참고로 관형어 조각문은 분열문에 생략이 적용되어 조각문이 형성되
      는 것으로 보는 견해가 한계를 보이는 사례이기도 하다. '*그가 추천한 논문은 [누가 쓴]이
      니?'가 성립하지 않는 데서 잘 알 수 있듯이 관형어는 분열문의 초점 위치에 나타날 수
      없기 때문이다. 더불어 보조사 '–도'를 동반한 조각문도 분열문 분석의 한계를 보여준다.
      '*철수가 만난 것은 [영이도]였다'에서 보듯이 보조사 '–도' 역시 분열문의 초점 위치에 나
      타날 수 없기 때문이다.

아래 (24나)에서 보듯이 관형어와 피수식 성분으로 이루어진 관형 구성에서 피수식 성분은 생략되고 관형어만 잔존할 수는 없다. 따라서 다중 생략으로 (23나)의 조각문을 형성할 수는 없다. 다중 생략으로 (23나)를 형성하려면 (25)에서 보듯이 허용되지 않는 생략, 즉 관형어는 잔존시킨 채 피수식 성분만 생략하는 것이 허용되어야 하기 때문이다.

(24) 가. 그는 [[영이가 쓴] 논문을] 추천했다.

나. *그는 [[영이가 쓴] 논문을] 추천했다.

(25) 가. *그는 [[누가 쓴] 논문을] 추천했니?

나. *그는 [[어떤 주제를 다룬] 논문을] 추천했니?

전치와 생략이 동원되면 (23나)가 형성될 수 있는가? 그렇다고 보기도 어렵다. 무엇보다도 아래 (26가)와 (26나)의 대조에서 알 수 있듯이 관형어는 전치되지 않기 때문이다.

(26) 가. 그는 [영이가 쓴 논문을] 추천했다.

나. *영이가 쓴 그는 [t 논문을] 추천했다.

그렇다면 후치와 생략은 어떠한가? 일단 관형어의 후치는 아래에서 보듯이 허용된다.

(27) 가. 그는 [영이가 쓴 논문을] 추천했다.

나. 그는 [t 논문을] 추천했다, 영이가 쓴.

하지만 관형어 후치가 (23나)의 경우엔 별다른 도움이 되지 않는다. (23나)

는 의문사를 포함하고 있는데, (28)에서 보듯이 의문사의 후치는 허용되지 않으며(이정훈 2014다: 174-177 참고), 따라서 (29)를 인정할 수 없기 때문이다.

(28) 가. 영이는 <u>누구를</u> 사랑하니?
　　　나. [*]영이는 t_2 사랑하니? <u>누구를</u>₂?

(29) 가. [*]그는 [t_2 논문을] 추천했니? <u>누가 쓴</u>₂?

　　　나. [*]그는 [t_2 논문을] 추천했니? <u>어떤 주제를 다룬</u>₂?

결국 (23나)는 다중 생략으로 형성할 수도 없고, 전치와 생략으로도 형성할 수 없으며, 후치와 생략으로도 형성할 수 없다. 그러나 제시 구문은 사정이 다르다. 관형어가 제시어로 등장하고, 제시어 이외의 성분이 생략되면 (23나)가 형성될 수 있기 때문이다.[16]

(30) 가. [누가 쓴], 그는 [누가 쓴] 논문을 추천했니?
　　　나. [어떤 주제를 다룬], 그는 [어떤 주제를 다룬] 논문을 추천했니?

이제 어휘격 조사 실현의 수의성에 더해 의문사를 포함한 관형어 조각문이 제시 구문에 생략을 적용하여 조각문을 형성하는 방식의 근거로 추가되었다.

16　제시 구문을 어떻게 규정하느냐에 따라서 (30)이 제시 구문의 범위에 들지 않을 수도 있다. 여기서는 다음의 두 가지 사항을 고려하여 제시 구문으로 판단한다. 첫째, 제시 구문의 범위는 고정된 것이 아니다. 다시 말해 어떤 현상까지를 제시 구문에 포함시키느냐는 선택과 설명의 문제이다. 둘째, (30)이 제시 구문이 아니어도 큰 문제는 아니다. 핵심은 (30)에서 보듯이 관형어가 문두에 거듭 나타날 수 있고, 이를 통해 형성된 구조에 생략이 적용되는 것이기 때문이다.

그만큼 제시 구문에서의 생략을 통한 조각문 형성의 타당성이 제고된 셈이다.

5.3. 다중 조각문의 경우

앞 절에서 논의하였듯이 조각문은 첫째, 생략, 둘째, 전치와 생략, 셋째, 후치와 생략, 그리고 넷째, 제시 구문에서의 생략, 이렇게 네 가지 방식으로 형성된다. 그렇다면 다중 조각문은 어떠한가? 다중 조각문도 네 가지 방식을 통해 형성되는가? 일단 생략으로 다중 조각문이 형성되는 것은 아래 (31)로 반복하는 (10가)에서 확인하였다.

(31) 🗨 누가 누구에게 선물을 주었니?
　　 🗨 영이가 철수에게 **선물을 주었다**. (= 10가)

이제 남은 것은 '전치와 생략', '후치와 생략', 그리고 '제시 구문에서의 생략'인데, 이 절에서는 과연 이 세 가지가 다중 조각문 형성에 관여하는지를 논의하기로 한다.[17]

17　참고로 10장에서 논의하는 병렬 투사도 '🗨 누가 누구에게 선물을 주었니? 🗨 영이가 철수에게'의 🗨과 같은 다중 조각문을 형성할 수 있다. 병렬 투사를 통해 [vP [v″ 영이가 철수에게 주-] [v′ 선물을 주-]]가 형성되고 이어서 V '주-'가 어미로 핵 이동하면 [vP [v″ 영이가 철수에게 t주-] [v′ 선물을 t주-]]가 나타나는데 이 통사구조의 V″ [v″ 영이가 철수에게 t주-]가 제시어가 되고 생략이 적용되면 🗨이 형성되는 것이다([CP [v″ 영이가 철수에게 t주-] [vP [v″ 영이가 철수에게 t주-] [v′ 선물을 t주-]] 주-었-다]).

5.3.1. 전치와 생략

단일 성분 조각문과 마찬가지로 다중 조각문의 형성에도 전치가 관여하는
가? 이에 답하기 위해 다중 조각문 (32⎕)가 어떻게 형성되는지 고려해 보자.

(32) ㉮ 아무도 그에게 그것을 안 주었다.

　　 ㉯ 누구한테 무엇을?

(33) 가. ??아무도 누구한테 무엇을 안 주었니?

　　 나. <u>누구한테 무엇을</u> 아무도 t t 안 주었니?[18]

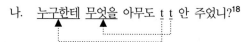

(33)에서 확인할 수 있듯이 부정극어 '아무도'와 의문사 표현 '누구한테,
무엇을'이 공기하려면 의문사 표현이 부정극어에 선행해야 한다(Beck & 김신
숙 1997 참고). 따라서 아무런 이상을 지니지 않는 조각문 (32⎕)는 이상을
보이는 (33가)가 아니라 별다른 이상을 보이지 않는 (33나)에 생략이 적용되
어 형성되는 것으로 보는 것이 합리적이다. 이에 (32⎕)는 아래 (34)에서
보듯이 의문사 표현의 전치와 생략이 동원되어 형성되는 것으로 이해된다.[19]

18　'누구한테 그리고 무엇을'에서 보듯이 두 개의 의문사 표현이 전치되며 대등접속이 관여할
　　수도 있다(10장 10.5절 참고).

19　편의상 전치 성분 이외의 것이 단번에 생략되는 것으로 처리한다. 물론 다중 생략도 가능하
　　다. 이후 (37), (40) 등도 마찬가지로 처리한다. 이와 관련하여 의문사가 하나만 이동한
　　'누구한테 아무도 t누구한테 무엇을 안 주었니?'에 다중 생략이 적용되어 (32⎕)가 형성되는
　　것으로 볼 수도 있는데(누구한테 아무도 t누구한테 무엇을 안 주었니?), 의문사들이 서로 인접
　　하는 경향을 띤다는 사실이 무시되는 문제를 지닌다. 의문사끼리 서로 인접하는 것이 선호
　　되는 현상에 대해서는 이정훈·정희련(2022) 참고.

(34) 누구한테 무엇을 아무도 t t 안 주었니?

위와 같은 현상은 (35)~(37)에서 보듯이 '-인가' 접속표현과 의문사 표현이 함께 나타난 경우에도 확인할 수 있으며, 또 (38)~(40)에서 보듯이 보조사 '-만'과 의문사 표현이 함께 나타난 경우에도 거듭 확인할 수 있다.

(35) ㉮ 영인가 철순가가 그때 그곳에 갔다.

　　㉯ 언제 어디에?

(36) 가. ??영인가 철순가가 언제 어디에 갔니?

　　나. 언제 어디에 영인가 철순가가 t t 갔니?

(37) 언제₂ 어디에₃ 영인가 철순가가 t₂ t₃ 갔니?

(38) ㉮ 영이만 누군가에게 뭔가를 주었대.

　　㉯ 누구한테 무엇을?

(39) 가. ??영이만 누구한테 무엇을 주었니?

　　나. 누구한테 무엇을 영이만 t t 주었니?

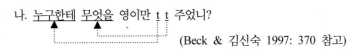

(Beck & 김신숙 1997: 370 참고)

(40) 누구한테₂ 무엇을₃ 영이만 t₂ t₃ 주었니?

위와 같은 사항들로 미루어 단일 성분 조각문과 마찬가지로 다중 조각문도 전치와 생략을 통해 형성될 수 있다고 보는 것이 타당하다.

5.3.2. '각각 전치'와 '함께 전치'

앞 절에서는 두 개 이상의 성분이 각각 전치되고, 전치된 성분 이외의 것이 생략됨으로써 다중 조각문이 형성되는 과정을 살폈다. 하지만 두 개 이상의 성분이 각각 전치를 겪는 것으로 보기 어려운 경우가 존재한다.

(41) ㉮ 철수는 영이가 그때 누굴 만났다고 말했다.
　　 ㉯ 언제 누굴?

(41㉯)가 '언제'와 '누굴'이 각각 전치되고 나머지가 생략되어 형성된다고 해 보자. 그러면 아래 (42)와 같은 전치를 상정해야 하는데 이러한 전치는 인정하기 어렵다. (43)에서 보듯이 '언제'와 같은 시간 부가어는 내포절에서 모문으로 전치될 수 없기 때문이다.

(42) *언제 누굴 철수는 영이가 t t 만났다고 말했니?

(43) *어제 철수는 영이가 t 순이를 만났다고 말했다.

시간 부가어를 포함하여 일반적으로 부가어는, 논항과 달리, 내포절의 것이 모문으로 전치되거나 후치되는 것이 좀체 허용되지 않는다. 구문 분석의 원리상 모문에 나타난 부가어는 일단 모문에서 수식 관계를 맺기 때문이다 (이 장의 각주 12) 참고). 즉, 구문 분석은 통사구조가 아니라 통사구조가 음성적으로 실현된 것을 대상으로 하고, 이는 (43)에 표시한 흔적 't'가 무시된다는 것을 의미하므로, (43)에서 부가어 '어제'는, 내포절에서 모문으로 이동을 겪은 것일지라도, 모문 단계에서 수식 관계를 맺게 된다. 't'가 무시되는 한 '어제'와 내포절의 관계는 보장되지 않는 것이다.[20]

20　이는 내포절 부가어가 모문에서 수식 관계를 맺지 못하면, 다시 말해 내포절 부가어가 모문

따라서 '언제'와 '누굴' 각각이 전치되는 것이 아니라, 특히 '언제'가 홀로 전치되는 것이 아니라, '언제'와 '누굴'이 함께 전치되는 방안을 강구할 필요가 있는데,[21] 여기서는 내포절 V가 어미로 핵 이동한 뒤 '언제'와 '누굴' 및 핵 이동한 V '만나-'의 흔적을 포함한 동사구가 전치되고,[22] 전치된 동사구 이외의 부분이 생략되어 (41㉯)가 형성되는 것으로 본다. 이를 나무그림으로 나타내면 아래와 같다. 편의상 어미는 따로따로 분석하지 않고 E(ending) 하나로 나타내고, 전치되는 동사구와 생략되는 부분은 각각 사각형과 둥근

으로 이동해도 내포절과의 수식 관계가 보장되는 경우에는, 내포절 부가어도 모문으로 전치될 수 있으리라는 예측을 낳는다. 그리고 이러한 예측은 '?[망치로₂ 영이는 [철수가 t₂ 못을 박았다고] 말했다'에서 보듯이 사실과 부합한다. '*망치로 말했다, 망치로 못을 박았다'의 대조에서 알 수 있듯이, 도구 부가어 '망치로'는 모문과 수식 관계를 맺을 가능성이 배제되므로 모문을 무시하고 내포절과 수식 관계를 맺을 수 있게 되는 것이다. 참고로 '*How₂ do you wonder [whether John fixed the car t₂]?'와 'What₂ do you wonder [whether John fixed t₂]?'의 대조에서 보듯이 일반적으로 논항의 이동에 비해 부가어의 이동이 제약되는 것으로 알려져 있다.

21 앞서 둘 이상의 성분이 이동할 때 한꺼번에 이동해야 하는 것은 아니라고 하였는데(이 장의 (9가) 참고), 지금 진행 중인 논의와 배치되지 않는다. (44)에서 보듯이 '언제'와 '누굴'이 따로따로 이동하되 한꺼번에 이동하는 것이 아니라, 이 둘을 포함한 하나의 성분이 이동하기 때문이다. 한편 한꺼번에 이동하는 것이 의무가 아니긴 하지만, 사정에 따라서는 앞서 (34), (36), (39) 등에서 보았듯이 한꺼번에 이동해야 하는 경우도 있다. 둘 이상의 성분이 각각 이동하되 그 이동들이 겹쳐서 한꺼번에 나타날 수 있는 것이다. 이런 점은 이동 외에 생략, 삽입, 축약, 반복 등에서도 마찬가지일 것으로 판단된다.

22 이렇게 흔적을 포함한 성분이 이동하는 것을 따로 가리켜 잔여 성분 이동(remnant movement)이라고 한다(이정훈 2008나; Müller 1996; Grewendorf ed. 2015; Sato & Hayashi 2017 등 참고). 한편 이동을 통해 '언제'와 '누굴'이 성분으로 묶이고 이를 통해 형성된 성분 '언제 누굴'([[AdvP 언제] [KSP 누굴]])이 다시 이동하는 것으로 보는 견해도 있는데(정대호 2015 참고), 여기서는 따르지 않는다. '열심히 책을 읽-'의 통사구조를 고려하면 알 수 있듯이([[AdvP 열심히] [[KSP 책을] 읽-]], *[[[AdvP 열심히] [KSP 책을]] 읽-]), 부사구 AdvP와 구조격 조사구 KSP는 성분으로 묶이지 않는바, 이는 이동이 관여하는 경우에도 마찬가지라고 보기 때문이다. 이에 대해 이동이 적용되면 부사구 AdvP와 구조격 조사구 KSP가 성분을 이룰 수 있다고 주장하는지도 모른다. 하지만 그러한 주장이 예외적·자의적 조치라는 혐의에서 자유로우려면 그에 대한 이론적 뒷받침과 경험적 증거가 충실히 제시되어야 한다.

사각형으로 표시한다.

(44) [언제 누굴] 철수는 영이가 t 만났다고 말했니?[23] ((41⮕) 참고)

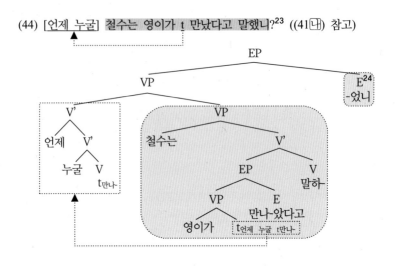

5.3.3. 후치와 생략

한국어가 전치에 더해 후치를 허용하고, 전치와 생략으로 조각문을 형성할
수 있다면, 후치와 생략으로도 조각문을 형성할 수 있는 것이 자연스럽다.
그리고 단일 성분 조각문의 경우, 후치와 생략을 지지하는 근거가 존재한다.
예를 들어 아래 (45⮕)에서 보듯이 관형어가 조각문으로 나타날 수 있는데,
이는 (46)에서 보듯이 후치와 생략을 지지한다.

---

23 통사구조상 ΩP가 EP 상위에 놓이므로 어미 E가 생략되어도 문말억양 Ω는 실현된다. 그래
    서 (44)에서도 '?'로 표시한 문말억양은 실현된다.

24 VP가 생략되면 V '말하-'도 생략되고, V '말하-'가 생략되면 어미 E '-었니'도 생략된다(이
    장의 각주 7) 참고).

(45) 문 선생님은 어떤 논문을 좋아하시니?

답 논증이 선명하고 분량이 짧은.

(46) 가. 선생님은 t₂ 논문을 좋아하셔, [논증이 선명하고 분량이 짧은]₂.

나. 선생님은 t₂ 논문을 좋아하셔, [논증이 선명하고 분량이 짧은]₂.

(이정훈 2017다: 436 참고)

관형어의 전치 불가능성과 다중 생략의 부담은 (46) 방식의 타당성을 한층 제고해 준다. 먼저, 앞서 (26)에서 보았고 아래 (47)에서 다시 확인하듯이 관형어는 전치를 거부하므로 조각문 (45답)의 형성에 전치가 관여한다고 보기 어렵다.

(47) *[논증이 선명하고 분량이 짧은] 선생님은 t 논문을 좋아하셔.

또한, 다중 생략으로 조각문 (45답)을 형성하려면 (48)과 같은 생략을 동원해야 하는데, 이러한 생략은 관형어, 즉 수식 성분이 생략되지 않은 채 피수식 성분만 생략된다는 점에서 문제를 지닌다. (48)처럼 수식 성분을 남기고 피수식 성분을 생략하는 것은, 앞서 (24), (25)에서 확인하였고, 아래 (49)에서 재확인하듯이 인정하기 어렵기 때문이다.

(48) *선생님은 [논증이 선명하고 분량이 짧은] 논문을 좋아하셔.

(49) *선생님은 [논증이 선명하고 분량이 짧은] 논문을 좋아하셔.

다시 말해 (48)과 같은 생략을 위해서는 허용되지 않는 (49)와 같은 생략을 인정해야 하므로, 그만큼 다중 생략 방안은 무리를 야기한다. 물론 아래 (50

가), (50나)와 (50다)의 대조를 통해 알 수 있듯이 관형 구성에서 생략은 관형어나 핵 성분 어느 하나만을 대상으로 삼을 수는 없고 관형어와 핵 성분으로 이루어진 관형 구성 전체를 대상으로 삼는다.

(50) 가. *영이는 뜨거운 우유를 마셨다. 순이는 뜨거운 커피를 마셨다.
　　나. *영이는 뜨거운 우유를 마셨다. 순이는 찬 우유를 마셨다.
　　다. 영이는 뜨거운 우유를 마셨다. 순이도 뜨거운 우유를 마셨다.

위와 같은 논의를 기반으로 후치와 생략으로 단일 성분 조각문을 형성할 수 있다고 해 보자. 그러면 다음과 같은 질문이 제기된다. 후치는 단일 성분 조각문뿐만 아니라 다중 조각문의 형성에서도 힘을 발휘하는가? 이 질문에 대해 아래 (51나₂)의 문말억양 실현 양상은 다중 조각문의 형성에 후치가 관여할 수 있음을 잘 보여준다.

(51) 가 영이가 철수를 만났대.
　　나₁ 영이가 철수를?
　　나₂ 영이가? 철수를?

(51나₂)가 다중 조각문에서의 후치 가능성을 지지한다는 것을 확인하려면 문말억양의 문법적인 특성부터 확인할 필요가 있는데, 이와 관련하여 문말억양은 문장의 최상위에 놓이는 통사적 핵으로 간주된다(4장 4.4절 참고). 문장의 최상위는 어순으로는 문말에 해당하므로, '주어, 목적어, 서술어' 어순과 같은 소위 기본 어순에서는 (52다)에서 보듯이 문말억양이 서술어에 실려서 실현된다. 그리고 (52다)에서처럼 서술어가 생략되면 문말억양은 서술어에 실릴 수 없게 되므로 목적어에 실리게 된다.

(52) ㉮ 영이가 철수를 만났대.

㉯ 영이가 철수를 만났다고?

㉰ 영이가 철수를 **만났다고**? (= 51㉯₁)

기본 어순이 바뀌면 어떻게 되는가? 예를 들어 뒤섞기(scrambling)에 의해
서 목적어가 주어 앞으로 전치되고, 서술어가 생략되면 어떻게 되는가? 그러
면 (53㉯)에서 보듯이 주어에 문말억양이 실리게 된다.

(53) ㉮ 영이가 철수를 만났대.

㉯ 철수를 영이가?

(= 철수를₂ 영이가 t₂ **만났다고**?)

요약하자면 문말억양은, 생략이 적용되든 그렇지 않든, 또 기본 어순이
유지되든 그렇지 않든, 음성적으로 실현되는 인접 성분에 실리는 특성을
띤다.

위의 논의를 토대로 이제 (51㉯₂)의 문말억양 실현이 어떻게 가능한지
고려해 보자. 방금 확인한 문말억양의 특성은 (51㉯₁), 즉 (52㉰)에는 부합한
다. 하지만 (51㉯₂)는 사정이 다르다. 문말억양에 인접하며 음성적으로 실현
되는 것은 '철수를'일 뿐이지 '영이가'는 아니기 때문이다. 여기서 후치, 즉
후보충 구문의 필요성이 대두된다. 아래 (54)에서 확인할 수 있듯이 후보충
구문은 문말억양에 인접하던 서술어에 더해 후치를 통해 후보충된 성분에도
문말억양을 허용하는바, 따라서 (51㉯₂), 즉 (55)는 (55가)에 표시한 후보충에
이어 (55나)에 표시한 생략이 적용되어 형성되는 것으로 이해되는 것이다.

(54) 가. 영이가 철수를 만났다고?

나. 영이가 t 만났다고? 철수를?

(55) 영이가? 철수를? (= 51나₂)

가. t₂ t₃ 만났다고? 영이가₂? 철수를₃?

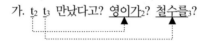

나. t₂ t₃ 만났다고? 영이가₂? 철수를₃?

다중 조각문 형성에 전치가 관여하는 경우 전치되는 성분들은 각각 전치되기도 하고 함께 전치되기도 한다. 이와 마찬가지로 두 개 이상의 성분이 후치되는 경우에도 후치되는 성분들은 각각 후치되기도 하고 함께 후치되기도 한다. (55)는 각각 후치되는 경우에 해당하는데, 함께 후치되는 경우를 제시하면 아래와 같다.

(56) 가 순이는 영이가 철수를 만났다고 말했어.

나 영이가 철수를?

문말억양은 문말에만 실현된다. 따라서 (56나)는 내포절의 '영이가 철수를'이 문말로 후치되어 있음을 의미한다.[25] 나아가 문말억양이 (55)처럼 '영이가'와 '철수를' 각각에 실현되지 않고, '영이가 철수를'이 하나의 단위로 간주되면서 한 번만 실현된다는 것은 '영이가 철수를'이 하나의 성분으로 후치된다는 것을 지지한다. 즉, (56나)는 (57)에서 보듯이 '영이가 철수를'이

---

25 참고로 (19)에서 확인하였듯이 내포절 서술어는 생략되지 않는다. 따라서 (56나)를 다중 생략으로 형성하기는 곤란하다. 다중 생략이면 '순이는 [영이가 철수를 만났다고] 말했어?' 와 같은 생략을 허용해야 하는데 이러한 생략은 내포절 서술어의 생략을 포함하기 때문이다.

하나의 성분으로 후치되고, 나머지가 생략되어 형성된다.

(57) 순이가 t 만났다고 말했다고? [영이가 철수를]?

위에서 후치되는 성분 [영이가 철수를]은 VP, 보다 구체적으로 밝히면 어미로 핵 이동한 V '만나-'의 흔적 '$t_{만나}$'를 포함한 VP [철수가 영이를 $t_{만나}$]이다. 앞서 (44)에서 V의 흔적을 포함한 동사구 범주의 전치 현상을 확인하였는데, 전치가 가능하면 후치도 가능한 것이 자연스러운바, (57)의 후치는 그만큼 타당한 것이라 할 수 있다.

5.3.4. 제시 구문에서의 생략

제시 구문에 생략이 적용되어 단일 조각문이 형성될 수 있으면(이 장의 5.2.3절 참고), 별다른 이상이 없는 한 다중 조각문도 같은 방식으로 형성될 수 있다고 보는 것이 합리적이다. 이에 다중 조각문도 제시 구문에 생략이 적용되어 형성될 수 있다고 하자. 그러면 아래 (58답)의 다중 조각문은 (59)와 같이 이해된다.

(58) 문 영이가 누구에게 무엇을 주었니?
　　 답 철수에게 꽃(을).
(59) [철수에게 꽃(을)], 영이가 철수에게 꽃을 주었다.

(59)에서 제시어 [철수에게 꽃(을)]은 [$_{EP}$ [$_{VP}$ 영이가 [$_{V''}$ 철수에게 [$_{V'}$ 꽃(을) 주-]]] -었니]에서 어미 E '-었니'로 핵 이동한 V '주-'의 흔적 '$t_{주}$'를 포함한 V'' [$_{V''}$ 철수에게 꽃(을) $t_{주}$]이다. 이렇게 제시어가 V''이기 때문에 아래 (60

나)와 달리 (61나)는 성립하지 않는다. '[$_{VP}$ 영이가 [$_{V''}$ <u>철수에게</u> [$_{V'}$ 꽃(을) 주-]]]'와 '*[$_{VP}$ 영이가 [$_{V''}$ <u>철수</u> [$_{V'}$ 꽃(을) 주-]]]'의 대조에서 알 수 있듯이, V'' 내의 어휘격 조사 '-에게'는 필수적이기 때문이다.

(60) 가. 철수에게, 영이가 철수에게 꽃을 주었다.

나. 철수, 영이가 철수에게 꽃을 주었다.

(61) 가. 철수에게 꽃(을), 영이가 철수에게 꽃을 주었다.

나. *철수 꽃(을), 영이가 철수에게 꽃을 주었다.

어휘격 조사 '-에게'와 달리 구조격 조사 '-을/를'은 수의성을 띤다(영이가 철수에게 꽃(을) 주었다). 그래서 (58답)과 나란히 (62답)도 가능하다.

(62) 문 영이가 누구에게 무엇을 주었니?

답 철수에게 꽃.

주의할 것은 (62답)이 (63가)가 아니라 (63나)로 이해되어야 한다는 점이다.

(63) 가. [철수에게 꽃], 영이가 철수에게 꽃 주었다.

나. [철수에게 꽃], 영이가 철수에게 꽃을 주었다.

제시어 [철수에게 꽃]은 나름의 억양을 수반하고 이를 통해 제시어의 기능을 발휘하지만 '영이가 철수에게 꽃을 주-'의 '철수에게 꽃을'은, 즉 제시어와 조응 관계를 이루는 제자리 성분은, 나름의 억양을 수반하지 않으므로 구조격 조사 '-을/를'이 나타나야 제시어 [철수에게 꽃]의 기능과 조화를 이루기 때문이다. 다시 말해 [철수에게 꽃]이 제시어로 등장한 만큼 제자리 성분도 그에 어울리는 정보구조적 조치를 취해야 하고 이에 초점 기능을 가진 K_s '-을/를'이 나타나는 것이다.

5.4. 정리

한국어는 생략이 활발한 특징을 지니며, 뒤섞기 구문, 후보충 구문, 제시 구문 등의 여러 구문이 활발히 나타나는 특징도 지닌다. 그리고 이러한 특징들은 상호작용할 수도 있는바, 이러한 상호작용을 잘 보여주는 사례가 이 장에서 살핀 조각문 현상이다. 주요 사항을 정리하면 아래와 같다.

첫째, 조각문은 다중 생략, 전치(뒤섞기)와 생략, 후치(후보충)와 생략, 그리고 제시 구문에서의 생략, 이 네 가지 방식으로 형성된다.

둘째, 위의 네 가지 방식은 단일 조각문은 물론이고 다중 조각문의 형성에도 기여하는바, 그만큼 설명의 일반성을 지닌다.

셋째, 조각문의 네 가지 형성 방식을 구성하는 생략, 전치(뒤섞기), 후치(후보충), 제시 구문 등은 조각문과는 독립적으로 존재한다. 따라서 조각문을 설명하기 위해 새로이 추가된 것은 없다. 그만큼 여기서의 설명은 이론적 경제성에도 부합한다.

끝으로, 넷째, 생략에는 상대 경어법, 말차례 주고받기, 협조 원리 등 의사소통 차원의 원리와 조건도 작용한다.

6. 삽입: 지지 동사 '하-'의 경우

6.1. 도입

한국어의 어간과 어미는 의존형식으로서 핵 이동을 통해 그 의존성이 해소
된다(2장 2.4절 참고). 그런데 경우에 따라서는 어간과 어미가 유리된 채로
있으면서 각각의 의존성이 독특한 방식으로 해소되기도 한다. 예를 들어
아래 (1)에서 어간 V '오-'와 어미 T '-았/었-', C '-다'의 의존성이 어떻게
해소되는지 살펴보자.

(1) [cp [tp [vp 영이가 오-] -았-] -다]
　　가. 영이가 왔다.
　　나. 영이가 오기는 했다.
　　　　[참고] 영이가 오기는 왔다. (4장 4.3절 참고)

(1가)에서는 V '오-'와 어미 T '-았/었-', C '-다'의 의존성이 핵 이동을
통해 해소된다. 즉, V '오-'가 어미 T '-았/었-'으로 핵 이동하고, 이를 통해
형성된 복합핵 '오-았-'이 다시 어미 C '-다'로 핵 이동해서 복합핵 '오-았-

다'가 형성됨으로써 어간과 어미의 의존성이 해소된다. 이와 달리 (1나)에서는 V '오-'가 어미 T '-았/었-'으로 핵 이동하지 않는다. 대신에 '-기는'이 도입되어 V '오-'의 의존성이 해소되며, 어미의 의존성은 일차적으로 소위 지지 동사(support verb) '하-'가 도입되어 '하-았-'이 되고 이어서 핵 이동이 적용되어 '하-았-다(했다)'가 됨으로써 해소된다.

(1가)와 (1나) 중에 (1나)에 주목해 보자. 그러면 다음과 같은 질문이 대두된다. 첫째, '-기는'의 정체는 무엇이며 어떻게 문장에 도입되는가? 둘째, 지지 동사 '하-'의 정체는 무엇이며 또 어떻게 문장에 도입되는가?

이 장은 위의 두 가지 질문 가운데 두 번째 질문에 대해 제시된 답, 즉 삽입 규칙의 일종인 '하-' 지지 규칙('ha-' support rule) (2)를 대상으로 삼아, 이 규칙과 관련된 제반 문제들을 명확히 드러내고 그에 대한 해결책을 제시하는 것을 목적으로 한다.[1]

(2) '하-' 지지 규칙
　　의존성이 해소되지 않은 어미를 구제하기 위해 의미 없는 지지 동사 V '하-'가 삽입된다.

논의 순서는 다음과 같다. 먼저 6.2절과 6.3절에서는 '하-' 지지 규칙의 일반성과 그 적용 층위에 대해서 논의한다. 이 과정에서 '하-' 지지 규칙이 (1나)에 제시한 'V-기' 반복 구문뿐만 아니라 내포 접속문과 장형 부정문, '하-' 구문 등에도 긴요하며, 음운부에 더해 통사부에서도 적용된다는 것을 확인한다. 이어서 6.4절과 6.5절에서는 '하-' 지지 규칙에 의해 도입되는 지지

1　첫 번째 질문에 대한 답을 포함하여 'V-기' 반복 구문에 대한 자세한 논의는 4장 4.3절 및 이정훈(2013, 2014가, 2014다: 8장) 등 참고.

동사 '하-'의 통사범주와 관련된 문제를 논의하고, 6.6절에서는 생략 현상과 관련하여 '하-' 지지 규칙에 부과되는 조건을 살핀다. 6.7절에서는 논의 내용을 정리함으로써 삽입 규칙의 한 사례인 '하-' 지지 규칙에 대한 고찰을 마무리한다.

6.2. '하-' 지지 규칙의 일반성

(1나)에서 확인했듯이 '하-' 지지 규칙은 소위 "V-기' 반복 구문'이 형성되는 데 중요한 역할을 담당한다. 그러면 '하-' 지지 규칙을 필요로 하는 현상에는 또 무엇이 있는가? '하-' 지지 규칙을 필요로 하는 현상이 다양할수록 '하-' 지지 규칙의 문법적 위상은 공고해지는데, 우선 내포 접속문을 '하-' 지지 규칙을 필요로 하는 현상으로 꼽을 수 있다.[2]

> (3) 가. 비가 오고 바람이 분다.
>
> 나. 비가 오고 바람이 불고 한다.

일반 접속문 (3가)와 달리 내포 접속문 (3나)에서는 접속어미 '-고'가 복사 (copy)되어 V '불-'과 병합한다. 그러면 아래 (4)가 되는데 (4)에서 V '불-'은 어미로 핵 이동하지 않는다. 복사된 접속어미 '-고'와 병합함으로써 의존성이 해소되어 어미로 핵 이동할 동기가 없기 때문이다.

---

2   내포 접속문을 포함하여 접속에 대해서는 7장 참고.

(4) 비가 오 [-고] 바람이 불 [-고] -ㄴ-다.
　　　　복사 및 병합

그런데 (4)에만 멈추면 어미의 의존성이 해소되지 못한다. 이에 '하-' 지지 규칙이 동원되면 (5), 즉 (3나)가 형성된다. '하-' 지지 규칙이 적용되면 지지 동사 V '하-'가 통사구조에 삽입되면서 T '-ㄴ-'에 부가되어 '하-ㄴ-'이 형성 되고,[3] 이어서 '하-ㄴ-'의 남은 의존성을 해소하기 위해 '하-ㄴ-'이 C '-다'로 핵 이동하면, 최종적으로 '하-ㄴ-다'가 형성되는 것이다.

(5) 비가 오고 바람이 불고 한다. (= 3나)

　　가. 비가 오-고 바람이 불-고　　-ㄴ-다.

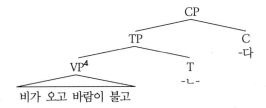

3　'하-' 지지 규칙에 의해 통사구조에 삽입된 지지 동사 V '하-'는 부가 구조를 형성한다. 그래서 지지 동사 V '하-'가 도입된다고 해서 이로 인해 지지 동사 V '하-'가 핵인 VP가 투사되지는 않는다. 그리고 (5)에서는 지지 동사 '하-'가 T '-ㄴ-'에 부가되는데 이렇게 V가 T에 부가되는 것은 핵 이동에서도 나타나는 일반적인 현상이다(2장 2.4절 참고).

4　접속어미는 투사하지 않는다. 그래서 VP [vp 비가 오-]와 VP [vp 바람이 불-]이 접속어미 '-고'를 매개로 접속한 '비가 오-고 바람이 불-'과 '비가 오-고 바람이 불-고'는 VP이다. 자세한 사항은 7장 참고.

나. '하' 지지 규칙

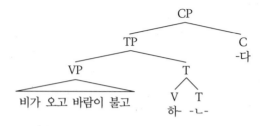

다. 핵 이동

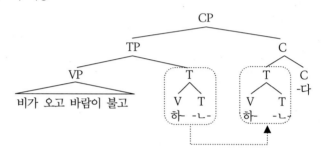

다음으로 '않다'의 '않-'을 '아니/안 하-'의 축약으로 간주하면 소위 장형 부정문도 '하-' 지지 규칙을 지지하는 것으로 간주할 수 있다.[5]

(6) 날씨가 그리 좋지 아니하였다/않았다.

장형 부정문의 통사구조는 부정 요소 '아니/안'을 어떻게 다루느냐에 따라 크게 두 가지로 갈린다. 먼저, '아니/안'을 기능범주 Neg로 간주하면 (6)은

---

5   장형 부정문의 '하-'를 '하-' 지지 규칙에 의한 것으로 보는 견해는 한정혜·이정민(2007), 박소영(2011), Hagstrom(1996) 등에서도 볼 수 있다. 이 중 박소영(2011)은 장형 부정문의 '하-'를 중동사, 경동사, 허사의 세 가지로 분류하는바, 이 중 허사 '하-'가 '하-' 지지 규칙의 '하-'에 해당한다. 한편 장형 부정문의 '하-'를 소위 기저구조에 상정하거나 나름의 어휘적 속성을 가진 동사로 간주하는 견해도 있다(이홍배 1975: 56-69; 유동석 1995: 46-47 등).

(7)과 같이 이해된다(유동석 1995; 박소영 2011 등 참고).

(7)

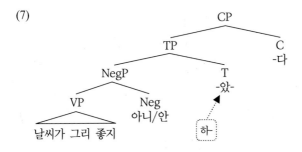

장형 부정문의 보조적 연결어미 C '-지'를 포함하여 보조적 연결어미는 투사하지 않으므로(이 장의 6.5절 참고), 위에서 보듯이 VP [ᵥₚ 날씨가 그리 좋-]과 보조적 연결어미 C '-지'가 병합하면 VP [ᵥₚ [ᵥₚ 날씨가 그리 좋-] -지]가 된다. 그리고 T '-았/었-'의 의존성을 해소하기 위해 '하-' 지지 규칙 (2)가 적용되면 지지 동사 '하-'가 통사구조에 삽입되면서 T '-았/었-'에 부가된다.

다음으로, '아니/안'을 기능범주 Neg로 보지 않고 부사 Adv로 간주하면 (6)은 (8)과 같이 분석된다.

(8)

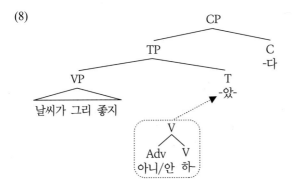

'날씨가 {매우, 아니/안} 좋다'에서 확인할 수 있듯이 Adv '아니/안'은 '매우'와 같은 여타의 다른 부사와 마찬가지로 V에 부가될 수 있다(서정목 1993 참고). 그런데 '하-' 지지 규칙에 의해 도입되는 '하-'의 범주는 V이다. 따라서 Adv '아니/안'이 '하-' 지지 규칙에 의해 도입된 V '하-'에 부가될 가능성이 제기되며 이 가능성이 실제로 나타난 것이 바로 (8)이다. 물론 '하-' 지지 규칙이 동원되지 않으면 Adv '아니/안'은 V '좋-'에 부가되고, 그러면 '날씨가 그리 안 좋다'가 형성된다.

장형 부정문의 통사구조로 (7)을 택하든 (8)을 택하든 '하-' 지지 규칙이 필요하다는 것에는 변함이 없다. 다만 아래와 같은 이중 부정을 고려하면 (7)보다는 (8)이 더 타당한 것으로 판단된다.

(9) 날씨가 안 좋지는 않았다.

부정의 Adv '아니/안'은 V 범주에 부가된다. 그리고 (9)에는 V '좋-'과 V '하-', 이렇게 두 개의 V 범주가 나타난다. 따라서 Adv '아니/안'이 V '좋-'과 V '하-' 각각에 부가될 수 있다는 예측이 성립하고 이 예측이 실현되면 (9 = 10)과 같은 이중 부정문이 나타난다.

(10)

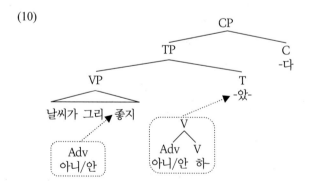

물론 Neg가 TP 아래뿐만 아니라 위에도 존재하며 이 두 Neg가 함께 실현될 수 있다고 보면(Cinque 1999; Zanuttini 2001; Boeckx 2008 등 참고), (7)로도 (9)를 설명할 수 있을는지도 모른다. 하지만 이러한 입장은 그 타당성을 그닥 신뢰하기 어렵다고 판단한다. 무엇보다도 Neg의 분포에 대한 의미 있는 일반화나 통찰이 제시되어 있지 않아서 Neg가 TP 아래에도 있고 TP 위에도 있다는 주장을 신뢰하기 어렵기 때문이며, 더불어 [$_{CP}$ [$_{NegP}$ [$_{TP}$ [$_{NegP}$ [$_{VP}$ 날씨가 그리 좋-지] 아니/안] -았-] 아니/안] -다]에서 '날씨가 안 좋지는 않았다'(= 9)에 이르는 과정은 상당한 무리를 수반할 수밖에 없기 때문이다. 이에 (7)보다는 (8)을 택한다.[6]

끝으로 아래와 같은 '하-' 구문도 '하-' 지지 규칙의 필요성을 잘 보여준다.

(11) 가. 우리는 집에 가려고 한다.

　　　나. 모두 집에 가도록 해라.

위에 제시한 '하-' 구문의 '하-'가 '하-' 지지 규칙에 의해 도입된 지지 동사 '하-'라고 해 보자. 그러면 (11가)와 (11나)의 '하-'는 의미적으로 아무런 기여를 하지 않을 것이며, 오직 어미의 의존성만이 그 존재 기반이 될 것이다. 이에 맥락상 어미가 외현되지 않아도 되는 환경이 구비되면 '하-'가 나타나지 않아도 아무런 이상이 발생하지 않으리라는 예측이 성립한다. 그리고 이 예측은 아래에서 보듯이 실제와 부합한다.

6　TP 아래와 위가 아니라 VP 아래와 위에 Neg가 나타난다고 보면 어떤가? 그러면 TP 아래와 위에 Neg가 있다고 보는 경우에 야기되는 무리는 상당히 피할 수 있을 듯하다. 그런데 그렇게 보는 시각은 결국 (10)과 그다지 다르지 않은 것으로 판단한다. (10)에서도 Neg에 해당하는 Adv '아니/안'이 VP 아래와 위에 나타나기 때문이다.

(12) 가. 📵 왜 가방을 싸니?

　　　📵 집에 가려고 한다.

　　나. 📵 이제 무엇을 할까요?

　　　📵 모두 집에 가도록 해라.

　(11), (12)에서 확인한 사실, 즉 '하-' 구문의 '하-'는 있어도 그만 없어도 그만이라는 것은 문제의 '하-'가 어미의 의존성 해소를 위해 도입되는 지지 동사라는 견해와 통한다.

　지금까지 살핀 'V-기' 반복 구문, 내포 접속문, 장형 부정문, '하-' 구문 이외에도 '하-' 지지 규칙이 관여하는 현상은 더 있을 수 있으며,[7] '하-' 지지 규칙이 적용되는 현상을 총망라하는 것은 실제 자료에 대한 폭넓은 검토를 필요로 한다. 하지만 유념해야 하는 것은 자료에 대한 검토와 더불어 '하-' 지지 규칙의 작동 방식을 보다 자세히 규명하는 작업도 병행해야 한다는 점이다. 이러한 작업이 수행되어야 '하-' 지지 규칙이 지닌 규칙으로서의 성격이 명확해질 것이며 새로이 발굴할 필요가 있는 자료가 어떠한 것인지 그 윤곽을 잡을 수 있기 때문이다.

　위와 같은 맥락에서 다양한 자료에 대한 검토는 '하-' 구문에 대한 기왕의 연구로 미루고(김건희 2010; 정연주 2017 등 참고), 여기서는 '하-' 지지 규칙의 성격을 명확히 하는 데에 논의의 초점을 맞추기로 한다.

7　예를 들어 (11가)와 흡사한 '우리는 집에 가고자 한다'의 '하-'도 지지 동사에 속하는 듯하다. 다만 이 '하-' 구문은 (12)와 같은 모습은 잘 보이지 않는다. 더불어 의존명사를 동반한 '하-' 구문, 예를 들어 '비가 올 듯하다'의 '하-'도 지지 동사에 해당한다(명정희 2022 참고). 한편 지지 동사 '하-'가 '하-' 구문과 관련된다고 해서 모든 '하-' 구문의 '하-'가 지지 동사인 것은 아니다. 예를 들어 '그는 꽃을 좋아 했다, 나는 그를 거기에 가게 했다' 등의 '하-'는 지지 동사가 아니다.

6.3. '하-' 지지 규칙의 적용 층위

'하-' 지지 규칙의 적용 층위는 어디인가? 주류 생성문법의 도출적 모형 (derivational model. Chomsky 1995나/2015 등)을 따르든 평행 모형(parallel model. Jackendoff 2002 등)과 같은 비도출적 모형을 따르든 문법은 통사부, 음운부, 의미부의 세 층위를 포함한다.[8] 그렇다면 '하-' 지지 규칙은 이 세 층위 가운데 어디에서 적용되는가? 문제의 '하-'가 의미와 무관하다는 점, 그리고 음성적으로 실현되어야 한다는 점을 고려하면 의미부는 아닐 것이다. 따라서 '하-' 지지 규칙은 통사부에서 적용되거나 음운부에서 적용되어야 한다. 그렇다면 통사부와 음운부 중 어디에서 '하-' 지지 규칙이 작동하는가? 혹시 통사부와 음운부 어느 한 쪽이 아니라 두 층위 모두에서 작동하지는 않는가?

'하-' 지지 규칙이 도입하는 지지 동사 '하-'가 별다른 통사적 역할을 발휘 하지 않으며 의존성 해소, 즉 음운론적 역할을 담당하는 점에 주목하면 음운 부가 '하-' 지지 규칙의 적용 층위가 되는 것은 매우 자연스럽다. 문제는 '하-' 지지 규칙이 통사부에서도 활약하는가인데, 아래 현상은 '하-' 지지 규칙이 통사부에서도 작동한다는 점을 잘 보여준다.

    (13) 나는 그를 만나지 않았다.

---

8   어휘부는 시각에 따라 설정되기도 하고 설정되지 않기도 한다. 어휘부를 따로 설정하지 않으면 어휘부의 역할을 문법의 다른 부문이 맡게 된다. 예를 들어 Jackendoff(2002)는 대응 규칙으로 어휘부의 역할을 포착한다. 또 형태부를 따로 둘 수도 있지만 논의와 무관하므로 고려하지 않는다. 이와 관련하여 Hagstrom(1996), 한정혜·이정민(2007)은 분산 형태론 (distributed morphology)에 입각하여 지지 동사 '하-'가 형태부에서 도입되는 것으로 보았다. 분산 형태론에 대해서는 Embick & Noyer(2007), Bobaljik(2017), 박소영(2017), 정인기(2015, 2018) 등 참고.

가. 나는 그를 만나지 않기는 했다.

나. 나는 그를 만나지 않기는 않았다.

장형 부정문 (13)에 'V-기' 반복 구문이 적용되면 (13가)가 될 수도 있고 (13나)가 될 수도 있다. (13가)와 (13나) 둘 중 주목을 요하는 것은 (13나)로서 (13나)에서는 지지 동사 '하-'를 포함한 '않-'이 반복되고 있다. 그런데 'V-기' 반복 구문은 통사부에서 형성되므로(최기용 2002; 이정훈 2013 등), (13나)와 같은 반복이 가능하려면 지지 동사 '하-'를 포함한 '않-'이 통사부에 존재해야 한다. 따라서 지지 동사 '하-'는 통사부에 존재한다고 보아야 하며 이는 지지 동사 '하-'를 도입하는 '하-' 지지 규칙이 통사부에서 작동함을 의미한다.[9]

또한 앞서 살핀 (8)도 지지 동사 '하-'의 통사부 도입을 지지한다. 지지 동사 '하-'가 음운부에서 도입되면 이에 따라 부정의 '아니/안'도 음운부에서 도입되게 되고, 그러면 부정의 통사적 속성, 예를 들어 '우리는 <u>절대로</u> 그런 짓을 하지 <u>않는다</u>'와 같은 예에서 볼 수 있는 부정 극성 표현(negative polarity expression) 인허 양상을 포착하기 어렵기 때문이다. 물론 (8)처럼 지지 동사 '하-'가 통사부에서 도입되면 부정의 '아니/안'도 통사부에서 도입되므로 부정 극성 표현 인허와 같은 부정의 통사적 성격은 쉽게 포착된다.

위의 논의를 토대로 '하-' 지지 규칙이 음운부와 통사부에서 적용된다고 해 보자. 그러면 다음의 문제가 제기된다. '하-' 지지 규칙의 적용 층위를 하나로 통합할 수는 없는가? 이에 '하-' 지지 규칙의 적용 층위를 하나로

---

9 '아니/안 하-'가 T '-았/었-'에 부가되는 것으로 보면서(이 장의 (8) 참고), (13나)를 설명하
기는 어렵다. (13나)는 [[[나는 그를 만나지] 아니/안 하-] -았-]에 '아니/안 하-'의 T '-았/었
-'으로의 핵 이동과 '-기는' 삽입이 적용되어 형성되는 것으로 보아야 할 듯한데(4장 4.3.3
절 참고), 그러면 '아니/안 하-'가 T '-았/었-'에 부가되는 것으로 보는 견해와 부닥치게
된다. 이 문제에 대한 해결책은 미래를 기약할 수밖에 없는데, 어쨌든 지금 중요한 것은
(13가)와 (13나)가 '하-' 지지 규칙의 적용 층위가 통사부임을 보여준다는 점이다.

통합하면 통사부가 '하-' 지지 규칙의 적용 층위가 된다. (8)과 (13)은 '하-' 지지 규칙이 통사부에서 적용되는 모습을 분명히 보여주며, 주류 생성문법처럼 통사부를 음운부의 입력으로 삼든, 아니면 평행 모형에 따라 통사부와 음운부 사이의 대응 규칙을 설정하든, '하-' 지지 규칙에 의해 통사부에 도입된 지지 동사 '하-'가 음운부에도 등장하는 것을 보장할 수 있기 때문이다.

그러나 '하-' 지지 규칙의 적용 층위를 어느 한 층위로 통합해야만 하는 논리적, 경험적 근거는 찾아지지 않는다. 따라서 '하-' 지지 규칙의 적용 층위를 통사부와 음운부 중 어느 한 층위로 통합하려는 시각이 가능한 것과 마찬가지로 필요에 따라, 즉 언어 현상에 따라 '하-' 지지 규칙이 통사부에서 적용되기도 하고 음운부에서 적용되기도 하는 것으로 보는 시각도 충분히 성립한다.[10] 물론 '하-' 지지 규칙의 적용 층위를 음운부나 통사부 어느 한 층위로 통합하는 입장을 지지하는 논리적, 경험적 근거가 발견되면 그렇게 해야 할 것이다.

6.4. '하-'의 통사범주

'하-' 지지 규칙은 어미의 의존성을 해소하기 위한 것이고 어미의 의존성을 해소할 수 있는 통사범주는 V이다. 따라서 명확한 반증이 제시되지 않는 한 '하-' 지지 규칙의 지지 동사 '하-'의 통사범주는 V로 보아야 한다.

그런데 잘 알려져 있다시피 한국어의 통사범주 V는 다시 형용사 $V_형$과 동사 $V_동$으로 나뉘고 이 둘은 어미 실현에서 차이를 드러낸다. 예를 들어

---

10 이동 규칙이 통사부에서 적용되기도 하고 의미부에서 적용되기도 하는 것으로 보는 입장과 상통한다(김광섭 2003; Szabolsci 2001 등 참고).

현재 시제 어미 $T_{[현재]}$는 '하늘이 파랗다'와 '아이들이 책을 읽는다'에서 보듯이 형용사가 어간일 때의 형태와 동사가 어간일 때의 형태가 서로 다르다.[11] 따라서 적절한 어미 실현을 위해서는 어미와 함께하는 V가 $V_형$인지, 아니면 $V_동$인지 정해져야 한다.

그렇다면 '하-' 지지 규칙의 '하-'는 어떠한가? 문제의 '하-'는 $V_형$인가, 아니면 $V_동$인가? 이 의문에 대해 아래 예는 '하-' 지지 규칙의 '하-'가 $V_형$의 성격도 보이고, $V_동$의 성격도 보인다는 답을 제시하는 듯하다. (14)는 $V_형$의 성격을 보이고, (15)는 $V_동$의 성격과 통하기 때문이다.

> (14) 날이 좋다
>> 가. 날이 좋기는 하다. (하-Ø-다)
>> 나. 물도 맑고, 날도 좋고 하다. (하-Ø-다)
>> 다. 날이 좋지 않다. (안/아니 하-Ø-다)
> (15) 비가 온다.
>> 가. 비가 오기는 한다. (하-ㄴ-다)
>> 나. 바람도 불고 눈도 오고 한다. (하-ㄴ-다)
>> 다. 비가 오지 않는다. (안/아니 하-ㄴ-다)

'하-' 지지 규칙의 V '하-'가 $V_형$과 $V_동$의 이중성을 보이는 셈인데, 이는 언뜻 특이한 현상으로 보인다.[12] 하지만 V '하-'의 이중성은 사실 '하-' 지지

---

11 $T_{[현재]}$는 선행 어간과 후행 어미에 따라 'Ø(파랗-Ø-다), -는-(읽-는-다, 가-는-구나), -ㄴ-(가-ㄴ-다)' 등으로 교체되어 실현되며, 의고적 표현이기는 하지만 '-나-'(비-나-이-다)로 실현될 수도 있다. 자세한 사항은 한동완(1986), 이정훈(2006나), 전후민(2011) 등 참고.

12 일반적으로 V는 $V_형$이나 $V_동$ 어느 하나에 속하지 양쪽 성격을 겸하지는 않는다. 물론 양쪽 성격을 겸하는 경우도 있지만 일반적이지는 않다(도원영 2008 참고). 그래서 V '하-'가 $V_형$과 $V_동$의 이중성을 보이는 것은 '특이한 현상'이다.

규칙의 작동 방식에 따른 자연스러운 귀결에 불과하다. 왜 그런지 (14가)와 (15가)를 예로 삼아 살펴보자.

먼저, (14가)는 아래 (16)에서 보듯이 '-기는'이 삽입되어 V '좋-'의 의존성이 해소되고 '하-' 지지 규칙에 의해 '하-'가 삽입되어 어미의 의존성이 해소되는데,

(16)

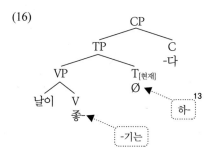

어미 실현과 관련하여 중요한 것은 '-기는'이나 '하-'가 도입되는 것과 무관하게 T[현재]가 V '좋-'이 핵인 VP와 병합한다는 사실이다. VP의 핵 V '좋-'이 V형이므로 T[현재]가 'Ø'로 실현되는 것이다.

다음으로, (15가)도 마찬가지이다. 다만 VP의 핵 V '오-'가 (16)과 달리 V동이므로 T[현재]는 'Ø'가 아니라 '-ㄴ-'으로 실현될 뿐이다.

13　(16)에서 T 'Ø'는 음성형이 없으므로 의존성이 없으며 의존성을 지닌 것은 C '-다'이다. 그렇다면 '하-'는 T 'Ø'가 아니라 C '-다'에 부가되는 것은 아닐까? 이 가능성을 무시하기는 어렵다. 다만 뒤에서 살피는 (26)과 같은 통사구조에서 음성형이 없는 T 'Ø'로의 핵 이동이 가능한 것을 고려하면 '하-' 지지 규칙에 의해 '하-'가 음성형 없는 T 'Ø'에 부가되는 것도 가능한 것으로 판단한다. 참고로 거리의 경제성을 준수하면서 의존성을 해소하려면 (26)에서 V '이-'는 음성형이 없는 T 'Ø'로 핵 이동하고 이를 통해 형성된 복합핵 T '이-Ø'가 C '-은가'로 핵 이동해야 한다.

(17)

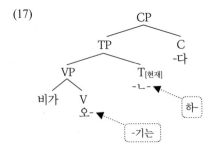

　그런데 (16), (17)이 성립하기 위해서는 다음의 두 가지 문제를 풀어야한다. 첫째, 명사형 어미 C '-기'가 개입하면 V와 T[현재] 사이의 관계가 단절되는 문제가 발생한다.[14] 이 문제를 보다 자세히 진술하면 다음과 같다. (16), (17)에서 통사구조에 삽입되는 것은 지지 동사 '하-'뿐만이 아니다. 명사형어미 C '-기'도 삽입된다. 그러면 보다 정확한 통사구조는 (18)이 될 텐데이 구조에서는 T[현재]가 VP가 아니라 CP와 병합하므로 V와 T[현재] 사이의관계가 보장되지 않는다. 즉, CP가 VP와 T[현재] 사이에 개입함으로써 VP와 T[현재] 사이의 관계가 단절된다. 따라서 V에 따라 T[현재]가 '-ㄴ-'으로 실현될지, 아니면 'Ø'로 실현될지 정할 수 없게 된다.

(18)

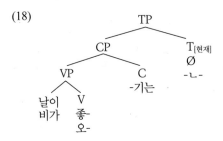

　둘째, 위의 통사구조는 T[현재]가 CP와 병합하는 문제도 포함하고 있다.

14　보조사 '-는'은 투사하지 않으므로 무시한다(1장 1.3.6절 참고).

다시 말해 어미가 명사절과 같은 절을 보충어로 취한다고 보기는 어려운데 (18)은 T[현재]가 명사절 CP와 병합함으로써 방금 언급한 제약 내지는 일반성을 위반하고 있다.

위의 두 가지 문제는 어떻게 해소할 수 있는가? 여기서는 (16), (17)의 통사구조를 (18)이 아니라 아래 (19)로 파악함으로써 (18)과 관련된 문제를 해소하고자 한다.

(19)
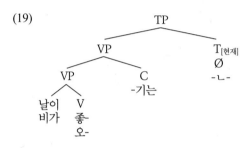

위의 통사구조에서는 T[현재]와 병합하는 것이 CP가 아니라 VP이므로 위에서 제기한 두 가지 문제, 즉 T[현재]와 V의 관계가 CP의 개입으로 단절되는 문제와 T[현재]가 VP가 아니라 CP와 병합하는 문제가 제기되지 않는다. 그렇다면 통사구조 (19)는 가능한가? 절을 달리하여 이 문제를 살핀다.

6.5. 투사하지 않는 핵

(19)의 통사구조가 형성되려면 C '-기'가 분포 면에서는 통사적 핵의 위치를 차지하지만 CP로 투사하지는 말아야 한다. 그 대신 C '-기'와 병합하는 VP가 VP와 C '-기'가 병합한 성분의 통사범주, 즉 표찰(label)을 결정해야 한다. 핵 C '-기'가 투사하지 못하므로 보충어 VP가 투사해서 표찰을 정하는

셈이다. 일반적으로 투사(projection)는 핵이 담당하지만 보충어가 담당하기도 하며(1장의 1.3.6절 참고), 병합하는 성분 가운데 어느 하나가 아니라 모두가 투사하기도 하는데(4장 4.8절 및 7장, 10장 참고), (19)는 앞의 경우, 즉 핵이 투사하지 않고 보충어가 투사하는 경우에 해당하는 것이다. 따라서 (19)에 제시한 통사구조는 얼마든지 가능하다.

다만 위와 같은 논의가 성립하려면 (19)에서 C '-기'가 투사하지 않는 이유를 명확히 해야 한다. 아래와 같은 예에서 확인할 수 있듯이 명사형 어미 C '-기'는 투사하지 않는 핵이 아니라 투사할 수 있는 핵이기 때문이다.

(20) 가. 우리는 [CP [VP 그가 오-] -기] 바랐다.

나. 우리는 [CP [VP 비가 오-] -기] 때문에 산행을 중단했다.

명사형 어미 C '-기'는 무슨 연유로 (19)에서는 투사하지 않고 (20)에서는 투사하는가? 이에 대한 답은 (19)와 (20)에서 C '-기'의 역할을 고려하면 어렵지 않게 구할 수 있다.

명사형 어미 C '-기'는 어휘정보로 통사정보와 음운정보를 지닌다.[15] (20) 에서는 이 두 가지 정보가 모두 필요하며, 특히 통사구조 형성에서 C '-기'의 통사정보는 매우 긴요하다. V '바라-'와 N '때문'은 논항 자질로 [NP]를 지니고 이에 따라 명사성 논항을 필요로 하는바, 바로 명사형 어미 C '-기'가 이러한 필요에 부응하기 때문이다. 따라서 C '-기'의 통사정보가 통사구조에서 투사되고 이에 따라 통사구조에는 CP가 나타난다. 또한 C '-기'가 지닌 음운정보는 단적으로 C '-기'가 음성적으로 실현되는 데서 그 필요성을 확인할 수 있다.

---

15 물론 의미정보도 지니지만 논의와 크게 관련이 없으므로 따로 언급하지 않는다.

(19)에서도 C '-기'는 음성적으로 실현되므로 그 음운정보가 긴요함은 의심의 여지가 없다. 하지만 C '-기'의 통사정보는 사정이 다르다. (19)에서 C '-기'는 VP와 T를 병합해 통사구조를 형성하는 데 필요치 않으며 오히려 방해가 되기 때문이다. 따라서 C '-기'의 통사정보는 통사구조로 투사되지 않는다. 다시 말해 투사(projection)도 통사 작용의 일종이고 통사 작용은 필요한 경우에 적용되는데, (19)에서 C '-기'의 투사는 필요한 경우에 해당하지 않으므로 CP로 투사되지 않는다. "문법적 동기 없이 동원되는 어미는 투사할 이유가 없"는 것이다(이정훈 2014가: 32).

물론 (19)의 C '-기'가 통사적으로 투사하지 않으면서도 통사구조에 나타나는 이유는 통사적 필요성이 아니라 음운적·의미적 필요성 때문이다. 어간의 의존성 해소라는 음운적 필요성에 부응하려면 어말어미가 필요하고 보조사 '-은/는'의 의미를 통사구조에 구현하기 위해서는 명사성 성분이 필요한 바, 이 두 가지 필요성에 부응하고자 명사형 어미 C '-기'가 통사구조에 도입되는 것이다. 이러한 사항을 반영하여 (19)를 좀 더 자세히 나타내면 아래와 같다.

(21)

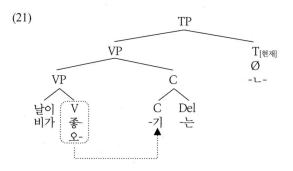

위에서 어간 V '오-'와 V '좋-'의 의존성은 C '-기'로의 핵 이동으로 해소되고, 보조사 Del '-은/는'의 의미는 C '-기'의 명사성에 기대어 통사구조

내에서 구현된다. 그리고 Del '-은/는'은 분포상으로는 C '-기'의 뒤에 놓여 통사적 핵으로 간주되지만 투사하지 않는 핵이므로 C '-기'와 Del '-은/는'이 병합하면 C가 된다(1장 1.3.6절 참고).[16]

'비도 오고 날도 덥고 하-Ø-다'와 '날도 덥고 비도 오고 하-ㄴ-다'에서 보듯이 내포 접속문의 T[현재]도 'V-기' 반복 구문과 평행한 모습을 보인다. 접속어미는 투사하지 않으며, α와 β가 접속항인 대등 접속 구성 'α & β'에서 핵으로 기능하는 접속항이 후행하게 되는바(7장 참고), '[VP [VP1 비도 오고] [VP2 날도 덥고]]'에서는 V형 '덥-'이 투사한 VP₂가 핵으로 기능하면서 T[현재] 와 병합하므로 T[현재]는 'Ø'로 실현되며, '[VP [VP1 날도 덥고] [VP2 비도 오고]]' 에서는 V동 '오-'가 투사한 VP₂가 핵으로 기능하면서 T[현재]와 병합하므로 T[현재]는 '-ㄴ-'으로 실현된다.

핵이 투사하기도 하고 투사하지 않기도 하는 현상은 '-인가, -인들, -이나' 등 보조사와 활용형의 이중성을 보이는 소위 '이'계 형식에 대한 설명에도 유효하다.

(22) 가. 영이는 [철수가 <u>누군가</u>] 궁금했다.

　　　나. 철수가 <u>누군가</u> 만났다. (이정훈 2005나: 156 참고)

(22)는 '누군가'가 명사구와 계사 그리고 의문어미로 이루어진 '누구-이-

16　(21)에서 C '-기'는 핵이므로 여기에 Del '-은/는'이 병합하면 복합핵 [c [c -기] -는]이 형성된다. 핵 이동에 의해 핵과 핵이 모이면 복합핵이 형성되는데, 핵 이동 없이도 핵과 핵이 모여 복합핵이 형성될 수 있는 것이다. 이동 없이 병합만으로 복합핵이 형성되기도 하는 것인데, 이렇게 병합만으로 복합핵이 형성되는 것은 '나는 그를 안 만났다'의 '안 만나 -'나 '잡아 먹-'과 같은 연속동사에서도 볼 수 있다([v [Adv 안] [v 만나]], [v [v 잡아] [v 먹-]]). 참고로 연속동사에서 동사 사이에 개재하는 어미 '-아/어'는 V의 의존성을 해소하기 위해 삽입되며 투사되지 않는다(4장의 각주 11) 참고).

은가'일 때도 있고, 명사구와 보조사 '-인가'로 이루어진 '누구-인가'일 때도 있음을 잘 보여준다. 이렇게 보조사 '-인가'와 계사의 활용형 '인가'가 서로 넘나드는 현상은 어떻게 설명할 수 있는가? 이 의문에 대해 비투사(non-projection), 즉 핵이지만 투사하지 않는 현상은 선명한 답을 제공한다.

(23) 가.

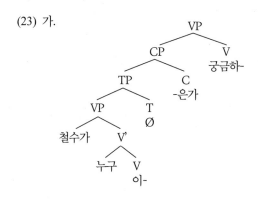

나.

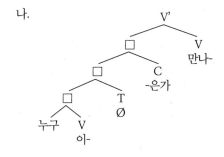

(22가 = 23가)처럼 V '궁금하-'와 병합하면 '철수가 누군가'는 의문어미 C '-은가'가 투사한 CP가 된다. V '궁금하-'는 의문 자질을 지닌 논항을 요구하고 이에 부응하기 위해 의문 자질을 지닌 의문어미 C '-은가'가 CP로 투사하여 V '궁금하-'의 논항이 되는 것이다. 의문어미 C '-은가'가 투사하므로 그 이하의 TP, VP도 투사하게 된다.

그러나 (22나 = 23나)처럼 V '궁금하-' 대신에 V '만나-'가 등장하면 사정이 사뭇 달라진다. V '만나-'는 의문 자질의 논항을 필요로 하지 않으므로 의문어미 C '-은가'의 투사는 억제된다.[17] 그리고 C '-은가'의 투사가 억제되면 T 'Ø'의 투사도 억제된다. T 'Ø'의 투사가 억제되지 않으면 아래 나무그림에서 보듯이 '누군가'가 TP가 되는데,[18] V '만나-'가 TP를 논항으로 취할 수는 없기 때문이다.

(24)

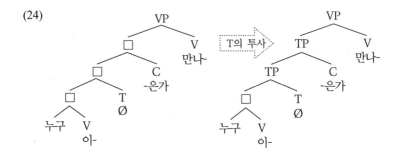

C '-은가'의 투사가 억제되면서 T 'Ø'의 투사도 억제되듯이, T 'Ø'의 투사가 억제되면 V '이-'의 투사도 억제된다.[19] V '이-'가 투사하면 V '만나-'가

---

17 혹은 취소된다. 억제든 취소든 (23가)에 비해 (23나)는 다분히 비정상적이다. 그렇다면 이런 비정상적인 상황은 왜 초래될까? 이에 대한 논의는 이정훈(2014가) 참고. 핵심은 비정상이 구제될 수 있고 나아가 구제 결과가 유용하면 비정상적인 상황도 실현될 수 있다는 점이다. 무작위적인 변이(비정상적 상황) 중 환경에 적합한 것(비정상적 상황 구제, 구제 결과의 유용성)이 누적되어 진화가 이루어지는 것과 통한다. 이어지는 논의를 통해 알 수 있듯이 비정상적인 (23나)를 구제하는 방안이 있고, 또 구제 결과는 보조사 출현이라는 유용성을 낳는다.

18 이 절을 시작하며 언급했듯이 핵 X와 YP가 병합하여 어느 하나가 투사하는 경우 그 투사 방식은 두 가지로 나뉜다. 하나는 핵 X가 투사하는 방식인데 이에 따르면 핵 X와 YP의 병합은 [xp YP X]가 된다. 다른 하나는 핵 X가 투사하지 않고/못하고 YP가 투사하는 방식인데 이에 따르면 핵 X와 YP의 병합은 [yp YP X]가 된다.

19 (23가)의 V '이-'는 두 개의 논항을 취하지만 (23나)의 V '이-'는 하나의 논항을 취한다.

VP를 논항으로 취하는 비문법적인 구조 (25)가 초래되기 때문이다.

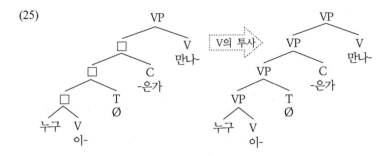

(23나)에서 C '-은가'도 투사할 수 없고, T 'Ø'도 투사할 수 없으며, V '이-'도 투사할 수 없으니 이제 남은 가능성은 하나뿐이다. 즉, NP가 투사하게 된다.

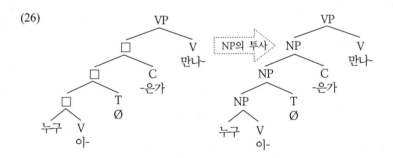

위의 나무그림은 (24), (25)가 지닌 난점을 지니지 않는다. V '만나-'는 그 어휘적 속성상 NP를 논항으로 취하기 때문이다. 나아가 (26)은 보조사 '인가'의 가능성을 제시한다. NP와 병합해서 다시 NP가 되는 것은 보조사의

논항 하나만을 취하는 V '이-'에 대해서는 4장의 각주 40) 및 임동훈(2005) 참고.

전형적인 속성이기 때문이다. 그리고 (26)에 핵 이동이 적용되고 나아가 음운부 작용과 어휘부 등재까지 적용되면 '인가'가 하나의 보조사 단위로 확립된다. 즉, (26)에 핵 이동이 적용되면 핵 N '누구'와 핵 V '이-', 핵 T 'Ø', 핵 C '-은가'가 하나의 복합핵 [[[[누구]이-]Ø]-은가]를 형성하게 되는데, 여기에 음운부 작용과 어휘부 등재 과정이 적용되면 '인가'가 하나의 독립적인 보조사의 지위를 얻게 된다. 음운부 작용은 통사적 성분 구조의 삭제를 가능하게 하는바 [[[[누구]이-]Ø]-은가]가 [[누구]인가]가 되고 이에 따라 '인가'가 하나의 독립적인 단위의 자격을 얻게 되며 여기에 더해 독립적 단위의 자격을 얻게 된 '인가'가 어휘부에 등재되면 보조사 Del '-인가'가 탄생하게 되는 것이다.

(22)~(26)의 논의가 의미하는 바는 명확하다. 핵이면서도 투사하지 않는 비투사를 인정하면 활용형과 보조사의 이중성을 보이는 '이'계 형식에 대한 합리적인 해석이 가능하다. 그리고 비투사는 언뜻 비정상적으로 보이지만 투사와 마찬가지로 이론적인 동기를 지니며 경험적인 동기도 지닌다(이 장의 각주 17) 참고). 따라서 비투사는 이론적인 차원에서는 물론이고 경험적인 차원에서도 그 타당성을 인정할 수 있다.

6.6. 생략과 '하-' 지지 규칙 그리고 선호성 조건

'하-' 지지 규칙은 독자적으로 존재할 뿐만 아니라 문법의 여러 다른 현상과 잘 어울려야 한다. 앞서 '하-' 지지 규칙의 적용 층위를 살피고, '하-' 지지 규칙에 의해 도입되는 지지 동사 '하-'의 통사범주와 관련된 문제를 논의한 것도 'V-기' 반복 구문과 어미의 형태 교체라는 문법 현상과 '하-' 지지 규칙의 조화를 도모한 것에 다름 아니다. 시각을 달리하면 '하-' 지지 규칙의 이모저모를 밝히기 위해서도 '하-' 지지 규칙과 상호작용하는 문법 현상들을 두루 살피는 일은 필수적이다. 이러한 맥락에서 이 절에서는 '하-' 지지 규칙과 생략 현상 사이의 긴장을 확인하고 이를 해소하기 위한 방안을 모색한다.

'하-' 지지 규칙과 생략 현상 사이에서 발생하는 긴장을 확인하기 위해 '하-' 지지 규칙이 어미의 의존성을 해소하기 위해 동원된다는 점에 주목해 보자. 그러면 VP 생략 등으로 V가 음성적으로 실현되지 않으면 어미의 의존성을 해소하기 위해 '하-' 지지 규칙이 동원될 것이라는 예측이 가능하다.[20] 그러나 이러한 예측은 아래에서 보듯이 실제 현상과 부합하지 않는다.

(27) 문 영이가 철수를 만났니?

　　답₁ 응, 영이가 철수를 만나더라.

　　답₂ 응, 영이가 철수를 만나더라.

　　답₃ *응, 영이가 철수를 만나- -더-라.

　　답₄ *응, 영이가 철수를 만나- 하-더-라.

문답의 맥락상 답에서 [VP 영이가 철수를 만나-]는 잉여적이다. 이에 [VP 영이가 철수를 만나-]는 답₁처럼 음성적으로 실현되기도 하지만, 답₂처럼 생략되기도 한다. 그런데 답₂와 답₃의 대조에서 보듯이 '만나-'는 잉여적임에도 불구하고 생략될 수 없다. 이는 '만나-'가 생략되면 어미 '-더-'의 의존성이 해소되지 못해 비문법성이 유발되기 때문일 것이다. 문제는 이러한 사정을 고려해 [VP 영이가 철수를 만나-]를 생략하고 어미 '-더-'의 의존성을 해소하기 위해 '하-' 지지 규칙을 동원해 답₄를 형성해도 사정이 전혀 나아지지

20　한국어의 VP 생략에 대해서는 5장 및 이은지(2007), 이우승(2016) 등 참고.

않는다는 사실이다.

VP 생략에서 '하-' 지지 규칙이 별다른 힘을 발휘하지 못하는 셈인데 이러한 현상이 일반적이지 않다는 점에서 문제는 한층 심각해진다. 예를 들어 한국어의 '하-' 지지 규칙에 해당하는 영어의 'do' 지지 규칙은 VP 생략에서 굴절 접사의 의존성을 해소하는 역할을 담당한다.[21]

> (28) John likes candy, but Bill doesn't [vp like candy].
>
> (Craenenbroeck & Merchant 2013: 702 참고)

(27回4)는 어떻게 설명할 수 있는가? 나아가 (27回4)와 (28)의 대조는 어떻게 설명할 수 있는가?

우선 생각해 볼 수 있는 것은 다음과 같은 조건을 설정하는 방법이다.

> (29) 한국어의 '하-' 지지 규칙은, 영어의 'do' 지지 규칙과 달리, 생략으로 인해 발생하는 문제를 보수(repair)하기 위해 적용될 수 없다.[22]

그러나 앞서 살핀 'V-기' 반복 구문, 내포 접속문, 장형 부정문, '하-' 구문 등을 고려할 때 조건 (29)는 그다지 신뢰할 만하다고 보기 어렵다. '하-' 지지 규칙이 'V-기' 반복 구문, 내포 접속문, 장형 부정문, '하-' 구문 등에서는 어미의 의존성을 해소하는 역할을 담당하지만 생략에서는 그렇지 않다고

---

21 영어의 'do' 지지 규칙에 대해서는 이필환(1994), 한정혜(2000) 등을 참고하고, 보다 폭넓은 논의는 Grimshaw(2013) 등 참고.

22 비문법성을 완화하거나 해소하기 위해 동원되는 수단을 흔히 보수 전략(repair strategy)이라고 하며, 대명사와 같은 대용어의 사용이나 생략 등이 전형적인 보수 전략에 속한다 (Boeckx 2008: 205-232 참고).

보는 것은 매우 자의적이기 때문이다.[23]

위와 같은 점을 고려하여 'V-기' 반복 구문 등의 구문에서든 생략에서든 '하-' 지지 규칙이 어미의 의존성을 해소할 수 있다고 해 보자. 그럼에도 불구하고 (27답₄)는 왜 성립하지 않는가? 아래와 같은 선호성(preference) 조건 때문은 아닐까?[24]

(30) 이동이 생략보다 선호된다.

위의 조건에 따르면 (27답₂)~(27답₄)는 자연스럽게 설명된다. 먼저 생략보다 이동이 선호되므로 V '만나-'가 핵 이동을 통해 인식시제 T '-더-'로 이동한 후 VP 생략이 적용되면 (27답₂ = 31)이 된다. 아래에서 C '-다'로의 핵 이동은 편의상 나타내지 않는다.

(31) [ᴛᴘ [ᴠᴘ 영이가 철수를 t] 만나-더-]

---

23 물론 자의성을 감내하고 조건 (29)를 채택할 수는 있다. 하지만 이어지는 논의를 통해 알수 있듯이 조건 (30)에 기초한 설명이 조건 (29)에 기초한 설명에 비해 훨씬 간명하다. 따라서 경험적인 측면을 논외로 치더라도, 조건 (29)보다 조건 (30)이 더 낫다.

24 (30)을 일반화하면, 문법 작용에는 다른 문법 작용보다 선호되는 것이 있게 된다(이정훈 2003; Chomsky 2000 등 참고). 또한 (30)은 이동과 생략이 비교 대상임을 의미하는데 이와 관련한 심도 있는 논의는 생략한다. 다만 생략이 잘못된 이동에 대한 보수 전략(repair strategy)으로 기능하기도 하는바(이 장의 각주 22) 참고), 이는 이동과 생략이 서로 영향을 주고 받는다는 것을 의미하는 것으로 볼 수 있으며, 영향을 주고받는 것과 비교 대상이 되는 것은 서로 통한다. 물론 이동은 통사부의 소관으로 보고 생략은 음운부의 소관으로 보아서 이동과 생략이 서로 영향을 주고받지 않는다는 입장을 택할 수도 있다. 하지만 왜 그런 입장을 택해야 하는가? 왜 이동은 통사부에 유폐되고, 왜 생략은 음운부에 유폐되는가? 이동과 생략이 필요에 따라 통사부든 음운부든 적절한 곳에서 적용된다는 입장을 택하는 것이 더 타당하다고 본다.

다음으로 조건 (30)은 (27달₃)과 (27달₄)의 비문법성도 쉽게 설명할 수 있다. (27달₃)과 (27달₄)를 형성하려면 이동보다 생략이 우선해야 하는데 이는 조건 (30)을 위반하므로 허용될 수 없는 것이다.

조건 (30)이 조건 (29)보다 낮다는 것은 분명하다. 방금 확인했듯이 (27달₂) ~(27달₄)를 설명할 수 있다는 점에서 우선 그렇고, 또 (28)을 설명하는 데에도 어려움을 야기하지 않는다는 점을 고려해도 또한 그렇다. 영어는 V가 VP 밖으로 핵 이동하지 않으므로 조건 (30)이 있어도 (28)과 같은 생략과 'do' 지지가 가능한 것이다.[25]

조건 (30)과 관련하여 유념해야 하는 것은, 방금 언급한 영어의 예를 통해 짐작할 수도 있는데, 이동도 가능하고 생략도 가능할 때 이동을 선택하게 하는 것이 (30)의 역할이라는 점이다. 이에 선택의 여지가 없으면, 다시 말해 이동은 불가능하고 생략만 가능하면 당연히 생략이 적용된다. 아래 예를 보자.

(32) ㉮ 영이가 철수를 만났어.

㉯ 영이가 철수를 만났어?

(32㉯)는 V '만나-'가 T '-았/었-'으로 핵 이동하고, 이를 통해 형성된 복합핵 '만나-았-'이 다시 C '-어'로 핵 이동한 뒤, C 자리에 한데 모인 복합핵 '만나-았-어'가 생략되어 형성된다.

(33) [$_{\Omega P}$ [$_{CP}$ [$_{TP}$ [$_{VP}$ 영이가 철수를 t$_{만나}$] t$_{만나-았-}$] 만나-았-어] Ω][26]

---

25 영어는 시제 접사가 V로 하강(lowering)하거나 조동사나 지지 동사 'do'가 동원되어 시제 접사의 의존성이 해소된다(Lasnik 1995 참고).

26 문말억양 핵 Ω는 초분절적(suprasegmental)이고 어간과 어미가 지닌 의존성은 지니지 않는다. 그래서 복합핵 '만나-았-어'가 Ω로 핵 이동하지 않는다.

(33)에서 '만나았-어'는 더 이상 이동의 대상이 아니다. 따라서 생략되어도 (30)을 위반하지 않는다.[27]

6.7. 정리

지금까지 삽입 규칙의 한 사례인 '하-' 지지 규칙이 제기하는 여러 문제를 검토하면서 그에 대한 해결책을 제시하였다. 주요 내용을 정리하면 아래와 같다.

첫째, '하-' 지지 규칙은 'V-기' 반복 구문, 내포 접속문, 장형 부정문, '하-' 구문 등에 두루 작용하는바, 규칙으로서의 일반성을 충분히 지닌다.

둘째, '하-' 지지 규칙은 음운부에서 적용될 수 있을 뿐만 아니라 통사부에서 적용될 수도 있다. '하-' 지지 규칙이 통사부에서도 적용되므로 '하-' 지지 규칙에 의해 도입되는 지지 동사 '하-'는 'V-기' 반복 구문에 의해 반복될 수도 있다.

셋째, '하-' 지지 규칙이 도입하는 지지 동사 '하-'의 통사범주는 V이며,

---

27 이정훈(2015나: 24)는 (33)에 표시한 이동과 생략이 난점을 지닌다고 보았다. 하지만 이러한 판단에 대한 문법적, 경험적 근거가 찾아지지 않는다. 이에 (33)과 같은 이동과 생략이 허용되는 것으로 판단을 수정한다. 한편 조건 (30) 대신에 지지 동사 '하-'만 음성적으로 실현되면 지지 동사 '하-'가 중동사 '하-'로 오인될 수 있기 때문에 (27㊐)가 성립하기 어렵다고 볼 수도 있다. 이 제안은 조건 (30)을 필요로 하지 않으며, 어휘 의미에 기댄다는 점에서 문법에 별다른 부담을 야기하지 않는 장점을 지니기도 한다. 하지만 이 제안을 본격적으로 추구하지는 않는다. 무엇보다도 어휘 의미에 기댄 제안은 한국어와 영어의 차이를 예측할 수 없기 때문이다. 즉, 한국어에서 중동사와 오인되기 때문에 '하-' 지지가 저지된다고 보면, 영어도 마찬가지여야 할 텐데, 영어는 'Do the right thing!'과 같은 예에서 확인할 수 있듯이 중동사 'do'가 있음에도 불구하고 (28)과 같은 'do' 지지가 가능하므로 어휘 의미에 기댄 설명은 한국어와 영어의 차이를 포착할 수 없다.

형용사와 동사 사이의 구분은 가지지 않는다. 이에 따라 동사, 형용사 구분에 따른 어미 실현에 관여하지 않는다.

넷째, 어떤 성분의 투사 여부는 그 성분의 투사 가능성에 더해 통사구조 형성에 참여하는 성분들 사이의 관계에 따라 결정된다. 이에 통사적으로 핵의 자리를 차지하면서도 투사하지 않는 비투사 현상이 가능하다.

끝으로, 다섯째, 생략 구문에서 '하-' 지지 규칙이 활약하지 못하는 현상은 이동이 생략보다 선호된다는 선호성 조건으로 포착할 수 있다.

7. 접속: 대등접속의 경우

7.1. 도입

통사구조는 어휘항목과 통사구조 형성 규칙을 토대로 형성된다. 그렇다면 한국어 접속문의 통사구조는 어떤 어휘항목에 의해, 그리고 어떤 통사구조 형성 규칙에 의해 형성되는가? 특히 접속어미는 접속문의 통사구조 형성에서 어떻게 기능하는가? 이 장은 바로 이 질문들에 대해 명시적으로 답함으로써 접속문에 대한 통사론적 이해를 심화하고 확장하는 것을 목적으로 한다. 더불어 접속문에 대한 이해를 바탕으로 명사구 접속 구성과 어휘격 조사구 접속 구성에 대한 이해를 도모하고 나아가 통사구조와 이분지 제약의 관계에 대한 이해도 도모한다.

논의 순서는 다음과 같다. 먼저 7.2절에서는 이 글이 출발점으로 삼는 접속문의 통사구조를 제시하고 이 통사구조에서 제기되는 문제를 명확히 한다. 이어서 7.3절과 7.4절에서는 7.2절에서 제기된 문제를 해소하고 접속문이 형성되는 구체적인 과정을 밝힌다. 이를 토대로 7.5절에서는 내포 접속문과 다항 접속문의 형성 과정을 살핀다. 이후로는 논의를 확대하여 명사구 접속과 어휘격 조사구 접속에 대해 논의하고(7.6절), 다분지 통사구조의 가능성 및 다분지 통사구조와 이분지 통사구조의 관계를 정립한다(7.7절). 7.8절에서는 논의 내용을 정리하면서 '접속문의 통사구조'에 대한 논의를 일단락한다.

7.2. 접속문의 통사론의 지향

한국어 접속문의 통사구조에 대한 시각은 사뭇 다양하다.[1] 접속문의 통사구조로 평판구조(flat structure)를 제시하는 견해가 있는 한편으로 계층구조(hierarchical structure)를 제시하는 견해도 있으며, 계층구조를 택한 경우도 부가 구조를 채택하는 견해와 그렇지 않은 견해로 나뉜다. 물론 부가 구조를 택한 견해도 구체적인 부가 위치 등에 대한 시각에서 차이를 보이며, 부가 구조가 아닌 구조, 예를 들어 접속절을 명시어에 위치시키는 견해도 접속절이 위치하는 명시어의 정체나 위치 등에서 차이를 보인다.

접속문의 통사구조에 대한 시각이 다양하게 존재하게 된 것은 접속문의 문법적 특성이 복잡하고 다양하기 때문이기도 하지만 특히 각 시각이 서로 다른 가설을 토대로 삼고 있기 때문이다. 그런데 서로 다른 가설을 토대로 하는 이론들은 서로 비교하기도 어려울 뿐더러 우열을 가리기는 더욱 어렵다. 따라서 접속문의 통사론에 대한 논의는 다음의 두 가지 방향을 취하게 된다.

첫째, 여러 제안을 서로 비교하기보다는 어느 한 제안을 선택하고 선택한 제안의 이론적 타당성을 제고해야 한다. 특히 접속문 이외의 통사현상에

---

1   이 글의 접속문은 소위 대등 접속문을 가리킨다. 그리고 '[ₐ [ᵦ 비가 오고] [c 바람이 불었
     다]]'와 같은 예에서 접속절은 B와 C 각각을 가리키며, 접속문은 B와 C를 포함한 A를
     가리킨다. 절 이외의 것이 접속될 수도 있는데 절을 위시하여 접속 성분 일반을 가리킬
     때는 접속항(conjunct)이라고 한다.

부담을 야기하지 않는, 나아가 접속문 이외의 영역에서도 유효한 이론을
구성해야 한다.

둘째, 채택한 제안을 토대로 접속문과 관련된 다양한 현상을 해명해야
한다. 이는 제안된 통사구조의 경험적 타당성을 확인하는 의의를 지니는바,
다루어지는 현상이 다양하면 다양할수록 제안된 통사구조의 경험적 타당성
이 제고된다.

위와 같은 인식을 바탕으로 이 글은 일단 접속문의 통사구조로 접속어미
Conj '-고'가 선행절의 핵으로 기능함으로써 ConjP를 형성하고 이 ConjP가
후행절의 VP에 부가되는 아래의 구조를 출발점으로 삼아 논의를 시작한다.

(1) 하늘은 푸르고 물은 맑았다. (이정훈 2008가: 133 참고)

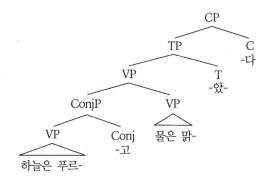

'하늘은 푸르고 물은 맑았다, *물은 <u>하늘은 푸르고</u> 맑았다, *하늘은 <u>물은</u>
<u>맑았다</u> 푸르고'에서 보듯이 접속문에서는 "선행절이나 후행절 어느 것도
… 위치 이동이 자유스럽지 못하다"(최재희 1985: 149). (1)은 이러한 특성을
바로 포착한다. 이동하는 성분은 일반적으로 위로 이동하는데, 다시 말해
이동하는 성분은 이동해 간 위치에서 이동해 온 위치를 성분지휘(c-command)
해야 하는데(4장 4.4.1절 및 12장 12.4.5절 참고), (1)에서 위로 이동하면서 선행

절 ConjP '하늘은 푸르고'가 후행 VP 속에 들어가거나 후행 VP가 선행절 ConjP 속에 들어갈 수는 없기 때문이다. 또한 후행절 '물은 맑았다'는 성분 (constituent)이 아니므로 이동의 대상조차 될 수 없다.

그렇다면 접속문의 통사구조 (1)을 보다 타당한 것으로 개선하려면 어떻게 해야 하는가? 이를 위해서는 위에서 언급한 두 가지 방향의 연구가 요청된다. 첫째, (1)의 이론적 타당성을 제고해야 하는바, 그러려면 (1)의 통사구조에 잠복된 문제를 구체화하고 그에 대한 답을 모색해야 한다. 그러면 (1)의 문제가 해소된 개선안이 나타나게 된다. 둘째, 접속문과 관련된 현상 가운데 (1)의 개선안으로 해명할 수 있는 현상이 얼마나 되는지 검토해야 한다. 지금부터는 절을 달리하여 이 두 가지 사항을 논의하고자 하는데, 먼저 (1)의 타당성을 제고할 수 있는 개선안 마련에 주력한다.

7.3. 접속어미의 통사 특성

접속어미는 그 명칭에서도 알 수 있듯이 접속의 기능을 발휘하는 어미로서 접속문의 통사구조 형성에서 핵심을 담당한다.[2] 그런데 (1)의 통사구조만으로는 접속어미의 접속 기능이 어떻게 구현되는지 알기 어렵다. 심지어 부가

---

2 고재설(2003: 150-154)은 '그리고'를 접속사로 제시하고 접속어미 '-고'는 '형태론적 폐쇄를 위한 장치'로 간주하였다. 접속어미 '-고'에 접속 기능이 없다고 보는 셈인데 이는 '하늘은 푸르고 물은 맑고 했다'와 같은 소위 내포 접속문에 나타나는 접속어미의 문제와도 관련된다. 접속어미가 접속의 기능이 아니라 단순히 형태론적 요인에 의해 동원되는 요소라는 제안은 김용하(2009)에서도 볼 수 있는데, 이 논의에서 접속의 기능은 접속어미가 아니라 추상적인 기능범주가 담당한다. 여기서는 접속어미의 접속 기능을 인정하고, 지금까지와 마찬가지로 추상적인 기능범주가 아니라 접속어미와 같은 구체적인 언어 형식을 중시하는 입장에서 논의를 진행한다. 또한 내포 접속문의 접속어미도 일반적인 접속문의 접속어미와 마찬가지로 접속의 기능을 지니는 것으로 파악한다(이 장의 7.5.1절 참고).

구조는 전형적으로 수식 관계와 통하므로 ConjP가 VP에 부가된 부가 구조는 접속의 기능과 좀체 어울리지 않는 듯하다. 다시 말해 "구 구조 상 지위가 완전히 동일한 두 접속절 중 어느 것이 다른 어느 것에 부가되었다는 것을 전혀 정당화할 수가 없다"(김용하 2009: 6). 이에 아래의 문제가 대두된다.

⌞문⌟₁ 접속어미의 접속 기능은 어떻게 구현되는가?
⌞문⌟₂ 접속의 구조가 왜 부가 구조인가?

위의 두 문제를 풀면 (1)의 이론적 토대가 좀 더 확고해질 것이다. 그렇다면 문제를 어떻게 해결할 수 있을까? 지금부터 7.3절~7.4절에 걸쳐 위에 제시한 두 문제를 하나씩 차례로 살피기로 하는데, 일단 문제를 푸는 단서로서 다음의 두 가지 사실에 주목해 보자.

(2) 가. 접속문을 형성하려면 접속어미에 더해 접속어미로 접속되는 두 개의 성분이 필요하다.[3]
    나. 접속은 동질적인 범주를 대상으로 한다.

(2가)와 (2나)는 접속문의 대표적인 특성인바, 지금부터는 이 두 특성을 토대로 위에 제시한 ⌞문⌟₁과 ⌞문⌟₂의 답을 찾기로 한다.

---

[3] 때로 '㉮ 밥 먹자. ㉯ 나 밥 먹었는데/먹었거든'의 ㉯에서 보듯이 (2가)를 위반하는 예가 나타나기도 한다. 하지만 이런 경우는 관습적으로 후행절이 생략된 경우나 접속어미에서 유래한 종결어미가 나타난 경우이므로 (2가)에 대한 반증이 되지 않는다.

7.3.1. 접속어미의 통사자질

(2가)와 (2나) 중에서 (2가)는 접속어미가 두 자리 술어에 버금가는 성격을 지님을 의미한다. 즉, 타동사와 같은 두 자리 술어가 논항 자질에 의해 두 개의 성분을 취하듯이 접속어미도 보충어 자질에 의해 두 개의 성분을 취한다. 이를 통사자질로 정리하면 아래와 같다.

(3) 접속어미의 통사자질
　　가. 통사범주 자질: [Conj]
　　나. 보충어 자질: [VP, VP][4]

접속어미의 통사자질을 위와 같이 파악하면, 세 개 이상의 성분이 접속된 경우는 접속어미가 두 번 이상 출현하면서, 접속어미들 각각의 보충어 자질이 발휘된 것으로 해석된다. 예를 들어 아래 (4)는 접속어미가 두 번 출현했으므로 보충어 자질도 두 번 발휘되는 것이 당연하고, 이에 (5가)나 (5나)의

---

[4]　타동사가 취하는 두 개의 논항이 명시어와 보충어로 구분되는 것을 고려하면, 접속어미가 취하는 두 개의 성분도 명시어와 보충어 식으로 구분해야 할 수도 있는데, 논의와 밀접히 관련되지 않는바, 따로 논의하지 않고 두 개의 성분 모두 보충어로 간주한다. 접속조사의 경우도 마찬가지이다(이 장의 7.6절 참고). 한편 접속어미는 VP뿐만 아니라 HP, TP, CP 등 어미가 투사한 범주도 보충어로 취할 수 있으며, 서로 다른 범주를 보충어로 취할 수도 있다. '[[HP 그 분은 엄격하시-] -고 [HP 저 분은 인자하시-]] -다, [[TP 모두들 함께 밥도 먹었-] -고 [TP 수다도 떨었-]] -다, [[VP 친구가 오-] -거나 [HP 선생님이 오시-]] -었다, [[CP 영이가 왔다] [[HP 선생님도 오시-] -고]]((14) 참고)' 등 참고. 개별 접속어미의 보충어 자질은 해당 접속어미의 유형, 개별적 특성 등에 따라 결정되는데 여기서는 따로 논의하지 않는다(최재희 1991; 한동완 1996: 4장 등 참고). 그리고 [VP, VP]가 아니라 어미가 투사한 범주를 보충어 자질로 가지면, 보충어 자질 상속 규칙에 의해 [VP, VP]도 보충어 자질로 갖게 되므로 어미의 보충어 자질을 [VP, VP]로 간주하는 (3나)는 늘 성립한다. 이에 접속어미의 보충어 자질이 [VP, VP]인 경우를 논의한다.

통사구조가 나타나게 된다.[5]

(4) 하늘은 푸르고 물은 맑고 바람은 시원했다.

(5) 가. [[[하늘은 푸르-] -고 [물은 맑-]] -고 [바람은 시원하-]] -았-다.

　　나. [[하늘은 푸르-] -고 [[물은 맑-] -고 [바람은 시원하-]]] -았-다.

세 개의 절이 접속되는 경우 첫 번째 절과 두 번째 절이 하나의 성분을 이루기도 하고 두 번째 절과 세 번째 절이 하나의 성분을 이루기도 한다고 보는 셈인데, 두 가지 성분구조의 존재는 아래와 같은 현상을 통해 지지될 수 있다.

(6) 가. 하늘은 푸르고 물은 맑고, 게다가/더불어 바람도 시원했다.

　　나. 하늘은 푸르고, 게다가/더불어 물도 맑고 바람도 시원했다.

별다른 이상이 없는 한 쉼표로 표시한 끊어짐의 억양이나 '게다가'나 '더불어'와 같은 요소의 삽입도 성분구조에 민감하다고 보는 것이 합리적이다. 따라서 (6가)는 (5가)를, (6나)는 (5나)를 지지한다고 할 수 있다. 물론 '하늘은 푸르고, 더불어 물은 맑고, 게다가 바람은 시원했다'에서 보듯이 매 접속절 뒤에 휴지와 '게다가/더불어'가 나타날 수도 있는데, 이는 (5가)의 통사구조든 (5나)의 통사구조든 접속절들 하나하나가 제각기 독자적인 성분이기 때문에 나타나는 당연한 현상이다.

　의미적인 면도 (5)의 두 가지 성분 구조를 지지한다. 예를 들어 '사는 곳은

5　두 개의 절로 이루어진 접속문은 이항 접속문이라고 하고 세 개 이상의 절로 이루어진 접속문은 다항 접속문이라고 한다. (4)와 같은 다항 접속문이 (5)의 두 가지 구조를 지니는 까닭은 이 장의 7.5.2절 참고.

자고로 주위가 깨끗하고 인심이 좋거나 직장과 가까워야 한다'는 (5가)와 어울리고([[[주위가 깨끗하-] -고 [인심이 좋-]] -거나 [직장과 가깝-]]), '내일은 전국에 걸쳐 비가 내리고 곳에 따라 돌풍이 동반되거나 안개가 끼겠습니다'는 (5나)와 어울린다([[비가 내리-] -고 [[돌풍이 동반되-] -거나 [안개가 끼-]]]).

7.3.2. 동질성과 확장 투사

(2나)는 소위 동질 성분 접속 법칙(law of coordination of likes. Williams 1978)으로 알려진 것으로 이에 따르면 접속은 통사범주가 동질적인 성분을 대상으로 적용된다.[6] 그런데 이와 관련해 명확히 할 것이 있다. (7가)는 동질적인 통사범주가 접속한 예에 해당하는 것이 확실하지만 (7나)는 어떤가?

(7) 가. [$_{VP}$ [$_{VP}$ 하늘은 푸르-] -고 [$_{VP}$ 물은 맑-]] -았-다.

　　나. [$_{?P}$ [$_{HP}$ 어머니는 이곳에 오-시-] -고 [$_{VP}$ 동생은 그곳에 가-]] -았다.

'어머니는 이곳에 오시고 동생은 그곳에 갔다'가 아무런 이상을 지니지 않으므로 (7나)의 통사구조도 이상을 지니지 않는다고 보아야 한다. 그런데

6　통사범주 동질성은 대등접속의 의미와 잘 어울리는 것으로 판단된다. 한편 '🔲 어떤 편지가 감동적입니까? 🔲 철수의 그리고 영이가 받은 편지가 감동적입니다'에서 🔲의 '[[KP 철수의] 그리고 [CP 영이가 받은] 편지'를 고려하면 통사범주가 서로 다른 성분들의 접속도 가능한 듯한데, '[[NP [KP 철수의] 편지] 그리고 [NP [CP 영이가 받은] 편지]]'에서 보듯이 생략을 고려하면 통사범주가 서로 다른 성분의 접속을 인정해야만 하는 것은 아니다. 또는 통사범주는 달라도 기능의 동질성, 즉 관형 성분으로서의 동질성을 토대로 접속이 이루어 지는 것으로 볼 수도 있다. 기능적 동질성에 토대를 둔 접속은 'Pat has become [[NP a banker] and [AP very conservative]]'에서 보듯이 한국어 이외의 언어에서도 나타난다 (Progovac 2003: 251-253 참고). 이 예에서 NP와 AP는 서로 통사범주는 다르지만 그 기능 은 서로 같다.

동질 성분 접속 법칙과 관련하여 (7나)의 HP와 VP가 동질적인가? 또 HP와 VP가 접속한 '?P'는 무엇인가? 다시 말해 HP와 VP가 접속하면 어떤 통사범주가 되는가?

방금 위에서도 지적했듯이 (7나)가 직접적으로 반영된 '어머니는 이곳에 오시고 동생은 그곳에 갔다'는 별다른 이상을 지니지 않는다. 따라서 이론 구성의 측면에서 HP와 VP는 동질적인 것으로 간주되는 것이 타당하다. 따라서 동질 성분 접속 법칙에서 '동질성'은 소위 확장 투사(extended projection)를 대상으로 함을 알 수 있다(3장의 각주 27) 참고). 확장 투사에 따르면 HP를 포함하여 어미가 투사한 구는 V의 확장 투사가 되므로 VP와 동질적인 것으로 간주되고, 이에 따라 HP와 VP의 접속이 동질 성분 접속 법칙을 준수하는 것으로 간주된다.

위의 논의를 토대로 (7나)의 '?P'가 무엇일지 고려해 보자.[7] HP와 VP가 하나로 접속되었으므로 언뜻 VP와 HP가 섞인 VHP 같은 것이 '?P'의 정체일 듯하지만, 별로 탐탁하지 않다. VHP가 VP와 HP를 아울러 나타내는 것이라 해도 V의 확장 투사 HP는 VP와 통하므로 VHP와 HP는 구분이 어렵기 때문이다. 더군다나 어휘항목 V와 H가 투사한 VP, HP에 더해 어휘항목으로 존재하지 않는 VH가 투사한 VHP라는 투사 범주를 인정해야 하는 부담도 무시하기 어렵다.[8] 따라서 '?P'는, VP나 HP와 전혀 다른 범주를 상정하지 않으면, HP나 VP일 수밖에 없다. 그렇다면 이 둘 중 무엇일까?

'?P'의 정체가 HP라고 해 보자. 그러면 (7나)는 (8)로 파악되며, 이 구조라

---

7   (1)에 따르면 (7나)에서 '?P'는 VP가 된다. ConjP [conjP 어머니는 이 곳에 오시고]가 VP에 부가되기 때문이다. 그러나 논의의 목적이 (1)을 개선하는 것인바, (1)에 집착하지 않으며, 이러한 맥락에서 (7나)의 '?P'가 무엇인지 논의한다.

8   VHP와 같은 투사 범주를 적극적으로 표방한 시각은 김의수(2007)에서 볼 수 있다. 여기서는 김의수(2007)과는 달리 어휘항목이 지닌 통사자질이 서로 섞이면서 투사하는 것은 인정하지 않는다.

면 H '-으시-'의 영향력이 후행 VP에까지 미칠 가능성이 대두된다.[9]

(8) [HP [HP 어머니는 이곳에 오-시-] -고 [VP 동생은 그곳에 가-]] -았다.[10]

그러나 사실은 이와 달라서 후행 VP에는 H '-으시-'의 영향력이 미치지 않는다. 다시 말해 (9)에서 '아버님'은 H '-으시-' 일치의 대상이 되지 않고, 이에 따라 존대의 대상도 되지 않는다.[11]

(9) [HP [HP 어머니는 이곳에 오-시-] -고 [VP 아버님은 그곳에 가-]] -았다.

따라서 (7나)의 '?P'를 'HP'로 보면 (8), (9)의 통사구조에서 H '-으시-'가 후행 VP에 영향력을 미치지 않도록 하는 조건을 설정해야 한다.

시각을 달리하여 '?P'가 VP라고 해 보자. 그러면 (7나)는 (10)으로 구체화되며, 이 구조라면 방금 위에서 언급한 조건은 불필요하다. (8)과 달리 (10)에서는 H '-으시-'의 영향력이 후행 VP에 미칠 가능성이 없기 때문이다.

(10) [VP [HP 어머니는 이곳에 오-시-] -고 [VP 동생은 그곳에 가-]] -았다.

---

9 이는 접속을 통해 접속항 A나 접속항 B의 성격이 접속구성 [A Conj B] 전체에까지 확산되는 경우를 염두에 둔 것이다. 예를 들어 존칭 체언과 비존칭 체언이 접속된 접속구성은 존칭 체언의 성격을 띠기도 하는데(안병희 1982; 이정복 2001; 이정훈 2008나: 97-98 등 참고), 이는 접속항으로 등장한 존칭 체언의 특성이 접속구성 전체로 확산되어 나타나는 현상으로 이해할 수 있다.

10 이 통사구조가 선형화를 거치면, HP가 핵에 해당하므로, '동생은 그곳에 가고 어머니는 이곳에 오시었다' 어순으로 실현된다.

11 '아버님'이 존대의 대상이 되려면 '[HP [HP 어머니는 이곳에 오-시-] -고 [HP 아버님은 그곳에 가-시-]] -었-다'에서 보듯이 H '-으시-'가 후행절에도 나타나야 한다. 이를 포함하여 H '-으시-' 일치에 대해서는 이정훈(2008나, 2014라) 참고.

그렇다면 (8)과 (10) 중에서 어느 것을 택해야 하는가? 언뜻 이론의 경제성을 고려하면 별다른 조건을 필요로 하지 않는 (10)이 선호될 듯하다. 그러나 (8)이 필요로 하는 조건이 사실은 'H '-으시-'의 영향력은 H '-으시-'와 병합하는 VP에 국한된다' 정도이며, 이런 조건은 H '-으시-' 일치 이외의 현상에서도 성립하는 것이기 때문에 (8)보다 (10)이 이론적으로 경제적이라고 보기 어렵다. 예를 들어 '철수는 어제 <u>왔고</u>, 영이는 내일 <u>오겠다</u>'에서 $T_{[과거]}$ '-았/었-'의 영향력은 $T_{[과거]}$ '-았/었-'과 병합하는 선행 VP [vp 철수는 어제 오-]에 국한되고, $T_{[미래]}$ '-겠-'의 영향력은 $T_{[미래]}$ '-겠-'과 병합하는 후행 VP [vp 영이는 내일 오-]에 국한된다.[12] 이렇게 A와 B가 병합하는 경우, A의 영향력이 B에 미치는 것은 언어의 일반적 속성이므로 (8)을 위해 동원되는 조건이 이론적으로 별다른 부담을 야기하지 않는다.

이론의 경제성에서 눈을 돌려 아래와 같은 현상에 주목해 보자. 아래는 (8)과 (10) 중에서 어느 쪽을 지지하는가?[13]

(11) 어머니는 이곳에 오시고 아버님은 그곳에 가셨다.

　가. [HP [HP [HP 어머니는 이곳에 오-시-] -고 [vp 아버님은 그곳에 가]] -으시-] -었다

　나. [HP [vp [HP 어머니는 이곳에 오-시-] -고 [vp 아버님은 그곳에 가]] -으시-] -었다

12　물론 '철수는 어제 오고 영이는 그제 <u>왔다</u>', '철수는 내일 오고 영이는 모레 <u>오겠다</u>'에서 보듯이 $T_{[과거]}$ '-았/었-'과 $T_{[미래]}$ '-겠-'의 영향력이 이들 어미와 병합하는 VP를 넘어서는 경우도 있다. 이에 대해서는 이정훈(2014나) 참고.

13　'[HP [HP 어머니는 이곳에 오-시-] -고 [HP 아버님은 그곳에 가-시-]] -었다'의 가능성은 따로 살피지 않는다. 이 통사구조는 별다른 문제를 일으키지 않으며, 따로 살펴야 하는 것은 (11)의 가능성이기 때문이다.

(8)을 택하면 (11)은 (11가)로 분석된다. 그런데 (11가)는 H '-으시-'가 HP와 병합하는 구조인바, 이러한 구조는 한국어의 일반성에 어긋난다. 일반적으로 한국어는 H '-으시-'가 HP와 병합하는 구조를 포함하여, 어떤 어미 X가 XP와 병합하는 구조를 보이지 않기 때문이다.[14] 이와 달리 (10)을 반영한 (11나)는 방금과 같은 문제를 내포하지 않는다. H '-으시-'가 VP와 병합하는 구조는 지극히 일반적이고 당연한 것이기 때문이다. 이러한 점을 고려하여 여기서는 아래 (7나')에서 보듯이 (7나)의 '?P'를 VP로 파악한다.

(7나') [VP [HP 어머니는 이곳에 오-시-] -고 [VP 동생은 그곳에 가-]] -았다.

7.3.3. 동질성의 확인

동질 성분 접속 법칙을 위해서는 접속에 참여하는 성분의 동질성을 확인하는 방법이 명시되어야 한다. 동질성은 어떻게 확인될 수 있을까? 이에 대해 여기서는 접속어미 Conj를 투사하지 않는 핵으로 간주하고,[15] 이에 따라 접속

---

14 어미 X가 XP와 병합한 통사구조 [XP [XP ⋯ X] X]와 달리 [XP [YP [XP ⋯ X] Y] X]는 허용된다. 예를 들어 상대 경어법 어미 Hum(humble) '-습-'과 '-이-'는 [CP [HumP [TcP [HumP [VP 물이 맑-]-습-]-더-]-이-]-다](물이 맑습디다)에서 보듯이 Tc '-더-'가 투사한 TcP를 사이에 두고 함께 나타나는데(이정훈 2008나: 193-194 참고), 이렇게 같은 범주가 간격을 두고 거듭 나타나는 현상은 여러 언어에서 두루 관찰된다(Cinque 1999; Boeckx 2008 등 참고). 그렇다면 어미 X가 XP와 병합하는 경우는 아예 존재하지 않는가? 이와 관련하여 '-았었-'은 시제 T가 TP와 병합한 경우에 해당할 가능성이 존재하며(2장의 (8) 참고), '형태소 증가' 현상도 주목을 요한다(김완진 1975 참고).

15 보조사와 접속조사도 투사하지 않는 핵에 속한다(1장 1.3.6절 및 이 장의 7.6절 참고). 한편 X', X'', XP 등은 투사와 관련해 두 가지 정보를 지닌다. 하나는 투사의 결과 그 '통사범주'가 X에 속한다는 것이고, 다른 하나는 '투사 층위'가 각각 어깨점 하나 투사(X'), 어깨점 둘 투사(X''), 최대 투사(XP)라는 것이다. 접속어미가 투사하지 않는 핵이라는 것은 '통사범주'에 대한 것이며, '투사 층위'에서는 접속어미도 투사한다(이 장의 7.5절 참고).

어미 Conj를 매개로 접속 구성을 형성하는 성분들의 통사범주가 투사되며, 이를 통해 접속 성분의 동질성이 확인되는 것으로 보고자 한다.

언뜻 통사적 핵임에도 불구하고 접속어미 Conj가 ConjP로 투사하지 않는 것이 이상할 수도 있다. 하지만 ConjP의 존재에 대한 증거가 부재하므로, 예를 들어 ConjP가 논항으로 요구되어 선택(selection)되는 경우가 발견되지 않으므로 ConjP의 존재를 인정하기 어렵다.[16]

위의 제안을 [c [A 하늘은 푸르-] -고 [B 물은 맑-]]에 적용하면 통사범주 C는 Conj '-고'를 매개로 접속되는 A와 B가 투사해서 결정하게 되는바, 이로 인해 A의 통사범주와 B의 통사범주는 동질적일 수밖에 없게 된다. A와 B 둘이 투사해서 하나의 성분으로 묶여야 하는데 A의 통사범주와 B의 통사범주가 이질적이면 투사에서 모순이 생겨 파탄이 초래되기 때문이다. 그렇다면 A와 B는 구체적으로 어떻게 투사하는가? 이에 대해서는 지금까지 의 논의를 우선 정리하면서 개괄적으로 논의하고, 다음 절, 특히 7.4.2절에서 보다 구체적으로 살핀다.

7.3.4. 정리

지금까지의 논의를 따르면 접속문의 통사구조 (1)은 (12)로 개정된다. 개정의 핵심은 ConjP가 사라지고 VP가 그 자리를 대신하게 된 것이다.

---

16 접속 구성이 선택과 무관함은 Munn(1993: 21-23) 등에서도 지적되었다. 한편 내포 접속문 '하늘은 푸르고 물은 맑고 했다'의 통사구조를 [VP [ConjP 하늘은 푸르-고 물은 맑-고] 하-] 정도로 보고 ConjP가 선택된다고 할 수도 있는데 '하-'가 지지 동사(support verb)라는 점에 서 수용하기 어렵다. 내포 접속문에 대해서는 이 장의 7.5.1절 참고.

(12) 하늘은 푸르고 물은 맑았다.

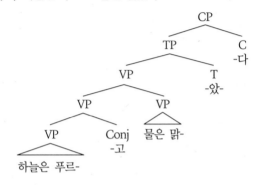

위에서 접속어미 Conj '-고'는 투사하지 않으며 접속어미에 의해 접속되는 두 VP가 투사한다. 그렇다면 두 VP는 구체적으로 어떻게 투사하는가? 먼저 접속어미 Conj '-고'와 VP [VP 하늘은 푸르-]가 병합하면 VP [VP 하늘은 푸르-]가 투사하게 되고 그 결과 '하늘은 푸르-고'의 범주는 VP가 된다. 나아가 이렇게 결정된 VP [VP 하늘은 푸르-고]와 VP [VP 물은 맑-]이 병합하면 둘이 함께 병렬적으로 투사하는바,[17] 그 결과 '하늘은 푸르고 물은 맑-'의 범주는 VP가 된다.

이제 7.3절을 시작하면서 제시한 두 문제 가운데 첫 번째 것에 대한 답을 구한 셈인데 문제를 다시 가져오고 그에 대한 답을 간략히 제시하면 아래와 같다.

問₁ 접속어미의 접속 기능은 어떻게 구현되는가?

答₁ 접속 기능은 둘 이상의 동질적인 성분이 접속어미를 매개로 하나의 성분을 이루는 것이며, 접속어미는 보충어 자질 [VP, VP]와 투사하지 않는 핵의 속성을 통해 접속의 기능을 구현한다.

---

17 병렬적 투사는 병치 구조와 통하며(4장 4.8절 참고), 동사구 주제화 구문에서도 유효하다 (10장 참고).

그런데 (12)의 통사구조는 Conj '-고'가 두 개의 VP를 보충어로 취한다는 점과 잘 어울리지 않는다. 보충어와 병합하면 투사 층위가 증가해야 하는데 (12)에는 투사 층위가 증가하는 모습이 전혀 나타나지 않고 있으며, 동일한 투사 층위 VP가 세 번 연거푸 나타날 뿐이기 때문이다. 따라서 (12)를 투사 층위 증가를 보장하는 통사구조로 더 다듬어야 하는데 이에 대해서는 절을 바꿔 논의한다.

7.4. 접속어미의 통사구조 형성

한국어는 전형적인 후핵 언어(head final language)에 속한다. 따라서 (13가)의 V와 평행하게 접속어미 Conj도 (13나)에서 보듯이 접속 성분보다 후행할 것으로 예측된다.

(13) 가. 선녀가 나무꾼을 떠났다.

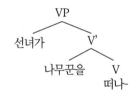

나.

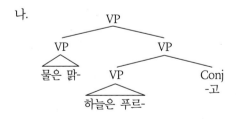

그런데 '*물은 맑- 하늘은 푸르 -고 -았다'가 성립하지 않는 데서 잘 알

수 있듯이 (13나)는 그대로 실현될 수는 없고 조정을 거쳐야 한다. 조정의 목표는 (13나)의 통사구조를 바탕으로 VP [ᵥₚ 물은 맑-]의 V '맑-'과 VP [ᵥₚ 하늘은 푸르-]의 V '푸르-', 이 두 V와 접속어미 Conj '-고' 및 어미 T '-았/었-', C '-다'를 적절히 어울리게 하는 것으로 두 가지 조정이 가능하다.

7.4.1. 통사구조 형성 1

먼저 아래에서 보듯이 어미 T '-았/었-', C '-다'가 VP [ᵥₚ 물은 맑-]과 병합하고 이렇게 형성된 CP [꜀ₚ [ₜₚ [ᵥₚ 물은 맑-]-았-]-다]가 접속에 참여하는 방법이 있다.

(14) 물은 맑았다, 하늘은 푸르고.

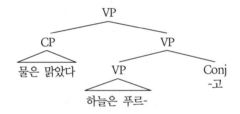

위에서 CP [꜀ₚ 물은 맑았다]는 V의 확장 투사이므로 접속어미 Conj '-고' 의 보충어로 나타나면서 VP [ᵥₚ 하늘은 푸르-]와 접속될 수 있다.

위의 분석은 (15가)에서 선행절 '하늘은 푸르고'가 후행절 뒤로 후치 (postposing)되어 (15나)가 된다고 보지 않음을 의미한다. 다시 말해 (15가)는 (15가)대로 형성되고 (15나)는 (15나)대로 각각 형성된다.

(15) 가. 하늘은 푸르고 물은 맑았다.

나. 물은 맑았다, 하늘은 푸르고. (= 14)

그렇다면 위와 같은 판단을 지지하는 근거는 있는가?[18] 이에 대해 접속문에서의 대용 현상을 증거로 제시할 수 있는데 우선 아래에서 보듯이 접속문에서는 역행 대용이 불가능하다는 점에 주목해 보자.[19]

(16) 가. 돌이는 <u>안내문</u>$_2$을 찍어 내었고 철이는 <u>그것</u>$_2$을 돌렸다.
　　나. *돌이는 <u>그것</u>$_2$을 찍어 내었고 철이는 <u>안내문</u>$_2$을 돌렸다.

(김지홍 1998: 31 참고)

흥미로운 것은 선후행절의 순서가 역전되어도 (16)과 마찬가지로 역행 대용이 여전히 불가능하다는 사실이다.

(17) 가. *철이는 <u>그것</u>$_2$을 돌렸다, 돌이는 <u>안내문</u>$_2$을 찍어 내었고.
　　나. 철이는 <u>안내문</u>$_2$을 돌렸다, 돌이는 <u>그것</u>$_2$을 찍어 내었고.

(16)과 (17)의 평행성은 (16가)와 (16나) 각각에서 '돌이는 안내문을 찍어 내었고'와 '돌이는 그것을 찍어 내었고'가 선행절로 간주되듯이 (17가)와 (17나) 각각에서는 '철이는 그것을 돌렸다'와 '철이는 안내문을 돌렸다'가 선행절로 간주되어야 함을 의미한다. 또 (16가)와 (16나) 각각에서 '철이는

18　이에 대해 이정훈(2009가)는 접속문에서의 생략 현상을 근거로 제시하였다. 이어서 논의하듯이 대용 현상도 또 하나의 근거가 된다.

19　참고로 재귀사의 경우에는 논란의 여지가 존재한다. 예를 들어 유현경(1986)과 김영희(1988)은 재귀사의 경우 역행 대용은 물론이고 순행 대용도 불가능하다고 보지만, 양정석(2007: 76-83)은 '*자기가 웃고, 돌이가 떠든다', '?자기가 일부러 깃발을 들고, 철수가 앞에 나섰다', '자기 아버지는 돈이 없지만, 철수는 왠지 씀씀이에 여유가 있다', '자기 아들이 시험에 낙방했으나, 김씨는 승진에 성공했다' 등의 예를 들며 다른 견해를 제시한다. 접속문에서의 재귀사 대용에 대한 전반적인 검토는 김종록(1993가, 나) 참고.

그것을 돌렸다'와 '철이는 안내문을 돌렸다'가 후행절로 간주되듯이 (17가)와 (17나) 각각에서는 '돌이는 안내문을 찍어 내었고'와 '돌이는 그것을 찍어 내었고'가 후행절로 간주되어야 함을 의미한다. 따라서 접속문에서 선행절이 후행절 뒤로 후치되는 현상은 존재하지 않는 것으로 판단된다. 만약 이러한 후치가 가능하다면 (16가)에서 선행절이 후치될 수 있을 텐데 이러한 후치가 나타난 경우에 해당하는 (17가)는 성립하지 않는 것이다.[20]

물론 (15나)가 일반적인 후치 현상, 즉 후보충(after-thought. 4장 4.4절 참고) 현상과 평행한 모습을 보이기도 한다. 예를 들어 (18)과 (19)를 비교하면 알 수 있듯이 후치 성분이 문말억양을 취하는 현상과 평행한 현상이 접속문에서도 나타난다.

    (18) 가. 철수가 영이를 만났니?

        나. 철수가 만났니? 영이를?

    (19) 가. 하늘은 푸르고 물은 맑았니?

        나. 물은 맑았니? 하늘은 푸르고?

하지만 문말억양이 통사적으로 독자성을 지닌 핵 Q임을 고려하면, (19)가 '하늘은 푸르고'의 후치를 보장하지는 않는다. 아래에서 보듯이 '하늘은 푸르고'는 후치 없이도 Q의 영향권에 놓이기 때문이다.

---

20   후치 다음에 '그것'과 같은 대용 표현의 지시 관계가 결정되는 것으로 보면 이 문제를 피할 수도 있다. 이에 따르면 대용 표현 '그것'의 지시 관계가 결정된 (16가)에는 후치가 적용될 수 없다. 하지만 이러한 조치는 규칙순(rule ordering)의 문제를 야기한다. 즉, 왜 후치 다음에 대용 표현의 지시 관계가 결정되어야 하는가? 달리 말해 왜 대용 표현의 지시 관계가 결정된 후 후치되면 안 되는가?

(20) 물은 맑았니? 하늘은 푸르고?

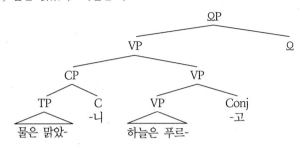

(20)에서 문말억양 Ω는 C '-니'도 성분지휘하고 Conj '-고'도 성분지휘한다. 그리고 C '-니'는 Conj '-고'를 성분지휘하지 못하므로 문말억양 Ω의 영향력이 Conj '-고'에 미치는 것을 차단하지 못하며, Conj '-고'도 C '-니'를 성분지휘하지 못하므로 문말억양 Ω의 영향력이 C '-니'에 미치는 것을 차단하지 못한다(4장 4.4.1절 참고). 따라서 C '-니'와 Conj '-고' 각각이 문말억양을 동반할 수 있게 된다.[21]

위의 논의를 토대로 (14)를 인정하면 '그는 [하늘은 푸르고 물은 맑았다] 했다, [하늘은 푸르고 물은 맑았다]-는 사실'과 '*그는 [물은 맑았다 하늘은 푸르고] 했다, *[물은 맑았다 하늘은 푸르고]-는 사실'의 대조도 쉽게 설명할 수 있다. '하늘은 푸르고 물은 맑았다'는 CP여서 내포가 가능하지만, '물은 맑았다 하늘은 푸르고'는 (14)에서 보듯이 VP이기 때문에 내포가 불가능하기 때문이다.

7.4.2. 통사구조 형성 2

(13나)가 실제로 구현되는 두 번째 방안은 연결어미 Conj '-고'가 선후행

---

21 참고로 '하늘은 푸르고 물은 맑았니?'에서 선행절 [하늘은 푸르고]가 문말억양을 동반하지 못하는 것은 '-니'가 선행절을 성분지휘하면서 문말억양과 선행절의 관계를 차단하기 때문이다.

VP 사이에 나타나는 '하늘은 푸르고 물은 맑았다'에 해당하는 것으로 아래 (21)~(23)을 거쳐 형성된다.

(21) 가.

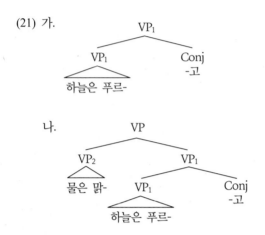

접속어미 Conj '-고'는 보충어 자질에 따라 두 개의 VP와 병합해야 한다. (21가)는 두 개의 VP 중 하나가 Conj '-고'와 병합한 단계를 나타낸 것으로 접속어미 Conj는 투사하지 않으므로 VP$_1$이 투사하여 [하늘은 푸르-고]는 VP$_1$이 된다. 이어서 (21가)에 VP$_2$로 표시한 또 하나의 VP가 병합하면 (21나)가 되며, (21나)에서는 VP$_1$과 VP$_2$ 둘 다가 병렬적으로 투사하고 이에 따라 전체 구성의 범주는 VP가 된다.

그런데 어순 실현 등을 고려하면 VP$_1$ '하늘은 푸르고'와 VP$_2$ '물은 맑-' 둘 가운데 하나가 핵으로 간주되어야 한다. 후핵 언어인 한국어는 핵이 뒤에 오는 어순으로 실현되는데 이를 위해 어느 것이 핵인지 정해져야 하는 것이다.

이런 상황에서 VP$_1$ '하늘은 푸르고'가 핵으로 간주된다고 하자. 그러면 적격한 결과가 산출되지 않는다. VP$_1$ '하늘은 푸르고'가 핵이면 핵에 해당하는 VP$_1$ '하늘은 푸르고'가 VP$_2$ '물은 맑-' 뒤에 오는 (22가)가 되고 여기에 어미 T '-았/었-'이 병합하면 (22나)가 되는데,

(22) 가.

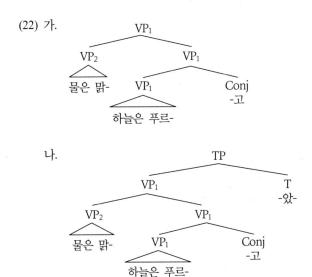

나.

(22나)에서는 VP₂ '물은 맑-'이 T '-았/었-'과 병합한 VP의 핵으로 간주되지 않으므로 VP₂ '물은 맑-'의 핵 V '맑-'이 T '-았/었-'으로 핵 이동하지 못하고, 결국 *'물은 맑- 하늘은 푸르고 -았다'와 같은 적격하지 못한 결과만이 산출되기 때문이다. 그래서 VP₁ '하늘은 푸르고'가 핵으로 간주되려면 VP₂ '물은 맑-'이 직접 접속에 참여해서는 안 되고 '물은 맑았다, 하늘은 푸르고'(= 14)에서 보듯이 어미를 갖추고 접속에 참여해야 한다.

(21나)에서는 VP₁ '하늘은 푸르고'뿐만 아니라 VP₂ '물은 맑-'도 투사하므로 이제 VP₁ '하늘은 푸르고'가 아니라 VP₂ '물은 맑-'이 핵으로 간주된다고 해 보자. 그러면 후핵 언어라는 한국어의 특성에 따라 VP₂ '물은 맑-'이 후행하는 (23가)가 나타나게 된다. 그리고 (23가)에 핵 이동이 적용되면 VP₁ '하늘은 푸르-'의 핵 V '푸르-'가 Conj '-고'로 핵 이동하게 되며, 나아가 (23가)에 T '-았/었-', C '-다'가 병합하고 핵 이동이 적용되면 T '-았/었-'과 병합한 VP의 핵으로 간주되는 VP₂ '물은 맑-'의 핵 V '맑-'이 T '-았/었-'으로 핵 이동하고 이어 C '-다'로 핵 이동하게 된다. 그 결과 (22)가 야기하는 문제는

제기되지 않고, '하늘은 푸르고 물은 맑았다'가 산출된다.

(23) 하늘은 푸르고 물은 맑았다.

가.

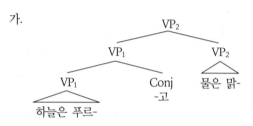

나.

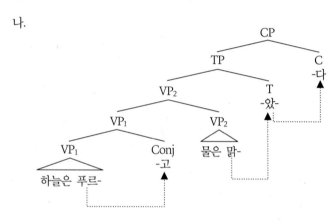

7.4.3. 정리

핵이 후행하는 한국어의 일반적인 속성을 반영한 (13나)는 접속의 통사적 속성과 핵 이동에 따라, 다시 말해 [VP₁ -고 VP₂]에서 VP₁과 VP₂가 병렬적으로 투사하고 핵 이동이 작동하는 방식에 따라, (14)와 (23), 이 두 가지로 실현되고, 그 결과 '물은 맑았다, 하늘은 푸르고'(= 14)와 '하늘은 푸르고, 물은 맑았다'(= 23)가 각각 나타나게 된다. 그런데 (14)든 (23)이든 둘 다 부가 구조라는 특징을 지니는바, (14)는 CP가 VP에 부가되는 모습을 보이고,

(23)은 VP$_1$이 VP$_2$에 부가되는 모습을 보인다. 중요한 것은 부가 구조가 막연한 가정이 아니라 접속의 특성에 따른 귀결이라는 점인데 이로서 7.3절을 시작하며 제시한 두 문제 중 두 번째 문제에 대한 답을 제시할 수 있게 된다.

> 問$_2$ 접속의 구조가 왜 부가 구조인가?
> 答$_2$ 접속어미 Conj는 통사적 핵이지만 투사하지 않으며, 접속에서 투사는 병렬적으로 이루어진다. 그 결과 접속은 부가 구조로 나타난다.

그런데 앞서도 지적했듯이 부가 구조는 접속어미가 두 개의 VP를 보충어로 취한다는 점을 적절히 포착하지 못하는 약점을 지닌다(이 장의 7.3.4절 참고). 이 약점을 극복하려면, V가 논항을 취하고 대치 구조를 형성하면서 그 투사 층위가 V', V''로 증가하듯이, 접속어미와 VP가 병합하면서 대치 구조를 형성하고 이에 맞추어 투사 층위도 증가해야 한다. 이렇게 접속에서도 대치 구조가 형성되며 투사 층위도 증가한다고 해 보자. 그러면 방금 위에 제시한 答$_2$의 '부가 구조'는 아래 答$_2$'에서 보듯이 '대치 구조'로 개정되고 접속이 부가 구조를 취하는 어색함은 사라진다.

> 答$_2$' 접속어미 Conj는 통사적 핵이지만 투사하지 않으며, 접속에서 투사는 병렬적으로 이루어진다. 그 결과 접속은 대치 구조로 나타난다.

그렇다면 투사 층위 증가는 어떻게 포착할 수 있는가? 이제부터는 내포 접속문과 다항 접속문을 살피면서 이 의문을 풀기로 한다.

7.5. 내포 접속문과 다항 접속문

앞서 7.2절에서 지적했듯이 접속의 통사론은 두 가지 방향을 취한다. 하나
는 접속 현상을 설명할 수 있는 이론 체계의 구성이고, 다른 하나는 이론
체계의 경험적 타당성을 제고하는 것이다. 이 둘 가운데 7.3절과 7.4절에서는
앞의 것에 초점을 두고 논의를 진행하였는데 이 절과 다음 7.6절에서는 뒤의
것에 초점을 두고 논의를 진행한다. 특히 내포 접속문과 다항 접속문, 그리고
명사구 접속 구성을 설명함으로써 7.3절과 7.4절의 논의를 통해 마련한 이론,
즉 '접속의 통사론'의 경험적 타당성을 공고히 한다. 먼저 내포 접속문과
다항 접속문을 살피고 명사구 접속은 절을 바꿔 논의한다.

7.5.1. 내포 접속문

한국어에는 접속절마다 접속어미가 등장하며 지지 동사(support verb) '하-'
가 동반되는 내포 접속문이 존재한다.

（24) 비가 오고 바람이 불고 한다. (김영희 2003: 174 참고)

내포 접속문에서 무엇보다 주목되는 사실은 방금 위에서도 지적했듯이
모든 접속절이 접속어미를 취한다는 점인데, 이는 범상치 않은 문제를 제기
한다. 이와 관련하여 고재설(2003)의 지적을 살펴보자.

（25) "위의 예들에서는 선행절의 말미에 나타나는 '-고'가 후행절의 말미에도
　　　반복되어 나타난다. 여기에서 선행절의 '-고'가 접속사로서 그것을 후행
　　　절과 접속시켜 주는 기능을 한다면, 후행절의 '-고'는 그것을 무엇과

접속시켜 주는가? 접속될 제3의 절은 어디에도 존재하지 않는다." (고재
설 2003: 151)[22]

위의 지적대로 내포 접속문 (24)에서 후행하는 접속어미, 즉 '바람이 불고'
의 '-고'는 접속의 기능을 지니지 않은 듯하다. 그래서 '비가 오고 바람이
분다'처럼 후행 접속어미가 나타나지 않아도 무방하다.

그러나 무시할 수 없이 분명하며 또 (24)에서 직접 관찰할 수 있는 것은
다음의 두 가지 사실이다. 첫째, 후행하는 접속어미도 VP [$_{VP}$ 바람이 불-]과
병합하고 있으며, 둘째, 선행하는 접속어미와 동일한 접속어미가 반복되고
있다.

위의 두 사실 가운데 첫째 사실은 앞서 살핀 접속어미의 보충어 자질과
어울리지 않는 듯하다. 접속어미는 그 보충어 자질에 따라 하나가 아니라
두 개의 VP를 보충어로 취해야 하기 때문이다(이 장의 (3나) 참고). 그런데
(24)는 아무런 이상을 지니지 않는다. 그렇다면 (24)에서도 겉보기와는 달리
접속어미의 보충어 자질이 충족되고 있는 것은 아닐까? 다시 말해 (24)에서
도 접속어미는 두 개의 VP를 보충어로 취하는 것은 아닐까?

위와 관련하여 두 번째 사실, 즉 동일한 접속어미의 반복은 주목을 요한다.
동일한 접속어미의 반복은 크게 보아 아래와 같은 반복 현상에 속하며, 반복
현상에서 반복되는 성분은 문법적으로 하나로 간주되기 때문이다.

(26) 가. <u>영이를</u>, 철수가 <u>영이를</u> 만났다.

영이 전공은 <u>국어학</u>이었다, <u>국어학</u>.

22　이러한 인식을 바탕으로 고재설(2003)은 앞서 이 장의 각주 2)에서 언급하였듯이 접속어미
　　'-고'의 접속 기능을 인정하지 않는다.

나. 영이가 철수를 <u>만나기는 만났다</u>.

민수가 드디어 논문을 <u>썼습니다, 썼어요</u>.

순이는 그 논문을 <u>읽고, 읽고 또 읽었다</u>.

(이정훈 2014다: 39, 225 참고)

(24)에서도 VP 두 개를 취하는 접속어미의 보충어 자질이 만족되리라는 추측과 반복되는 성분, 즉 반복되고 있는 접속어미들이 문법적으로 하나라는 해석을 합하면, 내포 접속문 (24)의 형성 과정을 아래 (27)~(30)과 같이 설명할 수 있게 된다.

먼저, 여타의 접속문과 마찬가지로 내포 접속문의 접속어미 Conj도 두 개의 VP를 필요로 하는데 일단 하나의 VP와 병합했다고 해 보자. 그러면 아래와 같은 구조가 나타난다. 편의상 Conj '-고'가 보충어 VP와 병합하면서 투사 층위가 증가하는 경로는 굵은 선으로 표시한다.

(27)

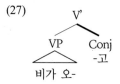

접속어미 Conj가 투사하는 핵이라면 VP와 접속어미 Conj가 병합한 성분의 통사범주는 Conj 범주가 된다. 하지만 접속어미 Conj는 투사하지 않고 VP가 투사하므로 VP와 접속어미 Conj가 병합한 성분의 통사범주는 V 범주가 된다. 그리고 필요한 성분 두 개 중 하나와만 병합했으므로 투사 층위는 어깨점 하나(')가 된다. 그래서 VP와 접속어미 Conj가 병합하면 (27)에서 보듯이 V'가 된다.

보충어 자질이 필요로 하는 두 개의 VP 가운데 하나가 병합했으므로 이제

'나머지 하나의 VP'도 병합해야 한다. '나머지 하나의 VP'가 접속에 참여하여 통사구조를 형성하는 방식은 둘로 나뉜다. 먼저 7.3절~7.4절에서 살핀 식으로 통사구조가 형성될 수 있다. 다음으로, 내포 접속문의 독자성이 잘 드러나는 방식인데, 접속어미 Conj가 반복되고, 즉 접속어미 Conj가 복사되고 복사를 통해 나타난 접속어미 Conj에 '나머지 하나의 VP'가 병합하면서 통사구조가 형성될 수도 있다.

(28) 가.

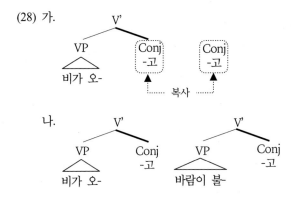

(28가)는 접속어미 Conj의 복사를 나타내고 이렇게 복사된 접속어미 Conj는 (28나)에서 보듯이 '나머지 하나의 VP'와 병합한다.[23] 이렇게 형성된 (28나)의 두 V'가 병합한다고 해 보자. 그러면 그 결과는 어떻게 될까?

일단 통사범주는 V가 될 것이다. V'와 V'가 병합해서 V 이외의 다른 통사범주가 나타날 리는 없기 때문이다. 이제 투사 층위를 정해야 하는데, (28가)와 (28나)에 두 번씩 나타난 Conj가 문법적으로는 하나라는 점에 주목해 보자. 그러면 (28가)와 (28나)를 합하면, 즉 (28가)와 (28나)가 병합해서

---

23 VP 병합과 접속조사 Conj 복사 사이의 순서는 자유롭다. 그래서 (28가)에서처럼 VP가 병합하고 접속조사 Conj가 복사되어도 되고, 역으로 접속조사 Conj가 복사되고 각각의 Conj와 VP가 병합해도 된다.

병렬적으로 투사하면 접속어미 Conj '-고'가 필요로 하는 두 개의 VP가 통사 구조적으로 구비되는 셈이어서 그 투사 층위는 어깨점 둘이 되고, 더 이상의 VP는 필요로 하지 않으므로 어깨점 둘이 곧 최대 투사 층위가 된다. 그래서 (28)에 제시한 두 V'가 병합하면 (29)가 형성된다.[24]

(29)

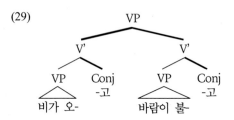

(29)에 지지 동사 '하-'와 어미만 도입되면 내포 접속문의 구조 형성이 완료되는데 이는 별다른 논의를 필요로 하지 않는다. (29)에 어미가 병합하면, V '오-'와 V '불-'이 어미로 핵 이동할 수 없으므로, 지지 동사 '하-'가 동원되어 어미의 의존성이 해소된다(6장 참고).

(30) 비가 오고 바람이 불고 한다. (= 24)

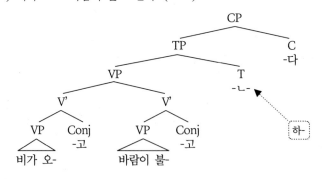

내포 접속문이 (27)~(30)의 과정을 거쳐 형성되는 것으로 보면, 내포 접속문과 내포 접속문이 아닌 접속문은 본질적으로 동질적인 것이 된다. 다만 VP 두 개를 취하는 접속어미의 속성이 어떻게 충족되느냐, 특히 접속어미 복사가 동원되느냐의 여부에서만 차이를 드러낼 뿐이다.

구조 형성 규칙이 다르게 적용됨으로써 서로 다른 모습의 접속문이 나타나는 셈인데, 이를 토대로 기능적 분화도 기대할 수 있게 된다. 즉, 하나의 근원이지만 거기서 나오는 두 갈래 길이 있고, 그 두 갈래 길 각각이 기능적으로 독자성을 띠고 분화하는 것이 충분히 가능하므로 내포 접속문과 그 밖의 접속문 사이의 기능 분화 역시 충분히 가능한 것이 된다. 예를 들어 (27)~(30) 식으로 접속문이 형성되면 같은 접속어미가 반복되는 효과가 산출되고 이로 인해 내포 접속문은 "의미상 접속절들이 음성적으로 실현된 수보다 더 많이 해석되는 '개방성'을 지니"게 된다(김영희 2003: 173). 더불어 (25)에 제시한 고재설(2003)의 비판에서도 자유롭게 된다. 접속어미의 접속 기능, 즉 두 개의 VP를 취해서 VP를 형성하는 기능은 내포 접속문에서도 그대로 유지되기 때문이다.

7.5.2. 다항 접속문

때로 이론적 설명은 괴팍한 것은 곧잘 설명하면서도 일반적이고 흔한 것을 설명하는 데 곤란을 겪곤 한다.[25] 이는 접속문의 통사론도 마찬가지일 수 있어서 괴팍하다 할 수 있는 내포 접속문을 설명하는 이론이라고 해서 평범한 접속문까지도 설명할 수 있다고 확신할 수는 없다. 그래서 평범하고 전형

---

25 이는 이론의 경험적 타당성이 낮기 때문일 수도 있고, 일반적이고 흔한 현상이 기실 지극히 까다로운 현상이기 때문일 수도 있다.

적인 접속문에 대한 검토를 지속해야 하는데, 앞서 두 개의 절이 접속한 이항 접속문은 살폈으므로 여기서는 세 개 이상의 절이 접속에 참여하는 다항 접속문을 살핀다. 과연 지금까지 구성해 온 접속의 통사론은 전형적이고도 평범한 접속문인 다항 접속문을 말끔히 설명할 수 있는가? 이 질문에 긍정적으로 답하려면 무엇보다도 아래 (31)이 (32)의 두 가지 구조를 지니는 것을 보장해야 한다.

(31) 하늘은 푸르고 물은 맑고 바람은 시원했다. (= 4)
(32) 가. [[[하늘은 푸르-] -고 [물은 맑-]] -고 [바람은 시원하-]] -았-다.
　　　나. [[하늘은 푸르-] -고 [[물은 맑-] -고 [바람은 시원하-]]] -았-다. (= 5)

다항 접속문과 관련해 우선 분명히 해야 하는 것은 (31)에 나타난 두 개의 접속어미가 서로 구분된다는 점이다. 하나의 접속어미가 복사되어 둘로 실현된 내포 접속문과 달리 애초에 두 개의 접속어미 '-고'가 동원되어 (31)이 형성된다고 보는 것인데, 이는 아래에서 보듯이 동일한 접속어미가 아니라 서로 다른 접속어미가 동원될 수도 있기 때문이다.

(33) 가. 하늘은 푸르고 물은 맑고 바람은 시원했다. (= 31)
　　　나. 하늘은 푸르고 물은 맑으며 바람은 시원했다.
　　　다. 하늘은 푸르며 물은 맑고 바람은 시원했다.

다항 접속문에 등장하는 접속어미들이 서로 구분된다는 것은 각각의 접속어미들이 제각기 통사구조 형성에 참여함을 의미한다. 그렇다면 접속어미는 보충어 자질에 따라 두 개의 VP를 요구하므로 두 개의 접속어미가 등장하면 네 개의 VP가 필요할 듯하다. 그런데 (31)에서 확인할 수 있듯이 두 개의 접속어미가 필요로 하는 것은 네 개가 아니라 세 개의 VP이다. 이러한 사실이 의미하는 것은 무엇인가? 하나의 VP가 공유되거나 제3의 방법이 있음을 의미하는 것은 아닐까?

'공유'와 '제3의 방법' 둘 중에 먼저 '공유'를 택해 보자. 다시 말해 접속어미의 보충어 자질에 부응하고 동시에 (31)이 지지하는 사실, 즉 접속어미 두 개로 접속되는 것은 세 개의 VP라는 사실도 존중하기 위해 두 접속어미가 하나의 VP를 공유한다고 하자.[26] 그러면 (31)은 아래와 같은 과정을 거쳐 형성된다.

먼저, 두 개의 접속어미가 하나씩의 VP와 병합하고, 이를 통해 형성된 두 V'가 다시 병합한다. 나무그림으로 보이면 아래와 같다.

(34)

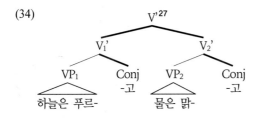

위의 나무그림에서 분명히 할 사항은 다음의 두 가지이다. 첫째, V₁'가 핵으로 간주될 수도 있고 V₂'가 핵으로 간주될 수도 있다. 전자라면 '물은 맑고 하늘은 푸르고' 어순이 나타나며, 후자라면 '하늘은 푸르고 물은 맑고' 어순이 나타나게 된다. 둘째, V₁'와 V₂'의 병합은 충분히 허용된다. 즉, V₁'와

---

26 공유는 연속동사 구문에서도 볼 수 있는바, 연속되는 동사들은 논항을 공유한다(2장 2.2.4절 참고).

27 V₁'와 V₂'의 병합으로 형성된 성분의 표찰은 V'로 표시해도 되지만 아래첨자 1, 2를 살려서 V₁.₂'로 표시해도 된다. 다만, 1, 2 등의 아래첨자는 편의상 부기하는 것이고 이 경우에는 그다지 필요치 않으므로 번다한 표기 V₁.₂' 대신에 간략한 표기 V'를 사용한다.

V₂'의 병합이 아무런 문제를 야기하지 않는다. 예를 들어 A와 B가 병합하면 그 결과 나타나는 [c A B]에서 C, 즉 병합 결과의 통사범주와 투사 층위가 정해져야 하는데, (34)에서 병합 결과의 통사범주와 투사 층위는 V'로 정해진다.[28] 또한 이어지는 논의에서 확인할 수 있듯이 V₁'와 V₂'가 병합하지 않으면 다항 접속문 (31)은 형성될 수 없다. (34)는 허용될 뿐만 아니라 다항 접속문 형성을 위해서는 필요한 것이다.

(34)에서 두 접속어미는 VP 하나씩을 취했다. 이제 접속어미의 보충어 자질이 충족되려면 VP 하나씩이 더 병합해야 하는데 서로 다른 두 개의 VP가 아니라 하나의 VP가 공유되면서 병합한다고 하자. 그러면 아래의 통사 구조가 형성된다.

(35)

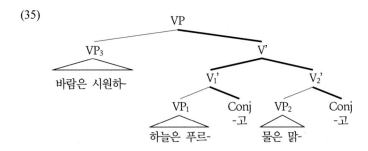

위에서 VP₃은 선행 접속어미 Conj '-고'와 후행 접속어미 Conj '-고'에 공유되므로 선행 접속어미 Conj '-고'의 보충어 자질과 후행 접속어미 Conj '-고'의 보충어 자질이 두 개의 VP가 아니라 하나의 VP로 충족된다. 남은 것은 어미가 통사구조 형성에 참여하는 것인데, 이를 위해서는 (35)에서 VP₃

---

28 (34)에서는 V₁'와 V₂'가 병렬적으로 투사한다. 그래서 병합 결과의 통사범주는 V가 되며, 또한 V₁'가 V₂'의 보충어도 아니고 V₂'가 V₁'의 보충어도 아니므로 투사 층위는 증가하지 않고 어깨점 하나가 그대로 유지된다. 그렇다면 V₁'와 V₂'가 병합하면 왜 병렬적으로 투사하는가? 왜냐하면 병렬적 투사 이외의 길이 없기 때문이다.

'바람은 시원하-'가 핵으로 간주되어야 한다(이 장의 7.4.2절 참고). 그리고 VP₃ '바람은 시원하-'가 핵으로 간주된 통사구조에 핵 이동이 적용되면 (31)이 된다.

(36) 하늘은 푸르고 물은 맑고 바람은 시원했다. (= 31)

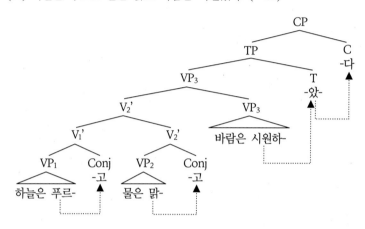

(36)은 (31)의 두 가지 구조 (32가), (32나) 중에 (32가)에 해당한다. 그렇다면 (32나)의 구조는 어떻게 형성되는가? 여기서 '공유'와는 다른 '제3의 방법'이 나타난다. '제3의 방법'을 구체화하면 아래 (37)~(39)와 같다.

(37)

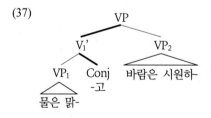

(37)은 접속어미 Conj '-고'가 두 개의 VP와 병합한 것으로 지금까지의 논의에 새로 보탤 것은 없다.

(37)에 '하늘은 푸르고'가 더해지고 어미까지 더해지면 통사구조 형성이 종결되는데 우선 '하늘이 푸르고'부터 형성해 보자. 그러면 (38)이 되는데 이것만으로는 접속어미 Conj '-고'의 보충어 자질을 충족시킬 수 없다. VP 두 개가 병합해야 하는데 VP 하나만 병합했기 때문이다.

(38)

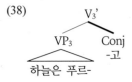

(38)의 접속어미 Conj '-고'의 보충어 자질을 마저 충족시키려면 VP 하나가 더 필요하다. 그런데 마침 VP 하나가 (37)에 마련되어 있다. 따라서 (37)과 (38)을 병합하면 접속어미의 보충어 자질은 모두 충족된다. 여기에 더해 어미까지 나타나기 위해서는 (37)과 (38)의 병합에서 (37)이 핵으로 간주되어야 한다. 이러한 사항들을 종합하면 통사구조 (39)가 나타나게 된다.[29]

---

29 (38)이 핵으로 간주되면 어간과 어미의 병합이 원활하지 않게 되어 파탄을 초래한다. 문법은 (37)과 (38)의 병합을 허용하고, (37)이 핵으로 간주되는 것에 더해 (38)이 핵으로 간주되는 것도 허용한다. 다만 (38)이 핵으로 선택되면 그 결과가 비문법적인 것으로 판단되어 걸러질 따름이다. 따라서 문법에 어떤 것이 핵으로 기능하는가를 따로 정해둘 필요는 없다. 그런 것은, 다른 경우에도 그렇듯이, 문법 자율적으로 조율된다.

(39)

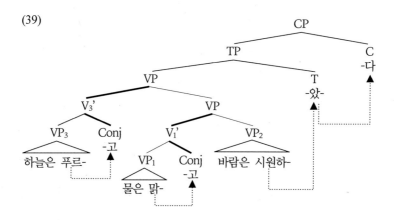

위의 구조는 (32나)에 해당하는바, 이제 (31)과 (32)로 제기한 문제는 해결한 셈이다.

7.6. 명사구 접속과 어휘격 조사구 접속의 경우

접속에 대한 지금까지의 논의가 타당하다면 그 설명력은 접속문뿐만 아니라 '[[NP 고양이] –와 [NP 친구]]'와 같은 명사구 접속과 '[[KLP 고양이에게] –인가 [KLP 친구에게]]'와 같은 어휘격 조사구 접속에서도 유효할 것이다. 그렇다면 과연 그럴까? 이에 답하기 위해 이 절에서는 NP 접속 현상과 KLP 접속 현상을 살피는데, 이 현상들에 대한 통사적 이해를 도모하는 한편으로 접속에 대해 앞서 제시한 설명의 타당성을 재확인하는 데에 논의의 초점을 맞춘다.

논의를 구체화하기 위해, 접속어미에 대한 논의를 고려하여, 접속조사의 통사자질과 특징부터 정리하면 아래와 같다.

(40) 접속조사의 통사자질

　　가. 통사범주 자질: [Conj]

　　나. 보충어 자질: [NP, NP] 또는 [K$_L$P, K$_L$P][30]

　　다. 접속조사는 접속어미와 마찬가지로 투사하지 않는다.

위의 (40가)에서 보듯이 접속조사의 통사범주 자질은 [Conj]인데, 이 통사범주 자질은 접속어미의 통사범주 자질과 같다(이 장의 (3가) 참고). 일반적으로 조사와 어미의 통사범주 자질은 다른바, 접속조사의 통사범주 자질과 접속어미의 통사범주 자질이 같은 것이 의외일 수 있다. 하지만 통사적 역할이 접속으로 같은 점에 주목하면, 그리고 (40다)에서 보듯이 접속조사든 접속어미든 핵이지만 투사하지 않는 점을 고려하면, 다시 말해 접속조사와 접속어미가 아니라 접속항(conjunct)들이 접속 구성의 자격과 분포를 결정하는 것을 고려하면, 접속조사와 접속어미의 통사범주 자질이 공히 [Conj]로 같은 것을 납득할 만하다.

7.6.1. 명사구 접속과 어순

접속조사 Conj의 통사자질 (40)을 고려하고, 또 '하늘은 푸르-고 물은 맑-'에서 접속어미 Conj '-고'가 일차적으로 VP [$_{VP}$ 하늘은 푸르-]와 병합하고 이차적으로 VP [$_{VP}$ 물은 맑-]과 병합하는 것을 고려하면(이 장의 (12) 참고), 명사구 접속의 통사구조는 일단 아래와 같이 파악된다.

30　접속조사의 보충어 자질은 따로 명세되지 않지만(3장 (60) 참고), 편의상 '[NP, NP] 또는 [K$_L$P, K$_L$P]'로 명세한다. 이 두 가지 보충어 자질 중 앞의 것은 '[[$_{NP}$ 고양이] -와 [$_{NP}$ 강아지]]'처럼 NP가 접속되는 경우를 위한 것이고 뒤의 것은 '[[$_{KLP}$ 고양이에게] -인가 [$_{KLP}$ 강아지에게]]'처럼 KLP가 접속되는 경우를 위한 것이다.

(41)

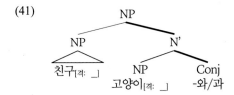

접속조사 Conj는 (40다)에서 밝혔듯이 투사하지 않으므로 NP '고양이[격: _]'과 접속조사 Conj '-와/과'가 병합하면 NP '고양이[격: _]'이 투사한다. 그리고 접속조사 Conj '-와/과'가 취하는 보충어 두 개 중 하나와 병합했으므로 투사 층위는 어깨점 하나가 된다. 이어서 NP '친구[격: _]'이 병합하면 NP '친구[격: _]'과 N' '고양이-와'가 병렬적으로 투사하며, 접속조사 Conj '-와/과'가 보충어 두 개를 취하게 되었으므로 투사 층위는 최대투사 층위 NP가 된다.

위와 같은 통사구조 형성 과정은 앞서 논의한 접속문의 통사구조 형성 과정과 평행하다. 그런데 (41)이 그대로 선형화(linearization)를 거쳐 어순으로 실현된 '*친구 고양이-와'는 성립하지 않는다. 따라서 (41)의 통사구조를 토대로 '고양이-와 친구'와 같은 어순을 산출할 수 있는 방법이 필요하다.[31] 또한 (41)의 통사구조에 포함된 NP '친구[격: _]'과 NP '고양이[격: _]'의 미명세된 격자질 '[격: _]'은 명세되어야 하는바, 격자질 명세 방법도 필요하다.

적격한 어순을 산출하는 방법과 미명세된 격자질을 명세하는 방법 중 앞의 것은 '통사관계의 모호성 회피'와 '통사관계 선호 조건'에서 그 단서를 찾을 수 있다(3장 3.6.2절, 3.6.3절 참고).

(41)의 통사구조가 그대로 어순으로 실현된다고 해 보자. 그러면 '*친구

---

31 통사구조와 어순 사이의 부조화, 이 부조화를 해소하는 방법 등은 접속어미의 통사구조 형성 과정을 살피면서도 논의하였다(이 장의 7.4절 참고).

고양이-와'가 나타나고 그러면 두 가지 문제가 발생한다. 먼저, '*친구 고양이
-와'는 (41)의 통사구조 '[친구 [[고양이] -와]]'뿐만 아니라 통사구조 '[[친구
고양이] -와]'와도 부합하므로 '모호성'의 문제가 발생한다. 다음으로, '통사
관계 선호 조건'에 따르면 (41)의 통사구조에 해당하는 '[친구 [[고양이] -
와]]'보다 명사구끼리 성분을 형성하는 '[[친구 고양이] -와]'가 선호되는데,
선호되는 통사구조 '[[친구 고양이] -와]'는 명사구 접속이 아니라, '나는 [KLP
[NP 친구 고양이] -와] 놀았다'에서 보듯이 동반이나 비교를 나타내는 어휘격
조사 K_L '-와/과'가 핵인 K_LP이다. 따라서 (41)의 통사구조와 '통사관계 선호
조건'이 조화를 이루지 못하고 갈등하는 문제가 발생한다.

위의 두 가지 문제는 '*친구 고양이-와'와 달리 NP '친구'와 NP '고양이'가
서로 인접하지 않으면 해소된다. 다시 말해 'NP NP-와/과'가 아니라 'NP-와/
과 NP'처럼 NP 사이에 접속조사 Conj '-와/과'가 개재하면 된다. 그리고
이는 NP '고양이', NP '친구', 접속조사 Conj '-와/과'로 형성되는 통사구조
(42가 = 41)과 (42나) 중 (42나)가, '통사관계의 모호성 회피'와 '통사관계
선호 조건'을 고려하건데, 더 타당함을 의미한다.

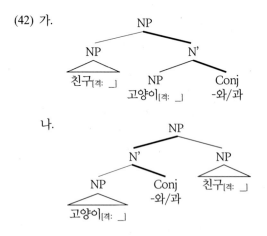

(42) 가.

나.

접속의 통사론은 N' '고양이-와'가 핵으로 간주되는 (42가)도 허용하고 NP '친구'가 핵으로 간주되는 (42나)도 허용한다. 하지만 접속의 통사론과는 독립적으로 존재하는 '통사관계의 모호성 회피'와 '통사관계 선호 조건'에 의해 (42가)는 억제되고 (42나)가 허용되어 실제로 나타나는 것은 (42나)로 국한된다.

적격한 어순을 산출하는 방법과 미명세된 격자질을 명세하는 방법, 이두 가지 방법 중 앞의 방법에 대한 논의는 이 정도로 마무리하고 지금부터는 미명세된 격자질을 명세하는 방법을 살핀다.

7.6.2. 명사구 접속과 격자질 명세

접속 명사구 '고양이-와 친구'의 통사구조 (43 = 42나)에 포함된 NP '고양이[격: __]'과 NP '친구[격: __]'의 미명세된 격자질 '[격: __]'은 어떻게 명세되는가?

(43)

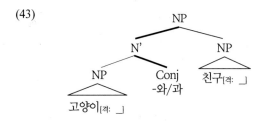

(43)에 포함된 NP '고양이[격: __]'과 NP '친구[격: __]'의 미명세된 격자질 '[격: __]'이 명세되려면 그렇게 될 수 있는 환경을 구비해야 한다. 즉, 격조사나 N, V 등 미명세된 격자질 '[격: __]'을 명세할 수 있는 어휘항목과 (43)이 병합해서 격자질 명세 환경이 갖추어져야 미명세된 격자질 '[격: __]'이 명세된다. 예를 들어 어휘격 조사 K_L '-에게'와 V '만나-'가 등장해 미명세된

격자질이 명세될 수 있는 환경을 조성하고, 이를 통해 NP '고양이$_{[격:\ \_]}$'과 NP '친구$_{[격:\ \_]}$'의 미명세된 격자질 '[격: __]'이 명세되는 경우를 보이면 아래와 같다.

(44) 가. 나는 <u>고양이와 친구에게</u> 선물을 주었다.

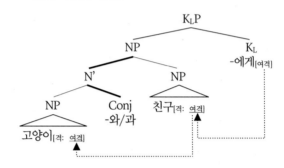

나. 나는 산책길에 강아지도 만나고 <u>고양이와 친구도</u> 만났다.

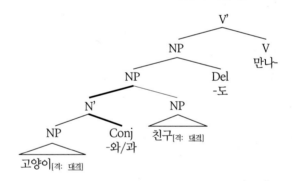

(44가)에서 K$_L$ '-에게$_{[여격]}$'은 NP '친구$_{[격:\ \_]}$'을 성분지휘하며 이를 토대로 NP '친구$_{[격:\ \_]}$'의 미명세된 격자질 '[격: __]'은 '[격: 여격]'으로 명세된다. 그리고 격자질이 명세된 NP '친구$_{[격:\ 여격]}$'은 NP '고양이$_{[격:\ \_]}$'을 성분지휘하므로 이를 통해 NP '고양이$_{[격:\ \_]}$'의 미명세된 격자질도 NP '고양이$_{[격:\ 여격]}$'으로 명세된다.[32]

(44나)는 NP '고양이-와 친구도'가 V '만나-'의 술부 영역에 나타났으므로 미명세된 격자질이 '[격: 대격]'으로 명세될 수 있는데, 접속 명사구를 형성하는 NP '고양이'와 NP '친구' 중 NP '친구'가 핵이므로, NP '친구[격: _]'의 미명세된 격자질 '[격: _]'이 '[격: 대격]'으로 명세된다. 그리고 이렇게 격자질이 명세된 NP '친구[격: 대격]'은 (44가)에서와 마찬가지로 NP '고양이[격: _]'을 성분지휘하는바, 이를 통해 NP '고양이[격: _]'의 미명세된 격자질도 NP '고양이[격: 대격]'으로 명세된다.

한편 접속절마다 접속어미가 병합할 수 있듯이(이 장의 7.5.1절 참고), 접속조사에 따라서는 접속되는 NP마다 접속조사가 병합하는 것도 가능하다. '아빠하고 나하고 만든 꽃밭, 개가 너랑 나랑 찾는대, 순이가 철순가 영인가에게 책을 보냈다' 등을 예로 들 수 있는데, 아래에서 보듯이 지금까지의 논의로 통사구조 형성 과정과 격자질 명세 과정을 충분히 설명할 수 있다. 편의상 '철순가 영인가에게'의 통사구조 형성 과정과 격자질 명세 과정만 제시한다.

(45) 철순가 영인가에게

가.

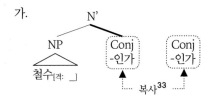

---

32 K_L '-에게[여격]'은 NP '친구'를 성분지휘하고, NP '친구'는 NP '고양이'를 성분지휘한다. 이는 K_L '-에게[여격]'과 NP '고양이' 사이에 NP '친구'가 개재함을 의미하며, 이에 이 셋 사이에는 거리의 경제성이 작용하게 된다(3장의 (56) 참고). 거리의 경제성에 따르면, K_L '-에게[여격]'이 중간에 끼어든 NP '친구'를 무시하고 NP '고양이'와 관계를 맺을 수 없다. 그래서 NP '고양이[격: _]'의 미명세된 격자질은 K_L '-에게[여격]'이 아니라 NP '친구[격: 여격]'에 의해 명세된다.

33 Conj 복사는 '비가 오고 바람이 불고 한다'와 같은 내포 접속문에서 이미 보았다(이 장의 (28) 참고).

나.

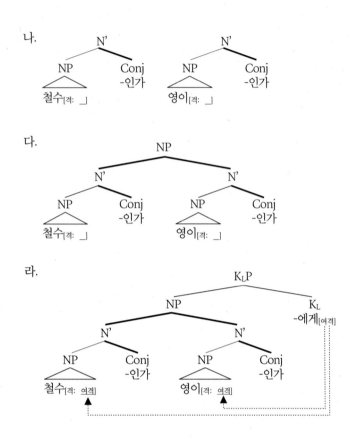

위 (45라)에서 NP '철수'는 NP '영이'를 성분지휘하지 않고, NP '영이'도 NP '철수'를 성분지휘하지 않는다. 그래서 K_L '-에게[여격]'은 NP '철수[격: __]'의 미명세된 격자질과 NP '영이[격: __]'의 미명세된 격자질 둘 다를 [격: 여격]으로 명세한다.

7.6.3. 미명세된 격자질의 수의성

미명세된 격자질 '[격: __]'의 문제는 미명세된 격자질이 명세될 수 있는 환경을 갖춰서 해소될 수도 있지만, 명사구가 애초부터 미명세된 격자질을 가지지 않음으로써 해소될 수도 있다. 그리고 격자질이 근본적으로 통사관계 수립과 통하는 것을 고려하면(3장 3.2절 참고), 미명세된 격자질을 가지지 않는다는 것은 통사관계를 맺지 않는다는 것을 의미한다. 예를 들어『고양이와 친구』처럼 책의 이름으로 나타난 접속 명사구 '고양이와 친구'는 그 자체로 존재할 뿐, 여타의 성분과 통사관계를 맺지 않는바, NP '고양이'와 NP '친구'는 미명세된 격자질을 가지지 않는 것이 타당하다(3장 3.6절의 도입부 참고).[34]

NP '고양이'와 NP '친구'가『고양이와 친구』의 경우에는 미명세된 격자질을 지니지 않은 채 통사구조 형성에 참여하고 '고양이와 친구의 소망'의 경우에는 미명세된 격자질을 지니고 통사구조 형성에 참여하는 것인데, 그렇다고 해서 미명세된 격자질 구비 여부를 규제하는 조치를 따로 강구할 필요는 없다. 명사구가 수의적(optional)으로 미명세된 격자질을 지니는 것으로 보면 충분하다. 미명세된 격자질을 갖춘 명사구가 나타날 수 있는 경우와 나타날 수 없는 경우, 그리고 미명세된 격자질을 갖추지 않은 명사구가 나타날 수 있는 경우와 나타날 수 없는 경우가 문법에 의해 자율적으로 판정되기 때문이다. 예를 들어 NP '고양이'와 NP '친구'가 미명세된 격자질을 지니지 않으면 통사관계를 맺지 않게 되므로 책의 이름『고양이와 친구』의 경우에는 허용되나 '고양이와 친구의 소망'의 경우에는 허용되지 않는다. 앞의 경우와 달리 뒤의 경우는 '고양이와 친구'와 '소망' 사이에 통사관계가 성립해야 하는데, 격자질이 부재하면 통사관계를 맺을 수 없기 때문이다.

---

34   이는 물론『어머니』(막심 고리키),『숨』(테드 창),『사람의 아들』(이문열) 등의 예에서 보듯이 접속 명사구 이외의 경우도 마찬가지이다. 이들 예에서 NP '어머니', NP '숨', NP '아들'은 미명세된 격자질을 지니지 않는다.『사람의 아들』의 NP '사람'은 미명세된 격자질을 지니는데 이는 NP '사람'과 NP '아들' 사이에 통사관계가 성립하기 때문이며, K_S '-의'에 의해 [격: 속격]으로 명세된다.

7.6.4. 어휘격 조사구 접속

접속조사 Conj '-와/과'는 '[고양이-와 친구]-에게'에서 보듯이 명사구를
접속할 수 있을 뿐만 아니라 '[[고양이-에게]-와 [친구-에게]]'에서 보듯이
어휘격 조사구 K_LP를 접속할 수도 있다. 어휘격 조사구 K_LP가 접속되는
과정을 보이면 아래와 같다.

(46) [[고양이에게]-와 [친구에게]], [[고양이에게]-인가 [친구에게]] 등
가.

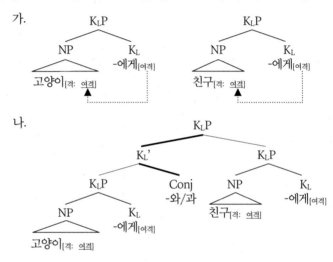

나.

위에서 보듯이 어휘격 조사구 K_LP 접속에 따로 덧붙일 내용은 없다. 다만
유념할 사항 두 가지가 있는데, 첫째, (46)에서 '고양이에게와 친구에게'의
'-에게'는 어휘격 조사 K_L '-에게'가 어휘부에서 두 번 선택된 것일 수도
있고, 어휘부에서 한 번 선택되고 복사를 통해 두 번 나타난 것일 수도 있다.
그리고 하나의 어휘격 조사 K_L '-에게'가 어휘부에서 한 번 선택되고 복사되
어 두 번 나타난 것으로 보면, 어휘격 조사 K_L의 보충어 자질은 [NP]이고(3장
의 (60) 참고), 병합해야 하는 NP는 '고양이', '친구'로 두 개 이므로, 보충어

자질까지 복사되는 것으로 보아야 한다. 한편 '[[고양이-에게]-인가 [꽃-에]]'와 같은 예가 복사 방안에 문제를 제기한다고 할 수도 있다. 어휘격 조사 K_L '-에게'와 K_L '-에'가 따로따로 등장하는 것으로 간주하면 아무런 문제가 제기되지 않지만, 하나의 어휘격 조사 K_L이 복사되는 것으로 보면 복사임에도 불구하고 한 번은 '-에게'로 실현되고 한 번은 '-에'로 실현되는 것이 문제로 제기될 수 있는 것이다. 하지만 어휘격 조사 K_L이 '-에게'와 '-에' 어느 한 쪽이 아니라 둘 다를 어휘정보로 가지고 NP가 병합한 후에 어느 한 쪽으로 결정되는 것으로 보면 '[[고양이-에게]-인가 [꽃-에]]'가 제기하는 문제는 그다지 심각한 문제는 아니다.

둘째, '고양이에게-와 친구에게, *친구에게 고양이에게-와'의 대조를 고려하면, (46나)에서처럼 '[[고양이에게]-와]'와 '[친구에게]' 중 '[친구에게]'가 핵으로 간주되어야 하는데, 이는 앞서와 마찬가지로 '통사관계의 모호성 회피'와 '통사관계 선호 조건'으로 조율된다(이 장의 7.6.1절 참고). 먼저, 예를 들어 '[친구에게]'가 핵으로 간주된 '나는 고양이에게와 친구에게 선물을 주었다'에서는 아무런 문제가 발생하지 않지만, '[[고양이에게]-와]'가 핵으로 간주된 '*나는 친구에게 고양이에게와 선물을 주었다'에서는 '통사관계의 모호성'이 발생한다. 다시 말해 '*나는 친구에게 고양이에게와 선물을 주었다'는 '[친구에게]'가 '[고양이에게]'와 접속 관계, 즉 병렬 관계를 맺을 수도 있고(친구에게 (그리고) 고양이에게), V '주-'와 술어-논항 관계를 맺을 수도 있는바, 통사관계의 모호성이 발생하는 것이다. 다음으로, '명사구 내 통사관계 선호 조건'이 성립하듯이(3장 3.6.3절 참고), 아래와 같은 '동사구 내 통사관계 선호 조건'이 성립하는 것으로 보면,

(47) 동사구 내 통사관계 선호 조건
　　　동사구 내 성분은 동사와 통사관계를 맺는 것이 선호된다.

'*나는 <u>친구에게 고양이에게와</u> 선물을 주었다'에서 '친구에게'가 V '주-'와 통사관계를 맺는 것이 선호되고, '고양이에게와'도 V '주-'와 통사관계를 맺는 것이 선호되는데, '고양이에게와'에서 문제가 발생한다. '고양이에게와'의 '-와'는 어휘격 조사 $K_{L[동반격]}$ '-와/과'로 간주됨으로써 V '주-'와 통사관계를 맺을 수 있지만(나는 꽃에 고양이와 (함께) 물을 주었다), '고양이에게와'의 어휘격 조사 $K_{L[여격]}$ '-에게'는 그렇지 못하기 때문이다. 물론 V '주-'와 어휘격 조사 $K_{L[여격]}$ '-에게' 사이의 통사관계는 가능하다. 하지만 이 통사관계는 '*나는 <u>친구에게 고양이에게와</u> 선물을 주었다'에서 V '주-'와 '친구에게' 사이에 맺어지므로 '고양이에게와'의 $K_{L[여격]}$ '-에게'와 V '주-' 사이에는 맺어질 수 없다.[35]

7.7. 이분지와 다분지

지금까지 논의한 접속의 통사구조는 이분지 구조를 형성한다. 그래서 다항 접속문 (48)은 (48가)와 (48나)의 두 가지 통사구조를 지니고, 마찬가지로 다항 접속 명사구 (49)도 (49가)와 (49나)의 두 가지 통사구조를 지닌다.

(48) 하늘은 푸르고 물은 맑고 바람은 시원했다.

　　가. [[[하늘은 푸르-고] [물은 맑-고]] [바람은 시원하-]] -았-다.

---

[35] 의미역 기준에 따르면(1장의 각주 25) 참고), '친구에게'의 어휘격 조사 $K_{L[여격]}$ '-에게'와 '고양이에게와'의 어휘격 조사 $K_{L[여격]}$ '-에게' 둘 다 V '주-'와 통사관계를 맺을 수는 없다. 참고로 의미역 기준은 논항과 의미역이 '1：1'의 관계를 맺는 것으로 규정하는데, '나는 <u>아침에 골목에서</u> 고양이를 <u>망원경으로</u> 관찰했다'와 같은 예의 '아침에, 골목에서, 망원경으로'와 같은 부가어까지 고려하면 논항과 의미역 사이의 관계에 더해 부가어와 의미역 사이의 관계까지 '1：1'로 규정하는 것으로 이해된다.

나. [[하늘은 푸르-고] [[물은 맑-고] [바람은 시원하-]]] -았-다.

(49) 고양이와 친구와 강아지

　가. [[[고양이-와] [친구-와]] [강아지]]

　나. [[고양이-와] [[친구-와] [강아지]]]

위와 같이 접속이되 이분지 계층구조의 속성을 띤 접속을 소위 구조적 접속(structured coordination)이라 한다. 그렇다면 접속은 구조적 접속만 가능한 걸까? 접속항 두 개씩이 병합하는 구조적 접속 말고 세 개 이상의 접속항이 동시에 하나의 성분을 이루는, 다시 말해 다분지 구조를 형성하는 비구조적 접속(unstructured coordination)은 어떤가? 예를 들어 (50)은 가능한가?

(50) 가. [[하늘은 푸르-고] [물은 맑-고] [바람은 시원하-]] -았-다.

　나. [[고양이-와] [친구-와] [강아지]]

접속항들이 동등한 자격으로 하나의 성분을 형성하는 것이 접속임을 고려하고, 통사구조와 의미 사이의 조화를 염두에 두면, (50)의 가능성을 무시하기는 어렵다. 그리고 (50)과 같은 다분지 구조를 지지하는 아래와 같은 현상도 존재한다.

(51) 가. 고양이와 친구와 강아지가 <u>서로를</u> 좋아한다.[36]

　나. 고양이와 친구와 강아지가 <u>한 번씩</u> 울고 웃고 짖었다.

　다. 나는 고양이가 울고 친구가 웃고 강아지가 짖는 것을 <u>매번</u> 기록했다.

36　이런 예는 다른 언어에서도 볼 수 있는데, 영어의 예를 제시하면 다음과 같다. 'John and Mary and Susan criticized <u>each other</u>'(Lasnik & Uriagereka 2012: 30, 2022 등 참고).

(51가)는 '고양이와 친구가 서로서로 좋아함, 고양이와 강아지가 서로서로 좋아함, 친구와 강아지가 서로서로 좋아함'이 전부 성립함을 의미할 수 있는 바,[37] 이는 '고양이, 친구, 강아지'가 동등하게 '서로'의 선행사로 기능함을 의미한다. '서로'는 복수성을 띤 선행사를 요구하는바, '고양이, 친구, 강아지'가 서로 동등해야 '고양이, 친구', '고양이, 강아지', '친구, 강아지' 등이 '서로'의 선행사로 기능할 수 있게 되어서 방금과 같은 해석이 가능한 것이다.

(51나)의 '한 번씩'도 마찬가지이다. '고양이, 친구, 강아지'가 동등해야 '고양이가 한 번 울고, 친구가 한 번 웃으며, 강아지가 한 번 짖는' 해석이 가능한 것이다. 그리고 이러한 해석은 비구조적 접속 '[[고양이-와] [친구-와] [강아지]]'와 잘 어울린다. 물론 그렇다고 해서 비구조적 접속만 가능한 것은 아니다. 예를 들어 구조적 접속 '[[[고양이-와] [친구-와]] [강아지]]'도 성립하는바, 이 경우 '고양이가 한 번 울고 웃음, 친구가 한 번 울고 웃음, 강아지가 한 번 짖음'과 같은 해석이 가능해진다.[38] 한편 '고양이와 친구 그리고 강아지가 한 번씩 울고 웃고 또한 짖었다'는 비구조적 접속보다는 구조적 접속에 해당하는 해석이 선호되는데, 이는 '그리고, 또한' 등이 구조적 접속을 강화하는 방법으로 기능할 수 있기 때문이다.[39] 더불어 (51나)는 '울고 웃고 짖-'에서 보듯이 V 범주도 비구조적 접속이 가능함을 잘 보여준다.[40]

---

37 다른 경우, 예를 들어 '고양이와 친구가 서로서로 좋아함, 고양이와 강아지가 서로서로 좋아함'은 성립하지만, '친구와 강아지가 서로서로 좋아함'은 성립하지 않는 경우는 어떠한가? 이러한 해석이 가능하다고 하면, 구조적 접속 '[고양이와 [친구와 강아지]]'로 포착할 수 있다.

38 '고양이와 친구가 한 번씩 울고 웃었다'의 해석이 '고양이가 한 번 울고 웃음, 친구가 한 번 울고 웃음'일 수 있는 것을 참고할 수 있다.

39 자세한 논의는 생략하지만 구조적 접속과 비구조적 접속이 가능하고, 구조적 접속을 강화하는 방법이 있는 것은 (51가)와 (51다)의 경우도 마찬가지이다.

40 V 범주에 더해 '고양이와 친구와 강아지가 한 번씩 물을 먹고 노래를 부르고 내 손가락을 씹었다'에서 보듯이 V' 범주도 비구조적으로 접속될 수 있다. 물론 N 범주에 더해 N' 범주

(51다)는 '고양이가 우는 사건'만 발생해도 기록하고, '친구가 웃는 사건'만 발생해도 기록하며, '강아지가 짖는 사건'만 발생해도 기록하는 것을 의미할 수 있는바,[41] 이는 '고양이가 울-, 친구가 웃-, 강아지가 짖-'이 동등하게 접속 구성을 형성하는 비구조적 접속을 지지한다.

위와 같은 논의를 토대로 다분지 통사구조가 가능하다고 해 보자. 그런데 마침 통사구조 형성 규칙인 병합(merge)은 이분지 통사구조뿐만 아니라 다분지 통사구조도 허용한다. 아래에서 보듯이 병합은 두 개의 성분을 대상으로 적용될 수도 있고, 세 개 이상의 성분을 대상으로 적용될 수도 있는 것이다. 다만, 이 절에서 살핀 현상처럼 세 개 이상의 성분이 동시에 병합하여 하나의 성분을 이루는 다분지 통사구조를 필요로 하는 현상이 자주 발견되지 않거나 주목되지 않았을 따름이다.[42]

(52) 가. 통사체 α, 통사체 β, 통사체 γ

　　나. 병합(merge)

　　　① 이분지 통사구조

의 비구조적 접속도 가능하다. 비구조적 접속은 접속항의 크기나 접속항의 통사범주에 제한이 없는 것인데, 이는 구조적 접속도 마찬가지이다.

41　(51다)에서 의존명사 '것'은 '고양이가 울고 친구가 웃고 강아지가 짖는' 사건을 가리킨다(9장 9.4.1절 참고).

42　통사체 개념에 대해서는 1장의 각주 53) 참고. 참고로 Chomsky(1995나/2015)는 경제성을 고려하여 (52나) ① 방식의 병합만 가능한 것으로 보았으나, Chomsky(2021: 31-32)는 비구조적 접속 현상 등을 살피며 (52나) ② 방식의 병합도 가능한 것으로 보았다. 그리고 Chomsky(1995나/2015)와 Chomsky(2021) 사이에는 (52나) ① 방식의 이분지 통사구조만 인정하면서도 비구조적 접속 현상을 포착하기 위해 비대칭성을 띤 병합인 짝 병합(pair-merge)을 제안하기도 하였다(Chomsky 2013: 45 참고).

② 다분지 통사구조[43]

위에서 보듯이 통사체가 세 개면 이분지 통사구조 3가지와 삼분지 통사구조 1가지가 가능하다. 그리고 통사체 개수에는 제한이 없는바, 통사체가 네 개, 다섯 개, 여섯 개 식으로 증가하면 그에 맞추어 가능한 통사구조의 가짓수도 증가하게 된다(Collins 2022 참고).

이분지 구조와 이에 기초한 구조적 접속뿐만 아니라 다분지 구조와 이에 기초한 비구조적 접속도 성립하는 것으로 보면, 다시 말해 통사구조 형성 방식을 한 가지로 제약하지 않고 자유롭게 하면 다음의 질문이 대두된다.

🔲 이분지 구조도 가능하고 다분지 구조도 가능하다면, 언제 어떤 구조를 선택해야 하는가?

위의 질문에 답하기 위해, 앞서 비구조적 접속의 사례 (50)을 제시하며 '통사구조와 의미 사이의 조화'를 언급한 것을 상기하자. 위의 질문에 대한 답도 '통사구조와 의미 사이의 조화'에서 찾을 수 있을까? 만약 그럴 수 있다면, 자연스러우면서도 별다른 부담을 야기하지 않는 답이 찾아진 셈이다.

위와 같은 맥락에서 이분지 구조는 비대칭성을 보장하고, 다분지 구조는 대칭성을 보장한다는 점에 주목해 보자. 예를 들어 (52나) ①의 이분지 구조는 통사체 α, 통사체 β, 통사체 ɣ 중 어느 하나가 나머지와 통사적 위계가 다른바, 비대칭성을 띠는 반면, (52나) ②의 다분지 구조는 통사체 α, 통사체 β, 통사체 ɣ의 통사적 위계가 모두 같은바, 대칭성을 띤다. 그러면 술어-논항

---

43   이분지를 넘어선 삼분지, 사분지, 오분지 등을 아울러 가리킬 때 다분지라고 한다.

관계나 수식 관계, 구조적 접속처럼 비대칭성을 필요로 하는 통사관계는 (52나) ①식의 이분지 구조와 어울리는 것이 자연스럽고, 비구조적 접속처럼 대칭성을 필요로 하는 통사관계는 (52나) ②식의 다분지 구조와 어울리는 것이 자연스럽다. 그리고 통사관계는 의미에 기여하는바, 통사관계에 따라 이분지 구조가 선택되거나 다분지 구조가 선택되는 것은 '통사구조와 의미 사이의 조화'에 부합한다. 이상을 정리하여 위에서 제기한 질문에 대한 답을 제시하면 아래와 같다.

> 🈳 통사구조와 의미는 조화를 이루며, 이를 통해 이분지 구조가 적합한 경우에는 이분지 구조가 선택되고, 다분지 구조가 적합한 경우에는 다분지 구조가 선택된다.

이분지 구조 '선택'이라고 하고 다분지 구조 '선택'이라고 했지만 그렇다고 해서 '선택'을 위한 별도의 방법이 있는 것은 아니다. 다른 경우에서와 마찬가지로 문법 자율적으로 조율될 따름이다. 예를 들어 의미가 비대칭성을 띠는데 다분지 구조가 형성되면 통사구조와 의미가 조화를 이루지 못해 부적격한 것으로 판단되고, 의미가 대칭성을 띠는데 이분지 구조가 형성되면 이 역시 통사구조와 의미가 조화를 이루지 못해 부적격한 것으로 판단되어 배제된다.

7.8. 정리

접속의 통사론은 개별성도 지니고 일반성도 지닌다. 접속과 관련된 현상 중에는 접속만의 특성을 반영한 것도 있고 접속 이외의 영역에서도 유효한 특성을 반영한 것도 있기 때문이다. 이러한 인식을 바탕으로 이 장에서는 접속의 개별성과 일반성을 조화롭게 포착할 수 있는 방안을 구축해 보았는데, 논의 내용을 항목화하여 간추리면 아래와 같다.

첫째, 접속어미 Conj는 통사범주를 투사하지 않는다. 그래서 VP와 접속어미 Conj가 병합해서 [VP Conj]가 형성되면 접속어미 Conj가 아니라 VP가 병합 결과의 통사범주를 정한다.

둘째, 접속어미 Conj는 VP 두 개를 보충어로 취한다.

셋째, 위의 첫째와 둘째 사항으로 인해 소위 동질 성분 접속 법칙이 성립한다. 또한 동질성 여부는 확장 투사 차원에서 결정되는바, V가 투사한 VP와 어미가 투사한 HP, TP, CP 등은 서로 동질적이다.

넷째, 접속어미 Conj는 통사범주는 투사하지 않지만 투사 층위에서는 투사의 성격을 지닌다. 그래서 통사구조에는 Conj', ConjP 등이 나타나지 않고 대신에 V', VP 등이 나타난다.

첫째~넷째 사항을 한눈에 파악하는 차원에서 접속문의 통사구조 하나를 예로 제시하면 아래와 같다. 이 장을 시작하며 제시한 통사구조 (1)은 (12)로 개정되었었는데, 이제 (12)는 최종적으로 아래 (53)으로 개정된다.

(53) 하늘은 푸르고 물은 맑았다

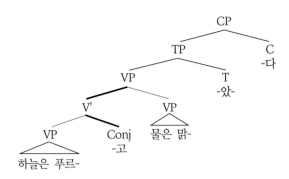

다섯째, 이항 접속문의 접속어미 Conj와 내포 접속문이나 다항 접속문의 접속어미 Conj는 같은 존재이다. 다만 접속문을 형성하는 과정이나 접속어미 Conj의 특성을 충족시키는 방식에서의 차이가 이항 접속문, 다항 접속문, 내포 접속문 등의 분화를 가져온다.

여섯째, 접속조사 Conj를 매개로 형성되는 명사구 접속과 어휘격 조사구 접속도 접속문과 평행하게 설명할 수 있으며, 명사구와 어휘격 조사구의 특성상, '통사관계의 모호성 회피'와 '통사관계 선호 조건' 등이 관여한다.

끝으로, 일곱째, 병합은 이분지 구조에 더해 다분지 구조도 허용하며, 통사 구조와 의미의 조화에 따라 이분지 구조와 다분지 구조 중 적합한 것이 선택된다. 접속의 경우, 이분지 구조(구조적 접속)와 다분지 구조(비구조적 접속) 둘 다 가능하며, 통사구조에 따라 그 의미적 속성이 비대칭성을 띠거나 대칭성을 띠게 된다.

3부 탐구

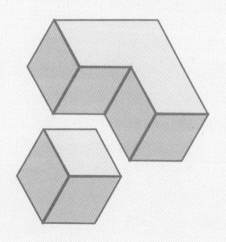

8. 구문의 통사론: '-을 수 있-' 양태 구문

8.1. 도입

언어 표현의 의미는 언어 표현에 포함된 어휘항목의 의미와 언어 표현의 구조에 의해 정해지는 한편으로 언어 표현이 실현되는 맥락(context)에 기대서도 정해진다. 따라서 언어 표현의 의미에 대한 이해는, 언어 표현에 포함된 어휘항목의 속성을 밝히고 이들 어휘항목이 형성하는 구조를 파악하는 방향과 언어 표현과 맥락의 상호작용을 궁구하는 방향, 이렇게 두 가지 상보적인 방향을 취하게 된다.

위와 같은 점은 추측, 능력 등을 나타내는 양태 구문(modal construction)의 경우도 마찬가지이다. 양태 구문의 의미에 대한 이해도 개별 양태 구문을 구성하는 어휘항목과 개별 양태 구문의 통사구조를 존중하는 데서부터 시작해서 개별 양태 구문과 맥락 사이의 상호작용까지 포괄하면서 진행되어야 하는 것이다. 물론 어휘항목, 통사구조, 맥락, 이 셋으로 포착하기 어려운 예외적 특성, 즉 개별 양태 구문 고유의 특이성이 있을 수도 있다. 하지만 특이성을 명확히 인식하고 그에 대한 대응책을 모색하기 위해서라도 우선은 위와 같은 태도를 따르는 것이 합리적일 것이다.

이 장은 위와 같은 인식을 토대로 '-을 수 있-' 양태 구문의 의미와 그 통사적 특성을 어휘항목, 통사구조, 맥락을 토대로 설명하는 것을 목적으로 한다.

여러 양태 구문 가운데 '-을 수 있-' 구문을 대상으로 선택한 것은, 이 구문이 어휘항목의 속성과 통사구조를 비교적 선명하게 유지하고 있는바, 어휘항목과 통사구조를 토대로 양태 구문을 설명하고자 하는 목적에 부합할 뿐더러 양태 구문 일반을 같은 방식으로 분석하고 설명하는 토대를 제공할 것으로 기대하기 때문이다.

또한 '-을 수 있-' 구문의 의미에 대한 기왕의 관찰이 다양한바, 새로운 관찰 내용을 보태기보다는 기왕의 관찰과 직관을 포용하고 체계화하는 방향을 취한다.

논의 순서는 다음과 같다. 먼저 8.2절에서는 '-을 수 있-' 구문의 다양한 의미와 그에 대한 접근법을 확인하고 핵심 질문 세 가지를 설정함으로써 논의의 토대를 다진다. 다음으로 8.3절에서는 '-을'과 '수'가 '-을 수 있-' 구문의 의미에 기여하는 바가 [가능성] 여부와 그 정도임을 밝힌다. 8.4절에서는 '있-' 구문의 통사구조를 바탕으로 '-을 수 있-' 구문의 통사구조를 밝히고, 통사구조와 맥락을 통해 [가능성]이 다양한 의미로 분화되는 과정을 해명한다. 8.4절까지의 논의를 토대로 8.5절에서는 '-을 수 있-' 구문이 중첩되는 경우와 '-었-을 수 있-'이 제기하는 문제를 해결한다. 이 과정에서 '-을 수 있-' 구문과 '-어야 하-' 구문이 통합하는 경우도 간략히 살핀다. 8.6절에서는 논의 내용을 정리함으로써 "'-을 수 있-' 양태 구문'에 대한 논의를 마무리하고, 구문에 대한 통사적 접근의 타당성을 재확인한다.

8.2. '-을 수 있-' 구문의 의미와 접근법

8.2.1. '-을 수 있-' 구문의 다양한 의미

'-을 수 있-' 구문은 아래 (1)에서 보듯이 [추측]과 [능력]의 의미를 나타낸다.

(1) 가. 오늘은 친구가 올 수도 있다. [추측] (박재연(2003)의 (10가))

　　나. 승호가 한자를 잘 읽을 수 있다. [능력] (김지은(1997)의 (8ㄷ))

[추측]과 [능력]은 서로 유관하면서(이 장의 8.3절, 8.4절 참고), 동시에 서로 구분되는데, 둘 사이의 구분은 때로 형식적인 차이로 드러나기도 한다. 예를 들어 부정문의 경우 [추측]과 [능력]은 서로 다른 형식으로 실현되는바, 아래 (2)에서 보듯이 [추측]의 부정은 '-을 수 없-'과 '-을 리 없-'으로 나타나는 데 비해 [능력]의 부정은 (3)에서 보듯이 '-을 수 없-'과 '못' 부정으로 나타난다.

(2) 그가 범인일 수 있다. [추측-긍정]

　　가. 그가 범인일 수 없다. [추측-부정] (이필영(2006)의 (27나) 참고)[1]

　　나. 그가 범인일 리 없다. [추측-부정]

(3) 그는 갈 수 있었다. [능력-긍정]

　　가. 그는 갈 수 없었다. [능력-부정] (이필영(2006)의 (17나))

　　나. 그는 못 갔다. [능력-부정] (신서인 2017: 20 참고)

1　이필영(2006)은 해당 예문과 그에 대한 문법성·수용성 판단으로 '[7]그가 범인일 수가 없다'를 제시하였다. 성립 가능성을 중시하고, 조사 '-이/가' 출현 여부가 판단에 크게 영향을 미치지 않는 것으로 간주하여 '그가 범인일 수 없다'로 바꿔 제시한다.

그런데 '-을 수 있-' 구문의 의미가 [추측]과 [능력]으로 국한되지는 않는 다. 시정곤·김건희(2009나)에서 지적하였듯이 [추측]이나 [능력] 외에 [자질], [자격], [허가] 등을 나타낼 수 있으며, 양정석(2016)에서 지적하였듯이 [기회] 나 [성향]을 나타낼 수도 있기 때문이다.[2]

(4) 가. (여행광이어서) 그는 여행을 떠날 수 있다. [자질]

나. (과제를 훌륭히 마쳤으므로) 그는 여행을 떠날 수 있다. [자격]

다. (휴가를 얻어서) 그는 여행을 떠날 수 있다. [허가]

(이상 시정곤·김건희(2009나)의 (22) 참고)

(5) 가. 이 위치에서 북한산을 볼 수 있다. [기회][3]

나. (너무 놀리면) 그 아이는 울 수 있다. [성향]

개는 물 수 있다. (이상 양정석(2016)의 (66) 참고)

(1), (4), (5)를 통해 '-을 수 있-' 구문이 [추측], [능력], [자질], [자격], [허가], [기회], [성향] 등의 일곱 가지 의미를 지닌다는 것을 확인하였다. 그렇다면 이 일곱 가지가 '-을 수 있-' 구문의 의미를 총망라한 것인가? 그렇 다고 보기는 어렵다. 의미를 얼마나 세부적으로 분류하며 또 분류 기준을 무엇으로 삼느냐에 따라 지금까지 살핀 일곱 가지 의미 부류 각각이 다시 하위 구분될 수도 있고 또 새로운 의미 부류가 추가될 수도 있기 때문이다(이 장의 (41) 참고). 예를 들어 [능력]도 여러 구체적인 맥락에 따라 세분할 수

2　'-을 수 있-' 구문의 의미로 시정곤·김건희(2009나)는 (4)에 더해 [가능성]과 [능력]을 더 인정하고, 양정석(2016)은 (5)에 더해 [전형성]과 [능력]을 더 인정하는데, [가능성]과 [전형 성]은 (1가)의 [추측]에 해당하고, [능력]은 (1나)의 [능력]과 같다.

3　'-을 수 있-' 구문의 [기회] 의미는 사전에서도 확인할 수 있다. 예를 들어 『연세 한국어 사전』은 '그분이 지나다니던 곳을 갈 수 있어서 참 좋습니다'와 같은 예를 제시하며 '-을 수 있-' 구문이 [기회]를 나타낼 수 있는 것으로 본다.

있다. '나는 오래 걸을 수 있다'와 '나는 이 문제를 해결할 수 있다'의 [능력]을 [능력-신체], [능력-마음] 식으로 나눌 수 있고, 여기에 '나는 날 수 있다, 나는 그의 심정을 알 수 있다' 등이 추가되면 [능력-신체], [능력-마음]도 더 나눌 수 있는 것이다.[4]

'-을 수 있-' 구문의 의미의 범위 및 분류에 대한 문제가 제기되는 셈인데, 이 문제에 더해 위에서 살핀 일곱 가지 의미가 과연 하나로 묶일 수 있는 의미인가도 문제이다. 이 문제를 적절히 해소하지 못하면, '-을 수 있-'을 한 가지가 아니라 두세 가지나 그 이상으로 나누어야, 즉 '-을 수 있-^{1}, -을 수 있-^{2}, …, -을 수 있-^{n}' 식의 동음이의적 처리를 동원해야 할 수도 있다. 물론 여러 의미를 지닌 양태 구문이 '-을 수 있-'으로 한정되거나 예외로 인정할 수 있을 만큼 소수이면 동음이의적 처리가 크게 무리는 아닐 것이다. 하지만 적지 않은 양태 구문들이 다양한 의미를 나타낸다(명정희 2022 참고). 예를 들어 '-을 것이-'만 해도 '내일은 비가 올 것이다'의 '-을 것이-'의 의미와 '반드시 문제를 풀 것이다'의 '-을 것이-'의 의미가 구별되며, '-어야 하-'도 '비가 와야 한다'의 '-어야 하-'의 의미와 '우리는 서로 도와야 한다'의 '-어야 하-'의 의미가 구별된다. 또 시야를 넓히면 일견 서로 관련이 없는 듯한 의미가 하나의 형식으로 실현되는 경우도 적지 않다. 예를 들어 '-어지-' 구문의 의미는 피동태와 기동상, 양태를 포괄한다(박재연 2007 참고). 이러한 사항들을 고려하면 '-을 수 있-' 구문의 의미를 동음이의로 처리하는

---

4 물론 언어 표현의 의미를 다룰 때는 일반적으로 의미 체계를 보장하고 문법적 효과를 수반하는 수준의 의미 구분과 분류에서 멈춘다. 이는 이어지는 논의에서 확인할 수 있듯이 여기서도 마찬가지이다. 한편 [추측], [능력], [자질], [자격], [허가], [기회], [성향] 각각의 정체와 이들 사이의 구분도 논의할 필요가 있다. 각각에 대해 명확히 규정하고 구분 근거를 밝혀야 자의적인 의미 부여를 막을 수 있기 때문이다. 하지만 여기서는 기왕의 논의가 제시한 구분과 직관을 존중하고, 논의 목적상 면밀한 의미 구분은 유보할 수 있다는 점에서 의미 구분은 주어진 그대로 인정하고 논의를 진행한다.

방안은 그다지 추구할 만하다고 보기 어렵다.

또한 어떤 의미들을 하나로 묶느냐와 같은 범위 구획의 문제는 다분히 선택의 문제라는 점도 유념할 필요가 있다. '-을 수 있-'이 다양한 의미를 나타내는 현상을 설명하는 것이 핵심이지, 여러 의미 중에서 이것과 저것을 하나로 묶고 다른 것들을 배제하는 것은 부차적인 문제인 것이다.

8.2.2. '-을 수 있-' 구문에 대한 접근법과 세 가지 질문

그렇다면 '-을 수 있-' 구문이 나타내는 [추측], [능력], [자질], [자격], [허가], [기회], [성향] 등의 다양한 의미는 어떻게 이해해야 하는가? 이 의문을 풀기 위해 여기서는 다음의 수순을 밟는다.

먼저, '-을 수 있-' 구문의 다양한 의미를 추상화하여, 즉 '-을 수 있-' 구문이 보이는 다양한 의미를 관통하는 공통적인 의미를 추구하여, '-을 수 있-' 구문의 여러 가지 의미를 하나로 포괄하고, 이를 통해 앞서 제시한 다양한 의미를 하나로 묶을 수 있는 기틀을 마련한다.

다음으로, '-을 수 있-' 구문의 공통적인 의미가 [추측], [능력], [자질], [자격], [허가], [기회], [성향] 등의 다양한 의미로 분화되는 과정을 밝힌다. 특히 의미 분화는 어휘항목에 의한 것과 통사구조에 의한 것 그리고 맥락에 의한 것을 구분한다.

그렇다면 과연 '-을 수 있-' 구문의 다양한 의미를 하나로 포괄하는 공통적인 의미가 가능한가? 아래와 같은 사전 기술을 인정하면, 다시 말해 한국어 화자의 직관에 따르면, 가능한 듯하다.

(6) 가. 『표준 국어 대사전』의 '-을 수 있-' 기술 내용
　　　어떤 일을 이루거나 어떤 일이 발생하는 것이 가능함을 나타내는

말. 예 나는 무엇이든지 잘할 수 있다. 네게도 그런 일이 일어날 수 있으니 조심해라.

나. 『고려 한국어 대사전』의 '-을 수 있-' 기술 내용

어떤 일이나 방법 따위가 가능함을 나타내는 말. 예 너라면 합격을 할 수 있을 거야. 사람이 살다 보면 그럴 수도 있지. 먹을 수 있는 버섯이 아닌 것 같다. 우리가 저 산 정상까지 갈 수 있을까? 견우와 직녀는 칠월 칠석이 되어야만 만날 수 있다.

'-을 수 있-' 구문의 의미를 [추측], [능력], [자질], [자격], [허가], [기회], [성향] 등으로 구분하는 입장이라면, (6가)의 두 예는 각각 [능력]·[자질], [추측]·[기회] 정도로 해석될 만하고, (6나)의 다섯 예는 각각 [추측]·[능력], [추측]·[기회], [능력]·[자질], [추측]·[능력], [능력]·[자질]·[허가] 정도로 해석될 만하다. (6)은 이렇게 세부적인 차원에서 구분될 수 있는 다양한 의미를 포괄적으로 파악하는 태도를 취하고, 그 포괄적인 의미로 '가능함', 즉 [가능성]을 제시하고 있다.

위의 논의를 토대로 '-을 수 있-' 구문의 의미가 포괄적·공통적 차원에서는 [가능성]이고, 개별적 차원에서는 [추측], [능력], [자질], [자격], [허가], [기회], [성향] 등이라고 하자. 그리고 위에서 언급한 수순을 고려하자. 그러면 아래의 세 가지 질문이 대두된다.

문1 '-을 수 있-' 구문의 포괄적 의미 [가능성]이란 무엇이며, 그 구체적인 실현 양상은 어떠한가?

문2 '-을 수 있-' 구문의 [가능성]은 어떻게 보장되는가?

문3 [가능성]에서 [추측], [능력], [자질], [자격], [허가], [기회], [성향] 등으로의 의미 분화는 어떻게 가능한가?

지금부터 절을 달리해 가며 위의 세 가지 질문에 대한 답을 모색한다.

8.3. [가능성]과 '-을', '수'

8.3.1. [가능성]의 정체

'-을 수 있-' 구문은 바로 앞 절에서 논의했듯이 포괄적·공통적 차원에서 [가능성]을 나타낸다. 그렇다면 [가능성]이란 무엇인가? 이 질문에 대해 여기서는 [가능성]을 새롭고 독특하게 규정하는 태도는 지양하고 양상 논리 (modal logic)의 가능성(possibility)을 채택한다. 이에 [가능성]은 명제가 참이 되는 경우가 존재함, 즉 문장이 기술하는 상황이 성립하는 경우가 존재함을 나타내며, 예를 들어 상정할 수 있는 가능한 경우가 100가지인 경우, 어떤 상황이 나타나는 경우의 수가 1가지~99가지라면 [가능성]이 성립한다. 즉, 가능성은 전무(全無)와 전부(全部) 사이의 영역에 해당한다.[5]

'-을 수 있-' 구문이 [가능성]을 나타낸다는 것은 다음의 세 가지를 통해 확인할 수 있다. 첫째, [가능성]이 어휘화된 것이 어휘항목 '가능성'이라고 보면, 아래와 같은 환언 가능성은 '-을 수 있-'이 [가능성]을 나타낸다는 것을 잘 보여 준다.

(7) 가. 지금 거기에 비가 올 수 있다.

⇔ 지금 거기에 비가 올 가능성이 있다.

---

5 양상 논리를 토대로 양태에 접근하는 견해는 염재일(2005, 2011), 양정석(2016), 명정희 (2021, 2022), Kratzer(1977, 1981), Portner(2009) 등 참고.

비가 오는 상황의 가능성이 지금 거기에 있다. 등

나. 나는 이 문제를 풀 수 있다.

⇔ 내가 이 문제를 풀 가능성이 있다.

나에게 이 문제를 풀 가능성이 있다. 등

둘째, '-을 수 있-' 구문을 부정한 '-을 {수, 리} 없-'은 [필연성]을 나타내는 데 이 역시 '-을 수 있-' 구문의 [가능성]을 지지한다.

(8) 가. 지금 거기에 비가 올 수 있다.

　　나. 그가 문제를 해결할 수 있다.

(9) 가. 지금 거기에 비가 올 리 없다.[6]

　　나. 그가 문제를 해결할 수 없다.

(8)을 부정하면 (9)가 되며, (9)는 비가 올 가능성과 그가 문제를 해결할 가능성이 전무함, 즉 비가 오지 않고 그가 문제를 해결하지 못하는 상황의 [필연성]을 나타낸다([[~[비가 옴]] 필연성], [[~[그가 문제를 해결함]] 필연성]). 그런데 (9)에 해당하는 '[[~[상황]] 필연성]'은 '[[상황] 가능성]'과 서로 부정의 관계를 맺으며([~[[상황] 가능성]] ≡ [[~[상황]] 필연성]), '[[상황] 가능성]'은 (8)에 해당한다. 따라서 (9)를 부정한 (8)은 [가능성]의 의미를 갖는 것으로 보아야 한다.

끝으로, 셋째, '-을 수 있-'의 [가능성]은 양화(quantification)의 관점에서도 다시 한 번 확인할 수 있다. 이 절을 시작하면서 언급했듯이 [가능성]은 어떤

6　(8가)에서 비가 오는 상황을 부정하면 '지금 거기에 비가 안 올 수 있다'가 되고([[~[비가 옴]] 가능성]), [가능성]을 부정하면, 즉, [~[[비가 옴] 가능성]]이 되면, (9가)가 된다.

경우에 명제가 참임 또는 상황이 어떤 경우에 성립함을 나타내는 반면, [필연성]은 모든 경우에 명제가 참임 또는 상황이 항상 성립함을 나타낸다. 물론 전무, 즉 모든 경우에 명제가 거짓임과 상황이 성립하는 경우가 없음도 [필연성]에 해당한다. [가능성]과 [필연성]이 각각 '어떤'과 '모든, 항상'에 대응하는 셈인데, 이에 가능성은 존재 양화(existential quantification)로 이해되고 필연성은 보편 양화(universal quantification)로 이해된다. 그런데 [가능성]과 [필연성]이 부정의 관계를 맺듯이 존재 양화와 보편 양화도 부정의 관계를 맺는다 ($[\sim[$모든 x $[\cdots x\cdots]]] \equiv [$어떤 x $[\sim[\cdots x\cdots]]]$, $[\sim[$어떤 x $[\cdots x\cdots]]] \equiv [$모든 x $[\sim[\cdots x\cdots]]]$). 따라서 '-을 수 있-'의 [가능성]을 인정하면, 양화 해석도 보장하는 효과를 얻게 된다.[7]

한편 [가능성]은 전무와 전부 사이이되, 그 구체적인 영역은 아래 대화에서 보듯이 맥락 내에서 적절히 조정되기도 한다.

(10) ㉠ 두 분께 묻겠습니다. 문제 해결에 그 방법을 쓸 수 있습니까?

　　 ㉡ 성공 확률이 5% 정도입니다. 이 정도면 그 방법을 쓸 수 있습니다.
　　　 ([가능성] = 5% 이상)

　　 ㉢ 아닙니다. 성공 확률이 20%는 되어야 합니다. 따라서 그 방법을
　　　 쓸 수 없습니다. ([가능성] = 20% 이상)

7　한편 양태 구문에는 [가능성], [필연성]에 더해 '여름은 더운 법이다', '아쉬운 사람이 서두르기 마련이다'에서 보듯이 [일반성] 또는 [총칭성]을 나타내는 것도 있다. [일반성], [총칭성]은 어떤 상황이 대개 혹은 일반적으로 성립하되, 예외도 인정함을 나타내며(강범모 2011, 2014; 전영철 2013 등 참고), 양화의 관점에서 존재 양화도 아니고 보편 양화도 아닌 또 다른 양화의 필요성을 제기한다. 존재 양화와 보편 양화 이외의 양화가 필요한 것은 '그는 가끔 그곳에 가곤 했다'와 같은 예의 '-곤 하-'에서도 확인할 수 있다. 이러한 논의의 연장선상에서 구문의 [빈도성](usuality)에 대한 논의를 이해할 수 있다(다카치 2020 참고).

그래서 '-을 수 있-'의 [가능성]도 맥락을 조정하면 그 정도가 커지거나 작아질 수 있고, 그 결과 예를 들어 [가능성]의 정도가 [필연성]에 육박할 만큼 커지는 사례도 나타나게 된다.[8]

(11) ㉮ 주량이 어떻게 되십니까?

ㄴ㉯ 소주 한 병 마실 수 있습니다.

[가능성]을 곧이곧대로 적용하면 (11㉯)는 화자 ㉯가 소주 한 병 마시기를 평생 한 번 수행한 경우에도 발화될 수 있어야 한다. 하지만 실제로는 그렇지 않아서, 주량에 대한 대화 맥락에서 (11㉯)는 화자 ㉯가 소주 한 병 마신 사례가 무시할 수 없을 만큼 빈발해 왔다는, 즉, 일반적인 경우 소주 한 병 마시는 것이 늘 성립한다는 것을 나타낸다. 따라서 '일반적인 경우'로 맥락이 제한되면 (11㉯)는 [가능성]보다 [필연성]과 통하게 된다.[9]

하지만 [가능성]이 [필연성]에 육박하는 것은 맥락 때문이라는 점에 주의해야 한다. 맥락이 바뀌면 아래에서 보듯이 더이상 [필연성]은 유지되지 않고, [가능성]만 나타날 수 있을 뿐이다.

(12) ㉮ 언제나 밤새 마시자 설레발쳐 놓고 소주 반병 마시고 뻗더니 역시나 오늘도?

ㄴ㉯ 소주 한 병 마실 수 있어.

---

8   [가능성]의 정도는 관형형 어미에 의해서도 조정될 수 있다(이어지는 8.3.2절 참고). 참고로 (11㉯)의 '-을 수 있-'은 [능력]에 해당하는데, [가능성]이 [필연성]에 육박하게끔 하는 맥락을 전제하면, [능력]은 [가능성]이 아니라 [필연성]으로 이해될 수도 있다(문보경 2016 참고).

9   (11㉯)는 전부(全部)에 육박하는 사례이며, '그럴 가능성은 거의 없지만 내일부터 해가 서쪽에서 뜰 수 있다'와 같은 예에서 보듯이 전무(全無)에 육박하는 사례도 가능하다.

따라서 맥락의 도움으로 [필연성]에 육박하는 경우가 있기는 해도 '-을 수 있-' 자체가 보장하는 것은 [가능성]이다.

8.3.2. '-을'과 '수': [가능성]의 여부와 정도

'-을 수 있-' 구문은 [가능성]을 나타낸다. 그렇다면 '-을 수 있-' 구문에 포함된 어휘항목 '-을, 수, 있-' 중에서 [가능성]은 어떤 것이 보장하는가? 일단 어휘의미를 고려하면 '있-'은 제외된다. '있-'은 존재나 소유의 의미로 '-을 수 있-' 구문의 의미에 기여할 뿐(8.4.1절 참고), [가능성]과는 거리가 멀기 때문이다. 그러면 '-을'이나 '수'에서 [가능성]의 의미를 찾아야 하는데 아래 (13), (14)를 고려하건데 '-을'이나 '수' 어느 한 쪽이 아니라 둘 다 [가능성]의 의미 산출에 기여하는 것으로 보는 것이 타당하다.

> (13) 가. 자동차가 지나갈 수 있도록 길을 내주자.
>
> 나. 모험을 하다 보면 죽는 수도 있다.
>
> (14) 철이가 전화를 걸 수도 있으니 집에서 기다려라.
>
> (이상 안정아(2005)의 (9ㄱ), (10))

의존명사 '수'의 의미와 관련하여 (13가)의 '수'는 '가능성'에 해당하는 것으로 파악되어 왔고, (13나)의 '수'는 '경우'에 해당하는 것으로 파악되어 왔다(안정아 2005; 강규영 2015 등 참고). 그리고 '가능성'과 '경우'의 관계는, '가능성'의 정도가 커지면 '경우'가 되는 것으로 이해된다. '경우'는 "일어나거나 일어날 수 있는 상황 가운데 하나의 <경우>의 의미"(안정아 2005: 132), 즉 '일어날 수 있는 상황'뿐만 아니라 이보다 '가능성'의 정도가 큰 '일어나는 상황'도 나타낼 수 있기 때문이다. 그런데 '경우'는 (14)에서 확인할 수 있듯이 (13나)에 제시한 '-는 수 있-' 구문뿐만 아니라 '-을 수 있-' 구문으로도 표현될 수 있다(안정아 2005: 132 참고).[10]

'-을 수 있-' 구문은 '가능성'과 '경우'를 나타내고, '-는 수 있-' 구문은 '경우'를 나타내는 것인데, '수'는 '가능성'과 '경우'를 아우르는 [가능성]을 지니고 '가능성'과 '경우'로 구별되는 것은, 다시 말해 [가능성]이 조정되는 것은(이 장의 8.3.1절 참고), 관형형 어미와 맥락에 의한 것으로 보면, (13가)와 (13나) 사이의 관계, 그리고 (13가)와 (14)의 관계를 설명할 수 있다.

먼저, 관형형 어미 '-는'과 '-을'의 의미적 대립, 예를 들어 [+확실성]과 [-확실성]의 대립이 '수'의 [가능성]과 어울려 (13가)와 (13나)의 차이를 산출한다.[11] '수'는 [가능성]인데 어울리는 관형절의 어미의 [±확실성]에 따라 '-을 수 있-'의 '수'는 가능성으로 구체화되고, '-는 수 있-'의 '수'는 경우로 구체화되는 것이다.[12]

---

10   '-는 수 있-'의 '-는'은 '-느-은'으로 형태 분석된다. 하지만 '-은 수 있-'이나 '-던 수 있-'이
      존재하지 않는 것 등을 통해 알 수 있듯이 기능 면에서는 '-느-'와 '-은' 각각이 아니라
      이 둘이 모인 '-는'이 하나의 단위로 간주된다. 이에 '-는'을 하나의 어미로 간주하고, '-은
      수 있-'이 아니라 '-는 수 있-'이 구문의 자격을 지닌 것으로 파악한다. 그런데 '-는 수
      있-'의 '-는'이 하나의 어미라고 해서 모든 경우의 '-는'이 그런 것은 아니다. 예를 들어
      '읽는 책'의 '-는'은 '{읽은, 읽던, 읽을} 책'을 보면 알 수 있듯이 '-느-은'으로 분석되며
      '-느-'와 '-은' 각각이 기능을 발휘한다. 어미는 형태소 하나일 수도 있고, 둘 이상일 수도
      있으며(서정목 1987; 유동석 1995; 이정훈 2008나, 2015나 등 참고), 동일한 형태소가 환경
      에 따라 어미가 되기도 하고, 어미의 일부가 되기도 하는 것이다. 한편 말뭉치에서 '-은
      수 있-'의 "용례가 검색되지만, 그 수가 … 매우 적게 나타나고 … 직관에도 부합하지 않"으
      므로(강규영 2015: 214), 논의에서 제외한다.

11   '-은'과 '-을'의 대립을 [±확실성]으로 파악한 견해는 서태룡(1980) 참고. [±확실성] 이외의
      것이 제안되기도 하는데(박재연 2006: 97-101; 임동훈 2008: 240-241 등 참고), 어떤 것을
      택하든 논의에는 별다른 영향을 미치지 않는다.

12   세부적인 차이는 지니지만 안정아(2005), 강규영(2015)의 견해와 통하는 것으로 판단한다.
      이 중 강규영(2015)는 "의존명사 '수'의 의미에 따라 다른 관형형 어미가 결합하고, 그에
      따라 통사적 구성 또한 달라짐을 확인"하기도 하였다(강규영 2015: 221). 한편 관형절이
      나타내는 상황의 속성도 [확실성]의 정도에 영향을 미치는데 이에 대해서는 이 장의 (25),

다음으로, '-을 수 있-' 구문은 [가능성]을 나타내지만 맥락에 따라 '경우'로 강화될 수 있다. 즉, (14)가 '경우'로 해석될 수 있는 것은 맥락에 의해 '철이가 전화를 거는 상황'의 확실성이 꽤 확보되었기 때문이다. 이렇게 상황의 확실성이 꽤 확보되어 있으므로 '철이가 전화를 거는 수도 있으니 집에서 기다려라'에서 보듯이 관형형 어미로 '-을' 대신에 '-는'이 나타날 수도 있다.[13]

8.3.3. 확장: 양태 구문의 관형형 어미

'-을 수 있-'의 [가능성]의 의미가 '-을'과 '수'에서 유래한다고 해서 이 둘의 기능이 같은 것은 아니다. 앞 절에서 살폈듯이 둘의 역할은 구분되는데, '수'는 [가능성]의 여부를 결정하고, '-을'은 '-는'과의 대립을 토대로 [가능성]의 정도를 나타내는 것으로 보이기 때문이다. 즉, [+확실성]의 '-는'이 포함된 '-는 수 있-'은 사건의 실현 가능성이 비교적 높음을 나타내는 데 비해 [-확실성]의 '-을'이 포함된 '-을 수 있-'은 사건의 실현 가능성이 막연하거나 비교적 낮음을 나타낸다.[14] 그래서 아래에서 보듯이 '이미 그런 사례가 있듯이'처럼 확실성에 해당하는 표현은 '-는 수 있-'과 잘 어울리고, '설마 그럴 일은 없겠지만'처럼 불확실성에 해당하는 표현은 '-을 수 있-'과 잘 어울린다.

---

(26)에 대한 논의 참고.

13 참고로 '-는 수 있-'과 '-을 수 있-'의 분별에는 관형형 어미와 맥락에 더해 공기하는 접속어미도 관여한다. 예를 들어 (13가)처럼 접속어미가 '-도록'이면, '-는 수 있-'이 허용되지 않는다. 의미적인 면만 고려하면 '-는 수 있-'과 '-도록'이 공기하지 않는 것을 설명하기 어려운 것으로 판단되는바, 공기 관계 차원의 제약을 두어야 한다.

14 이러한 구분이 항상 나타나는 것은 아니어서 (14)를 살피며 언급하였듯이 때로 '-을 수 있-'과 '-는 수 있-'이 혼용될 수도 있다. 서로 겹치면서 구분되는 부분이 있는 것인데 [±확실성]은 구분되는 부분에 해당한다. 참고로 확실성의 척도를 '매우 확실함'(그러다가 한방에 훅 간다), '어느 정도 확실함'(그러다가 한방에 훅 가는 수 있다), '불확실함'(그러다가 한방에 훅 갈 수 있다) 식으로 설정할 수도 있다.

(15) 가. 이미 그런 사례가 있듯이, 모험을 하다 보면 죽는 수도 있다.

#설마 그럴 일은 없겠지만, 모험을 하다 보면 죽는 수도 있다.

나. #이미 그런 사례가 있듯이, 모험을 하다 보면 죽을 수도 있다.

설마 그럴 일은 없겠지만, 모험을 하다 보면 죽을 수도 있다.

'-을 수 있-' 구문의 '-을'과 '수'에 대한 위와 같은 이해는 '-을 수 있-' 구문 이외의 경우에도 유효하다. 즉, '-을 수 있-' 구문 이외의 양태 구문에서도 관형형 어미가 다름에 따라 양태 의미가 분별되는 현상이 나타나는데 이러한 경우도 '-을 수 있-'과 마찬가지로 이해할 수 있다.

(16) 가. 모든 것을 해결한 셈이다.

모든 것을 해결할 셈이다.

나. 결국 당신을 만난 것입니다.

결국 당신을 만날 것입니다.

(15)와 마찬가지로 위에 제시한 양태 구문들도 관형형 어미로 '-은'과 '-을' 둘 다를 취할 수 있으며, 어떤 관형형 어미를 취하느냐에 따라 양태 의미가 분별된다. (16가)의 경우, "관형사형 어미가 '은' 계열과 '을' 계열의 대립을 보인다고 할 때 … 두 계열의 관형사형 어미가 모두 선행하더라도 선행하는 관형사형 어미에 따라 각각 다른 양태를 나타낸다(-ㄴ 셈이다[단정], -ㄹ 셈이다 [의도])"(시정곤·김건희 2009가: 205). 그리고 이 점은 (16나)도 마찬가지여서 '-은 것이-'는 [단정]의 의미와 통하고, '-을 것이-'는 [의도]의 의미와 통한다.

[추측]의 '-은 양하-' 구문과 [의도]의 '-을 양이-' 구문도 마찬가지로 설명할 수 있다.[15]

(17) 가. 여자는 아마도 아이를 돌보는 양했다. (김건희(2010)의 (15나))

나. 학교에 갈 양이면 일찍 자거라. (안효경(2000: 3장)의 (71ㅂ))

(17가)는 '여자는 아마도 아이를 돌보는 듯했다'에서 보듯이 [추측]의 '-은 듯하-'로 환언할 수 있고, (17나)는 '학교에 갈 생각이면 일찍 자거라'에서 보듯이 [의도]를 나타내는 '-을 생각이-'(나는 학교에 갈 생각이다)로 환언할 수 있다. 따라서 '-은 양하-'와 '-을 양이-'가 각각 [추측]과 [의도]를 나타내는 것으로 판단할 수 있으며, 특히 의미 구분이 관형형 어미 '-은'과 '-을'의 구분으로 나타나는 것을 확인할 수 있다.

다만 '-은 양하-' 구문과 '-을 양이-' 구문은 관형형 어미에 더해 '하-'와 '이-'에서도 차이를 보이는데 이는 큰 문제는 아닌 것으로 판단한다. '-은 양하-' 구문과 '-을 양이-' 구문에 나타나는 '하', '이-'는 의미적 기여가 없거나 미약하므로 의미 구분의 핵심은 관형형 어미의 대립에서 찾아야 하기 때문이다.[16]

위와 같이 관형형 어미가 의미를 분별하는 기능을 발휘한다고 해서 관형형

---

15   '-은 양하-' 구문은 [추측] 외에 [가식]도 나타낸다(안효경 2000: 131; 김건희 2010: 62 참고). [가식]의 '-은 양하-'는 '여자는 짐짓 아이를 돌보는 양했다'와 같은 예에서 확인할 수 있으며, '돌보는 {척했다, 체했다}'에서 보듯이 '양' 대신에 '척, 체'가 나타날 수도 있다. 또한 '-은 {양하-, 척하-, 체하-}' 구문은 '돌보는 {양해라, 양한다}'에서 보듯이 명령문을 허용하고 현재 시제 '-ㄴ-'을 허용하는 등의 특성을 보이는바, 이 구문의 '하-'는 행위성을 지닌 것으로 파악된다. 이와 달리 [추측]의 '-은 양하-'는 행위성을 지니지 않는다. 이어지는 각주 참고.

16   '하-'가 의미적으로 기여하는 바가 확실하다면 '나는 그 일을 했다, 그는 나를 거기에 가게 했다' 등에서 확인되는 행위성이 드러나야 하나 [추측]의 '-은 양하-' 구문에서 행위성은 간취되지 않는다. 행위성은, 바로 앞의 각주에서 언급했듯이, [가식]의 '-은 양하-' 구문에서 확인할 수 있을 따름이다. 또한 '이-'의 의미적인 기여는 '이 사람이 그 사람이다'와 같은 예에서 확인할 수 있는 동일성(identity)인데, '-을 양이-' 구문이, 매우 추상적인 의미적·통사적 분석을 동원하지 않는 한, 동일성을 나타낸다고 보기는 어렵다(4장 4.6절 참고).

어미의 차이가 의미의 차이로 항상 직결되는 것은 아니다. 예를 들어 '누가 온/올 모양이다, 비가 온/올 듯하다' 등의 의미는 관형형 어미로 '-은'을 취하든 '-을'을 취하든 [추측]이며, [추측]의 정도차도 나타나지 않는데(안정아 2003: 121-124 참고), 이 경우의 '-은, -을'은 양태가 아니라 시제적인 기능을 담당하는 것으로 이해된다. 즉, '-은, -을'은 시제성과 양태성을 겸하고 있으며, 구문에 따라 어느 한 성질이 도드라질 수 있는 것이다(이정훈 2014나 참고).

그렇다면 왜 '-은/을 {모양이-, 듯하-}'에서는 시제성이 도드라지고 양태성은 억제되는가? 이에 대한 답은 구문의 의미에서 찾을 수 있다. '-은/을 {모양이-, 듯하-}' 구문은 [추측]을 나타내는바, 이 의미는 '-을'의 시제성 [후시성](posteriority)과 양태성 [-확실성]과는 별다른 어려움 없이 잘 어울린다. 그런데 '-은'은 사정이 다르다. '-은'의 시제성 [선시성](anteriority)은 [추측] 과 어울리는 데 어려움이 없지만 양태성 [+확실성]은 [추측]과 부닥치는 것이다. 그래서 '-은/을 {모양이-, 듯하-}'에서는 '-은, -을'의 시제성은 늘 유지되는 반면 양태성은 잉여적인 것이 되거나 억제되고, 이에 따라 시제성은 도드라지고 양태성은 억제되는 결과를 낳는다.[17]

한편 '-을 수 있-' 구문이 사용된 예 중에는 관형형 어미 '-는'과 '-을'의 대립이 나타나지 않는 경우도 발견된다. 예를 들어 서운함을 드러내는 표현인 아래 (18)의 경우, '그럴'(그러-을) 대신에 '그러는'(그러-는)이 나타나지 않으며, '그런'(그러-은)도 나타나지 않는다.

---

17 '-은'의 [+확실성]이 '-느-'의 [동시성](simultaneity)과 어울려 누그러지면 [추측]과 어울릴 수 있다(이 장의 (13나), (17가) 등 참고). 이 경우 '-느-'와 '-은'이 모인 '-는'은 하나의 독자적인 어미로 간주된다(이 장의 각주 10) 참고). 한편 '오늘은 달이 유난히 밝은 듯하다'에서 보듯이 [추측]을 나타내면서도 '-는'이 아니라 '-은'이 허용되는 경우도 있는데 이는 '밝-'이 형용사이기 때문이다. '{좁은, *좁는} 문'에서 보듯이 형용사는 '-는'과 어울리지 않는다.

(18) 네가 어떻게 그럴 수 있니? (최현숙(2020)의 (13b))

그런데 위와 같은 예는 이미 실현된 사건임에도 관형형 어미로 '-은'이 아니라 '-을'이 나타난 특이성을 지닌다. 관형형 어미의 일반성을 위반한 셈인데, 이는 (18)이 고정된 관습적 표현일 가능성을 암시한다. 그리고 관형형 어미의 특이성에 더해 그 기능이 수사 의문문임을 고려하면, 다시 말해 형식은 의문문이지만 의도는 질문이 아니라 '변명해 보라, 사과하라' 정도의 요청이거나 '그러지 말라' 정도의 경고임을 고려하면, 관습적 표현의 가능성은 더 커진다. 이에 (18)의 '-을 수 있-' 구문은 고정된 관습적 표현으로서 어휘항목, 통사구조, 맥락으로 구문을 다루는 여기서의 논의와는 거리가 멀다.[18]

8.4. 양태 의미 분화

8.4.1. '있-'과 의미 분화

'-을 수 있-' 구문에서 '수'는 [가능성]으로 구문의 의미에 기여하고, '-을'은 [가능성]의 정도로 구문의 의미에 기여한다. 그렇다면 '있-'은 '-을 수 있-' 구문의 의미에 어떻게 기여하는가? 이와 관련하여 일단 '있-'이 존재

---

18 물론 문법화나 어휘화의 관점에서는 별도로 고찰할 필요가 있다. 이와 관련하여 (18)의 '-을 수 있-' 구문은 내부 경계가 사라지고 하나의 단위가 되어 가는 듯하다. '내가 그 일을 기획할 수{-는, -도, -만} 있다'와 같은 예와 달리 보조사 개재가 썩 수월하지 않기 때문이다. 다만 '네가 어떻게 그럴 수가 있니?', '어떻게 그렇게 말할 수가 있어?'에서 보듯이 '-이/가'의 개입은 수월한데, 단위성 혹은 어휘 응집성(lexical integrity)의 정도에서 보조사와 '-이/가'가 달리 반응하는 것으로 이해된다. 참고로 어휘 응집성은 정도성을 지닌다(이정훈 2017나 참고).

구문을 형성할 수도 있고 소유 구문을 형성할 수도 있다는 점에 주목하자.

(19) '있-' 존재 구문

　가. 저 책상에 연필이 있을까?

　나. *저 책상의 연필이 있을까?[19]

(20) '있-' 소유 구문

　가. 저 사람에게 연필이 있을까?

　나. 저 사람의 연필이 있을까?

박양규(1975나: 94, 97)에서 가져온 위의 예에서 보듯이 '있-' 구문은 존재 구문일 때와 소유 구문일 때의 조사 실현 양상이 달라서, 존재 구문은 처격-주격 명사구 짝과 어울리고, 소유 구문은 처격-주격 명사구 짝에 더해 주격-주격 명사구 짝과도 어울린다.[20] 또 존재 구문은 (19가)처럼 처소, 즉 처격 성분이 나타나는 소위 '처소적 존재 구문'과 별도로 아래 (21)처럼 그러한 성분이 나타나지 않는 '존재론적 존재 구문'으로 실현될 수도 있다.[21]

19　이 예와 달리 '저 책상이 서랍이 있을까?'는 성립하는데(박양규(1975나)의 (10a)), 이 예문은 존재 구문이 아니라 소유 구문, 즉 (20)에 해당한다. '연필'과 달리 '서랍'은 '저 책상'과 소유 관계를 맺기 때문이다.

20　(20나)는 주격-주격 명사구 짝이 아니라 주격-보격 명사구 짝과 어울린 것으로 볼 수도 있으며, 이와 마찬가지로 (19가)도 처격-주격 명사구 짝이 아니라 처격-보격 명사구 짝과 어울린 것으로 볼 수도 있다. (19가)를 처격-보격 명사구 짝으로 보는 경우, '저 책상에'는 주어이면서 처격을 취한 것으로 보게 된다(연재훈 1996 참고).

21　(19), (20)에서 확인했듯이 '있-' 구문은 크게 '존재 구문'과 '소유 구문'으로 양분되는데, '존재 구문'은 다시 '존재론적 존재, 유형론적 존재, 사건적 존재, 처소적 존재' 구문으로 세분된다(신선경 2002: 2장 참고). 참고로 박양규(1975나)는 '존재 구문'과 '소유 구문'을 '존재 구문'으로 통합할 것을 제안하기도 하였다.

(21) 오리너구리라는 동물이 있다. (신선경 2002: 34 참고)

(19)~(21)에서 확인한 '있-' 구문의 특성이 '-을 수 있-' 구문에서도 유지된다고 해 보자.[22] 그러면 '-을 수 있-' 구문은 세 가지 통사구조를 가질 수 있게 된다. 즉, '-을 수 있-'의 '있-'이 (21)로 예시한 존재론적 존재 구문의 '있-'이면 (22가)의 통사구조가 형성되며, (19가)로 예시한 처소적 존재 구문의 '있-'이거나 (20가)로 예시한 처격-주격 소유 구문의 '있-'이면 (22나)의 통사구조가 형성되고, (20나)로 예시한 주격-주격 소유 구문의 '있-'이면 (22다)의 통사구조가 형성된다.

(22) 가. [… 수] 있다.

나. NP에게 [… 수] 있다.

다. NP가 [… 수] 있다.

(22가)~(22다)의 세 가지 통사구조는 '-을 수 있-' 구문의 의미 분화와 직결된다. 먼저, 존재론적 존재 구문에 속하는 (22가)는 '수'가 나타내는 [가능성]의 존재론적 존재를 나타내며, 이는 [추측]과 통한다. 화자가 가능성의 존재를 언급하는 것은 곧 [추측]에 다름 아니기 때문이다.[23] 그리고 통사구조

---

22 이와 관련하여 소위 보조용언 '있-'을 본용언 '있-'으로 해석하는 견해에 주목할 필요가 있다(정태구 1994, 2007, 2023; 최기용 1998 등 참고). '-을 수 있-' 구문을 '있-' 구문의 하나로 이해하는 여기서의 시각과 통하기 때문이다. 이 시각에 따르면 '-을 수 있-' 구문은 양태 구문이면서 존재 구문이자 소유 구문이다.

23 특히 화자가 추론을 거쳐 가능성의 존재를 언급하면 [추측]이 된다. 이와 달리 화자의 추론이 개입하지 않거나, 혹은 화자의 추론 이외의 것에 기대서 [가능성]의 존재론적 존재가 표현되면 가능성의 중립적 의미(neutral meaning of 'Possibility'. Coates 1983: 93), 즉 중립적 가능성(neutral possibility. Palmer 1990: 83-85)이 된다. 중립적 가능성은 소위 인식 양태(epistemic modality)와 구분되는 근문 양태(root modality, non-epistemic modality)에 속

는 '비가 오겠-'이 VP [VP 비가 오-]와 M '-겠-'이 병합하여 형성되는 것과 평행하게, VP [VP 비가 오-]와 '-을 수 있-'이 병합하여 형성된다([VP [NP [CP [VP 비가 오-] -을] 수] 있-]. 이 장의 (46) 참고). 통사구조가 이러하므로 아래 (23)에서 '비는'은 대조(contrast)로만 해석되지 주제(topic)로는 해석되지 않는 다(김신숙 2010; 신서인 2017 등 참고). 'NP-은/는'이 주제로 해석되려면 모문에 분포해야 하고, 내포절에 분포하는 'NP-은/는'은 대조로만 해석될 수 있기 때문이다.

(23) 비는 올 수 있다.

더불어 (23)을 부정하면 앞서 (2나)에서 확인한 [추측]의 부정 형식 '-을 리 없-'이 되는 것도 (22가)가 [추측]과 통한다는 것을 지지한다.

(24) (눈은 몰라도) 비는 올 리 없다.

다음으로, 소유 구문에 속하는 (22다)는 'NP'가 '수'가 나타내는 [가능성] 을 소유함을 나타내며 이를 통해 [능력]의 의미가 산출된다.

(25) 승호가 한자를 잘 읽을 수 있다. (= 1나)

(25)에서 '승호'는 '한자를 잘 읽는' 가능성('수')을 소유하고 있으며, 이 소유는 소유자 '승호'의 통제력 아래 놓인다.[24] 가능성의 '승호'에 대한 귀속,

---

한다. 이와 관련하여 Kratzer(1981), Depraetere & Reed(2011) 등 참고.

24 이와 관련하여 신선경(2002: 83-84)는 소유 구문의 소유를 소유권(ownership)과 임시 관리 권(temporary control)으로 나누고, 앞의 것은 주격-주격 명사구 짝과 어울리고 뒤의 것은

즉 "소유 대상의 소유주에 대한 귀속이 필연적으로 전제되는" 것이다(신선경 2002: 84).

'승호'가 통제할 수 있는 가능성이 '승호'의 [능력]에 해당하므로 (25)와 흡사해도 '승호'가 통제할 수 있는 가능성의 영역에서 벗어나는 경우에는, 예를 들어 '승호'가 통제할 수 없는 가능성을 나타내는 (26)에서는 [능력]이 성립하기 어렵다.[25]

(26) 승호가 병에 걸릴 수 있다.

위와 관련하여 최준수(2015)는 '[강호동이 까나리 액젓을 연거푸 세 사발이나 마실] {능력, 배포, 용기, …}가 (PD한테) 있다'와 같은 예를 제시하며 까나리 액젓을 연거푸 세 사발이나 마실 강호동의 능력, 배포, 용기 등이 "주인공의 손이 아닌 다른 시간이나 공간에 있는 무엇쯤 되는 매우 어정쩡한 뜻을 낳"는다고 하였는데(최준수 2015: 106), 통제력·통제성에 대한 여기서의 논의와 통한다. '주인공의 손이 아닌 다른 시간이나 공간에 있는 무엇'은 곧 통제력·통제성의 부재와 통하고, 통제력·통제성이 결여된 능력, 배포, 용기 등은

처격-주격 명사구 짝과 어울린다고 하였다. 또 소유권 소유가 임시 관리권 소유보다 긴밀한 소유 관계를 나타낸다고 하였는데, (25)에 대한 여기서의 해석과 동궤로 볼 수 있다. 참고로 통제력 혹은 통제성은 의미적인 속성일 뿐만 아니라 문법적인 성격, 예를 들어 대격을 인허하는 성격도 지닌다(3장의 각주 20) 참고). 따라서 통제력·통제성에 기초한 논의는 순환적·자의적이라는 혐의에서 자유롭다.

25 [추측]으로는 수월하게 해석되는데, 이는 지금 논의 중인 (22다)가 아니라 (22가)에 해당한다. 한편 맥락이 '승호'의 통제력이 보장되면 (26)도 [능력]의 의미를 나타낼 수 있다. 예를 들어 행복이 증상인 병이 있는데 마침 '승호'가 그 병의 병균을 수중에 가지고 있는 등 병에 걸릴지 말지를 좌우할 수 있는 상황이면 (26)도 [능력]의 의미와 어울릴 수 있다. 또 그러한 상황에서는 통제성이 보장되므로 '승호가 <u>스스로</u> 병에 걸릴 수 있다'에서 보듯이 통제성을 나타내는 부사어 '스스로'도 나타날 수 있다.

성립하지 않거나 독특하고 어색한 의미를 낳을 수밖에 없기 때문이다.

끝으로, (22나)는 존재 구문일 수도 있고 소유 구문일 수도 있는데, 어느 쪽이든 [추측]이나 [능력]과는 거리가 멀다. 그래서 (22가)나 (22다)에 해당하는 아래 (27가)는 (28)과 어울리는 것이 어느 정도 보장되지만(그가 이 문제를 해결할 수가 있었다. 그래서 그가 이 문제를 해결했다), (22나)에 해당하는 (27나)는 그렇지 않다(그에게 이 문제를 해결할 수가 있었지만, 그가 이 문제를 해결하지는 못했다).

(27) 가. 그가 이 문제를 해결할 수가 있었다.

나. 그에게 이 문제를 해결할 수가 있었다.

(28) 그가 이 문제를 해결했다.

(27나)가 존재 구문이어도 [추측]을 나타내지 못하고 소유 구문이어도 [능력]을 나타내지 못하는 것인데, 이는 다음과 같은 이유 때문이다. 먼저, (27나)가 존재 구문으로서 [추측]을 나타내려면 화자가 [가능성]을 언급해야 하는데(이 장의 (22가)에 대한 논의 참고), (27나)에서 화자가 언급하는 것은 [가능성]이 아니라 '처격을 동반한 '그'의 영역 내에 [가능성]이 존재함'이므로, 이에 따라 (27나)는 [추측]을 보장하지 못한다. 다음으로, (27나)가 소유 구문으로서 [능력]을 나타내려면 통제성이 보장되어야 하는데, 주격-주격 소유 구문과 달리 처격-주격 소유 구문은 통제성을 보장하지 못하므로(이 장의 각주 24) 참고), 이에 따라 (27나)는 [능력]도 책임지지 못한다. 결국 (22나)는 존재 구문이지만 존재론적 존재 구문은 아니므로 [추측]과 어울리지 않으며, 소유 구문이지만 통제성 소유 구문은 아니기 때문에 [능력]과도 어울리지 않는 것이 된다.

(28)과의 어울림 가능성을 통해 확인한 (27가)와 (27나)의 차이는 의미를

감별할 수 있는 표현, 예를 들어 [능력]을 분별해 낼 수 있는 무능력 표현 '그 자신이 이 문제를 손수 해결할 수는 없다' 정도를 (27가), (27나)에 연결해 보면 다시 확인할 수 있는바,

(29) 가. #그가 이 문제를 해결할 수가 있지만, 그 자신이 이 문제를 손수 해결할 수는 없다.

나. 그에게 이 문제를 해결할 수가 있지만, 그 자신이 이 문제를 손수 해결할 수는 없다.

위에서 (29가)는 '#'으로 표시했듯이 성립하지 않거나 매우 어색하지만 (29나)는 아무런 이상을 지니지 않는다. 앞의 예에서는 '그'의 능력 여부에 대한 상반된 판단, 즉 [능력]과 무능력이 병존하고 있어서 이상이 초래되지만, 뒤의 예에서는 '그'의 소유, 특히 [능력]으로 이어지지 않는 소유와 '그'의 무능력이 병존하고 있어서 별다른 이상이 나타나지 않는 것이다.

또한 (27가)와 (27나)는 각각에 나타난 '수'의 특성에서도 차이를 지녀서 (27가)의 '수'는 '그것'과 같은 대용 표현으로 대신하기 어렵고 좀체 수식을 허용하지 않는 반면, (27나)의 '수'는 '그것'과 같은 대용 표현으로 대신할 수 있으며 수식도 수월하다.

(30) 그가 이 문제를 해결할 수가 있다. ((27가) 참고)

가. #그가 이 문제를 해결할 수가 있다는데, 그것이 뭘까?

나. #그가 이 문제를 해결할 좋은 수가 있다.

(31) 그에게 이 문제를 해결할 수가 있다. ((27나) 참고)

가. 그에게 이 문제를 해결할 수가 있다는데, 그것이 뭘까?

나. 그에게 이 문제를 해결할 좋은 수가 있다.

대용과 수식을 허용한다는 것은 문제의 '수'가 문법적인 성격보다는 어휘적인 성격을 띤다는 것을 의미한다.[26] 따라서 (22나) 'NP에게 [… 수] 있다'는 양태 구문과는 거리가 먼 존재 구문, 소유 구문으로 판단된다.

위와 같은 차이와 더불어 (27가)와 (27나)는 '그가 이 문제를 해결할 {수, 수가} 있다', '그에게 이 문제를 해결할 {*수, 수가} 있다'에서 보듯이 조사 실현 양상에서도 차이를 보인다. 조사 실현 양상에 따르면 (27나)는 조사가 필수적인데, 이는 '그에게 우리가 읽고 싶어 하는 {*책, 책이} 있다'에서 보듯이 일반적인 '있-' 구문과 마찬가지이다. 다만 '그에게 이 {책, 책이} 있니?'에서 보듯이 일반적인 '있-' 구문은 조사가 수의적인 경우도 있어서 여하한 경우에도 조사가 필수적인 (27나)와 구별된다.

8.4.2. 두 가지 통사구조의 구분

앞 절에서 논의하였듯이 '-을 수 있-' 구문의 통사구조는 세 가지가 가능하며 그중 아래의 두 가지가 소위 양태 구문과 통한다.[27]

(32) 가. [… 수] 있다. (= 22가)

---

26 어휘적인 성격을 띤 '수'는 '방법, 수완' 등의 의미를 지닌다. 방법, 수완 등의 '수'와 [가능성]의 '수' 사이의 관계에 대해서는 따로 논의하지 않는다. 이에 대해서는 안정아(2005), 강규영(2015) 등 참고.

27 이와 다른 견해도 존재한다. 예를 들어 이정훈(2015라)는 (32가)와 (32나)의 두 가지 통사구조의 가능성과 더불어 (32가) 한 가지 통사구조만 성립할 가능성을 지적하였으며, 양정석(2016)은 (32나)의 통사구조만 성립하는 것으로 보았다. 한 가지 통사구조만 인정하게 되면 의미 구분은 맥락에 의존하게 된다. 여기서는 다음과 같은 점을 고려하여 두 가지 통사구조를 인정하는 입장을 택한다. 첫째, '있-'이 두 가지 통사구조를 허용하며, 보조용언 '있-'이 본용언 '있-'으로 해석될 수 있다(이 장의 각주 22) 참고). 둘째, 구조적 중의성 등의 사례에서 잘 알 수 있듯이 통사구조에 기초한 의미가 존재한다. 끝으로 셋째, 맥락에만 의존하면 [추측]과 [능력] 둘 다가 아니라 어느 한쪽만 허용하는 양태 구문의 해석이 곤란해진다.

나. NP가 [··· 수] 있다. (= 22다)

(32가)와 (32나)가 양태 구문이라는 점에서는 서로 통한다. 하지만 구체적으로 드러내는 양태 의미에서는 차이를 보여서 (32가)의 통사구조는 [추측]에 해당하고 (32나)의 통사구조는 [능력]에 해당한다. [추측]과 [능력]의 구분이 통사구조적 차이와 대응하는 셈인데, 이러한 통사구조와 의미의 대응은 부정 극성 표현(negative polarity item) 분포, '-으시-' 일치 현상, 일반적인 '있-' 구문과의 평행성, '수' 뒤에 나타난 보조사의 영향권(scope) 해석 등을 통해 거듭 확인할 수 있다.[28]

먼저, 부정 극성 표현의 경우부터 살피면, 아래에서 보듯이 목적어 자리에 부정 극성 표현이 나타나면 [추측]도 가능하고 [능력]도 가능한 반면, 주어 자리에 부정 극성 표현이 나타나면 [추측]만 가능하고 [능력]은 성립하지 않는데,

(33) 철수가 하루 종일 영화를 볼 수 있다. [추측]·[능력]

　　가. 철수가 하루 종일 <u>아무 영화도 안</u> 볼 수 있다. [추측]·[능력]

　　나. <u>아무도</u> 하루 종일 영화를 안 볼 수 있다. [추측]·*[능력]

(정대호 2007: 622, 625 참고)

28　참고로 최준수(2015: 105)는 관계화도 통사구조적 차이를 지지한다고 하였는데 재고를 요한다. 최준수(2015)의 핵심은 (32나)의 'NP가'는 관형절의 표제명사(head noun)가 될 수 있는 반면, (32가)의 '[··· 수] 내의 성분은 관계절의 표제명사가 될 수 없다는 것인데, '이달 말에 발생할 수 있는 태풍'([[태풍이 이달 말에 발생할] 수] 있다)에서 보듯이 그러한 관계화가 얼마든지 가능하기 때문이다. 이는 소위 복합 명사구 제약(complex NP constraint)이 한국어에서 성립하지 않거나 이 제약을 극복할 수 있는 수단이 한국어에 있다는 것을 의미한다(강명윤 1985; 김일규 2016 등 참고).

위와 같은 차이는 부정 극성 표현의 분포 특성과 (32)의 통사구조에 따른 당연한 귀결이다. 부정 극성 표현은 부정어와 같은 절에 분포해야 하는바(시정곤 1997; 김영희 1998 등 참고), 이를 준수하는 통사구조로 (33가)는 [추측]과 통하는 (34가)는 물론이고 [능력]과 통하는 (34나)의 통사구조도 가능한 반면 (33나)는 [추측]과 통하는 (35가)의 통사구조만 가능하기 때문이다.[29]

> (34) 철수가 하루 종일 <u>아무 영화도</u> 안 볼 수 있다. (= 33가)
> 　　가. [철수가 하루 종일 <u>아무 영화도</u> 안 볼 수] 있다.
> 　　나. [철수가] [하루 종일 <u>아무 영화도</u> 안 볼 수] 있다.
> (35) <u>아무도</u> 하루 종일 영화를 안 볼 수 있다. (= 33나)
> 　　가. [<u>아무도</u> 하루 종일 영화를 안 볼 수] 있다.
> 　　나. *[<u>아무도</u>] [하루 종일 영화를 안 볼 수] 있다.

　다음으로, 아래 (36가)는 [추측] 해석이 우세하고, (36나)는 [능력] 해석이 우세한데 이 역시 통사구조의 차이와 통한다. '그분'과 '-으시-' 사이의 일치를 고려하면(이정훈 2008나, 2014라 등 참고), (36가)는 (37가)의 통사구조를 지니고, (36나)는 (37나)의 통사구조를 지니는데, (37가)는 [추측]의 통사구조이고, (37나)는 [능력]의 통사구조이기 때문이다.

> (36) 가. 그분이 문제를 해결하실 수 있다.
> 　　나. 그분이 문제를 해결할 수 있으시다.
> (37) 가. [_{VP} <u>그분이</u> 문제를 해결하-<u>시</u>-ㄹ 수] 있-]-다.

나. [ᵥₚ 그분이 [ᵥ· [e 문제를 해결할 수] 있-]]-으시-다.[30]

하지만 일치와 해석의 관련성은 경향성 정도에 머문다. 특히 주제어(topic)
나 초점어(focus)가 '-으시-'와 일치할 수 있으며(이정훈 2008나, 2014라 등 참
고), (36나)의 '그분이'가 초점어일 가능성을 고려하면, (36나)도 [추측]의
통사구조를 가질 수 있다.

(38) 그분이 문제를 해결하실 수 있으시다.

[초점어 그분이]] [ᵥₚ [e 문제를 해결하실 수] 있-]-으시-다.

[참고] [주제어 그분은] [ᵥₚ [e 답을 모르실 수] 있-]-으시-다.

이어서, '-을 수 있-' 구문이 두 가지 통사구조를 가지고 이에 따라 해석도
두 가지로 갈리는 것은 일반적인 '있-' 구문(과 '없-' 구문)에서도 관찰된다.

(39) 철수가 발표할 시간이 있다.

　　가. (학회 일정상 철수에게 발표 시간을 줄 수 없지만) 철수는 발표할
　　　　시간이 있다.
　　나. (학회 일정의 발표 시간이 확대되어서) 철수가 발표할 시간이 있다.
　　　　(하지만 개인 사정으로 철수는 발표할 시간이 없다.)

위에서 보듯이 (39)는 맥락에 따라 서로 다른 해석을 지녀서, (39가)는

30　편의상 표시하지 않았지만 '그분'과 주어 'e'는 동지표된다. 따라서 VP [ᵥₚ e 문제를 해결하
　　-]도 '-으시-'를 동반하는 것이 더 자연스럽다. 이는 (38)도 마찬가지이다.

'철수'가 소유주이고 '시간'이 소유 대상인 해석을 지니는데 비해 (39나)는 '시간'이 존재 대상인 해석을 지닌다. '-을 수 있-'과 평행성을 보이는 셈인데, 이에 (39가)는 (32나)와 평행한 구조 [$_{VP}$ 철수가 [$_{V'}$ [발표할 시간이] 있-]]을 지니고 (39나)는 (32가)와 평행한 구조 [$_{VP}$ [철수가 발표할 시간이] 있-]을 지니는 것으로 이해된다.[31]

끝으로, '수' 뒤에 나타난 보조사의 영향권 해석도 [추측]과 [능력]에서 차이를 보이는데 이 역시 두 가지 통사구조를 지지한다. 예를 들어 '수' 뒤에 보조사 '-도'가 통합되면, [추측]에 나타난 '-도'는 '(살다 보면) 아이가 다칠 수도 있고 마른하늘에 날벼락이 칠 수도 있다'에서 보듯이 그 영향권이 넓고, [능력]에 나타난 '-도'는 '그가 나를 도울 수 있다. 또한 그가 이 문제를 해결할 수도 있다'에서 보듯이 그 영향권이 [추측]의 경우에 비해 상대적으로 좁은데, 이러한 영향권 해석에서의 차이는 통사구조적 차이와 직결되기 때문이다. '수'에 '-도'가 통합되면 [추측]의 경우에는 그 통사구조가 '[[··· 수-도] 있다'이고, [능력]의 경우에는 그 통사구조가 'NP가 [[··· 수-도] 있다'인바, 이러한 통사구조적 차이가 위와 같은 영향권 해석의 차이로 이어지는 것이다.

한편 '물도 맑고 바람도 선선하다(물이 맑기도 하고 바람이 선선하기도 하다)'와 같은 예에서 보듯이 보조사는 표면적인 위치보다 넓은 영향권을 취할 수도 있는바(10장 10.4절 참고), 이는 '-을 수 있-' 구문도 마찬가지이다. 그래서 '기다리던 소식이 도착하기도 하고, 그가 이 문제를 해결할 수도 있고 하니 오늘은 오래간만에 한잔합시다'에서 보듯이 [능력]의 경우에도 보조사가 [추측]의 경우만큼이나 넓은 영향권을 취할 수도 있으며, 이에 '그가 이

---

31 '-을 {수, 리} 없-' 구문도 일반적인 '없-' 구문과 평행한 모습을 보이는바, [능력]의 부재를 나타내는 '[$_{VP}$ 그가 [$_{V'}$ [문제를 해결할 수] 없-]]'은 '(학회 일정은 괜찮지만) [$_{VP}$ 그가 [$_{V'}$ 시간이 없-]]'과 통하고 [추측]에 대한 부정 '[$_{VP}$ [그가 올 리] 없-]'은 '[$_{VP}$ 오리고양이는 없-]'과 통한다(오리너구리가 있고 개냥이는 있어도, 오리고양이는 없다).

문제를 해결할 수 있기도 하니'에서 보듯이 '-도'의 출현 위치가 바뀔 수도 있다. 어쨌든 논의와 관련하여 중요한 것은 [추측]과 달리 [능력]의 경우에는 좁은 영향권 해석을 가진다는 사실이며, 이 사실은 '-을 수 있-' 구문의 통사구조를 두 가지로 파악하는 여기서의 논의를 지지한다.

8.4.3. 맥락과 의미 분화

'-을 수 있-'에 포함된 어휘항목 '-을, 수, 있-'과 이들 어휘항목이 형성하는 통사구조는 [추측]과 [능력]을 보장한다. 그런데 앞서 살폈듯이(8.2.1절 참고), '-을 수 있-'은 [추측], [능력] 외에 [자질], [자격], [허가], [기회], [성향] 등도 나타낸다. 편의상 앞서 제시한 (1), (4), (5)의 예를 한데 모으면 아래와 같다.

> (40) 가. 오늘은 친구가 올 수도 있다. [추측]
>
> 나. 승호가 한자를 잘 읽을 수 있다. [능력]
>
> 다. (여행광이어서) 그는 여행을 떠날 수 있다. [자질]
>
> 라. (과제를 훌륭히 마쳤으므로) 그는 여행을 떠날 수 있다. [자격]
>
> 마. (휴가를 얻어서) 그는 여행을 떠날 수 있다. [허가]
>
> 바. 이 위치에서 북한산을 볼 수 있다. [기회]
>
> 사. (너무 놀리면) 그 아이는 울 수 있다. [성향]

그렇다면 [추측], [능력] 이외의 [자질], [자격], [허가], [기회], [성향] 등은 어떻게 가능한가? 이 의문에 대한 답을 '-을 수 있-'에 포함된 어휘항목이나 이들 어휘항목이 형성하는 통사구조에서 찾기는 어렵다. 어휘항목과 통사구조는 [가능성]이 '[가능성]의 존재'와 '[가능성]의 소유', 이 두 가지로 분별되는 것만을 보장하기 때문이다. 따라서 위의 질문에 대한 답은 맥락에서 찾아야 한다. 그렇다면 맥락은 어떻게 [자질], [자격], [허가], [기회], [성향] 등의 의미를 보장하는가?[32]

앞서 [능력]은 [가능성]의 소유에 해당한다는 것을 논의하였다(8.4.1절 참고). 그런데 [가능성]의 소유라는 점에서는 [능력]과 같지만, 소유의 성격이 맥락에서 구분되면 어떻게 되는가? 예를 들어 (40나)와 (40다)를 고려해 보자. 이 둘은 [가능성]의 소유라는 점에서는 같다. 하지만 이 둘이 결부된 맥락은 사뭇 다르다. 예를 들어 (40나)는 노력에 따른 소유인데 비해 (40다)는 노력보다는 성격이나 습관 등에 따른 소유에 해당한다.

소유의 과정이나 방법 등과 결부된 맥락이 달라서 (40나)와 (40다)가 구분되는 것인데, 이는 (40라), (40마)도 마찬가지이다. 일단 (40라)와 (40마)에는 [가능성] 소유의 과정, 방법 등에서 (40나), (40다)와 달리 관습적·공식적인 규약이 작용한다. 그리고 (40라)는 특별하거나 개별적인 보상이라는 맥락이 결부되지만, (40마)는 일상적이고 보편적인 보상이라는 맥락이 결부된다.

이렇게 맥락까지 고려하면 (40가)~(40마) 각각을 구분할 수 있으며, 나아가 (40바), (40사)를 구분해 낼 수 있는 맥락을 추출하는 것도 그리 어렵지 않을 것이다.

그런데 위와 같은 설명이 타당하려면, [능력], [자질], [자격], [허가], [기회], [성향] 등이 서로 명확하게 구분된다는 것부터 입증되어야 한다. 그렇다면 이러한 의미들을 어떻게 명확히 구분할 수 있는가? 이 질문에 대해 답하기는 쉽지 않은 듯하다.[33] 하지만 명확한 개념 규정은 난망해도, 예를 들어 '여행을 좋아해서 여행을 갈 수 있는 것이 아니라 과제를 끝냈기 때문에 여행을 갈 수 있다'에서 보듯이 [자질]과 [자격]의 구분 자체는 가능하고,

---

32 맥락에 따른 양태 의미 분화에 대한 포괄적인 논의는 양정석(2016), 명정희(2020), Kratzer (1977, 1981), Portner(2009) 등 참고.

33 이는 일상 언어, 자연 언어를 논리적으로 분석하는 데에 따르는 어려움에 비견된다.

'하면 잘 할 수 있는 녀석이 좀체 하려고 하지 않는다'에서 보듯이 [능력]과 [자질]·[성향]의 구분 자체는 가능한바, 명확한 개념 규정 및 구분과는 별도로 구분 자체는 가능한 것으로 판단한다.

'[가능성]의 소유'가 맥락에 따라 [능력], [자질], [자격], [허가], [기회], [성향] 등으로 다양하게 의미가 분화된다면 '[가능성]의 존재'는 어떠한가? '[가능성]의 존재'도 맥락에 의해 [추측] 이외의 의미로 분화되는가? (40)에 제시한 자료에서는 맥락이 어떠냐에 따라 '[가능성]의 존재'가 분화되는 모습을 찾기 어려운 듯하다. [추측]의 사례만 제시되어 있기 때문이다. 그런데 아래 자료는 '[가능성]의 존재'도 맥락을 토대로 의미 분화를 겪는다는 것을 잘 보여준다.

(41) 가. 철수는 기차를 놓쳤을 수 있어. [우발성]

　　　나. 사막에도 비가 올 수 있다. [산발성]

(염재상(2003)의 (2), (3) 참고)[34]

위에서 '-을 수 있-' 구문의 의미로 제시된 [우발성]과 [산발성]은 다음과 같이 이해된다. 먼저, [우발성]은 "사실일 수도 혹은 아닐 수도 있는, 말하자면 불확실한 가능성"으로서 '철수는 기차를 놓쳤을 수도 있고, 혹은 놓치지

34　참고로 염재상(2003)은 '-을 수 있-'이 [양보]의 의미도 지니는 것으로 본다. [양보]는 "두 문장 p와 q가 있을 때, 문장 q는 문장 p가 지향하고 (혹은 예상하고) 있는 결론" r과 "상반되는 결론 ~r를 표현할 때, 두 문장 사이에서" 성립하는 의미이며(염재상 1999: 526. 각주 16)), "독립된 한 문장 안에서보다는 두 문장 사이(interpropositionnelle)의 구조를 통해" 나타난다(염재상 2003: 248). 염재상(2003)은 '-을 수 있-'을 제거하면 [양보]도 사라지는 것으로 보고 [양보]를 '-을 수 있-' 자체의 의미로 판단하였다(염재상 2003: 249. 각주 7)). [양보]의 예로 '네 말처럼 난 바보일 수 있어, 그 일에 대해 후회는 없어'를 들고 있는데, 이 예는 '물론 네 말처럼 내가 바보일 수는 있지, 그러나 그 일에 대해 후회는 없어'로 환언할 수 있다(염재상 2003: 246, 249).

않았을 수도 있어'처럼 "상반된 의미가 동시에 전제되는 의미론적 특성"을 지닌다(염재상 1999: 523). 다음으로, [산발성]은 "과거에 이미 발생한 바 있는 사건을 근거로 하여, 지금도 그리고 미래에도 그와 같은 사건이 때때로 발생할 수 있음을 표현한다"(염재상 1999: 524).[35]

위와 같은 관찰을 타당한 것으로 인정하자.[36] 그러면 [우발성]은 [가능성]이 맥락에 의해 [필연성]에 육박하게 되는 경우와 평행하게 이해할 수 있다 ((11) 참고). 즉, 맥락에 의해 [가능성]의 정도가 [추측]보다 낮아지면, 달리 말해 [가능성]이 전무(全無)의 [필연성] 쪽으로 다가가면, '불확실한 가능성'인 [우발성]이 된다. 필연성은 전부(全部) 아니면 전무(全無)이며(8.3.1절 참고), [가능성]은 맥락에 의해 전부 쪽으로 기울 수도 있고((11) 참고), 전무 쪽으로 기울 수도 있는데(이 장의 각주 9) 참고), (41가)의 [우발성]은 맥락에 의해 [가능성]이 전무 쪽으로 기울어진 경우에 해당하는 것이다.

[산발성]도 마찬가지로 이해할 수 있다. 맥락에 의해 과거에 사건이 발생했음이 보장되면 나타나는 의미이기 때문이다. 이렇게 '[가능성]의 존재'도 맥락에 의해 [추측], [우발성], [산발성] 등으로 분화되는 것으로 보면 다양한 [추측] 표현들 사이의 관계도 어렵지 않게 파악할 수 있다.

(42) 가. 두 시간 뒤에 비가 올 수도 있다.

나. 두 시간 뒤에 비가 올지도 모른다.

다. 두 시간 뒤에 비가 오려나 보다. 등

---

35 따라서 '-을 수 있-' 구문은 [가능성]에 더해 [빈도성]의 의미와도 관련된다(이 장의 각주 7) 참고).

36 그래야 이 장을 시작하면서 언급했듯이 '-을 수 있-' 구문의 의미에 대한 기왕의 관찰과 직관을 포용하고 체계화할 수 있다. 물론 기존의 성과를 수정할 필요가 있을 수도 있는데 이러한 작업의 필요성 및 그 구체적인 내용에 대한 논의는 후일로 미룬다.

(42가)~(42다)는 모두 [추측]을 나타내는 점에서는 동질적이며, 차이점은 [가능성]의 정도와 근거에서 찾을 수 있다. 즉, 맥락에 의해 [가능성]의 정도가 상대적으로 낮아지면 (42나)가 되고, [가능성]에 대한 판단 근거가 직접적·감각적인 것으로 특정되면 (42다)가 된다.[37] 그래서 (42가)~(42다) 사이에는 아래와 같은 차이가 나타난다.

(43) 가. #그럴 일은 거의 없지만, 두 시간 뒤에 비가 올 수도 있다.

　　　나. 그럴 일은 거의 없지만, 두 시간 뒤에 비가 올지도 모른다.

　　　다. #그럴 일은 거의 없지만, 두 시간 뒤에 비가 오려나 보다.

(44) 가. 지금은 화창하지만, 두 시간 뒤에 비가 올 수도 있다.

　　　　하늘이 어둑한 것이, 두 시간 뒤에 비가 올 수도 있다.

　　　나. 지금은 화창하지만, 두 시간 뒤에 비가 올지도 모른다.

　　　　하늘이 어둑한 것이, 두 시간 뒤에 비가 올지도 모른다.

　　　다. #지금은 화창하지만, 두 시간 뒤에 비가 오려나 보다.

　　　　하늘이 어둑한 것이, 두 시간 뒤에 비가 오려나 보다.

물론 (42가)도 상대적으로 낮은 [가능성]의 정도와 어울릴 수 있고, 직접적·감각적 근거와 어울릴 수도 있다. 다만 [가능성]의 정도와 근거를 나타내는 면에서 (42가)의 '-을 수 있-'보다 (42나)의 '-지(도) 모르-'와 (42다)의 '-(으려)-나 보-' 구문이 더 세부적인 내용을 지닐 뿐이다.[38]

37　'-(으려)-나 보-' 구문에 대한 직접적인 언급은 아니지만 "추리와 추론의 차이에 주목해서 보면, '-은가 보-', '-은/을 것 같-'은 추측의 근거가 감각 경험으로부터 얻어진 경향이 있다"(박진호 2011: 20)는 언급을 참고할 수 있다.

38　"'-은/을 듯하-'는 증거성이나 의외성의 의미성분 없이 순수하게 추측을 나타내는 양태 표현에 가까운 반면에, '-은가 보-'나 '-은/을 것 같-'은 추측 양태를 핵심 의미성분으로 하되 증거성이나 의외성의 의미성분이 부가적으로 들어 있다고 할 수 있다"(박진호 2011: 21)는

맥락에 따른 의미 분화를 간략하게나마 살폈는데, 주의할 사항이 두 가지 있다.

첫째, 맥락이 의미 분화의 토대가 되는 것은 맞지만, 그렇다고 해서 모든 구문이 맥락에 따른 의미 분화를 보이는 것은 아니다. 맥락에 따른 의미 분화 여부와 의미 분화 정도는 개별 구문 차원에서 검토되어야 할 사항인 것이다.

둘째, [능력]과 [자질], [자격], [허가], [기회], [성향]을 하나로 묶고, [추측] 과 [우발성], [산발성]을 하나로 묶은 셈인데, 이러한 분류가 앞서 살핀 통사 구조적 차이로도 반영되는지 역시 개별 구문 차원에서 검토되어야 할 사항이 다. '-을 수 있-' 양태 구문을 위시하여 소위 보조용언 구문은 문법화·어휘화 과정에 있고 이에 따른 변이·변화가 어느 정도 진전된 경우에는 통사구조적 차이를 확인하기 위한 검증 방법을 적용하기 곤란하기 때문이다. 물론 '-을 수 있-' 양태 구문은, '있-' 구문과의 동질성을 고려하면, 문법화·어휘화에 의한 변이·변화가 미미한 경우에 해당하므로 그 통사구조가 투명하고 이에 따라 통사구조적 차이도 선명할 것으로 기대되기는 한다. 하지만 '있-' 구문과 의 동질성과는 별도로 양태 의미 분화에 의해 '-을 수 있-'이 하나의 단위성을 획득할 수 있고,[39] 단위성을 획득한 '-을 수 있-'에는 통사구조적 차이를 진단 하기 위한 검증 방법을 적용하기 어려워진다. 아울러 하나의 구문도 환경에 따라 문법화·어휘화의 정도가 다르므로 어떤 한 환경에서 나타나는 특성, 예를 들어 통사구조의 투명성을 그 구문의 일반적인 속성으로 간주하는 태도 도 경계할 필요가 있다. '-을 수 있-' 양태 구문은 환경에 따라 앞서 논의한

지적과 통한다. '-은/을 모양이-'도 '-을 수 있-, -은/을 듯하-'와 마찬가지인 것으로 판단된 다.

39 '-을 수 있-'의 단위성은 의미적인 면 이외의 경우에서도 찾을 수 있다(바로 다음 각주 40) 참고).

통사구조를 투명하게 보여줄 수도 있고, 그렇지 않을 수도 있는 것이다.

8.5. '-을 수 있-' 중첩과 '-었-을 수 있-'

아래 (45가)에서 보듯이 '-을 수 있-' 구문은 중첩될 수 있으며 이 경우 [능력]에 대한 [추측]으로 해석되지 [추측]에 대한 [능력]으로 해석되지 않는다. 또 '-었-'이 '-을 수 있-'에 후행하면 [추측]도 가능하고 [능력]도 가능한 반면, (45나)에서처럼 '-었-'이 '-을 수 있-'에 선행하면 [추측]만 허용되고 [능력]은 허용되지 않는다.

> (45) 가. '-을 수 있-' 중첩: [능력]에 대한 [추측], *[추측]에 대한 [능력]
> 동생이 갈 수 있을 수 있다. (신서인(2017)의 (55가))
> [참고] 나는 하루 정도 연습하면 자전거를 능숙하게 탈 줄 알 줄
> 알았다. (신서인(2017)의 (53가))
> 나. '-었-을 수 있-': [추측], *[능력]
> 철수가 게임에서 이겼을 수 있다. (명정희(2019)의 (22가))

위의 현상은 어떻게 설명할 수 있을까? 특히 지금까지의 논의를 토대로 위의 현상을 설명할 수 있을까? 지금부터 이 의문을 해소하고자 하는데, 특히 8.4절까지의 논의를 토대로 함으로써 지금까지의 논의의 타당성을 재확인하고 아울러 (45)에 제시한 현상 자체에 대한 이해를 도모한다.

8.5.1. '-을 수 있-'의 중첩

'-을 수 있-' 구문은 아래 (46)에 제시한 두 가지 통사구조로 실현되며 이 두 가지 통사구조는 각각 [추측]과 [능력]에 대응한다. 그리고 [능력]에 해당하는 (46나)의 통사구조에서 V '있-'의 주어 NP_2와 관형절 내의 주어는 동지표(coindex)되며, 일반적으로 관형절 내의 주어는 'e'로 표시했듯이 음성적으로 실현되지 않는다.[40]

(46) 가. [… 수] 있다. [추측]　　나. NP가 [… 수] 있다. [능력]

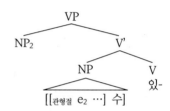

위의 통사구조를 고려하면 '-을 수 있-' 중첩의 경우에는 두 가지 통사구조를 상정할 수 있다. 하나는 [추측]의 (46가)가 [능력]의 (46나)를 내포하는 경우이고, 다른 하나는 [능력]의 (46나)가 [추측]의 (46가)를 내포하는 경우이다.[41] 이 두 가지 경우의 통사구조를 제시하면 아래와 같다.

40　'e'의 정체에 대해서는 4장 4.7절 참고. 한편 동지표와 음성적 비실현은 V '있-'에서 예측할 수 없으므로 '-을 수 있-' 구문 자체의 특성으로 간주해야 한다. 또한 '{읽을, *읽었을} 책'과 '{읽을, 읽었을} 수 있-' 사이의 대조를 고려하면 '-을 수 있-'의 '-을'도 일반적인 관형형 어미 '-을'과 구별되는 속성을 지닌다. 이에 더해 (27가)와 (27나)의 차이를 살피며 지적했듯이 조사 개입에서도 '-을 수 있-' 구문은 나름의 특성을 지닌다. 이에 '-을 수 있-'은 하나의 단위, 즉 구문으로 설정된다. 결국 '-을 수 있-' 구문은 어휘항목과 통사구조의 속성을 따르는 한편으로 개별적인 특성도 지니는 셈인데, 이는 구문의 일반적인 속성이다(이정훈 2014가, 2014다: 1장, 2022 등 참고).

41　[추측]의 (46가)가 [추측]의 (46가)를 내포하고, [능력]의 (46나)가 [능력]의 (46나)를 내포하

(47) 동생이 갈 수 있을 수 있다. (= 45가)

가. [추측]이 [능력]을 내포하는 경우

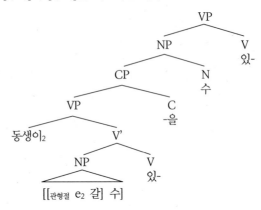

나. [능력]이 [추측]을 내포하는 경우

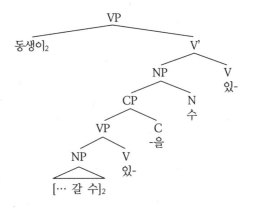

(47가)의 통사구조는 별다른 문제를 내포하지 않는다. 따라서 '동생이 갈 수 있을 수 있다'는 [능력]에 대한 [추측]으로 해석될 수 있다. 그런데 (47가)

는 경우는 고려하지 않는다. 통사구조의 가능성이 어떻든지 간에 동일한 기능이 중첩되는
것은 일반적이지 않기 때문이다. 예외 사례로 '-었-었-'(만났었다), '-어 보-어 보-'(읽어
봐 봐) 정도를 꼽을 수 있다. 한편 '비가 올 수 있을 듯하다'에서 보듯이 기능이 동일하거나
유사해도 형식이 다르면 중첩 가능성이 높아진다.

와 달리 (47나)의 통사구조는 성립하기 어렵다. 사람과 가능성이 동일시될 수 없는데도 불구하고 '동생이$_2$'와 '[… 갈 수]$_2$'를 동지표해야 하고, 또 (46나)에서 보았듯이 [능력]의 '-을 수 있-' 구문의 경우 관형절 내의 주어가 음성적으로 실현되지 않는데 (47나)에서는 관형절 내의 주어 '[… 갈 수]$_2$'가 음성적으로 실현되어야 하는 문제를 지니는 것이다. 따라서 '동생이 갈 수 있을 수 있다'가 [추측]에 대한 [능력]으로 해석될 수는 없다.

'-을 수 있-'의 중첩 및 해석에 대한 설명은 아래 현상을 설명하는 데에도 유효하다.

(48) 가. 동생이 갈 수 없을 수 있다.
　　　[참고] *동생이 갈 리 없을 수 있다.
　　나. 동생이 갈 수 있을 리 없다.

(48가)는 [능력]의 부정, 즉 [~[능력]]에 대한 [추측]으로 해석되지 [~[추측]]에 대한 [능력]으로 해석되지는 않는데 (47)과 마찬가지로 설명할 수 있다. 즉, [~[능력]]에 대한 [추측]이 필요로 하는 (47가)의 통사구조는 가능하지만 [~[추측]]에 대한 [능력]이 필요로 하는 (47나)의 통사구조는 불가능하기 때문에 (48가)는 [~[능력]]에 대한 [추측]으로 해석되지 [~[추측]]에 대한 [능력]으로 해석되지 않는다. (48나)도 마찬가지이다. [~[능력]]에 대한 [추측]의 통사구조가 성립하듯이 [능력]에 대한 [~[추측]]도 성립하기 때문이다.[42]

42　(2)에서 확인했듯이 '-을 수 없-'도 [추측]일 수 있다. 그러면 (48나)에서 '-을 리 없-'을 '-을 수 없-'으로 대체해도 성립할 것으로 기대되는데 *??'동생이 갈 수 있을 수 없다'에서 보듯이 성립하는 것으로 보기 어렵다. '-을 수 있-' 뒤에서는 '-을 수 없-'이 [추측]을 나타내지 못하는 것인데 여기서는 일단 *[[… -을 수 있-] -을 수 없-$_{[추측]}$]'과 같은 공기 제약을 설정한다. 이 공기 제약에서 '-을 수 없-$_{[추측]}$'은 [추측]의 '-을 수 없-'을 나타낸다.

8.5.2. 확장: '-을 수 있-'과 '-어야 하-'의 통합

시야를 넓히면 '-을 수 있-' 구문과 '-어야 하-' 구문이 어울려 나타나면서 보이는 아래 현상도 설명할 수 있다.

(49) 가. 네가 가야할 수 있다.

　　　나. 네가 갈 수 있어야 한다.

'-어야 하-' 구문이 [의무]를 나타낸다고 하자. 그러면 (49가)는 [의무]에 대한 [추측]은 허용하지만 [의무]에 대한 [능력]은 허용하지 않는다. 또 (49 나)는 [능력]에 대한 [의무]는 허용하지만 [추측]에 대한 [의무]는 허용하지 않는다. 왜 그런가? 이에 답하기 위해서는 '-어야 하-' 구문의 통사구조를 파악해야 하는데 여기서는 잠정적으로 상황 공범주 'e[상황]'을 포함한 아래의 통사구조를 제안하고자 한다.[43]

(50) 네가 가야 한다.

43　상황 공범주에 대해서는 임홍빈(1985) 참고. 참고로 '-어야 되-' 구문도 [의무]를 나타내는
　　　데 [vp [vp 네가 가-]-아야 [vp e[상황] 되-]]에서 보듯이 종속 접속(수식 관계)의 통사구조를
　　　가지는 것으로 판단된다. 이 통사구조에서 'e[상황]'은 (50)과 마찬가지로 상황 공범주이며,
　　　'되-'는 '일이 되려면 위기도 기회가 된다, 된 사람을 가까이하고 되지 않은 놈은 멀리해라'
　　　의 '되-'와 통한다.

상황 공범주를 포함한 위의 통사구조는 맥락에 의해 그 내용이 주어지는 상황 공범주 'e[상황]', 조건의 '-어야'에 의해 보장되는 '네가 가는' 조건 상황, 그리고 상황 공범주 'e[상황]'이 조건 상황을 야기(cause)함을 나타내는 '하-'를 포함한바, '상황 공범주 e[상황]에 의해 조건 상황이 야기됨'을 나타내며 이는 [의무]의 의미를 보장한다. 예를 들어 '네가 가야 한다'는 '너'가 처한 상황 'e[상황]'이 '네가 가는' 조건 상황을 야기하는 것이 적합함으로 분석되는데, 이러한 분석은 '규범에 의해('e[상황]') 어떤 일(조건 상황)을 하는 것이 마땅함(적합함)'을 뜻하는 [의무]와 부합한다.

이제 앞서 살핀 '-을 수 있-' 구문의 통사구조와 (50)의 '-어야 하-' 구문의 통사구조를 토대로 (49가)와 (49나)의 통사구조를 분석하면 다음과 같다.

먼저, (49가)는 통사구조로 [의무]에 대한 [추측]에 해당하는 (51가)와 [의무]에 대한 [능력]에 해당하는 (51나), 이 두 가지를 고려할 수 있는데 이 중 (51나)는 배제된다. [능력]이려면 '네가₂'와 'e[상황]2'와 같은 동지표가 성립해야 하는데, 사람('너')과 상황('e[상황]')이 동지표되는 것은 성립하지 않기 때문이다.[44]

---

44 '철수가 문제를 푼 셈일 수 있다'의 '-을 수 있-'이 [추측]만 가능하고 [능력]은 불가능한 것도 마찬가지로 설명할 수 있다. '철수가 문제를 푼 셈이다'의 통사구조를 대략적으로 파악하면 '[[[철수가 문제를 푼] 셈] 이-]'인데(4장의 각주 42) 참고), 이 통사구조가 [추측]의 '-을 수 있-'과 어울리면 아무런 문제도 초래되지 않지만, [능력]의 '-을 수 있-'과 어울리려면 '[VP 철수가 [V′ [NP [CP [VP [NP 철수가 문제를 푼 셈] 이-]-을] 수] 있-]]'에서 V '있-'의 주어 '철수'와 관형절(CP) 내의 주어 '[NP 철수가 문제를 푼 셈]'이 동지표되어야 하나 이러한 동지표는 불가능하기 때문이다.

(51) 네가 가야할 수 있다. (= 49가)

　가. [의무]에 대한 [추측]

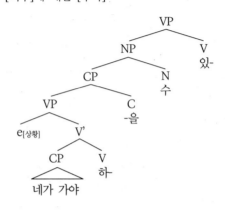

　나. *[의무]에 대한 [능력]

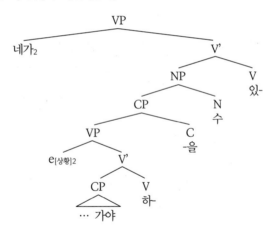

　다음으로, (49나)는 [능력]에 대한 [의무]에 해당하는 (52가)와 [추측]에 대한 [의무]에 해당하는 (52나), 이 두 가지 통사구조를 상정할 수 있는데,

(52) 네가 갈 수 있어야 한다. (= 49나)

가. [능력]에 대한 [의무]

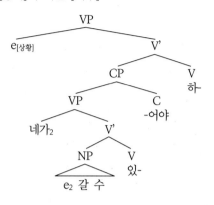

나. *[추측]에 대한 [의무]

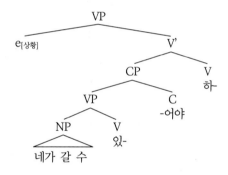

(52가)든 (52나)든 통사구조 자체는 별다른 문제를 야기하지 않는다. 그런데 (52나)는 추측의 주체와 관련해 문제를 지닌다. '비가 올 수 있다'와 '그는 [비가 올 수 있다고] 말했다'를 비교해 보면 알 수 있듯이 [추측]이 내포되면 화자가 아니라 모문 주어가 [추측]의 주체가 되는데, 이에 따르면 (52나)에서 추측의 주체가 상황 공범주 'e[상황]'이 되는 문제가 발생하기 때문이다. 상황 공범주 'e[상황]'은 본유적으로 [추측] 능력을 결여한바, [추측]의 주체로 나설 수 없는 것이다.

8.5.3. '-었-을 수 있-'의 경우

통사구조와 해석의 상관성은 '-었-'이 '-을 수 있-'에 선행하면 [추측]의 '-을 수 있-'만 가능하고 [능력]의 '-을 수 있-'은 불가능한 현상도 설명할 수 있을까? 이 의문에 답하기 위해 먼저 해당하는 사례의 통사구조를 파악해 보자.

(53) 철수가 게임에서 이겼을 수 있다. (= 45나)

　가. [추측]의 '-을 수 있-'인 경우

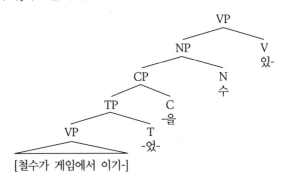

　나. *[능력]의 '-을 수 있-'인 경우

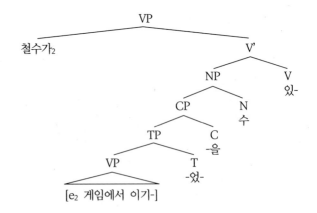

위에서 보듯이 '-을 수 있-'에 '-었-'이 선행해도 [추측]의 통사구조 (53가) 와 [능력]의 통사구조 (53나) 둘 다 가능하다. 하지만 (53가)는 실제로 성립하 지만 (53나)는 그렇지 않다. 따라서 (53나)를 배제할 수 있는 조치가 필요한데 T '-았/었-'의 개재로 인해 '철수가₂'와 'e₂'의 동지표가 불가능해져서 (53나) 가 성립하지 않는 것으로 보고자 한다. 아래 예에서 보듯이 T '-았/었-'의 개재는 부정 극성 표현 인허를 방해하는데, 이와 마찬가지로 T '-았/었-'이 '철수가₂'와 'e₂' 사이의 동지표를 방해한다고 보는 것이다.

(54) 가. <u>아무도</u> 춤을 추고 노래하지 <u>않았다</u>.
    나. *<u>아무도</u> 춤을 추었고 노래하지 <u>않았다</u>. (윤정미(1996)의 (11))

또한 [능력]의 '-을 수 있-'과 마찬가지로 내포절 주어의 음성적 비실현의 특성을 지니는 구문들이 아래에서 보듯이 내포절에 T '-았/었-'이 나타나는 것을 허용하지 않는 점도 주목을 요한다.[45]

(55) 가. 그는₂ [e₂ 떠나기로] 결심했다.
    나. 그는₂ [e₂ 시험에 합격하려고] 노력했다.
    다. 그는₂ [e₂ 여행을 가고자] 계획했다. (박종언 2011: 3장 참고)
(56) 가. *그는₂ [e₂ 떠났기로] 결심했다.
    나. *그는₂ [e₂ 시험에 합격했으려고] 노력했다.
    다. *그는₂ [e₂ 여행을 갔고자] 계획했다.

당장 그 원인을 명확히 제시할 수는 없지만, 원인을 논의하기 이전에 (55)

---

45 '-았/었-'뿐만 아니라 '-겠-', '-더-' 등도 나타날 수 없으며, '-으시-'만 허용된다.

의 내포절에 T '-았/었-'이 나타날 수 없으면 (53나)의 내포절에도 T '-았/었-'이 나타날 수 없을 것으로 기대되기 때문이다.

8.6. 정리

지금까지 어휘항목과 통사구조 그리고 맥락을 토대로 '-을 수 있-' 구문과 관련된 사항들을 분석하고 설명하였다. 논의를 정리하는 차원에서 앞서 이 장의 8.2.2절에서 제기한 세 가지 질문에 대한 답을 제시하면 아래와 같다.

> 問₁ '-을 수 있-' 구문의 포괄적 의미 [가능성]이란 무엇이며, 그 구체적인 실현 양상은 어떠한가?
>
> 답₁ '-을 수 있-' 구문의 [가능성]은 양상 논리의 [가능성]이다. 구체적인 실현 양상은 아래 問₂·답₂ 및 問₃·답₃ 참고.
>
> 問₂ '-을 수 있-' 구문의 [가능성]은 어떻게 보장되는가?
>
> 답₂ '-을 수 있-' 구문에 포함된 어휘항목 '-을'과 '수'가 [가능성]을 보장한다. 특히 '수'는 [가능성]을 보장하고, '-을'은 '-은'과의 대립을 바탕으로 [가능성]의 정도를 조정한다.
>
> 問₃ [가능성]에서 [추측], [능력], [자질], [자격], [허가], [기회], [성향] 등으로의 의미 분화는 어떻게 가능한가?
>
> 답₃ 어휘항목 '있-'에 의해 [가능성]은 '[가능성]의 존재'와 '[가능성]의 소유'로 분화되며 이 둘은 맥락에 따라 다시 세분된다. '[가능성]의 존재'에 맥락이 가미되면 [추측], [우발성], [산발성] 등으로의 분화가 나타나며, '[가능성]의 소유'에 맥락이 가미되면 [능력], [자질], [자격], [허가], [기회], [성향] 등으로의 분화가 나타난다.

끝으로, 이 장에서는 구문(construction)에 대한 분석적 태도를 표방했는데 이러한 태도를 취해야 일반적 구성과 특이성을 지닌 구문을 포괄하는 이론이 가능하다는 점도 유념할 필요가 있다. 분석할 수 있을 만큼 분석해야 구문이 지닌 특이성의 정체가 명확히 드러나고, 특이성의 정도도 진단할 수 있는바, 특이성의 정체와 정도가 밝혀져야 일반적인 구성과 특이성을 지닌 구문의 동질성과 이질성이 제대로 파악될 수 있으며, 이 수준이 되어야 일반적인 구성과 특이한 구문을 아우르는 시각을 확보할 수 있는 것이다. 특이성을 지녔다고 해서 구문을 분석되지 않는 하나의 덩어리로만 인식하면 일반성과 특이성을 통괄하는 시각은 요원한 것이 되고 만다.

9. '것'의 통사론: 내핵 관계절과 분열문

9.1. 도입

의존명사 '것'은 사물을 나타내며, 비하하는 의도가 아니면, 사람을 나타내지 않는다. 그런데 아래 (1)에서 보듯이 소위 내핵 관계절 구성(internally headed relative clause construction)과 분열문(cleft)에서는 '것'이 사람을 나타내는 듯한 현상이 관찰된다.

(1) 가. 철수가 영희가 물에 빠지는 것을 구해냈다. (강명윤 1985: 45 참고)
    나. 방안에 눕혀진 것은 현우의 아버지 김 서방이었다.

(남길임 2006: 355 참고)

위에서 내핵 관계절 구성 '[[영희가 물에 빠지는] 것]'을 포함한 (1가)는 '철수가 물에 빠지는 영희를 구해냈다'와 통하고, 분열문 (1나)는 '방안에 눕혀진 사람은 현우의 아버지 김 서방이었다'와 통한다. 따라서 별다른 이론적 선입견을 갖지 않으면 (1가)와 (1나)의 '것'이 '영희'와 '사람', 즉 사람을 나타낸다고 보는 것이 평범한 해석이다. 그렇다면 일반적으로 사람을 나타내지 않는 '것'이 왜 그리고 어떻게 (1)에서는 사람을 나타낼 수 있는가? 이것이 이 장에서 풀고자 하는 첫 번째 문제이다.

위의 첫 번째 문제에 더해 (1나)로 제시한 분열문의 '것'은 아래의 대조와 관련하여 또 다른 흥미로운 문제를 제기한다.

(2) 가. 철수가 만난 것은 그 여자이다.

　　　나. *그 여자는 철수가 만난 것이다. (최기용 2011: 33 참고)

위의 대조에서 보듯이, 'A 것은 B이다' 유형의 분열문 (2가)에 나타나는 '것'은 사람을 가리킬 수 있지만, 그래서 (2가)는 '철수가 만난 <u>사람</u>은 그 여자이다'로 쉽게 환언할 수 있지만, 'B는 A 것이다' 유형의 분열문 (2나)에 나타나는 '것'은 사람을 가리킬 수 없다.[1] 만약 (2나)의 '것'이 사람을 가리킬 수 있다면 '그 여자는 철수가 만난 <u>사람</u>이다'가 성립하듯이 (2나)도 성립해야 할 것이기 때문이다.

그리고 위의 대조는 '철수가 먹은 것은 사과이다'와 '사과가 철수가 먹은 것이다'에서 보듯이 '것'이 사람이 아니라 사물을 가리키면 나타나지 않는다. 그렇다면 분열문의 형식이 'A 것은 B이다' 유형인가 아니면 'B는 A 것이다' 유형인가에 따라 '것'이 사람을 가리키는 것이 허용되기도 하고 그렇지 않기도 한 것인데 이 현상은 어떻게 설명할 수 있는가? 이것이 이 장에서 해명하고자 하는 두 번째 문제이다.

나아가 (3가)와 달리 (3나)가 성립하지 않는 것도 주목을 요한다. (3가)의 '것'이 사람을 가리키면, (3나)의 '것'도 사람을 가리키고, 이에 따라 '철수가 만난 <u>사람</u>은 굉장히 성실하다', '철수가 만난 <u>사람</u>은 화가이다'가 성립하듯이

1　분열문이 아닌 '것이다' 구문으로서의 (2나)는 성립한다(이 장의 9.3.2절 참고).

(3나)도 성립할 것으로 예측되는데 실제는 그렇지 않은 것이다.

(3) 가. 철수가 만난 것은 그 여자이다. (= 2가)
　　나. *철수가 만난 것은 굉장히 성실하다.
　　　*철수가 만난 것은 화가이다. (위혜경 2016: 111 참고)

그렇다면 왜 (3가)와 달리 (3나)는 성립하지 않는가? 이것이 이 장에서 답을 찾고자 하는 세 번째 문제이다.

문제가 세 가지라고 해서 답도 세 가지일 필요는 없다. 오히려 문제가 몇 개든 문제에 대한 답들은 동질적인 것이, 다시 말해 여러 가지 문제에 대해 궁극적으로는 하나로 모아지는 답을 제시하는 것이 보다 타당하다. 이 점을 염두에 두고 지금부터 위에 제시한 첫 번째~세 번째 문제에 대한 답을 모색하는데, 이를 위해 먼저 9.2절에서는 내핵 관계절 구성에 나타나는 '것'의 정체를 명사성 허사로 파악하고, 술어의 의미 선택 속성과 범주 선택 속성 그리고 지표 부여 규칙에 의해 명사성 허사 '것'의 속성이 사물이나 사람 등으로 정해지는 절차를 제시함으로써 (1가)를 통해 제기한 문제에 답한다. 다음으로 9.3절에서는 분열문의 '것'도 명사성 허사임을 논하고, 구문 사이의 위계와 한 구문 선택 제약을 통해 (1나) 및 (2), (3)을 통해 제기한 문제에 답한다. 이어서 9.3절까지의 논의를 사실이나 사건을 나타내는 명사성 허사 '것'으로 확장하는 한편, 거리의 경제성 완화 현상을 살피고, 허사 '것'의 통사론이 지닌 통사이론적 함의를 논의한다(9.4절). 9.5절에서는 논의 내용을 정리함으로써 '내핵 관계절과 분열문' 및 허사 '것'의 통사론에 대한 고찰을 마무리한다.

9.2. 내핵 관계절 구성의 '것'

9.2.1. '것'의 정체

내핵 관계절 구성의 '것'은 일반적인 외핵 관계절 구성의 표제명사 자리에 나타나므로 그 문법적 자격도 표제명사와 평행한 것으로 보는 것이 자연스럽다. 그리고 이러한 견해를 따르면 외핵 관계절 구성 (4가)에서 '컴퓨터'가 술어 '고치-'의 목적어 논항이듯이 내핵 관계절 구성 (4나)에서는 '것'이 술어 '고치-'의 목적어 논항이 된다.

> (4) 가. 존은 [[고장난] 컴퓨터를] 고쳤다.
>   나. 존은 [[컴퓨터가 고장난] 것을] 고쳤다. (장세은 1994: 10 참고)

술어–논항 관계에서 술어는 목적어 논항을 의미 선택(s-selection)한다.[2] 따라서 (4가)와 (4나)의 술어 '고치-'는 각각 목적어 논항 '컴퓨터'와 목적어 논항 '것'을 의미 선택한다고 보아야 한다. 그런데 (4가)의 목적어 논항 '컴퓨터'는, '고치는 대상'일 수 있으므로, 그 자체로 술어 '고치-'의 의미 선택 속성에 부합하지만, (4나)의 목적어 논항 '것'은 그렇지 않다. 술어 '고치-'의 의미 선택 속성을 충족시키려면 '것'이 '고치는 대상'이어야 하는데 '것'은 그 자체로 '고치는 대상'의 속성을 지닌다고 볼 수 없기 때문이다. 또한 (4나)의 '것'은 무언가를 독자적으로 지시해서도 곤란하다. (4가)에서와 마찬가지

---

2   어휘항목은 아무런 것이나 논항으로 취하지 않고 일정한 특성을 지닌 것을 논항으로 취한다. 이를 선택 특성(selectional property)이라 하며, 의미역을 포함하여 의미와 관련한 선택을 의미 선택(s-selection)이라 하고, 통사범주와 관련한 선택을 범주 선택(c-selection)이라 한다. 일반적으로 범주 선택은 의미 선택에서 예측된다(1장의 각주 25) 참고).

로 (4나)에서도 '고치는 대상'은 '컴퓨터'인바, 이는 (4나)에서 내핵 관계절 내의 '컴퓨터'와 표제명사 자리에 나타난 '것', 이 둘이 동전의 앞뒤처럼 따로 따로 존재하는 동시에 하나의 단위로 간주되어야 함을 의미하기 때문이다. 이러한 사항들을 고려하면, (4나)의 술어 '고치-'의 의미 선택 속성은 '것'이 내핵 관계절 내의 '컴퓨터'와 동지표됨으로써 충족된다고 보는 것이 타당하다. 달리 말해 대용 표현이 문맥에서 선행사를 취해 지시 대상(referent)을 정하듯이 내핵 관계절 구성의 '것'은 문맥으로 기능하는 내핵 관계절 내에서 적당한 성분을 찾아 지시 대상을 정하는 것이다. 그렇다면 (4나)에서 '것'은 어떻게 적당한 성분을 찾아 지시 대상을 정하는가? 이에 대한 논의는 다음 절로 미루고 일단은 '것'의 정체에 대한 논의를 이어간다.

내핵 관계절 구성의 '것'이 내핵 관계절 내의 성분에 기대어 지시 대상을 정하는 것은 내핵 관계절 구성의 '것'과 사물을 나타내는 '것'이 서로 다른 종류임을 암시한다. 아래 (5가)에서 보듯이 사물을 나타내는 '것'은 내핵 관계절 구성의 '것'과 달리 담화 맥락 내에서 지시 대상을 찾을 수 있으며,[3] (5나)에서 보듯이 관계절을 동반하는 경우에도 관계절 내에서 지시 대상을 별도로 찾지는 않기 때문이다.

(5) 가. 그 어떤 것, 우리의 것 등

나. 내게도 철수가 먹은 것을 주세요.

(5나)의 '철수가 먹은 것'은 '[[철수가 e_2 먹은] 것$_2$]'로 분석되며, 'e_2'와 '것$_2$' 사이의 관계는 '[[철수가 e_2 먹은] 사과$_2$]'와 마찬가지로 관계절 구성

---

3   물론 '영이는 철수에게 <u>무언가</u>를 주었고, 철수는 <u>그것</u>을 소중히 간직했다'에서 보듯이 사물을 나타내는 '것'도 '그' 등의 도움을 받아 언어적 문맥 내에서 지시 대상을 찾을 수 있다.

자체가 보장한다.[4] 따라서 '것'의 지시 대상을 정하기 위한 별도의 조치는 필요치 않다. 그리고 '철수가 먹은 것'은 '철수가 먹은 사과, 철수가 사과를 먹다'와 달리 관계화가 적용되지 않으면 '*철수가 것을 먹다'에서 보듯이 전혀 성립하지 않는데 이는 의존명사 '것'이 관계절 등의 관형 성분을 동반하지 않았기 때문이다.

위와 같은 맥락에서 내핵 관계절 구성의 '것'이 사물을 나타내는 '것'과 구별되는 다른 종류의 '것'이라고 해 보자. 그렇다면 이 새로운 종류의 '것'의 정체는 무엇인가? 일단 관계절과 병합하므로 통사범주는 명사로 보아야 한다. 그리고 그 의미적 특성, 즉 지시 대상을 독자적으로 가지지 못하고 문맥에 기대어 정하는 것을 고려하면 대용어(anaphor)나 허사(pleonastic)의 일종으로 파악하게 되는데, 대용어와 선행사 사이에 성립하는 관계가 유지되지 않으므로,[5] 허사로 보는 것이 더 타당하다. 이에 이 글에서는 내핵 관계절의 '것'을 명사성 허사로 파악하고자 한다.

명사성 허사 '것'을 상정하면 (6)에서처럼 내핵 관계절 구성의 '것'이 사람을 가리키는 현상도 (4나)와 평행하게 이해할 수 있게 된다. (4나)의 '것'과 마찬가지로 (6)의 '것'도 내핵 관계절 내에서 지시 대상을 정해줄 성분을 찾고, 그러면 '영희'와 '물'이 후보가 되는데 이 둘 중 술어 '구하-'의 의미 선택 속성과 부합하는 '영희'가 '것'의 지시 대상을 정하기 때문이다.

---

4   '[철수가 e 먹은]'은 'e'의 정체가 정해지지 않았으므로 일종의 술어로 간주되며(1장의 (7) 참고), '[철수가 e 먹은]'과 표제명사 '사과'가 병합하고 'e'와 '사과'가 동지표(coindex)되면 서 술어로서의 속성이 충족된다.

5   대용어의 경우, 선행사(antecedent)가 대용어를 성분지휘한다. 하지만 내핵 관계절 구성은 다르다. 예를 들어 내핵 관계절 구성 (4나)에서 선행사에 비견되는 '컴퓨터'는 '것'을 성분 지휘하지 않는다. 오히려 '것'이 '컴퓨터'를 성분지휘하는데, 이는 '것'이 명사성 허사임을 지지한다. 명사성 허사가 관련 성분(associate)을 성분지휘하는 것은 다른 언어에서도 발견 되기 때문이다(김영화 외 2002 참고).

(6) 철수가 [[영희가 물에 빠지는] 것을] 구해냈다. (= 1가)

물론 술어 '구하-'의 의미 선택 속성에만 부합하면 내핵 관계절의 주어가 아니라 목적어가 '것'의 지시 대상을 정할 수도 있다. 예를 들어 '철수가 [[영희가 고양이를 괴롭히는] 것을] 구해냈다'의 '것'은 내핵 관계절 내의 주어 '영희'가 아니라 목적어 '고양이'에 기대어 지시 대상을 정한다.

내핵 관계절 구성의 '것'을 명사성 허사로 간주하는 견해가 보다 견고하려면 (4), (6) 이외의 경우에서도 명사성 허사 '것'의 존재가 확인될 필요가 있다. 그렇다면 명사성 허사 '것'의 존재를 지지하는 또 다른 현상은 있는가? 일단 아래의 네 가지를 들 수 있다.

첫째, 아래 (7가)와 (7나)의 대조는 명사성 허사 '것'의 존재를 지지한다. (7)의 '것'이 명사성 허사 '것'이면, 허사 수식을 금하는 일반 원칙에 따라, 허사 '것'을 '가여운, 그' 등의 관형어가 수식하고 있는 (7나)가 성립하지 않는 것이 당연하기 때문이다.[6]

(7) 가. 철수가 영희가 물에 빠지는 것을 구해냈다. (= 1가)

존은 컴퓨터가 고장난 것을 고쳤다. (= 4나)

나. *철수가 영희가 물에 빠지는 가여운 것을 구해냈다.

*존은 컴퓨터가 고장난 그 것을 고쳤다.

[참고] 철수가 물에 빠지는 가여운 영희를 구해냈다.

존은 고장난 그 컴퓨터를 고쳤다.

---

6   허사 수식을 금하는 일반 원칙은 완전 해석 원리에 다름 아니다. 완전 해석 원리를 준수하려면 수식어는 수식 관계를 맺어야 하는데, 수식어가 내용 없는 허사와 수식 관계를 맺을 수는 없는 것이다.

둘째, 강조나 추측의 의미를 지니는 '것이다' 구문도 명사성 허사 '것'의 존재를 지지한다.

(8) 가. 오랜 기다림 끝에 당신을 만났던 것입니다.

　나. 내일은 비가 올 것이다. (신선경 1993: 119 참고)

위에 예시한 '것이다' 구문의 '것'이 사물을 나타낸다고 보기는 어렵다. 단적으로 (8)의 '것'을 사물을 나타내는 표현으로 바꾸면 전혀 성립하지 않기 때문이다. 그렇다고 사물 이외의 다른 어떤 의미를 '것이다' 구문의 '것'에 부여하기도 어렵다. 온건한 방안은 앞서 제기한 명사성 허사 '것'의 가능성을 인정하는 것이다. 다시 말해 내핵 관계절 구성의 '것'과 마찬가지로 '것이다' 구문의 '것'도 독자적인 의미는 지니지 않은 채 관형성분을 문법적·형식적으로 지탱해주기 위해 동원되는 껍데기 명사, 즉 명사성 허사로 파악하는 것이 무난한 방안이다(이정훈 2014가 참고). 일견 의미를 지니지 않은 명사성 허사 '것'이 참여해 형성되는 '것이다' 구문이 강조나 추측의 의미를 지니는 것이 불합리해 보일 수 있다. 의미 없는 것이 의미를 나타내는 데 기여하기 때문이다. 하지만 관용 표현이 그렇듯이 구문(construction)은 그 구성 성분과는 별도로 자체적인 의미를 지닐 수 있으며, 허사를 포함한 구문이 나름의 의미를 지니는 것은 영어의 허사 'there' 구문에서도 볼 수 있다(김영화 외 2002 참고). 이에 더해 의미를 결여한 소리가 모여서 의미를 지닌 언어 표현이 되는 것이 언어의 기본적인 특성이라는 점도 고려할 필요가 있다.

셋째, 의미적 기여 없이 어미의 의존성을 해소하기 위해 동원되는 지지 동사(support verb) '하-'도 명사성 허사 '것'의 가능성을 지지한다(6장 참고). 의미적 기여 없이 어미의 의존성을 해소하기 위해 지지 동사 '하-'가 동원된다면, 의미적 기여 없이 관형성분의 의존성을 해소하기 위해 의미를 지니지 않는 명사성 허사가 동원될 수 있다는 것이 자연스럽게 예측되기 때문이다.

끝으로, 넷째, 다른 언어에도 명사성 허사가 존재하는 사실은 명사성 허사를 설정하는 견해의 타당성, 일반성을 지지하는 것으로 볼 수 있다. 영어의 예를 들면 'There is a man in the room', 'It seems that she is intelligent'의 'there'와 'it'도 명사이면서 독자적인 의미적 특성을 결여한바, '것'과 마찬가지로 명사성 허사에 해당한다.

9.2.2. '것'의 지시 대상: 첫 번째 문제

내핵 관계절 구성의 '것'은, 사물을 나타내는 '것'과 달리, 문맥에 따라 사물을 나타내기도 하고, 사람을 나타내기도 한다. 이 현상을 이해하기 위해 앞 절에서는 내핵 관계절 구성의 '것'의 정체를 명사성 허사로 파악하고, 명사성 허사 '것'이 내핵 관계절 내의 성분에 기댐으로써 '것'의 지시 대상이 정해진다고 제안하였다. 그렇다면 명사성 허사 '것'은 내핵 관계절 내에서 기댈 성분을 어떻게 찾는가? 이 절에서는 이 질문에 답함으로써 앞 절의 제안을 구체화하고, 아울러 서론에서 제시한 세 가지 문제 가운데 첫 번째 문제에 대한 답을 제시한다.[7]

내핵 관계절 구성의 명사성 허사 '것'이 지시 대상을 정하는 과정을 구체화하기 위해, 우선 아래와 같은 일반적인 외핵 관계절 구성부터 살펴보자.

(9) 가. [[내가 보낸] 쪽지] 받았냐?

나. 철수가 [[물에 빠지는] 영희를] 구해냈다.

---

[7] 첫 번째 문제는 내핵 관계절 구성과 분열문에 나타나는 '것'과 관련된다. 이 절에서는 우선 내핵 관계절 구성의 '것'을 다루고, 분열문의 '것'은 9.3.1절에서 살핀다.

술어는 논항을 의미 선택(s-selection)하며, 의미 선택에 부합하는 통사범주를 범주 선택(c-selection)한다(이 장의 각주 2) 참고). (9)도 예외는 아닌바, (9가)의 술어 '받-'은 목적어 논항으로 '받을 수 있는 사물'을 의미 선택하고 이에 맞추어 명사 범주를 범주 선택한다. 그리고 이러한 의미 선택과 범주 선택을 만족시킬 수 있기 때문에 '쪽지'가 '받-'의 목적어 논항 자리에 나타날 수 있게 된다.[8] 마찬가지로 (9나)의 목적어 '영희'는 술어 '구하-'의 의미 선택 속성과 범주 선택 속성에 부합하기 때문에 술어 '구하-'의 목적어 논항 자리에 나타날 수 있다.

위의 논의에서 알 수 있듯이 외핵 관계절 구성에서는 술어의 의미 선택 속성과 범주 선택 속성이 표제명사에 의해 동시에 충족된다. 이와 달리 의미 선택 속성과 범주 선택 속성이 한꺼번에 충족되는 대신에 따로따로 충족되면 어떻게 되는가? 그러면 바로 아래와 같은 내핵 관계절 구성이 등장하게 된다.

(10) 가. [[내가 쪽지 보낸] 거] 받았냐? (조수근 2016: 85 참고)

　　나. 철수가 [[영희가 물에 빠지는] 것을] 구해냈다. (= 1가)

(10)에 제시한 내핵 관계절 구성에서 술어의 의미 선택 속성과 범주 선택 속성이 충족되는 과정은 다음과 같다.

먼저, (9)에서와 마찬가지로 (10)에서도 술어 '받-, 구하-'는 각각의 의미 선택 속성과 범주 선택 속성을 지니고 통사구조 형성에 참여하며 이에 맞추어 목적어 논항을 취한다. 그런데 (10)의 목적어 논항 '[[내가 쪽지 보낸] 거], [[영희가 물에 빠지는] 것]'은 명사성 허사 '것'이 이끄는 명사구이기

8　물론, 관계절과 표제명사의 관계상, 표제명사는 관계절 술어의 의미 선택 속성과 범주 선택 속성도 충족해야 한다.

때문에 술어 '받-, 구하-'의 범주 선택 속성, 즉 논항 자질에는 부합하나 의미 선택 속성에는 부합하지 못한다. 표제명사로 등장한 명사성 허사 '것'은 의미를 결여하고 있으므로 술어 '받-, 구하-'의 의미 선택 속성을 충족시킬 수 없고 의미역 자질에도 부응할 수 없는 것이다.

다음으로, 술어 '받-, 구하-'의 의미 선택 속성은 허사 '것'과 내핵 관계절 내의 '쪽지, 영희'가 동지표됨으로써 충족된다. 다시 말해 (10)에 지표 부여 규칙이 적용되어 아래 (11)이 되면,[9]

> (11) 가. [[내가 쪽지₂ 보낸] 것₂] 받았냐?
> 나. 철수가 [[영희가₃ 물에 빠지는] 것을₃] 구해냈다.

'것'과 '쪽지'가 같은 것으로 간주되고 '것'과 '영희'가 같은 것으로 간주됨으로써 술어 '받-, 구하-'의 의미 선택 속성이 충족된다.

허사 '것'이 내핵 관계절 내의 성분과 동지표되는 것이 일견 모순처럼 보일 수도 있다. 의미를 결여한, 혹은 의미와 무관한 허사 '것'이 동지표를 필요로 하는 것이 매우 이상하게 느껴지기 때문이다. 하지만 내핵 관계절 구성의 '것'은 허사이면서 의미역이 부여되는 위치에 나타난다는 점에 유념할 필요가 있다.[10] 의미역이 부여되는 위치에 나타나면 그 위치에 부여되는

---

9   지표 부여 규칙의 내용은 '명사구에 지표를 자유롭게 부여하라'이다. 따라서 (11)뿐만 아니라 '[[내가₂ 쪽지 보낸] 것₂], [[영희가 물에₃ 빠지는] 것₃]'도 가능하다. 다만 이렇게 동지표되면 술어 V '받-'과 V '구하-'의 의미 선택 속성과 부합하지 못하게 되어 성립하지 않게 된다. 이렇게 지표는 자유롭게 부여되며, 잘못된 동지표는 걸러진다(Chomsky 1981: 285-289; Lasnik 1981; Lasnik & Uriagereka 1988: 3-48 등 참고).

10   의미역이 부여되는 위치에 나타나는 허사에 대한 관찰은 Postal & Pullum(1988)에서도 이루어졌으며, 거기서도 'I blame it₂ on you [that we can't go]₂'에서 보듯이 허사와 관련 성분의 관계는 동지표로 포착되었다(Postal & Pullum 1988: 653 참고).

의미역에 어울리는 의미 특성을 갖추어야 하는바, 이는 허사 '것'과 내핵 관계절 내의 성분 사이의 동지표를 정당화하는 것이다.

그렇다면 '일견 모순처럼 보이고, 매우 이상하게 느껴지는' 것은 무엇 때문인가? 그것은 앞 절의 말미에 제시한 영어의 예처럼 의미역이 부여되지 않는 위치에 나타난 허사를 전형적인 허사로 간주하기 때문으로 볼 수 있다. 하지만 허사는 의미역이 부여되는 위치에 나타날 수도 있고, 의미역이 부여되지 않는 위치에 나타날 수도 있으며, 어떤 위치에 나타나느냐에 따라 서로 다른 성격을 드러내는바, '일견 모순처럼 보이고, 매우 이상하게 느껴지는' 것에 주목할 필요는 없다.

한편 허사 '것'의 동지표 대상은 내핵 관계절 내의 성분으로 국한되는데, 이를 위해 별도의 규칙이나 조건, 제약을 설정할 필요는 없다. 통사구조적으로 허사 '것'은 내핵 관계절 및 내핵 관계절 내의 성분을 성분지휘(c-command)하며, 성분지휘를 토대로 통사 관계를 맺는 것은 통사론의 일반적인 속성이기 때문이다.[11] 따라서 허사 '것'이 성분지휘하지 않는 성분은 허사 '것'과 통사 관계를 맺을 수 없으며 이에 따라 동지표도 불가능하다.

허사 '것'이 성분지휘 영역 내에서 술어의 의미 선택 속성에 부응하는 성분을 찾을 때에는 거리의 경제성이 관여한다(3장의 (56) 참고).[12]

(12) 가. 그는 [조사단이 [사고 당시에 술을 마시고 있던] 사실을 밝힌] 것을 반박했다.

---

11 이는 '[[내가 쪽지₂ 보낸] 것₂]'과 같은 예에서 동지표를 필요로 하는 것이 허사 '것'임을 의미한다. 즉, 지표 부여 규칙과 동지표의 동인은 허사 '것'이지 '쪽지'가 아니다. 명사성 허사 '것'은 술어의 의미 선택 속성에 부응하기 위해 성분지휘 영역 내에서 술어의 의미 선택 속성에 적합한 성분을 찾는 것이다.

12 거리의 경제성에 다른 요인이 더해지기도 하는데 이에 대해서는 이 장의 9.4.2절 참고.

나. *그는 [조사단이 [사고 당시에 술을 마시고 있던] 사실을 밝힌] 것을
다시 마셨다.

[참고] 그는 [사고 당시에 술을 마시고 있던] 것을 다시 마셨다.

모문 술어가 '반박하-'인 (12가)와 '마시-'인 (12나)는 수용성·문법성에서
대조를 보인다. 그리고 이러한 대조의 원인은 거리의 경제성 부합 여부에서
찾을 수 있다. 모문 술어의 의미 선택 속성을 고려하면 (12가)와 (12나)는
아래와 같은 동지표를 필요로 하는데,

(13) 가. 그는 [조사단이 [사고 당시에 술을₂ 마시고 있던] 사실을₃ 밝힌]
것을₃ 반박했다.

나. *그는 [조사단이 [사고 당시에 술을₂ 마시고 있던] 사실을₃ 밝힌]
것을₂ 다시 마셨다.

[참고] {사실을, *술을} 반박하다, {*사실을, 술을} 마시다.

(13가)는 허사 '것'이 통사구조적으로 가까이 있는 '사실'과 동지표됨으로써
거리의 경제성에 부합하고 이에 따라 이상이 없으나, (13나)는 허사 '것'이
통사구조적으로 가까이 있는 '사실'을 무시하고 멀리 있는 '술'과 동지표되고
이로 인해 거리의 경제성에 반하게 되어 수용성·문법성에서 이상을 지니게
되는 것이다.

9.2.3. '것'의 선택

사물을 나타내는 '것'에 더해 명사성 허사 '것'을 인정하면 언제 어떤 '것'
을 선택하는가의 문제가 제기된다. 하지만 이 문제를 해소하기 위해서 별도

의 조치를 추가할 필요는 없다. 사물의 '것'과 명사성 허사 '것'의 특성 그리고 술어의 의미 선택 속성 등이 언제 어떤 '것'이 나타나는가를 결정하기 때문이다.

먼저, 내핵 관계절 구성의 '것'은, 앞 절에서도 논의했듯이, 술어의 의미 선택 속성을 고려할 때 허사 '것'이어야 하며, 허사 '것'이 아니라 사물의 '것'이면 문제가 발생한다. 예를 들어 (14)의 '것'이 명사성 허사 '것'이 아니라 사물의 '것'이라고 해 보자. 그러면 문제가 발생한다. 술어 '구하-'의 의미 선택 속성은 '구하는 대상'을 필요로 하는데 사물의 '것'은 '구하는 대상'의 자격과 어울리지 않기 때문이다. 또한 (14)의 '것'이 사물의 '것'이라면 관계절 '[영희가 물에 빠지는]'과 '것' 사이에는 일반적인 외핵 관계절 구성, 예를 들어 '[영이가 만든] 것'에서 관계절 '[영이가 만든]'과 '것' 사이에 성립하는 관계가 성립해야 하는데(이 장의 각주 4) 참고), 그러한 관계가 성립하는 것으로 보기도 어렵다.

(14) 철수가 [[영희가 물에 빠지는] 것을] 구해냈다. (= 1가)

다음으로, 사물의 '것'이 나타날 자리에 허사 '것'이 나타나도 문제가 발생한다. 예를 들어 사물의 '것'이 나타나는 자리는 (15가)에서 보듯이 수식이 가능한 자리인데 명사성 허사 '것'은 (15나)에서 보듯이 수식을 감당하지 못하므로 (15)의 '것'이 명사성 허사 '것'일 수 없다.[13]

(15) 가. 철수는 영이가 e 쓴 것을 읽었다.

---

13 '철수는 영이가 쓴 것들을 읽었다'에서 보듯이 (15가)의 '것'은 복수성의 '-들'과 병합할 수 있는데 이 현상 역시 (15가)의 '것'이 사물의 '것'임을 의미한다. 뒤에서 (19)를 다루며 논의하듯이 명사성 허사 '것'은 복수성의 '-들'과 병합하지 않기 때문이다.

철수는 영이가 e 쓴 <u>그 어려운</u> 것을 읽었다.

　나. 철수가 영희가 물에 빠지는 것을 구해냈다.

　　*철수가 영희가 물에 빠지는 <u>가여운</u> 것을 구해냈다. ((7나) 참고)

　한편 (15가)와 같은 예의 '것'이 명사성 허사 '것'일 수 없다는 것은 명사성
허사 '것'과 외현되지 않은 공범주 'e'가 서로 동지표되지 않는다는 '동지표
제약'의 가능성을 암시하는데, 이 제약의 필요성은 아래의 대조를 통해 확인
할 수 있다.

　　(16) 가. 철수는 영이가 e 쓴 그 어려운 것을 읽었다. ((15가) 참고)

　　　나. *철수는 영이가 논문을 쓴 그 어려운 것을 읽었다.

　'동지표 제약'의 필요성을 구체화하기 위해 일단 이 제약이 성립하지 않는
다고 해 보자. 다시 말해 명사성 허사 '것'과 공범주 'e'의 동지표가 가능하다
고 해 보자. 이에 더해 (16나)의 '논문을'이 담화 맥락에 기대어 외현되지
않고 공범주로, 즉 생략될 수 있다는 사실에 주목해 보자. 그러면 (16나)는
곧 (16가)가 될 수 있다. (16나)의 '논문을'이 담화 맥락에 의해 생략되면
(16가)가 되기 때문이다. 그런데 (16가)는 문법적인 반면 (16나)는 비문법적
이다. 따라서 '동지표 제약'을 설정하지 않으면 (16가)와 (16나)의 대조를
포착할 수 없는바, 이는 '동지표 제약'의 필요성과 통한다.

9.3. 분열문의 '것'

　'것'에는 사물의 '것'과 명사성 허사 '것', 이렇게 두 종류가 있으며, 내핵

관계절 구성에 나타나는 '것'은 명사성 허사 '것'이다. 그렇다면 분열문의 '것'은 어떤 '것'인가? 사물의 '것'인가, 아니면 명사성 허사 '것'인가? 혹시 사물도 명사성 허사도 아닌 제3의 또 다른 '것'인가? 지금부터 이 문제에 대한 답을 모색하고, 이를 토대로 분열문에 나타나는 '것'의 정체와 밀접히 관련된 현상을 해명하기로 한다.

9.3.1. '것'의 정체 재확인: 첫 번째 문제

분열문의 '것'의 정체와 관련하여, 사물의 '것'과 명사성 허사 '것' 그리고 제3의 '것', 이 세 가지 가능성 가운데 일단 사물의 '것'일 가능성은 배제된다. 분열문은 동일성(identity) 내지는 등가성(equativeness)을 띠는데(임규홍 1986; 박철우 2008 등 참고),[14] 분열문의 '것'이 사물의 '것'이라면 아래 (17)에서 '사물의 '것' = 현우의 아버지 김서방'이 되는바, 이는 사물이 사람인 '현우의 아버지 김서방'과 같다는 의미적 충돌을 초래하기 때문이다.

(17) 방안에 눕혀진 것은 현우의 아버지 김 서방이었다. (= 1나)

사물의 '것'일 가능성을 제외하면 명사성 허사 '것'과 제3의 '것'의 가능성이 남는다. 그리고 설명의 일반성과 경제성을 고려하면, 내핵 관계절 구성에서 확인한 명사성 허사 '것'의 가능성을 우선 고려해야 할 것이다. 이와 같은 점을 고려하여 분열문 (17)의 '것'이 명사성 허사 '것'이라고 해 보자. 이러한

---

14 '철수가 영이를 만난 것은 <u>학교에서</u>였다'와 같은 예는 서술성을 띤 분열문으로 판단된다. 계사 '이-'가 동일성과 서술성을 나타내므로(4장 4.6절 참고), 분열문도 동일성과 서술성을 나타낼 수 있는 것이다. 여기서는 동일성의 분열문에 집중하고 서술성의 분열문에 대해서는 따로 살피지 않는다.

입장은 과연 타당한가?

분열문 (17)에 나타난 '것'을 명사성 허사 '것'으로 간주하면 사물의 '것'이 야기한 의미적 충돌은 피할 수 있다. 명사성 허사 '것' 자체는 사물도 사람도 아니므로, 다시 말해 사물인지 사람인지가 본유적으로는 미결정되어 있으며 문맥을 통해 사람이나 사물 등으로 정해지므로, '명사성 허사 '것' = 현우의 아버지 김서방'이어도 즉각적인 문제는 발생하지 않기 때문이다.

그런데 분열문 (17)의 '것'이 명사성 허사 '것'이려면 의미적 충돌을 피하는 것만으로는 부족하고, (17)에서 명사성 허사 '것'이 사람으로 결정되어 '명사성 허사 '것'[사람] = 현우의 아버지 김서방'이 되는 과정을 밝혀야 한다.[15] 그렇다면 (17)에서 명사성 허사 '것'은 어떻게 '것'[사람]으로 결정되는가? 이에 대해 적절히 답할 수 있으면 분열문의 '것'은, 내핵 관계절 구성의 '것'과 마찬가지로, 명사성 허사 '것'의 자격을 가지게 되며, 나아가 제3의 '것'을 설정하는 부담도 피할 수 있게 된다.

위와 같은 맥락에서 관계절 구성은 그 특성상 표제명사가 관계절 술어의 의미 선택 속성에 부합해야 한다는 점에 주목해 보자. 이에 따르면 (17)의 '[[방안에 눕혀진] 것]'에서 표제명사 위치에 나타난 명사성 허사 '것'은 관계절의 술어 '눕혀지-'의 의미 선택 속성과 어울리는 '눕혀질 수 있는 대상', 다시 말해 사람으로 간주되어야 한다. 그런데 명사성 허사 '것'은 위에서도 언급했듯이 사람인지 사물인지 미결정되어 있으므로 그 자체로는 '눕혀질 수 있는 대상'이라고 하기 어렵다.[16] 하지만 '[[방안에 눕혀진] 것]'을 넘어

---

15 '명사성 허사 '것'[사람]'은 명사성 허사 '것'의 속성이 사람으로 결정되었음을 표시한 것이다.

16 이는 관형절의 요구만으로는 명사성 허사 '것'의 정체가 정해지지 않는다는 것을 뜻한다. 물론 (17)만을 고려하면 관형절의 요구만으로 명사성 허사 '것'이 '것'[사람]으로 결정된다고 할 수도 있다. 하지만 그러한 시각은 뒤에서 논의하듯이 (23)에서 한계를 드러낸다.

동일성을 나타내는 V '이-'가 통사구조에 등장하면 사정이 달라진다. V '이-'가 참여하여 아래의 통사구조를 형성하면 V '이-'의 동일성에 의해 '명사성 허사 '것' = 현우의 아버지 김 서방'이 되고, 이에 따라 명사성 허사 '것'의 속성이 '것'[사람]으로 결정되는 것이다.

(18)

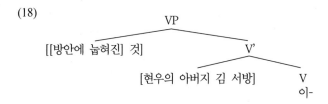

결국 분열문 (17)의 '것'은 명사성 허사 '것'이며, 관계절 구성의 논리와 분열문의 논리, 특히 분열문의 V '이-'가 지닌 의미 특성인 동일성을 토대로 사람인지 사물인지의 여부가 결정되는 것으로 이해된다. 그리고 이러한 이해가 별다른 부담을 야기하지 않으므로 분열문의 '것'을 위해 제3의 '것'을 모색할 필요성은 사라진다.

분열문의 '것'을, 내핵 관계절 구성의 '것'과 마찬가지로, 명사성 허사 '것'으로 파악하면 아래 현상도 별다른 어려움 없이 설명할 수 있게 된다.

(19) 가. 영이가 만난 것은 철수와 순이였다.

　　　나. *영이가 만난 것들은 철수와 순이였다.

위의 대조에서 알 수 있듯이 분열문의 '것'에는 복수성 접미사 '-들'이 병합하지 못한다(윤항진 2012: 565; 박소영 2014가: 43; 염재일 2014: 113 등 참고). 일견 '철수와 순이'가 복수성을 띠므로,[17] V '이-'의 동일성에 의해 '것'도 복수성을 띠게 되고, 이에 따라 '것'과 복수성 접미사 '-들'의 통합이 허용될 수 있을 듯한데, 실제는 이와 달라서 (19나)는 성립하지 않는 것이다.

그런데 통사구조 형성 과정과 명사성 허사 '것'의 속성 결정 과정을 고려하면 (19나)가 성립하지 않는 것이 당연한바, (19나)를 배제하기 위한 별도의 조치가 추가될 필요는 없다.

먼저, '[[영이가 만난] 것]'에 복수성 접미사 '-들'이 병합할 수 있는지 따져 보자. 통사구조 형성 과정을 고려하면 '[[영이가 만난] 것]'이 복수성을 띨 수 있어야, 다시 말해 명사성 허사 '것'의 속성이 복수성일 수 있어야 '[[영이가 만난] 것]'에 복수성 접미사 '-들'이 병합할 수 있다.[18] 하지만 '[[영이가 만난] 것]' 안에는 명사성 허사 '것'의 복수성을 보장할 만한 성분이 부재하므로 '[[영이가 만난] 것]'만으로는 명사성 허사 '것'의 복수성을 보장할 수 없다. 따라서 '[[영이가 만난] 것]'과 복수성 접미사 '-들'의 병합은 허용되지 않는다.[19]

다음으로, 동일성의 V '이-'에 의해 '[[영이가 만난] 것]'과 '[철수와 순이]' 사이의 동일성이 성립되면, 즉 '[$_{VP}$ [영이가 만난 것은] [$_{V'}$ [철수와 순이] 이-]]'가 형성되면, 명사성 허사 '것'은 동일성을 토대로 '철수와 순이'와 같은 것으로 간주되고 이에 따라 사람의 속성과 복수성의 속성을 갖추게 된다. 그런데 이렇게 명사성 허사 '것'이 복수성을 띠게 되어도 '[[영이가 만난] 것]'과 복수성 접미사 '-들'의 병합은 여전히 허용되지 않는다. '[$_{VP}$ [영이가

---

17 '철수와 순이'의 복수성은 다음의 두 가지 사실을 통해 확인할 수 있다. 첫째, '[철수와 순이는]₂ 그들이₂ 꿈을 이루기 위해 노력했다'에서 보듯이 '철수와 순이'는 복수성 대용 표현 '그들'로 대용될 수 있다. 둘째, '철수와 순이는 열심히들 노력했다'의 부사어 '열심히들'에 병합한 '-들'은 일반적으로 주어가 복수성을 띨 것을 요구하는바(최동주 2000 참고), 이 역시 '철수와 순이'의 복수성을 지지한다.

18 NP가 복수성을 띨 수 있어야 NP와 '-들'의 병합이 가능한 것으로 간주한다. 예를 들어 '아이'는 복수성을 띨 수 있으므로 '-들'과 병합해서 '아이들'을 형성할 수 있다.

19 이 장의 9.2.3절의 말미에 제시한 '동지표 제약'에 따라 관형절 내에 상정되는 공범주 'e'는 무시한다.

만난 것은] [$_{v'}$ [철수와 순이] 이-]]'의 '[[영이가 만난] 것]'에 복수성 접미사 '-들'이 병합하려면 이미 형성된 통사구조의 형성 과정을 되짚어 '[[영이가 만난] 것]'으로 거슬러 올라가야 하는데, 다른 말로 이미 형성된 통사구조 '[$_{VP}$ [영이가 만난 것은] [$_{v'}$ [철수와 순이] 이-]]'를 깨고 그 내부에 '-들'을 끼워 넣어야 하는데, 일반적으로 이러한 통사구조 형성은 허용되지 않기 때문이다.[20]

한편, 분열문에 나타나는 '것'의 정체를 밝히는 데에서 눈을 잠시 돌려 복수성 요구 충족 방식 일반으로 논의를 확장하면 흥미로운 문제가 제기된다. 위에서 논의한 바에 따르면 '-들'의 복수성 요구는 '-들'이 통사구조에 등장하는 즉시 충족되어야 하는데, 이러한 경우에 더해 복수성 요구 충족이 지연되는 경우도 있기 때문이다. 예를 들어 '영이는 발표자로 그리고 철수는 토론자로 학회장에 모였다'의 V '모이-'의 복수성 요구 충족 방식을 고려해 보자. 이 예의 V '모이-'는 '{*영이가, 영이와 철수가, 그들이} 학회장에 모였다'에서 보듯이 복수성 주어를 요구하는데, 이 요구는 V '모이-'가 통사구조에 등장하는 즉시 충족되지 않고 통사구조 형성이 더 진행된 후에 충족된다 (이정훈 2007나: 351-353 참고). 따라서 '-들'의 복수성 요구 충족 방식과 V '모이-'의 복수성 요구 충족 방식이 서로 다르다고 할 수 있으며, 이에 다음의 문제가 제기된다. 두 가지 방식은 왜 서로 다른가? 또 둘을 하나로 통합할

---

20 한마디로 한번 지나간 도출 과정을 되돌릴 수는 없다. 이는 통사구조 형성 과정에 관여하는 조건으로서 공리(axiom)의 성격을 띤다. 이러한 공리를 인정하지 않으면, 예를 들어 '비가 왔다'가 '비 오-, 비 오-다, 비-가 오-다, 비-가 오-았-다' 순서로 형성되는 가능성을 막을 수 없다. 이러한 형성 과정을 인정하지 않는 것은 통사구조 형성 과정을 복잡하게만 할 뿐 통사 현상을 이해하는 데 별다른 효과가 없으며, 어떤 경우에는 통사 현상을 해명하는 데 장애가 되기 때문이다. 그렇다고 해서 기왕에 형성된 통사구조 내부에 어떤 성분이 끼어드는 것이 무조건 배제되는 것은 아니다. 특정 환경, 조건이 충족되면 그러한 것이 허용된다(12장 12.4.5절 참고).

수는 없는가? 복수성 요구 즉시 충족은 선응성 원리(earliness principle)와 통하고 복수성 요구 지연 충족은 지연성 원리(procrastinate principle)와 통하며 (Chomsky 1995나/2015; Radford 2004 등 참고), 이 두 원리가 본질적으로 상충된다는 점에서 문제는 한층 심각해진다. 상충을 극복하려면 두 원리를 통합하거나 배타적·상보적으로 적용하는 방법이 있어야 하는데, 지금 당장 이에 대해 충실히 논의하기는 어려운바, 문제를 제기하는 선에서 멈춘다.

다만 성글게나마 복수성 접미사 '-들'과 V '모이-'의 복수성 요구 충족 방식이 다른 이유를 추측해 보면, 복수성 요구가 보충어 자질, 논항 자질을 대상으로 하기 때문에 그러한 차이가 나타나는 것으로 볼 수 있을 듯하다. 복수성 요구가 보충어 자질을 대상으로 하는 것으로 보면, 먼저, '-들'은 보충어 자질 [NP]를 가지고 NP '[영이가 만난 것]'과 병합하면서 이 NP가 복수성일 것을 요구하게 된다.[21] 그래서 선응성 원리에 부합하는 모습을 띠게 된다. 다음으로, V '모이-'는 논항 자질이 [NP, K_LP]이므로([$_{NP}$ 모두] [$_{KLP}$ 강당에] 모였다), 논항 자질에 복수성을 요구하면 두 개의 논항이 다 실현될 때까지 복수성 요구에 응하면 되는 여유를 가질 수 있다. 그러면 주어가 등장할 때까지 복수성 요구가 지연되게 되는바, 지연성 원리에 부합하는 모습을 띠게 된다. 결국 복수성 요구 대상을 보충어 자질, 논항 자질로 보면 선응성 원리나 지연성 원리와 같은 별도의 원리에 기댈 필요가 없게 된다.

---

21 '영이, 철수, 순이 등이 와서들 선생님을 찾았다, 철수와 영이가 열심히들 공부했다'와 같은 예까지 고려하면 '-들'의 보충어 자질을 [NP]로 국한할 수는 없는데, 자세한 논의는 생략한다. 한편 방금 제시한 예에서 '와서들'의 '-들'은 통사구조 '[[영이, 철수, 순이 등이 와서]-들]'을 고려하건데 복수성을 띤 '영이, 철수, 순이 등'이 포함된 절과 병합하므로 선응성 원리에 부합하는 것으로 볼 수 있지만, '열심히들'의 '-들'은 그렇지 않다. '열심히들'의 '-들'은 그 복수성 요구가 '-들'이 통사구조에 등장하는 즉시 충족되는 것이 아니라 주어 '철수와 영이'가 통사구조에 나타날 때까지 기다렸다가 충족되기 때문이다. '-들'의 복수성 충족 문제는 뒤에서 다시 살피는데(12장 12.4.4절 참고), 포괄적인 논의는 다른 기회를 기약한다.

9.3.2. 구문 위계와 구문 선택 제약: 두 번째 문제

분열문은 동일성을 띠므로, '저 사람이 그 사람이다'가 성립하면 '그 사람이 저 사람이다'도 성립하듯이, 아래 (20가)가 성립하면 (20나)도 성립할 것으로 예상된다. 그런데 실제는 예상과 달라서 (20가)는 성립하는 것으로 판단되지만 (20나)는 그렇지 않다. 이 현상은 어떻게 이해할 수 있는가?

(20) 가. 철수가 만난 것은 그 여자이다.
　　 나. *그 여자는 철수가 만난 것이다. (= 2)
　　 [참고] 가. 철수가 만나던/만나는/만날 것은 그 여자이다.
　　　　　 나. *그 여자는 철수가 만나던/만나는/만날 것이다.

일단 (20나)가 비문법적인 것은 분열문일 경우라는 점을 분명히 하자. 즉, (20나)는 분열문일 수도 있고 '것이다' 구문일 수도 있는바, (20나)가 성립하지 않는 것으로 판단되는 것은 분열문일 경우에 한하며, 분열문이 아니라 '것이다' 구문이면 (20나)도 문법적인 것으로 판단된다.[22] 따라서 (20나)를 다루기 위해서는 '것이다' 구문은 허용하고, 분열문은 배제하는 조치가 요구된다.

위와 같은 요구에는 어떻게 부응할 수 있는가? 여기서는 아래와 같은 구문 위계(constructional hierarchy)와 이에 따른 구문 선택 제약(selectional constraint

---

22　'것이다' 구문 '[철수가 그 여자는 만난] 것이다'에서 '그 여자는'이 전치(preposing)되거나 (그 여자는₂ [철수가 t₂ 만난] 것이다), '그 여자는'이 주제(topic)로 나타나고 이에 대한 평언 (comment)으로 '것이다' 구문 '철수가 만난 것이다'가 나타나면([[그 여자는]₂ [[철수가 e₂ 만난] 것이-]]), (20나)와 겉모습이 같은 '것이다' 구문 '그 여자는 철수가 만난 것이다'가 나타난다.

on constructions)을 설정해 (20나)의 구문 자격을 정하고, (20가)와 (20나)의 대조를 포착하고자 한다.

(21) 가. 구문 위계가 존재한다. 예 '것이다' 구문 > 분열문

나. 두 가지 구문이 가능한 경우, 위계에서 높은 구문이 선택된다.

의미역 위계(thematic hierarchy. Jackendoff 1990 등), 접근 가능성 위계 (accessibility hierarchy. Keenan & Comrie 1977 등), 유정성 위계(animacy hierarchy. 김형정 2012가; Croft 2003 등) 등에서 보듯이 문법은 때로 일정한 위계를 토대로 작동한다. 따라서 구문 위계가 존재하고 문법이 이 위계에 따라 작동할 가능성이 존재한다. (21)은 이 가능성을 적극적으로 고려한 것으로서, (21가)의 위계와 (21나)의 제약에 따르면 (20나)는 '것이다' 구문으로 간주되어야 한다. 따라서 (21)에 따라 (20나)를 '것이다' 구문으로 간주하지 않고 분열문으로 간주하게 되면 제약 위반의 문제를 야기하게 되고 이로 인해 분열문으로서의 (20나)는 성립하지 않는 것으로 판단된다. 이와 달리 (20가)는 분열문의 가능성과 '것이다' 구문의 가능성이 공존하지 않고 분열문만 가능하므로 (21)이 관여하지 않는다.

(21)의 위계와 제약은 다분히 임기응변적인 조치에 불과해 보인다. 따라서 (21)을 보다 원리적인 차원에서 재해석할 필요가 있는데, 등재와 유표성 (markedness)으로 재해석할 수 있다.[23] 즉, 분열문이나 '것이다' 구문과 같은 구문이 등재되고(이정훈 2022 참고), 이렇게 등재된 구문 사이에 유표성이

---

23 등재와 유표성에 대한 것은 홍정하(2009), 정한데로(2015) 등 참고. 한편 (21)은 재해석에 더해 일반성도 확인할 필요가 있지만 일반성에 대한 논의는 후일로 미룬다. 일반성을 확인하려면 다양한 구문을 다루면서 여러 구문 사이에 성립하는 선택 관계를 관찰해야 하기 때문이다.

작용해서, 두 가지 이상의 구문으로 해석될 수 있는 경우에는 보다 무표적인 구문이 선택되는 것으로 볼 수 있다.

위와 같은 재해석이 타당하려면 '것이다' 구문과 분열문 중 '것이다' 구문이 분열문에 비해 무표적이라고 보아야 하는데, '분포'와 '구문으로 인한 변화'를 고려할 때 '것이다' 구문이 분열문보다 무표적인 것으로 판단된다.

먼저, 분포와 관련하여, 예를 들어 '것이다' 구문은 '누가 곰탕을 먹은 것이냐?'에서 보듯이 의문사를 자유롭게 허용하지만 분열문은 '*누가 먹은 것은 곰탕이냐?'에서 보듯이 그렇지 않은바(김영희 2000: 68 참고), 이는 의문사와의 공기 가능성에서 '것이다' 구문이 분열문보다 넓은 분포를 가진다는 것을 의미한다. 그리고 이러한 분포 차이는 그 밖의 경우에서도 볼 수 있다.[24] 예를 들어 관용 표현 '좋은 약이 입에 쓰다'는, '좋은 약이 입에 쓴 것이다'와 '*좋은 약이 쓴 것은 입이다, ??입에 쓴 것은 좋은 약이다'의 대조에서 보듯이 '것이다' 구문과는 쉽게 어울릴 수 있지만 분열문과는 그럴 수 없다. 의문사와 마찬가지로 관용 표현의 경우에도 '것이다' 구문이 분열문보다 넓은 분포를 가지는 것이다. 이렇게 의문사든 관용표현이든 '것이다' 구문이 분열문보다 넓은 분포를 보이는데, 넓은 분포는 무표성과 통하므로 '것이다' 구문이 분열문보다 무표적이라 할 수 있다.

다음으로, '구문으로 인한 변화'는, 예를 들어 '영이가 철수를 만났다'가 '것이다' 구문과 어울릴 때 야기되는 변화와 분열문과 어울릴 때 야기되는 변화를 비교해 보면 '것이다' 구문이 분열문보다 무표적임을 쉽게 알 수 있다. '것이다' 구문은 '영이가 철수를 만난 것이었다'에서 보듯이 '것이다'가

---

24 '누가 먹은 것의 곰탕이냐?'에서 보듯이 '-은/는'이 아니라 '-이/가'이면 의문사가 분포할 수 있다. '-은/는'은 [누가 먹은 것]이 주제일 것을 요구하는바, 의문사는 초점에 해당하므로 나타날 수 없는 반면, '-이/가'는 주제가 아니라 초점, 대조와 통하므로 의문사가 나타날 수 있는 것이다.

추가되는 것 외에 큰 변화가 없지만, 분열문은 '영이가 만난 것은 철수였다, 철수를 만난 것은 영이였다'에서 보듯이 통사구조에 큰 변화가 나타나는바, 구문으로 인한 변화의 크기가 작은 '것이다' 구문이 그렇지 않은 분열문보다 무표적인 것으로 판단되는 것이다.

한편, 앞서 (2 = 20)을 제시하며 언급했듯이 '그 여자'와 같은 사람이 아니라 '사과'와 같은 사물이 나타나면 (22)에서 보듯이 (20가) 유형인 (22가)는 물론이고 (20나) 유형인 (22나)도 성립한다. 그렇다면 (20나)와 (22나)의 차이는 왜 나타나는가? 그것은 (20나)와 달리 (22나)는 명사성 허사 '것'에 더해 사물의 '것'도 허용하기 때문이다.

(22) 가. 철수가 먹은 것은 사과이다.

나. 사과는 철수가 먹은 것이다.

(20나)의 '것'이 사물의 '것'일 수는 없다. 사물의 '것'이면 '그 여자 = 사물의 '것''이 되어 의미적 충돌이 야기되기 때문이다. 따라서 (20나)의 '것'은 명사성 허사 '것'이며 (21)에 따라 (20나)는 '것이다' 구문으로 해석된다. 하지만 (22나)는 사정이 달라서 명사성 허사 '것'과 사물의 '것' 둘 다 허용되며, 명사성 허사 '것'이면 (21)에 따라 '것이다' 구문으로 해석되고, 사물의 '것'이면 동일성의 V '이-'에 의해 '사과 = [[철수가 먹은] 것]'이 된다.[25] 그 결과 (20)에서와는 달리 (22)에서는 (22가)에 더해 (22나)도 성립하게 된다.

---

25 분열문을 명사성 허사 '것'이 나타난 경우로 국한하면 (22나)는 분열문에서 제외되는데, 분열문의 범위에 대해서는 따로 따지지 않는다. 현상을 설명하는 것이 중요하지 현상의 한계를 정하거나 현상을 분류하는 것은 부차적이라고 판단하기 때문이다. 더불어 설명은 그 범위가 넓으면 넓을수록 더 큰 일반성을 띠게 된다는 것도 상기할 필요가 있다.

9.3.3. 세 번째 문제

지금까지 이 글을 시작하며 제시한 세 가지 문제 가운데 두 가지 문제를 해결해 왔다. 이제 남은 것은 세 번째 문제, 즉 (23 = 3)의 대조이다. 이 대조는 어떻게 설명할 수 있는가?

(23) 가. 철수가 만난 것은 그 여자이다.
　　나. *철수가 만난 것은 굉장히 성실하다.
　　*철수가 만난 것은 화가이다. (= 3)

(23가)는, 앞서 (17)을 다루며 논의했듯이, V '이-'의 동일성을 토대로 명사성 허사 '것'이 '것'[사람]으로 결정되어 별다른 문제를 야기하지 않는다. 물론 (23가)의 '것'이 명사성 허사 '것'이 아니라 사물의 '것'이면, 사람을 사물로 취급하는 비유나 비하의 의미가 아닌 한, 성립하지 않는 것으로 판단된다.
(23나)의 '것'도, 사물을 사람으로 간주하는 비유가 아닌 한, 사물의 '것'일 수는 없다. '성실하-', '화가이-'와 같은 술어와 사물은 어울리지 않기 때문이다.[26] 그렇다면 명사성 허사 '것'은 어떠한가? (23나)의 '것'이 명사성 허사 '것'이면 술어 '성실하-, 화가이-'를 고려하건대 사람의 속성을 지녀야 한다. 그런데 (23나)는 명사성 허사 '것'이 사람으로 결정되는 것을 보장하지 못한다. (23가)는 동일성의 V '이-'가 '[[철수가 만난] 것[사람]] = 그 여자'를 보장하지만 (23나)는 그러한 역할을 담당할 수 있는 성분을 구비하고 있지 못하기 때문이다. 따라서 (23나)는 사물의 '것'이든 명사성 허사 '것'이든 어떤 '것'을 동원해도 성립하지 못하고 비문법적인 표현이 되고 만다.

26　'화가이-'의 V '이-'는 동일성의 V '이-'가 아니라 서술성의 V '이-'이다(4장 4.6절 참고).

9.4. 확장

지금까지의 논의를 확장하면 여러 가지 흥미로운 문제가 대두된다. 이 절에서는 그중 지금까지 논의한 내용과 직결되는 세 가지 사항을 논의하기로 한다.

9.4.1. 사건·사실의 '것'

술어의 의미 선택 속성과 '것'의 정체를 결부시키는 논의를 확장하면, 사건이나 사실을 나타내는 '것'도 명사성 허사 '것'으로 파악하는 길이 열린다.

(24) 가. 나는 철수가 사과를 먹는 것을 보았다.

나. 나는 철수가 도착한 것을 안다.

(25) 가. 나는 철수가 사과를 먹는 사건을 보았다.

나. 나는 철수가 도착한 사실을 안다.

(24)와 (25)를 비교해 보면 알 수 있듯이 (24)의 명사성 허사 '것'은 사물이나 사람이 아니라 사건이나 사실을 나타낸다(조미정 1999 참고). 그리고 사건과 사실 중 어느 것을 나타내는가는 술어 V '보-'와 V '알-'에 의한다. 이들 술어가 의미 선택 속성상 각각 사건, 사실을 요구하므로 이에 맞추어 명사성 허사 '것'의 의미 속성이 정해지는 것이다. 그렇다면 이러한 경우의 명사성 허사 '것'은 지표 부여에 있어서 어떻게 처리되는가? 이에 대해서는 두 가지 가능성을 고려할 수 있다.

하나는 사건이나 사실의 명사성 허사 '것'이 동지표되는 성분을 아예 찾지 않을 가능성이다. 명사성 허사 '것'이 갖게 된 의미 속성인 사건, 사실은 그 특성상 관형절 내의 특정 성분과의 동지표를 요구하지 않으므로 지표 부여 규칙이 적용될 필요가 없고, 일반적으로 불필요한 규칙 적용은 금지되기 때문이다. 다시 말해 (24)의 명사성 허사 '것'은 술어의 요구만으로 그 속성이 사건, 사실로 결정되는 것이다.

다른 하나는 앞서 살핀 명사성 허사 '것'과 마찬가지로 (24)의 명사성 허사 '것'에도 지표 부여 규칙이 적용될 가능성이다. 다만 이 경우에 지표 부여 규칙에 의해 명사성 허사 '것'과 동지표되는 성분은, 사건이나 사실과 부합해야 하므로, 관형절 내의 주어 논항이나 목적어 논항 등이 아니라 VP '[$_{VP}$ 철수가 사과를 먹-], [$_{VP}$ 철수가 도착하-]' 자체일 것이다. 또는 사건 논항 (event argument)을 도입하면(Davidson 1967/2001; Parsons 1990 등 참고), 사건 논항과 동지표되는 것으로 볼 수 있다.

9.4.2. 거리의 경제성 완화

허사 '것'의 동지표에는 거리의 경제성이 관여해서 가까이 있는 성분과의 동지표가 가능하면 그보다 멀리 있는 성분과의 동지표는 저지된다(이 장의 (12), (13) 참고). 그런데 아래 예는 거리의 경제성과 관련하여 흥미로운 문제를 제기한다.

(26) 가. 나는 <u>강아지가</u>$_2$ <u>고양이와</u>$_3$ 놀고 있는 <u>것을</u>$_{2,3}$ 둘 다 가두었다.

나. 경찰은 <u>A가</u>$_2$ <u>B에게</u>$_3$ 뇌물을 주고 있는 <u>것을</u>$_{2,3}$ 현장에서 둘 다 체포했다. (정대호 1999: 4, 11 참고)

위에서 허사 '것'은 가까이 있는 '강아지, A'와 동지표될 뿐만 아니라 나아가 멀리 있는 '고양이, B'와도 동지표된다.[27] 거리의 경제성에도 불구하고 멀리 있는 성분과의 동지표가 허용되는 것인데, 이러한 현상을 어떻게 이해해야 하는가? 다시 말해 거리의 경제성을 어떻게 이해해야 (26)까지도 포괄할 수 있는가?

위의 의문에 대해 여기서는 거리의 경제성의 작동 방식과 관련하여, 거리의 경제성이 한 번 충족되면 이후로는 완화될 수 있는 것으로 본다.[28] 즉, (26)에서 허사 '것'은 '강아지, 고양이'와 동지표되고, 'A, B'와 동지표되는데, 이러한 동지표 중 허사 '것'과 '강아지, A' 사이의 동지표는 거리의 경제성을 준수하는바, 이를 통해 이후의 동지표는 거리의 경제성에서 자유롭게 되어서 허사 '것'에서 '강아지, A'보다 멀리 있는 '고양이, B'도 허사 '것'과 동지표될 수 있는 것으로 파악한다. 거리의 경제성이 성립하되, 일정한 환경에서는 완화될 수 있는 것이다.

하지만 거리의 경제성과 그 완화 요건이 위에서 멈추면 (26)과 (27)이 구분되지 않는 문제가 발생한다.

> (27) 나는 <u>강아지가</u>₂ <u>고양이가</u>₃ 반쯤 망가뜨린 소파를 물어뜯는 <u>것을</u>{2, *2·3}
> 혼냈다.

---

27 물론 '나는 <u>개가</u>₂ 고양이와 놀고 있는 <u>것을</u>₂ 가두었다, 경찰은 <u>A가</u>₂ B에게 뇌물을 주고 있는 <u>것을</u>₂ 현장에서 체포했다'에서 보듯이 '2'와 '3' 둘 다가 아니라 어느 하나와 동지표될 수도 있다. 그리고 '2'와 '3' 둘 다가 아니라 어느 하나와 동지표되는 경우, 지표 '2'에 해당하는 '개, A'와 동지표되지, '고양이, B'와는 동지표되지 않는데, 이는 거리의 경제성에 의한다. 더불어 '접근 가능성 위계'를 고려해도 마찬가지이다. 접근 가능성 위계에 의하면 주어가 다른 성분보다 선호되기 때문이다(9.3.2절 참고). 주어가 선호되는 것은 '철수가 영이를 자기 집에 보냈다'와 같은 예에서도 확인할 수 있는바, 이 예에서 '자기'는 목적어 '영이'보다 주어 '철수'와 동지표되는 것이 더 수월하다(윤평현 1981: 70-77; 양동휘 1986: 62-62 등 참고). 접근 가능성 위계와 관련하여, 이 위계가 내핵 관계절에도 관여한다는 것은 문숙영(2012), 조수근(2014) 등에서도 지적되었다.

28 '한 번 충족 이후 완화'는 거리의 경제성 이외의 경우에도 성립한다(Richards 1998 참고).

(27)의 허사 '것'은 거리의 경제성에 따라 '강아지'와 동지표된다. 그리고 이를 통해 거리의 경제성이 완화되면 '고양이'와도 동지표될 수 있을 것으로 기대된다. 하지만 실제는 이와 달라서 {2, *2·3}으로 표시해 놓았듯이 (27)에서 허사 '것'은 가까이 있는 '강아지'와 동지표되는 것에서 멈춘다.

거리의 경제성 완화 현상이 (26)에는 나타나고 (27)에는 나타나지 않는 것인데 이와 같은 대조를 포착하려면, 거리의 경제성 완화를 (26)에서는 허용하고 (27)에서는 허용하지 않는 조치가 추가되어야 한다. 이에 허사 '것'의 동지표 후보가 (26)의 경우에는 같은 절에 속한 성분들이지만 (27)의 경우에는 서로 다른 절에 속한 성분들이라는 점에 주목해 보자. 그러면 아래와 같은 동절 성분 조건(clause-mate condition)을 설정해 (26)과 (27) 사이의 대조를 포착할 수 있다.

(28) 동절 성분 조건
    문법 작용의 대상이 동절 성분으로 국한된다.
    예 거리의 경제성 완화, 부정 극성 표현 인허 등[29]

위의 조건에 따라 (26)에서 '고양이, B'는 각각 '강아지, A'와 동절 성분이므로 거리의 경제성 완화의 대상이 되어 허사 '것'과 동지표되는 기회를 얻게 된다. 이와 달리 (27)에서는 '강아지'와 '고양이'가 서로 다른 절에 포함되어 있으므로 동절 성분 조건 (28)을 충족하지 못해서 거리의 경제성 완화 효과가 나타나지 않고 그 결과 허사 '것'은 가까이 있는 '강아지'와만 동지표될 수 있다.

---

[29] 부정 극성 표현은 같은 절 내의 부정어에 의해 인허되어야 한다(시정곤 1997; 김영희 1998가 등 참고).

9.4.3. 도출적 통사론

통사론은 도출적 입장(derivational approach)과 표시적 입장(representational approach)이 맞서기도 하는데, 이 글은 도출적 입장을 지지한다. 특히 아래 (29)의 대조는 앞서 논의했듯이 통사구조 형성 과정을 중시하면, 즉 도출적 입장을 택하면 쉽게 설명할 수 있지만, 표시적 입장을 택하면 설명하기 어렵다.

> (29) 가. 영이가 만난 것은 철수와 순이였다.
>
> 　　나. *영이가 만난 것들은 철수와 순이였다. (= 19)

표시적 입장에서는 최종 결과, 즉 형성된 통사구조 자체를 중시하는바, (29가)든 (29나)든 결과적으로 형성된 통사구조에는 복수성을 띤 '철수와 순이'가 존재하기 때문이다. 물론 표시적 입장을 택하고 조건이나 제약을 설정해서 (29가)와 (29나)의 대조를 포착할 수도 있지만, 그러한 조건이나 제약을 설정하는 것 자체가 부담이라는 점에 유념할 필요가 있다.

더불어 (30)도 도출적 입장을 지지한다. 명사성 허사 '것'의 허사성, 즉 의미적 공허는 도출이 완료된 통사구조에서는 사물이나 사람으로 채워지기 때문에 표시적 입장에서는 관형어가 '것'을 수식하는 (30나)가 성립할 것으로 예측되며, 이러한 예측을 저지하기 위해서는 별도의 제약이나 조건을 설정해야 하기 때문이다.

> (30) 가. 철수가 영희가 물에 빠지는 <u>것</u>을 구해냈다.
>
> 　　　존은 컴퓨터가 고장난 <u>것</u>을 고쳤다.
>
> 　　나. *철수가 영희가 물에 빠지는 <u>가여운 것</u>을 구해냈다.
>
> 　　　*존은 컴퓨터가 고장난 <u>그 것</u>을 고쳤다. (= 7)

9.5. 정리

내핵 관계절 구성과 분열문에 등장하는 의존명사 '것'은 사물은 물론이고 사람도 나타낼 수 있으며 나아가 사건이나 사실을 나타내기도 한다. 이 장에 서는 이러한 현상에 주목하여, 의존명사 '것'이 내핵 관계절 구성과 분열문이 라는 환경에서 왜 그리고 어떻게 그러한 특성을 보이게 되는지에 대해 논의 를 펼쳐왔다. 논의 내용을 간추리면 아래와 같다.

첫째, 내핵 관계절 구성과 분열문의 '것'은 명사성 허사로서 명사성의 통사 범주적 속성은 지니지만 사물, 사람, 사건, 사실 등의 의미적 속성은 결여한다.

둘째, 내핵 관계절 구성에 나타나는 명사성 허사 '것'은 성분지휘와 술어의 의미 선택 속성 그리고 지표 부여 규칙 등을 토대로 내핵 관계절 내의 특정 성분과 동지표됨으로써 결여된 의미 속성을 채우게 된다.

셋째, 분열문에 나타나는 명사성 허사 '것'은 V '이-'의 동일성을 토대로 결여하고 있는 의미 속성을 채우게 된다.

넷째, 사물의 '것'과 명사성 허사 '것' 사이의 선택을 조율하기 위해 별도의 조치를 추가할 필요는 없다. 그러한 선택은 위의 첫째~셋째 사항과 관계절 구성의 특성 등으로 충분히 가능하다.

다섯째, 두 가지 이상의 구문이 가능한 경우 구문 선택 제약에 의해 구문 위계에서 보다 높은 위계에 놓인 구문이 선택된다.

여섯째, 위와 같은 논의는 사건이나 사실을 나타내는 명사성 허사 '것'을 설명하는 데에도 유효하다.

일곱째, '것'의 동지표에 관여하는 거리의 경제성은 완화될 수 있으며 이 경우 동절 성분 조건이 관여한다.

끝으로, 여덟째, 허사 '것'의 의미 속성이 채워지는 과정은 도출주의 통사 론과 표시주의 통사론 가운데 앞의 것을 지지한다.

10. 투사의 통사론: 동사구 주제화 구문

10.1. 도입

한국어는 소위 주제 부각형 언어(topic prominent language)로서 주제화 구문에 대한 탐구는 한국어 문법의 한 축을 이루고 있으며, 특히 아래와 같은 주제화 현상이 집중적으로 다루어져 왔다.

(1) 가. [주제 철수는] 동생이 사과를 먹었다. (임홍빈 1972, 2007다: 127 참고)

나. [주제 고향은] 내가 간다. (김영희 1978: 201 참고)

다. [주제 한국은] 가을이 제일 좋다. (박승윤 1986: 2 참고)

라. [주제 식사는] 구내식당을 이용하십시오. (이정훈 2008나: 303 참고)

이 장은 주제화 구문에 대한 탐구의 연장선상에서 아래 (2답)으로 예시한 현상, 즉 일견 하나의 성분을 이루지 못하는 성분들이 모여 하나의 주제로 기능하는 현상을 동사구가 주제화된 '동사구 주제화 구문'으로 해석하고 이와 관련된 통사적인 사항을 검토하는 것을 목적으로 한다. 이 구문은 한국어 이외의 언어에서도 나타나는바, 현상의 일반성을 확인하는 차원에서 영어의 예도 함께 제시한다.

    (2)   문 누가 영이에게 책을 주었느냐?

        답 [주제 영이에게 책은] 철수가 주었다. (이정훈 2008나: 318-312 참고)

    (2') 가. <u>Working late</u> do you really think he was? (Radford 1988: 528 참고)

        나. They said that John would cook the potatoes, and <u>cook the potatoes</u>

           he did. (Culicover & Jackendoff 2005: 125 참고)

아울러 (3)과 (4)로 각각 예시한 보조사의 영향권(scope) 중의성 현상과 이종 성분 접속 현상도 간략히 살피는데, 이는 이 두 현상 자체에 대한 이해를 도모하는 동시에 (2답)을 위해 제시하는 견해의 일반성과 경험적 타당성을 제고하기 위한 것이기도 하다.

    (3) 동수는 순이만 따라다닌다.

      가. 좁은 영향권의 경우

        동수는 (영이, 순이, 영희 중에) 순이만 따라다닌다.

      나. 넓은 영향권의 경우

        동수는 (공부는 안하고) 순이만 따라다닌다. (최재웅 1996: 675 참고)

    (4) 가. 윤달은 <u>누가 그리고 어떤 규칙으로</u> 정했나요?

      나. 당신은 <u>무엇을 어떻게 그리고 왜</u> 읽는가?

(4)에 예시한 이종 접속 구문은 일상에서 흔히 다중 의문사 의문문(multiple *wh*-question)과 어울려 나타난다. 하지만 맥락이 있으면, 예를 들어 (4가)의 의문에 대해 답하는 맥락에서는 '윤달은 누군가가 그리고 제멋대로 정했다' 에서 보듯이 평서문도 가능하다.

논의 순서는 다음과 같다. 먼저 10.2절에서는 동사구 주제화 구문이 제기하는 문제를 명확히 한다. 이어 10.3절에서는 병렬 투사를 제안하고 이를 토대로 동사구 주제화 구문의 문제를 해소한다. 10.3절에서 제안하는 병렬 투사의 타당성은 10.4절과 10.5절에서 보조사의 영향권 중의성 현상과 이종 성분 접속 현상을 통해 재확인한다. 10.6절에서는 논의 내용을 정리함으로써 '동사구 주제화 구문'과 병렬 투사에 대한 탐구를 마무리한다.

10.2. 동사구 주제화 구문의 문제

문답의 맥락을 통해 알 수 있듯이 (2답)에서 주제는 '영이에게'나 '책'이 아니라 '영이에게 책'이며, 이에 따라 주제 표지 '-은/는'도 '책'이 아니라 '영이에게 책'과 병합하는 것으로 보는 것이 자연스럽다. 그런데 (2)를 제시하며 지적했듯이 아래 구조에서 '영이에게'와 '책을'은 하나의 성분으로 묶이지 않는바, 구조와 해석 사이의 부조화가 문제로 대두된다. 구조적으로는 하나의 성분이 아닌 것이 해석에 있어서는 하나의 단위로 기능하기 때문이다.

(5) 철수가 영이에게 책을 주었다.

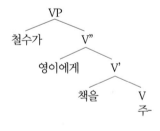

구조와 해석 사이의 부조화는 두 가지 방향에서 해결을 도모할 수 있다. 먼저, 위계 구조(hierarchical structure)에 더해 선형 관계(linear relation)를 문법

에 도입하고, 주제 해석이 위계 구조와는 독립적으로 선형 관계에 민감하다고 보는 방법이 있다. 이 방법에 따르면 (5)에서 '영이에게'와 '책을'은 선형화 작용을 거친 어순에서 인접(adjacent)하므로 인접성을 토대로 하나로 묶여서 주제화의 대상이 되어 (2답)이 형성된다. 다음으로, (5)에서 '영이에게'와 '책을'이 통사구조적으로 하나의 성분이 되는 길이 있다고 보고 (2답)을 구조와 해석이 조화를 이루는 경우로 해석하는 방법이 있다.

이 두 방법 중에 어떤 것을 택해야 하는가? 이와 관련해 여기서는 후자의 가능성을 탐색하고자 한다. '구조와 의미 사이의 조화'와 '위계 구조'에 기초한 이해와 거기서 발생하는 부담을 우선 검토하고, 이후에 전자의 가능성을 모색하는 것이 온당하며 효율적이라 보기 때문이다. 더불어 주제 해석, 즉 의미에 기여하는 통사구조를 적극적으로 모색한다. 통사구조가 의미와 독립적이긴 하지만 가급적 의미해석에 기여하는 통사구조가 보다 타당하기 때문이다(Chomsky 1957/2002: 102, 108 등 참고).

그렇다면 어떻게 (5)에서 '영이에게'와 '책을'이 하나의 성분으로서 주제화를 겪을 수 있는가? 이에 대해 이정훈(2008나: 318-324)는 아래에서 보듯이 핵 이동으로 V가 VP를 빠져 나간 후 V"이 주제화를 겪어 (2답)이 된다고 제안하였다.[1]

---

1 (6다)의 V" 이동처럼 흔적을 포함한 성분도 이동할 수 있으며(5장의 각주 22) 참고), 이동을 통해 VP에 부가되는 것은 뒤섞기에서도 볼 수 있다(4장 4.4절 참고). 이렇게 '-은/는'을 동반한 성분이 이동, 즉 뒤섞기를 통해 VP에 부가되어 문두에 실현되는 현상을 흔히 주제화(topicalization)라고 한다.

(6) [주제 영이에게 책은] 철수가 주었다. (= 2답)

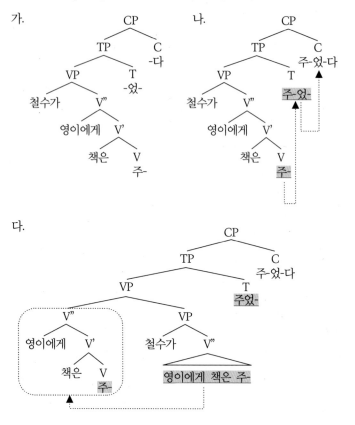

가.

나.

다.

하지만 김용하(2009: 493)에서도 지적하였듯이 (6)은 '영이에게 책'이 아니라 '책'이 보조사 '-은/는'과 통합하는 문제를 지닌다. 이에 대해 이정훈(2008나, 2011바)는 "보조사 '-은/는'은 '책'에 통합된다. V" 주제화이므로 엄밀히하면 V"의 핵인 V '주-'에 통합되어야 하지만, V '주-'와 보조사 '-은/는'의통합은 형태적으로 불가능하다. V '주-'는 어미와 통합되어야 하는데 보조사'-은/는'은 어미가 아니라 조사이기 때문이다(이정훈 2008나: 322)"나 "주제성분에 해당하는 V"은 문두에 분포하고 있으며 보조사 '-은/는'은 그 형태적 특성상 어쩔 수 없이 '책'에 통합되는 것이다(이정훈 2011바: 397)"라고 대응하였으나 만족할 만한 수준의 해결책을 제시했다고 보기는 어렵다. 무엇보다도 '-은/는'이 통합한 성분이 주제가 된다는 직관과 일반성, 즉 통사구조와 주제 해석 사이의 조화를 담보하지 못하기 때문이다.

그렇다면 통사구조와 주제 해석 사이의 부조화 문제를 해소할 수 있는 보다 나은 방법은 무엇인가? 이 문제에 대한 가장 단순한 답은 통사구조와 의미의 조화가 직접 반영된 아래의 나무그림일 것이며, 아래 나무그림에서 V '주-'는 어떻게든지 음성적으로 실현되지 말아야 한다. 그래야 '영이에게 책은'이 나타난다.

(7)

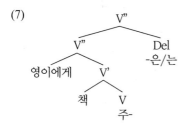

보조사는 투사하지 않으므로 위의 통사구조에서 보듯이 V"과 보조사 Del '-은/는'이 병합하면 다시 V"이 된다(1장 1.3.6절 참고). 그리고 보조사는 분포가 자유로운바, 다시 말해 보충어 자질이 특정되지 않으므로(3장의 (60다) 참고), V"과 같은 V 범주와도 통합할 수 있다. 다만 V 범주가 어미를 요구하므로 어미를 갖추지 않은 (7)이 있는 그대로 실현된 *'영이에게 책 주- -은/는'은 허용되지 않는다. 그래서 (7)이 성립하려면 V '주-'가 음성적으로 실현되지 않거나(이 장의 (16) 참고), '영이에게 책을 주-기-는 철수가 주었다'에서 보듯이 명사형 어미 '-기'가 동원되어야 한다(이 장의 (12) 참고). 그리고 (7)에 V '주-'가 음성적으로 실현되지 않는 등의 조치가 더해져 나타나는 '영이에게 책은'의 '책'은 *'영이에게 책-을-은'에서 보듯이 대격조사를 동반할 수

없는데 이는 대격조사를 포함한 구조격 조사 Ks 일반과 보조사 Del의 중첩에서 나타나는 현상과 평행하다(3장의 (57) 참고).[2]

일견 나무그림 (7)은 (6)과 대동소이한 듯하다. V″에 '-은/는'을 통합시킨 것을 제외하고는 (6)과 (7) 사이에 큰 차이가 없어서 (6)의 V″을 (7)로 대치할 수 있기 때문이다. 하지만 아래와 같은 현상에 눈을 돌리면 사정이 달라진다. (6가)에서 보듯이 '철수가 영이에게'를 하나로 묶는 V 범주가 없으므로 단순히 V 범주와 보조사 '-은/는'을 통합하는 방법으로는 (8답)의 주제 해석을 보장할 수 없기 때문이다.

    (8) 문 철수가 영이에게 무엇을 주었느냐?

        답 [주제 철수가 영이에게는] 책을 주었다.[3]

물론 (8답)을 V '주-'와 '책을'이 각각 핵 이동과 뒤섞기(scrambling)에 의해 VP 밖으로 빠져 나간 다음 VP [VP 철수가 영이에게 t책을 t주-]가 주제화된 경우로 해석할 수는 있다(이정훈 2008나: 270-271 참고). 하지만 이러한 방법은 '문 영이가 철수를 누구로 착각했다고? 답 [주제 영이가 철수는] 민수로 착각했어'의 답과 같은 예에서 한계에 봉착한다. 답을 핵 이동, 뒤섞기, V 범주

주제화로 설명하려면, VP [vp 영이가 철수를 민수로 착각하-]에서 V '착각하
-'가 핵 이동하고, '민수로'가 VP 밖으로 뒤섞기된 후 VP [vp 영이가 철수
t민수로 t착각하-]가 주제화되어야 하는데, '*민수로 영이가 철수를 t민수로 착각했
다'에서 보듯이 '민수로'의 뒤섞기는 성립하지 않기 때문이다(남기심·조은
1993 참고).[4] 이에 여기서는 다른 방법을 모색하고자 하는데, 특히 이동에
기대는 방법의 가능성보다는 미처 탐구되지 않은 가능성을 적극적으로 고려
한다.

그렇다면 어떻게 해야 하는가? 동사구 주제화 현상 (2답)이나 (8답)은
사실 통사구조 형성에 대한 기왕의 시각을 반영한 (5)~(7)로는 더 이상 어떻
게 하기 어렵다. 이에 새로운 시각이 요청된다고 할 수 있는데 지금부터는
통사구조 형성에 대한 기왕의 견해를 비판적으로 검토하고 기왕의 견해가
가진 장점을 유지하되 그 한계를 극복할 수 있는 새로운 길을 모색함으로써
통사구조와 주제 해석의 부조화 문제를 해소하고자 한다. 그러면 동사구
주제화 구문의 문제도 해결될 것이다.

10.3. 병렬 투사와 동사구 주제화 구문

10.3.1. 병렬 투사

통사구조는 무분별하게 형성되지 않고 일정한 원리·조건에 따라 형성된

---

[4] 이동이되 문미로의 이동, 즉 후보충은 가능해서 '영이가 철수를 t민수로 착각했어, 민수로'는
성립한다. 그리고 여기에 주제화가 적용되면 '문 영이가 철수를 무엇으로 착각했니? 답
영이가 철수는 착각했어, 민수로'의 답이 된다([[[[영이가 철수 t민수로 t착각하-] -은/는] 착각하-
었-어] [민수로 외]].

다. 예를 들어 일반적으로 통사구조는 의미역 위계(thematic hierarchy)를 반영한다(1장 각주 25) 참고). 그런데 이러한 원리·조건을 곧이곧대로만 수용하면 (5)~(7) 이외의 길은 나타날 수 없다. 그러나 앞 절에서 지적했듯이 (5)~(7)은 동사구 주제화 구문에서 그 한계를 드러낸다. 따라서 (5)~(7)의 장점은 유지하면서 그 허점, 특히 (2囧)이나 (8囧)과 같은 동사구 주제화 구문이 제기하는 문제를 해소할 수 있는 새로운 길이 요청된다.

(5)~(7)이 토대로 하는 원리·조건을 해치지 않으면서 동사구 주제화 구문의 문제를 풀 수 있는 길이 무엇일지를 염두에 두고 아래 (9)에서 무엇이 허용되고 무엇이 허용되지 않는지 고려해 보자. 아래에서 Ag와 Pa는 각각 행위주(agent) 의미역과 피동주(patient) 의미역에 해당하는 논항을 나타내며, V는 '철수가 그 논문을 썼다'의 V '쓰-'처럼 Ag와 Pa를 필요로 하는 V이다.

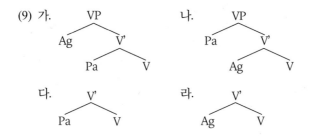

(9) 가.
VP
　Ag　　V'
　　　Pa　　V

나.
VP
　Pa　　V'
　　　Ag　　V

다.
V'
Pa　　V

라.
V'
Ag　　V

의미역 위계에서 행위주는 피동주보다 상위에 놓이므로 통사구조에서도 행위주 논항 Ag는 피동주 논항 Pa보다 상위에 놓인다. 따라서 (9가)는 허용되지만 (9나)는 허용되지 않는다. 또한 (9다)는 (9가)의 일부에 해당하므로 허용된다. 그렇다면 (9라)는 어떠한가? (9라)는 의미역 위계와 통사구조적 위계의 대응을 준수하는가?

위계와 이에 따른 대응의 적격성 여부를 따지려면 둘 이상이 비교되어야 한다. 하나만 출현해서는 대응의 적격성 여부를 따질 수 없는 것이다. 이는 의미역 위계도 마찬가지여서 (9라)처럼 Ag 하나만 나타나면 위계에 따른 대응의 적격성 여부는 따져지지 않는다. 또는 (9라)가 의미역 위계와 통사구조의 대응을 위반한다고 볼 수 없다. 따라서 (9가)와 (9다)는 물론이고 (9라)도 배제되지 않는다.

물론 '보다 낮은 위계의 논항이 먼저 구조 형성에 참여한다'는 식의 조건을 두면 (9라)를 배제할 수 있다. 하지만 이러한 조건은 왜 필요한가? 이 조건은 (9라)를 배제하는 것 이외에 어떤 힘을 지니는가? 이론적·경험적 근거가 제시되지 않는 조건은 설정하지 않는 것이 타당하다.

위와 같은 맥락에서 (9가)에 더해 (9다)와 (9라)도 성립한다고 하자. 이제 남은 문제는 온전한 통사구조가 나타나려면 Ag와 Pa가 하나의 VP를 형성해야 한다는 점이다. 이 문제의 해결책은 두 가지이다.

먼저, (9다)에 Ag가 통합되어 (9가)가 되는 방법이 있다. 이 방법은 (5)~(7)과 통하는 것으로 논의 중인 동사구 주제화 구문에서는 한계를 보이며 별다른 힘을 발휘하지 못한다.

다음으로, (9다)와 (9라)의 두 V'가 병합한 후 이 두 V'가 병렬적으로 투사해서 온전한 VP를 형성하는 방법이 있다. 이 경우 두 V'가 합쳐져서 하나의 VP가 되므로 두 V'의 핵인 선행 V와 후행 V는 문법적으로 구별되지 않고 하나로 간주된다. 앞서의 논의를 참고하여(7장 7.5.1절 참고), VP가 형성되는 과정을 보이면 아래와 같다.

(10) 가. V의 복사 및 두 개의 V' 형성

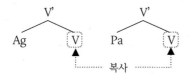

나. 두 V'의 병합 및 병렬 투사

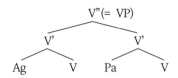

언뜻 (10나)의 병렬 투사는 성립하기 어려운 듯하다. 대개 투사는 비대칭적이어서 A와 B가 병합하면 A나 B 어느 하나가 투사하지 A와 B 둘 다가 투사하지는 않는 듯하기 때문이다. 하지만, 예를 들어 대등 접속(coordination) 현상에 주목하면 사정은 사뭇 달라진다(7장 참고). 대등 접속 구성 'A & B'에서 A와 B는 통사범주가 같아야 하는데, 이는 A도 투사하고 B도 투사하는 병렬 투사를 지지하기 때문이다. A와 B가 병렬적으로 투사하면, 'A의 통사범주 = B의 통사범주'의 경우에는 별다른 문제가 발생하지 않지만 'A의 통사범주 ≠ B의 통사범주'의 경우에는 투사에서 통사범주의 모순이 초래되는 것이다.[5]

그렇다고 해서 (10나)의 병렬 투사와 대등 접속의 병렬 투사가 같기만한 것은 아니다. 대등 접속의 경우에는 '대개' 통사범주만이 병렬 투사의 대상이 되지만 (10나)에서는 통사범주에 더해 논항 정보도 병렬 투사의 대상이 되기 때문이다.[6] 논항 정보가 병렬 투사의 대상이 된다 함은 위에서 밝혔듯이 선후행 V'의 논항 정보가 합쳐져서 하나의 온전한 VP를 이루는 것을

---

5 병렬 투사는 'V-기' 반복 구문을 설명하는 데에도 필요하며(이정훈 2013 참고), 이중 핵 구조(double-headed structure. Stowell 1981; Baker 1989)와 통하는 면도 지닌다. 또한 병렬 투사는, 표찰화를 고려하면(11장 참고), 특이한 것이 아니라 자연스럽고 당연한 것이다. 표찰화는 같은 통사범주의 성분끼리 병합하는 것을 허용하기 때문이다.

6 (10나)에서 선행 V'의 논항 정보는 'Ag 갖춤, Pa 갖추지 않음'이고 후행 V'의 논항 정보는 'Pa 갖춤, Ag 갖추지 않음'인데, 선후행 V'의 논항 정보가 병렬 투사하면 'Ag 갖춤, Pa 갖춤'이 되어 완전 해석 원리를 충족하게 된다.

의미한다.

이러한 논의는 언뜻 언제 통사범주만을 투사하고 언제 논항 정보까지도 투사하는가를 정해야 하는 문제를 야기하는 듯하지만 사실 이 문제는 애초에 제기조차 되지 않는다. (10나)에서는 통사범주의 병렬 투사도 필요하고 논항 정보의 병렬 투사도 필요하므로 통사범주와 논항 정보가 병렬 투사의 대상이 되는 것이고, 대등 접속에서는 논항 실현이 문제시되지 않으므로 통사범주만 병렬 투사의 대상이 되기 때문이다. 즉, 통사범주, 논항 정보 등의 문법정보 중 어느 것이 투사할지는 문법 자율적으로 조율될 따름이며, 문법 외적인 규제로 다루어지지 않는다.

또한 위와 같은 논리는 자연스레 대등 접속이어도 필요하면 논항 정보의 병렬 투사가 나타나리라는 예측을 낳는다. 이 예측 때문에 위에서 대등 접속은 '대개' 통사범주만이 병렬 투사의 대상이 된다고 단서를 달기도 하였다. 그렇다면 필요시 대등 접속에서도 논항 정보가 병렬적으로 투사한다는 예측은 사실과 부합하는가? 바로 이종 성분 접속 현상이 이 예측에 부합하는 현상인데 뒤에서 본격적으로 논의한다(이 장의 10.5절 참고).

그렇다면 어떻게 투사할지, 즉 비대칭적으로 투사할지 아니면 대칭적·병렬적으로 투사할지는 어떻게 정하는가? 통사범주와 논항 정보 중 무엇이 투사할지에 대한 답과 마찬가지로 이 의문에 대해서도 투사 방식을 결정하는 문법 외적인 조건이 답으로 제시될 필요는 전혀 없다. A와 B가 병합하면 둘 다 투사할 수도 있고 어느 하나만 투사할 수도 있으며 아무 것도 투사하지 않을 수도 있는데, 어떻게 투사하는가는 병합에 참여한 A와 B의 성격에 의해 결정되기 때문이다(이정훈 2013, 2014다: 31-38; Citko 2008 등 참고).[7]

7　나아가 A가 B로 이동하는 경우, 기존에는 B가 투사하는 것만 인정했으나 실상은 이와 달라서 이동하는 요소 A가 이동 후 투사하기도 한다(Bury 2003; Donati 2006 등 참고). 이와 관련하여 병렬 투사 및 이동 후 투사를 인정하지 않는 시각은 단조로운 자료를 대상으

예를 들어 (10)에 병렬 투사가 아니라 비대칭 투사를 적용해 보자. 그러면 문법적인 결과가 나타날 수가 없다. 두 V'가 나란히 병렬적으로 투사하면 Ag와 Pa의 정보가 모여 온전한 VP가 형성되지만, 비대칭적으로 투사하면 Ag와 Pa 정보 중 어느 하나만 투사하고 다른 하나는 투사하지 않아서 온전한 VP가 형성되지 않기 때문이다. 예를 들어 (10나)에서 후행 V'가 비대칭적으로 투사하면, 선행 V'가 Ag로 기능할 수는 없으므로, Ag가 결여된 상태가 되고 만다. 또 그렇다고 해서 결여된 것을 새로이 보충할 수도 없다. Ag는 이미 선행 V'에서 실현되었기 때문이다. 그래서 후행 V'가 비대칭적으로 투사하면 완전 해석 원리를 위반할 수밖에 없다. 더불어 투사하지 않는 선행 V'도 문제를 지닌다. 통사구조 (10나)에서 선행 V'는 후행 V'의 논항도 부가어도 아닌바, 완전 해석 원리를 위반하기 때문이다.

10.3.2. 병렬 투사의 실제 1

(10)에 제시한 병렬 투사는 실제로 어떻게 작동하는가? V가 의존형식이므로, 의존성 해소를 위한 별도의 방안이 동원되지 않는 한, (10)의 두 V가 그대로 실현되지는 않는다. 실제로는 의존성을 해소하기 위해 아래 (11가)에서 보듯이 V 생략과 핵 이동이 적용되거나 (11나)에서 보듯이 두 V에 병렬 방식의 전역적 핵 이동이 적용되므로, V는 두 번이 아니라 한 번만 외현적으로 실현된다.

로 한 약정(stipulation)에 불과하다는 점을 명확히 인식할 필요가 있다. 다시 말해 단조로운 자료를 넘어서면, 예를 들어 지금 논의 중인 동사구 주제화 구문이나 앞서 살핀 내포 접속문을 대상으로 하면(7장 7.5.1절 참고), 이동 성분의 투사와 병렬 투사는 없어야 할 이유가 없다. 오히려 그러한 투사를 막는 것이 부담을 야기한다.

(11) 가. 선행 V 생략 및 후행 V 핵 이동

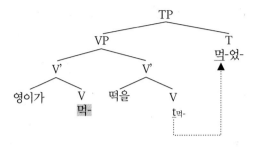

나. 선후행 V의 병렬 방식(across-the-board fashion)의 전역적 핵 이동

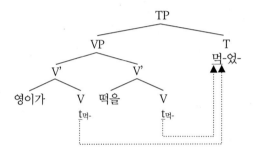

(11가)에서 선행하는 V '먹-'이 생략되는 것은 방향성 제약(directionality constraint. 김영희 1997 참고)에 따른 것이다. 이 제약에 의하면 [[A B] [C B]]에서 우분지 성분 B는 선행하는 것이 생략되고([[A B] [C B]]), [[A B] [A C]]에서 좌분지 성분 A는 후행하는 것이 생략된다([[A B] [A C]]). 그리고 (11나)와 같은 V의 병렬 방식의 전역적 핵 이동은 V가 서로 같은 경우에 나타날 뿐만 아니라, '철수는 기타를 그리고 영이는 노래를 각자 치고 불렀다'([VP [VP 철수는 기타를 t치-] 그리고 [영이는 노래를 t부르-]] 각자 [치-고 부르-]-었다)에서 보듯이 V가 서로 다른 경우에도 가능하다(이정훈 2007나: 353-354; Collins 2002가 등 참고).

더불어 (11)은 격조사의 격자질 인허도 가능하다. 격자질 인허는 주술 관계에 기초하여 술부 쪽에서는 [대격]이 인허되고 주부 쪽에는 [주격]이 인허되는바(3장 3.7절 참고), [$_{V'}$ 떡을 먹-]은 술부에 해당하므로 '떡을'의 [대격]이 인허된다. 그리고 [$_{V'}$ 떡을 먹-]에서 V '먹-'이 가진 두 개의 논항 자질 가운데 하나가 소진되므로, '영이가'와 병합하는 V '먹-'은 논항 자질을 하나 가진 것이 되고, 논항 자질이 하나인 술어 V '먹-'과 병합하는 '영이가'는 주부에 해당하므로 [$_{V'}$ 영이가 먹-]의 [주격]이 인허된다.

한편 의존성 해소를 위한 별도의 방안이 동원되면 사정이 달라져서 선행 V와 후행 V 둘 다가 실현되기도 한다. 예를 들어 명사형 어미 '-기'를 포함한 '-기는, -기만, -기도' 등이 동원되면 아래에서 보듯이 선행 V도 실현되고 후행 V도 실현된다(4장 4.3.2절 및 이정훈 2013 참고).

(12) 가. 영이가 먹-기는 떡을 먹었다.

　　　나. 영이가 먹-기도 떡을 먹었다.

　　　다. 영이가 먹-기만 떡을 먹었다. 등

위에서 선행 V '먹-'과 후행 V '먹-'은 병렬적으로 투사하는바, 이는 선행 V '먹-'과 후행 V '먹-'이 문법적으로는 하나로 기능함을 의미한다. 이렇게 두 V '먹-'이 서로 독립적이지 않고 협력하여 하나로 기능함은 아래 현상을 통해서 잘 알 수 있는데,

(13) 가. 영이가$_{Ag}$ 먹기는 떡을$_{Pa}$ 먹었다.

　　　나. *영이가$_{Ag}$ 먹기는 순이가$_{Ag}$ 떡을$_{Pa}$ 먹었다.

　　　다. *영이가$_{Ag}$ 떡을$_{Pa}$ 먹기는 빵을$_{Pa}$ 먹었다.

위에서 선행 V '먹-'과 후행 V '먹-'은 따로따로 기능하는 것이 아니라 상보적으로 기능하므로 (13나), (13다)는 성립하지 않는다. 하나의 의미역에

두 개의 논항이 대응할 수는 없기 때문이다.

또한 병렬 투사에 따르면, 예를 들어 행동주 Ag, 대상 Th, 도달점 Go 세 개의 논항을 취하는 술어의 경우 다양한 방식으로 구조가 형성될 것으로 예측되는데, 이는 아래에서 보듯이 실제와 부합한다.[8]

(14) 가. V'와 V"의 병렬 투사

[$_{VP}$ [$_{V'}$ 영이가$_{Ag}$ 주-]-기는 [$_{V''}$ 철수에게$_{Go}$ 떡을$_{Th}$ 주-]]-었다.

[$_{VP}$ [$_{V''}$ 영이가$_{Ag}$ 철수에게$_{Go}$ 주-]-기는 [$_{V'}$ 떡을$_{Th}$ 주-]]-었다.

[$_{VP}$ [$_{V''}$ 영이가$_{Ag}$ 떡을$_{Th}$ 주-]-기는 [$_{V'}$ 철수에게$_{Go}$ 주-]]-었다. 등[9]

나. 세 V'의 병렬 투사

[$_{VP}$ [$_{V'}$ 영이가$_{Ag}$ 주-]-기는 [$_{V'}$ 철수에게$_{Go}$ 주-]-기는 [$_{V'}$ 떡을$_{Th}$ 주-]]-었다.

[참고] 영이가 주기는 철수에게 주기도 떡을 주었다.

영이가 주기는 철수에게 주기만 떡을 주었다.

10.3.3. 병렬 투사의 실제 2

병렬 투사는, 앞서 10.3.1절에서도 지적했듯이, 무분별하게 적용되지 않으며, 적용되는 경우와 그렇지 않은 경우를 가려서 적용된다. 또한 다른 문법 작용과 마찬가지로 병렬 투사도 나름의 동기가 있어야 촉발되며, 그래서

---

8 참고로 'A, B, …' 등이 병렬 투사하면 여러 가지 어순이 가능하다. 'A, B, …' 각각이 핵의 자격을 가지기 때문이다. 예를 들어 (14나)는 '영이가 주기는 철수에게 주기는 떡을 주었다' 외에 '영이가 주기는 떡을 주기는 철수에게 주었다, 철수에게 주기는 영이가 주기는 떡을 주었다, 철수에게 주기는 떡을 주기는 영이가 주었다, 떡을 주기는 영이가 주기는 철수에게 주었다, 떡을 주기는 철수에게 주기는 영이가 주었다' 등도 가능하다.

9 뒤섞기가 더해지면 '떡을 영이가 t$_{떡을}$ 주기는 철수에게 주었다'와 같은 어순도 나타난다.

별다른 동기가 없는 아래와 같은 병렬 투사는 허용되지 않는다.

(15) 영이가 책을 읽었다.

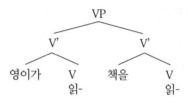

(15)에 제시한 병렬 투사는 왜 적용되었는가? 별다른 답을 찾기 어렵다. 별다른 효과 없이 그냥 적용됐다고 볼 수밖에 없다. 따라서 (15)와 같은 병렬 투사는 금지된다. 마찬가지로 (11)도 그 자체로는 금지된다. (11)은 곧 (15)에 해당하기 때문이다. 다만 (11)이 (11)에 그치지 않고 (12)로 이어지면, 다시 말해 반복 구문 형성이라는 동기에 의해 촉발되면, 허용된다. 동기가 있으면 허용되는 것은 (15)도 마찬가지여서 '영이가 읽기는 책을 읽었다'에서 보듯 이 (15)가 반복 구문 형성에 기여하면 병렬 투사가 허용된다. 그리고 이 경우 사실 병렬 투사는 허용되는 정도가 아니라 적용되어야 한다. 반복 구문을 위해 '-기는'이 동원되어 [[v' 영이가 읽-]-기는 [v' 책을 읽-]]이 형성되면 병렬 투사 외에는 온전한 VP를 형성할 수 있는 방법이 없기 때문이다. 물론 병렬 투사가 적용되면 온전한 VP [vp [v' 영이가 읽-]-기는 [v' 책을 읽-]]이 형성된다.

사실 병렬 투사는 그 형성 과정이나 그 결과 나타난 통사구조가 일반적인 투사보다 복잡하다. 더군다나 문법의 여러 부문 사이의 대응이 투명하게 드러나지 않는 부담을 지닌다. 예를 들어 (15)의 병렬 투사 구조는 의미역 위계를 직접 반영하고 있지 않다. 복잡하고 부담스러운 것은 일반적으로 꺼려지며,[10] 반복 구문 형성처럼 그러한 것을 감내할 만한 동기가 수반되어야만 실현될 수 있다.

그렇다면 병렬 투사를 가능케 하는 동기에는 반복 구문 형성 외에 또 무엇이 있을까? 이 글의 논의 대상인 동사구 주제화 구문이 병렬 투사에 대한 또 하나의 동기가 되는데 이에 대해서는 절을 달리하여 살핀다.

10.3.4. 동사구 주제화 구문의 형성

10.3.1절~10.3.3절에 걸쳐 논의한 병렬 투사를 토대로 동사구 주제화 구문 (2답), (8답)을 조망해 보자. 그러면 아래와 같은 나무그림이 나타난다. 편의상 (8답)에 해당하는 나무그림만 제시한다.

(16) [주제 철수가 영이에게는] 책을 주었다. (= 8답)

가.

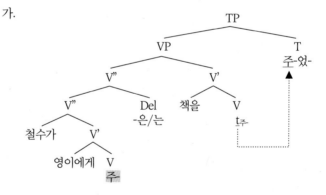

---

10   이는 형식적 관점에서도 그렇고(Chomsky 1995나/2015 참고), 해석적·기능적 관점에서도 그렇다(Culicover & Jackendoff 2005; Hawkins 2004, 2014 등 참고).

나.

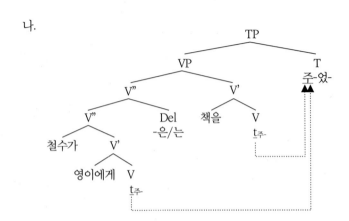

위의 나무그림은 주제 성분 '철수가 영이에게 주-, 철수가 영이에게 t주-'와 주제 표지 '-은/는'이 병합하고 있으므로 동사구 주제화 구문의 문제로 제기한 구조와 의미의 부조화 문제를 야기하지 않는다. 또한 (16가)에서 선행 V '주-'는 생략되고 후행 V '주-'는 핵 이동을 겪는 것도 경험적, 이론적 차원에서 별다른 문제를 야기하지 않는다. 이러한 방식의 생략과 이동은 계사 구문에도 나타날 뿐만 아니라(이정훈 2008나: 360-361), 방향성 제약에 따르면 '[[⋯ 주-] [⋯ 주-]]'에서 선행 '주-'가 생략되며(이 장의 10.3.2절 참고), 핵 이동은 독립적으로 존재하기 때문이다. 또한 (16나)에서 두 V가 병렬 방식의 전역적 핵 이동을 하는 것도 앞서 (11나)에서 이미 확인했듯이 충분히 가능하다.

10.4. 보조사의 영향권 중의성 현상

보조사는 포함, 배제, 단독 등과 같은 나름의 의미를 가지고 통사구조 형성에 참여하며, 영향을 미치는 일정한 영역, 즉 영향권(scope)을 지닌다. 예를 들어 '동수는 순이만 따라다닌다'에서 '-만'은 단독의 의미를 지니면서 '순이'를 그 영향권으로 삼으므로 {영이, 순이, 철수, …}와 같은 여러 자매항 중에서 '순이'가 유일하게 따라다니는 대상임을 의미하게 된다.

그렇다면 이러한 영향권은 어떻게 정해지는가? 일반적으로 영향권은 통사 구조를 기반으로 하는바, 방금의 예에서 '-만'은 병합하는 성분 '순이'를 영향 권으로 삼고, 자매항 해석도 이에 기초하게 된다. 이렇게 병합 성분을 영향권 으로 삼는 것은 보조사에 국한되지 않는바, 예를 들어 복수 표지 '-들'도 "그것이 부착된 요소에 배분성을 부여"하며(전영철 2013: 226), 시제 유관 어 미도 병합한 단위를 영향권으로 삼아 시제 해석에 기여한다(이정훈 2014나 참고). 일반적으로 A와 B가 병합하면, A의 영향권은 A와 병합한 B인 것이다.

그런데 보조사의 영향권과 관련해 흥미로운 것은 언뜻 보면 병합에 기초한 영향권 해석이 보장하지 않는 듯한 해석도 나타난다는 사실이다. 예를 들어 '-만'이 '순이'와 통합하여도 위와는 다르게 해석될 수도 있는바, 아래 (17)에 서는 "「순이」와 이의 자매항 「다른 사람」이 대조되는 상황이 아니라, 「순이 를 따라다니는 일」과 이의 자매항 「공부하는 일」이 대조되고 있다"(최재웅 1996: 675).

(17) 동수는 (공부는 안하고) 순이만 따라다닌다. (= 3나)

'동수는 순이만 따라다닌다'에서 보조사 '-만'의 영향권이 좁기도 하고 넓기도 한 셈인데 이렇게 보조사의 영향권 해석이 중의적인 것은 어떻게 설명할 수 있는가?

(17)에서 보조사 '-만'은 표면적으로 NP '순이'와 통합한다. 따라서 표면적 병합 단위 NP '순이'에만 집착하면 NP '순이'를 넘어서는 영향권 해석을 통사적으로 해명하기 어렵다. 하지만 앞서 동사구 주제화 구문을 살피면서

지적했듯이 보조사가 V 범주와도 통합할 수 있다고 보면 (17)은 보조사 '-만'
이 V 범주와 통합한 예로 해석된다. 이를 나무그림으로 나타내면 아래와
같다. 참고로 NP를 영향권으로 하는 경우의 나무그림도 함께 제시한다.

(18) 가. NP가 영향권인 경우

　　　동수는 (영이, 순이, 영희 중에) 순이만 따라다닌다. (= 3가)

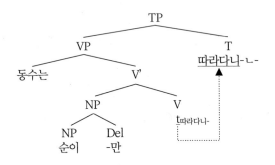

　　나. V 범주가 영향권인 경우

　　　동수는 (공부는 안하고) 순이만 따라다닌다. (= 3나)

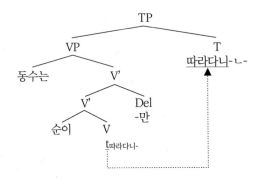

　　물론 (18나)처럼 보조사가 V 범주와 통합하면 V'뿐만 아니라 V나 VP와도
통합할 수 있다. 보조사가 V나 VP와 통합한 예를 제시하면 아래와 같은데,
V는 보조사를 포함하여 조사와 직접 어울리지 못하므로 명사형 어미 '-기'가

개재된다(이정훈 2013, 2014가 참고).[11]

(19) 가. 보조사 '-만'이 V와 통합한 경우

동수가 순이를 [v 따라다니-]-기만 한다. 귀찮게는 안 하고.

나. 보조사 '-도'가 VP와 통합한 경우

물려받은 재산 제법 되겠다. [vp 부인이 직장 생활을 하-]-기도 하겠

다. 그 사람 비록 뚜렷한 직업이 없지만 경제적으로는 곤란할 것

없어. (황미향 2002: 225-226 참고)

한편 대격조사가 동반되면 아래에서 확인할 수 있듯이 (18가) 식의 좁은
영향권 해석은 자연스럽지만 (18나) 식의 넓은 영향권 해석은 어색한데, 이와
같은 차이는 대격조사 '-을/를'의 특성에 따른 자연스러운 귀결이다.

(20) 동수는 순이만을 따라다닌다.

가. 동수는 (영이, 순이, 영희 중에) 순이만을 따라다닌다.

나. [#]동수는 (공부는 안하고) 순이만을 따라다닌다.

대격조사 '-을/를'은 NP와는 통합할 수 있지만 V 범주와는 통합할 수 없으
므로 '순이만을'은 NP '순이'에 보조사 '-만'이 통합되고 다시 여기에 대격조
사 '-을/를'이 통합된 것으로 해석되는 것이 가장 자연스럽기 때문이다. 즉,

---

11 (18나)에서 보듯이 V가 핵 이동을 해도 V와 보조사가 직접 어울리는 것은 피할 수 있는바,
(19나)에 더해 '부인이 직장 생활도 하겠다'도 성립한다([cp [vp [vp 부인이 직장 생활 t하-]
-도] 하-겠-다]). 그런데 (19가)의 영향권은 핵 이동 방안과 어울리지 못한다. 핵 이동으로
(19가)의 영향권에 해당하는 통사구조 '[cp [vp 동수가 순이 [v t따라다니- -만]] 따라다니-ㄴ-
다]'는 형성할 수 있지만, 이 통사구조가 실현된 '동수가 순이만 따라다닌다'가 (18)과 마찬
가지여서 구문 분석상 그 영향권 해석도 (18)과 같은 것으로 간주되기 때문이다.

'순이만을'은 대격조사 '-을/를'의 속성상 (18나) 식의 넓은 영향권 해석 (20나)보다 (18가) 식의 좁은 영향권 해석 (20가)가 선호된다.

하지만 그렇다고 해서 (20나) 식의 해석이 아예 불가능한 것은 아니다. VP [VP 동수는 순이 따라다니-]에 보조사 '-만'이 병합하고 V '따라다니-'가 핵 이동하면 VP [VP [VP 동수는 순이 t따라다니-] -만]이 되는바, 이 VP가 그대로 음성 실현되면 '*동수는 순이를만'이 되고 대격조사 뒤에 보조사가 나타난 '*-을/를-만'은 허용되지 않으므로 여기에 형태론적 조정이 가해져 '-만을'의 순서가 나타나는 것으로 볼 수 있기 때문이다. 하지만 이러한 조정은 부담스러운바, (20나) 식의 해석은 그다지 수월치 않고 (20가) 식의 해석이 선호된다.

10.5. 이종 성분 접속 현상

동사구 주제화 구문의 핵심은 '병렬 투사'와 '보조사와 V 범주의 통합'이고, 앞 절에서 살핀 보조사의 영향권 중의성은 '보조사와 V 범주의 통합'을 지지한다. 그렇다면 '병렬 투사'를 지지하는 또 다른 현상은 없는가?[12] 아래 (21)로 반복한 이종 성분 접속 현상이 '병렬 투사'를 지지하는 또 다른 현상에 속한다.

(21) <u>누가 그리고 어떤 규칙으로</u> 윤달을 정했나요? ((4가) 참고)

이종 성분 접속 현상이 한국어에만 나타나는 현상이라면 통사론의 일반성

---

[12] 앞서 10.3.1절에서 지적했듯이 병렬 투사를 지지하는 현상에는 대등 접속과 'V-기' 반복 구문 등도 포함된다. 여기서는 병렬 투사를 지지하는 또 다른 현상으로서 이종 성분 접속 현상을 살핀다.

보다는 개별 언어적이고 특정 구문에만 통하는(construction-specific) 수단을
동원하는 것이 타당할 것이다. 하지만 아래 예에서 보듯이 이종 성분 접속
현상은 여러 언어에서 나타난다. 따라서 통사론의 일반성 수준에서 해명하는
것이 타당하다.

(22) 가. 루마니아어

Cu   ce   și   pe cine   a supărat Ion?

with what and PE who has upset Ion

'With what and whom did Ion upset?' (Comorovsky 1996: 135 참고)

나. 영어

What and where did Sally sing? (Gračanin-Yüksek 2007: 18 참고)

다. 러시아어

Čto   i   kogda oni podarili?

what and when they gave

'What did they give, and when?' (Gribanova 2009: 134 참고)

라. 불가리아어

Koj   i   koga   ste   si hodi v Bulgaria?

who and when will REFL go in Bulgaria

'Who is going to Bulgaria and when?' (Citko & Gračanin-Yüksek 2013: 14 참고)

대등 접속 구성 'A & B'에서 접속항(conjunct) A와 B는 동질적인 통사범주
여야 함을 고려하면, (21)에서 표면적으로 접속된 듯이 보이는 성분들이 실상
은 접속항으로 간주되기 어렵다는 것을 잘 알 수 있다. 예를 들어 (21)의
대등 접속 구성 '누가 그리고 어떤 규칙으로'는 표면적으로 주어 '누가'와
부사어 '어떤 규칙으로'가 접속되고 있는데 접속항의 통사범주 동질성을 고

려하면 이러한 접속은 불가능하기 때문이다. 이에 대해 '누가'는 K_SP이고 '어떤 규칙으로'는 K_LP인바, 이 둘은 KP의 성격을 공유하는 점에서 서로 통사범주가 동질적이고, 이에 따라 접속이 가능하다고 할는지도 모른다. 하지만 이러한 입장은 '누가 그리고 왜 나를 찾는가?'와 같은 예에서 힘을 잃는다. 이 예에서 K_SP '누가'와 접속되고 있는 '왜'의 통사범주는 KP와 전혀 다른 AdvP이기 때문이다.

이에 대등 접속 구성의 대표적인 특징 중 하나인 접속항의 통사범주 동질성을 유지하기 위해서는 표면의 이질적인 접속항이 아닌 이면에 감추어진 동질적인 접속항을 찾아야 하는데, 이와 관련해 아래 현상은 이면에 감추어진 접속항, 즉 실제로 접속항으로 기능하는 것이 V 범주임을 시사한다. '왜'와 같은 부사구의 존재는 V 범주의 존재와 직결되기 때문이다.

(23) 누가 왜 그리고 어떤 규칙으로 윤달을 정했나요?

더불어 (13)에서 살폈던 논항의 상보적 실현 양상이 (21)에서도 나타나는 바, 이는 (21)에도 병렬 투사가 관여한다는 것을 뜻한다.

(24) 가. 누가$_{Ag}$ 그리고 어떤 규칙으로 윤달을$_{Pa}$ 정했나요? (= 21)
     나. *누가$_{Ag}$ 무엇을$_{Pa}$ 그리고 어떤 규칙으로 윤달을$_{Pa}$ 정했나요?

이제 V 범주가 접속항으로 기능하며 병렬 투사가 관여한다고 보면 (21)은 아래와 같이 이해되며, 여기에 '윤달'의 주제화까지 더해지면 '윤달은 누가 그리고 어떤 규칙으로 정했나요?'(= 4가)가 된다.[13]

---

13   (25)에 표시한 선행 V 생략 및 후행 V의 핵 이동에 더해 선후행 V가 병렬 방식의 전역적

(25) 누가 그리고 어떤 규칙으로 윤달을 정했나요? (= 21)

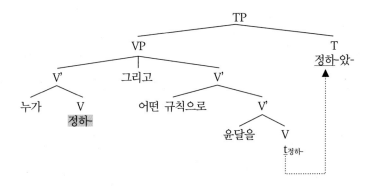

다만 앞서의 병렬 투사와 다른 점은 접속표지 '그리고'에서 알 수 있듯이 (21)에는 병렬 투사에 더해 대등 접속의 속성도 수반된다는 점인데, 병렬 투사와 대등 접속의 관련성은 앞서 10.3.1절에서 이미 확인하였다.

이종 성분 접속에 병렬 투사가 관여하는 것으로 보면 아래 현상도 별다른 어려움 없이 쉽게 설명할 수 있다.

(26) 가. 철수는 누구에게[+WH] 그리고 무엇을[+WH] 주었니?

나. *철수는 누구에게[+WH] 그리고 책을[-WH] 주었니?

핵 이동을 하는 것도 가능하다((16나) 참고). 한편 병렬 투사 대신에 생략으로 이종 성분 접속 현상을 이해하려 할 수도 있다. 하지만 생략 방안은 방향성 제약을 위반하는 문제를 지닌다. 예를 들어 생략 방안에 따르면 (23)은 '누가 왜 어떤 규칙으로 윤달을 정하- 그리고 누가 왜 어떤 규칙으로 윤달을 정했나요?'정도가 될 텐데, 소위 기저 구조의 타당성 문제를 논외로 해도, 선행하는 '어떤 규칙으로'와 '윤달을'의 생략은 방향성 제약을 위반하므로 인정하기 어렵다. 앞서 (11)을 살피며 제시한 방향성 제약에 따르면, 좌분지 성분 '어떤 규칙으로'와 '윤달을'은 후행하는 것이 생략되어야 하기 때문이다. 또한 '*영이는 소설을 열심히 읽었고, 철수는 시를 열심히 읽었다'와 '열심히 영이는 소설을 읽었고, 철수는 시를 읽었다'의 대조에서 알 수 있듯이 부가어는 제자리에서 생략되기 어려우므로 후행 '왜'가 제자리에서 생략되는 것도 문제가 된다.

다. *철수는 영이에게[-WH] 그리고 무엇을[+WH] 주었니?

라. 철수는 영이에게[-WH] 그리고 책을[-WH] 주었니?

위에서 보듯이 이종 성분 접속에서 접속항은 [WH] 자질이 서로 같아야 하는데 이는 병렬 투사를 고려하면 당연한 귀결이 된다. [WH] 자질은 의문어미와 문말 억양에 영향을 미치는바(서정목 1987 참고), (26가)나 (26라)처럼 병렬 투사하는 선후행 V 범주 내의 [WH] 자질값이 서로 같으면 의문어미와 문말 억양 실현에 별다른 문제를 야기하지 않지만, (26나)와 (26다)처럼 병렬 투사하는 선후행 V 범주 내의 [WH] 자질값이 서로 다르면 의문어미와 문말 억양 실현에 문제를 야기하기 때문이다. 즉, 병렬 투사하는 선후행 V 범주가 한 번은 [+WH]를 포함하고 한 번은 [-WH]를 포함하면 의문어미와 문말 억양에서 모순이 야기되므로 (26나)와 (26다)는 허용되지 않는다. [+WH] 의문어미이면서 [-WH] 의문어미일 수 없고, [+WH] 문말 억양이면서 [-WH] 문말 억양일 수는 없는 것이다.[14]

10.6. 정리

지금까지 '동사구 주제화 구문'과 관련된 사항들을 분석하고 설명하면서, 더불어 보조사의 영향권 중의성 및 이종 성분 접속 현상이 제기하는 문제도 해소하였다. 그리고 병렬 투사의 이론적·경험적 타당성을 확인하였다. 주요 내용을 항목화하여 간추리면 아래와 같다.

---

14 '영이가 누구를 만났니?'와 *'영이가 만났니, 누구를?'의 대조에서 보듯이 의문사는 후보충 되지 않는데 여기서와 마찬가지 방식으로 설명된다(이정훈 2014다: 172-175 참고).

첫째, V 범주도 주제화의 대상이며, V 범주가 주제화된 일례가 바로 동사구 주제화 구문이다.

둘째, 동사구 주제화 구문은 구조와 의미의 부조화 문제를 제기하며, 이 문제는 보조사가 V 범주와도 통합할 수 있다고 보고 병렬 투사를 동원하면 해소할 수 있다.

끝으로, 셋째, 위의 제안은 보조사 영향권 중의성 현상과 이종 성분 접속 현상을 해명하는 효과도 지닌다.

4부 모색

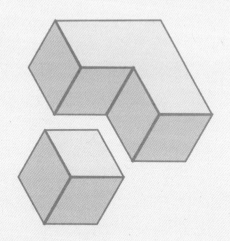

11. 표찰화

11.1. 도입

통사구조는 병합(merge)에 의해 형성되며, α와 β가 병합하여 형성된 {α, β}가 다시 연산(computation)에 참여하고 접면(interface)에서 해석되려면, 아래 (1), (2)에 가져온 Chomsky(1995나/2015, 2000, 2005, 2007) 등의 언급을 통해서도 확인할 수 있듯이 {α, β}의 유형, 즉 표찰(label)이 정해져야 한다.

(1) 연산과 표찰

가. Each syntactic object generated contains information relevant to further computation. Optimally, that will be captured entirely in a single designated element, ⋯ its label, the element taken to be "projected" in X-bar-theoretic systems. (Chomsky 2005: 14)

나. If an element Z (lexical or constructed) enters into further computations, then some information about it is relevant to this option: ⋯ The optimal assumption is that this information is provided by a designated minimal element of Z, a lexical item W (Z itself, if it is an LI), which is detectable by a simple algorithm; the label of Z, the head projected in X-bar theories — possibly a dispensable notion, as discussed below. (Chomsky 2007: 8)

(2) 접면과 표찰

가. Applied to two objects α and β, Merge forms the new object K ⋯ The simplest object constructed from α and β is the set {α, β} ⋯ Does that suffice? Output conditions dictate otherwise; thus, verbal and nominal elements are interpreted differently at LF and behave differently in the phonological component. K must therefore at least (and we assume at most) be of the form {γ, {α, β}}, where γ identifies the type to which K belongs, indicating its relevant properties. Call γ the label of K. (Chomsky 1995나/2015: 223)

나. The operation Merge forms K from α, β. Minimally, K should consist only of α and β, so K = {α, β}. More information is needed about K, however: its category (its label) and the nature of the merger, either substitution or adjunction — the former at least not entering into narrow syntax, on the sparest assumptions, but needed for the phonological component and LF interpretation. ⋯ Terms without labels are not well-formed syntactic objects. (Chomsky 2000: 133, 138-139)

(1)에서 알 수 있듯이 표찰은 연산에 필요하다. 그런데 (2)에 따르면 표찰의 근본적인 동기가 연산의 결과에 부여되는 출력 조건(output condition)이므로, 연산부(computational component)가 아니라 의미부(semantic component)와 음운부(phonological component)에서 표찰이 정해지거나 또는 이들과 연산부의 접면에서 표찰이 정해지는 것이 더 타당할 듯하다.

표찰에 대한 (1)의 판단과 (2)의 판단 사이에 다소간의 괴리가 존재하는 셈인데, 이러한 괴리감은 연산상의 복잡성(computational complexity)을 고려하면 해소된다. 표찰의 근본적인 동기가 접면의 출력 조건이어도 접면에 다다르기 전에 통사부에서 연산이 진행되면서 표찰이 정해지면 미리 보기(look-ahead)의 문제를 피할 수 있고, 이는 연산의 복잡성을 방지하는 효과를 발휘하기 때문이다(Chomsky 2000: 134, 2013: 43 등 참고).

(1)과 (2) 그리고 연산상의 복잡성에 대한 고려에 따라 통사구조가 형성되고 표찰이 정해진다고 해 보자. 그러면 통사구조를 나타내는 나무그림에는 아래에서 보듯이 성분성(constituency)에 더해 α', αP, βP, ɣP 등의 표찰이 표시된다.[1]

(3)

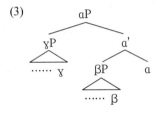

위의 나무그림에 표시된 성분성과 표찰 중 성분성은 병합 작용에 의해 보장된다. 그렇다면 표찰은 어떠한가? 표찰도 병합에 의해 보장되는가? 아니면 병합 외에 표찰을 정하는 표찰화 작용, 일명 표찰화 기제(labeling algorithm)가 따로 존재하는가? (1)과 (2)에는 이에 대한 답이 제시되어 있지 않다. 이에 이 장에서는 표찰이 정해지는 방식을 고찰하고, 특히 한국어의 표찰화에서 유효한 가능성들을 탐색하고자 하는데, 표찰에 대한 전통적인 시각과

---

1   어휘항목에 해당하는 α, β, ɣ도 표찰을 지니며, 어휘항목의 표찰은 어휘항목이 지닌 통사범주 자질이 결정한다. 어휘항목이 지닌 자질이되 통사범주 자질 이외의 자질이 표찰을 결정할 수도 있는데 이에 대해서는 이 장의 11.2.2절 참고.

Chomsky(1995나/2015) 및 그 이후의 제안을 검토하고 이를 바탕으로 한국어의 표찰화 기제를 살피는 순서를 취한다.

구체적인 논의 내용은 구체적·경험적 자료에 대한 해석보다는 추상적·이론적 논의가 주를 이룰 텐데, 이는 표찰화 논의의 주된 동기가 새로운 자료나 기존에 잘 다루지 못하던 자료를 분석하고 설명하는 성격보다는 이론적인 성격을 띤 것으로 파악하기 때문이다. 즉, 표찰화 논의 이전의 연구가 달성한 성과를 이론적 차원에서 정련하는 것을 표찰화 논의의 일차적인 동기로 본다. 또한 한국어에서 표찰화가 이루어지는 여러 가능성을 고찰하는 것에 초점을 맞추고 어느 한 가지 방식을 선택하는 것에 집중하지는 않는다. 어느 가능성이 최선인가는 여기서의 논의를 토대로 차후에 논의하는 것이 효율적이라고 판단하기 때문이다.

11.2. 표찰화 기제

전통적인 구 구조 규칙(phrase structure rule)이나 핵 계층 이론은 규칙과 이론 자체가 표찰을 제공한다. 예를 들어 구 구조 규칙은 (4가)에서 보듯이 규칙 자체에 S, NP, VP 등의 표찰이 포함되어 있으며, 핵 계층 이론은 'X^n → … X^{n-1} …'의 X에 N, V 등의 통사범주가 주어지면 (4나)에서 보듯이 N', N", V', V" 등의 표찰이 주어진다.

> (4) 가. S → NP VP
>
> VP → V NP 등 (1장 1.3.1절 참고)
>
> 나. N' → … N …
>
> N" → … N' …

$$V' \rightarrow \cdots V \cdots$$

$$V'' \rightarrow \cdots V' \cdots \ 등 \ (1장 \ 1.3.4절 \ 참고)$$

위와 같이 구 구조 규칙과 핵 계층 이론은 구조 형성과 표찰을 분리하지 않는다. 그런데 소체 구 구조 이론(bare phrase structure theory)을 채택하면(1장 1.3.7절 참고), 구조 형성과 표찰을 분리하는 것이 자연스럽다(이 장의 (2) 참고). 이에 구조 형성과 표찰을 분리하면, 구조 형성은 병합에 의해 보장되고, 표찰은 구조 형성, 즉 병합 작용에 의해 보장되거나 병합 작용과는 독립적인 표찰화 작용에 의해 보장되는 것으로 이해하게 된다.[2] 이를 도식화하면 아래와 같다.

(5) 표찰화의 두 유형

가. α, β 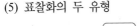 $\{\gamma, \{\alpha, \beta\}\}$

나. α, β 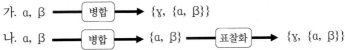 $\{\alpha, \beta\}$ ──── 표찰화 ──▶ $\{\gamma, \{\alpha, \beta\}\}$

그렇다면 (5가) 유형의 표찰화에서 병합은 어떻게 표찰을 정하며, 또 (5나) 유형의 표찰화에서 표찰화의 구체적인 내용은 무엇인가? 이 절에서는 이 문제에 대한 답을 모색한다.

11.2.1. 비대칭성과 짝 병합

$\{\gamma, \{\alpha, \beta\}\}$에서 표찰 γ는 어떻게 정하는가? 이 질문에 대해 Chomsky

---

2　표찰에 대한 이해는 구 구조 규칙, 핵 계층 이론, 소체 구 구조 이론 등을 거치며 조정되어 왔다. 이에 대한 개략적 논의는 Epstein 외(2017) 참고.

(2000)은 병합의 속성과 어휘항목이 지닌 어휘적 속성으로 표찰이 정해진다고 제안한다.

Chomsky(2000)의 제안을 이해하기 위해 일단 표찰이 비대칭성(asymmetry)을 필요로 한다는 데 주목하자(Chomsky 2000: 133-134, 2005: 14; Hornstein 2009 등 참고). {γ, {α, β}}에서 표찰 γ는 대개 α이거나 β인데, 다시 말해 {γ, {α, β}}는 {αP, {α, β}}이거나 {βP, {α, β}}인데,[3] 이는 α와 β 사이의 비대칭성에 따른 것으로 해석할 수 있는 것이다. 이에 α와 β 사이의 비대칭성을 확보하면 표찰화가 가능하다고 할 수 있다.

위와 같은 맥락에서 표찰은 다음과 같이 정해진다. 먼저, 병합은 짝 병합(pair-merge)과 집합 병합(set-merge)으로 나뉘는바, 짝 병합(pair-merge)은 부가(adjunction)와 통하고 부가는 본유적으로 비대칭성을 띠므로 α가 β에 부가되면 β가 표찰을 정한다. 이에 따라 예를 들어 부사구가 동사구에 부가되면, 즉 부사구와 동사구가 짝 병합하면 동사구가 표찰이 된다.[4] 다음으로, 집합 병합(set-merge)은 그 자체로는 비대칭성이 아니라 대칭성을 띠지만, α와 β가 집합 병합하는 경우, α와 β 둘 중 하나는 선택 성분이고 다른 하나는 피선택 성분인바, 이러한 선택 관계에서 나타나는 비대칭성에 의해 선택 성분이 표찰이 된다. 그리고 이동은 병합에 다름 아니므로(1장의 각주 27) 참고), 짝 병합과 집합 병합에 준해서 표찰이 결정된다(Chomsky 2000: 133-135 참고).

---

3 '대개'라는 단서를 단 것은 표찰이 없는 통사구조와 표찰이 하나가 아니라 둘 이상인 통사구조의 가능성을 고려한 것이다(이 장의 11.5.4절 및 11.6절 참고).

4 결과는 같지만 다른 해석도 가능하다. 예를 들어 김랑혜윤(2019)는 Saito(2016)의 제안을 토대로 부사구 표지가 반표찰화 장치(anti-labeling device)로 작용하여 부사구와 동사구가 병합하면 동사구가 표찰이 되는 것으로 파악하였다. 집합 병합과 짝 병합의 구분에 주목하느냐, 반표찰화 기제에 주목하느냐의 차이일 텐데 여기서는 전자를 따른다. 참고로 Miyagawa 외(2019)는 Saito(2016)이 제안한 반표찰화 장치에 더해 표찰화 장치를 제안하기도 하였는데, 이에 따르면 한국어의 격조사는 반표찰화 장치에 해당하고 의문어미는 표찰화 장치에 해당한다.

그런데 위와 같은 표찰화 방안에서 집합 병합의 경우에 표찰이 정해지는 방식, 즉 선택 관계에 기초한 표찰화에서는 다음과 같은 문제가 발생한다.

먼저, 어휘적 속성인 선택 속성으로 표찰을 정하면 기능범주(functional category)가 병합한 구조의 표찰을 정하는 데 곤란을 겪게 된다. 예를 들어 vP와 기능범주 I(Infl)가 병합하면 표찰이 어떻게 결정되는지 고려해 보자. 전통적으로 vP와 I가 부가 구조를 형성하는 것으로 다루어지지 않아온 데서 알 수 있듯이, vP와 I의 병합이 짝 병합일 수는 없다. 따라서 vP와 I의 병합은 집합 병합으로 간주해야 하고, 그러면 어휘적 속성인 선택 속성에 의해 선택 성분이 표찰로 정해진다. 그런데 vP와 I 사이에 선택 관계가 존재하는가? vP가 사건(event)을 나타내고 시제(tense)와 일치(agreement)를 담당하는 I가 사건을 선택한다고 보면 vP와 I 사이의 선택 관계를 인정할 수 있을 듯하다. 하지만 그러한 방법은 곧 한계를 드러낸다. vP와 I 사이의 선택 관계를 인정해도, IP와 기능범주 C 사이의 병합이 문제로 대두되기 때문이다. 수행성 (performative)의 특성을 지닌 C가 시제, 일치 등의 특성을 지닌 IP를 선택한다고 보기 어려운 것이다. 나아가 기능범주가 I, C로만 국한되지 않는 점을 고려하면, 선택 관계로 표찰을 정하는 방법의 한계는 한층 심각해진다. 예를 들어 Rizzi(1997), Cinque(1999) 등에서 제안된 풍부한 기능범주 사이에 선택 관계가 성립한다고 보기 어렵다. 그리고 이 점은 한국어도 마찬가지여서, 예를 들어 한국어의 어미(ending)는 통사적 핵인데, 아래 (6)의 통사구조에서 VP와 H '-으시-' 사이, HP와 T '-았/었-' 사이, TP와 M '-겠-' 사이, 그리고 MP와 C '-니' 사이에 선택 관계가 성립한다고 보기 어렵다(2장 2.2절 참고).

(6) [CP [MP [TP [HP [VP 그 분이 이 논문을 읽-] -으시-] -었-] -겠-] -니]?

다음으로, 통사 작용은 의미부 속성에 기대지 않으므로, 표찰화라는 통사

작용이 의미부 속성인 선택 관계에 기대는 것으로 볼 수 없다. 이에 선택 관계를 의미부 속성일 뿐만 아니라 통사부 속성으로도 간주하려고 할 수도 있는데, Fukui 외(2015: 79-80)에서 가져온 아래의 문답을 통해 확인할 수 있듯이 선택 관계를 통사적 특성으로 간주하기는 어렵다.

(7) 問 Fukui & Zushi: ⋯ in the case of projection, it doesn't seem clear which element triggers the search. Is it a head who searches, trying to identify its complement?

答 Chomsky: I don't think so. You see, that's like selection. My guess is that selection isn't a syntactic property. If you think about selection — it was pointed out pretty early that you have an extremely rich system of what looks like selection, like it's in general a verb is looking for a noun phrase, but particular verbs have to pick out particular noun phrases. And the particular noun phrase that they pick out can depend on quite complex properties of that noun phrase. Take "hit," let's say, "it's going to take the kind of thing that can be hit" — but "the kind of thing that can be hit," is a highly complex semantic property of the noun phrase associated with it. It's a question of how that noun phrase is interpreted.

위와 더불어 앞서 (1), (2)를 살피며 논의했듯이 미리 보기(look-ahead)로 인한 연산의 복잡성을 피하려면 의미부와는 독립적으로 통사부 연산에서 표찰을 정할 수 있는 조치가 필요하다. 그리고 통사부에서 선택 관계를 언급하는 것이 곤란하므로, 기능범주가 병합하는 경우에 더해, 어휘범주가 병합하는 경우도 표찰화에서 어려움에 맞닥뜨리게 된다. 특히 형상적 의미역

이론(configurational θ-theory)을 채택하면, 선택 관계와 무관하게 통사구조 자체에 의해 선택 속성이 충족되므로 선택 관계는 통사부에서 아예 설 자리를 잃게 되는바(Chomsky 2004: 111-112 참고), 이에 따라 선택 관계에 기초한 표찰화 방안은 그 근거를 상실하게 된다.

11.2.2. 최소 탐색과 이동 그리고 공유 자질

선택 관계에 기초한 표찰화의 한계에서 벗어나려면 선택 관계와 무관한 표찰화 방안을 마련해야 한다.[5] 그렇다면 구체적으로 어떤 방안이 있을 수 있는가? 이 질문에 대해 Chomsky(2007, 2008) 등은 아래에서 보듯이 핵 H와 구 α가 병합하는 경우 최소 탐색(minimal search)에 의해 핵 H가 표찰로 정해진다고 제안한다.

> (8) 가. In constructions of the form H-XP (H a head), minimal search conditions determine that H is the designated element (label) that enters into further operations. (Chomsky 2007: 23)
>
> 나. The label of an SO(syntactic object) must be identifiable with minimal search. ⋯ In {H, α}, H an LI(lexical item), H is the label. (Chomsky 2008: 145)

일치 현상(agreement phenomena)에서 보듯이 어떤 통사구조의 구성성분을 탐색하는 작용은 표찰화와 무관하게 독립적으로 존재한다.[6] 따라서 최소 탐

---

5   또는 미리 보기 없이 의미부 속성인 선택 속성을 이용하여 표찰을 정하는 방안을 마련해야 한다. 이 가능성에 대해서는 이 장의 11.4.2.1절에서 살핀다.

6   일치 현상에는 탐색에 더해 탐색자와 피탐색자, 즉 탐침(probe)과 목표(goal) 사이의 탐침-

색의 '탐색'이 문법에 추가적인 부담을 야기하지 않는다. 그리고 최소 탐색의 '최소'도 표찰화와 독립적으로 성립하는 경제성 원리에 부합하므로 역시 문법에 추가적인 부담을 야기하지 않는다. 이렇게 최소 탐색은 별도의 이론적 추가 조치 없이 그냥 주어지므로 이에 기댄 표찰화는 이론적 차원에서 그 타당성을 인정할 수 있다.

나아가 최소 탐색에 의한 표찰화는 이론적 차원뿐만 아니라 경험적 차원에서도 그 타당성을 확인할 수 있다. 예를 들어 핵 V와 구 KP가 병합하면 [$_{VP}$ KP V]에서 보듯이 핵 V가 표찰이 되기 때문이다. 물론 표찰이 K 유형인 [$_{KP}$ KP V]가 아니라 V 유형인 [$_{VP}$ KP V]인 것은 '매우 열심히 [읽-]'과 '매우 열심히 [[그 책을] 읽-]'에서 보듯이 '[[그 책을] 읽-]'이 V '읽-'의 특성을 보이기 때문이다. 만약 '[[그 책을] 읽-]'이 V '읽-'이 아니라 KP '그 책을'의 특성을 지닌다면 *열심히 [그 책을]'이 성립하지 않듯이 '열심히 [[그 책을] 읽-]'도 성립하지 않아야 할 것이다(이정훈 2012나: 110-113 참고).

최소 탐색에 따라 핵과 구가 병합하는 경우에 핵이 표찰로 정해지면, 앞절에서 제기한 문제 중 일부가 해소된다. 예를 들어 전통적인 핵 계층 이론에 따른 아래 통사구조에 표시한 표찰 중 vP와 IP를 제외한 VP, v', I', CP 등의 표찰은 아래 첨자 [최소 탐색]으로 표시해 놓았듯이 최소 탐색으로 정해지기 때문이다.[7] 최소 탐색으로 정할 수 없는 표찰은 아래 첨자 [??]로 표시한다.

목표 관계(probe-goal relation)까지 관여하는 데 비해 표찰화에는 탐색만 관여한다(Fukui 외 2015: 81 참고).

7 Chomsky(2007: 25-26), Chomsky 외(2019: 247-248) 등을 따라 DP 가설은 채택하지 않으며, (9)에서 'the man, a book'은 NP로 파악한다. 또한 V 'read'는 v로 핵 이동하는데(이 장의 각주 12) 및 11.3.2절 참고), 핵 이동은 부가 구조(짝 병합 구조)를 형성하므로, V 'read'가 핵 이동해서 v와 짝 병합해서 형성되는 [v read]의 표찰은 v가 된다([$_v$ [v read]]. 바로 앞의 11.2.1절 참고). 편의상 (9)에는 핵 이동에 따른 통사구조 형성과 표찰은 따로 표시하지 않는다.

(9) (I remembered) that the man read a book.

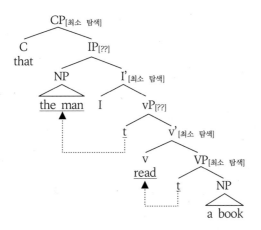

그러면 VP, v', I', CP 이외의 표찰, 즉 표찰 vP와 IP는 어떻게 정해지는가? 이러한 경우를 일반화하면 다음의 문제가 대두된다. 구 XP와 구 YP가 병합한 아래 (10)에서 미결정 표찰 '??'는 어떻게 정해지는가?

(10)
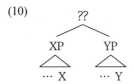

위의 구조에 최소 탐색이 적용된다고 해 보자. 그러면 최소 탐색은, X와 Y가 구조적으로 등거리(equi-distance)이므로, X와 Y 둘 중 하나가 아니라 X와 Y 둘 다를 표찰로 간주하게 되고(Chomsky 2013: 43 참고), 그 결과 (10)의 표찰은 XP이자 YP인 것으로 결정된다. 이를 반영하면 (10)은 아래 (11)이 된다.

(11)

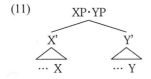

$$XP \cdot YP$$
$$X' \qquad Y'$$
$$\cdots X \qquad \cdots Y$$

그런데 X와 Y가 이질적이면 XP와 YP가 함께 동시에 표찰로 등장한 위의 구조는 용인되기 어렵다.[8] 이질적인 표찰의 공존을 용인하면, 예를 들어 NP [NP [그가 쓴] 책]과 VP [VP [매우 열심히] 읽-]이 병합한 '그가 쓴 책을 매우 열심히 읽-'의 표찰이 NP·VP가 될 수 있는데, 표찰 NP·VP는 실제 언어 현상, 즉 NP와 VP를 구분하는 언어 현상과 부합하지 않기 때문이다. 따라서 (10)의 표찰화를 허용하려면, X와 Y가 이질적이어서 발생하는 문제를 피할 수 있어야 하는바, 이에 Chomsky(2013)은 문제를 피하는 방법으로 이동을 제안하는 한편, 공유 자질(shared feature)을 표찰로 삼는 방안을 제안한다.

먼저, 이동은 XP와 YP가 병합한 [XP YP]에서 XP든 YP든 어느 하나가 이동함으로써 이동하는 성분이 표찰화에 관여하지 않게 되는 방법이다.[9] 예를 들어 [XP YP]에서 XP가 이동하면 'XP ⋯ [t_{XP} YP]'가 나타나는데, 그러면 [t_{XP} YP]의 표찰이 YP로 정해진다(XP ⋯ [VP t_{XP} Y']). XP와 t_{XP}는 연쇄(chain) (XP, t_{XP})이고, 접면에서 적격한 요소는 연쇄이지 연쇄의 일부가 아니므로 이에 맞추어 표찰화에서도 연쇄의 일부인 t_{XP}가 무시되기 때문이다. 이로써

8 　이는 X와 Y가 동질적이면 (11)과 같은 통사구조가 가능함을 의미한다. X와 Y가 동질적이
　　므로 XP와 YP가 병합해도 표찰이 'XP = YP'로 정해질 수 있기 때문이다. 이에 대한 실제
　　사례는 이 장의 (13) 및 7장, 10장 참고.

9 　병합과 마찬가지로 이동도 동기 없이 자유롭게 적용되며 그 결과만 적격하면 된다(Chomsky
　　2013, 2015, 2019나 등 참고). 참고로 병합과 이동이 필요에 의해, 즉 특정한 동기에 의해
　　적용되는 것으로 보면 병합과 이동을 통합하는 시각을 유지하기 어렵다. 병합의 동기와
　　이동의 동기가 서로 다른 것으로 파악되기 때문이다. 예를 들어 병합의 동기는 의미역 실현
　　인 데 비해 이동의 동기는 일치, 격, 담화 기능 구현 등이다. 따라서 동기 없는 자유로운
　　적용을 인정해야 병합과 이동을 통합할 수 있다.

(9)에서 문제로 제기된 표찰 vP와 IP 중 표찰 vP의 문제가 해소된다. 아래에서 보듯이 [NP vP]에서 NP가 이동함으로써 표찰이 vP로 정해지기 때문이다 (Chomsky 2013: 43-45 참고).

(12)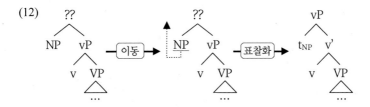

다음으로, 공유 자질에 의한 표찰화는 (10)에서 XP와 YP가 공유하고 있는 자질을 표찰로 삼는 방법인데, 아래에서 보듯이 (12)에서 NP가 이동해서 형성하는 통사구조에서 그 실례를 확인할 수 있다.

(13)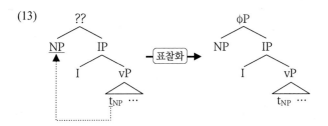

영어의 N은 일치 자질(ϕ-feature)을 지니며 기능범주 I도 일치 자질을 지닌다. 따라서 위에서 보듯이 NP와 IP가 병합하면 이 둘이 공유하고 있는 일치 자질이 표찰로 정해지게 된다.[10] 이로써 (9)에서 문제로 제기된 표찰의 문제

---

10 공유 자질에 의한 표찰화는 투사(projection) 개념을 필요로 하는 듯하다. N의 일치 자질이 NP까지 투사되고, I의 일치 자질이 IP까지 투사되어야 NP와 IP의 공유 자질 유무를 확인할 수 있기 때문이다. 하지만 굳이 투사 개념에 기댈 필요는 없다. (10), (11)을 살피며 언급했듯이 N과 I는 탐색에서 등거리이므로 둘 다 표찰로 간주될 수 있고 이를 통해 공유 자질에

는 아래 (14)에서 보듯이 모두 해소된다. 앞서와 마찬가지로 최소 탐색으로 정해지는 표찰은 아래 첨자 [최소 탐색]으로 표시하고, 이에 맞추어 이동과 공유 자질에 의해 정해지는 표찰은 각각 아래 첨자 [이동], [공유 자질]로 표시한다.

(14) (I remembered) that the man read a book.

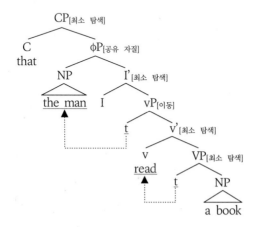

최소 탐색과 이동 그리고 공유 자질에 기초해 표찰이 정해진 통사구조 (14)는 핵 계층 이론에 따른 전통적인 통사구조와 별반 다르지 않다. 그리고 이는 표찰화 기제의 경험적 타당성을 긍정적으로 보게끔 해 준다. 전통적 핵 계층 이론에 따른 통사구조의 경험적 타당성이 상당히 높기 때문이다. 특히 (14)에 의하면 주어 이동이 나타나는 이유를 표찰화에서 찾을 수 있는데 이는 자못 인상적이다. 주어 이동을 위해 동원되어온 약정인 소위 확대 투사 원리 (extended projection principle. 4장의 각주 25) 참고)를 제거할 수 있기 때문이다. 더불어 표찰이 보장되면 주어가 이동할 필요가 없는바, 이는 주어 이동이

의한 표찰화가 작동할 수 있기 때문이다.

없는 언어의 가능성을 보장한다는 점에서 주목을 요한다(이 장의 11.4.2절 및 Chomsky 2015: 9 참고). 다만 한 가지 다른 것은 (9)에서는 IP였던 것이 (14)에 서는 ϕP가 되었다는 점이다. 그렇다면 이러한 차이가 새로운 문제를 야기하지 는 않는가? 이에 대해서는 절을 달리하여 관련 사항과 함께 논의한다.

11.3. 비해석성 자질과 핵 이동 그리고 표찰화

최소 탐색이 그렇듯이 이동과 공유 자질에 기초한 표찰화도 문법에 별다른 추가적인 부담을 가져오지는 않는다. 그런데 이동에 의한 표찰화, 공유 자질에 의한 표찰화, 그리고 접면, 이 셋을 모두 함께 고려하면 분명히 해야 할 두 가지 문제가 대두된다. 첫째, 기능범주 Agr처럼 비해석성 자질(uninterpretable feature)로만 이루어진 어휘항목을 인정할 수 없다면, (14)의 ϕP도 인정할 수 없는 것 아닌가?[11] 일반화하면, 일치 자질이나 격자질과 같은 비해석성 자질은 표찰이 될 수 없다고 보아야 하는 것 아닌가? 둘째, 이동하는 성분이 표찰화 작용에 가시적이지 않다면((12) 참고), [$_{XP}$ YP X]에서 핵 X가 XP 밖으로 핵 이동하면 표찰 XP도 사라지게 되는가? 일반화하면, 핵 이동(head movement)과 표찰화는 어떻게 조화를 이룰 수 있는가?[12] 지금부터 이 두 가지

---

11 NP와 결부된 일치 자질은 해석성이고, 기능범주 I와 결부된 일치 자질은 비해석성이다. 그렇다면 (14)에서 NP와 IP의 공유 자질에 의해 결정된 표찰 ϕP는 해석성인가, 비해석성인 가? 선뜻 답하기 곤란한 듯한데, 중요한 문제는 아닌 것으로 판단한다. 이어지는 논의에서 언급하듯이(이 장의 11.3.1절 참고), 표찰 자체는 해석 대상이 아니기 때문이다. 즉, {γ, {α, β}}에서 표찰 γ는 {α, β}의 유형과 해석을 보장할 뿐 그 자체가 해석 대상은 아니다. 그래도 어느 한 쪽을 택해야 한다면 비해석성으로 간주하는 것이 타당하다고 판단한다. (14)에서 ϕP는 C와 병합하는 굴절 범주이고, 명사 범주의 일치 자질과 달리, 굴절 범주의 일치 자질은 비해석성이기 때문이다.

12 통사적 핵 이동 혹은 핵 인상(head raising)은 그 존재 여부 자체가 해결해야 할 과제이다

문제에 대한 해소 방안을 차례로 논의하기로 한다.

11.3.1. 비해석성 자질과 표찰화

기능범주 Agr을 인정하지 않으면 당연히 나무그림에 AgrP가 표찰로 등장할 수 없다. 그리고 기능범주 Agr이 일치 자질로 구성되는 것을 고려하면 (13)에서 표찰로 기능하는 일치 자질과 Agr을 다르다고 볼 수 없다. 따라서 AgrP가 표찰일 수 없으면 ϕP도 표찰일 수 없다고 보는 것이 타당할 듯하다 (이정훈 2019: 67 참고).[13]

물론 위의 비판이 성립하려면 일치 자질은 본유적으로 표찰화 능력을 결여한다고 보아야 하는데 이러한 점이 문제를 야기하지는 않는다. 어차피 어휘항목이 지닌 자질 중 일부가 통사구조 형성에 참여하고, 보조사나 접속어미와 접속조사 등에서 보듯이 표찰화 능력을 지니지 않은 어휘항목도 존재하기 때문이다(1장 1.3.6절과 7장 및 Chomsky 2013: 45-46 등 참고).

그런데 기능범주 Agr의 자격과 (14)의 표찰 ϕP의 근원인 일치 자질의 자격이 서로 사뭇 다르다는 데에 유의할 필요가 있다. 기능범주 Agr은 그 자체로 하나의 독립된 어휘항목으로 간주되는 것으로서 어휘항목임에도 불구하고 접면의 해석에 기여하는 바가 없기 때문에 폐기되었지만(Chomsky 1995나/2015, 2000: 138; 박승혁 1996 등 참고), (14)에서 표찰 ϕP를 가능하게 하는 일치 자질은 그 자체가 어휘항목인 것이 아니라 어휘항목 N과 I 각각에 포함되어 있는 자질인 것이다. 이렇게 (14)의 표찰 ϕP의 출처가 기능범주

(Chomsky 2015가: 12-15 참고). 여기서는 앞선 장에서와 마찬가지로 가능한 것으로 간주하고 논의를 진행한다.

13 이러한 맥락에서 일치 자질을 표찰화에서 제외하는 방향을 이해할 수 있다(심재영 2018; 김용하 2019 등 참고).

Agr과 같은 독립된 어휘항목이 아니라 N과 I이므로, N과 I가 있는 한 일치 자질의 존재는 보장되며, 이를 토대로 일치 자질이 표찰에 참여하는 것도 가능해진다.

위의 논의에 기대어 앞서 제기한 두 가지 문제 중 첫 번째 문제와 그에 대한 답을 제시하면 아래와 같다.

> 問 일치 자질이나 격자질과 같은 비해석성 자질은 표찰이 될 수 없다고 보아야 하는 것 아닌가?
> 答 어휘항목에 포함된 비해석성 자질은 표찰이 될 수 있다.

비해석성 자질의 표찰 자격을 인정하면 언뜻 접면에서 문제가 발생할 듯하다. 비해석성 자질이 접면에서 삭제되는 것을 고려하면, 비해석성 φ-자질이 표찰인 경우에는 그 비해석성 표찰 φP가 삭제되는 결과가 초래되기 때문이다. 하지만 표찰의 역할을 고려할 때 비해석성 표찰 φP가 접면에서 삭제되는 것이 문제를 일으키지는 않는다. 표찰의 역할 중 연산에 참여하는 역할은 접면에 도달하기 전에 완수되며, 표찰 자체가 해석 대상은 아니므로(Collins 2002나; Seely 2006 등 참고), 접면에서 비해석성 표찰 φP가 삭제되어도 접면 해석이 곤란에 빠지지는 않기 때문이다.

한편 표찰 φP는 주술 관계나 대하여성(aboutness) 등의 해석에 기여한다(Chomsky 2013: 45 참고). 따라서 표찰 φP는 주술 관계와 대하여성 등의 해석이 보장된 뒤에 삭제되어야 한다. 삭제와 해석 사이에 순서가 정해지는 셈인데, 그렇다고 해서 '해석 후 삭제'와 같은 순서를 약정할 필요는 없다. 이 순서를 어기고 '삭제 후 해석' 상황이 초래되면 해석이 곤란해지고 이에 의미부에서 부적격한 것으로 걸러지기 때문이다.[14]

11.3.2. 핵 이동과 표찰화

최소 탐색은 핵 X와 구 YP가 병합하면 핵 X를 표찰로 정하며, 이렇게 형성된 [xp YP X]의 표찰 XP는 YP가 [xp YP X] 밖으로 이동해도 아무런 영향을 받지 않는다. 앞서 논의했듯이 이동 성분은 표찰화에 비가시적인바, [xp YP X]에서 YP가 이동하면 YP가 표찰화에 비가시적이게 되지만, 이것이 표찰 XP에 영향을 미치지는 않기 때문이다. 하지만 [xp YP X]에서 핵 X가 [xp YP X] 밖으로 이동하면 사정이 다르다. 이동하는 성분은 표찰이 될 수 없으므로 X가 표찰화에 참여하는 것이 배제되고, 이동하지 않고 남아있는 YP가 표찰화에 참여하게 되어서, 결국 표찰이 XP에서 YP로 바뀌는 결과가 초래될 우려가 있기 때문이다. 이를 나무그림으로 나타내면 아래와 같다.

(15)

위와 같이 핵 이동을 겪으면 표찰이 바뀐다고 해 보자. 그러면 매우 곤란한 문제가 야기된다. 예를 들어 핵 이동이 표찰 변경으로 이어지면 아래에서 보듯이 표찰 VP가 NP로 바뀌게 되는데, 표찰이 변경된 후의 구조에 따르면 T '-았/었-'이 명사구와 병합하는 것이 허용되어야 하지만 명사구와 T '-았/었-'이 병합하는 경우는 나타나지 않기 때문이다.

---

14 이와 관련하여 Chomsky(2008)의 다음 언급을 참고할 만하다. "The conclusion, then, is that the labeling algorithms apply freely, sometimes producing deviant expressions. The outcome will satisfy the empirical conditions on I-language if these are the interpretations actually assigned"(Chomsky 2008: 145).

(16)

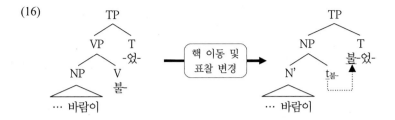

따라서 핵 이동이 표찰 변경으로 이어지는 것을 막아야 하는데, 그 막는 방안은 무엇인가? 이 질문에 대해, 여기서는 별도의 추가적인 조치를 동원하지 않고, 아래와 같이 연산의 효율성(computational efficiency)에 의해 핵 이동이 표찰 변경으로 이어지는 것이 허용되지 않는 것으로 보고자 한다. 다른 말로 핵 이동에 따른 표찰 변경은 연산을 복잡하게 만들므로, 매우 강력한 경험적 증거가 없는 한, 인정할 수 없다.[15]

먼저, 연산의 효율성은 불필요한 작용, 즉 별다른 효과 없이 적용되는 작용은 허용하지 않으므로 (16)과 같은 표찰 변경은 허용되지 않는다. (16)과 같은 표찰 변경은 불필요하며 그 효과를 찾기 어려운 것이다.[16]

다음으로, 연산의 효율성을 유지하려면 연산상의 자원(resource)도 제약해야 하는데(Chomsky 2019가: 275 참고), 이것 역시 (16)과 같은 표찰 변경을 거부한다. 예를 들어 NP와 V가 병합하고 최소 탐색으로 표찰이 VP로 정해진

---

15 언어 변화를 고려하면 표찰 변경은 실제로 나타난다고 보아야 한다. 이와 관련하여 앞서 6장 6.5절에서는 표찰 변경을 비투사, 즉 무표찰과 그에 따른 문제를 해소하기 위한 조치로 파악하였다.

16 이와 관련하여 병합과 달리 표찰은 이론 내적 개념이라는 점도 유념할 필요가 있다(Chomsky 2013: 43, 2015가: 6 등 참고). 통사구조 형성에서 병합은 선험적·필수적이어서 인정할 수밖에 없지만, 표찰은 그렇지 않기 때문에 상정하지 않는 것이 최선인 것이다. 다만 언어 현상에 대한 기술과 설명이 아직은 표찰을 필요로 하므로 표찰이 존재하는 것으로 간주한다. 이에 표찰 자체를 조작하는 작용은 피하는 것이 좋다고 판단한다.

뒤, 더 이상 NP가 표찰화 작용에 참여하지 않게 되는 경우를 고려해 보자. 이 경우에는 연산의 자원이 감소하게 된다. 이어지는 병합과 표찰화에서 VP만 고려될 뿐 NP는 고려 대상에서 제외되어서 표찰화 작용의 자원이 'NP, V'에서 'VP'로 줄어들기 때문이다. 그런데 (16)과 같은 표찰 변경은, NP와 V가 병합하고 최소 탐색으로 표찰이 VP로 정해진 뒤에도 여전히 NP 가 표찰화에 참여하는바, 이는 표찰화 작용의 자원이 연산이 진행되면서 지속적으로 누적되는 결과를 초래한다. 결국 (16)의 표찰 변경은 연산상의 자원 제약과 이를 통한 연산의 효율성 도모에 어울리지 않으며 이에 따라 허용되지 않는 것으로 판단된다.

끝으로, 소위 변경 금지 조건(no-tampering condition)도 연산적 효율성과 통하는데 이것 역시 (16)과 같은 표찰 변경을 불허한다. 변경 금지 조건에 따르면 병합한 성분들의 성격이 바뀔 수 없는데(Chomsky 2007: 8, 2008: 138, 2013: 40 등 참고), (16)에서는 T '-았/었-'과 병합하는 성분의 성격이 VP에서 NP로 바뀌기 때문이다.

이렇게 연산의 효율성에 의해 (16)과 같은 표찰 변경이 허용되지 않는 것으로 보면, 앞서 제기한 두 가지 문제 중 두 번째 문제에 대해 답할 수 있게 된다.

問 핵 이동(head movement) 혹은 핵 인상(head raising)과 표찰화의 조화는 어떻게 가능한가?

答 연산상의 효율성에 따라 한번 정해진 표찰은 바뀌지 않으므로, 핵 이동이 표찰 변경을 야기하지는 않는다. 따라서 표찰화와 핵 이동은 조화를 이룬다.

결국 표찰은 도출적으로 결정되며 한번 정해진 표찰은 바뀌지 않는다. 그리고 이는 일찌감치 Chomsky(1995ㄴ/2015)에서 지적되기도 하였다.[17] 또한 연산상의 효율성을 고려하면, 한번 결정된 표찰이 바뀌는 것을 금하는 조건, 예를 들어 '표찰 재정의 금지 조건'(ban on relabeling. 김용하 2017: 11)을 따로 설정할 필요는 없다.

한편, 연쇄의 일부는 표찰화 능력이 없으므로 이동하는 성분은 이동 전 위치에서 표찰화에 관여하지 않는데(이 장의 (12) 참고), 핵 이동은 사정이 다르다. (12)에서 확인했듯이 NP가 이동하는 경우, 그 NP는 이동 전 위치에 서의 표찰화에 참여하지 못하지만, 핵은 이동하더라도 이동 전 위치에서의 표찰화에 참여하기 때문이다. 이동 전 위치에서 보이는 NP 이동과 핵 이동 사이의 차이는 이동 후 위치에서도 나타나서 NP는 (12)에서 확인했듯이 이 동 후 위치에서 표찰화에 관여하는 반면, 핵은 그렇지 않다.

표찰화에서 보이는 NP 이동과 핵 이동의 차이는 어떻게 이해해야 하는가? 사실 표찰화 방안과 연산의 효율성을 고려하건데 NP 이동과 핵 이동의 위와 같은 차이는 특이할 것이 전혀 없다. 표찰이 필요하며, 한번 정해진 표찰은 연산의 효율성에 의해 바뀌지 않는다고 하면, NP 이동과 핵 이동의 차이가 나타날 수밖에 없기 때문이다. 먼저, NP 이동의 경우, (12)에서 보듯이 NP는 이동 전 위치에서는 표찰화에 참여하려고 해도 그럴 수 없으므로, 혹은 표찰 화에 참여해도 표찰이 정해지지 않으므로, 표찰화에 참여하지 못하는 결과를 보일 수밖에 없으며, 이동 후에는 공유 자질에 의한 표찰화에 참여할 수

---

17 관련된 언급을 옮겨오면 다음과 같다. "We assume further that the label of K is determined derivationally (fixed once and for all as K is formed), rather than being derived representa- tionally at some later stage of the derivation (say, LF). This is, of course, not a logical necessity; Martian could be different. Rather, it is an assumption about how *human* lan- guage works, one that fits well with the general thesis that the computational processes are strictly derivational, guided by output conditions only in that the properties available for computational purposes are those interpreted at the interface"(Chomsky 1995나/2015: 223-224).

있으므로 표찰화에 관여하게 된다. 다음으로, 핵은 최소 탐색에 의한 표찰화가 가능하므로 이동 전 위치에서 표찰화에 참여하게 되고, 이동 후에는 부가 구조를 형성하므로 표찰화에 참여하는 자격을 가지지 못하게 되어서 표찰화에 참여하지 않게 된다.[18] 또 연산의 효율성에 의해 한번 정해진 표찰은 변경되지 않으므로 핵이 이동하기 전에 결정된 표찰은 핵이 이동하더라도 바뀌지 않는다. 따라서 NP 이동과 핵 이동이 표찰화에서 보이는 차이는 특이할 것이 전혀 없으며, 표찰화 방안과 연산의 효율성에 따른 당연한 귀결일 따름이다.

11.4. 한국어의 표찰화 1

지금까지 최소 탐색과 이동 그리고 공유 자질에 기초한 표찰화 기제의 이론적 타당성을 주로 논의해왔다. 그렇다면 그러한 표찰화 기제의 경험적 타당성은 어떠한가?[19] 특히 한국어 현상을 기술하고 설명하는 데에 얼마나 기여하며 또 한국어 현상을 설명하기 위해서는 무엇이 수정되고 보태져야 하는가? 이 질문에 답하기 위해 이 절에서는 한국어 현상을 대상으로 지금까지 살핀 표찰화 방안의 경험적 타당성을 확인하고, 보완해야 할 사항을 살피기로 한다.

---

18 이 장의 각주 7) 참고. 한편 12장에서는 선형화(linearization)를 논의하면서 핵 이동이 부가 구조가 아니라 대치 구조를 형성할 가능성을 모색해 본다.

19 앞서 (14)를 제시하며 언급했듯이 전통적 핵 계층 이론에 따른 표찰과 표찰화 기제에 따른 표찰은 서로 통한다. 따라서 표찰화 기제의 경험적 타당성은 전통적 핵 계층 이론의 수준만큼은 확보되었다고 할 수 있다. 나아가 표찰화 기제가 전통적 핵 계층 이론보다 낫다고 판단할 만한 현상도 존재한다. 예를 들어, 이 또한 (14)를 제시하며 언급했는데, 표찰화 기제는 영어와 같은 언어의 주어 이동을 약정하는 데서 탈피해 그에 대한 동기를 제공하는 힘을 지닌다. 또한 뒤에서 논의하듯이 (18)에 제시하는 현상도 표찰화 기제가 핵 계층 이론보다 낫다는 것을 잘 보여준다.

11.4.1. 공유 자질과 표찰 KP

논의를 구체화하기 위해 아래 통사구조를 고려해 보자. 최소 탐색, 이동, 공유 자질 등에 의한 표찰화는 아래 통사구조에 표시되어 있는 표찰 CP, TP, VP, V', KP[주격], KP[대격] 등을 보장하는가?[20]

(17) 생쥐가 고양이 꼬리를 물었다.

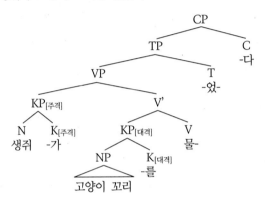

위의 통사구조에 표시된 표찰 CP, TP, VP, V', KP[주격], KP[대격] 가운데 CP, TP, V', KP[대격] 등의 표찰은 핵과 구가 병합한 경우에 해당하므로 최소 탐색에 의해 결정된다.[21] 남은 것은 표찰 VP와 표찰 KP[주격]인데, 이 표찰들은 핵과 구가 병합한 경우가 아니라 구와 구가 병합하고 핵과 핵이 병합한 경우

---

20 주격조사와 대격조사의 통사범주는 각각 K_S[주격], K_S[대격]인데(3장의 (2) 참고), 여기서는 편의상 K[주격], K[대격]으로 간략히 나타낸다. 그리고 한국어는 vP가 아니라 VP 구조를 지니는 것으로 파악한다. 동사구는 v의 유무에 따라 vP일 수도 있고 VP일 수도 있으며, v의 유무는 매개변인적 차이(parametric variation)에 해당한다(이정훈 2011라 참고). 참고로 VP가 아니라 vP를 채택해도 논지에는 영향을 미치지 않는다.

21 표찰의 자격에 해석성 여부는 관여하지 않는다(이 장의 11.3.1절 참고). 따라서 KP[주격], KP[대격]처럼 격자질도 얼마든지 표찰이 될 수 있다.

에 해당하므로 최소 탐색으로 다룰 수는 없다.[22] 따라서 이동이나 공유 자질
에 기대서 표찰을 정해야 하는데, 이 둘 가운데 일단 이동의 가능성은 배제된
다. 이동에 기대어 표찰이 정해지려면 주어 KP[주격]이 VP 밖으로 이동하고,
KP[주격] 내의 N이 KP[주격] 밖으로 이동해야 하지만, 한국어는 주어가 이동하
는 언어가 아닐 뿐더러(이정훈 2008나; Chomsky 2015가: 9 등 참고), KP[주격]
내의 N은 이동해 갈 자리조차 찾기 어렵기 때문이다.

최소 탐색에 의한 표찰화, 이동에 의한 표찰화, 공유 자질에 의한 표찰화,
이 세 가지 중 이제 남은 것은 공유 자질에 의한 표찰화뿐이다. 그렇다면
공유 자질에 의한 표찰화는 (17)의 표찰 VP와 표찰 KP[주격]을 보장하는가?
이 문제에 답하려면 다음의 두 가지를 확인해야 한다. 첫째, 현재 논의 중인
내용과는 독립적으로 공유 자질에 의한 표찰화가 한국어에서도 성립하는지

---

22 참고로 핵과 핵이 병합하는 경우, Chomsky(2008: 145)는 두 핵 중 어느 것이나 표찰이
되는 것으로 파악하였고, Chomsky(2013: 47, 2015가: 7-8)은 분산 형태론(distributed mor-
phology) 식의 분석을 제안하였다. 분산 형태론 식의 분석에 따르면, 핵과 핵이 병합하는
경우의 표찰화는 구와 구가 병합하는 경우와 평행해진다. 예를 들어 분산 형태론의 제안을
수용하면 어휘항목은 어근 R(root)과 통사범주 결정 성분 CAT(categorizer)으로 해체되므
로, 핵 X와 핵 Y의 병합은 어근 R^X 와 통사범주 결정 성분 CAT^X로 이루어진 $[_X R^X CAT^X]$
와 어근 R^Y와 통사범주 결정 성분 CAT^Y로 이루어진 $[_Y R^Y CAT^Y]$의 병합이 되어 구와
구가 병합하는 형상을 띠게 된다. 하지만 여기서는 다음의 세 가지 사항을 고려하여 분산
형태론 식의 분석은 채택하지 않는다. 첫째, 분산 형태론 식의 분석이 과연 유효한 표찰화
로 이어질지 불분명하다. 예를 들어 $[_X R^X CAT^X]$와 $[_Y R^Y CAT^Y]$가 병합하면 두 핵이
나란히 병합하는 $[_? [_X R^X CAT^X] [_Y R^Y CAT^Y]]$나 두 핵 가운데 하나가 다른 핵에 매립되는
$[_Y [_? [_X R^X CAT^X] R^Y] CAT^Y]$가 되는데 어느 쪽이든 미결정 표찰 '??'를 포함하게 되어
표찰 문제가 해소되지 않는다. 둘째, 어근이 표찰화에 비가시적이며 표찰화에 가시적인
성분이 표찰이 되는 것을 고려해서 표찰을 정하면, 한 핵이 다른 핵에 매립되는 경우에
R과 CAT의 관계가 파괴되는 문제가 발생한다. 어근을 무시하고 표찰화에 가시적인 성분
을 표찰로 삼으면 $[_Y [_X [_X R^X CAT^X] R^Y] CAT^Y]$가 되는데 이에 따르면 핵 Y의 어근 R^Y와
통사범주 결정 성분 CAT^Y 사이에 표찰 X가 나타나서 어근과 통사범주 결정 성분 사이의
관계가 단절되는 것이다. 셋째, 이어지는 논의에서 알 수 있듯이 한국어는 분산 형태론
식의 분석을 필요로 하지 않는다.

여부를 확인해야 한다. 그래야 공유 자질에 기초한 표찰화가 임기응변적인 조치의 수준에서 벗어날 수 있다. 둘째, 한국어에서도 공유 자질에 의한 표찰화가 성립하는 것으로 판단되는 경우, 공유 자질에 의한 표찰화가 (17)에서 표찰 VP와 표찰 KP[주격]을 정할 수 있는지 확인해야 한다. 지금부터 이 두 가지 사항을 하나씩 차례로 검토하기로 한다.

두 가지 사항 중 첫 번째와 관련하여, 아래 (18)에 제시하는 현상들은 공유 자질에 의한 표찰화가 논의 중인 표찰 VP나 표찰 KP[주격]과 독립적으로 존재함을 잘 보여준다. 또한 이 현상들은 표찰화 기제 이전의 전통적인 핵 계층 이론으로는 설명하기 까다롭지만 공유 자질에 기댄 표찰화로는 보다 수월하게 설명할 수 있는 것이기도 한바, 핵 계층 이론에 비해 표찰화 기제가 경험적으로 더 타당함을 보여주는 것이기도 하다.

(18) 가. 철수가 영이에게 책이랑 순이에게 논문을 주었다.

(이정훈 2012가: 186)

나. 영이가 만나기는 철수를 만났다. (이정훈 2013: 156)

다. 영이에게 책은 철수가 주었다. (= 10장의 (2답))

라. 누가 왜 그리고 어떤 규칙으로 윤달을 정했나요? (= 10장의 (23))

도출 과정을 포함하여 자세한 논의는 다른 곳으로 미루고(10장 및 이정훈 2012가, 2013 참고), 표찰화와 관련된 사항만을 간략히 살피면 다음과 같다. 먼저, (18가)는 KP '영이에게'와 KP '책을'이 병합하여 KP$_1$ '영이에게 책을'이 형성되고 KP '순이에게'와 KP '논문을'이 병합하여 KP$_2$ '순이에게 논문을'이 형성된 후 KP$_1$과 KP$_2$가 접속조사 '-이랑'을 매개로 접속되는 과정을 거쳐 형성되는데, 이러한 것이 가능하려면 KP와 KP가 병합하고 이 두 KP가 공유한 자질이 표찰이 되어 KP$_1$과 KP$_2$가 형성되어야 한다.[23] 공유 자질에 의한 표찰화의 설명력이 잘 드러난 셈인데, 전통적인 핵 계층 이론에서는 그러한 설명력을 기대하기 어렵다. 핵 계층 이론은 술어-논항 관계나 수식 관계 등을 토대로 하는데 KP₁과 KP₂는 이러한 관계와 거리가 멀기 때문이다. 예를 들어 KP₁을 형성하기 위해 병합하는 KP '영이에게'와 KP '책을' 사이에는 술어-논항 관계나 수식 관계가 성립하지 않는다.

(18가)처럼 공유 자질이 표찰이 되는 것은 (18나)~(18라)도 마찬가지이다. 다만 (18가)와 달리 (18나)~(18라)는 V 범주끼리 병합하고 이에 따라 V 범주가 표찰이 되는 점이 다르다. 간략히 언급하면 (18나)에서는 V 범주 [$_{V'}$ 영이가 만나-]와 V 범주 [$_{V'}$ 철수를 만나-]가 병합하여 표찰이 VP가 되고, (18다)에서는 V 범주 [$_{V''}$ 영이에게 책을 주-]와 V 범주 [$_{V'}$ 철수가 주-]가 병합하여 표찰이 VP가 되며, (18라)에서는 V 범주 [$_{V'}$ 누가 왜 정하-]와 V 범주 [$_{V'}$ 어떤 규칙으로 윤달을 정하-]가 병합하여 표찰이 VP가 된다. 그리고 이렇게 형성된 VP에 '-기는'이 삽입되거나, VP에 포함된 V가 생략이나 병렬 방식의 전역적(across-the-board fashion) 핵 이동을 겪으면 (18나)~(18라)가 형성된다.

(18)에 제시한 현상을 근거로 한국어에도 공유 자질에 기초한 표찰화 작용이 성립한다고 해 보자. 그러면 앞서 제시한 두 가지 사항 중 두 번째와 관련된 질문이 제기된다. 즉, (17)의 표찰 KP[주격]을 공유 자질에 기대어 정할 수 있는가? 또 (17)의 표찰 VP는 어떠한가?

일단 다음과 같은 사항을 고려하면, 공유 자질에 의한 표찰화는 표찰 KP[주격]을 보장한다. N 범주는 통사구조에 등장할 때 미명세된 격자질 '[K: __]'을 지니고

---

23 (18가)는 다소 어색할 수 있다. 자연스러운 것은 주제화까지 적용된 '영이에게 책이랑 순이에게 논문은 철수가 주었다' 정도인데(이정훈 2014다: 55-56 참고), 편의상 주제화가 적용되지 않은 경우를 제시하였다. 한편 KP₁과 KP₂는 도출 과정에 등장하며 최종적으로는 일반적인 통사구조, 즉 KP₁과 KP₂ 각각을 형성하였던 KP들이 V 범주와 병합하는 통사구조가 나타난다(이정훈 2012가; Phillips 2003; O'Grady 2004 등 참고).

나타나며 주격 조사, 대격 조사 등의 격조사는 본유적으로 '[K: 주격]', '[K: 대격]' 등의 격자질을 지니는바(3장 3.2절 참고),[24] N과 K[주격]이 병합하고 이를 통해 N의 미명세된 격자질 '[K: __]'이 '[K: 주격]'으로 명세된 후 표찰화가 적용되면, 공유 자질에 의한 표찰화에 의해 표찰이 KP[주격]으로 결정되기 때문이다.[25]

그런데 표찰 KP[주격]과 달리 표찰 VP는 공유 자질에 의해 정해지는 것으로 보기 어렵다. (17)에서 VP의 구성성분은 KP[주격]과 V'인데, 이 둘 가운데 V'에서는 V 자질을 확인할 수 있지만 KP[주격]에서는 그럴 수 없기 때문이다.

물론 V 범주의 격자질 명세 능력을 토대로 KP[주격]이나 KP[대격] 뿐만 아니라 V, V', VP 등의 V 범주도 격자질을 지닌 것으로 보고, 공유된 격자질에 의해 표찰이 정해지는 것으로 보려고 시도할 수도 있다(홍용철 2017; Saito 2016 등 참고). 하지만 그렇게 되면 아래에서 보듯이 논항도 K 범주이고 동사구도 K 범주가 되는데, 이러한 결과를 수용하기는 어렵다. 단적으로 논항과 동사구 둘 다 K 범주라면 논항의 통사적 분포와 동사구의 통사적 분포가 같을 것으로 예측되나, 이 예측은 실제와 부합하지 않기 때문이다.

(19)

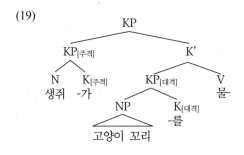

---

24 '[K: __], [K: 주격], [K: 대격]'은 각각 '[격: __], [주격], [대격]'과 마찬가지이다(3장 참고). 공유 자질을 강조하고자 격에 해당하는 'K'를 표시한 것뿐이다.

25 이는 (13)에서 보았듯이 영어에서 NP와 IP가 병합하면 이 둘이 공유하고 있는 일치 자질이 표찰이 되는 것과 마찬가지이다. 한편 공유 자질에 의해 표찰이 KP가 되는지 KP[주격]이 되는지는 따로 논의해야 하는데 일단 KP[주격]을 택한다.

이에 여기서는 표찰화와 관련하여 격자질 명세 능력이 격자질 보유를 보장하지는 않는 것으로 보고, 위와 같은 표찰화는 나타나지 않는 것으로 파악한다. V 범주는 격자질 명세 능력은 가지고 있지만 표찰로 나설 수 있는 격자질은 지니지 않으므로 격자질을 보유한 논항 KP와 병합해도 격자질 공유는 나타나지 않는 것이다. 다른 언어, 예를 들어 영어의 경우에도 I와 v가 각각 주격과 대격을 책임지지만 그렇다고 해서 I와 v가 주격 자질과 대격 자질을 지니는 것으로 보지는 않는다.

결국 공유 자질까지 동원해도 (17)에 표시한 표찰 중 VP는 설명할 수 없다. 따라서 표찰 VP를 위해서는 지금까지 고려하지 않은 방안을 모색할 수밖에 없다.

11.4.2. 표찰 VP: 접면과 이동

지금까지 고려하지 않은 방안을 추구한다고 해서 무분별하게 아무 방안이나 설정할 수는 없다. 표찰화 방안을 확대하면서 문법의 부담을 최소화하려면 표찰화와 무관하게 독립적으로 존재하는 속성에 기대는 것이 최선일 것이다. 이러한 관점에서, 앞 절에서 배제한 가능성을 제외하면, 다음의 세 가지 가능성이 대두된다. 첫째, 집합 병합이 아니라 짝 병합을 동원하는 방법. 둘째, 이동을 동원하되, 주어가 아니라 다른 것이 이동하는 것으로 보는 방법. 셋째, 미리 보기의 문제를 피하면서 접면에 기대는 방법. 이 세 가지 방법 중 어떤 것이 표찰 VP를 보장하는가?

위의 세 가지 방안 가운데 짝 병합에 기대는 첫째 방법은 일단 후보에서 제외된다. '생쥐가'와 '고양이 꼬리를 물-'은 주술 관계를 맺는데 짝 병합은 주술 관계가 아니라 수식 관계와 통하기 때문이다. 물론 '생쥐가'와 '고양이 꼬리를 물-'의 관계도 전통적 인식과는 달리 수식 관계로 파악하고,[26] 수식 관계를 다시 '생쥐가'와 '고양이 꼬리를 물-' 사이의 수식 관계와 전통적인 수식 관계로 나눌 수도 있지만 여기서는 추구하지 않는다.

짝 병합을 제외하면 주어가 아닌 것이 이동해서 표찰화의 문제를 해소하는 방법과 접면에 기대는 방법이 남는데 먼저 접면에 기대는 방법이 표찰 VP를 보장할 수 있는지 살핀다.

11.4.2.1. 접면에 의한 표찰화

술어-논항 관계는 전통적 논의에서 알 수 있듯이 의미부 속성이자 비대칭적 관계이며, 비대칭성은 표찰화의 단서이다(이 장의 11.2.1절 참고). 따라서 아래 (20)에서처럼 KP '생쥐가'와 VP '고양이 꼬리를 물-'이 병합하고 의미부에서 술어-논항 관계가 성립하면 의미부 접면(semantic interface)에 기대어 미결정 표찰 '??'를 VP로 정할 수 있다.

(20)

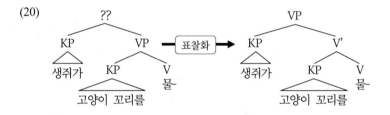

그리고 의미부 접면에 기댄 표찰화는 부가어(adjunct), 즉 수식어가 짝 병합하는 경우에도 필요하다(이 장의 11.2.1절 및 Chomsky 2000: 133, 2004: 117-122,

---

26 이와 관련해 Kayne(1994)를 참고할 수 있다. Kayne(1994)는 명시어를 부가어로 통합한바, 이에 따르면 주어는 통사구조에서 VP에 부가되어 나타난다. 수식어가 피수식어에 부가되듯이 주어가 VP에 부가되는 것이다. Koopman & Sportiche(1991)도 참고. 한편 Kayne (1994)의 견해는 소위 어순 대응 공리(linear correspondence axiom)와 결부된 것인데 여기서는 어순 대응 공리가 아니라 탈병합(demerge)에 의해 선형화(linearization)가 이루어지고 어순이 정해지는 것으로 본다. 자세한 사항은 12장 참고.

2013: 45-46; Chomsky 외 2019: 249 등 참고). 수식어와 피수식어가 짝 병합하면 피수식어가 표찰이 되는데, 이러한 표찰화에 필요한 수식어와 피수식어의 구분 및 수식 관계는 선택 관계와 마찬가지로 의미부의 소관이기 때문이다.[27]

또한 논항이 세 개 이상 나타나는 경우도 의미부 접면에 의한 표찰화를 필요로 한다. 예를 들어 α, β, γ, 이렇게 세 개의 논항이 나타난 통사구조 $[_{VP}\ α\ [_{V''}\ β\ [_{V'}\ γ\ V]]]$에서 표찰 V'는 최소 탐색에 의해 정해지지만, 나머지 두 개의 표찰 V'', VP는 의미부 접면에 의해 정해져야 한다.[28]

그런데 의미부 접면에 기댄 표찰화가 제대로 작동하기 위해서는 통사부와 의미부가 일방적인 관계가 아니라 쌍방적인 관계를 맺어야 한다. 아래에서 보듯이 통사부에서 미결정 표찰 '??'를 포함한 통사구조가 형성되고, 이 통사구조가 의미부에 입력되어 미결정 표찰 '??'가 VP로 결정된 후, 의미부에서 정해진 표찰 VP를 가진 통사구조가 다시 통사부에 입력되어 T '-았/었-'과 병합하는 등 VP 이상의 통사구조가 형성되어야 하기 때문이다.

---

27 부가어와 관련된 추상적 기능범주를 상정하면 의미부가 아니라 통사부에서 수식어와 피수
     식어를 구분할 수 있다(Rubin 2003 참고). 하지만 추상적 기능범주는 채택하지 않는다(1장
     의 각주 13) 참고). 한편 부가어 표지를 고려하면 추상적 기능범주 없이도 부가어 표지를
     통해 통사부에서 수식어와 피수식어를 구분할 수 있을 듯도 한데, 부가어 표지가 항상 부가
     어 기능으로 이어지지는 않는바, 부가어 표지에 기대는 방안은 신뢰하기 어렵다. 이와 관련
     하여 표지가 같은 성분들이, 예를 들어 같은 조사를 취한 성분들이 그 기능과 통사적 성격
     에서 차이를 보이는 현상에 대해서는 송복승(1994), 김영희(1999) 등 참고.
28 이러한 경우에 대해 Chomsky(2013: 46)은 짝 병합을 제안하였다. 이 제안에 따르면, 예를
     들어 "put the book on the table"과 같은 경우, "put"과 "on the table"이 짝 병합을 통해
     일종의 복합동사(complex verb)를 형성하고, 이렇게 형성된 복합동사, 즉 핵 V "put on
     the table"과 구 "the book"이 병합하게 된다. 표찰은, 핵과 구가 병합하므로, 최소 탐색에
     의해 결정된다.

(21)

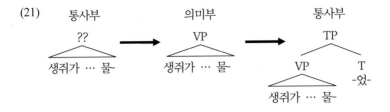

　　통사부에서 형성된 통사구조는 전달(transfer) 작용에 의해 의미부에 입력
되므로(Chomsky 2004, 2007 등 참고), (21)은 VP가 전달 작용(transfer)의 적용
단위임을 의미한다. 이와 관련하여 전달 작용이 병합이 적용될 때마다 적용
되는지, 아니면 필요할 때에 적용되는지, 또는 최대투사나 소위 국면(phases)
이 적용 단위인지의 문제가 제기되는데(Chomsky 2001; Epstein & Seely 2002;
Narita 2014 등 참고), 어느 쪽을 따르든 (21)에는 영향을 미치지 않는다. (21)에
서 미결정 표찰 '??'를 포함한 통사구조는 병합에 의해 형성되므로 병합이
적용될 때마다 전달 작용이 적용된다고 봐도 전달 작용의 적용 대상이 되며,
필요할 때에 전달 작용이 적용된다고 봐도 미결정 표찰 '??'의 문제를 해소할
필요가 있으므로 전달 작용의 대상이 될 것이며, 미결정 표찰 '??'를 포함한
통사구조는 최대투사이자 국면에 해당하기 때문에 최대투사나 국면을 전달
작용의 단위로 간주해도 역시 전달 작용의 적용 대상이 되기 때문이다.
　　다만 전달 작용의 적용 범위는, 뿌리 절점(root node)을 제외하면, 일반적으
로 XP 전체가 아니라 X의 일부, 특히 보충어(complement)로 제한하는 것이
일반적인데, (21)은 XP의 일부가 아니라 XP 전체가 전달 작용의 단위라는
특징을 지닌다. 하지만 이러한 것이 별다른 문제를 지니지는 않는다. 전달
작용도 통사 작용이므로, 대칭성 여부에 따라 비대칭적이면 이에 맞추어
XP의 일부만 대상이 되고, 대칭적이면 XP 전체가 대상이 되는 것이 자연스
럽기 때문이다. 더군다나 문장의 뿌리 절점(root node)까지 고려하면 XP 전체
가 전달 작용의 대상이 되는 것을 허용할 수밖에 없는바, 여기서는 전달

작용의 적용 단위는 XP이되, 특정 조건을 갖춘 경우 XP의 일부로 제한하는 방향을 취하고자 한다(이정훈 2015다 참고).

의미부 접면에 기대는 점은 마찬가지이지만 아래에서 보듯이 통사부에서 표찰의 후보를 정하고 이 중 적절한 것을 의미부에서 선정하는 방법도 가능하다.[29]

> (22) The exceptions are EM(external merge) of nonheads XP, YP, forming {XP, YP}, as in external argument merger of DP to v^*P. The conventional assumption is that the label is v^*. A possibility is that either label projects, but only v^*-labeling will yield a coherent argument structure at C-I(semantic/conceptual-intentional interface). (Chomsky 2008: 160. 미주 34)

위의 제안에 따르면, 아래 (23)에서 K '-가'와 V '물-'은 표찰화를 위한 탐색에서 등거리이므로 둘 다 미결정 표찰 '??'를 정할 수 있는 자격을 가지며(이 장의 (10), (11)에 대한 논의 참고), 이에 따라 통사부에서는 K '-가'가 표찰이 되는 (23가)와 V '물-'이 표찰이 되는 (23나)가 형성되고, 이 둘 가운데 (23나)가 의미부에서 적절한 것으로 평가 및 선정된다.

> (23) [?? [KP 생쥐가] [VP 고양이 꼬리를 물-]]
> 가. [KP [K' 생쥐가] [VP 고양이 꼬리를 물-]]
> 나. [VP [KP 생쥐가] [V' 고양이 꼬리를 물-]]

---

29 (22)의 제안과 Chomsky(2013, 2015가)에서 제안한 (12)는 서로 다르다. 여기서는 (12)가 주어가 이동하는 언어의 경우만을 논의한 것임을 고려해서 (22)의 가능성을 적극적으로 고려한다.

그런데 이와 같이 통사부에서 표찰의 대안들을 형성하고 이 중 적합한 것을 의미부에서 고르는 방법에서도 통사부와 의미부의 관계는 쌍방적이다. 통사부에서 형성된 몇 가지 대안이 의미부에 입력되고, 의미부에서 적절한 것으로 선정된 안이 다시 통사부에 입력되기 때문이다.[30]

한편 통사부와 의미부의 관계와 달리 통사부와 음운부는 일방적인 관계를 맺는다. 어순 등을 정하려면 표찰이 표시된 통사구조가 음운부에 입력되어야 하는데(12장 참고), 표찰을 결여한 통사구조에 표찰을 채워넣는 역할을 음운부에 기대하기는 어렵기 때문이다.

11.4.2.2. V의 자기 부착 이동에 의한 표찰화

아래 (24)의 미결정 표찰 '??'가 이동에 기대어 정해진다고 해 보자. 그러면 어떤 것이 이동해야 미결정 표찰 '??'의 표찰화로 이어지는가? 먼저, 주어 KP '생쥐가'가 이동하면 미결정 표찰 '??'가 VP로 정해지겠지만 한국어의 주어는 이동하지 않으므로, 주어 KP '생쥐가'의 이동이 답일 수는 없다. 그렇다고 V'가 이동하는 것도 유효한 대안이 되지는 못한다.[31] V'가 이동하면, 이동 성분은 표찰화에서 배제되므로, V'와 KP 중에 KP만 표찰화에 참여하게 되어서 미결정 표찰 '??'가 정해지기는 하지만 VP가 아니라 KP로 정해져서 앞서 살핀 (19)의 문제점을 야기하기 때문이다.

---

30 아니면 (23가)와 (23나)의 도출이 나란히 진행되고 이 중 (23나)는 접면에서 합치하여 (convergent) 적격한 표현으로 판정되고 (23가)는 접면에서 합치하지 못하여 부적격한 표현으로 판정될 수도 있다. 그런데 Chomsky 외(2019)를 따라 작업 공간(workspace)을 제한하면 이렇게 두 가지 도출이 나란히 진행되는 것은 허용되지 않는다. 두 가지 도출이 나란히 진행되려면 작업 공간이 두 개이거나 둘로 나뉘어야 하는데 이렇게 작업 공간을 조작하는 것은 허용되지 않기 때문이다(심재영 2022: 30. 각주 6) 참고).

31 (24)에서 '고양이 꼬리를 물-'의 표찰은 V'가 아니라 VP로 표시해야 하지만 설명의 편의상 V'로 표시한다. 참고로 (25)에서 보듯이 최종적으로는 V'가 된다.

(24)

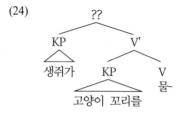

　주어와 V' 외에 (24)에서 이동의 가능성이 있는 것은 목적어 KP '고양이 꼬리를'과 V '물-'이다. 이 가운데 목적어 KP '고양이 꼬리를'의 이동은 미결정 표찰 '??'에 영향을 미치지 못하며, 더불어 목적어의 이동 없이도 미결정 표찰 '??'의 문제가 해소되어야 하므로 목적어 이동을 통한 표찰화를 추구하기는 어렵다. 그러면 V '물-'이 이동하고 표찰을 정하는 가능성만 남게 되는데, V '물-'이 이동을 통해 (24)와 병합하고 표찰이 정해지는 아래의 가능성을 고려해 보자(이정훈 2011가: 276-277; Kitahara 2012 참고).[32]

(25)

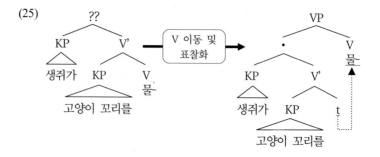

　핵 계층 이론식으로 말하면, (25)는 핵 X가 자신이 투사한 XP와 병합하는 소위 자기 부착(self attachment) 이동의 사례로서 허용되지 않는 것으로 간주

32　KP '생쥐가'의 핵 K '-이/가'가 (25) 방식으로 이동해도 표찰은 정해진다. 하지만 이런 식으로 표찰이 정해지면 (24)의 미결정 표찰 '??'가 KP가 되어서 (19)가 야기한 문제를 고스란히 답습하게 된다. 따라서 K '-이/가'가 (25) 방식으로 이동하는 것은, 가능하다고 해도, 도출을 성공적으로 마칠 수 없어서 제외된다.

되었었다(Chomsky 1995가: 405-408). 하지만 자유로운 병합과 표찰화 기제를 채택하면, 별도의 제약이나 조건을 두지 않는 한, (25)와 같은 도출을 막을 수는 없다. 특히 아래와 같은 효과를 고려하면, (25)와 같은 자기 부착 이동은 허용하는 것이 낫다고 판단한다.

먼저, 자기 부착 이동은 (25)에서 보듯이 미결정 표찰의 문제를 해소한다. 물론 V '물-'의 자기 부착 이동 후에도 (25)의 오른쪽 나무그림에 'ㆍ'으로 표시해 놓았듯이 특정되지 않은 표찰이 남아서 문제가 해소되지 않는 듯하나, 표찰 'ㆍ'이 담당하는 해석과 표찰 VP가 담당하는 해석이 구분되지 않으므로, 또는 표찰 'ㆍ'이 표찰 VP와 구분되는 해석 효과를 지니지 않으므로, 표찰 'ㆍ'이 미결정 상태로 남는다고 해서 문제가 되지는 않는다. 다시 말해 (25)의 왼쪽 나무그림의 문제는 표찰이 정해지지 않아서 연산에 참여할 수 없고, 술어-논항 관계 해석이 보장되지 않는 것인데, (25)의 자기 부착 이동은 이러한 문제들을 해소하는 것이다.[33] 즉, 자기 부착 이동으로 표찰이 VP로 정해지므로 이후의 연산이 가능해져서 T '-았/었-'과 병합할 수도 있고, 의미부에서 술어-논항 관계 해석도 보장된다.

다음으로, 자기 부착 이동은 논항이 세 개 이상 나타나는 경우를 설명하는 데에도 유효하며(Larson 1988; Koizumi 1995; Kitahara 2012 등 참고), 아래 현상을 설명할 수 있는 단초를 제공한다는 점에서 경험적 타당성도 갖추었다고 할 수 있다.

---

[33] 참고로 Kitahara(2012)는 자기 부착 이동을 독립적인 이동 현상으로 보는 대신에 구와 구의 병합에 따른 보조적인 하위 작용으로 볼 것을 제안하기도 하였다. 이와 관련된 Kitahara (2012)의 언급을 옮겨오면 다음과 같다. "In the application of EM(external merge) forming K = {XP, YP}, IM(internal merge), understood as a supplementary sub-operation internal to this application of EM, takes a label L of either XP or YP, and merges L to K, forming a new SO = {L, K}"(Kitahara 2012/2015: 197).

(26) 나는 그 논문을 읽었다.

　가. 나는 그 논문을 읽고 (또) 읽었다.

　나. 나는 그 논문을 읽고 읽고 (또) 읽었다.

　다. 나는 그 논문을 읽고 읽고 … (또) 읽었다.

　[참고] *나는 그 논문을 읽었고 (또) 읽었다.

　　　　*나는 그 논문을 읽고 읽었고 … (또) 읽었다.

위의 현상은 V '읽-'이 어미 '-고'를 동반하며 거듭 나타나는 모습을 보인다. 그리고 논항 실현이나 시제 해석 등을 고려하면 여러 번 출현하는 V '읽-'은 하나의 V '읽-'으로 간주되어야 한다. V '읽-' 각각이 따로따로 논항을 취할 수도 없고, V '읽-' 각각의 시제 해석이 다를 수도 없기 때문이다.[34] 동일한 사건이 되풀이되는 것을 '여러 번 읽-'이나 '읽-곤 하-'로 표현하는 대신 도상성(iconicity)에 기대어 '읽-'이 여러 번 출현하는 것으로 표현한 것이라 할 수 있다.[35] 그렇다면 (26)은 어떻게 분석해야 하는가? 자기 부착 이동은 아래의 분석을 제공하는데, 일단 이 분석은 논항 실현이나 시제 해석에서 관찰되는 특성을 포착하는 장점을 지닌다.[36]

---

[34] 이는 (26가)~(26다)에서 V '읽-'이 어휘부에서 한 번 선택되고 여러 번 이동한 것임을, 다시 말해 (26가)~(26다)에 나타난 여러 V '읽-'이 복사(copy)임을 의미한다. 복사가 아니라 V '읽-'이 어휘부에서 여러 번 선택되어 반복(repetition)된 것이라면 논항 실현과 시제 해석에서 서로 독립적인 해석을 지닐 것으로 예측된다. 이동, 즉 내적 병합은 복사로 해석하고, 외적 병합은 반복으로 해석하는 셈이다(Chomsky 2019가: 278 참고).

[35] 도상성과 통사론의 관계에 대해서는 박승윤(1990: 2부), Newmeyer(1998: 3장) 등 참고.

[36] 접속어미 '-고'까지 포함한 보다 상세한 설명은 생략한다. 다만 V '읽-'이 그 특성상 어미를 필요로 하고, 접속어미 '-고'는 표찰화 능력이 없는바(7장 참고), 접속어미 '-고'가 개재되는 것이 논의와 관련하여 큰 문제를 내포하지는 않은 것으로 판단한다. 또한 수의적으로 나타나는 '또'는 부가어이고 부가어는 짝 병합 성분이므로 표찰화에 별다른 문제를 제기하지 않는다. 한편 (26)처럼 '-고'가 개재하며 V가 반복되는 현상은 보충어로의 핵 이동에 의해 나타날 수도 있다(12장의 각주 15) 참고).

(27) [$_{VP}$ [$_{VP}$ ··· [$_{VP}$ [· 나는 그 논문을 읽-] 읽-] ···] 읽-]

더불어 위의 분석에서는 V '읽-'만 여러 번 나타날 수 있지 목적어까지
여러 번 나타날 수 있는 것은 아니므로 아래 현상을 설명하기 위한 별도의
조치를 강구할 필요도 없다.[37]

(28) 가. 나는 그 논문을 읽고 (또) 읽었다.

　　 나. ??나는 그 논문을 읽고 (또) 그 논문을 읽었다.

　　 다. *나는 그 논문을 읽고 그 논문을 읽고 ··· (또) 그 논문을 읽었다.

위에서 보듯이 V '읽-'이 두 번 실현되며 목적어까지 거듭 실현되면 문법
성·수용성이 현저히 저하되며, V '읽-'이 세 번 이상 실현되며 이에 맞추어
목적어도 거듭 실현되면 아예 성립하지 않는다. V만 거듭 실현되는 것은
괜찮지만 이에 더해 목적어까지 거듭 실현되는 것은 제약되는 셈인데, 이는
(27)에 의해 예측되는 사항이다. (27)의 자기 부착 이동은 V '읽-'의 이동은
보장하지만 목적어의 이동은 보장하지 않기 때문이다. 또 V '읽-'이 이동하
는 김에 목적어까지 덩달아 이동하면, 즉 V' [$_{V'}$ 그 논문을 읽-]이 이동하면,
구와 구가 병합하는 통사구조를 형성하게 되어 미결정 표찰의 문제를 전혀
해소하지 못한다.[38]

37　참고로 '그 논문을 읽기는 (그 논문을) 읽었다, 그 논문을 읽으면 (그 논문을) 읽을수록'과
　　 같은 예는 목적어까지 거듭 나타나는 것을 허용한다. 또한 '철수가 읽기는 그 논문을 읽었
　　 다'처럼 거듭 나타나는 V들이 논항을 배타적·상보적으로 취하는 경우도 나타난다. 이러한
　　 사례들에 대해서는 4장 4.3절 및 10장의 (13), (24) 참고.

38　'읽고' 뒤에 휴지(pause)가 놓이면 (28나), (28다)의 문법성·수용성이 어느 정도 개선되는
　　 데, 이 경우는 V '읽-'의 자기 부착 이동이 아니라, N '바람'이 여러 번 복사되고 복사로
　　 나타난 여러 '바람'이 병합한 NP [$_{NP}$ 바람 바람 바람]처럼('모두들 더위에 지친 나머지

11.5. 한국어의 표찰화 2: 뒤섞기의 경우

앞 절의 논의를 통해 알 수 있듯이 표찰화 기제는 핵 계층 이론을 토대로 상정되어 오던 통사구조 (17)을 형성할 수 있다. 편의상 (17)을 반복하고, 표찰이 정해지는 방식을 표시하면 아래 (29)와 같다. 표찰화 방식은 아래 첨자로 나타내고, 편의상 KP[주격]과 KP[대격]은 구분하지 않고 KP로만 표기한다.

(29)

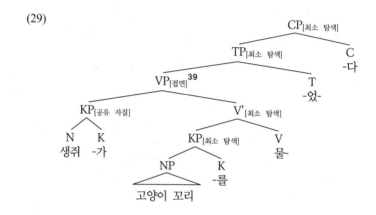

앞에서 따로 논의하지는 않았으나, '고양이 꼬리'의 표찰 NP는 '고양이'도 N이고 '꼬리'도 N이므로 공유 자질에 의해 정해진다. 그리고 '고양이의 꼬리'에서 보듯이 관형격 조사 K '-의'가 나타나도 표찰은 여전히 NP로 유지된다. '생쥐가'와 마찬가지로 '고양이의'도 KP인바, KP '고양이의'와 N '꼬리'

[NP 바람 바람 바람] 하면서 바람 불기만 기다리고 있다'), V' [v· 그 논문을 읽-]이 복사되고 V'끼리 병합하는 경우로 파악한다. 동일한 범주가 병합하므로 표찰화에는 아무런 문제가 발생하지 않는다.

39 이 표찰은 접면에 의해 정해질 수도 있고, 자기 부착 이동에 의해 정해질 수도 있다(이 장의 11.4.2절 참고). 어느 쪽이든 논의에 영향을 미치지 않으며, 편의상 접면에 의해 정해지는 경우를 대상으로 논의를 진행한다.

의 병합은 구와 핵의 병합에 해당해서 최소 탐색에 의해 '고양이의 꼬리'의 표찰이 NP로 정해지기 때문이다.[40]

(17)과 (29)의 상동성을 통해 알 수 있듯이 표찰화는 핵 계층 이론의 성과를 충실히 계승한다. 또한 핵 계층 이론으로는 설명하기 곤란한 (18)의 현상들도 핵 계층 이론보다는 수월하게 설명하는 장점도 지닌다.

그렇다면 (29)에 뒤섞기(scrambling)가 적용되면 어떠한가? 표찰화 방안은 뒤섞기가 적용된 아래 통사구조의 미결정 표찰 '??'를 정할 수 있는가?

(30) 고양이 꼬리를 생쥐가 물었다.

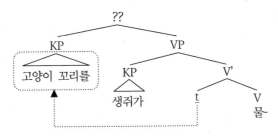

위에서 보듯이, 뒤섞기는 뒤섞기되는 성분 KP '고양이 꼬리를'과 VP가 병합하는 것으로 파악되며(4장 4.4절 참고), 이는 구와 구가 병합하는 경우에 해당하므로 미결정 표찰 '??'를 최소 탐색으로 정할 수는 없다. 그렇다면 최소 탐색 이외의 방안은 어떠한가? 지금부터 최소 탐색 이외의 방안들을

---

40 KP '고양이의'와 KP '꼬리를'의 병합은 어떠한가? 하나는 속격 조사구 KP[속격]이고 다른 하나는 대격 조사구 KP[대격]이지만 KP라는 점에서 동질적이므로 표찰은 KP로 정해질 수 있을 듯하다. 하지만 표찰의 문제와는 별개로 KP[속격]과 KP[대격]의 병합은 격조사의 격자질 인허에서 문제를 일으킨다. [속격]은 NP 내에서 인허되고, [대격]은 VP 내에서 인허되는데 (3장 3.3절, 3.6절 참고), [KP [KP 고양이의] [KP 꼬리를]]이 되면 그러한 인허 조건을 충족시키기 곤란하기 때문이다. 이에 KP '고양이의'와 KP '꼬리를'의 병합은 허용되지 않는다. 물론 허용되는 것은 [KP [NP [KP [NP 고양이] -의] 꼬리] -를]에서 보듯이 '고양이'와 '-의'가 병합하고 이어서 '꼬리'가 병합한 후 '-을/를'이 병합하는 것이다.

하나씩 살피며 (30)의 미결정 표찰 '??'를 정하는 방법을 모색하기로 한다.

11.5.1. 짝 병합과 표찰 VP

짝 병합은 병합의 속성 자체가 비대칭성을 띠므로 병합 자체에 의해 표찰이 정해진다(이 장의 11.2.1절 참고). 따라서 (30)에서 뒤섞기된 KP '고양이 꼬리를'과 VP의 병합을 짝 병합으로 간주하면 미결정 표찰 '??'를 정할 수 있다. 그렇다면 뒤섞기를 짝 병합으로 파악할 수 있는가? 이에 짝 병합으로 형성되는 수식 관계와 마찬가지로 뒤섞기도 수의성(optionality)을 띤다는 사실에 주목해 보자.[41] 그러면 (30)의 KP '고양이 꼬리를'과 VP의 병합을 짝 병합으로 간주할 수 있게 된다. 이에 수식어와 뒤섞기되는 성분의 동질성을 표찰화와 연계하면, 수식어와 피수식어가 짝 병합하는 경우에 피수식어가 표찰이 되듯이(이 장의 11.2.1절 참고), 뒤섞기되는 성분 KP와 VP가 짝 병합하는 경우에는 VP가 표찰이 된다. 이를 반영한 통사구조를 제시하면 아래와 같다. 짝 병합은 부가 구조로 나타낸다.

(31)

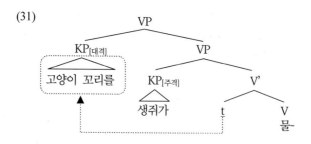

---

41 필수성(obligatoriness), 선택 관계, 집합 병합 등이 한편이고, 수의성, 비선택 관계(수식 관계 등), 짝 병합 등이 또 다른 한편이다. 이와 관련하여 Chomsky(2000: 134)는 "The asymmetrical operation Pair-Merge has no selector and is optional; the symmetrical operation Set-Merge has a selector (typically unique) and is obligatory."라고 하기도 하였다.

위와 같은 표찰화는 뒤섞기가 적용된 경우의 표찰화를 감당할 수 있을 뿐만 아니라 [VP 고양이 꼬리를 생쥐가 t고양이 꼬리를 물-] 이후의 도출에도 아무런 문제를 일으키지 않는다. 표찰이 VP이므로 T '-았/었-'과 병합할 수 있는 등 뒤섞기가 적용되지 않은 경우와 마찬가지로 도출이 진행되기 때문이다.

11.5.2. 공유 자질과 표찰 FocP?

뒤섞기가 짝 병합이 아니라 집합 병합에 해당한다고 해 보자.[42] 그러면 공유 자질에 의한 표찰화와 접면에 의한 표찰화, 이 두 가지 표찰화의 가능성이 대두된다.

그런데 두 가지 표찰화 가능성 가운데 접면에 의한 표찰화는 성립하기 어렵다. 접면에서의 표찰화는 술어-논항 관계, 수식 관계 등에 의존하는데(이 장의 11.4.2.1절 참고), 뒤섞기된 성분이 뒤섞기된 자리에서 술어-논항 관계를 맺거나 수식 관계를 맺는다고 볼 수 없기 때문이다.

물론 술어-논항 관계, 수식 관계 이외의 관계를 설정하고 이 관계에 의해 뒤섞기를 겪은 통사구조가 접면에서 표찰화되는 것으로 간주할 수도 있다(박명관 외 2019 참고). 하지만 그러한 방법은 표찰의 문제는 해소하지만, 접면에 설정되는 관계가 증가하는 부담을 야기한다. 이에 여기서는 접면에 기대는 방안은 고려하지 않는다.

그렇다면 공유 자질에 의한 표찰화는 어떠한가? 아래 반복한 (30)에서 미결정 표찰 '??'는 공유 자질에 의해 정해질 수 있는가?

---

[42] 뒤섞기가 짝 병합과 집합 병합의 두 가지 병합에 의해 나타나는 가능성을 인정하고 논의를 진행한다.

(30) 고양이 꼬리를 생쥐가 물었다.

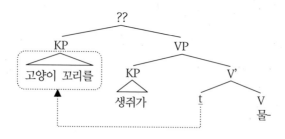

위의 통사구조에서 미결정 표찰 '??'가 공유 자질에 의해 정해지려면 KP '고양이 꼬리를'과 VP가 서로 공유하는 자질을 지녀야 한다. 그리고 뒤섞기가 초점(focus), 주제(topic) 등의 담화 자질과 결부되는 것을 고려하면(최혜원 1999; 이정훈 2008나; Erteschik-Shir 2007; Miyagawa 2010, 2017 등 참고), [Foc]이나 [Top] 등의 자질이 공유 자질의 정체일 수 있다. 이에 KP '고양이 꼬리를'도 [Foc] 자질을 지니고 VP도 [Foc] 자질을 지닌다고 해 보자. 그러면 (30)의 미결정 표찰 '??'는 FocP로 정해진다.[43]

그런데 (30)의 미결정 표찰 '??'를 FocP로 파악하면 표찰 VP를 살피면서 제기한 문제가 재발한다(이 장의 (19) 참고). 뒤섞기가 수반되지 않는 제자리 초점도 가능한바, 이는 KP '고양이 꼬리를'이 뒤섞기되지 않고 제자리에서도 FocP로 간주될 수 있음을 의미하므로, 제자리 FocP '고양이 꼬리를'과 공유 자질에 의해 정해진 FocP '고양이 꼬리를 쥐가 t_{고양이 꼬리를} 물-'이 구분되지 않는 문제가 야기되는 것이다. 하지만 이 문제는, 중첩 표찰의 가능성을 인정하면(이 장의 11.6절 참고), 해소할 수 있다. 표찰이 중첩될 수 있으면, 초점을

---

43 공유 자질이 [Top]이면 표찰은 TopP가 된다. FocP인지, TopP인지, 아니면 이 둘이 병존하는지는 따로 따지지 않는다. 한편 [Foc], [Top]과 같은 자질이 과연 통사자질인지는 뒤에서 논의하듯이 좀 더 숙고할 필요가 있는데(이 장의 (34) 참고), 논의 목적 및 방법론상 여러 가지 가능성을 두루 살피는 것이 필요하므로 통사자질로 인정하고 논의를 진행한다.

동반한 '고양이 꼬리를'은 KP와 FocP가 중첩된 중첩 표찰 KP·FocP를 가지고, 마찬가지로 뒤섞기로 KP·FocP '고양이 꼬리를'과 병합하는 VP도 중첩 표찰 VP·FocP를 가지는 것으로 볼 수 있는바,[44] 아래 (32)에서 보듯이 (30)의 미결정 표찰 '??'는 KP·FocP와 VP·FocP가 공유한 FocP로 결정되어서 제자리 초점의 표찰 KP·FocP와 명확히 구분되기 때문이다.

(32)

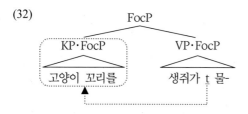

그렇지만 다음의 세 가지 사항을 고려하건데 위와 같은 표찰화는 인정하기 어렵다. 첫째, (32)의 표찰화는 어미의 보충어 자질 정보가 증가하는 부작용을 지닌다. (31)에 따르면 뒤섞기가 적용되든, 적용되지 않든 상관없이 T '-았/었-'의 보충어 자질은 VP이지만(2장 2.2.2 참고), (32)를 인정하면 '[TP [VP 생쥐가 고양이 꼬리를 물-] -었-], [TP [FocP 고양이 꼬리를 생쥐가 t고양이 꼬리를 물-] -었-]'에서 알 수 있듯이 VP에 더해 FocP도 T '-았/었-'의 보충어 자질로 인정해야 하기 때문이다. 그리고 '고양이 꼬리를 생쥐가 {물었다, 물겠다, 물더라, 물고, 물어서, 무는, 물던, …}'에서 보듯이 T '-았/었-' 대신 '-겠-'이나 '-더-' 등이 나타날 수 있으며, '-고, -어서' 등의 접속어미나 '-는' (-느-ㄴ), '-던'(-더-ㄴ) 등의 전성어미도 나타날 수 있으므로 (32) 식의 표찰

---

44 이 분석에서 동사구가 [Foc]을 결여해서 VP·FocP가 아니라 VP에 그치면 KP·FocP '고양이 꼬리를'은 뒤섞기될 수 없다. 뒤섞기를 포함하여 이동은 자유롭게 적용되므로, KP·FocP '고양이 꼬리를'의 뒤섞기가 허용될 듯하지만, 그러한 뒤섞기는 KP·FocP와 VP의 병합으로 이어지고 이는 표찰을 정할 수 없는 통사구조를 초래하기 때문이다.

화에 의해 보충어 자질 정보가 증가하는 것은 T '-았/었-'에 국한되지 않는다. 또한 보충어 자질 정보가 증가하는 것을 허용해도 문제는 남는다. 증가하는 보충어 자질 정보가 어미 별로 서로 다르면 어미들이 개별적으로 가지는 보충어 자질 정보로 인정할 수 있지만, 어미가 달라도 증가하는 보충어 자질 정보는 같기 때문이다. 이렇게 어미가 달라도 같은 보충어 자질 정보가 되풀이되며 증가하는 것은 문제의 보충어 자질 정보를 개별 어미 차원이 아니라 규칙이나 원리 차원에서 포착해야 함을 의미한다.

둘째, (32)의 표찰화에 따르면 직접 목적어 DO가 간접 목적어 IO 앞으로 뒤섞기되는 경우 아래 통사구조가 나타나는데,[45] 이 통사구조는 두 가지 문제점을 지닌다.

(33)

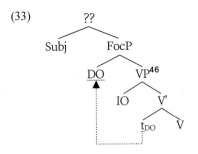

먼저, 위의 구조는 미결정 표찰 '??'를 정할 수 없는 문제를 지닌다. Subj와 FocP의 병합은 구와 구의 병합에 해당하므로 최소 탐색으로 미결정 표찰 '??'를 정할 수 없고, 또 Subj와 FocP가 공유하고 있는 자질의 존재를 인정하기도 어려우므로 공유 자질에 의한 표찰화로도 미결정 표찰 '??'를 정할 수

---

45 'Subj, IO, DO, V' 어순을 뒤섞기가 적용되지 않은 기본 어순으로 간주한다. 따라서 'DO, IO' 어순은 DO가 IO 밑에서 IO 위로 이동함으로써 나타난다.

46 IO와 V'가 병합하면 접면이나 V의 자기 부착 이동에 의해 표찰이 정해진다(이 장의 11.4.2 절 참고). 편의상 접면에 의한 경우를 제시한다.

없으며,[47] 끝으로 Subj와 FocP 사이에 선택 관계가 성립하지도 않으므로 접면에 의한 표찰화도 기대하기 어렵기 때문이다. 다음으로, (33)은 Subj와 술어 V가 FocP로 단절되는 문제도 지닌다. 물론 (33)에서 FocP는 DO와 VP가 공유한 자질에 의하므로 VP와 FocP가 술어-논항 관계에서 변별적이지 않다고 가정하면 Subj와 술어 V사이의 관계가 단절되는 문제는 피할 수 있다. 하지만 VP와 FocP가 술어-논항 관계에서 변별되지 않는다는 것이 약정되어야 하는 부담이 남는다.

끝으로, 셋째, 초점이나 주제가 이동과 결부되긴 하지만, 그렇다고 해서 초점과 주제에 해당하는 통사자질을 곧바로 설정할 수는 없다는 점에도 유념할 필요가 있다. 아래 언급에서도 알 수 있듯이 [Foc], [Top] 등의 통사자질 없이도 이동에 의해 나타나는 통사구조 자체가 초점이나 주제 해석을 보장할 수 있기 때문이다.

(34) Informational notions such as "topic" or "focus," like grammatical functions or thematic roles, are properties of configurations and their syntactic/discursive context, not of individual syntactic objects; consequently, they should neither be represented in the lexicon, nor in the narrow syntactic derivation. (Chomsky 외 2019: 250)

11.5.3. 자기 부착 이동과 표찰 VP

[VP 생쥐가 고양이 꼬리를 물-]의 표찰 VP가 자기 부착 이동에 의해 정해질

---

47 Subj가 항상 [Foc] 자질을 지닌다고 보지 않는 한 공유 자질에 의한 표찰화를 동원하기는 어렵다.

수 있듯이(이 장의 11.4.2.2절 참고), 뒤섞기된 통사구조의 표찰도 아래 (35)에서 보듯이 자기 부착 이동을 통해 정해질 수 있다.

(35) 고양이 꼬리를 생쥐가 물었다.

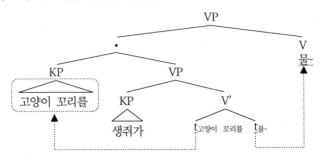

위의 (35)는 목적어가 주어 앞으로 뒤섞기된 경우인데, 직접 목적어가 간접 목적어 앞으로 뒤섞기된 경우도 마찬가지 방식의 표찰화가 가능하다. 먼저, 아래 (36가)에서 보듯이 뒤섞기가 적용되기 전 통사구조가 형성된다. 이 통사구조에서 표찰 V'와 VP는 각각 최소 탐색과 접면에 의해 결정된다.[48] 이어서 직접 목적어가 간접 목적어 앞으로 뒤섞기되면 (36나)가 형성되고 미결정 표찰 '??'가 나타나게 된다. '이 책을'과 VP의 병합은 구와 구의 병합인데, '이 책을'과 VP가 어떤 자질을 공유하지 않으므로 공유 자질에 의해 표찰이 정해질 수 없고, 또 '이 책을'과 VP가 술어-논항 관계나 수식 관계를 맺지도 않으므로 접면에 의해 표찰을 정할 수도 없기 때문이다. 하지만 (36나)의 미결정 표찰 '??'는 (36다)에서 보듯이 V '주-'가 자기 부착 방식으로 이동함으로써 VP로 정해지고 이로써 미결정 표찰 '??'의 문제는 해소된다.

---

48 표찰 VP는 자기 부착 이동에 의해 정해질 수도 있으나(이 장의 11.4.2.2 참고), 편의상 따로 고려하지 않는다.

(36) 그가 이 책을 나에게 주었다.

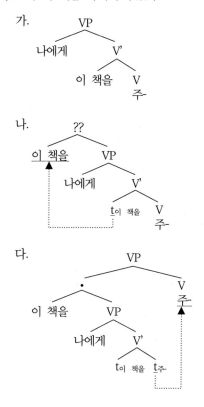

가.

나.

다.

(36다)에 이어 주어 '그가'가 병합하고 T '-았/었-', C '-다' 등이 병합해야 하는데 이 과정에서 표찰은 앞서 논의했듯이 최소 탐색, 접면, 자기 부착 방식의 이동 등을 통해 결정된다.

11.5.4. 무표찰?

지금까지 뒤섞기가 적용된 통사구조도 표찰을 지니는 것으로 간주해 왔다. 그런데 전혀 시각을 달리해서 아래 견해에서 보듯이 뒤섞기가 표찰 없는 무표찰 통사구조를 형성하는 것으로 보면 어떤가? 아래에서 'LABEL'은 표찰화 작용을 가리킨다.

(37) Note that unlike classical X-bar Theory, a LABEL-based system allows for the possibility that a constructed object K remains unlabeled (exocentric), e.g. when K is a root clause or created by operations that are not head-oriented in any plausible sense, such as syntactic scrambling. (Chomsky 외 2019: 248)

α와 β가 병합하여 {α, β}를 형성했는데 표찰이 정해지지 않으면, {α, β}는 독자적인 해석을 가지지 못한다(Chomsky 2013: 45 참고). 그런데 마침 뒤섞기는 급진적 재구성(radical reconstruction)의 특성을 지니는바(Saito 1989; 안희돈·조성은 2019 등 참고), 위의 (37)에서 제안하였듯이 뒤섞기가 무표찰 통사구조를 형성할 가능성이 존재한다.

그런데 뒤섞기가 무표찰 통사구조를 형성하는 것으로 보는 견해는 아래의 두 가지 문제를 해결하지 않는 한 그다지 신뢰하기 어렵다.

먼저, 아래에서 보듯이 뒤섞기된 성분이 재구성되지 않고 뒤섞기된 자리에서 해석되기도 하므로 뒤섞기가 표찰 없는 무표찰 통사구조만 형성한다고 보기 어렵다.

(38) 가. *서로의₂ 부모가 존과 메리를₂ 만났다.

나. 존과 메리를₂ 서로의₂ 부모가 t존과 메리를 만났다.

(안희돈·조성은 2019: 270 참고)

이와 관련하여 아래 자료는 '누구를'이 대명사 해석에서는 뒤섞기된 위치에서 해석되고, 의문사 해석에서는 의문어미 C '-ㄴ가'를 구비하고 있는 내포절로 재구성된다는 것을 보여주는데, 이는 재구성 유무로 이동의 유형을 나누는 시각이 뒤섞기에는 그다지 유효하지 않음을 의미한다.

(39) 누구를₂ 그의₂ 어머니가 [CP 영이가 t누구를 사랑하-느-은가] 안다.

(이정훈 2002: 102 참고)

표찰 유무는 해석 유무와 통하는데 뒤섞기가 재구성에서 일률적인 성격을 지니지 않는다는 것은 뒤섞기를 겪은 통사구조가 표찰화에서 일률적이지 않다는 것을 의미한다. 이에, 재구성 관련 현상에 대한 구체적인 설명의 문제는 남지만, 여기서는 일단 뒤섞기를 겪은 통사구조의 표찰이 정해지는 방식의 다양성이 재구성 관련 현상의 다양성으로 이어지는 것으로 파악한다. 즉, 뒤섞기를 겪은 통사구조는 짝 병합에 의해서도 표찰이 결정될 수 있고 자기 부착 이동에 의해서도 표찰이 결정될 수 있는데(이 장의 11.5.1절 및 11.5.3절 참고), 이처럼 일률적이지 않은 표찰화 방식이 재구성 관련 현상에 반영되어서 재구성되는 경우와 그렇지 않는 경우의 공존으로 나타난다고 보는 것이다. 그리고 이러한 관점은 뒤섞기의 일률적이지 않은 특성을 부가 구조와 대치 구조의 차이로 포착하려는 시도와 통하는 것이라 할 수 있다(안희돈·조성은 2019; Grewendorf & Sabel 1999 등 참고).

다음으로, 무표찰 통사구조는 어미의 병합에서 문제를 일으킨다. 예를 들어 T '-았/었-'과 VP가 병합하려면 표찰 VP가 가시적이어야 하는데, 뒤섞기가 무표찰 통사구조를 형성하는 것으로 보면 뒤섞기를 겪은 통사구조와 T '-았/었-'의 병합이 곤란해진다. [?? 고양이 꼬리를 생쥐가 t고양이 꼬리를 물-]이 표찰을 지니지 않으므로 T '-았/었-'의 보충어 자질에 부합하는지 알 수 없어서 이 둘의 병합이 허용되지 않기 때문이다.

물론 무표찰 통사구조가 무조건 병합에 비가시적이지는 않다. 일례로 영어의 경우 [$_{ϕP}$ NP [$_{vP}$ t$_{NP}$ VP] I]의 표찰 vP는 I가 병합하고 NP가 이동한 연후에야 정해지며(이 장의 (12), (13) 참고), [$_{CP}$ [$_{ϕP}$ NP [$_{vP}$ t$_{NP}$ VP] I] C]의 표찰 ϕP도 기능범주 C와 [$_{??}$ NP [$_{vP}$ t$_{NP}$ VP] I]가 병합하고 이를 토대로 C와 I 사이의 계승(inheritance) 관계가 형성된 다음에야 정해진다(Chomsky 2013, 2015가 참고). 병합은 자유롭게 적용되므로 표찰 유무와 무관하게 병합이 적용되고, 표찰의 문제는 차후에 이동이나 계승 관계 등을 통해 해소되는 셈이다.

하지만 무표찰 통사구조의 병합 가능성을 인정해도 이 가능성이 뒤섞기에는 적용되지 않는다. (37)에 따르면 뒤섞기를 겪은 통사구조의 미결정 표찰 '??'는 정해지지 않고 미결정인 채로 끝까지 남기 때문이다.

무표찰 교점은 아예 무시되는 것으로 보면 어떤가? [$_{??}$ 고양이 꼬리를 [$_{vP}$ 생쥐가 t$_{고양이 꼬리를}$ 물-]]에서 무표찰 교점 '??'를 무시해서 아예 없는 것으로 간주하면 무표찰의 문제를 피할 수 있을 듯하다. [$_{??}$ 고양이 꼬리를 [$_{vP}$ 생쥐가 t$_{고양이 꼬리를}$ 물-]]에서 무표찰 교점 '??'를 무시하면 표찰 VP가 가시적이게 되고 그 결과 [$_{??}$ 고양이 꼬리를 [$_{vP}$ 생쥐가 t$_{고양이 꼬리를}$ 물-]]의 표찰은 VP로 간주할 수 있기 때문이다. 하지만 이런 방식을 허용하면 통사구조를 무분별하게 허용하는 부작용이 초래된다. 예를 들어 무표찰 교점 '??'가 무시되면 (9)에서도 NP 'the man'이 이동하지 않아도 [$_{??}$ the man [$_{vP}$ read a book]]의 표찰이 vP로 파악되므로 NP 'the man'은 이동하지 않고 제자리에 남아도 무방한데, 이렇게 주어가 제자리에 남는 것은 영어의 경우 허용되지 않는다. 무표찰 교점 '??'를 무시하는 방식은 나아가 XP와 YP가 병합하는 모든 경우를 무분별하게 수용하는, 즉 XP와 YP의 병합이 적격한 경우를 허용할 뿐만 아니라 부적격한 경우도 걸러내지 못하고 용인하는 위험을 지닌다.

위와 같은 점을 고려하여 여기서는 뒤섞기가 무표찰 통사구조를 형성한다고 보는 시각은 따르지 않는다.

11.6. 중첩 표찰

표찰은 항상 하나인가? 혹시 α와 β가 병합하여 형성한 통사구조의 표찰이 α 아니면 β인 경우에 더해 α이면서 β인 경우는 없는가? 이와 관련해 아래와 같은 자유 관계절(free relative clause)은 주목을 요한다.

> (40) I read [what C you wrote t_{what}]. (Chomsky 2008: 145)
> ▲ ⋯⋯⋯⋯⋯⋯⋯⋯⋯⋯⋯⋯⋯

자유 관계절 'what C you wrote t_{what}'은 'read'와의 관계에서는 논항으로 기능하므로 'what'이 표찰로 간주되어야 하고, 'what'의 이동이나 C와 I의 계승 관계 등 자유 관계절 내부를 고려하면 C가 표찰로 간주되어야 한다. 따라서 자유 관계절은 두 개의 표찰이 공존하는 경우를 잘 보여준다(Chomsky 2008: 145, 2013: 46-47 등 참고).

위와 같이 표찰이 공존하는 경우의 표찰을 중첩 표찰(coexisting labels)로 인정하면,[49] 한국어의 '그리고' 접속이 보이는 아래 현상도 설명할 수 있다.[50]

> (41) 누가 그리고 언제 떠났습니까?

---

49 Chomsky(2013: 46)에서는 자유 관계절에 나타나는 'what'을 대명사 성분과 보문자 (complementizer)로 분석하는 가능성을 제시하였다. 이 안에 따르면 보문자와 대명사가 따로따로 기능하므로 중첩 표찰의 가능성은 사라지게 된다. 예를 들어 (40)의 자유 관계절은 [NP it [CP that ⋯]] 정도로 분석되는데, 이 분석대로라면 모문 동사와의 관계에서는 NP가 표찰이고, 관계절 내에서는 CP가 표찰이 되어서 표찰이 중첩되어 나타나지 않는다. 여기서 는 다양한 가능성을 검토하고 특히 (41)을 설명하기 위해서, 중첩 표찰의 가능성을 인정하고 논의를 진행한다.

50 (41)은 앞서 살핀 (18라)와 마찬가지로 분석할 수도 있다. 그러면 (41)은 공유 자질에 의해서 표찰이 정해지는 한편으로 중첩 표찰도 가능한 경우가 된다.

한국어에서 접속의 통사구조는 접속조사, 접속어미에 의해 형성되는 한편으로 접속어 '그리고' 등을 통해서 형성된다. 그리고 접속어 '그리고'는, 접속조사나 접속어미와 달리, 위에서 보듯이 KP '누가'와 AdvP '언제'를 접속하는 등 서로 이질적인 성분을 접속할 수 있는 특성을 지닌다. 표찰과 관련하여 주목할 것은 위의 예에서 KP '누가'와 AdvP '언제'가 접속어 '그리고'를 매개로 형성한 [누가 그리고 언제]가 KP이자 AdvP로 간주되어야 한다는 사실이다. 술어-논항 관계를 고려하면 KP [KP 누가 그리고 언제]여야 하고, 수식 관계를 고려하면 AdvP [AdvP 누가 그리고 언제]여야 하기 때문이다. 따라서 (40)이 중첩 표찰의 사례이듯이 (41)도 KP이면서 동시에 AdvP인 통사구조 [KP·AdvP 누가 그리고 언제], 즉 중첩 표찰이 나타난 사례에 해당한다.

그렇다면 중첩 표찰은 언제 허용되는가? 중첩 표찰이 제한되지 않으면, 예를 들어 '생쥐가 고양이 꼬리를 물-'의 표찰이 [KP·VP [KP 생쥐가] [VP 고양이 꼬리를 물-]]에서 보듯이 중첩 표찰 KP·VP로 결정되는 것을 막을 수 없으며 이러한 중첩 표찰은 연산의 복잡성을 증가시키기만 할 뿐 별다른 경험적 타당성을 확보하고 있지 못하므로 제한될 필요가 있다.

하지만 중첩 표찰을 제한하기 위해 별도의 조건이나 제약을 설정할 필요는 없다. 위에서 살핀 [KP·VP [KP 생쥐가] [VP 고양이 꼬리를 물-]]이 통사부에서 허용되어도 접면에서는 잘못된 것으로 걸러질 것이기 때문이다. 접면의 술어-논항 관계는 [KP·VP [KP 생쥐가] [VP 고양이 꼬리를 물-]]이 아니라 [VP [KP 생쥐가] [V' 고양이 꼬리를 물-]]을 적격한 것으로 간주하기 때문이다. 이와 달리 (41)에서는 중첩 표찰이 강제된다. 술어-논항 관계와 수식 관계는 접면에서 KP와 AdvP 둘 다를 필요로 하기 때문이다.

다만, '그리고' 접속은 중첩 표찰이 가능한 반면, 접속조사와 접속어미에 의한 접속은 그렇지 않은 차이를 포착해야 하는데, 이는 어휘 항목의 고유 정보에 따른 것으로 볼 수 있다. 접속조사와 접속어미는 각각 조사 범주와 어미 범주이므로 그에 어울리는 분포를 갖게 되어 중첩 표찰이 불가능한 반면, '그리고'는 그러한 범주적 특성을 가지지 않아서 중첩 표찰이 가능한 것이다. 이러한 맥락에서 '[[친 그리고 반] 생성문법학파]'와 같은 예에서 '그리고'가 접사(affix) 혹은 어근(root)인 '친'(親)과 '반'(反)을 접속하는 현상도 이해할 수 있다. 범주적 특성을 결여하면 접사나 어근도 구분하지 않고 접속하는 것이 자연스럽기 때문이다.[51]

위의 논의를 토대로 중첩 표찰을 인정한다고 해 보자. 그렇다면 표찰은 얼마나 중첩될 수 있는가? 다시 말해 표찰이 셋 이상 중첩될 수도 있는가? 통사구조가 이분지(binary branching)로 제약되는 한, 다른 말로 병합이 두 개의 성분만을 대상으로 적용되는 한 표찰이 세 개 이상일 수는 없다. 따라서 세 개 이상의 표찰이 중첩되려면 세 개 이상의 성분이 동시에 병합해서 이분지를 초과한 다분지 통사구조를 형성해야 하며(7장 7.7절 참고), 그러한 경우에는 표찰이 세 개 이상 중첩될 수 있을 것이다. 과연 이러한 경우가 있을까 싶지만, (41)을 확장한 아래 예가 그러한 경우에 해당한다.

(42) 누가 그리고 언제 또한 어디를 향해 떠났습니까?

(41)은 표찰이 KP·AdvP인데, 여기에 더해 (42)는 부사절 CP '어디를 향해'까지 나타났다. 따라서 (42)는 KP·AdvP·CP 이렇게 세 개의 표찰이 중첩된 중첩 표찰의 사례로 간주할 수 있다. 물론 위와 같은 논의가 성립하려면

---

51 '친 및 반 생성문법학파'에서 보듯이 '및'도 '그리고'와 같은 모습을 보인다. 그런데 '*누가 및 언제 떠났습니까?'에서 보듯이 (41)과 같은 경우에는 '및'이 허용되지 않는데, 이는 '및'이 '그는 {언어학 및 물리학을, *언어학을 및 물리학을} 전공했다', '*그 책을 열심히 및 자주 읽어라' 등에서 보듯이 통사범주를 지닌 접속항으로는 NP만 허용하기 때문이다. '그리고'는 이러한 제약에서 자유로워서 '그는 {언어학 그리고 물리학을, 언어학을 그리고 물리학을} 전공했다, 그 책을 열심히 그리고 자주 읽어라'가 모두 성립한다.

(42)에서 KP '누가'와 AdvP '언제' 그리고 CP '어디를 향해' 이 세 성분이 동시에 병합하는 것을 인정해야 한다.

11.7. 정리

지금까지 표찰에 대한 전통적인 시각과 Chomsky(1995나/2015) 및 그 이후의 논의를 정리하고 이를 토대로 한국어의 표찰화를 논의하였다. 논의 내용을 정리하여 항목화하면 아래와 같다.

첫째, 표찰화는 비대칭성을 필요로 하며, 비대칭성은 짝 병합이나 최소 탐색 그리고 이동을 통해 확보된다.

둘째, 대칭성을 띤 통사구조는 공유 자질에 의해 표찰이 결정된다.

셋째, 비해석성 자질도 표찰이 될 수 있으며, 연산의 효율성에 따라 한 번 결정된 표찰은 바뀌지 않는다.

넷째, 주어가 이동하지 않는 언어 유형에 속하는 한국어는 접면에 의한 표찰화와 자기 부착 이동에 의한 표찰화의 사례를 보여준다.

끝으로, 다섯째, 연산과 해석을 고려할 때 무표찰 구조는 상정하기 어려우며, 반면에 둘 이상의 표찰이 동시에 나타나는 중첩 표찰은 인정할 수 있다.

12. 선형화와 핵 이동

12.1. 도입

언어 표현은 병합에 의해 형성되며, 병합은 계층구조를 보장한다. 그런데 언어는 일반적으로 그 실현 수단이 시간의 흐름에 기대는 음성이므로 선형관계(linear relation), 즉 어순(word order)도 필요로 한다. 그렇다면 계층구조는 어떻게 어순으로 전환되는가? 더불어 여러 언어의 어순 현상에서 관찰되는 차이는 어떻게 설명할 수 있는가? 이 의문에 대한 답은 크게 두 가지 방향에서 추구되어 온바, 하나는 매개변인(parameter)에 기대는 방향이고, 다른 하나는 선형화(linearization) 기제에 기대는 방향이다.

매개변인을 동원하는 방안에 따르면, 핵 매개변인(head parameter)이나 방향성 매개변인(directionality parameter)에 의해 계층구조가 기본 어순으로 전환되고, 나아가 여기에 이동까지 적용되면 기본 어순 이외의 어순이 나타나게 된다. 이와 달리 선형화 기제를 따르는 방안에서는 통사구조가 매개변인의 매개 없이 바로 어순으로 전환된다. 그리고 선형화 기제는 언어 보편적인 것으로 간주되므로 모든 언어의 기본 어순은 동일한 것으로 파악되며, 기본 어순 이외의 어순이나 언어 사이에 존재하는 어순 차이는 이동에 따른 것으로 이해된다(Kayne 1994; Fukui & Takano 1998 등 참고).

위와 같은 배경 하에 이 장은 선형화 기제, 특히 Kayne(1994)와 Fukui & Takano(1998)의 선형화 기제를 간략히 살피고, Fukui & Takano(1998)의 제안 내에서 핵 이동(head movement)의 효과를 포섭할 수 있는 방안을 제시하는 것을 목표로 삼으며, 나아가 개별언어의 어순과 언어 사이에 존재하는 어순 차이를 설명할 수 있는 선형화 기제를 마련하는 것을 궁극적인 목적으로 삼는다. 물론 이러한 궁극적인 목적이 여기서 살피는 Kayne(1994)나 Fukui & Takano(1998)과는 전혀 다른 제3의 선형화 기제로 귀결될 수도 있다. 하지만 제3의 선형화 기제를 제안하기 전에 기존 제안을 우선 검토하는 것이 효과적이라고 판단하므로 Kayne(1994)와 Fukui & Takano(1998)부터 살피고자 한다. 일단 기존 제안을 수정·보완해 보고, 그래도 안되면 새로운 길을 모색하는 태도를 따르는 것이다.

논의 순서는 다음과 같다. 먼저 12.2절에서는 Kayne(1994)의 선형화 기제를 살피고 거기서 야기되는 문제를 지적한 후, Fukui & Takano(1998)의 대안을 살핀다. 이어 12.3절에서는 핵이 명시어 자리로 이동하는 것으로 파악하는 Fukui & Takano(1998)의 견해를 정리하고, 그 경험적 한계를 지적한다. Fukui & Takano(1998)의 경험적 한계를 극복하는 방안은 12.4절에서 제시하는데, 핵이 보충어 자리로 이동하는 가능성을 적극적으로 모색한다. 12.5절에서는 논의 내용을 요약함으로써 '선형화와 핵 이동'에 대한 논의를 마무리한다.

12.2. 선형화 기제

Kayne(1994)와 Fukui & Takano(1998)은 언어 보편적인 선형화 기제를 제안하고 어순과 관련한 언어 사이의 차이를 이동으로 파악하는 점에서 핵 매개변인이나 방향성 매개변인 등의 매개변인에 기대는 제안보다 최소주의 프로그램(minimalist program)에 더 부합한다. 선형화 기제는 언어의 음성적 실현을 위해 필수적인데 이 기제가 보편적인 것으로 간주되므로 최소주의에 부합하고, 이동은 어휘항목이나 통사구조에 의해 유발되므로 매개변인을 어휘항목의 특성으로 국한시키는 최소주의의 방침에 부합하기 때문이다.[1] 즉, 보편성과 어휘항목에 기대고, 이 둘에서 벗어나는 매개변인을 동원하지 않는다는 점에서 Kayne(1994)와 Fukui & Takano(1998)은 최소주의적이다.

하지만 위와 같은 근본적 차원에서의 이론적 동기나 의의의 상동성과는 달리 선형화 기제의 구체적인 내용에서 Kayne(1994)와 Fukui & Takano (1998)은 큰 차이를 드러내며, 선형화의 결과는 정반대의 모습을 보인다. 먼저 Kayne(1994)의 선형화 기제를 검토하고, 이어서 Fukui & Takano(1998)의 선형화 기제를 검토한다.

12.2.1. 어순 대응 공리와 보편 SVO 어순

Kayne(1994)는 비대칭적 성분지휘(asymmetric c-command) 관계가 선형 관계를 결정한다고 보고, α가 β를 비대칭적으로 성분지휘하는 경우, α가 β에 선행(precedence)하는 것으로 간주하는 어순 대응 공리(linear correspondence axiom)를 제안하였다. 어순 대응 공리에 따르면 핵(head), 보충어(complement), 명시어(specifier) 사이의 순서는 명시어가 가장 선행하고 핵이 뒤따르며 보충

---

1 이동은 자유롭게 적용되며(Chomsky 1981~1986나, 2013~2021 등 참고), 어휘항목이나 통사구조에 의해 그 필요성 내지는 효과가 인정되는 경우에만 적격한 것으로 판정된다(4장 4.4절, 11장 (13) 및 11.4.2.2절 등 참고). 이에, 다소 오해를 유발할 소지는 있지만, 이동이 '어휘항목이나 통사구조에 의해 유발'된다고 표현한다. 참고로 이동이 자유롭게 적용되는 것이 아니라 필요한 경우에만 적용되는 것으로 보려는 시도도 있었다(Chomsky 1957/2002, 1965, 1995나/2015~2008 등 참고).

어가 가장 뒤에 오는 순서가 되는바(Kayne 1994: 33-38 참고),[2] 영어와 같은 언어에서 보이는 SVO 어순이 이에 해당한다. SVO 어순이 어순 대응 공리가 보장하는 보편적인 기본 어순이므로 그 이외의 어순, 예를 들어 한국어나 일본어 등에서 관찰되는 SOV 어순은 어순 대응 공리만으로는 부족하고 이동이 동원되어야 한다. 즉, 한국어, 일본어 등의 SOV 어순은 어순 대응 공리가 보장하는 SVO 어순에 이동이 적용되어, 예를 들어 O가 S와 V 사이로 이동함으로써 나타나는 것으로 간주된다(이정식 2016 참고).

그런데 전통적으로 후핵 언어(head final language)로 간주되어 온 한국어, 일본어 등의 어순을 위와 같이 설명하려면 적잖은 부담을 감내해야 한다. 예를 들어 SOV 어순에 해당하는 (1)의 어순을 산출하려면 (1가)의 이동에 더해 (1마), (1아)에 표시한 이동을 가정해야 하는데(이정식 2010; Koopman 2005 등 참고), 무엇보다도 이러한 이동의 동기를 찾기 어렵다. 편의상 '-이/가, -을/를' 등의 조사는 통사구조에 따로 표시하지 않으며, 이동 후의 통사구조는 간략히 나타낸다.

(1) 그가 나를 찾았다.

가. ▲ [찾- 나를]

나. [나를 [찾- t나를]]

다. [그가 [나를 [찾- t나를]]]

라. [-았- [그가 [나를 [찾- t나를]]]]

마. ▲ [-았- [그가 [나를 [찾- t나를]]]]

---

2 Kayne(1994)는 전통적인 핵 계층 이론을 조정한 통사구조를 토대로 한다. 예를 들어 핵과 보충어가 중간투사를 형성하고 여기에 명시어가 더해져서 최대투사가 형성되는 것으로 보지 않고, 핵과 보충어가 최대투사를 형성하고 여기에 명시어가 부가되는 것으로 간주한다 ([XP 명시어 [XP 보충어 X]]). 소체 구 구조 이론 내에서 Kayne(1994)의 제안을 수용하는 방안에 대해서는 Chomsky(1995나/2015: 307-313) 참고.

바. [[그가 나를 찾- t나를] [-았- t그가 나를 찾- ㄴ나를]]

사. [-다 [[그가 나를 찾- t나를] [-았- t그가 나를 찾- ㄴ나를]]]

아.   ▲ [-다 [[그가 나를 찾- t나를] [-았- t그가 나를 찾- ㄴ나를]]]

자. [[[그가 나를 찾- t나를] [-았- t그가 나를 찾- ㄴ나를]] [-다 t그가 나를 찾- ㄴ나를
-았- ㄴ그가 나를 찾- ㄴ나를]]

또한 이동은 기능범주의 이동 유발 속성, 즉 EPP 속성에 의하는데 위와 같은 이동을 위해 동원되는 기능범주의 EPP 속성이 정당화될 수 있을지도 의문이다. 예를 들어 (1아)의 이동을 위해서는 한국어의 C '-다'가 EPP 속성을 지닌다고 해야 하는데 외현적 의문사 이동이 없는 한국어의 C가 과연 EPP 속성을 지닌다고 볼 수 있을지 의문이다. 마찬가지로 (1마)도 T '-았/었-'의 EPP 속성을 전제로 하는데 이 역시 쉽사리 인정하기 어렵다.[3]

물론 한국어의 의문사도 영어에서처럼 이동하며(Watanabe 1992 참고), 이에 더해 주어도 T '-았/었-'의 EPP 속성을 충족시키기 위해 이동한다고 보고, 이를 통해 위의 의문을 해소하려고 할 수도 있다. 이는 한국어 의문사와 주어의 이동 여부에 대한 견해가, 경험적 자료에 대한 설명의 문제와 관련되기는 하지만, 다분히 이론적 선택에 속하는 사안임을 의미한다. 이러한 맥락에서 여기서는 한국어의 의문사와 주어는 이동하지 않는다는 이론적 선택,

---

3   이와 관련해 Chomsky(2015가: 9)는 기능범주 T의 EPP 속성을 보편적인 것으로 간주하는 견해를 기각하기도 하였다. EPP와 관련한 문제를 포함하여 Kayne(1994)가 지닌 난점에 대한 논의는 김영희·김용하(1997), 이정훈(2011가: 269-271), 김용하(2011: 230-235), Fukui & Takano(1998: 28-35) 등 참고. 한편 이론적 난점이 해당 이론이 아예 성립하지 않음을 의미하지는 않는다. 그리고 이정식(2016)에서 보듯이 한국어 통사 현상을 설명하는 데 Kayne(1994)를 동원하는 것이 불가능하기만 한 것은 아니다. 다만 여기서는 선형화 기제를 채택하되, Kayne(1994)와는 다른 방향을 택하고자 한다. 어느 방향이 보다 타당한가를 알려면 우선 서로 다른 가능성 각각을 충분히 추구해 보아야 한다고 판단하기 때문이다.

그리고 다음 절에서 살피는 핵 이동의 효과를 살릴 수 있는 이론적 선택을 바탕으로 논의를 진행하며, 이러한 이론적 선택을 유지하면서 문제로 제기되는 사항들을 가급적 합리적으로 그리고 일관적으로 해결하는 것을 당면 과제로 삼는다.

한국어 의문사와 주어의 이동을 거부하는 이론적 선택은 자연스럽게 위에서 제기한 C와 T의 EPP 속성에 대한 회의로 이어지고, 이는 (1)과 같은 도출을 거부하게 한다. 이에 Kayne(1994)에 대한 대안을 추구할 필요가 있는데, 우선 고려할 수 있는 것이 Fukui & Takano(1998)이다.

12.2.2. 탈병합과 보편 SOV 어순

Fukui & Takano(1998)은 병합(merge) 작용과 대칭을 이루는 탈병합(demerge) 작용에 의해 통사구조가 선형관계로 전환된다고 제안하였다. 탈병합은 음운부(phonological component)에 적용되는 작용으로서, 병합에 의해 형성된 통사구조를 분해(breakdown)하고, 나아가 선형화하는 역할을 담당한다. 예를 들어 아래 (2)의 통사구조가 선형화되는 과정을 살펴보자.

(2)
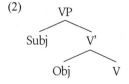

일단 (2)의 통사구조가 음운부에 입력되면,[4] 병합이 아래에서 위로(bottom-

---

[4] (2)는 '통사구조'로서 어순은 나타내고 있지 않으며, v 등 동사구 형성에 관여하는 어휘항목에서의 차이를 제외하면(11장의 각주 20) 참고), 한국어든 영어든 일본어든 상관없이 모든 언어가 보편적으로 (2)의 '통사구조'를 갖는다.

up) 적용되는 것과는 대칭적으로 탈병합이 위에서 아래로(top-down) 적용된다. 탈병합이 적용되면 VP가 Subj와 V'로 분해되고, 분해된 Subj와 V' 중 최대투사(maximal projection)인 Subj가 분리(detachment)된다. 최대투사가 분리되는 것은 최대투사가 병합과 탈병합에 가시적이기 때문이다(Fukui & Takano 1998: 39 참고). 이렇게 Subj와 V' 중 Subj가 분리되면 부수적으로 V'도 VP에서 분리된다. 이어서 V'가 탈병합되면 Obj가 분리되고 이에 따라 V도 분리된다.

이렇게 탈병합이 진행되면 탈병합으로 분리되는 순서가 Subj, Obj, V 순서가 되는데(SOV 순서), 이러한 탈병합에 의한 분리 순서가 어순 상의 선형관계, 특히 먼저 분리된 성분이 나중에 분리된 성분에 선행(precedence)하는 것으로 간주하면(Fukui & Takano 1998: 40-41 참고), (2)의 통사구조는 결국 SOV 어순으로 전환된다. 그리고 통사구조 (2)는 SOV 어순으로 실현될 수밖에 없으므로 SOV 어순이 보편적인 기본 어순이 되고, 그 밖의 어순은 이동이 더해져서 나타나는 것으로 파악된다. 특히 이동을 통해 SOV 어순이 SVO 어순이 되려면, V가 Subj와 Obj 사이로 이동해야 하는데, 이에 대해서는 절을 달리하여 Fukui & Takano(1998)이 핵 이동을 다루는 방식을 살피며 논의한다.

12.3. 탈병합과 핵 이동

Fukui & Takano(1998)은 Kayne(1994)에 대한 대안이기는 하지만 핵 이동 (head movement) 현상에서 경험적 한계를 보인다. 먼저 Fukui & Takano(1998) 이 핵 이동 현상을 다루는 방안을 확인한 후, 이어서 그 경험적 한계를 살핀다.

12.3.1. 명시어로의 핵 이동?

Fukui & Takano(1998)의 체제에서 핵 이동이 적용되는 경우 어순은 어떻게 결정되는가? 예를 들어 핵 V가 핵 v로 이동하여 형성되는 (3)의 영어의 통사구조는 어순이 어떻게 실현되는가?

(3)

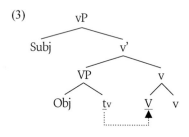

(Fukui & Takano 1998: 43 참고)

먼저, vP가 탈병합되면 Subj가 분리되고 부수적으로 v'도 분리된다. 다음으로, v'가 탈병합되면 최대투사 VP가 분리된다. 그런데 v'가 탈병합되면 v로 핵 이동한 V도 분리될 수 있다. V는 핵 이동한 위치, 즉 v에 부가된 위치에서 투사하지 않으므로 최대투사로 간주되며, V를 관할하는 v는 범주(category)가 아니라 조각(segment)이므로 VP와 더불어 V도 v'의 직접 구성성분(immediate constituent)으로 간주되기 때문이다. 그러면 VP와 V가 탈병합에 의한 분리 순서에서 어느 것이 앞서는지 정할 수 없게 되는데, 영어의 SVO 어순을 고려하면 Obj를 포함한 VP보다 V가 먼저 분리되는 것으로 간주되어야 한다. 그래야 적격한 어순 SVO가 나타난다. 따라서 탈병합에 의한 분리 순서에서 차이가 없음에도 불구하고 차이를 두기 위한 조치가 따로 마련되어야 하는바, 이는 문법에 부담을 야기한다. 이에 Fukui & Takano(1998: 43-44)는 핵 이동을, 핵이 핵으로 이동하는 (3)이 아니라, 핵이 명시어로 이동하는

(4)로 파악할 것을 제안한다. V가 명시어 자리로 이동한 (4)에서 vP는 Subj와 이동해 온 V, 이 둘을 명시어로 갖게 된다.

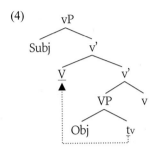

(4)

(Fukui & Takano 1998: 44 참고)

(4)의 통사구조에 탈병합이 적용되면 Subj가 제일 먼저 분리되고, 이어서 V, Obj 순으로 분리되며, 그 결과 SVO 어순이 나타나게 된다. 중요한 것은 (3)의 통사구조에 탈병합을 적용해서 영어의 어순 SVO를 얻으려면 앞서 지적한 부담을 감내해야 하지만 (4)는 그러한 부담을 야기하지 않는다는 점 이다. 따라서 (3)보다는 (4)가 더 타당한 것으로 간주된다.[5]

그런데 (4)의 핵 이동은 핵 위치에서 비핵 위치로의 이동이므로, 이동으로 인해 형성된 연쇄(chain)가 구 구조 지위(phrase structure status)에서 일률적 (uniform)일 것을 요구하는 일률성 조건(uniformity condition. Chomsky 1995나 /2015: 232; 박승혁 1995 등 참고)을 위반한다. 따라서 핵이 명시어로 이동하는 것을 허용하려면 일률성 조건을 수정해야 하는데, Fukui & Takano(1998:

5　Fukui & Takano(1998)은 일본어와 영어 사이의 차이를 체계적으로 설명함으로써 탈병합 과 이에 따른 보편 SOV 어순 가설의 타당성과 (4)와 같은 명시어로의 핵 이동의 타당성을 제고한다. 참고로 명시어로의 핵 이동은 Matushansky(2006), Harizanov(2019) 등에서도 제안되었다.

44)는 일률성 조건의 폐기 가능성을 제시하는 한편, 구 구조 지위가 서로 비변별적(nondistinct)이면 일률성 조건을 준수하는 것으로 보는 방안도 제시한다. 후자의 입장에서 (4)의 V 이동이 일률성 조건을 준수하는 것은 다음에 따른다. (4)에 표시된 이동에 의해 나타나는 연쇄 (V, t_V)에서 연쇄의 머리 V와 연쇄의 꼬리 t_V의 구 구조 지위는 각각 [+maximal, +minimal], [-maximal, +minimal]이다.[6] 따라서 연쇄의 머리 V와 연쇄의 꼬리 t_V는 [+minimal]을 공유하며, 이렇게 공유되는 구 구조 지위적 특성이 있으므로 연쇄의 머리와 꼬리는 서로 비변별적인 것으로 간주되고, 이에 따라 일률성 조건을 준수하게 된다.

탈병합에 의한 선형화 기제와 수정된 일률성 조건 등을 토대로 핵 V가 vP의 핵이 아니라 명시어 위치로 이동하는 것으로 보면 한국어, 일본어와 같은 SOV 어순 언어와 영어와 같은 SVO 어순 언어의 차이는 (4)에 표시한 V 이동의 유무로 귀결된다. (4)에서 보듯이 V가 이동하면 SVO 어순이 나타나는 반면, V가 이동하지 않은 (5)는 SOV 어순으로 전환되기 때문이다.

(5)

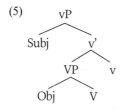

한편, 핵이 또 다른 핵 쪽으로 이동하는 것이 아니라 명시어로 이동하게 되면 전통적으로 인정되던 핵 이동은 설 자리를 잃게 된다. 예를 들어 영어의 (3)과 같은 핵 이동은 (4)로 재해석되므로 사라지게 된다. 그러면 전통적으로

---

6   구 구조 지위에 대해서는 Chomsky(1995나/2015: 228), 박승혁(1995) 등 참고.

인정되어 오던 아래와 같은 한국어, 일본어 등의 핵 이동은 어떠한가(2장 2.4절 참고)?

(6)

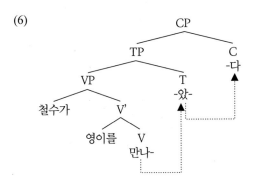

핵이 명시어 자리로 이동하는 것으로 보는 한 위와 같은 핵 이동을 인정할 수는 없다. 그래서 Fukui & Takano(1998: 55-56)은 전통적으로 인정되어 오던 (6)의 핵 이동을 음운부에서의 음운론적 결합(phonological merger)이나 접어화(cliticization)에 의한 것으로 볼 것을 제안한다.

(6)으로 예시한 전통적 핵 이동의 효과가 활용(conjugation), 즉 V '만나-'와 T '-았/었-' 그리고 C '-다'의 결합을 보장하는 데 그치면 Fukui & Takano (1998)의 음운론적 결합이나 접어화 제안이 별다른 문제를 일으키지는 않는다. 그러나 전통적 핵 이동의 효과가 활용형 형성을 넘어선다면 상황은 달라진다. 즉, (6)의 핵 이동을 지지하는 경험적 자료로서 활용형 형성 이외의 것이 제시되면 Fukui & Takano(1998)의 제안은 수정되거나 보완되어야 할 것이다. 그렇다면 활용 현상 이외에 (6)의 핵 이동을 지지하는 경험적 자료는 있는가?[7]

---

7 이 장의 12.2.1절의 말미에서 논의한 사항은 여기서도 통한다. 즉, 이어지는 논의에서 소개되는 자료를 Fukui & Takano(1998)의 주장을 유지하면서 다루는 방안이 마련될 수도 있다. 예를 들어 (9)는 다중 관할(multi-dominance)을 응용하는 방안을 고려할 수 있다(정대호

12.3.2. 핵으로의 핵 이동을 지지하는 현상

(6)으로 예시한 전통적 핵 이동을 음운부에서 다루려면 핵들이 음운부에서 서로 인접(adjacent)해야 한다. 핵 이동이 적용되지 않은 통사구조 (7)이 음운부에 입력되면 V '만나-', T '-았/었-', C '-다'가 서로 인접하게 되고, 이러한 인접성을 토대로 음운론적 결합이나 접어화가 적용되어 굴절형 '만났다'가 형성되기 때문이다.

(7)

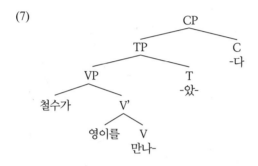

2004; Carnie 2010: 10장 등 참고). 하지만 여기서는 다중 관할 없이 전통적 핵 이동의 효과를 보장하면서 Fukui & Takano(1998)의 선형화 기제와도 공존할 수 있는 방안을 모색한다. 참고로 다중 관할은 나무그림을 통사구조에 대응하는 언어적 실제로 간주하는 입장인데, 채택하지 않는다. 통사구조에 대응하는 언어적 실제는 {γ, {α, β}}, 즉 표찰과 성분성이며, 나무그림은 {γ, {α, β}}를 시각적으로 표현한 것에 불과한 것으로 보는 것이다. 이렇게 '표찰과 성분성'을 언어적 실제로 보면 아래 (가)와 (나)는 표현 방법만 다를 뿐 사실은 '{c, {a, b}}, {e, {a, d}}' 한 가지를 나타내는 것으로 파악된다. 반면에 '나무그림'을 언어적 실제로 보면 (가)와 (나)는 서로 다른 것으로 간주되며, (나) 식의 나무그림이 다중 관할에 해당한다.

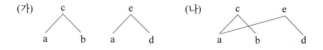

따라서 전통적 핵 이동 방식이되, 다시 말해 핵이 핵으로 이동하는 효과를 보이되, 핵 이동에 의해 결합하는 핵들이 서로 인접하지 않는 경험적 자료가 제시되면 Fukui & Takano(1998)은 한계에 맞닥뜨리게 된다. 더불어 이동에 대한 직접적인 증거가 제시되면, 예를 들어 이동 작용에 기대어 핵이 반복되는 현상이 제시되어도 Fukui & Takano(1998)의 제안은 힘을 잃게 된다. 그렇다면 이러한 경험적 자료가 존재하는가? 여기서는 경험적 자료의 사례로 아래의 두 가지 현상을 제시한다.

첫째, 'V-기' 반복 구문이 핵에서 핵으로의 이동이라는 전통적 방식의 핵 이동을 지지한다(4장 4.3절 및 이 장의 12.4.3절 참고).

(8) 철수가 영이를 만나기는 만났다.

　　가. [[철수가 영이를 만나-] -았-]

　　나. V '만나-'의 T '-았-'으로의 핵 이동

　　　　[[철수가 영이를 <u>만나-</u>] <u>만나-</u>았-]

　　다. '-기는' 삽입

　　　　[[철수가 영이를 만나-기는] 만나-았-]

　　라. '-다' 병합

　　　　[[[철수가 영이를 만나-기는] 만나-았-]-다]

위에서 보듯이 전통적 방식의 핵 이동인 핵으로의 핵 이동은 '-기는' 삽입과 공모하여 'V-기' 반복 구문을 설명할 수 있다. 하지만 Fukui & Takano(1998)로 'V-기' 반복 구문을 설명하기는 어렵다. V '만나-'의 T '-았/었-'으로의 핵 이동이 V '만나-'의 반복을 보장하는데, Fukui & Takano(1998)은 이러한 이동을 인정하지 않기 때문이다.

둘째, 동사구 접속 구문도 전통적 방식의 핵 이동, 즉 핵으로의 핵 이동을

지지한다.[8]

(9) 가. 철수는 논문을 그리고 영이는 책을 {열심히들, 함께} 읽었다.

(이정훈 2004나/2008나: 210 참고)

나. 영이는 피아노를 그리고 철수는 노래를 각각 치고 불렀다.

(이정훈 2007나: 353-354 참고)

(9가)는 VP [$_{VP}$ 철수는 논문을 읽-]과 VP [$_{VP}$ 영이는 책을 읽-]이 접속되고 이 두 VP에 포함된 두 개의 V '읽-'이 병렬 방식의 전역적(across-the-board-fashion) 핵 이동을 통해 T '-았/었-'으로 핵 이동함으로써 형성된다. (9나)도 마찬가지이다. 다만 (9가)와 달리 (9나)에서는 접속되는 VP [$_{VP}$ 영이는 피아노를 치-]와 VP [$_{VP}$ 철수는 노래를 부르-]가 서로 다른 V를 포함한다는 점에서 차이를 보인다. 그리고 접속된 VP [$_{VP}$ [$_{VP}$ 영이는 피아노를 치-] 그리고 [$_{VP}$ 철수는 노래를 부르-]]에 병렬 방식의 전역적 핵 이동이 적용되면 V '치-'와 V '부르-'가 T '-았/었-'으로 핵 이동하게 되는데, 이 경우 두 개의 V가 서로 다르므로 일단 접속어미 '-고'가 동원되어 두 개의 V가 접속되고 이를 통해 형성된 V '치고 부르-'가 T '-았/었-'으로 핵 이동하게 된다.[9]

위와 같이 핵으로의 핵 이동은 (9)에 예시한 현상을 설명할 수 있지만, Fukui & Takano(1998)은 그렇지 못하다. 접속되는 두 개의 VP 중에 후행하는 VP의 V는 T '-았/었-'과 인접하므로 Fukui & Takano(1998)의 제안대로 핵

8　(9가)의 '열심히들, 함께'와 (9나)의 '각각'은 (9가)와 (9나)가 단문임을 의미한다. 따라서 VP가 아니라 절이 접속되고 선행절의 술어가 생략되어 (9가), (9나)가 형성되는 것으로 볼 수 없다. 자세한 사항은 이정훈(2004나/2008나, 2007나) 등 참고.

9　V와 V가 접속어미 '-고'로 접속되는 현상은 '참기름과 고추장을 짜고 담그다'와 같은 예에서 보듯이 이동과 무관하게 성립한다(이정훈 2007나, 2011다 참고).

이동 없이 음운부 결합이나 접어화에 의해 '읽었다, 불렀다'가 산출되지만, 선행하는 VP의 V는 사정이 다르기 때문이다. 즉, 선행 VP의 V가 핵 이동 없이 제자리에 머물면 V '읽-, 차-'가 T '-았/었-', C '-다' 등의 어미와 결합하지 못하는 문제가 생기며, Fukui & Takano(1998)의 제안대로 V '읽-, 차-'가 명시어로 이동해도 이 문제는 해소되지 않는다.[10]

12.4. 대안: 보충어로의 핵 이동

방금 살핀 (8), (9)는 '핵으로의 핵 이동'을 필요로 한다. 하지만 탈병합에 의한 선형화 기제는 앞서 (3)을 통해 논의했듯이 '핵으로의 핵 이동'을 허용하지 않는다. 그렇다고 (4)의 핵 이동, 즉 영어 유형의 어순을 설명하는 데에 동원된 '명시어로의 핵 이동'에 기댈 수도 없다. 앞 절의 말미에서 지적했듯이 '명시어로의 핵 이동'은 (8), (9)를 설명하는 데 아무런 도움이 되지 않기 때문이다. 그렇다면 '핵으로의 핵 이동'도 아니고 '명시어로의 핵 이동'도 아니면서 (8), (9)의 현상을 설명할 수 있는 방안을 모색할 필요가 있다. 그리고 '핵으로의 핵 이동'과 '명시어로의 핵 이동'을 제외하면, 남는 가능성은 '보충어로의 핵 이동'밖에 없다. 이에 이 절에서는 '보충어로의 핵 이동'이 Fukui & Takano(1998)의 선형화 기제와 조화를 이루며 나아가 (8), (9)의 현상을 설명하는 데에도 유효함을 논의한다.

---

10 그나마 (9가)는 핵 이동에 기대지 않고 생략으로 설명할 여지가 있다. 선후행 V가 '읽-'으로 같은바, 선행 VP의 V '읽-'이 생략되는 것으로 이해할 수 있는 것이다(10장의 (11), (16) 참고).

12.4.1. 보충어 자질 반복

'보충어로의 핵 이동'이 있으려면 일단 핵이 이동해 갈 수 있는 보충어 자리부터 마련해야 한다. 비어있는 명시어 자리가 마련되어 있으므로 '명시어로의 핵 이동'이 가능한바, '보충어로의 핵 이동'이 가능하려면 비어있는 보충어 자리부터 마련되어야 하는 것이다. 그렇다면 비어있는 보충어 자리는 어떻게 마련할 수 있는가? 이 질문에 대해 격 중출 현상을 통해 확인한 논항 자질 반복 규칙 'X→X$^+$'가 V의 어휘정보가 아니라 T '-았/었-'의 어휘정보에 적용된다고 해 보자(4장의 4.2절 참고). T '-았/었-'은 VP와 병합할 수 있으므로 어휘정보로 보충어 자질 (10가)를 지니는데, 여기에 논항 자질 반복 규칙이 적용되면 (10나)가 된다.[11]

> (10) 가. T '-았/었-'의 보충어 자질: [VP]
>
> 나. T '-았/었-'의 보충어 자질: [VP]$^+$

(10나)의 [VP]$^+$는 T '-았/었-'이 한 개 이상의 V 범주 성분과 병합하는 것을 보장한다. 이에 V 범주 성분 두 개와 병합하는 경우를 우선 고려해 보자. 일단 T '-았/었-'은 아래와 같이 VP와 병합함으로써 T '-았/었-'의 V 범주에 대한 두 번의 병합 요구 중 한 번을 충족시킨다.

---

[11]   T '-았/었-'은 보충어 자질로 [HP]도 지니는데(2장의 2.2.2절 참고), 편의상 [VP]의 경우를 살핀다. 또한 논항과 보충어는 상통하는바(2장의 각주 9) 참고), 논항 자질 반복 규칙은 논항 자질에 적용될 수 있을 뿐만 아니라 보충어 자질에 적용될 수도 있다.

(11)

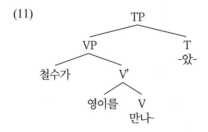

T '-았/었-'의 V 범주에 대한 두 번의 병합 요구 중 한 번이 충족되었으므로 이제 (11)의 통사구조에 V 범주가 한 번만 더 병합하면 된다. 그러면 V 범주가 (11)에 한 번 더 병합하는 방법은 무엇인가? V '만나-'와는 별도로 또 다른 V가 병합할 수는 없다. 예를 들어 V '사귀-'가 아래 (12가)와 같이 T '-았/었-'과 병합하면 T '-았/었-'의 V 범주에 대한 두 번의 병합 요구가 모두 충족될 듯하지만, 이런 방식의 통사구조 형성은 V '만나-'의 활용 (conjugation)에 문제를 야기하며, V '사귀-'의 의미역 실현에도 문제를 일으키므로 허용되지 않는다.[12]

(12) 가.

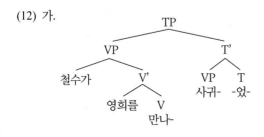

---

12 (12)에서 V '사귀-'는 핵이자 투사하지 않으므로 최대투사이기도 한데 VP로 표시한다. 이어지는 논의 참고.

나.

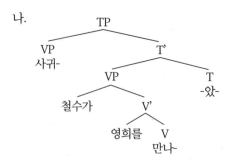

그리고 새로 도입되는 V '사귀-'가 (12가)처럼 병합하지 않고 (12나)처럼 (11)의 나무그림 위에 병합해도 문제는 여전하다. V '사귀-'의 활용과 의미역 실현에서 문제가 발생하기 때문이다.

따라서 (11)을 토대로 하되, V '만나-'의 활용을 보장하면서, 동시에 별도의 V 도입 없이 T '-았/었-'의 V 범주에 대한 또 한 번의 병합 요구를 만족시킬 수 있는 방안이 제시되어야 하는데, 여기서는 아래 (13)의 이동을 그러한 방안으로 제안하고자 한다.

(13)

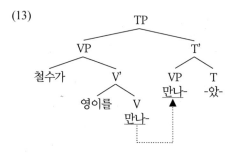

(13)에서 V '만나-'는 (10)에서 논항 자질 반복 규칙을 통해 추가된 T '-았/었-'의 추가적인 보충어 자리로 이동하며, 소위 끼워넣기(tucking-in) 방식의 이동을 겪는다.[13] 그리고 이동 전에는 [-maximal, +minimal]이므로 구구조 지위가 핵으로 간주되지만, 이동 후에는 [+maximal, +minimal]이므로

최대투사로 간주된다.

끼워넣기 이동은 다중 명시어(multiple specifier) 구조에서 나타나는 이동 방식으로 제안된 것인데(Richards 1998, 2001 참고), 한국어처럼 논항 자질 반복 규칙에 의해 보충어 자리가 추가로 보장되는 언어에서는 보충어 쪽에도 끼워넣기 이동이 가능하다고 보는 것이 이론적으로 합리적일 것이다. 여기에 더해 보충어로의 끼워넣기 이동으로 형성된 (13)에 탈병합이 적용되면 '철수가, 영이를, 만나-, -았-'의 어순이 보장되므로 이론적 측면에 더해 경험적 측면에서도 (13)의 가능성을 인정할 수 있다고 본다. 물론 (13)에 C '-다'까지 병합하고 탈병합이 적용되면 '철수가, 영이를, 만나-, -았-, -다' 순서가 나타난다.[14]

(10나)의 [VP]$^+$는 V 범주 성분 두 개의 병합을 보장할 뿐만 아니라 V 범주 성분이 세 개 이상 병합하는 것도 허용한다. 하지만 실제로 V 범주 성분이 세 개 이상 병합하는 경우는 나타나지 않는다. V 범주 성분이 세 개 이상 병합하면 규칙 적용에 관한 일반 조건을 위반하기 때문이다. 예를 들어 V 범주 성분이 세 개 병합한 아래 구조에서,

(14) [$_{TP}$ [$_{VP}$ 철수가 영이를 만나] [$_{I''}$ 만나 [$_{I'}$ 만나 -았-]]]

첫 번째 '만나-'는 VP 형성에 의해 그 필요성이 보장되고, 세 번째 '만나-'는

---

13 T '-았/었-'은 EPP 속성을 지니지 않는다(이 장의 12.2.1절 참고). 따라서 T '-았/었-'과 병합하는 성분은 보충어(complement)의 자격을 가진다. 한편 뒤에서 보게 되듯이 끼워넣기 방식이 아니라 일반적인 방식의 이동, 즉 쌓아 올리기 방식의 이동도 가능하다(이 장의 (17) 참고).

14 이는 핵 이동 후 VP 내의 V '만나'가 삭제된 경우이다. 삭제되지 않으면 '철수가, 영이를, 만나-, 만나-, -았-, -다' 순서가 나타나며 여기에 '-기는' 삽입이 더해지면 '철수가 영이를 만나기는 만났다'가 된다(이 장의 (8) 참고).

핵 이동의 필요성에 의해 보장되지만 중간에 긴 두 번째 '만나-'의 병합은 필요성을 인정하기 어려운바, 완전 해석 원리에 의해 (14)처럼 V 범주 성분이 세 개 병합하는 것은 허용되지 않는다. 따라서 규칙 적용에 관한 일반 조건인 완전 해석 원리가 있는 한 V 범주 성분은 두 개까지 병합이 가능하며, 이에 따라 (10나)의 $[VP]^+$는 실제로 $[VP]^2$로 제한된다.[15]

위의 논의를 통해 '보충어로의 핵 이동'이 인정되면 한국어 유형의 언어와 영어 유형의 언어 사이의 차이는 Fukui & Takano(1998)과 달리 이동 유무가 아니라 핵이 이동해 가는 위치의 차이로 귀결된다. 한국어 유형의 언어는 논항 자질 반복 규칙에 의해 나타나는 추가적인 보충어 자리로 핵이 이동하고, 영어 유형의 언어는 EPP 속성이 활성적이므로 (4)에서 보았듯이 명시어 자리로 핵이 이동하는 것으로 이해되는 것이다.

그리고 완전 해석 원리에 따라 모든 작용에는 동기가 있어야 하는바, '보충어로의 핵 이동'도 동기가 있어야만 적용되며, 그 동기의 사례가 바로 앞서 제시한 '핵으로의 핵 이동'을 지지하는 현상이다. 이러한 현상들에서는 '보충어로의 핵 이동'이 필요하지만 그 밖의 경우에는 음운론적 결합이나 접어화만으로도 충분한 것이다. 그렇다면 '보충어로의 핵 이동'은 '핵으로의 핵 이동'을 지지하는 현상을 어떻게 설명하는가? 이에 대해서는 절을 바꿔 논의한다.

---

15 '-고'가 개입하면 사정이 달라져서 (14)가 허용된다. 앞서 '철수가 영이를 만나고 만나고 또 만났다'와 같은 예를 V의 자기 부착 이동으로 설명하였는데(11장 11.4.2.2절 참고), 이에 더해 논항 자질 반복 규칙에 의해 (14)가 나타나고 여기에 '-고'가 개입해도 '철수가 영이를 만나고 만나고 또 만났다'가 형성될 수 있는 것이다.

12.4.2. 핵으로의 핵 이동을 지지하는 현상에 대한 해명

'보충어로의 핵 이동'은 '핵으로의 핵 이동'의 효과를 보장하면서 탈병합에 의한 선형화 기제를 유지할 수 있게 해 준다. 또한 '보충어로의 핵 이동'이 인정되면, 앞서 '핵으로의 핵 이동'을 지지하는 현상으로 제시한 아래 현상들도 별다른 어려움 없이 설명할 수 있다.

> (15) 가. 철수가 영이를 만나기는 만났다. (= 8)
>
> 　　나. 철수는 논문을 그리고 영이는 책을 {열심히들, 함께} 읽었다. (= 9가)
>
> 　　다. 영이는 피아노를 그리고 철수는 노래를 각각 치고 불렀다. (= 9나)

먼저 (15가)는 (13)에 표시한 이동이 적용되고 이동하기 전의 원위치에 있는 V '만나-' 쪽에 '-기는'이 삽입됨으로써 형성된다. 원위치의 V '만나-'는 '-기는'이 삽입되지 않으면 의존성을 해소하지 못하므로 삭제되어야 하지만 '-기는'이 삽입되면 의존성이 해소되어 삭제에서 면제된다.

다음으로 (15나)와 (15다)는 V '읽-, 치-, 부르-'가 병렬 방식의 전역적 이동으로 추가된 보충어 자리로 이동함으로써 형성된다. 물론 추가된 보충어 자리는 (10)에서 보았듯이 T '-았/었-'에 논항 자질 반복 규칙이 적용되어 마련된다.

12.4.3. 확장 1: 'V-기' 반복 구문의 세 유형

'V-기' 반복 구문은 세 가지 유형으로 나뉜다. 하나는 반복되는 V가 인접하는 유형이고, 다른 하나는 V가 반복되면서 각각 논항을 취하는 유형이며, 나머지 하나는 반복되는 V 중 하나가 문두에 나타나는 유형이다. 각 유형에

해당하는 예를 제시하면 아래와 같다.[16]

(16) 가. 철수가 영이를 만나기는 만났다. (= 8)
　　나. 철수가 만나기는 영이를 만났다.
　　　 영이를 만나기는 철수가 만났다.
　　다. 만나기는 철수가 영이를 만났다.

위의 세 유형 가운데 (16가)는 (15가)를 살피며 설명했으며, (16나)는 V 복사와 병렬 투사로 설명할 수 있다(10장 및 이정훈 2013 참고). 남은 것은 (16다) 유형인데 이 절에서는 지금까지의 논의를 토대로 (16다) 유형을 설명함으로써 논의의 경험적 타당성을 제고하기로 한다.

앞서 논의했듯이 T '-았/었-'의 보충어 자질에 논항 자질 반복 규칙이 적용되면 T '-았/었-'은 V 범주와 두 번 병합할 수 있는 기회를 갖게 된다(이 장의 12.4.1절 참고). 이에 (13)에서는 T '-았/었-'과 VP가 병합하고, 여기에 더해 V '만나-'가 끼워넣기 이동 방식으로 T '-았/었-'의 추가적인 보충어 자리로 이동함으로써 T '-았/었-'이 V 범주와 두 번 병합하였다. 그러면 V '만나-'가 끼워넣기 이동이 아닌 다른 방식으로 이동하면 어떻게 되는가? 다시 말해 추가적인 보충어 자리가 (13)이 아니라 (17)처럼 실현되면 어떻게 되는가?

16　'철수가 영이를 만났다, 만나기는' 유형은 (16가)나 (16다)에서 '만나기는'에 후치, 즉 후보충이 적용되어 형성된다. 그래서 문말억양이 '철수가 영이를 만났니? 만나기는?'처럼 실현될 수 있다(4장 4.4절 참고).

(17)

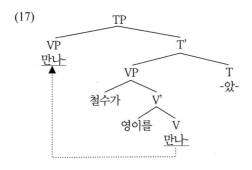

위에서 원위치의 V '만나', 즉 VP 내의 V '만나-'는 T '-았/었-'과 인접하므로 활용에 아무런 문제를 지니지 않는다. 하지만 이동해 간 위치의 V '만나-'는 사정이 다르다. 어미와 인접하고 있지 않으며, 탈병합이 적용되면 문두에 분포하기 때문에 음운론적 결합이나 접어화와 같은 음운부 작용으로 T '-았/었-'과 결합하는 것을 기대할 수 없기 때문이다. 따라서 T '-았/었-'이 V 범주와 두 번 병합할 수 있어도 (17)과 같은 도출은 허용되지 않는다. 하지만 '-기는'이 개입하면 사정이 달라진다. (17)에서 이동해 간 위치의 V '만나-' 쪽에 '-기는'이 삽입되면 활용과 관련한 문제가 해소되기 때문이다. 결국 추가적으로 나타난 보충어 위치가 (13) 식이냐 (17) 식이냐에 따라 앞의 것이면 반복되는 V가 인접하는 (16가) 유형이 나타나고, 뒤의 것이면 반복되는 V 중 하나가 문두에 분포하는 (16다) 유형이 나타나게 된다.

한편 'V-기' 반복 구문은 아래에서 보듯이 '… V₁-기는 … V₂'에서 V₁ 쪽에 나타난 어미는 V₂ 쪽에도 나타나야 하는 제약을 보인다(최기용 2002 참고).

(18) 선생님께서 책을 읽으시었다.

　가.　선생님께서 책을 읽기는 읽으시었다.

　나.　선생님께서 책을 읽으시기는 읽으시었다.

　다.　선생님께서 책을 읽으시었기는 읽으시었다.

라. *선생님께서 책을 읽으시기는 읽었다.

마. *선생님께서 책을 읽었기는 읽으시다.

그런데 '보충어로의 핵 이동'이 나타나는 구체적인 방식을 고려하면 위의
예에서 보이는 제약은 충분히 설명할 수 있다. 먼저, 핵이 보충어 자리로
이동하되, 아래 (19)에서처럼 핵만 보충어 자리로 이동하고 '-기는' 삽입과
삭제가 적용되면 '읽기는 읽으시었다'가 나타난다.[17]

(19)

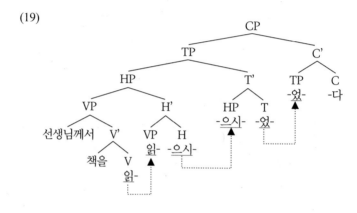

다음으로, 핵이 보충어 자리로 이동하되, (19)와 달리 핵만 이동하지 않고
(20)에서처럼 핵과 성분을 이루는 것들이 함께 동반 이동(pied-piping)하고,
'-기는' 삽입과 삭제가 적용되면 '읽기는 읽으시었다, 읽으시기는 읽으시었
다, 읽으시었기는 읽으시었다'가 나타난다.[18]

---

17 (19)에 '-기는' 삽입과 삭제가 적용되면 '[읽-기는] [읽-으시-] [-으시-었-] [-었-다]'가 되고
    이는 '읽기는 읽으시었다'로 음성실현된다. 한편 '-기는'이 '읽-'이 아니라 '읽-으시-'나 '-
    으시-었-' 쪽에 삽입되면 '*읽으시기는 -으시었다'가 되거나([읽-] [읽-으시-기는] [-으시-었
    -] [-었-다]), '*읽으시었기는 -었다'가 되어서([읽-] [읽-으시-] [-으시-었-기는] [-었-다]),
    성립하지 않는다.

18 '[읽-] [읽-으시-] [읽-으시-었-] [읽-으시-었-다]'에 '-기는' 삽입과 삭제를 적용하면 '[읽-

(20)

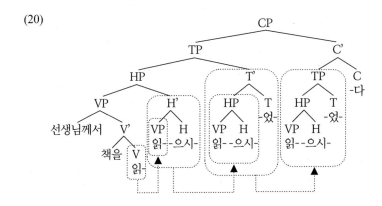

　　중요한 것은, 가능한 경우를 망라한 (19)와 (20)에서 (18라)와 (18마)는 나타날 수 없다는 점이다. 따라서 위에서도 언급했듯이 '보충어로의 핵 이동'이 나타나는 구체적인 방식을 고려하면, (18)이 보이는 어미 실현 양상은 당연한 것이 되며, 이에 어미 실현 양상을 포착하기 위해 별도의 제약을 설정할 필요가 없다.

　　한편 (18)은 (16가) 유형에 해당하는데, (16다) 유형도 (18)과 마찬가지 모습을 보이며 (16가) 유형과 평행하게 설명된다. 다만 이동해 가는 위치만 다를 뿐이다. 하지만 (16나) 유형은 (16가), (16다) 유형과 상이한 방식으로 형성되기 때문에 사정이 다소 다르다. 하지만 그 형성 과정이 별다른 문제를 제기하지는 않는다. 예를 들어 '선생님께서 만나시기는 영이를 만나셨다'는 [HP1 [VP 선생님께서 만나-] -으시-]와 [HP2 [VP 영이를 만나-] -으시-]가 형성되고 이 두 HP가 병합한 후 T '-았/었-'이 병합하고 '-기는'이 삽입되는 등의 과정을 거쳐 형성된다. 그리고 HP₁ 내의 V '만나-'와 HP₂ 내의 V '만나-'는 별개로 기능하지 않고 하나로 기능하므로, 다시 말해 하나의 V '만나-'로

기는] [읽-으시-] [읽-으시-었-] [읽-으시-었-다], [읽-] [읽-으시-기는] [읽-으시-었-] [읽-으시-었-다], [읽-] [읽-으시-] [읽-으시-었-기는] [읽-으시-었-다]'가 가능하다.

간주되므로(10장 및 이정훈 2013 참고), 어미와의 관계도 동일해야 한다. 그래서 한 쪽이 H '-으시-'와 관계를 맺으면 다른 한 쪽도 H '-으시-'와 관계를 맺어야 한다.

12.4.4. 확장 2: 복수성 요구와 자기 부착 이동

아래에서 보듯이 (21)의 '열심히들, 함께'는 '철수는 논문을 그리고 영이는 책을' 앞이나 뒤에 나타나야지 그 사이에 끼어들면 안 되고 이러한 사정은 (22)의 '각각'도 마찬가지이다.[19]

(21) 가. 철수는 논문을 그리고 영이는 책을 {열심히들, 함께} 읽었다. (= 9가)

나. {열심히들, 함께} 철수는 논문을 그리고 영이는 책을 읽었다.

다. *철수는 {열심히들, 함께} 논문을 그리고 영이는 책을 읽었다.

라. *철수는 논문을 그리고 영이는 {열심히들, 함께} 책을 읽었다.

(22) 가. 영이는 피아노를 그리고 철수는 노래를 <u>각각</u> 치고 불렀다. (= 9나)

나. <u>각각</u> 영이는 피아노를 그리고 철수는 노래를 치고 불렀다.

다. *영이는 <u>각각</u> 피아노를 그리고 철수는 노래를 치고 불렀다.

라. *영이는 피아노를 그리고 철수는 <u>각각</u> 노래를 치고 불렀다.

그렇다면 위와 같은 현상은 어떻게 설명할 수 있는가?[20] 여기서는 (21),

---

19 (21나), (22나)는 (21가), (22가)보다 수용성이 떨어지는 것으로 판단되는데, 이는 통사적인 요인보다는 구문 분석(parsing) 때문인 것으로 보인다. 복수성 주어가 먼저 제시되고 이후에 복수성 주어를 필요로 하는 '열심히들, 함께, 각각' 등이 등장하는 것이 구문 분석에 유리하다고 보는 것이다. 이러한 설명이 신뢰할 만한지 따져봐야 하는데 후일을 기약한다.

20 이정훈(2007나)는 접속의 통사구조를 부가 구조로 파악하고 이 현상을 설명하였다. 하지만 접속은 7장에서 논의하였듯이 부가 구조가 아니다. 이에 새로운 설명이 요청된다.

(22)에서 '열심히들, 함께'와 '각각'의 복수성 요구가 충족되려면 V의 자기 부착 이동이 필요하고(11장 11.4.2.2절 참고), 이로 인해 위의 대조가 나타나는 것으로 본다. 구체적으로 설명하면 다음과 같다. (21)에 대한 설명과 (22)에 대한 설명은 평행하므로 (21)에 대한 설명만 제시한다.

먼저, (21)은 선행 VP [$_{VP}$ 철수는 논문을 읽-]도 복수성을 결여하고 후행 VP [$_{VP}$ 영이는 책을 읽-]도 복수성을 결여하며, 복수성은 이 두 VP가 접속되어 (23)이 형성되어야 나타나게 된다. (23)은 선행 VP의 주어 '철수는'과 후행 VP의 주어 '영이는'이 하나의 VP에 포함되는바, 이를 토대로 '철수'와 '영이'가 함께 주어로 간주되어서 주어가 복수성을 띠게 되는 것이다.

(23) [$_{VP}$ [$_{VP}$ 철수는 논문을 읽-] 그리고 [$_{VP}$ 영이는 책을 읽-]]

다음으로, 두 VP가 접속된 (23)에서 두 V '읽-'이 병렬 방식의 전역적 이동을 하되, 자기 부착 이동을 하면 (24)가 되는데, (24)가 형성되면서 '열심히들, 함께'가 V '읽-'에 부가되면 (25 = 21가)가 된다.

(24) [$_{VP}$ [$_{VP}$ [$_{VP}$ 철수는 논문을 t$_{읽-}$] 그리고 [$_{VP}$ 영이는 책을 t$_{읽-}$]] 읽-]

(25) [$_{VP}$ [$_{VP}$ [$_{VP}$ 철수는 논문을 t$_{읽-}$] 그리고 [$_{VP}$ 영이는 책을 t$_{읽-}$]] 읽-]

{열심히들, 함께} 부가

(24), (25)의 V '읽-'은 이동 전 (23)의 두 V '읽-'과 달리 '열심히들, 함께'의 복수성 요구에 부응할 수 있다. 선행 VP의 V '읽-'과 후행 VP의 V '읽-'이 한데 모인 것이 (24), (25)의 V '읽-'이고, 이 V '읽-'은 선행 VP의 주어 '철수'는 물론이고 후행 VP의 주어 '영이'와 주술 관계를 맺는바, 이를 통해

복수성을 띠기 때문이다. 더불어 (25)를 나무그림으로 나타낸 아래 (26)에서
보듯이 (25)에서 V '읽-'에 부가된 '열심히들, 함께'는 V '읽-'을 성분지휘(c-
command)하므로 이를 토대로 V '읽-'의 복수성과 '열심히들, 함께'의 복수성
요구가 서로 관계를 맺게 되어 복수성과 관련한 문제가 해소된다.

(26)

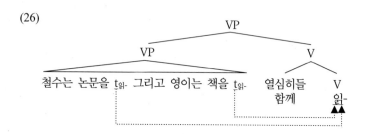

위와 같은 복수성 요구 충족 방식을 고려하면 (21나)는 성립하고, (21다)와
(21라)는 성립하지 않는 것은 당연하다. '{열심히들, 함께} 철수와 영이가
통사론을 연구했다'가 성립하듯이 (21나)가 성립하는 것이며,[21] (21다)와 (21
라)는 '열심히들, 함께'와 성분지휘 관계를 맺는 't읽-'이 이동 전의 V '읽-',
즉 복수성을 띠지 않는 V '읽-'이라서 '열심히들, 함께'의 복수성 요구가
충족되지 못해서 성립하지 않는다.

12.4.5. 확장 조건과 적정 결속 조건

보충어 자리로의 핵 이동은 기왕의 연구에서 본격적으로 탐구되지 않은

---

[21] [VP {열심히들, 함께} [VP 철수와 영이가 통사론을 연구하-]]에서 '열심히들, 함께'는 복수성
을 띤 주어 '철수와 영이'를 성분지휘하고, 복수성 주어 '철수와 영이'와 주술 관계를 맺는,
그래서 복수성을 띠게 된 V '연구하-'도 성분지휘한다. 어느 쪽이든 '열심히들, 함께'는 복
수성을 띤 성분을 성분지휘하므로 이를 토대로 '열심히들, 함께'의 복수성 요구는 충족된다.

새로운 가능성이다. 그런데 새로운 가능성은 기왕의 연구 결과와 합치할 때도 있지만 그러한 합치가 늘 보장되지는 않는다. 이에 새로운 가능성은 기왕의 연구 성과와 조화를 이루는지, 그렇지 않은지를 살펴야 하고, 새로운 가능성과 기왕의 연구 성과 사이에 갈등이 발생하면 그에 대한 해결책을 모색해야 한다. 앞서 명시어로의 핵 이동을 살피며 일률성 조건을 수정한 사례를 살폈는데(이 장의 12.3.1절 참고), 새로운 가능성과 기왕의 연구 성과 사이에 발생한 갈등을 해소하는 일례라 할 수 있다.

위와 같은 맥락에서 이 절에서는 보충어로의 핵 이동과 확장 조건(extension condition) 사이의 조화 가능성을 논의하고, 이어서 보충어로의 핵 이동과 적정 결속 조건(proper binding condition) 사이의 조화 가능성을 논의한다.

먼저, 확장 조건은 아래 (27)에서 보듯이 '하나의 가능성'(One possibility)과 '또 하나의 자연스러운 가능성'(another natural possibility), 이 두 가지 방식으로 충족될 수 있는바, 보충어로의 핵 이동은 '또 하나의 자연스러운 가능성' 방식으로 확장 조건을 준수하는 것으로 본다.

(27) Elementary considerations of efficient computation require that Merge of α to β involves minimal search of β to determine where α is introduced, as well as least tampering with β: search therefore satisfies some locality condition (let us say, defined by least embedding, "closest" under c-command), and Merge satisfies an extension condition, with zero search. **One possibility** is that β is completely unchanged (the strong extension condition); **another natural possibility** is that α is as close as possible to the head that is the label of β, so that any Spec of β now becomes a higher Spec ("tucking in," in Norvin Richards's sense). (Chomsky 2004: 109)

(27)에 따르면 확장 조건은 (28가) 유형과 (28나) 유형의 이동을 허용하는
데 명시어로의 이동이 두 가지 경우가 가능하다면, 별다른 경험적 반증이나
개념적 문제가 제기되지 않는 한, 보충어로의 이동도 마찬가지라고 보는
것이 타당할 것이다. 그리고 앞서의 논의에서 알 수 있듯이 (28가) 유형은
(16다, 17)에 해당하고, (28나) 유형은 (13, 16가)에 해당한다.

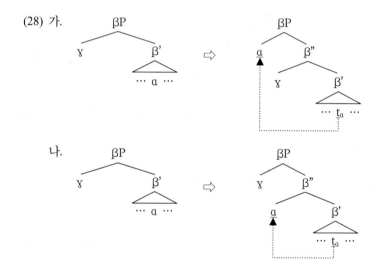

(28) 가.

나.

다음으로, 적정 결속 조건은 이동 성분이 이동 후 위치에서 이동 전 위치를
성분지휘해야 한다는 조건인데(Fiengo 1974; Lasnik & Saito 1992 등 참고), 보충
어로의 핵 이동은 이 조건을 위반한다. 예를 들어 (29 = 13)에서 보듯이
보충어로의 핵 이동은 이동 후 위치의 VP '만나-'가 이동 전 위치의 V '만나
-'를 성분지휘하지 못하기 때문이다.

(29)

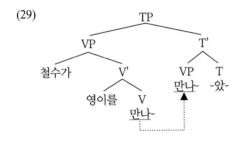

　　보충어로의 핵 이동과 적정 결속 조건 사이에 갈등이 발생한 셈인데 이 갈등을 해소하는 방안은 두 가지를 고려할 수 있다. 하나는 적정 결속 조건의 성분지휘를 최대투사 지휘(m-command)로 바꾸는 방안이다. 그러면 (29)에서 이동 후 위치의 VP '만나-'는 이동 전 위치의 V '만나-'를 최대투사 지휘하므로 보충어 위치로의 이동은 적정 결속 조건을 준수하게 된다. 다른 하나는 적정 결속 조건의 효과를 다른 식으로 포착하고 적정 결속 조건을 폐기하는 방안이다.[22] 예를 들어 적정 결속 조건의 효과를 어순 보존 조건(order preservation condition. 고희정 2007; Fox & Pesetsky 2005 등)으로 포착하고 적정 결속 조건 자체는 폐기할 수 있는데(김량혜윤 2009 참고), 마침 (29)와 같은 보충어로의 핵 이동은 어순 보존 조건을 준수한다. 이동 전이나 이동 후에 어순 변화가 없기 때문이다.

　　위의 두 가지 방안 가운데 어느 것이 더 나은가를 당장 결정할 수는 없다. 하지만 어느 쪽이든 보충어로의 핵 이동이 적정 결속 조건을 위반하는 문제는 해소된다.

22　이런 식의 접근은 확장 조건에 대해서도 추구되고 있다(Chomsky 2019가: 276 참고).

12.5. 정리

핵 매개변인과 방향성 매개변인은 어휘항목의 어휘적 특성으로 보기 어렵다. 따라서 매개변인의 자격을 어휘항목의 어휘적 특성으로 국한하는 입장에서는 어순 현상을 설명하기 위해 그러한 매개변인에 기댈 수는 없다. 이에 핵 매개변인이나 방향성 매개변인 없이 통사구조를 어순으로 전환하는 선형화 기제가 요청되며, 이러한 맥락에서 Kayne(1994)의 어순 대응 공리와 Fukui & Takano(1998)의 탈병합에 의한 선형화의 의의를 이해할 수 있다. 그러면 두 제안 가운데 어떤 것을 선택해야 하는가? 그리고 경험적 타당성을 높이기 위해서는 무엇이 더 보태져야 하는가? 이러한 문제에 대해 이 장에서는 다음과 같은 내용을 논의하였다.

첫째, 어순 대응 공리는 동기가 불분명한 이동의 문제를 내포하므로 이러한 문제에서 자유로운 탈병합을 선택하는 것이 보다 타당하다.

둘째, 탈병합에서 핵은 명시어 자리로 이동하는데, 이러한 '명시어로의 핵 이동'만으로는 해명하기 어려운 현상, 즉 '핵으로의 핵 이동'을 지지하는 현상이 한국어에 존재한다.

셋째, 위와 같은 현상을 포착하는 동시에 탈병합에 의한 선형화의 근간을 유지하기 위해서는 '핵으로의 핵 이동'의 효과를 보장하면서도 실제로는 핵으로 이동하지 않는 이동이 필요하며, '보충어로의 핵 이동'이 그러한 필요에 부응한다.

넷째, '보충어로의 핵 이동'에서 핵은 논항 자질 반복 규칙에 의해 보장되는 추가적인 보충어 자리로 이동하며, 추가적인 보충어 자리는 한국어의 주요한 통사 현상 중 하나인 격 중출 현상에서도 볼 수 있다.

끝으로, 다섯째, '보충어로의 핵 이동'은 별다른 부담을 야기하지 않으며 확장 조건, 적정 결속 조건 등의 조건을 준수할 수 있다.

한국어는 왜 연구하며, 나아가 언어는 왜 연구하는가? 연구 대상이 같아도 연구 목적은 다를 수 있으므로, 이 질문에 대한 답이 하나일 수는 없다. 그리고 연구 목적에 더해 연구 방법도 다를 수 있다. 그래서 같은 것을 연구한 결과가 사뭇 다양하게 제시되곤 한다.

다양한 연구 결과는 나름의 연구 목적과 연구 방법이 정당하다면 다 타당한 것으로 인정된다. '삶'을 영위하는 목적과 방법이 다종다양한데 그 목적과 방법이 정당한 한, 그 다종다양한 삶이 모두 인정되는 것과 마찬가지이다. 그리고 다양한 삶을 접해 보아야 삶에 대한 이해가 넓어지고 깊어지듯이 언어 연구도 한 가지 목적과 방법을 고수하기보다는 이런저런 목적과 방법을 추구해야 언어를 다면적·다층적으로 이해할 수 있다.

물론 다양성이 중요하다고 해서 다양성에만 골몰해서는 안된다. 다양성이 잡다한 파편을 모아놓은 수준을 넘어서려면 다양성을 이루는 각각은 따로따로 존재하는 것만으로는 부족하고 씨줄과 날줄이 엮이듯이 서로 엮여야 한다. 또한 다양성을 이루는 각각의 것들의 수준이 꽤나 높아야 한다. 표면적이고 단편적인 관찰과 기술에 그친 다양성은 표피적 수준의 이해에 머물 뿐 표피 이면에 잠복된, 표피적 현상이 나타나게 되는 질서를 포착하는 데에는 한계를 지닌다.

*

언어 연구의 다양성과 수준을 공히 확보하려면 어떻게 해야 하는가? 이에 대한 답에 이론 언어학(theoretical linguistics)의 요체가 있다. 이론 언어학은 일단 여러 언어 현상을 살피면서 각각의 현상을 기술(description)한다. 그리고 기술할 때에는 다른 현상과의 비교·대조에 유념한다. 기술하되 비교와 대조의 관점을 취해야 어렴풋이나마 언어 현상들의 얼개를 파악할 수 있고, 얼개가 파악되어야 체계적 기술이 가능하기 때문이다.

체계적 기술이 어느 정도 이루어지면 몇 가지 자명한 원초적 가설(axiom)에서 그러한 기술(description)로 이어지는 과정을 밝힐 수 있는지 살핀다. 적은 수의 자명한 근본 가정에서 도형의 여러 가지 성질, 예를 들어 직각삼각형의 빗변의 제곱은 나머지 두 변 각각의 제곱의 합과 같음(피타고라스의 정리)을 증명하는 것과 마찬가지이다. 그리고 자명한 원초적 가설에서 기술로 이어지는 과정이 밝혀지면 현상에 대한 설명(explanation)이 마련되었다고 한다. 이론 언어학은 언어 현상에 대한 관찰에서 시작해서 그 현상에 대한 기술을 거쳐 설명하는 데에 이르러 일단락된다.

물론 자명한 원초적 가설과 기술(description) 사이에 간극이 있을 수도 있다. 그러면 그 간극을 메우기 위해 현상을 다시 관찰하고 다른 식의 기술을 도모하며 자명한 원초적 가설에서 기술로 이어지는 다른 길도 찾아본다. 그래도 간극이 메워지지 않으면 자명한 것으로 간주되는 원초적 가설 자체를 검토·의심한다. 물론 원초적 가설에 대한 검토·의심은 매우 꺼려진다. 검토·의심이 수정으로 이어지면, 수정하기 전의 원초적 가설에 토대를 둔 지금까지의 설명을 검토·의심해야 하기 때문이다. 지금까지 쌓아온 것을 허물어야 할 수도 있다.

게다가 원초적 가설에 대한 수정은 예전에는 설명할 수 있던 것을 설명할 수 없게 하기도 한다. 그것도 무시할 수 없을 만큼 자주 그런다. 그래서 이론 언어학은 허망하다고 느끼기도 하는데, 여기서 한 걸음만 더 물러서면, 언어 자료를 모으고 분류하는 것, 즉 언어 현상을 관찰하고 기술하는 것이 언어학의 목표라는 한참 전의 언어 연구 수준으로 퇴행하게 된다. 더불어 지난 세기에 어렵게 부활한 '언어는 인간의 본성과 마음을 들여다볼 수 있는 창'이라는 견해는 다시 묻히게 된다.

하지만 인간의 본성과 마음을 고려하면, 다종다양한 언어 현상 이면의 질서를 찾아야 한다. 그래야 다종다양한 언어 현상을 수용하고 새로운 언어 현상을 창출하는 인간의 능력을 기술하고 설명할 수 있다. 또한 질서는 간요해야 한다고 보는바, 이에 따라 몇 가지 자명한 원초적 가설에 대한 신념을 고수하게 된다.

*

이 책은 지금까지 이론 언어학의 기치를 내걸고 한국어 통사 현상을 살펴왔다. 통사구조 형성 규칙에 대한 논의에서 시작하여(토대), 한국어의 특성을 잘 드러내거나 한국어에서 발견되는 흥미로운 현상을 기술·설명하고(확장, 탐구), 나아가 한국어 통사 현상이 통사이론에 제기하는 가능성을 탐구하는 데까지 왔다(모색).

그렇다면 이제부터는 무엇을 해야 하는가? 당연히 지금까지 논의한 내용을 다듬어야 하며, 미진하게 다루거나 미처 살피지 못한 현상을 기술하고 설명해야 한다. 그리고 이 과정에서 통사이론도 비판적으로 검토해야 하며, 필요하면 통사이론에 수정을 가할 수도 있다. 한 마디로 지금까지 해온 것을 계속하면 되고, 가던 길을 다시 계속 가면 된다. 괜스레 새롭고 기묘한 것을 추구하고 괴상한 것을 찾거나 시류를 좇는 것은 그야말로 쓸잘데없다.

가던 길을 다시 계속 가더라도 쓰고 있던 모자를 벗어서 털고 느슨해진 신발끈 정도는 고쳐 맨다. 이 글도 마찬가지다. 그래서 모자 털고 신발끈 고쳐 매며 물 한 모금 마시면서 각오를 다지는 차원에서 당장 손에 쥔 몇 가지 생각거리, 즉 지나온 길에 제대로 안 또는 못 매조진 것을 밝히면 아래와 같다. 맥락과 단서를 제공할 겸, 장별로 생각거리들을 밝힌다.

'1장. 통사구조 형성 규칙'. 병합(merge) 작용은 집합 형성(set formation) 작용이고, 연속동사 구문은 집합의 원소를 합하는 작용에 버금가는 '합성' 작용이 언어에도 있음을 보여주며, 이 경우 '$\{\alpha, \beta\} \cup \{\alpha, \gamma\} = \{\alpha, \beta, \gamma\}$'에서 보이는 '동일시'도 나타난다(2장의 각주 19) 참고). 또 언어 현상에는 '$\{\alpha, \beta\} - \{\alpha\} = \{\beta\}$'에 해당하는 '삭감'도 나타난다(4장의 (39) 참고).

병합과 집합 형성 작용의 동질성은 더 확대될 수 있다. 예를 들어 α와 β가 병합하면 $\{\alpha, \beta\}$가 되고, 여기에 표찰화 작용이 더해지면 $\{\gamma, \{\alpha, \beta\}\}$가 되는데, 표찰화 작용은 멱집합(power set)을 떠올리게 한다. $\{\alpha, \beta\}$의 멱집합 $\{\emptyset, \{\alpha\}, \{\beta\}, \{\alpha, \beta\}\}$에 포함된 원소들을 표찰로 간주할 수 있기 때문이다. 즉, $\emptyset$는 무표찰($\{\alpha, \beta\}$), $\{\alpha\}$는 'α'가 표찰인 경우($\{\alpha, \{\alpha, \beta\}\}$), $\{\beta\}$는 'β'가 표찰인 경우($\{\beta, \{\alpha, \beta\}\}$), 그리고 $\{\alpha, \beta\}$는 중첩 표찰로 간주할 수 있다($\{\alpha \cdot \beta$ $\{\alpha, \beta\}\}$).

그렇다면 병합 작용과 집합 형성 작용의 동질성은 얼마나 확대될 수 있는가? 언어 현상을 설명하기 위해 제안된 규칙, 조건, 제약 등을 집합을 토대로 재해석할 수 있을까? 한편, 나무그림은 아예 무시해도 될까? 집합이 아니라 그림, 즉 그래프(graph)를 토대로 언어 현상을 기술하고 설명하면 나무그림이 언어적 실제가 될 텐데(12장의 각주 7) 참고), 집합에 기초한 설명과 나무그림 (그래프)에 기초한 설명, 둘 다를 추구해 볼 만도 하다.

'2장. 어미의 통사구조 형성'. '비가 오겠다, 비가 왔겠다'와 '내가 이 문제를 풀겠다, *내가 이 문제를 풀었겠다'의 대조를 설명하기 위해 "추측이든 의지든 '-겠-'의 보충어 자질은 [TeP]일 뿐이고 의지일 때에는 다른 요인에 의해 TeP가 보충어로 나타나는 것이 제약되는 것으로" 보았으며(2장의 (19) 참고), '그는₂ [e₂ 떠나기로] 결심했다, *그는₂ [e₂ 떠났기로] 결심했다'에서 보이는 대조의 요인, 즉 Te '-았/었-' 개재를 '다른 요인'의 정체로 제안하였다(8장 8.5.3절 참고). 그런데 이런 설명이 성립하려면, 방금 제시한 예에서 '결심하-'가 두 개의 논항을 취하듯이 M '-겠-'이 두 개의 논항을 취한다고 해야 하며, 위에서 제시한 ‘*내가 이 문제를 풀었겠다'의 경우, M '-겠-'이 의지의 주체 '나'와 TeP를 논항으로 취하는 것으로 보아야 한다([MP 내가₂ [M' [TeP e₂ 이 문제를 풀었-] -겠-]]). 그렇다면 과연 M '-겠-'이 논항 두 개를 갖는다고 보는 것은 타당한가? 특히 어미가 사건이 아니라 의지의 주체와 같은 것을 논항으로 취하는 것이 가능한가?

위의 의문을 해소하기 위해, 먼저, M '-겠-'이 의지의 주체와 사건을 논항으로 취하되, 이 두 논항 중 의지의 주체 논항은 통사구조가 아니라 의미 차원에서 성립하는 것으로 보고, 다시 말해 의지의 주체 논항을 당연 논항(default argument)이나 그림자 논항(shadow argument) 정도로 간주하고(Pustejovsky 1995: 62-67 참고), 의미적으로 존재하는 의지의 주체 논항과 통사구조에 나타난 주어가 동지표된다고 해 보자. 다음으로, Te '-았/었-'이 개재하면 방금 언급한 동지표가 불가능하다고 해 보자. 그러면 '내가 이 문제를 풀겠다, *내가 이 문제를 풀었겠다'를 설명할 수 있다. M '-겠-'이 의지를 나타내려면 당연 논항 혹은 그림자 논항으로 존재하는 의지의 주체와 주어가 동지표되어야 하는데('내가의지의 주체'), Te '-았/었-'이 개재하지 않은 '내가의지의 주체 이 문제를 풀겠다'는 가능하지만 Te '-았/었-'이 개재한 ‘*내가의지의 주체 이 문제를 풀었겠다'는 불가능하기 때문이다. 물론 Te '-았/었-'의 개재가 동지표를 저지하는 이유는 따로 밝혀야 한다.

주체 경어법의 '-으시-'가 주체에 해당하는 성분과 일치 혹은 호응하지만 그렇다고 해서 그 성분을 논항으로 취한다고 보지는 않는 것을 고려하면(이정훈 2014라 참고), 의지의 주체 논항을 당연 논항이나 그림자 논항으로 간주하는 방법은 꽤 매력적이다. 매력을 이론으로 발전시켜야 할 텐데, 그러려면 어미의 논항 구조를 어떻게 이해하는 것이 좋을지에 대해서 넓고 깊게 고찰할 필요가 있다. 그리고 문법화(grammaticalization)를 고려하면 앞으로의 논의는 보조용언과 어미를 아우르는 것이어야 한다.

'3장. 조사의 통사구조 형성'. V도 [주격, 대격]과 같은 격자질을 지니는 것으로 간주하였다(3장 3.3절 참고). 그런데 예외적 격 표시 구문이나 기형적 명사문 등을 고려하면(3장 3.7절 참고), V가 아니라 그야말로 주술 관계가 격자질을 가진다고 보아야 한다. 그래야 예외적 격 표시 구문에서 내포절 주어의 [대격]이 모문 차원에서 인허되고, 기형적 명사문 NP 내에서 [주격]이 명세·인허되는 것을 이해할 수 있다.

그런데 미명세된 격자질을 명세하고 격조사의 격자질을 인허하는 주술 관계는, 달리 말해 주술 관계를 나타내는 통사구조는 어휘항목이 아니다. 그렇다면 격자질 명세와 인허를 책임지는 주술 관계의 격자질은 어디에서 유래하는가? 자연현상이든 사회현상이든 창발성(emergent properties), 즉 부분이 모인 단위의 성질이면서 부분으로는 환원되지 않는 성질이 나타나기도 하는데, 혹시 격자질도 창발적으로 나타나는 성질인가? 만약에 그렇다면 언어의 창발성은 어떻게 이해해야 하는가? 이와 관련하여 겉으로 보기에는 부분 및 부분 사이의 관계로 환원되지 않는 듯하지만, 그래서 창발성을 보이는 듯하지만, 사실은 그렇지 않을 수도 있음에 유의할 필요가 있다(6장 6.5절 참고).

'4장. 통사적 분석과 설명'. '영이가 손이 잡혔다'의 '영이가'는 NP [NP [NP 영이] 손] 안에 있던 NP '영이'가 이동을 통해 NP를 탈출해 주어 자리로 이동하면서 $K_{S[주격]}$ '-이/가'와 병합해서 형성된다. 그런데 NP '영이'의 미명세된 격자질은 이동 전에 [격: 속격]으로 명세될 수 있다. 그래서 NP '영이'는 [NP [KSP [NP 영이] -의] 손]에서 보듯이 속격 조사 $K_{S[속격]}$ '-의'와 병합할 수도 있다. 그렇다면 '영이가 손이 잡혔다'의 '영이'는 이동 전의 [격: 속격]과 이동 후의 [격: 주격]이 공존하는 격 갈등 상황에 놓인 것 아닌가? 물론 '영이가 손이 잡혔다'는 아무런 이상을 지니지 않은 적격한 표현으로 판단된다. 따라서 NP '영이'의 이동이 격 갈등 상황에 빠지지 않는 이유를 밝혀야 한다.

시야를 넓히면 예외적 격 표시 구문도 마찬가지 문제를 제기한다(3장 3.7절 참고). '영이는 [철수가 성실하다고] 생각했다, 영이는 [철수를 성실하다고] 생각했다'에서 '철수'는 [격: 주격]과 [격: 대격]이 공존하는 상황에 놓이기 때문이다. 이에 예외적 격 표시 구문에서 주격 조사와 대격 조사는 공존하는 것이 아니라 둘 중 하나가 선택적으로 나타나는바, 격조사 선택을 통해 격 갈등 상황을 피한다고 보면 어떤가? 이러한 추측이 타당하다면, '영이가 손이 잡혔다'도 같은 식으로 설명할 수 있을 듯하다(영이가 손이 잡혔다, 영이의 손이 잡혔다). 하지만 격조사 선택에 기댄 설명의 가능성과는 별도로 격조사를 취하지 않은 '영이만 손이 잡혔다'와 '영이는 [철수만 성실하다고] 생각했다'가 가능하므로 격 갈등 상황의 문제는 여전히 남는다.

앞에 다른 길이 있으면 지금 처한 상황을 무시할 수 있다고 보면 어떨까? 다시 말해 NP [NP [NP 영이] 손]에서 NP '영이'는 지금 당장 [격: 속격]으로 명세될 수 있지만 주어 자리로 이동해 [격: 주격]으로 명세되는 길이 앞에 있으므로 [격: 속격]의 기회를 무시할 수 있다고 보면 어떨까? 그렇게 보면 격조사 선택 방안에서 제기된 문제는 피할 수 있을 듯하다.

그런데 위와 같이 아직 오지 않은 미래에 기대서 현재를 무시하는 것은 지금 처한 상황에서 어떻게 할지를 미래를 내다보고 결정하는 것과 같다. 특히 도출주의 통사론을 택하면 더욱 그렇다(9장 9.4.3절 참고). 문제는 이런 것이 매우 어색하다는 데서 발생한다. NP [NP [NP 영이] 손] 단계에서 어떻게 NP '영이'가 이동해 갈 수 있는 주어 자리가 앞으로 마련된다는 것을 알 수 있는가?

미래를 내다보고 현재의 대응 방향을 결정하는 어색함을 무마하려면 NP [NP [NP 영이] 손] 단계에서 NP '영이'가 [격: <u>속격</u>]으로 명세될 수 있지만 명세가 수의적(optional)이라고 보면 된다. 수의적 명세는 명세되는 것도 허용하고 명세되지 않는 것도 허용하는바, 명세되면, 즉 NP [NP [NP 영이] 손] 단계에서 NP '영이'가 [격: <u>속격</u>]으로 명세되면, 격 갈등 상황이 허용되지 않으므로 앞으로 주어 자리가 마련되어도 NP '영이'는 그 주어 자리로 이동하지 않는다. 이와 달리 수의적 명세에 따라 명세되지 않는 쪽을 택하면, NP [NP [NP 영이] 손] 단계에서 NP '영이'의 [격: __]은 [속격]으로 명세되지 않으며 나중에 주어 자리로 이동해서 [주격]으로 명세된다.

NP [NP [NP 영이] 손] 단계에서 NP '영이'의 [격: __]이 명세되지 않는 쪽을 택했는데 이후에 격이 명세될 수 있는 다른 자리가 마련되지 않으면 어떻게 되는가? 그러면 이동 자체가 불가능해지는바, 제자리에서 [속격]으로 명세되는 수밖에 없다. 결국 NP '영이'의 [격: __]이 NP [NP [NP 영이] 손] 단계에서 바로 [속격]으로 명세될 수도 있고, 이 단계에서의 명세를 거부하고 부질없이 통사구조가 더 형성되길 기다리다가 결국 달리 어쩔 수 없어서 늦게나마 [속격]으로 명세될 수도 있는 것인데, 이 두 경우를 구분할 방법은 없다. 그리고 그러한 구분이 필요한지도 불분명하다.

'5장. 생략: 조각문의 경우'. 대화 '㉮ 그 사람이 드디어 논문을 완성했대. ㉯ 어떤 현상을 다룬?'에서 ㉯는 제시 구문에 생략이 적용되어 형성된다(<u>어떤 현상을 다룬</u>, 그 사람이 <u>어떤 현상을 다룬</u> 논문을 완성했니?). 그런데 이러한 설명이 보다 탄탄해지려면 제시 구문의 통사구조가 명시적으로 밝혀져야 한다.

제시 구문의 통사구조와 관련하여, 제시어가 차지하는 통사구조적 위치에 따라 위에서 언급한 생략의 양상이 달라진다. 예를 들어 제시어가 VP에 부가된다고 해 보자. 그러면 생략은 '[_{QP} [_{CP} [_{VP} 어떤 현상을 다룬, [_{VP} 그 사람이 어떤 현상을 다룬 논문을 t_{완성하}]] 완성하-었-니] ?]'에서 보듯이 VP 생략과 핵 이동을 통해 C 자리에 한데 모인 서술어 '완성하-었-니' 생략, 이렇게 두 번 적용되어야 한다. 그런데 이러한 설명에 동원된 VP 생략과 서술어 생략은 함께 적용되거나(어떤 현상을 다룬?), 서술어 생략만 적용될 수는 있지만([?]어떤 현상을 다룬, 그 사람이 어떤 현상을 다룬 논문을?), VP 생략만 적용될 수는 없다([*]어떤 현상을 다룬, 완성했니?). 생략이 일정하게 제약되는 셈인데 이러한 제약은 왜 나타나는가? 구문 분석(parsing)이 답일 듯한데 본격적으로 고찰할 필요가 있다.

제시어가 VP가 아니라 CP에 부가되면 어떨까? 그러면 [_{QP} [_{CP} 어떤 현상을 다룬, [_{CP} 그 사람이 어떤 현상을 다룬 논문을 완성하-었-니]] ?]에서 보듯이 CP가 생략되어서 ㈐가 나타나는 것으로 보게 된다. 그런데 이 경우에도 생략되는 CP는 [_{CP} [_{VP} 그 사람이 어떤 현상을 다룬 논문을 t_{완성하}] 완성하-었-니]이므로 위에서 제기한 문제는 그대로 남는다. CP 생략이 아니라 VP 생략과 C 자리에 한데 모인 서술어 생략이 공모해도 ㈐가 형성되기 때문이다.

한편 V의 핵 이동 전에 생략이 적용되면 위에서 언급한 제약은 필요치 않고 VP 생략만 있으면 되며, 어미는 VP가 생략되면서 따라서 생략된다(5장의 각주 7) 참고).

제시 구문의 통사구조에 더해 제시 구문 형성 기제도 명확히 해야 한다. 이와 관련하여 '철수, 영이가 [철수]-에게-만 책을 주었다', '철수에게, 영이가 [[철수]-에게]-만 책을 주었다', '철수에게만, 영이가 [[[철수]-에게]-만] 책을 주었다', '[*]철수만, 영이가 [철수-에게-만] 책을 주었다' 등에서 보듯이 제시어로 '철수, 철수에게, 철수에게만'은 가능하고 '[*]철수만'은 불가능한 현상은 주목을 요한다. [[[철수]-에게]-만]이 보장하는 성분성(constituency)을 지키며 복사(copy) 작용이 적용되고 복사된 성분이 문두에 병합되어서 제시 구문이 형성되는 것으로 보게 하기 때문이다.

복사와 병합은 이동에 다름 아니다. 따라서 위의 설명은 제시 구문을 이동으로 설명하는 것인데, 그렇다면 뒤섞기와 제시 구문의 차이는 어떻게 설명할 수 있을까? 예를 들어 '*영이가 쓴 철수가 t영이가 쓴 논문을 읽었다'와 '영이가 쓴, 철수가 영이가 쓴 논문을 읽었다'에서 보듯이 관형 성분은 뒤섞기될 수는 없지만 제시 구문의 제시어는 될 수 있는데, 왜 이런 차이가 나타날까? 이것도 구문 분석(parsing)으로 설명할 수 있을 듯한데 상세한 논의가 요청된다.

'6장. 삽입: 지지 동사 '하-'의 경우'. '비가 오지 아니 하기는 아니 하였다(않기는 않았다), 비가 오고 바람이 불고 하기는 하였다(했다)'와 같은 'V-기' 반복 구문의 사례는 지지 동사 '하-'가 통사부에서 삽입될 수 있음을 잘 보여준다(6장 6.3절 참고). 그런데 사실 지지 동사 '하-'가 어미 쪽에 삽입되는 것으로만 보면 방금 제시한 사례를 설명하기가 곤란하다. 지지 동사 '하-'는 삽입되면서 '-기는'에 부가되고, '-기는'은 삽입되면서 지지 동사 '하-'에 부가되어야 하는데, 이러면 지지동사 '하-'와 '-기는'이 서로가 서로에게 부가되어야 하는 기묘한 상황이 펼쳐진다. 상당히 미심쩍지만 기묘한 상황이 용인된다고 하자. 그래도 문제는 남는다. '아니 하-기는'(않기는)이 형성되어도 '아니 하-기는'(않기는)이 '비가 오지 아니 하였다(않았다)'에 들어갈 방법을 찾기가 난망한 것이다. 그리고 이 문제는 '비가 오지 아니 하고 있다(않고 있다)'처럼 보조용언이 등장하는 경우에도 마찬가지로 발생한다. 지지 동사 '하-'는 보조적 연결어미 '-고'를 필요로 하고, 보조적 연결어미 '-고'는 지지 동사 '하-'를 필요로 하는바, '아니 하-고'(않고)가 형성될 수 있다고 해도 이것이 다른 성분들과 어울려 통사구조를 형성하는 방법은 쉽게 떠오르지 않는다.

따라서 다른 방법을 모색할 필요가 있는데, 지지 동사 '하-'가 삽입되면서 어미에 부가되는 방법에 더해 VP와 병합하는 방법을 추구할 만하다. 즉, 지지 동사 '하-'와 VP [$_{VP}$ 비가 오-]가 병합해 [[$_{VP}$ 비가 오-] 하-]를 형성한다고 보는 것인데, 이렇게 통사구조가 형성되면 표찰은 최소 탐색에 의해 지지 동사 '하-'가 결정하게 되며([$_{VP2}$ [$_{VP1}$ 비가 [$_{V1}$ 오-]] [$_{V2}$ 하-]]), 여기에 보조적 연결어미 '-지'가 삽입되고 부정의 '안/아니' 및 어미가 병합하면 '비가 오지 아니 하였다(않았다)'가 나타나게 된다([$_{CP}$ [$_{TP}$ [$_{VP2}$ [$_{VP1}$ 비가 [$_{V1}$ 오-지]] [$_{V2}$ 아니 [$_{V2}$ 하-]]] -었-] -다]). 그리고 지지 동사 '하-'가 일반적인 V와 마찬가지로 통사구조를 형성하므로 위에서 제시한 'V-기' 반복 구문의 사례에 대한 설명은 다른 경우와 마찬가지가 된다.

사실 지지 동사 V '하-'처럼 삽입되는 성분이 VP와 병합하는 것으로 보는 방법은, '-으면' 삽입을 살피며 4장에서 제시하기도 하였으며(4장의 (12) 참고), '나는 이 책을 읽는 중이다'의 계사 V '이-'에 대한 처리와 평행하기도 하다(4장의 각주 42) 참고). 본격적으로 논의하지 않은 채 삽입되는 요소가 부가가 아니라 적극적으로 통사구조를 형성하는 가능성을 제시했던 셈이다. 물론 본격적인 논의는 앞으로 해야 할 일이다.

더불어 지지 동사 V '하-'가 적극적으로 통사구조를 형성하는 것으로 보면 '비가 오지 아니 하기는 오지 아니 하였다(오지 않기는 오지 않았다)'에 대한 설명도 수월해진다. 보조용언이 두 가지 통사구조로 나타나듯이(이정훈 2010 나 참고), 지지 동사 V '하-'도 VP와 병합하는 통사구조에 더해 연속동사에 해당하는 통사구조 '[v [v 오-지] [v 아니 [v 하-]]]'로 나타날 수 있기 때문이다.

'7장. 접속: 대등 접속의 경우'. 접속은 이분지 구조를 이루며 구조적 접속으로 나타날 수도 있고 다분지 구조를 이루며 비구조적 접속으로 나타날 수도 있다. 그리고 비구조적 접속은 접속어미나 접속조사를 동반할 수도 있고, 동반하지 않을 수도 있다. 그래서 『하늘과 바람과 별과 시』도 성립하고 ([NP [NP 하늘-과] [NP 바람-과] [NP 별-과] [NP 시]]), 『하늘, 바람, 별, 시』도 성립한 다([NP [NP 하늘] [NP 바람] [NP 별] [NP 시]]).

접속어미나 접속조사를 동반하지 않은 비구조적 접속은 별다른 문제를 야기하지 않는다. 병합에 의해 접속항들이 하나의 성분을 이루고 여기에 표찰화가 적용되면 표찰이 정해지기 때문이다([XP XP XP ⋯ XP]). 그런데 접속어미나 접속조사를 동반한 비구조적 접속은 사정이 달라서 다음의 문제 가 제기된다. 비구조적 접속 '[VP [VP 하늘은 푸르-고] [VP 물은 맑-고] [VP 바람은 시원하-]]'와 '[NP [NP 하늘-과] [NP 바람-과] [NP 별-과] [NP 시]]'에서 접속어미 '-고'와 접속조사 '-와/과'는 통사구조 형성에 어떻게 참여하는가?

구조적 접속에서처럼 접속어미와 접속조사가 보충어 두 개를 취하는 것으 로 보면서 위의 문제에 답하기는 어려운 듯하다(7장의 (3), (40) 참고). 괴팍한 가정을 동원하지 않는 한, 비구조적 접속의 통사구조, 즉 평판구조를 유지하 면서 접속어미와 접속조사가 보충어 두 개를 취할 수는 없기 때문이다.

이에 비투사를 동원하면 어떨까? 즉, 비구조적 접속은 접속어미와 접속조 사 없이도 가능한바, 비구조적 접속에 등장하는 접속어미와 접속조사는 투사 하지 않는 것으로 보면 보충어 두 개를 할당해야 하는 부담에서 벗어날 수 있다. 투사하지 않으면 보충어를 취하지도 않기 때문이다. 그리고 투사하지 않더라도 접속어미와 접속조사의 의미는 유효한바, 접속의 의미를 명확히 하거나 강조하기 위해 접속어미와 접속조사가 동원되는 것으로 보면 된다. 투사 없이 의미에 기여하기 위해 통사구조에 등장하는 것은 보조사를 살피면 서 보기도 했다.

'8장. 구문의 통사론: '-을 수 있-' 양태 구문'. '-을 수 있-' 양태 구문은 V '있-'의 의미역 자질과 논항 자질을 토대로 형성된 통사구조에 동지표와 생략 등이 적용되어 형성되며, '-을 수 있-'이 [능력]을 나타내는 경우, '수'와 병합하는 관형절의 주어는 필수적으로 생략된다(8장의 (46) 참고). 그렇다면 생략의 필수성은 어떻게 보장할 수 있을까? 대용 표현이 나타나되, 강조나 대조 등의 맥락이면 대용 표현이 음성적으로 실현되고(철수가₂ [그 스스로가₂ 문제를 풀 수] 있다), 그렇지 않으면 대용 표현이 음성적으로 실현되지 않는 것으로 볼 수는 없을까(철수가₂ [그 스스로가₂ 문제를 풀 수] 있다)? 이렇게 볼 수 있으면 생략의 필수성을 설명해야 하는 부담에서 벗어날 수 있다.

상황 공범주를 도입했지만 이것도 꼼꼼히 되짚어봐야 한다(8장의 (50) 참고). 상황 공범주 상정은 통사구조와 의미 사이의 대응을 투명하게 하는 효과를 발휘하지만, 그런 것은 사실 상황 공범주를 통사구조에 표시하지 않아도 가능하기 때문이다. 예를 들어 '네가 가야 한다'의 '하-'가 의미적으로는 상황 공범주와 사건을 논항으로 취하지만, 통사적으로는 사건만 논항으로 취하는 것으로 볼 수도 있다. 상황 공범주를 의미적으로는 존재하지만 통사적으로는 '(정황상 또는 현재 상황이 또는 이렇게 생각하든 저렇게 생각하든) 네가 가야 한다'에서 보듯이 수의적으로 실현되는 당연 논항이나 그림자 논항 정도로 간주할 수 있는 것이다. 참고로 당연 논항과 그림자 논항의 가능성은 앞서 2장의 생각거리를 제시하면서도 언급했었다.

'9장. '것'의 통사론: 내핵 관계절과 분열문'. '-들'의 복수성 요구 충족 방식을 논의하면서 도출 과정을 되돌리는 것을 금하는 조건인 확장 조건 (extension condition)을 언급하였다(9장의 각주 20) 및 12장 12.4.5절 참고). 그런데 4장, 6장 등에서 논의하였듯이 지지 동사 '하-'나 '-기는', '-면' 등은 확장 조건을 무시하면서 삽입될 수 있다. 따라서 확장 조건을 지키면서 삽입되는 길을 찾든지 아니면 확장 조건이 완화되는 환경을 명세하고 왜 완화되는지를 밝혀야 한다(12장의 (27) 참고). 이와 관련하여, 6장의 생각거리로 제시한 방법, 즉 삽입되는 성분이 적극적으로 통사구조를 형성하는 방법을 채택하면, 확장 조건을 준수하며 삽입되는 길이 열린다. 이 길과 확장 조건을 완화하는 길 중 어느 길이 더 타당한지, 혹시 둘 다 필요한지 꼼꼼히 따져봐야 한다.

'10장. 투사의 통사론: 동사구 주제화 구문'. '부인이 직장 생활을 하기도 하겠다'(10장의 (19나) 참고)의 '-도'와 마찬가지로 '부인도 직장 생활을 하겠다'의 '-도'도 넓은 영향권 해석을 가질 수 있다. 그런데 '부인도 직장 생활을 하겠다'의 넓은 영향권 해석은 10장에서 제시한 방식으로 설명하기 곤란하다(10장의 (18나) 참고). 10장에서 제시한 방식은 VP와 '-도'가 병합한 경우, 즉 '부인이 직장 생활도 하겠다'는 설명할 수 있는데 '부인도 직장 생활을 하겠다'는 VP와 '-도'가 병합한 경우로 보기 어렵기 때문이다. 통사부에서 형성된 통사구조가 의미부에서 조정되는 것으로 보면, 예를 들어 '부인도 직장 생활을 하겠다'의 '부인도'나 '-도'가 의미부에서 VP 위로 이동해서 영향권을 취하는 것으로 보면 설명할 수 있을 듯한데, 의미부에서의 이동, 즉 어순에 반영되지 않는 이동의 타당성 여부를 따져야 한다.

한편, 의미부에서의 이동이 가능하면, 10장에서 제시한 방식에 의해 영향권 해석이 정해지는 경우와 의미부에서의 이동에 의해 영향권 해석이 정해지는 경우를 구분하는 방법도 마련해야 한다. 그런데 명시적으로 언급하지는 않았지만 10장에서 제시한 방식은 의미부에서의 이동으로 영향권 해석을 설명하는 방식을 가급적 채택하지 않으려는 의도를 표방한 것과 다름없다.

'11장. 표찰화'. 표찰화 기제를 살폈지만 사실 표찰화 기제의 이론적·경험적 타당성은 아직 확신하기 어렵다. 먼저, 통사구조적으로 표찰을 결정하는 것은 꽤 근사한 발상이지만 그 발상을 구체화하는 과정에서 여러 가지 보조적인 조치가 동원된바, 근사한 발상이 근사한 이론으로 귀결되었다고 확신하기 어렵다. 다음으로 경험적 타당성은 핵과 핵이 병합하는 경우가 큰 장애물로 남아있다. 구와 구가 병합하는 경우는 접면이나 자기 부착 이동 등으로 나름의 돌파구를 모색했지만 핵과 핵이 병합한 경우는 어떻게 해야 하는지 감도 잡지 못한 상태이다(11장 각주 22) 참고).

'12장. 선형화와 핵 이동'. 선형화(linearization) 기제로 어순 대응 공리(linear correspondence axiom)와 탈병합(demerge)을 검토하고 후자를 선택한 후 탈병합을 토대로 핵 이동을 보장하는 방안을 논의하였다. 그런데 표찰화와 마찬가지로 탈병합에 의한 선형화의 타당성도 아직 확신할 만한 수준은 아니다. 탈병합에 의한 선형화의 타당성을 확보하려면 무엇보다도 후핵 속성과 선핵 속성에 기초한 설명을 온전히 탈병합에 의한 선형화로 재해석해야 한다.

더불어 논의 과정에서 '-들'의 복수성 요구가 '-들'이 주술 관계를 통해 복수성을 띠게 된 V를 성분지휘함으로써 충족되는 것으로 보았는데(12장의 (26) 참고), '-들'과 관련된 여러 자료를 토대로 제안의 타당성을 검토해야 한다. 우선 떠오르는 것은 다음의 두 가지이다.

먼저, '아이들, 학생들' 등 명사구와 어울린 '-들'까지 포괄할 수 있도록 논의를 다듬어야 한다. 이와 관련하여 '-들'과 병합하는 성분이 복수성을 띨 수 있어야 한다는 조건을 설정했는데(9장의 각주 18) 참고), 이 조건과 위에서 언급한 성분지휘에 기초한 방법을 통합해야 한다. 다음으로, '*순이는 [철수와 영이가 <u>노력했다고</u>] <u>열심히들</u> 주장했다'와 '순이는 [철수와 영이가 <u>열심히들 노력했다고</u>] 주장했다' 사이의 대조까지 고려하면 성분지휘만으로는 부족하다. 명사성 허사 '것'의 동지표에 작용했던 동절 성분 조건(clause-mate condition)이 관여하는 듯한데(9장의 (28) 참고), 과연 그러한지, 그리고 왜 '것' 의 동지표와 '들'의 복수성 요구 충족에 동절 성분 조건이 관여하는지 밝혀 야 한다(9장 9.3.1절 및 9.4.2절 참고). 특히 의문사-의문어미 일치 현상처럼 동절 성분 조건과 무관한 언어 현상도 있는바(서정목 1987: 6장 참고), 동절 성분 조건의 적용 범위 문제는 덤덤히 넘기기 어렵다.

지금까지 장별로 생각거리들을 제시했는데, 끝으로, 논의의 여기저기에서 언급한 구문 분석(parsing)에 대해서도 체계적으로 검토가 필요가 있다. 더불 어 구문 분석에 의한 설명과 통사구조적 설명 사이의 관계와 둘 사이의 적절 한 역할 분담은 어떠해야 할지도 논의해야 한다(Newmeyer 1998: 3장 참고).

*

일을 매듭짓고 나면 속이 시원할 때도 있고 서운할 때도 있으며 시원섭섭 할 때도 있다. 물론 후회가 남을 때도 있다. 이번에는 시원섭섭한 쪽이고 후회는 그다지 남지 않는 듯하다.

후회가 별로 없는 것은 모든 것이 잘돼서 그렇기보다는 할 만큼은 해서 그렇지 싶다. 물론 할 만큼 해 놓은 것이 곧 쓸 만한 것이라는 보장은 어디에 도 없다. 또 과연 할 만큼 한 것인지 다시 생각해 보면 더 할 수도 있었다는 생각도 든다. 그래서 능력과 노력의 부족을 다시금 깨닫게 되고 아쉬움과 섭섭함을 느낀다.

능력과 노력의 부족은 품을 들여서 채우면 된다. 생각거리까지 마련해 두었으니 잠시 멈추었다가 품 들여 채우는 일을 다시 시작하기로 하고, 지금 당장은 일단 멈춘다.

참고문헌

강규영(2015), 의존명사 '수' 구성의 통사·의미적 특성, 『관악어문연구』 40, 49~73.

강명윤(1985), 국어의 관계화, 석사학위논문, 서강대학교.

강명윤(1992), 『한국어 통사론의 제문제』, 한신문화사.

강명윤(1995), 주격 보어에 관한 소고, 『생성문법연구』 5-2, 391~417.

강범모(2011), 명사구의 의미 해석, 염재일 외, 『영어 의미론』, 종합출판 EnG, 105~139.

강범모(2014), 『양화와 복수의 의미론』, 한국문화사.

강연임(2005), 『한국어 담화와 생략』, 이회문화사.

고광주(2001), 『국어의 능격성 연구』, 월인.

고석주(2002), 조사 '가'의 의미, 『국어학』 40, 221~246.

고석주(2004), 『현대 한국어 조사의 연구 1: '격 개념'과 조사 '-가'와 '-를'을 중심으로』, 한국문화사.

고재설(1994), 국어 단어 형성에서의 형태·통사 원리에 대한 연구, 박사학위논문, 서강대학교.

고재설(2003), 국어 대등 접속문의 성립 조건과 구조, 『언어학』 11, 135~156.

고희정[Ko, Hee-Jeong](2007), Asymmetries in Scrambling and Cyclic Linearization, *Linguistic Inquiry* 38-1, 49~83.

고희정[Ko, Hee-Jeong](2018), Scrambling in Korean Syntax, In M. Aronoff et al. eds., *Oxford Research Encyclopedia: Linguistics*, Oxford University Press.

구호정(2023), 한국어 명사구 내 어순 연구, 석사학위논문, 서강대학교.

김건희(2010), "의존명사 + '하다'"에서 '의존명사'의 자리 찾기, 『형태론』 12-1, 48~74.

김건희(2011), 『한국어 형용사의 논항 구조 연구』, 월인.

김광섭(2003), 양화사의 영향권에 관한 몇 가지 쟁점, 『생성문법연구』 13-2, 305~329.

김광섭(2005), 핵 이동(head movement)은 왜 그리고 어디에서 발생하는가?, 최기용 외, 『최소주의의 최근 흐름: Chomsky(1995) 이후』, 한국문화사, 275~301.

김광섭[Kim, Kwang-Sup](2011), MaxElide vs. MaxPronominalize, 『생성문법연구』 21-4, 609~624.

김귀화(1994), 『국어의 격 연구』, 한국문화사.

김두봉(1916/1922), 『깁더조선말본』, 새글집. [김민수·하동호·고영근 편(1983), 『역대한국문법대계』 ① 23, 탑출판사. 재수록]

김무림·김옥영(2009), 『국어 음운론』, 새문사.

김란[Kim, Lan](2015), Asymmetric Ditransitive Constructions: Evidence from Korean, *Lingua* 165, 28~69.

김랑혜윤[Kim, Rhang-Hye-Yun](2009), Reducing the Proper Binding Condition to Order Preservation, 『언어』 34-3, 421~439.

김랑혜윤[Kim, Rhang-Hye-Yun](2019), Labeling and Moving Adjunction Structures, 『언어학』 27-3, 125~147.

김미경(1999), 정보구조화 관점에서 본 한국어의 이동 규칙, 『언어』 24-1, 1~22.

김신숙[Kim, Shin-Sook](2010), The Structures of Modality in Korean, In H. Maezawa & A. Yokogoshi eds., *Proceedings of the 6th Workshop on Altaic Formal Linguistics* (*WAFL* 6), 171~180.

김양순[Kim, Yang-Soon](1988), Licensing Principle and Phrase Structure, Doctoral Dissertation, University of Wisconsin-Madison

김영진(2001), 한국어 문장 처리 과정의 보편성과 특수성, 『실험 및 인지』 13-4, 339~359.

김영화 외(2002), 『허사 총론』, 소화.

김영희(1978), 겹주어론, 『한글』 162, 39~75.

김영희(1988), 등위 접속문의 통사 특성, 『한글』 201·202, 83~117. [김영희(1998나: 9~44)에 재수록됨]

김영희(1989), 한국어 제시어의 문법, 『주시경학보』 4, 114~138. [김영희(1998나: 355~385)에 재수록됨]

김영희(1991), 무표격의 조건, 『언어논총』 9. [김영희(1998나: 263~292)에 재수록됨]

김영희(1997), 한국어의 비우기 현상, 『국어학』 29, 171~197. [김영희(1998나: 45~71)에 재수록됨]

김영희(1998가), 부정 극성어의 허가 양상, 『한글』 240·241, 263~298. [김영희(2005: 205~237)에 재수록됨]

김영희(1998나), 『한국어 통사론을 위한 논의』, 한국문화사.

김영희(1999), 사격 표지와 후치사, 『국어학』 34, 31~58. [김영희(2005: 155~189)에 재수록됨]

김영희(2000), 쪼갬문의 기능과 통사, 『어문학』 69, 65~90. [김영희(2005: 267~293)에 재수록됨]

김영희(2003), 내포 접속문, 『한글』 261, 173~206. [김영희(2005: 13~39)에 재수록됨]

김영희(2005), 『한국어 통사 현상의 의의』, 역락.

김영희[Kim, Young-Hee]·김용하[Kim, Yong-Ha](1997), 어순 공리와 한국어, 『어문학』 60, 27~60.

김용하(1999), 『한국어 격과 어순의 최소주의 문법』, 한국문화사.

김용하(2009), 한국어 등위 접속문의 구조적 표상에 대한 새로운 접근, 『현대문법연구』 58, 1~37.

김용하(2009), 이론과 기술 사이에서 한국어 문법의 길 찾기: 이정훈(2008)을 중심으로, 『형태론』11-2, 475~496.

김용하(2011), 어순 공리와 매개변인, 『현대문법연구』 66, 223~241.

김용하(2017), 표찰 알고리듬과 겹지정어, 『현대문법연구』 94, 1~16.

김용하(2019), 파이-구 문제에 대한 관견, 『현대문법연구』 104, 113~128.

김용하·박소영·이정훈·최기용(2018), 『한국어 생성 통사론』, 역락.

김완진(1975), 음운론적 유인에 의한 형태소 증가에 대하여, 『국어학』 3, 7~16.

김인균(2003), 관형 명사구의 구조와 의미 관계, 『국어학』 41, 197~223.

김일규[Kim, Il-Kyu](2016), An Experimental Study on Island Effects in Korean Relativization, 『어학연구』 52-1, 33~55.

김의수(2002), 언어 단위로서의 상당어(相當語) 설정 시고, 『형태론』 4-1, 81~101.

김의수(2007), 문장은 내심적인가 외심적인가, 『국어학』 49, 107~136.

김정대(1993), 한국어 비교구문의 통사론, 박사학위논문, 계명대학교.

김정석[Kim, Jeong-Seok](2000), Sluicing in Japanese and Korean, 『언어』 25-2, 271~290.

김종록(1993가), 국어 접속문 구성에서의 '자기' 대용 현상 (Ⅰ), 『문학과 언어』 25, 67~92.

김종록(1993나), 국어 접속문 구성에서의 '자기' 대용 현상 (Ⅱ), 『국어 교육 연구』 14, 253~274.

김종복(2004), 『한국어 구 구조 문법』, 한국문화사.

김지숙(2014), 아동의 부정문 습득에 관한 종단 연구, 『어문논집』 59, 7~40.

김지은(1997), 양태 용언 구문에 대한 통사론적 접근, 『한글』 236, 161~193.

김지홍(1998), 접속 구문의 형식화 연구, 『배달말』 23, 1~78.

김진형(2000), 조사 연속 구성과 합성조사에 대하여, 『형태론』 2-1, 59~72.

김형정(2012가), 처격 조사의 결합 관계를 통해서 본 한국어 유정성 연구, 박사학위논문, 연세대학교.

김형정(2012나), 작용자(Actor)로서의 'NP에게'와 'NP에', 『국어학』 65, 185~218.

남기심·조은(1993), '제한 소절' 논항 구조에 대하여, 『동방학지』 81, 181~212.

남길임(2004), 『현대국어 '이다' 구문 연구』, 한국문화사.

남길임(2006), 말뭉치 기반 국어 분열문 연구, 『형태론』 8-2, 339~360.

남길임(2007), 국어 억양 단위의 통사적 상관성 연구: 구어 독백 말뭉치를 중심으로, 『어문학』 96, 21~50.

남수경(2011), 『한국어 피동문 연구』, 월인.

남승호(2007), 『한국어 술어의 사건 구조와 논항 구조』, 서울대학교 출판부.

남윤주·홍우평(2017), 한국어 여격 구문 처리에서의 어순 선호도에 대한 ERP 증거, 『언어와 정보』 21-3, 25~39.

노대규·김영희·이상복·임용기·성낙수·최기호(1991), 『국어학 서설』, 신원문화사.

다카치 토모나리(2020), 빈도성과 시간적 국소 한정성의 상관관계: 한국어의 문법적 연어를 중심으로, 『언어와 정보사회』 39, 1~30.

도원영(2008), 『국어 형용성 동사 연구』, 태학사.

명정희(2019), '-을 수 있-'의 양태와 시간 해석, 『한국어학』 82, 1~29.

명정희(2020), 맥락을 반영한 양태 도출 과정에 대하여: 양태의 다기능성을 중심으로, 『국어학』 93, 309~341.

명정희(2021), 한국어 양태 구문의 의미 해석 연구, 박사학위논문, 서강대학교.

명정희(2022), '-을 듯하-' 구문의 구조와 의미 해석, 『한국어 의미학』 77, 131~152.

명정희·이정훈(2022), '주다' 수여구문과 수혜구문의 의미와 논항구조, 『어문연구』 194, 5~28.

문보경[Mun, Bo-Kyung](2016), The Interaction of Modality and Tense in Korean, Doctoral Dissertation, Georgetown University.

문숙영(2012), 유형론적 관점에서 본 한국어 관계절의 몇 문제, 『개신어문연구』 35, 31~68.

박명관[Park, Myung-Kwan]·신의종[Shin, Ui-Jong](2014), On the Syntax of Multiple Fragments in Korean, 『현대문법연구』 80, 1~22.

박명관[Park, Myung-Kwan]·유용석[Yoo, Yong-Suk](2019), Scrambling in Korean Meets the Labeling Theory, 『언어와 정보사회』 37, 363~391.

박명관[Park, Myung-Kwan]·최기용[Choi, Ki-Yong]·정원일[Chung, Won-Il](2019), Differentiating Three Types of Double Nominative in Korean: An ERP-Based Study, 『생성문법연구』 29-1, 145~175.

박미영(2010), 부정 보문소 '-지'와 '-를', '-가'의 통합 양상: 통시적 변화를 중심으로, 『형태론』 12-2, 241~254.

박범식[Park, Bum-Sik](2007), Deriving Multiple Sluicing in Korean, 『생성문법연구』 17-4, 515~533.

박범식[Park, Bum-Sik](2008), Fragments and Ellipsis in Korean, 『생성문법연구』 18-1, 13~28.

박범식[Park, Bum-Sik](2013), Multiple Fragment Answers in Korean, 『언어연구』 30-3, 453~472.

박부자(2005), 한국어 선어말어미 통합 순서의 역사적 변화에 대한 연구, 박사학위논문, 한국학중앙연구원.

박상길(2023), 『비전공자도 이해할 수 있는 AI 지식』, 개정판, 반니.

박소영(2011), 한국어 장형 부정문의 격 교체와 '하다'의 유형론, 『한국어학』 52, 83~119.

박소영(2014가), 한국어 분열문의 통사구조와 생략 이론, 『언어학』 68, 35~57.

박소영(2014나), 관형격 조사 '의'의 두 유형: 속격 표지와 수식 표지로서의 '의', 『현대문법연구』 81, 1~27.

박소영(2017), 분산형태론의 이론적 동향과 한국어 문법, 『우리말연구』 49, 91~121.

박소영(2019), 한국어 독립성분과 화용 정보의 통사적 표상,『국어학』89, 25~62.

박소영(2022), '-을 수 있다' 양태 구문의 통사구조와 부정극어 인허,『생성문법연구』32-1, 75~96.

박승윤(1986), 담화의 기능상으로 본 국어의 주제,『언어』11-1, 1~15.

박승윤(1990),『기능문법론』, 한신문화사.

박승혁(1995), 문법항의 구 구조 자격 결정과 X$^{[-proj, +max]}$의 존재,『언어』20-1, 67~95.

박승혁(1996), 기능범주 Agr의 발생과 소멸,『영남저널』7, 31~75.

박양규(1975가), 존칭 체언의 통사론적 특징,『진단학보』40, 80~108.

박양규(1975나), 소유와 소재,『국어학』3, 93~117.

박영준(1999), 호격조사 '-이여'와 감탄문 종결어미,『어문논집』39, 424~451.

박재연(2003), 한국어와 영어의 양태 표현에 대한 대조적 고찰: 부정과 관련한 문법 현상을 중심으로,『이중언어학』22, 199~222.

박재연(2006),『한국어 양태 어미 연구』, 태학사.

박재연(2007), 보조용언 구성 '-어 지-'의 양태 의미에 대하여,『국어학』50, 269~293.

박종언[Park, Jong-Un](2011), Clause Structure and Null Subjects: Referential Dependencies in Korean, Doctoral Dissertation, Georgetown University.

박진호(2011), 한국어에서 증거성이나 의외성의 의미성분을 포함하는 문법요소,『언어와 정보사회』15, 1~25.

박철우(2008), 국어 분열문의 통사구조,『한말연구』22, 65~90.

박청희(2013), 현대국어의 생략 현상 연구, 박사학위논문, 고려대학교.

서경숙(2004), 현대국어 조사 상당어에 대한 연구, 석사학위논문, 서울대학교.

서은아·남길임·서상규(2004), 구어 말뭉치에 나타난 조각문 유형 연구,『한글』264, 123~151.

서정목(1987),『국어 의문문 연구』, 탑출판사.

서정목(1993), 한국어의 구절 구조와 엑스-바 이론,『언어』18-2, 395~435.

서정목(2001), 현대국어 '오오체' 어미의 형태론적 해석,『형태론』3-2, 285~311.

서진희[Suh, Jin-Hee](1990), Scope Phenomena and Aspects of Korean Syntax, Doctoral Dissertation, University of Southern California.

서태룡(1980), 동명사와 후치사 {은}, {을}의 기저의미,『진단학보』50, 97~120.

손근원(2000), 계사 구문에 대한 비수문, 비분열 접근법,『생성문법연구』10-2, 267~294.

송복승(1994), 국어의 '-에게' 구성에 대하여,『서강어문』10, 5~43.

송복승(1995),『국어의 논항구조 연구』, 보고사.

송재정[Song, Jae-Jung](2012), *Word Order*, Cambridge University Press.

송철의(1992),『국어의 파생어 형성 연구』, 태학사.

시정곤(1992), 통사론의 형태 정보와 핵 이동,『국어학』22, 299~324.

시정곤(1997), 국어의 부정극어에 대한 연구, 『국어국문학』 119, 49~78.

시정곤·김건희(2009가), 의존명사 구문의 양태적 고찰, 『한국어학』 44, 177~212.

시정곤·김건희(2009나), '-을 수 {있다/없다}' 구문의 통사·의미론, 『국어학』 56, 131~159.

신서인(2017), 양태 표현의 다의성과 구조적 중의성, 『우리말글』 72, 1~29.

신선경(1993), '것이다' 구문에 관하여, 『국어학』 23, 119~158.

신선경(2002), 『'있다'의 어휘 의미와 통사』, 태학사.

신선경(2013), 명사 연결 구성의 {의} 실현 양상에 대한 일고찰, 『한국어학』 61, 173~199.

신승용(2013), 『국어 음운론』, 역락.

신승용·이정훈·오경숙(2020), 『국어학 개론』, 개정판, 태학사.

심재영[Shim, Jae-Young](2018), <φ, φ>-less Labeling, 『어학연구』 54-1, 23~39.

심재영(2022), 『최대한의 최소주의: 진정한 설명의 탐구』, 역락.

안명철(2001), 이중 주어 구문과 구-동사, 『국어학』 38, 181~207.

안병희(1966), 부정격(Casus Indefinitus)의 정립을 위하여, 『동아문화』 6, 222~223.

안병희(1982), 중세국어 경어법의 한두 문제, 백영 정병욱 선생 환갑기념논총 간행위원회 편, 『백영 정병욱 선생 환갑기념논총』, 일조각. [안병희(1992: 125~135)에 재수록됨]

안병희(1992), 『국어사 연구』, 문학과 지성사.

안정아(2003), '것', '터', '모양'의 양태 의미 연구, 『어문논집』 47, 105~128.

안정아(2005), 의존 명사 '수'와 '줄'의 의미 연구, 『어문논집』 52, 121~145.

안희돈(2012), 『조각문 연구: 영어와 한국어를 중심으로』, 한국문화사.

안희돈[Ahn, Hee-Don]·조성은[Cho, Sung-Eun](2017), A Bi-clausal Analysis of Multiple Fragments, 『생성문법연구』 27-1, 197~220.

안희돈[Ahn, Hee-Don]·조성은[Cho, Sung-Eun](2019), On Scrambling and Reconstruction, 『언어와 정보사회』 36, 259~286.

안효경(2000), 현대국어 의존명사 연구, 박사학위논문, 가톨릭대학교.

양동휘(1986), 한국어의 대용사론, 『국어학』 15, 41~162.

양명희(1996), 국어의 생략 현상, 『국어국문학』 117, 125~157.

양정석(1986), '이다'의 의미와 통사, 『연세어문학』 19, 5~29.

양정석(2007), 국어 연결어미 절의 통사론: 핵 계층 이론적 분석과 프롤로그 구현, 『배달말』 40, 33~97.

양정석(2014), 대응규칙 체계로서의 현대국어 형식문법, 『배달말』 55, 93~157.

양정석(2016), 한국어 양상 표현의 통사 의미 분석, 『언어와 정보』 20-2, 57~92.

엄정호(1989), 소위 지정사 구문의 통사구조, 『국어학』 18, 110~130.

엄정호(1999), 동사구 보문의 범위와 범주, 『국어학』 33, 399~428.

연재훈(1996), 국어 여격 주어 구문에 대한 범언어적 관점의 연구, 『국어학』 28, 241~275.

염재상(1999), 한국어 양상 표현 '-ㄹ 수 있다'의 중의성과 의미 해석들, 『불어불문학연구』

38, 517~546.

염재상(2003), '-(으)ㄹ 수 있다'의 기저의미: 상보적 전환, 『인문학논총』 3, 243~260.

염재일(2005), '-겠-'과 '-을 것'의 양태 비교 연구, 『언어와 정보』 9-2, 1~22.

염재일(2011), 양상과 서법, 염재일 외, 『영어 의미론』, 종합출판 EnG, 223~276.

염재일(2014), 소위 강조구문과 "것"의 의미, 『언어와 정보』 18-2, 103~122.

오경숙(2010), 『한국어의 비교 구문 연구』, 박이정.

유동석(1995), 『국어의 매개변인 문법』, 신구문화사.

유현경(1986), 국어 접속문의 통사적 특질에 대하여, 『한글』 191, 77~104.

유현경(1998), 『국어 형용사 연구』, 한국문화사.

유혜원(2014), 구어에 나타난 운율적 실현의 문법적 해석, 『한국어학』 64, 59~86.

윤정미[Yoon, Jeong-Me](1991), The Syntax of A-Chains: A Typological Study of ECM and Scrambling, Doctoral Dissertation, Cornell University.

윤정미[Yoon, Jeong-Me](1996), Verbal Coordination in Korean and English and the Checking Approach to Verbal Morphology, 『언어』 21-4, 1105~1135.

윤정미[Yoon, Jeong-Me](1998), A Critical Survey of GB/Minimalist Research on Case and A-Chains in Korean, 『어학연구』 34-1, 73~126.

윤평현(1981), 국어 재귀대명사에 있어 선행사 조건에 대한 검토, 『국어교육연구』 2, 63~77.

윤항진[Yoon, Hang-jin](2012), Different Types of *Kes* Constructions in Korean, 『생성문법연구』 22-3, 557~577.

위혜경(2016), 것-분열문 주어의 상위언어적 의미, 『언어와 정보』 20-1, 111~125.

이광호(1991), 중세국어 복합격조사의 연구, 『진단학보』 71·71, 233~247.

이규호(2001), 한국어 복합조사의 판별기준과 구성 연구, 박사학위논문, 한국외국어대학교.

이규호(2006), 접속조사의 분류와 목록, 『우리말글』 37, 171~195.

이남순(1989), 『국어의 부정격과 격표지 생략』, 탑출판사.

이동혁(2008), 'X-으면 Y-을수록' 구문에 대하여, 『국어학』 51, 29~56.

이선웅(2005), 국어의 문장 제시어에 대하여, 『어문연구』 33-1, 59~84.

이선웅(2007), 국어 지칭어·호칭어의 명사구 형성 문법, 『우리말글』 40, 123~145.

이선희(2004), 『국어의 조사와 의미역: 조사 {-를}과 논항 실현을 중심으로』, 한국문화사.

이성범(2006), 대격 조사 생략의 화용적 분석, 『담화와 인지』 13-3, 69~89.

이우승[Lee, Woo-Seung](2016), Argument Ellipsis vs. V-Stranding VP Ellipsis in Korean: Evidence from Disjunction, 『언어연구』 33-1, 1~20.

이은지(2007), 공목적어의 문법적 정체, 임창국 편, 『생략 현상 연구: 범언어적 관찰』, 한국문화사, 250~281.

이익섭·임홍빈(1983), 『국어문법론』, 학연사.

이정복(2001), 복수 인물에 대한 경어법 사용 연구, 『어문학』 74, 45~67.

이정식[Lee, Jeong-Shik](2010), Why Only Predicate-Final in Embedded Clauses in Korean, 『현대문법연구』 61, 99~138.

이정식(2016), 『국어 통사구조 새로 보기: 핵어 선 구조의 관점에서』, 한국문화사.

이정훈(2000), 국어의 핵 이동과 어순에 대한 최소주의 이론적 연구, 석사학위논문, 서강대학교.

이정훈(2002), 국어 어순의 통사적 성격, 『어문연구』 30-1, 94~114.

이정훈(2003), 선호성(Preference)에 대한 고찰, 『생성문법연구』 13-1, 157~169.

이정훈(2004가), '이다' 구문의 '-으시-' 일치 현상, 『국어학』 43, 209~246.

이정훈(2004나), 국어의 문법형식과 통사구조 연구, 박사학위논문, 서강대학교.

이정훈(2005가), 국어 조사의 인허조건과 통합관계, 『언어』 30-1, 173~193.

이정훈(2005나), 조사와 활용형의 범주통용: '이'계 형식을 대상으로, 『국어학』 45, 145~175.

이정훈(2006가), 'V-어V' 합성동사 형성 규칙과 범주통용, 『어문학』 91, 129~161.

이정훈(2006나), 어미의 형태분석에 대하여: 이형태 규칙과 통사구조 형성을 중심으로, 『형태론』 8-1, 65~86.

이정훈(2007가), 문법 자질과 조사의 통합관계, 『어문학』 96, 111~138.

이정훈(2007나), 한국어 오른쪽 교점 인상 구문의 도출: 이동과 생략, 『생성문법연구』 17-3, 337~362.

이정훈(2007다), 국어 어미의 통합단위, 『한국어학』 37, 149~179.

이정훈(2008가), 한국어 접속문의 구조, 『생성문법연구』 18-1, 115~135.

이정훈(2008나), 『조사와 어미 그리고 통사구조』, 태학사.

이정훈(2008다), 단어 형성 원리에 대한 고찰: 핵 계층 이론적 접근, 『시학과 언어학』 15, 205~240.

이정훈(2009가), 접속구성에서의 생략과 방향성 제약, 『언어와 정보사회』 10, 239~260.

이정훈(2009나), 한국어 후보충 구문의 구조, 『어문연구』 37-2, 31~54.

이정훈(2010가), 한국어 후보충 구문의 몇 문제, 『현대문법연구』 59, 119~132.

이정훈(2010나), 보조용언 구문의 구조와 대용 현상, 『한국어학』 49, 319~344.

이정훈(2011가), 통사구조의 형성과 명사구 및 동사구, 『국어학』 60, 264~288.

이정훈(2011나), 후보충 구문의 구조와 Ø 그리고 빈칸, 『현대문법연구』 64, 95~116.

이정훈(2011다), 접속의 순서와 구조 그리고 의미 해석, 『어문학』 113, 73~99.

이정훈(2011라), 중간투사 범주 X' 이동의 가능성, 『언어』 36-3, 765~782.

이정훈(2011마), 자료와 이론 구성: 김용하(2009)와의 대화, 『형태론』 13-2, 393~401.

이정훈(2011바), 통사구조의 형성과 그 실상, 유현경 외, 『한국어 통사론의 현상과 이론』, 태학사, 113~170.

이정훈(2012가), 한국어의 동사구 접속과 접속조사, 『생성문법연구』 22-1, 185~201.

이정훈(2012나), 『발견을 위한 한국어 문법론』, 서강대학교 출판부.

이정훈(2013), 'V-기' 반복 구문의 유형과 그 형성 동기 및 과정, 『어문학』 122, 155~180.

이정훈(2014가), 통사적 변이와 구문 형성, 『현대문법연구』 76, 23~41.

이정훈(2014나), 통사구조와 시제 해석, 『어문연구』 42-1, 63~91.

이정훈(2014다), 『한국어 구문의 문법』, 태학사.

이정훈(2014라), '-으시-' 일치의 통사론, 서정목 외, 『한국어 어미의 문법』, 역락, 53~106.

이정훈(2014마), 동사구 주제화 구문의 통사론, 『국어학』 74, 205~233.

이정훈(2015가), 접속어미의 통사와 접속문의 통사구조, 『한국어학』 66, 49~85.

이정훈(2015나), 어미의 통사론, 그 반성과 모색, 『우리말연구』 41, 5~30.

이정훈(2015다), 국면의 두 가지 문제와 해결책, 『현대문법연구』 85, 29~43.

이정훈(2015라), 양태 범주에 대한 통사적 해석, 발표문, 제69차 한국어학회 전국학술대회.

이정훈(2016), 한국어의 '하-' 지지 규칙, 『한국어학』 73, 159~191.

이정훈(2017가), 한국어 생략의 문법: 토대, 계명대학교 한국학연계전공 엮음, 『국어국문학의 고전과 현대』, 역락, 333~367.

이정훈(2017나), 어휘 응집성 원리를 넘어, 『한국어학』 75, 1~44.

이정훈(2017다), 한국어 조각문의 형성 과정: (이동과) 생략, 『언어와 정보사회』 31, 423~452.

이정훈(2018가), 조각문의 형성 방식과 다중 조각문, 『국어학』 85, 83~111.

이정훈(2018나), '-요' 동반 관형어 조각문: 후치와 복사 그리고 생략, 『어문연구』 46-1, 7~35.

이정훈(2019), 한국어 최소주의 통사론의 모색: 김용하(1999)를 읽으며, 『형태론』 21-1, 62~85.

이정훈(2020가), 탈병합에 의한 선형화와 보충어로의 핵 이동, 『생성문법연구』 30-1, 63~90.

이정훈(2020나), 내핵 관계절 구성과 분열문의 '것'의 통사론, 『한글』 81-1, 45~81.

이정훈(2020다), 표찰화 기제와 한국어의 표찰화, 『언어』 45-2, 287~330.

이정훈(2021), 뒤섞기와 후보충의 동질성, 『한국학논집』 84, 29~77.

이정훈(2022), 생성문법과 한국어 구문 연구, 발표문, 국어학회 2022년 겨울 학술대회.

이정훈·명정희(2022), 보조용언화와 논항 및 통사구조: '주다' 수혜구문을 중심으로, 발표문, 2022년 한국언어학회 겨울 학술대회(2022 LSK Winter Conference).

이정훈·정희련(2022), 한국어 의문사의 어순 제약: 실험 통사론적 접근, 『국어학』 101, 3~58.

이주은[Lee, Ju-Eun](2017), On Ditransitive Idioms: With Respect to Korean, Hebrew, and English, 『어학연구』 53-1, 59~101.

이지영(2019), 중세국어의 특이 관형사절과 특이 명사구에 대한 고찰: '者' 구문을 중심으로, 『언어와 정보사회』 36, 399~437.

이현희(1994), 『중세국어 구문 연구』, 신구문화사.

이춘숙(1994), 특수토씨의 처리, 『우리말연구』 4, 49~67.

이필영(2006), 서술부 양태 표현의 부정 양상: 보조용언적 구성을 중심으로, 『국어학』 48, 175~201.

이한정[Lee, Han-Jung](2006), Parallel Optimization in Case Systems: Evidence from Case Ellipsis in Korean, *Journal of East Asian Linguistics* 15-1, 69~96.

이한정[Lee, Han-Jung](2007), Case Ellipsis at the Grammar/Pragmatics Interface: A Formal Analysis from a Typological Perspective, *Journal of Pragmatics* 39-9, 1465~1481.

이홍배[Lee, Hong-Bae](1966), 변형문법에 의한 국어 분석 [*A Transformational Outline of Korean*], 『어학연구』 2-2.

이홍배(1975), 국어의 변형생성문법 (Ⅱ), 『문법연구』 2, 7~69.

이홍식(2000), 『국어 문장의 주성분 연구』, 월인.

이효상(1993), 담화·화용론적 언어 분석과 국어 연구의 새 방향, 『주시경학보』 11, 3~49.

임규홍(1986), 국어 분열문에 관한 연구, 『어문학』 48, 155~175.

임동훈(1997), 이중 주어문의 통사구조, 『한국문화』 19, 31~66.

임동훈(2000), 『한국어 어미 '-시-'의 문법』, 태학사.

임동훈(2005), '이다' 구문의 제시문적 성격, 『국어학』 45, 119~144.

임동훈(2008), 한국어의 서법과 양태 체계, 『한국어 의미학』 26, 211~249.

임창국[Yim, Chang-Guk](2012), Fragment Answers Containing -*YO* in Korean: New Evidence for the PF Deletion Theory of Ellipsis, *Linguistic Inquiry* 43-3, 514~518.

임칠성(1990), 이른바 '과거완료'의 '-았었-'에 대하여, 『한국언어문학』 28, 473~492.

임홍빈(1972), 국어의 주제화 연구, 석사학위논문, 서울대학교.

임홍빈(1983), 국어의 '절대문'에 대하여, 『진단학보』 56, 97~136.

임홍빈(1985), 국어의 '통사적인' 공범주에 대하여, 『어학연구』 21-3, 331~384.

임홍빈(1998), 『국어 문법의 심층』 1, 태학사.

임홍빈(2007가), 한국어 무조사 명사구의 통사와 의미, 『국어학』 49, 69~106.

임홍빈(2007나), 절대문은 왜 세워야 하는가 (1): 고영근(2006)에 답함, 『형태론』 9-2, 331~340.

임홍빈(2007다), 『한국어의 주제와 통사 분석: 주제 개념의 새로운 전개』, 서울대학교 출판부.

임홍빈(2008), 절대문은 왜 세워야 하는가 (2): 고영근(2006)에 답함, 『형태론』 10-1, 145~155.

장세은[Jhang, Sea-Eun](1994), Headed Nominalization in Korean: Relative Clauses, Clefts, and Comparatives, Doctoral Dissertation, Simon Fraser University.

전상범(2004), 『음운론』, 서울대학교 출판부.

전영철(2006), 대조 화제와 대조 초점의 표지 '는', 『한글』 274, 171~200.

전영철(2009), '이/가' 주제설에 대하여, 『담화와 인지』 16-3, 217~238.

전영철(2013), 『한국어 명사구의 의미론: 한정성/특정성, 총칭성, 복수성』, 서울대학교 출판 문화원.

정대호[Chung, Dae-Ho](1996), On the Representation and Licensing of Q and Q-Dependents, Doctoral Dissertation, University of Southern California.

정대호[Chung, Dae-Ho](1999), A Complement Analysis of the Head Internal Relative Clauses, 『언어와 정보』 3-2, 1~12.

정대호[Chung, Dae-Ho](2004), A Multiple Dominance Analysis of Right Node Sharing Constructions, 『어학연구』 40-4, 791~811.

정대호[Chung, Dae-Ho](2007), Korean Modal V-*(ul) swu/li iss/eps* and Polarity Licensing, 『생성문법연구』 17-4, 621~651.

정대호[Chung, Dae-Ho](2015), On the Syntax of Multi-Focused Fragment Answers in Korean: An Oblique Merge Analysis, 『언어연구』 32-3, 573~606.

정대호[Chung, Dae-Ho](2017), On Polarity Licensing in the *-ul swu iss* Constructions, 『생성문법연구』 27-4, 457~483.

정연주(2017), 『구문의 자리 채우미 '하다' 연구』, 태학사.

정연찬(1984), 중세국어의 한 조사 「-으란」에 대하여: 대제격으로 세운다, 『국어학』 13, 1~31.

정인기(2015), 분산 형태론의 문법 모형, 신승용 외, 『언어 현상과 언어학적 분석』, 역락, 157~230.

정인기(2018), 형태이론의 변천과 보충법, 『한국어학』 81, 89~129.

정태구(1994), '-어 있다'의 의미와 논항구조, 『국어학』 24, 203~230.

정태구(1995), 논항구조 이론과 연쇄 동사: 영어와 한국어를 중심으로, 『생성문법연구』 5-1, 63~95.

정태구(2007), 국어 존재구문의 의미와 사건구조, 『언어』 32-4, 779~801.

정태구(2023), 존재구문 '-어 있다'와 연쇄동사, 『언어』 48-1, 159~183.

정한데로(2015), 『한국어 등재소의 형성과 변화』, 태학사.

조명한 외(2003), 『언어심리학』, 학지사.

조미정[Jo, Mi-Jeung](1999), The NP Parameter and Grammatical Nouns in Korean, 『언어』 24-3, 447~475.

조수근(2014), 한국어 내핵 관계절의 용인성에 대한 연구, 『언어학』 22-2, 183~198.

조수근(2016), 구어 말뭉치 분석을 통한 한국어 내핵 관계절 연구, 『언어정보』 23, 77~94.

채완(1993), 특수조사 목록의 재검토, 『국어학』 23, 69~92.

최경봉(1995), 국어 명사 관형구성의 의미결합 관계에 대한 고찰, 『국어학』 26, 33~58.

최기용(1996), 한국어 특수조사 구성의 구조, 『언어』 21-1·2, 611~650.

최기용(1998), '있-'의 범주, 논항구조 그리고 능격성, 『국어학』 32, 107~134.

최기용(2002), 한국어의 용언 반복 구문(Echoed Verb Construction): 용언의 가시적 이동을 위한 또 하나의 근거, 『생성문법연구』 12-1, 139~167.

최기용(2009), 『한국어 격과 조사의 생성 통사론』, 한국문화사.

최기용(2011), 한국어 균열 구문의 '것', 『생성문법연구』 21-1, 21~47.

최동주(1995), 국어 선어말어미 배열 순서의 역사적 변화, 『언어학』 17, 317~335.

최동주(2000), '들' 삽입 현상에 대한 고찰, 『국어학』 35, 67~92.

최윤지(2017), 생략과 관련된 정보구조의 몇 가지 문제들에 대하여, 『언어와 정보사회』 31, 453~478.

최재웅(1996), 「-만」의 작용역 중의성, 『언어』 21-1·2, 673~692.

최재웅(2016), 한국어 관형격 구문 내 명사의 분포적 특성, 『언어정보』 22, 63~84.

최재희(1985), '-고' 접속문의 양상, 『국어국문학』 94, 139~165.

최재희(1991), 『국어의 접속문 구성 연구』, 탑출판사.

최준수(2013), 우리말 예외격 구문과 예변 논항, 『현대문법연구』 71, 1~30.

최준수(2015), "-ㄹ/을 수(가) 있다": 우리말 관형절이 있는 주격 복합 명사구, 『생성문법연구』 25-1, 81~108.

최현숙[Choe, Hyon-Sook](1988), 'Restructuring' in Korean, 『어학연구』 24-4, 505~538.

최현숙(2020), 연어 "-을 수 {있/없}-"의 서법성과 중의성에 대하여, 『생성문법연구』 30-1, 31~61.

최혜원[Choi, Hye-Won](1999), *Optimizing Structure in Context: Scrambling and Information Structure*, CSLI Publications.

하귀녀·황선엽·박진호(2009), 중세국어 보조사 '-으란'의 기원, 『형태론』 11-1, 29~42.

한규동(2022), 『AI 상식 사전』, 길벗.

한동완(1986), 현재시제 선어말 {느}의 형태소 정립을 위하여, 『서강어문』 5, 29~62.

한동완(1996), 『국어의 시제 연구』, 태학사.

한정혜[Han, Chung-Hye]·이정민[Lee, Chung-Min](2007), On Negative Imperatives in Korean. *Linguistic Inquiry* 38-2. 373~394.

허웅(1983), 『국어학』, 샘문화사.

홍기선(1997), 영어와 한국어의 인상 구문 비교 분석, 『어학연구』 33-3, 409~433.

홍기선(1998), 한국어 관용어구와 논항구조, 『어학연구』 34-3, 547~573.

홍용철(1994), 융합 이론과 격조사 분포, 『생성문법연구』 4-1, 1~43.

홍용철(2017), 명칭 결정 알고리즘과 한국어의 격 표지, 『언어』 42-4, 989~1006.

홍용철(2020), 문장 제시어, 성분 제시어, 그리고 내부 제시어, 『생성문법연구』 30-3, 369~395.

홍정하(2009), 문법관계와 체언의 유표성: 구문분석 말뭉치를 이용한 연구, 『한국어학』 43,

233~260.

황미향(2002), 조사 '-도'의 텍스트 형성 기능 연구, 『언어과학연구』 21, 223~236.

Baker, M.(1989), Object Sharing and Projection in Serial Verb Constructions, *Linguistic Inquiry* 20-4, 513~553.

Beck, S. & 김신숙[Kim, Shin-Sook](1997), On *WH-* and Operator Scope in Korean, *Journal of East Asian Linguistics* 6-4, 339~384.

Berwick, R. & N. Chomsky(2017), *Why Only Us: Language and Evolution*, MIT Press. [김형엽 옮김(2018), 『왜 우리만이 언어를 사용하는가』, 한울아카데미]

Blake, B.(2001), *Case*, 2nd edition, Cambridge University Press.

Bobaljik, J.(2002), A-Chains at the PF-Interface: Copies and 'Covert' Movement, *Natural Language and Linguistic Theory* 20-2, 197~267.

Bobaljik, J.(2017), Distributed Morphology, In M. Aronoff et al. eds., *Oxford Research Encyclopedia: Linguistics*, Oxford University Press.

Boeckx, C.(2006), *Linguistic Minimalism: Origin, Concepts, Methods, and Aims*, Oxford University Press.

Boeckx, C.(2008), *Bare Syntax*, Oxford University Press.

Bošković, Ž.(2002), On Multiple *Wh*-Fronting, *Linguistic Inquiry* 33-3, 351~383.

Bošković, Ž. & J. Nunes(2007), The Copy Theory of Movement: A View from PF, In N. Cover & J. Nunes eds., *The Copy Theory of Movement*, John Benjamins Publishing Company, 13~74.

Bresnan, J., A. Asudeh, I. Toivonen & S. Wechsler(2016), *Lexical-Functional Syntax*, 2nd edition, Wiley-Blackwell.

Bury, D.(2003), Phrase Structure and Derived Heads, Doctoral Dissertation, University College London.

Butt, M.(2006), *Theories of Case*, Cambridge University Press.

Büring, D.(2005), *Binding Theory*, Cambridge University Press.

Carnie, A.(2010), *Constituent Structure*, 2nd edition, Oxford University Press.

Carnie, A., Y. Sato & D. Siddiqi eds.(2014), *The Routledge Handbook of Syntax*, Routledge.

Chomsky, N.(1957/2002), *Syntactic Structures*, 2nd edition, Mouton de Gruyter.

Chomsky, N.(1965), *Aspects of the Theory of Syntax*, MIT Press.

Chomsky, N.(1981), *Lectures on Government and Binding: The Pisa Lectures*, Foris.

Chomsky, N.(1982), *Some Concepts and Consequences of the Theory of Government and Binding*, MIT Press.

Chomsky, N.(1986가), *Knowledge of Language: Its Nature, Origin, and Use*, Praeger.

Chomsky, N.(1986나), *Barriers*, MIT Press.

Chomsky, N.(1995가), Bare Phrase Structure, In G. Webelhuth, ed., *Government and Binding Theory and the Minimalist Program*, Blackwell, 383~439.

Chomsky, N.(1995나/2015), *The Minimalist Program*, 20th anniversary edition, MIT Press.

Chomsky, N.(2000), Minimalist Inquiries: The Framework. In R. Martin, D. Michaels & J. Uriagereka eds., *Step by Step: Essays on Minimalist Syntax in Honor of Howard Lasnik*, MIT Press, 89~155.

Chomsky, N.(2001), Derivation by Phase, In M. Kenstowicz ed., *Ken Hale: A Life in Language*, MIT Press, 1~52.

Chomsky, N.(2004), Beyond Explanatory Adequacy, In A. Belletti ed., *Structures and Beyond*, Oxford University Press, 104~131.

Chomsky, N.(2005), Three Factors in Language Design, *Linguistic Inquiry* 36-1, 1~22.

Chomsky, N.(2007), Approaching UG from below, In U. Sauerland & H. M. Gärtner eds., *Interfaces + Recursion = Language?: Chomsky's Minimalism and the View from Semantics*, Mouton de Gruyter, 1~29.

Chomsky, N.(2008). On Phases. In R. Freidin, C. Otero, & M. L. Zubizarreta eds., *Foundational Issues in Linguistic Theory*, MIT Press, 133~166.

Chomsky, N.(2013), Problems of Projection, *Lingua* 130, 33~49.

Chomsky, N.(2015), Problems of Projection: Extensions, In E. Di Domenico, C. Hamann & S. Matteini eds., *Structures, Strategies and Beyond: Studies in Honour of Adriana Belletti*, John Benjamins Publishing Company, 3~16.

Chomsky, N.(2017), The Galilean Challenge, *Inference* 3-1 [https://inference-review.com/].

Chomsky, N.(2019가), Some Puzzling Foundational Issues: The Reading Program, *Catalan Journal of Linguistics*, Special Issue, 263~285.

Chomsky, N.(2019나), Puzzles about Phases, In L. Franco & P. Lorusso eds., *Linguistic Variation: Structure and Interpretation*, Mouton de Gruyter, 163~167.

Chomsky, N.(2021), Minimalism; Where Are We Now, and Where Can We Hope to Go?, *Gengo Kenkyu* 160: 1~41.

Chomsky, N., Á. Gallego & D. Ott(2019), Generative Grammar and the Faculty of Language: Insight, Questions, and Challenges, *Catalan Journal of Linguistics*, Special Issue, 229~261.

Chomsky, N. & M. Halle(1968/1991), *The Sound Pattern of English*, MIT Press. [전상범 역(1993), 『영어의 음성체계』, 한신문화사]

Cinque, G.(1999), *Adverbs and Functional Heads: A Cross-Linguistic Perspective*. Oxford University Press.

Citko, B.(2008), Missing Labels, *Lingua* 118, 907~944.

Citko, B. & M. Gračanin-Yüksek(2013), Towards a New Typology of Coordinated *WH*-Questions, *Journal of Linguistics* 49-1, 1~32.

Coates, J.(1983), *The Semantics of the Modal Auxiliaries*, Croom Helm.

Collins, C.(2002가), Multiple Verb Movement in ǂHoan, *Linguistic Inquiry* 33-1, 1~29.

Collins, C.(2002나), Eliminating Labels, In S. Epstein & T. Seely eds., *Derivations and Explanation in the Minimalist Program*, Blackwell Publishing, 42~64.

Collins, C.(2022), The Complexity of Trees, Universal Grammar and Economy Conditions, *Biolinguistics* 16 [https://bioling.psychopen.eu].

Comorovsky, I.(1996), *Interrogative Phrases and the Syntax-Semantics Interface*, Kluwer Academic Press.

Craenenbroeck, J. & J. Merchant(2013), Ellipsis Phenomena. In M. Dikken ed., *The Cambridge Handbook of Generative Syntax*, Cambridge University Press, 701~745.

Croft, W.(2003), *Typology and Universals*, 2nd edition, Cambridge University Press.

Culicover, P. & R. Jackendoff(2005), *Simpler Syntax*, Oxford University Press.

Davidson, D.(1967/2001), The Logical Form of Action Sentences, *Essays on Actions and Events*, 2nd edition, Clarendon Press, 105~148. [배식한 옮김(2012), 『행위와 사건』, 한길사]

Davis, H. & M. Matthewson(2009), Issues in Salish Syntax and Semantics, *Language and Linguistics Compass* 3-4, 1097~1166.

den Dikken, M. & T. O'Neill(2017), Copular Constructions in Syntax, In M. Aronoff et al. eds., *Oxford Research Encyclopedia: Linguistics*, Oxford University Press.

Depraetere, I. & S. Reed(2011), Towards a More Explicit Taxonomy of Root Possibility, *English Language and Linguistics* 15-1, 1~29.

Donati, C.(2006), On *WH*-Head Movement, In L. Cheng & N. Cover eds., *WH-Movement: Moving On*, MIT Press, 21~46.

Embick, D. & R. Noyer(2007), Distributed Morphology and the Syntax-Morphology Interface, In G. Ramchand & C. Reiss eds., *The Oxford Handbook of Linguistic Interfaces*, Oxford University Press, 289~324.

Epstein, S., H. Kitahara, M. Obata & T. Seely(2013), Economy of Derivation and Representation, In M. den Dikken ed., *The Cambridge Handbook of Generative Syntax*, Cambridge University Press, 487~514.

Epstein, S., H. Kitahara & T. Seely(2011), Derivations, In C, Boeckx ed., *The Oxford Handbook of Linguistic Minimalism*, Oxford University Press, 291~310.

Epstein, S., H. Kitahara & T. Seely(2015), *Explorations in Maximizing Syntactic Minimization*, Routledge.

Epstein, S., H. Kitahara & T. Seely(2017), Merge, Labeling and Their Interactions, In L. Bauke & A. Blümel eds., *Labels and Roots*, Mouton de Gruyter, 17~45.

Epstein, S. & T. Seely(2002), Rule Applications as Cycles in a Label-Free Syntax, In S. Epstein & T. Seely eds., *Derivations and Explanation in the Minimalist Program*, Blackwell Publishing, 65~89.

Epstein, S. & T. Seely(2006), *Derivations in Minimalism*, Cambridge University Press.

Erteschik-Shir, N.(2007), *Information Structure: The Syntax-Discourse Interface*, Oxford University Press.

Fiengo, R.(1974), *Semantic Conditions on Surface Structure*, Doctoral Dissertation, MIT.

Fox, D. & D. Pesetsky(2005), Cyclic Linearization of Syntactic Structure, *Theoretical Linguistics* 31-1·2, 1~45.

Francis, E.(2022), *Gradient Acceptability and Linguistic Theory*, Oxford University Press.

Frazier, L. & C. Clifton(1995), *Construal*, MIT Press.

Freidin, R. & H. Lasnik eds.,(2006), *Syntax*, Vol 1, Routldge.

Fukui, N.(1995), *Theory of Projection in Syntax*, CSLI Publicatioins.

Fukui, N.(2001), Phrase Structure, In M. Baltin & C. Collins eds., *The Handbook of Contemporary Syntactic Theory*, Blackwell Publishers, 374~406.

Fukui, N.(2011), Merge and Bare Phrase Structure, In C. Boeckx ed., *The Oxford Handbook of Linguistic Minimalism*, Oxford University Press, 73~95.

Fukui, N. & H. Narita(2014), Merge, Labeling, and Projection, In A. Carnie, Y. Sato & D. Siddiqi eds., *The Routledge Handbook of Syntax*, 3~23.

Fukui, N. & H. Sakai(2003), The Visibility Guideline for Functional Categories: Verb Raising in Japanese and Related Issues, *Lingua* 113, 321~375.

Fukui, N., M. Zushi & N. Chomsky(2015), A Discussion with Naoki Fukui and Mihoko Zushi (March 4, 2014), *Sophia Linguistica* 64, 70~97.

Fukui, N. & Y. Takano(1998), Symmetry in Syntax: Merge and Demerge, *Journal of East Asian Linguistics* 7-1, 27~86.

Gorrell, P.(2006), *Syntax and Parsing*, Cambridge University Press.

Gračanin-Yüksek, M.(2007), About Sharing, Doctoral Dissertation, MIT.

Grewendorf, G. ed.(2015), *Remnant Movement*, De Gruyter Mouton.

Grewendorf, G. & J. Sabel(1999), Scrambling in German and Japanese: Adjunction versus Multiple Specifier, *Natural Language and Linguistic Theory* 17-1, 1~65.

Gribanova, V.(2009), Structural Adjacency and the Typology of Interrogative Inter-pretations, *Linguistic Inquiry* 40-1, 133~154.

Grimshaw, J.(2003), Extended Projection, In *Words and Structure*, CSLI Publication, 1~73.

Haegeman, L.(2006), *Thinking Syntactically: A Guide to Argumentation and Analysis*, Blackwell Publishing.

Hagstrom, P.(1996), *Do*-Support in Korean: Evidence for an Interpretive Morphology, In 안희돈[Ahn, Hee-Don] 외 편, *Morphosyntax in Generative Grammar*, 한국문화사, 169~180.

Harizanov, B.(2019), Head Movement to Specifier Positions, *Glossa* 4, No. 140.

Hawkins, J.(2004), *Efficiency and Complexity in Grammars*, Oxford University Press.

Hawkins, J.(2014), *Cross-Linguistic Variation and Efficiency*, Oxford University Press.

Hornstein, N.(2009), *A Theory of Syntax: Minimal Operation and Universal Grammar*, Cambridge University Press.

Hornstein, N. & W. Idsardi(2014), A Program for the Minimalist Program, In P. Koster, S. Franks, T. Radeva-Bork & L. Schürcks eds., *Minimalism and Beyond: Radicalizing the Interfaces*, John Benjamins Publishing, 9~34.

Huang, Y.(2014), *Pragmatics*, 2nd edition, Oxford University Press.

Jackendoff, R.(1975), Morphological and Semantic Regularities in the Lexicon, *Language* 51-3, 639~671.

Jackendoff, R.(1990), *Semantic Structures*, MIT Press.

Jackendoff, R.(2002), *Foundations of Language: Brain, Meaning, Grammar, Evolution*, Oxford University Press.

Jelinek, E. & R. Demers(1994), Predicates and Pronominal Arguments in Straits Salish, *Language* 70-4, 697~736.

Kagan, O.(2020). *The Semantics of Case*, Cambridge University Press.

Kayne, R.(1994), *The Antisymmetry of Syntax*, MIT Press.

Keenan, E. & B. Comrie(1977), Noun Phrase Accessibility and Universal Grammar, *Linguistic Inquiry* 8-1, 63~99.

Kitahara, H.(2012), External Merge of Internal Argument DP to VP and Its Theoretical Implications, *Reports of the Keio Institute of Cultural and Linguistic Studies* 43, 241~248. [Epstein, Kitahara & Seely(2015: 195~200)에 재수록됨]

Koizumi, M.(1995), *Phrase Structure in Minimalist Syntax*, Doctoral Dissertation, MIT.

Koopman, H.(2005), Korean (and Japanese) Morphology from a Syntactic Perspective, *Linguistic Inquiry* 36-4, 601~633.

Koopman, H. & D. Sportiche(1991), The Position of Subjects, *Lingua* 85, 211~258.

Kratzer, A.(1977), What 'Must' and 'Can' Must and Can Mean, *Linguistics and Philosophy* 1, 337~355. [개정되어 Kratzer(2012: 1~20)에 재수록됨]

Kratzer, A.(1981), The Notional Category of Modality, In H. -J. Eikmeyer & H. Rieser eds., *Words, Worlds, and Contexts: New Approaches in Word Semantics*, Walter de Gruyter, 38~74. [개정되어 Kratzer(2012: 21~69)에 재수록됨]

Kratzer, A.(2012), *Modals and Conditionals*, Oxford University Press.

Kuroda, S.(1988), Whether We Agree or Not: A Comparative Syntax of English and Japanese, *Lingvisticæ Investigationes* 12-1, 1~47. [Kuroda(1992: 315~357)에 재수록됨]

Kuroda, S.(1992), *Japanese Syntax and Semantics*, Kluwer Academic Publishers.

Lakatos, I.(1970), Falsification and the Methodology of Scientific Research Programmes, In I. Lakatos & A. Musgrave eds., *Criticism and the Growth of Knowledge*, Cambridge University Press, 91~195. [Lakatos(1978: 8~101)에 재수록됨]

Lakatos, I.(1978), *The Methodology of Scientific Research Programmes*, edited by J. Worrall & G. Currie, Cambridge University Press. [신중섭 옮김(2002), 『과학적 연구 프로그램의 방법론』, 아카넷]

Landau, I.(2013), *Control in Generative Grammar: A Research Companion*, Cambridge University Press.

Larson, R.(1988), On the Double Object Construction, *Linguistic Inquiry* 19-3, 335~391.

Lasnik, H.(1981), On Two Recent Treatment of Disjoint Reference, *Journal of Linguistic Research* 1-4, 48~58.

Lasnik, H.(1995), Verbal Morphology: Syntactic Structures Meets the Minimalist Program, In H. Campos & P. Kempchinsky eds., *Evolution and Revolution in Linguistics Theory: Essays in Honor of Carlos Otero*, Georgetown University Press, 251~275.

Lasnik, H.(2005), On the Development of Case Theory: Triumphs and Challenges, In R. Freidin, P. Otero & M. L. Zubizarreta eds., *Foundational Issues in Linguistic Theory: Essays in Honor of Jean-Roger Vergnaud*, MIT Press, 17~41.

Lasnik, H. & J. Uriagereka(1988), *A Course in GB Syntax: Lectures on Binding and Empty Categories*, MIT Press. [서정목 옮김(1992), 『GB 통사론 강의: 결속과 공범주에 대한 강좌』, 한신문화사]

Lasnik, H. & J. Uriagereka(2012), Structure, In R. Kempson, T. Fernando & N. Asher eds., *Philosophy of Linguistics*, North Holland, 33~61.

Lasnik, H. & J. Uriagereka(2022), *Structure: Concepts, Consequences, Interactions*, MIT Press.

Lasnik, H. & M. Saito(1992), *Move α: Conditions on Its Applications and Output*, MIT Press.

Lasnik, H. & T. Lohndal(2013), Brief Overview of the History of Generative Syntax, In M. den Dikken ed., *The Cambridge Handbook of Generative Syntax*, Cambridge University Press, 26~60.

Lechner, W.(2006), An Interpretive Effect of Head Movement, In M. Frascarelli ed., *Phases of Interpretation*, Mouton de Gruyter, 45~69.

Levin, B. & M. Rappaport Hovav(2005), *Argument Realization*, Cambridge University Press.

Levin, T.(2017), Successive-Cyclic Case Assignment: Korean Nominative-Nominative Case -Stacking, *Natural Language and Linguistic Theory* 35-2, 447~498.

Marcus, G. & E. Davis(2019), *Rebooting AI: Building Artificial Intelligence We can Trust*, Pantheon. [이영래 옮김(2021), 『2029 기계가 멈추는 날: AI가 인간을 초월하는 특이점은 정말 오는가』, 비즈니스북스]

Martin, R.(2001), Null Case and the Distribution of PRO, *Linguistic Inquiry* 32-1, 141~166.

Matushansky, O.(2006), Head Movement in Linguistic Theory, *Linguistic Inquiry* 37-1, 69~109.

Merchant, J.(2004), Fragments and Ellipsis, *Linguistics and Philosophy* 27-6, 661~738.

Miyagawa, S.(1997), Against Optional Scrambling, *Linguistic Inquiry* 28-1, 1~25.

Miyagawa, S.(2005), EPP and Semantically Vacuous Scrambling, In J. Sabel & M. Saito eds., *The Free Word Order Phenomenon: Its Syntactic Sources and Diversity*, Mouton de Gruyter, 181~220.

Miyagawa, S.(2010), *Why Agree? Why Move?: Unifying Agreement-Based and Discourse-Configurational Languages*, MIT Press.

Miyagawa, S.(2017), *Agreement Beyond Phi*, MIT Press.

Miyagawa, S., D. Wu & M. Koizumi(2019), Inducing and Blocking Labeling, *Glossa* 4, No. 141.

Moro, A.(2017), Copular Sentences, In M. Everaert & H. C. van Riemsdijk eds., *The Wiley-Blackwell Companion to Syntax*, Vol Ⅱ, 2nd edition, Wiley-Blackwell, 1210~1232.

Munn, A.(1993), Topics in the Syntax and Semantics of Coordinate Structure, Doctoral Dissertation, University of Maryland.

Müller, G.(1996), A Constraint on Remnant Movement, *Natural Language and Linguistic Theory* 14-2, 355~407.

Müller, S.(2016), *Grammatical Theory: From Transformational Grammar to Constraint-Based Approaches*, Language Science Press.

Narita, H.(2014), *Endocentric Structuring of Projection-Free Syntax*, John Benjamins Publishing Company.

Neeleman, A. & F. Weerman(1999), *Flexible Syntax: A Theory of Case and Arguments*, Kluwer Academic Publishers.

Newmeyer, F.(1986), *Linguistic Theory in America*, 2nd edition, Academic Press. [나병모

옮김(1991), 『현대 언어학의 흐름』, 글]

Newmeyer, F.(1998), *Language Form and Language Function*, MIT Press.

Nikolaeva, I. ed.(2007), *Finiteness: Theoretical and Empirical Foundations*, Oxford Unversity Press.

Nunes, J.(1999), Linearization of Chains and Phonetic Realization of Chain Links, In S. Epstein & N. Hornstein eds., *Working Minimalism*, MIT Press, 217~249.

O'Grady, W.(2004), A Linear Computational System for Korean: Case and Structure, In 박병수[Park, Byung-Soo]·김종복[Kim, Jong-Bok] 편, 『한국어 격 현상 연구』 [*Perspectives on Korean Case and Case Marking*], 태학사, 3~20.

Palmer, F.(1990), *Modality and the English Modals*, 2nd edition, Routledge.

Parsons, T.(1990), *Events in the Semantics of English: A Study in Subatomic Semantics*, MIT Press.

Peterson, D.(2006), *Applicative Constructions*, Oxford University Press.

Phillips, C.(2003), Linear Order and Constituency, *Linguistic Inquiry* 34-1, 37~90.

Pickering, M. & R. van Gompel(2006), Syntactic Parsing, In M. Traxler & M. Gernsbacher ed., *Handbook of Psycholinguistics*, 2nd edition, Elsevier.

Portner, P.(2009), *Modality*, Oxford University Press.

Postal, P. & G. Pullum(1988), Expletive Noun Phrases in Subcategorized Positions, *Linguistic Inquiry* 19-4, 635~670.

Progovac, L.(2003), Structure for Coordination. In L. Cheng and R. Sybesma eds., *The Second GLOT International State-of-the-Article Book*, Mouton de Gruyter, 241~287.

Pustejovsky, J.(1995), *The Generative Lexicon*, MIT Press.

Pylkkänen, L.(2008), *Introducing Arguments*, MIT Press.

Radford, A.(1988), *Transformational Grammar: A First Course*, Cambridge University Press. [서정목·이광호·임홍빈 옮김(1990), 『변형문법: 그 만남의 첫 강좌』, 을유문화사]

Radford, A.(2004), *Minimalist Syntax: Exploring the Structure of English*, Cambridge University Press.

Richards, N.(1998), The Principle of Minimal Compliance, *Linguistic Inquiry* 29-4, 599~629.

Richards, N.(2001), *Movement in Language: Interactions and Architectures*, Oxford University Press.

Richards, N.(2010), *Uttering Trees*, MIT Press.

Rizzi, L.(1997), The Fine Structure of the Left Periphery, In L. Haegeman ed., *Elements of Grammar: A Handbook of Generative Syntax*, Kluwer, 281~337.

Rizzi, L.(2011), Minimality, In C. Boeckx ed., *The Oxford Handbook of Linguistic*

Minimalism, Oxford University Press, 220~238.

Rizzi, L. & G. Cinque(2016), Functional Categories and Syntactic Theory, *Annual Review of Linguistics* 2, 139~163.

Rothstein, S.(1983), The Syntactic Forms of Predication, Doctoral Dissertation, MIT.

Rothstein, S.(2017), Secondary Predication, In M. Everaert & H. C. van Riemsdijk eds., *The Wiley-Blackwell Companion to Syntax*, Vol VI, 2nd edition, Wiley-Blackwell, 3872~3901.

Rubin, E.(2003), Determining Pair-Merge, *Linguistic Inquiry* 34-4, 660~668.

Saito, M.(1985), Some Asymmetries in Japanese and Their Theoretical Implications, Doctoral Dissertation, MIT.

Satio, M.(1989), Scrambling as Semantically Vacuous A'-Movement, In M. Baltin & A. Kroch eds., *Alternative Conceptions of Phrase Structure*, University of Chicago Press, 182~200.

Saito, M.(2016), (A) Case for Labeling: Labeling in Languages without φ-Feature Agreement, *The Linguistic Review* 33-1, 129~175.

Sato, Y. & S. Hayashi(2017), String-Vacuous Head Movement in Japanese: New Evidence from Verb-Echo Answers, *Syntax* 21-1, 72~90.

Seely, T.(2006), Merge, Derivational C-Command, and Subcategorization in a Label-Free Syntax, In C. Boeckx ed., *Minimalist Essays*, John Benjamins Publishing Company, 182~217. [Epstein, Kitahara & Seely(2015: 116~154)에 재수록됨]

Sheehan, M., T. Biberauer, I. Roberts & A. Holmberg(2017), *The Final-Over-Final Condition: A Syntactic Universal*, MIT Press.

Stowell, T.(1981), Origins of Phrase Structure, Doctoral Dissertation, MIT.

Szabolsci, A.(2001), The Syntax of Scope, In M. Baltin & C. Collins eds., *The Handbook of Contemporary Syntactic Theory*, Blackwell Publishers, 607~633

Talmy, L.(1985/2007), Lexical Typologies, In T. Shopen ed., *Language Typology and Syntactic Description III: Grammatical Categories and the Lexicon*, 2nd edition, Cambridge University Press, 66~168.

Uriagereka, J.(2011), Derivational Cycles, In C. Boeckx ed., *The Oxford Handbook of Linguistic Minimalism*, Oxford University Press, 239~259.

Vogel, R.(2003), Surface Matters: Case Conflict in Free Relative Constructions and Case Theory, In E. Brandner & H. Zinsmeister eds., *New Perspectives on Case Theory*, CSLI Publications, 269~299.

Vries, Mark de.(2006). The Syntax of Appositive Relativization: On Specifying Coordination, False Free Relatives, and Promotion, *Linguistic Inquiry* 37-2, 229~270.

Watanabe, A.(1992), Subjacency and S-structure Movement of *Wh*-in-situ, *Journal of East Asian Linguistics* 1-3, 255~291.

Williams, E.(1978), Across the Board Rule Application, *Linguistic Inquiry* 9-1, 31~43.

Williams, E.(1980), Predication, *Linguistic Inquiry* 11-1, 203~238.

Williams, A.(2015), *Arguments in Syntax and Semantics*, Cambridge University Press.

Winkler, S.(2014), Ellipsis and Information Structure, In C. Féry & S. Ishihara ed., *The Oxford Handbook of Information Structure*, Oxford University Press, 359~382.

Woolford, E.(2006), Lexical Case, Inherent Case, and Argument Structure, *Linguistic Inquiry* 37-1, 111~130.

Zanuttini, R.(2001), Sentential Negation, In M. Baltin & C. Collins eds., *The Handbook of Contemporary Syntactic Theory*, Blackwell Publishers, 511~535.

Zubizarreta, M.(1998), *Prosody, Focus, and Word Order*, MIT Press.

찾아보기

이정훈(李庭勳)

서강대학교 학사, 석사, 박사.

서강대학교 국어국문학과 교수. 한국어 문법 및 언어 이론 연구.

『조사와 어미 그리고 통사구조』(2008), 『한국어 통사론의 현상과 이론』(공저, 2011), 『발견을 위한 한국어 문법론』(2012), 『국어학 개론』(공저, 2013), 『한국어 구문의 문법』(2014), 『한국어 생성통사론』(공저, 2018), 「'이다' 구문의 '-으시-' 일치 현상」(2004), 「'V-어V' 합성동사 형성 규칙과 범주 통용」(2006), 「한국어 후보충 구문의 구조」(2009), 「보조용언 구문의 구조와 대용 현상」(2010), 「'V-기' 반복 구문의 유형과 그 형성 동기 및 과정」(2013), 「통사구조와 시제 해석」(2014), 「어휘 응집성 원리를 넘어」(2017), 「'-요' 동반 관형어 조각문: 후치와 복사 그리고 생략」(2018), 「내핵 관계절 구성과 분열문의 '것'의 통사론」(2020), 「'-을 수 있-' 구문의 어휘항목과 통사구조 그리고 의미」(2020), 「뒤섞기와 후보충의 동질성」(2021), 「한국어 의문사의 어순 제약: 실험 통사론적 접근」(공저, 2022), 「'주다' 수여구문과 수혜구문의 의미와 논항구조」(공저, 2022) 외 논저 다수.

한국어 기술 생성 통사론

초판 1쇄 인쇄 2023년 4월 20일
초판 1쇄 발행 2023년 4월 28일

지은이 이정훈
펴낸이 이대현
편집 이태곤 권분옥 임애정 강윤경
디자인 안혜진 최선주 이경진 | 마케팅 박태훈
펴낸곳 도서출판 역락 | 등록 1999년 4월 19일 제303-2002-000014호
주소 서울시 서초구 동광로46길 6-6 문창빌딩 2층(우06589)
전화 02-3409-2060(편집부), 2058(영업부) | 팩스 02-3409-2059
전자우편 youkrack@hanmail.net | 홈페이지 www.youkrackbooks.com

ISBN 979-11-6742-542-3 93710

이 저서는 2018년 대한민국 교육부와 한국연구재단의 지원을 받아 수행된 연구임.
(NRF-2018S1A6A4A01036854)